国际物理奥赛的培训与选拔

（第二版）

主　编　　郑永令

编　著　　郑永令　陆申龙　方小敏
　　　　　李洪芳　钟万蘅　王炎森

复旦大学出版社

再 版 前 言

　　本书自出版以来,受到广大读者、特别是有志于参加全国或国际物理竞赛的众多学生和有关老师的欢迎。值此再版之际,我谨代表本书作者及出版社向他们表示衷心的感谢!

　　广大读者在对本书表示欢迎的同时,也对本书提出了许多宝贵的意见。这也正是本书进行再版的缘由。在本书再版时,在考虑了这些意见的基础上,我们主要在以下两方面作了一些修改:

　　(1) 为适应国内竞赛的需要,在内容上作了充实与改进,增选了一些符合国内竞赛大纲内容的题目。尽管这些题目所涉内容的级别低于国际竞赛大纲,但求解它们所需思维的深度与广度并不亚于国际竞赛试题的求解。所增选部分的内容,仍由相关部分的原作者完成。

　　(2) 对编排格式作了调整。将原来按题目、提示、解答与点评的次序来编排的方式改为按内容(力、热、电、光、原)的次序编排,将每题的题目、提示、解答与点评集中在一起,使读者阅读起来更为方便。实验部分的编排方式不变。

　　对于复旦大学出版社对本书再版工作所给予的大力支持深表谢意。再版后本书存在的错误与不足,敬请读者批评与指正。

郑永令

2015 年 12 月

前　言

　　受中国科协和中国物理学会的委托,自 2000 年至 2003 年四年间,复旦大学承担国际物理奥林匹克竞赛中国参赛队的组建和参赛任务.本书就是根据具体担任此项工作的老师们在此期间所积累的资料基础上整理、修订而成的.

　　由于国际物理奥赛的大纲(见本书附录 A)比我国现行高中物理教学大纲和全国中学生物理竞赛大纲高出许多,故在组队参赛前需对队员进行短时间的培训.培训对象是前一年全国中学生物理竞赛决赛的优胜者,培训内容大体上相当于大学普通物理(包括理论和实验两部分).在短期培训基础上,经若干次选拔考试,从中筛选出优胜者五人组成当年参加国际奥赛的国家队,另选出八人(可与上述五人重复)组成当年参加亚洲奥赛的国家队.自 1986 年以来,我国已参加了近二十届国际物理奥赛(及六届亚洲奥赛),均取得优异成绩,在众多参赛队中一直名列前茅.

　　本书是我们在培训和选拔过程中给学生做的练习题和选拔考试题.在这次整理过程中,又根据当前情况进行了适当的增删.全书分为理论和实验两篇,各篇又按内容依次编排.理论篇采用将题目、提示、题解分开的形式,以利读者自学.在某些题目的题解的最后,还对该题作出点评,内容包括对该题所涉及的物理内容、解题方法及所得结果所具有的意义、题目的物理背景等,对读者颇有启发作用.由于本书题目主要用作培训,题目的难度有多种层次,因而本书不仅可供有志于参加国际物理奥赛的中学生阅读,也可供广大参加全国物理竞赛的中学生阅读.而且,对正在学习普通物理及准备报考研究生的大学生也很有参考价值.

　　本书力学部分(含相对论)由方小敏编写,热学与分子物理学部分由李洪芳编写,电磁学部分和光学部分由郑永令编写,原子物理学部分由钟万蘅、王炎森编写,实验部分由陆申龙编写.全书由郑永令协调、统稿.

　　本书对数学的要求遵循国际物理奥赛大纲,除初等数学外,只涉及微积分和简单微分方程、矢量代数和矢量微分(不包括矢量分析).

　　复旦大学出版社对本书的出版给予了大力支持,在此表示衷心感谢.

　　限于作者水平,错误和不妥之处在所难免,敬请广大读者和同仁指正.

郑永令

2005 年 10 月

目　　录

理　论　篇

实　验　篇

附　　录

理 论 篇
LI LUN PIAN

第1章 力　　学

例题 1.01　　在与高度为 h 的高墙相距 d 处,从地面将一小球抛过墙,试求所需的最小初速度 $v_{0\min}$ 及相应的抛射角 θ.

【提示】　先求得小球能到达墙顶的初速度 v_0 与抛射角 θ 的函数关系,然后再求 v_0 的极小值.

【题解】　**解法 1**　取抛出点为坐标系原点,取水平方向和竖直方向分别为 x 轴和 y 轴的方向.与小球以最小初速度抛过墙所对应的轨迹必是与墙顶端相切的抛物线.当小球到达墙顶端时,有

$$\begin{cases} d = v_0 \cos\theta t & (1) \\ h = v_0 \sin\theta t - \dfrac{1}{2}gt^2 & (2) \end{cases}$$

由(1),(2)式消去 t 可得

$$h = d\tan\theta - \frac{gd^2}{2v_0^2\cos^2\theta} \tag{3}$$

(3)式可表示为

$$v_0^2 = \frac{gd^2}{2\cos\theta(d\sin\theta - h\cos\theta)} \tag{4}$$

由(4)式可知,要求 v_0 的最小值,只需求上式分母的最大值.上式分母可化为

$$2\cos\theta(d\sin\theta - h\cos\theta) = 2\cos\theta\sqrt{d^2 + h^2}\sin(\theta - \alpha) = \sqrt{d^2 + h^2}\left[\sin(2\theta - \alpha) - \sin\alpha\right]$$

上式中 α 为抛出点和墙顶点的连线与水平线的夹角,如图所示.由上式可知,当 θ 满足 $2\theta - \alpha = \dfrac{\pi}{2}$,即 $\theta = \dfrac{\pi}{4} + \dfrac{\alpha}{2}$ 时,(4)式分母值最大,即 v_0^2 的值最小,v_0^2 的最小值为

$$v_{0\min}^2 = \frac{gd^2}{\sqrt{d^2 + h^2}(1 - \sin\alpha)} = \frac{gd^2}{\sqrt{d^2 + h^2} - h} = g(\sqrt{d^2 + h^2} + h)$$

即当抛射角 $\theta = \dfrac{\pi}{4} + \dfrac{1}{2}\arctan\dfrac{h}{d}$ 时,小球抛过墙的初速度为最小,最小值为 $v_{0\min} = \sqrt{g(\sqrt{d^2 + h^2} + h)}$.

解法 2　当小球抛到墙顶端时,小球速度 $\boldsymbol{v}$ 与初速度 $\boldsymbol{v}_0$ 之间的关系为 $\boldsymbol{v} = \boldsymbol{v}_0 + \boldsymbol{g}t$,可画出满足此方程的矢量三角形,如图所示.此三角形的面积

$$S = \frac{1}{2}gtv_0\cos\theta = \frac{1}{2}gd \tag{5}$$

(5)式表明:无论以多大初速度 v_0、多大抛射角 θ 抛出小球,只要小球从墙顶切过,在相切点小球速度矢量三角形的面积是恒定的.由于 $v = \sqrt{v_0^2 - 2gh}$,可见最小的 v_0 对应于最小的 v.由几何知识可知:只有在 $\boldsymbol{v}$ 与 $\boldsymbol{v}_0$ 的方向相互垂直时,所需的 v_0 与 v 为最小,此时有

$$S = \frac{1}{2}v_0 v = \frac{1}{2}v_0\sqrt{v_0^2 - 2gh} \tag{6}$$

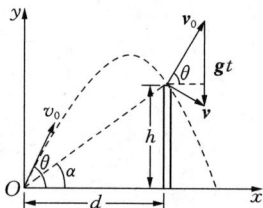

题解 1.01 图

由(5),(6) 式可得 $v_0\sqrt{v_0^2-2gh}=gd$,即 $(v_0^2)^2-2gh(v_0^2)-g^2d^2=0$,可解得 $v_{0\min}^2=g(\sqrt{d^2+h^2}+h)$.

由速度矢量三角形可得

$$v_0\cos\theta=v\sin\theta=\sqrt{v_0^2-2gh}\sin\theta$$

将 $v_0^2=g(\sqrt{d^2+h^2}+h)$ 代入上式,可得

$$\tan\theta=\frac{h+\sqrt{d^2+h^2}}{d}\ ,\quad \theta=\frac{\pi}{4}+\frac{\alpha}{2}=\frac{\pi}{4}+\frac{1}{2}\arctan\frac{h}{d}$$

【点评】　与以最小初速度抛过墙相对应的抛物线是什么形状的?是最高点在墙的顶端,还是在墙的前方或后方?由本题的第 2 种解法可知:在墙顶端处小球的 **v** 应与 **v₀** 垂直,因此必定是最高点在墙的前方,而不是其余两种.

第 2 种解法是把物理问题与几何问题结合起来,从另一个视角来分析问题,从而使问题的求解较为简洁.

例题 1.02　将小球从地面抛过两堵高均为 h、间距为 d 的平行墙,试求所需的最小初速度、相应的抛射角及抛出点与邻近墙之间的距离.

【提示】　把小球在墙顶上方的运动作为一独立的斜抛运动,然后再把墙顶上方的运动与墙顶下方的运动联系起来.

【题解】　与以最小初速度抛过 A,B 两堵墙相对应的抛物线,必是与 A 墙顶相切的,如图所示. 设当小球到达 A 墙顶时的速度为 v,与水平线的夹角为 α,相当于小球从 A 墙顶端以速度 v、抛射角 α 被抛出. 只要能抛到 B 墙顶端,即从 B 墙顶端切过,就可抛过此两堵墙. 由抛物运动射程公式,有

$$\frac{v^2\sin 2\alpha}{g}=d \tag{1}$$

从此式可知,当 $\alpha=\dfrac{\pi}{4}$ 时,所需的 v 最小,

$$v_{\min}=\sqrt{gd} \tag{2}$$

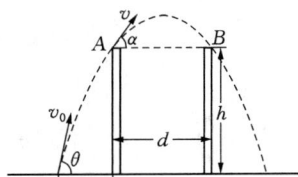

题解 1.02 图

由(2) 式及机械能守恒,即可求得抛过两堵墙所需的最小初速度 $v_{0\min}$ 为

$$v_{0\min}=\sqrt{v_{\min}^2+2gh}=\sqrt{g(d+2h)} \tag{3}$$

设小球抛出点与 A 墙的距离为 l,抛射角为 θ,则有 $v_0\cos\theta=v\cos\alpha$,即

$$\cos\theta=\frac{v}{v_0}\cos\alpha \tag{4}$$

将 $v_0=v_{0\min}=\sqrt{g(d+2h)}$, $v=v_{\min}=\sqrt{gd}$ 及 $\alpha=\dfrac{\pi}{4}$ 代入(4) 式,可得

$$\theta=\arccos\sqrt{\frac{d}{2(d+2h)}}$$

另有

$$\begin{cases} v_0\cos\theta t=l & (5)\\ v_0\sin\theta-gt=v\sin\alpha & (6) \end{cases}$$

由(5) 和(6) 式消去 t,并将(2),(3),(4) 式及 $\alpha=\dfrac{\pi}{4}$ 代入,可得

$$l=\frac{1}{2}(\sqrt{d(d+4h)}-d)$$

【点评】 本题与例题 1.01 看上去很相似,但由于抛出点不受限制,故求解方法应完全不同.本题的解题关键,是把小球在两墙顶间的运动与墙两侧的运动分开讨论,再从它们之间的联系来求解.

例题 1.03 炮从掩蔽所下向外发射炮弹,掩蔽所的顶是与水平面成 α 角的斜面,炮位 O 与掩蔽所顶点 P 相距 l,如图所示,炮弹发射的初速度为 v_0,试求炮弹的最远射程.

【提示】 讨论炮弹飞行轨道与掩蔽所相切的条件.

【题解】 以 O 点为坐标系原点,取平行于掩蔽所顶的方向为 x 轴方向、垂直于掩蔽所顶的方向为 y 轴方向,如图所示.在此坐标系中,炮弹运动在 y 方向的初速度和加速度分别为

$$v_{0y} = v_0 \sin(\theta - \alpha), \quad a_y = -g\cos\alpha$$

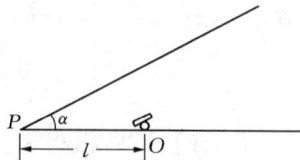
题 1.03 图

若炮弹运动轨道与掩蔽所相切,则相切点 A 的 y 坐标值为

$$y_A = h = l\sin\alpha = \frac{v_{0y}^2}{-2a_y} = \frac{v_0^2 \sin^2(\theta - \alpha)}{2g\cos\alpha}$$

则有

$$v_0^2 \sin^2(\theta - \alpha) = gl\sin 2\alpha \qquad (1)$$

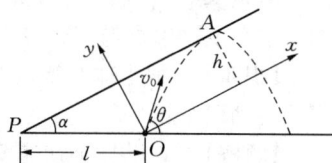
题解 1.03 图

由(1)式可作以下讨论:

(1) 若 $v_0 < \sqrt{gl\sin 2\alpha}$,则炮弹的轨道不可能与掩蔽所顶相切,故只要取 $\theta = \frac{\pi}{4}$,炮弹就可获最大射程 $L_{\max} = \frac{v_0^2}{g}$.

(2) 若 $v_0 \geqslant \sqrt{gl\sin 2\alpha}$,由(1)式可知,炮弹发射角 θ 取以下值时,其轨道与掩蔽所顶相切:

$$\theta = \alpha + \arcsin\frac{\sqrt{gl\sin 2\alpha}}{v_0} \qquad (2)$$

(i) 若(2)式表示的 $\theta \geqslant \frac{\pi}{4}$,即 $v_0 \leqslant \sqrt{\frac{2gl\sin 2\alpha}{1-\sin 2\alpha}}$,则只要取 $\theta = \frac{\pi}{4}$,炮弹就可获最大射程 $L_{\max} = \frac{v_0^2}{g}$.

(ii) 若 $\theta < \frac{\pi}{4}$,即 $v_0 > \sqrt{\frac{2gl\sin 2\alpha}{1-\sin 2\alpha}}$,则炮弹的发射角取 $\theta = \alpha + \arcsin\frac{\sqrt{gl\sin 2\alpha}}{v_0}$,炮弹可获最大射程

$$L_{\max} = \frac{v_0^2 \sin 2\left(\alpha + \arcsin\frac{\sqrt{gl\sin 2\alpha}}{v_0}\right)}{g}$$

【点评】 本题是求以恒定初速度射出的炮弹所获最大的射程,如无任何限制,也不考虑空气阻力的影响,只需将炮弹以 $\theta = \frac{\pi}{4}$ 的仰角射出,即可获最大射程.由于本题有了掩蔽所的存在,讨论炮弹在飞行中是否会与掩蔽所的顶相碰及其相应的条件,是极其必要的.此外,在求得炮弹轨道与掩蔽所顶相切的条件时,选择与此斜坡平行和垂直的两方向分别为坐标系的 x、y 轴的方向,可使求解较为简便.

例题 1.04 一盏灯挂在天花板下 h_1 处,灯离地面的高度为 h_2,灯泡突然爆破成许多碎片,所有碎片以相同的初速度 v_0 向各方向飞散.若碎片与天花板的碰撞是弹性的,碎片落地后并不反弹,且碰不到墙.试求碎片落地区域的半径.

【提示】 分别讨论灯爆炸后,飞得最远的碎片会与顶相碰和不会与顶相碰两种情况.

【题解】　取灯泡处为坐标系原点,坐标轴的方向如图选取. 如无天花板的限制,爆破的灯碎片以初速度 v_0、仰角 θ 飞出,其落地点到灯正下方、地上 O_2 点的距离设为 R. 由抛物运动公式可得

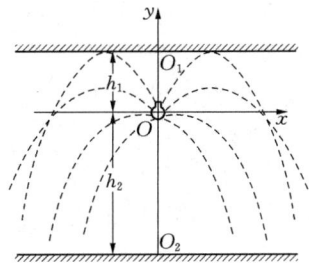

$$\begin{cases} v_0 \cos\theta t = R & (1) \\ v_0 \sin\theta t - \dfrac{1}{2}gt^2 = -h_2 & (2) \end{cases}$$

题解 1.04 图

将(1),(2)两式分别两边平方,再把两式相加,可得

$$R^2 + h_2^2 = v_0^2 t^2 - gv_0 \sin\theta t^3 + \frac{1}{4}g^2 t^4 \qquad (3)$$

将(2)式代入(3)式,得

$$R^2 = (v_0^2 + gh_2)t^2 - \frac{1}{4}g^2 t^4 - h_2^2 = \left(\frac{v_0^2}{g} + h_2\right)^2 - h_2^2 - \left[\frac{1}{2}gt^2 - \left(\frac{v_0^2}{g} + h_2\right)\right]^2 \qquad (4)$$

由(4)式可知,当 $t = \dfrac{1}{g}\sqrt{2(v_0^2 + gh_2)}$ 时,R 最大,其值为

$$R_{\max} = \frac{v_0}{g}\sqrt{v_0^2 + 2gh_2} \qquad (5)$$

将(5)式及 $t = \dfrac{1}{g}\sqrt{2(v_0^2 + gh_2)}$ 代入(1)式,可得与 $R_{\max}$ 相应的抛射角 θ_0 满足

$$\cos\theta_0 = \sqrt{\frac{v_0^2 + 2gh_2}{2(v_0^2 + gh_2)}} \qquad (6)$$

由(6)式可求得飞得最远的碎片能上升的最大高度为

$$h = \frac{v_0^2 \sin^2\theta_0}{2g} = \frac{v_0^2(1 - \cos^2\theta_0)}{2g} = \frac{v_0^4}{4g(v_0^2 + gh_2)} \qquad (7)$$

由(7)式可作以下讨论:

(1) 若 $h_1 \geqslant h$,即飞得最远的碎片在飞行过程中不会与天花板相碰,故碎片落地范围的半径 r 就是 $R_{\max}$,即 $r = R_{\max} = \dfrac{v_0}{g}\sqrt{v_0^2 + 2gh_2}$. 此情况的条件也可表示为 $v_0^2 \leqslant 2g(h_1 + \sqrt{h_1(h_1 + h_2)})$.

(2) 若 $h_1 < h$,即若 $v_0^2 > 2g(h_1 + \sqrt{h_1(h_1 + h_2)})$,则飞得最远的碎片,在飞行中会与天花板相碰,从而改变其轨道. 对于这种情况,可以证明在所有碎片中,其轨道与天花板相切的碎片可飞得最远,证明如下:

(i) 由机械能守恒定律可知,无论是与天花板相切的碎片,还是与之相碰的碎片,到达天花板时的速度 v 均相同. 与天花板作弹性碰撞后的碎片均以原速 v 作斜向下抛的抛物运动,而与天花板相切的碎片,相当于在相切点以相同速度 v 作平抛运动. 由抛物运动知识可知:在相同高度、以相同初速度抛出的物体中,作平抛运动的物体比作任何方向的斜向下抛的物体可抛得更远.

(ii) 与天花板相碰的各碎片相比,与天花板相切的碎片到达天花板时的位置,离灯的正上方天花板上 O_1 点的距离更远.

由以上两点分析可知,与天花板相切的碎片将飞得最远.

设与天花板相切的碎片在飞出时的抛射角为 θ',故有 $\dfrac{v_0^2 \sin^2\theta'}{2g} = h_1$,即 $v_0 \sin\theta' = \sqrt{2gh_1}$,将此式代入(2)式,得

$$t^2 - 2\sqrt{\frac{2h_1}{g}}\,t - \frac{2h_2}{g} = 0$$

此方程的解为

$$t = \sqrt{\frac{2h_1}{g}} \pm \sqrt{\frac{2(h_1+h_2)}{g}}$$

略去上式中"－"号的解，再将"＋"号的解代入(1)式，即可获得此情况中碎片落地的范围半径

$$r = \frac{1}{g}\sqrt{v_0^2 - 2gh_1}\left[\sqrt{2gh_1} + \sqrt{2g(h_1+h_2)}\right]$$

例题 1.05　某人站在距高墙为 d 处做射击游戏. 他每次发射子弹的初速度均为 v_0.

(1) 他射出的多发子弹要击中墙上距地高为 h 的同一水平线，求子弹在墙上瞄准点的轨迹；

(2) 若子弹在墙上的击中点要高于此水平线，求瞄准点的范围.

【提示】　对子弹的运动可以子弹出射点为坐标原点建立三维坐标系，而为求得瞄准点的轨迹，则应在墙上另建立二维坐标系.

【题解】　(1) 坐标系 $O\text{-}xyz$ 如图所示，原点 O 为子弹射出点，墙面平行于 xOz 平面，与 O 相距为 d，y 轴与墙面的交点为 O' 点.

设某子弹的运动轨道在 yOz 平面内，其发射的仰角为 θ，墙上的瞄准点为 M，击中墙上距地高为 h 的 P 点. 对此子弹有

$$\begin{cases} v_0\sin\theta\, t - \frac{1}{2}gt^2 = h & (1)\\ v_0\cos\theta\, t = d & (2)\end{cases}$$

题解 1.05 图

由(1),(2)两式消去 t，可得

$$h = d\tan\theta - \frac{gd^2}{2v_0^2\cos^2\theta}$$

由此可得

$$\tan\theta = \frac{v_0^2 \pm \sqrt{v_0^4 - 2ghv_0^2 - g^2d^2}}{gd} \quad (3)$$

注：O' 应是发射方向与 $\overrightarrow{OK}$ 之间的夹角

过 O 点另取一坐标轴 y'，如图所示. 此轴与墙面的交点为 K，取 $\overline{KO'} = l$，则 $\overline{KO} = \sqrt{d^2+l^2}$. 设另有一子弹的运动轨道在 $y'Oz$ 平面内，其发射的仰角为 θ'，墙上的瞄准点为 N，击中墙上距地高同为 h 的 Q 点. 对此子弹，可得类似于(3)式的关系：

$$\tan\theta' = \frac{v_0^2 \pm \sqrt{v_0^4 - 2ghv_0^2 - g^2(d^2+l^2)}}{g\sqrt{d^2+l^2}} \quad (4)$$

过 O' 点另取一平面坐标系 $O'x'z'$，$O'K$ 为 x' 轴，$O'M$ 为 z' 轴. 在此坐标系中，N 点的坐标设为 (x', z'). 由图所示的几何关系可得

$$x' = l, \quad z' = \sqrt{d^2+l^2}\tan\theta'$$

将(4)式代入，得

$$z' = \frac{v_0^2}{g} \pm \frac{\sqrt{v_0^4 - 2ghv_0^2 - g^2d^2 - g^2x'^2}}{g}$$

由此可得

$$\left(z' - \frac{v_0^2}{g}\right)^2 + x'^2 = \left(\frac{\sqrt{v_0^4 - 2ghv_0^2 - g^2d^2}}{g}\right)^2 \quad (5)$$

(5) 式为在 $O'x'z'$ 坐标系中圆心在 $\left(0, \dfrac{v_0^2}{g}\right)$ 点、半径 $R = \dfrac{1}{g}\sqrt{v_0^4 - 2ghv_0^2 - g^2d^2}$ 的圆方程,此圆即为子弹击中距地高 h 的水平线的瞄准点的轨迹方程.

(2) 子弹若要击中墙上高于 h 水平线的点,只需将 $h'(>h)$ 代入(5)式中的 h,可知方程变为半径为 $R'(<R)$ 的圆.可见瞄准点在(5)式所示的圆内.

【点评】　本题涉及三维空间,选择好恰当的坐标系是求解本题的关键.

例题 1.06　在倾角为 $\alpha = 30°$ 的斜面底端固定一块与斜面垂直的挡板,在斜面上方空间的 A 点,由静止释放一小球,小球自由下落,与斜面和挡板碰撞后又重新回到 A 点.已知 A 点到斜面的垂直距离为 $h = 1.0\text{m}$,小球与斜面和挡板的碰撞都是弹性的,且小球与挡板的碰撞不超过两次.试求:

(1) A 点与挡板的垂直距离 L;

(2) 小球从 A 点释放后到又回到 A 点所经过的时间 t.

【提示】　分析小球与挡板的碰撞,以确定能使小球返回出发点的情况.

【题解】

(1) 取 A 点为坐标系原点,坐标轴选取如图所示.在此坐标系中,小球运动加速度沿 x,y 两方向的分量分别为

$$a_x = g\sin\alpha, \quad a_y = g\cos\alpha$$

小球从 A 点由静止开始释放后自由下落,落到斜面上的 B_1 点,与斜面碰撞跳起后作抛物运动,先后到达 $A_2, B_3, A_4, B_5\cdots$,其轨迹如图中实线所示,其中 A_2,$A_4\cdots$ 都在 x 轴上,分别过 $A_2, A_4\cdots$ 作斜面的垂线,交斜面于 $B_2, B_4\cdots$,再分别过 B_1, B_3 作斜面的垂线,交 x 轴于 $A_1, A_3\cdots$,小球从 A 至 B_1、从 B_1 到 A_2、从 A_2 到 $B_3\cdots$,经过的时间都是 T,

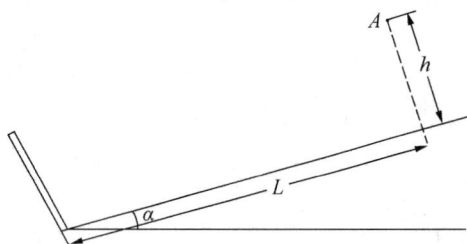

题 1.06 图

$$h = \frac{1}{2}a_y T^2, \quad T = \sqrt{\frac{2h}{a_y}} = \sqrt{\frac{2h}{g\cos\alpha}} = 2\sqrt{\frac{h}{\sqrt{3}g}}$$

若挡板的位置恰好在 $A_1B_1, A_2B_2, A_3B_3\cdots$ 处时,小球与挡板碰撞后会回到 A 点.这是因为当板的位置在 $A_1B_1, A_3B_3\cdots$ 时,小球与板的碰撞可视为小球先与斜面碰撞、跳起后紧接着与板碰撞,因小球的体积可忽略,这两次碰撞几乎同时进行,碰撞后以相同的速率沿与碰撞前相反的方向跳起.这与光线经两个互成直角平面镜反射后,沿与入射光线相反的方向出射相仿.而当板的位置在 A_2B_2,$A_4B_4\cdots$ 处时,小球与挡板碰撞时速度垂直于挡板,故碰撞后速度的大小不变,且方向相反,同时也垂直于挡板.可见以上这两种情况小球都会沿原轨迹返回 A 点,在整个运动过程中小球与挡板只发生一次碰撞,由此可得 A 点与挡板的垂直距离为

$$L = \frac{1}{2}a_x t^2 = \frac{1}{2}g\sin\alpha(nT)^2 = \frac{n^2 h}{\sqrt{3}} \quad (n = 1, 2, 3, \cdots)$$

图中画出了另一条轨迹线:此轨迹经过 $B, A_1, B_2, A_3\cdots$ 各点(如图中虚线所示),此轨迹线与 y 轴相切.若小球从 A 点由静止释放后沿 $A, B_1, A_2, B_3\cdots$ 轨迹(如图中实线所示)运动,与挡板碰撞后若转为此虚线轨迹,则小球到达 B 点时速度与斜面垂直,与斜面碰撞后沿此虚线轨迹返回挡板,再次与挡板碰撞,碰撞

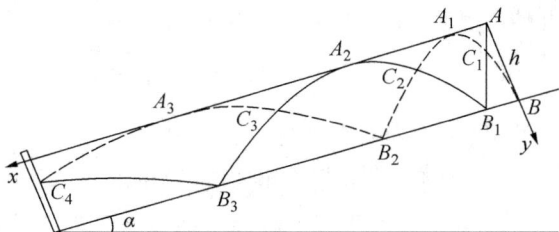

题解 1.06 图

后沿原实线轨迹回到 A 点.在这种情况下,小球在整个运动过程中与挡板发生两次碰撞,要完成上述运动,挡板只能位于两轨迹的交点 $C_1,C_2,C_3,C_4\cdots$ 点处.

下面求 C_1 点的位置坐标.C_1 点是 AB_1 和 A_1B 的交点,AB_1 轨道上各点坐标为

$$x = \frac{1}{2}a_xt^2, \quad y = \frac{1}{2}a_yt^2$$

AB_1 的轨道方程

$$y = \frac{a_y}{a_x}x = \cot\alpha x = \sqrt{3}x \tag{1}$$

A_1B 轨道上各点坐标为

$$x = \frac{1}{2}a_xt^2, \quad y = h - v_{0y}t + \frac{1}{2}a_yt^2$$

上式中 v_{0y} 是小球在 B 点反跳时 y 方向的速度,有

$$v_{0y} = \sqrt{2a_yh} = \sqrt{2g\cos\alpha h} = \sqrt{\sqrt{3}gh}$$

于是可得 A_1B 的轨道方程

$$y = h - 2\sqrt{\sqrt{3}hx} + \sqrt{3}x \tag{2}$$

由(1)式和(2)式可求得 C_1 点的 y 坐标,这也是各 C 点的 y 坐标,

$$y_{c_1} = \frac{1}{4}h = y_{c_2} = y_{c_3} = \cdots$$

小球从 A 点运动到 C_1 点经过的时间为 t_0,$y_{c_1} = \frac{1}{2}a_yt_0^2$,$t_0 = \sqrt{\frac{2y_{c_1}}{a_y}} = \sqrt{\frac{\frac{h}{2}}{\frac{\sqrt{3}}{2}g}} = \sqrt{\frac{h}{\sqrt{3}g}} = \frac{T}{2}$.

各 C 点的 x 坐标为

$$x_{cn} = \frac{1}{2}a_x(nT + t_0)^2 = \frac{1}{2}\cdot\frac{1}{2}g\left(n\sqrt{\frac{4h}{\sqrt{3}g}} + \sqrt{\frac{h}{\sqrt{3}g}}\right)^2 = \frac{\left(n+\frac{1}{2}\right)^2h}{\sqrt{3}}$$

$$= \frac{\left(n+\frac{1}{2}\right)^2}{\sqrt{3}}(\text{m}) \quad (n=0,1,2,3,\cdots)$$

综上所述,A 点到挡板的距离 L 有两种可能:

(i)　　　　　$L_n = \frac{n^2}{\sqrt{3}}(\text{m}) \quad (n=1,2,3,\cdots)$

此情况小球与挡板只发生一次碰撞.

(ii)　　　　$L_n = \left(n+\frac{1}{2}\right)^2\frac{1}{\sqrt{3}}(\text{m}) \quad (n=0,1,2,3,\cdots)$

此情况小球与挡板发生两次碰撞.

(2)整个过程与以上两种情况相对应所需的时间分别为

(i)　　　　　$t_n = 2nT = \frac{4n}{\sqrt{\sqrt{3}g}} \quad (n=1,2,3,\cdots)$

(ii)
$$t_n = 2(2n+1)T = 4(2n+1)\frac{1}{\sqrt{\sqrt{3}g}} \quad (n = 0,1,2,3,\cdots)$$

例题 1.07　一飞机在离地面高度为 h 处,以速度 v_0 水平匀速飞行,并向地面目标投掷炸弹.

(1) 为使炸弹击中地面上的目标,飞机应在离地面目标水平距离 L 为多大时投掷炸弹?

(2) 若在离地面目标距离为 d 处有一门炮,在飞机投掷炸弹的同时发射一炮弹,所图所示.为使炮弹能在空中击中飞机所投之炸弹,试求炮弹发射的最小初速度 $v_{\min}$ 及相应的发射角.

【提示】　注意炮弹相对炸弹的运动速度,并讨论要使炮弹在空中击中炸弹所需的最小相对速度与炸弹投出时速度的大小关系.

【题解】　(1) 炸弹被投出后,以与飞机相同的运动速度 v_0 为初速度作平抛运动,当击中地面上目标时,有

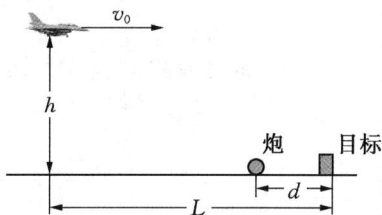

题 1.07 图

$$\begin{cases} h = \dfrac{1}{2}gt^2 & (1) \\ L = v_0 t & (2) \end{cases}$$

联立(1),(2)式,即可求得炸弹投掷点与目标的水平距离 $L = v_0\sqrt{\dfrac{2h}{g}}$.

(2) 设炸弹投掷时 $t = 0$,在时刻为 t 时炸弹的速度 $\boldsymbol{v}_1$ 为

$$\boldsymbol{v}_1 = \boldsymbol{v}_0 + \boldsymbol{g}t \tag{3}$$

地面上的炮以初速度 $\boldsymbol{v}$ 发射的炮弹此刻的速度 $\boldsymbol{v}_2$ 为

$$\boldsymbol{v}_2 = \boldsymbol{v} + \boldsymbol{g}t \tag{4}$$

取炸弹为运动参照系,在此参照系中,炮弹的相对速度 $\boldsymbol{v}'$ 为

$$\boldsymbol{v}' = \boldsymbol{v}_2 - \boldsymbol{v}_1 = \boldsymbol{v} - \boldsymbol{v}_0 \tag{5}$$

(5)式的矢量关系如图 1 所示.设经过时间 t_1,炮弹在空中击中炸弹,则有

$$v't_1 = \sqrt{(L-d)^2 + h^2} \tag{6}$$

由于炮弹击中炸弹的点要在空中,而炸弹在空中飞行的最长时间 $t = \sqrt{\dfrac{2h}{g}}$,故必有

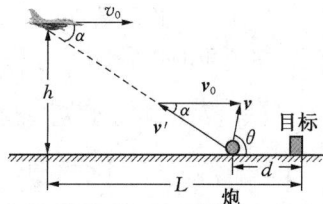

题解 1.07 图 1

$$t_1 \leqslant t = \sqrt{\frac{2h}{g}} \tag{7}$$

综合(6),(7)式,得

$$v' \geqslant \sqrt{(L-d)^2 + h^2}\sqrt{\frac{g}{2h}} \tag{8}$$

由(8)式可知,炮弹要在空中击中炸弹所需的最小相对速度为 $v'_m = \sqrt{(L-d)^2 + h^2}\sqrt{\dfrac{g}{2h}}$.

为求得炮弹相对地面的最小初速度,可作以下讨论:

(i) 若 $v_0\cos\alpha < v'_m = \sqrt{(L-d)^2 + h^2}\sqrt{\dfrac{g}{2h}}$,其中 $\cos\alpha = \dfrac{L-d}{\sqrt{(L-d)^2 + h^2}}$,故此条件可表示为

$v_0 < \dfrac{d^2+h^2}{d}\sqrt{\dfrac{g}{2h}}$. 由图 1 中矢量三角形可知, 要使 v 的值最小, v' 的值应尽可能地小, 故取 v'_m, 于是有

$$v_{\min}^2 = v_m'^2 + v_0^2 - 2v_m'v_0\cos\alpha = (L-d)^2\frac{g}{2h} + \frac{1}{2}gh + v_0^2 - 2v_0(L-d)\sqrt{\frac{g}{2h}}$$

将 $v_0 = L\sqrt{\dfrac{g}{2h}}$ 代入上式, 可得此情况下炮弹的最小发射速度为

$$v_{\min} = \sqrt{\frac{g}{2h}(d^2+h^2)}$$

由图 1 所示的几何关系, 可得与 $v_{\min}$ 相应的炮弹发射角 θ 满足 $v_{\min}\sin\theta = v_m'\sin\alpha$, 即有

$$\sin\theta = \frac{v_m'}{v_{\min}}\sin\alpha = \frac{h}{\sqrt{d^2+h^2}}$$

或可表示为

$$\tan\theta = \frac{h}{d}, \quad \theta = \arctan\frac{h}{d}$$

(ii) 若 $v_0\cos\alpha \geqslant v_m'$, 此情况的条件也可表示为 $v_0 \geqslant \dfrac{d^2+h^2}{d}\sqrt{\dfrac{g}{2h}}$. 此情况的速度矢量三角形如图 1 所示, 由图 1 可知, 只需使 $\boldsymbol{v}\perp\boldsymbol{v}'$, 则 v 达最小, 注意此时 $v' > v_m'$. 于是最小初速度 $v_{\min}$ 为

$$v_{\min} = v_0\sin\alpha = \frac{v_0 h}{\sqrt{(L-d)^2+h^2}} = \frac{v_0 h}{\sqrt{\left(v_0\sqrt{\frac{2h}{g}}-d\right)^2+h^2}}$$

与此最小初速度对应的发射角 θ 为

$$\theta = \frac{\pi}{2} - \alpha \text{ 或 } \theta = \arctan\left[\frac{v_0\sqrt{\dfrac{2h}{g}}-d}{h}\right]$$

以上的讨论均是取 $d < L$ 的情况, 即如图 1 所示的情况. 若取 $d \geqslant L$, 则速度矢量三角形如图 2 所示. 由图示的几何关系可知, 要使 v 最小, v' 应尽可能小, 故 v' 取 v_m', 用余弦定理就可求得 $v_{\min} = \sqrt{\dfrac{g}{2h}(h^2+d^2)}$.

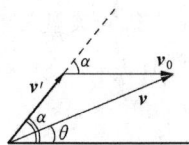

题解 1.07 图 2

此值与情况 (i) 相同, 与此相应的发射角也与情况 (i) 相同, 即 $\theta = \arctan\left(\dfrac{h}{d}\right)$.

例题 1.08　一半径为 R 的圆在纸面内以速度 v_1 向右匀速平动, 直线 MN 以速度 v_2 向上匀速平动. 当直线与圆的交点 P 与圆心 O 的连线 OP 与直线 MN 的夹角为 θ 时, 求 P 点位置变动的速度与加速度.

【提示】　P 点相对纸面的加速度与相对直线的加速度相等.

【题解】　先求 P 点位置变动的速度 $\boldsymbol{v}_P$.

取圆为运动参照系. 在此系中, 直线在垂直于直线方向的速度为 v_2, P 点的速度 $\boldsymbol{v}_P'$(相对速度)方向沿圆周的切向, P 点作为直线上的一点, 必有

$$v_P'\cos\theta = v_2 \qquad\qquad (1)$$

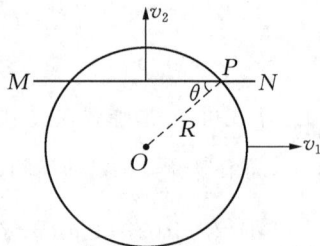

题 1.08 图

由相对运动公式, 可得 P 点相对纸面位置变动的速度 $\boldsymbol{v}_P$(绝对速

度)为

$$v_P = v'_P + v_1 \qquad (2)$$

其矢量关系如图 1 所示,由图示的几何关系可得

$$v_P = \sqrt{(v_1 - v'_P \sin\theta)^2 + v_2^2} = \sqrt{(v_1 - v_2\tan\theta)^2 + v_2^2}$$

v_P 的方向与直线的夹角 α 为

$$\cot\alpha = \frac{v_1 - v_2\tan\theta}{v_2} = \frac{v_1}{v_2} - \tan\theta, \quad \alpha = \text{arccot}\left(\frac{v_1}{v_2} - \tan\theta\right)$$

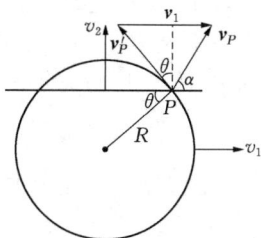

题解 1.08 图 1

下面再求 P 点位置变动的加速度:

先取圆为运动参照系. 在此系中,作为圆上的一点,P 点作圆周运动,且为变速圆周运动,故其相对加速度 a'_P 可表示为 $a'_P = a'_n + a'_t$,其中 a'_n 和 a'_t 分别为法向加速度和切向加速度. 法向加速度的值为

$$a'_n = \frac{v'^2_P}{R} = \frac{v_2^2}{R\cos^2\theta} \qquad (3)$$

由于圆相对纸面作匀速平动,由相对运动知识可知,P 点相对纸面的加速度 a_P 与 a'_P 相等,即

$$a_P = a'_P = a'_n + a'_t \qquad (4)$$

再取直线为运动参照系,在此系中,作为直线上的一点,P 点作直线运动,故其相对加速度 a''_P 的方向沿此直线. 由于直线相对纸面也作匀速平动,同样由相对运动知识可得

$$a_P = a''_P \qquad (5)$$

即相对纸面,P 点加速度 a_P 的方向就是沿直线方向. 图 2 表示(4)式中的矢量关系,于是便可求得 a_P 的值为

$$a_P = \frac{a'_n}{\cos\theta} \qquad (6)$$

将(3)式代入(6)式,有

$$a_P = \frac{v_2^2}{R\cos^3\theta}$$

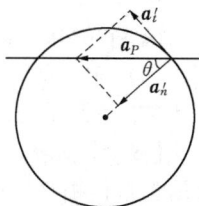

题解 1.08 图 2

【点评】 本题的 P 点加速度也可先通过 v'_P 对时间求导求得 a'_t,然后由 $a_P = a'_P = \sqrt{a'^2_n + a'^2_t}$ 来求得 a_P. 前面的解法是先后取圆和直线为运动参照系,通过分析求得 a_P 的方向沿直线. 于是,只需求得 a'_n 的值,便可求得 a_P 的值. 此种解法可避免求导,显得更为简便.

例题 1.09 一根细棒 AB 斜搁在半径为 R 的固定半圆柱面上,棒与地面接触的 A 端以速度 v 沿水平面作匀速直线运动,如图所示. 当棒与地面的夹角为 θ 时,试求:

(1) 棒上与圆柱面接触的 P 点此时的速度 v_P;

(2) 棒与圆柱面的交点 P' 位置变动的速度 $v_{P'}$.

【提示】 棒相对地面的转动角速度和在与 A 点一起运动的参照系中棒绕 A 点转动的角速度相等.

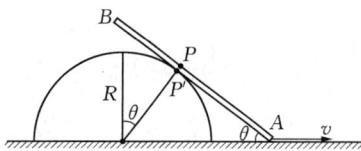

题 1.09 图

【题解】 (1) 取棒与地面的接触点 A 为运动参照系,在此系中,棒绕 A 点转动,故棒上与圆柱的接触点 P 点的速度(相对速度) v'_P 的方向为垂直于棒的方向,即沿圆柱半径指向圆心 O 的方向,设棒此刻绕 A 点转动的角速度为 ω,故有

$$v'_P = \omega l \qquad (1)$$

上式中 l 为棒上 P 点到 A 点的棒长. 由于受到固定半圆柱体的限制, 棒上 P 点的绝对速度 v_P 不可能有垂直于棒斜向下(即指向 O 点)的分量, 当然也不可能有垂直于棒斜向上的分量, 否则必然导致棒与柱面脱离, 故此时 v_P 的方向一定沿棒指向 A 点. 由相对运动公式可得

$$\boldsymbol{v}_P = \boldsymbol{v}'_P + \boldsymbol{v}$$

图 1 表示了上式的矢量关系, 由图 1 所示的几何关系可得

$$v_P = v\cos\theta \tag{2}$$

同时, 也可得

$$v'_P = v\sin\theta \tag{3}$$

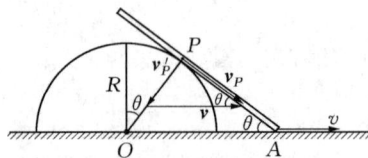
题解 **1.09 图 1**

(2) 联立(1),(3)式, 并注意到 $l = R\cot\theta$, 于是可得 $v\sin\theta = l\omega = R\cot\theta\omega$, 则有

$$\omega = \frac{v\sin^2\theta}{R\cos\theta} \tag{4}$$

此 ω 为在 A 点的参照系中棒绕 A 点转动的角速度. 由于这是平动参照系, 故 ω 也是棒相对地面参照系的转动角速度. 由图 2 可知, 当棒转过 $\Delta\theta$ 角时, 棒与圆柱面的交点 P' 点绕 O 作圆周运动也转过了 $\Delta\theta$ 角, 即其圆周运动的角速度也是 ω. 于是有

$$v_{P'} = \omega R \tag{5}$$

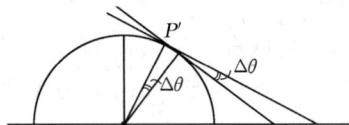
题解 **1.09 图 2**

将(4)式代入(5)式, 即可得

$$v_{P'} = \frac{v\sin^2\theta}{\cos\theta}$$

例题 1.10　由 4 根长为 $2l$ 和 4 根长为 l 的细杆构成合页构件, 各交叉点均由铰链铰接, 如图所示. 现铰接点 O_3 以速度 v 匀速地沿 x 方向运动. 当各杆与 x 轴成 θ 角时, 求:

(1) 铰链 A_1 和 B_3 的速度与加速度的值;

(2) 细杆 $A_3 B_2$ 的转动角速度和角加速度;

(3) 各铰链的运动轨迹方程.

【提示】　铰链 B_3 与铰链 A_1 的加速度值相等, 各杆的各转动量也相等.

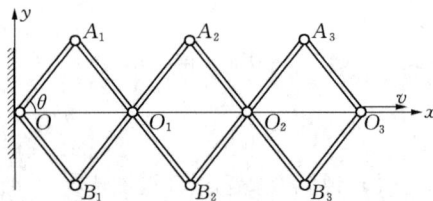
题 **1.10 图**

【题解】　(1) 当铰链 O_3 以速度 v 沿 x 轴运动时, 铰链 O_1 和 O_2 的速度分别为

$$v_{O_1} = \frac{1}{3}v, \quad v_{O_2} = \frac{2}{3}v$$

铰链 A_1 和 B_3 沿 x 方向的分速度分别为

$$v_{A_1 x} = \frac{1}{6}v, \quad v_{B_3 x} = \frac{5}{6}v$$

由于 A_1 点绕 O 作圆周运动, 故 v_{A_1} 的方向垂直于 OA_1 杆. 由图示的几何关系可知: v_{A_1} 的方向与 x 轴的夹角为 $\frac{\pi}{2} - \theta$, 由此可求得

$$v_{A_1} = \frac{v_{A_1 x}}{\cos\left(\frac{\pi}{2} - \theta\right)} = \frac{v}{6\sin\theta} \tag{1}$$

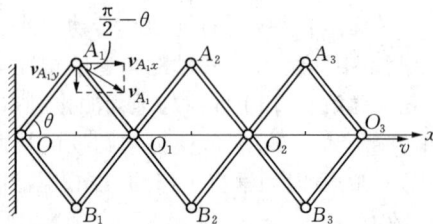
题解 **1.10 图**

同时可求得 A_1 点沿 y 方向的分速度的值为

$$v_{A_1 y} = v_{A_1} \cos\theta = \frac{v}{6}\cot\theta$$

由于 B_3 点的 y 方向分速度的值与 A_1 点相同,即

$$v_{B_3 y} = v_{A_1 y} = \frac{v}{6}\cot\theta$$

于是

$$v_{B_3} = \sqrt{v_{B_3 x}^2 + v_{B_3 y}^2} = \frac{v}{6}\sqrt{25 + \cot^2\theta} \tag{2}$$

本题中除铰链 O 以外,其余所有铰链沿 x 方向均作匀速运动.所以 A_1 和 B_3 的加速度沿 y 轴方向,其值分别设为 a_{A_1} 和 a_{B_3},而铰链 A_1 作圆周运动的法向加速度为

$$a_{A_1 n} = \frac{v_{A_1}^2}{l} = \frac{v^2}{36l\sin^2\theta} \tag{3}$$

故有

$$a_{A_1} = \frac{a_{A_1 n}}{\sin\theta} = \frac{v^2}{36l\sin^3\theta} \tag{4}$$

铰链 B_3 的加速度值与 A_1 相同,即

$$a_{B_3} = a_{A_1} = \frac{v^2}{36l\sin^3\theta}$$

(2) 由于各杆转动角速度与角加速度均相同,故只需求 OA_1 杆的角速度 ω 与角加速度 β 即可,

$$\omega = \frac{v_{A_1}}{l} = \frac{v}{6l\sin\theta} \tag{5}$$

由(3),(4) 式可求得 A_1 的切向加速度为

$$a_{A_1 t} = a_{A_1}\cos\theta = \frac{v^2\cos\theta}{36l\sin^3\theta}$$

由切向加速度便可求得角加速度 β,

$$\beta = \frac{a_{A_1 t}}{l} = \frac{v^2\cos\theta}{36l^2\sin^3\theta} \tag{6}$$

(5),(6) 式即是 $A_3 B_2$ 杆的转动角速度和角加速度的表示式.

(3) 铰链 O_1,O_2,O_3 沿 x 轴运动,其轨迹方程可表示为 $y = 0$.

铰链 A_1,A_2,A_3,B_1,B_2,B_3 可用 A_n,$B_n (n = 1, 2, 3)$ 符号表示,其位置坐标为

$$x_n = (2n-1)l\cos\theta, \quad y_n = \pm l\sin\theta$$

故轨迹方程为椭圆方程

$$\frac{x^2}{(2n-1)^2 l^2} + \frac{y^2}{l^2} = 1 \quad (n = 1, 2, 3)$$

■■■■ **例题 1.11**　两个半径均为 L 的轮子1和2置于水平地面上,并位于同一竖直平面内,两根长度也为 L 的细杆,一端用铰链 A 连接,另两端分别用铰链连在1轮的轮轴 O_1 上以及2轮的轮边 B 点上,如图所示.两轮沿地面作匀速纯滚动,1和2两轮心 O_1,O_2 的速度分别为 v_0 和 $2v_0$.当运动到图示位置时,AB 杆水平,$O_1 A$ 与 BO_2 与水平方向均成 $\theta = 30°$ 的夹角,试求此时铰链 A

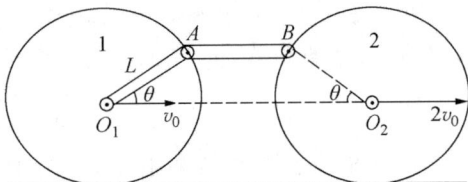

题 1.11 图

的速度与加速度. 注意: 铰链 A 与 1 轮的边缘并无接触.

【提示】　铰链 A 的加速度可通过两次相对运动原理求得，即分别以 O_1，B 点为参照系，求出 A 在这两个参照系中的向心加速度，并通过相对运动原理，求得这两个相对向心加速度与绝对加速度之间的关联，从而求得.

【题解】　先求 A 点的速度 v_A. 由于 2 轮沿地面作纯滚动，因此，B 点相对地面的速度方向垂直于 BP，$BP = 2L\cos\theta = \sqrt{3}L$，故

$$v_B = \sqrt{3}L\omega_2 = \sqrt{3}L\,\frac{(2v_0)}{L} = 2\sqrt{3}v_0$$

设 $\boldsymbol{v}_A = \boldsymbol{v}_x + \boldsymbol{v}_y$，其中 x 方向为水平向右，y 方向为竖直向下. 由 AB 杆的两端点沿杆方向的速度分量相等，可得

$$v_x = v_B\cos\theta = 2\sqrt{3}v_0 \cdot \frac{\sqrt{3}}{2} = 3v_0$$

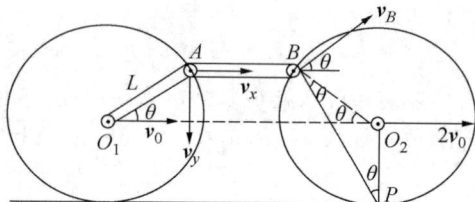

题解 1.11 图 1

由 O_1A 杆的两端点沿杆方向速度分量相等，可得 $v_x\cos\theta - v_y\sin\theta = v_0\cos\theta$，则

$$v_y = (v_x - v_0)\cot\theta = 2\sqrt{3}v_0$$

$$v_A = \sqrt{v_x^2 + v_y^2} = \sqrt{21}v_0$$

$\boldsymbol{v}_A$ 的方向与 AB 杆的夹角为 φ，有 $\tan\varphi = \dfrac{v_y}{v_x} = \dfrac{2\sqrt{3}}{3}$，可得 $\varphi = 49.1°$.

下面求 A 点的加速度 a_A. 取 O_1 点为运动参照系 S'，A 点绕 O_1 点做圆周运动，故 A 点的相对速度 $\boldsymbol{v}_A'$ 方向垂直于 O_1A. 由相对运动可知 $\boldsymbol{v}_A' = \boldsymbol{v}_A - \boldsymbol{v}_{o1}$，其值 $v_A' = v_x\sin\theta + v_y\cos\theta - v_0\sin\theta = 4v_0$.

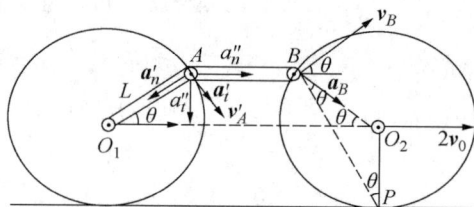

题解 1.11 图 2

在此 S' 参照系中，A 点的相对向心加速度

$$a_n' = \frac{v_A'^2}{L} = \frac{16v_0^2}{L} \tag{1}$$

由于牵连加速度 $a_{O_1} = 0$，由相对运动可知

$$\boldsymbol{a}_A = \boldsymbol{a}_A' + \boldsymbol{a}_{O_1} = \boldsymbol{a}_A' = \boldsymbol{a}_n' + \boldsymbol{a}_t' \tag{2}$$

上式中 $\boldsymbol{a}_t'$ 为相对切向加速度，其值可通过以下计算求得.

先求 B 点的加速度，若以 O_2 点为运动参照系，在此系中 B 点绕 O_2 作匀速圆周运动，其相对加速度为向心加速度，方向指向轮心 O_2 点，由于 O_2 点加速度为零，由相对运动可知，B 点的绝对加速度与相对加速度相等，其方向同样指向 O_2 点，大小为

$$a_B = \omega_2^2 L = \left(\frac{2v_0}{L}\right)^2 L = \frac{4v_0^2}{L} \tag{3}$$

现取 B 点为运动参照系 S''，在此 S'' 参照系中，A 绕 B 作圆周运动，因此 A 点的相对速度 $\boldsymbol{v}_A''$ 方向（图中未标出）垂直于 AB 杆向下. 同样由相对运动可知，$\boldsymbol{v}_A'' = \boldsymbol{v}_A - \boldsymbol{v}_B$，即

$$v_A'' = v_y - (-v_B\sin\theta) = 3\sqrt{3}v_0 \tag{4}$$

在此 S'' 参照系中，A 的相对向心加速度为

$$a_n'' = \frac{v_A''^2}{L} = \frac{27v_0^2}{L} \tag{5}$$

而由相对运动可知

$$a_A = a_A'' + a_B = a_n'' + a_t'' + a_B \qquad (6)$$

(6) 式中 a_t'' 为 S'' 系中相对切向加速度,由(2)式和(6)式可得

$$a_n' + a_t' = a_n'' + a_t'' + a_B$$

将以上各矢量投影到 x 方向,可得 $a_t'\sin\theta - a_n'\cos\theta = a_n'' + a_B\cos\theta$,则

$$a_t' = \frac{a_n''}{\sin\theta} + a_B\cot\theta + a_n'\cot\theta$$

将(1)式、(3)式、(5)式代入,可得

$$a_t' = (54 + 20\sqrt{3})\frac{v_0^2}{L} \qquad (7)$$

由(1)式、(2)式、(7)式可得 A 的加速度为

$$a_A = \sqrt{a_n'^2 + a_t'^2} = 90.07\frac{v_0^2}{L}$$

a_A 的方向与 O_1A 杆方向的夹角为 α,

$$\tan\alpha = \frac{a_t'}{a_n'} = 5.54, \quad \alpha = 79.8°$$

例题 1.12　一半径为 R 的圆盘 A 以角速度 ω_1 绕其固定的轴 O_1 匀角速转动,另一半径为 r 的圆盘 B 沿 A 的盘边作无滑动滚动,它绕自己的轴 O_2 以角速度 ω_2 匀速转动.试求 B 绕 A 运动一周所需的时间.

【提示】　先在圆盘 A 的转动参照系中求出 B 盘圆心的相对速度,再由相对运动公式求得其绝对速度.

【题解】　取圆盘 A 为运动参照系,在此匀速转动参照系中,圆盘 B 沿 A 的边缘作无滑动滚动,而 B 绕其圆心 O_2 转动的角速度 $\omega_2' = \omega_2 - \omega_1$.于是 O_2 点的相对速度 $v_{O_2}' = r\omega_2' = r(\omega_2 - \omega_1)$.

由相对运动知识可知,O_2 点的绝对速度 $\boldsymbol{v}_{O_2}$ 与相对速度 $\boldsymbol{v}_{O_2}'$ 的关系为

$$\boldsymbol{v}_{O_2} = \boldsymbol{v}_{O_2}' + \boldsymbol{\omega}_1 \times \boldsymbol{r}_{O_1O_2} \qquad (1)$$

其中 $\boldsymbol{r}_{O_1O_2}$ 为 O_1 指向 O_2 的矢量,故有

$$v_{O_2} = r(\omega_2 - \omega_1) + (R+r)\omega_1 = R\omega_1 + r\omega_2$$

由 O_2 点的绝对速度便可求得 B 的盘心 O_2 绕 A 的盘心 O_1 运动一周所需的时间 t 为

$$t = \frac{2\pi(R+r)}{v_{O_2}} = \frac{2\pi(R+r)}{R\omega_1 + r\omega_2}$$

题 1.12 图

【点评】　本题涉及运动参照系作匀速转动的相对运动问题,(1)式为速度变换公式.其中 $\boldsymbol{\omega}_1 \times \boldsymbol{r}_{O_1O_2}$ 为牵连速度.由此表示式可知,牵连速度与质点的位置有关.这与运动参照系作平动的相对运动速度变换中,牵连速度与质点位置无关是不同的.

例题 1.13　一半径为 R 的大钢圈在圈平面内绕圈上一点 P 以恒定角速度 ω 作逆时针方向转动.另一半径为 $\frac{1}{3}R$ 的小钢圈在同一平面内沿大钢圈内侧作无滑动滚动,滚动方向如图所示.当大钢圈绕 P 点转过一周时,小钢圈相对大钢圈正好转过两周.当小钢圈相对大钢圈运动到图示位置时,试分别求小钢圈上 A、B 两点的加速度.

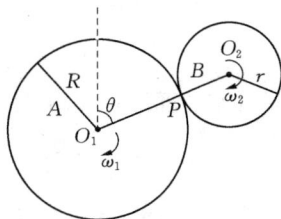

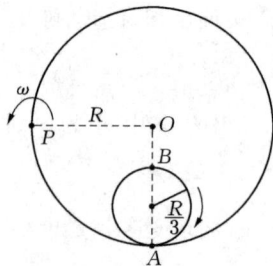

题 1.13 图

【提示】　可在大钢圈的转动参照系中求出小钢圈上 A,B 两点的相对速度和相对加速度，则此两点的绝对加速度即可通过相对运动公式求得.

【题解】　取大钢圈为运动参照系，如图所示. 在此匀速转动参照系中，设小钢圈沿大钢圈内侧作无滑动滚动时，转动角速度为 ω'，其圆心 C 的相对速度为

$$v'_C = \frac{R}{3}\omega' \tag{1}$$

根据题目所给条件：小钢圈在相对大钢圈转过一周的 t' 时间内，大钢圈绕 P 点转过半周，故有

$$t' = \frac{2\pi \times \frac{2}{3}R}{v'_C} = \frac{4\pi}{\omega'} = \frac{1}{2}\frac{2\pi}{\omega}$$

由上式可得

$$\omega' = 4\omega \tag{2}$$

将(2)式代入(1)式，得

$$v'_C = \frac{4}{3}\omega R \tag{3}$$

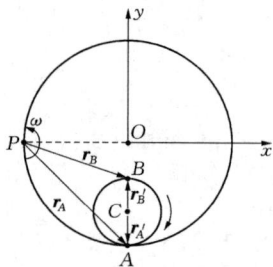

题解 1.13 图

为了求得小钢圈上 A,B 两点的相对加速度. 可设大钢圈为静止参照系，以小钢圈圆心 C 为运动（瞬时平动）参照系：在此系中，A,B 两点均作匀速圆周运动，相对加速度的值为

$$a''_A = a''_B = \omega'^2\frac{R}{3} = \frac{16}{3}\omega^2 R$$

牵连加速度为 C 点相对大钢圈的加速度 a'_C，

$$a'_C = \frac{v'^2_C}{\frac{2}{3}R} = \frac{8}{3}\omega^2 R$$

故 A,B 两点相对大钢圈的加速度分别为

$$\boldsymbol{a}'_A = \boldsymbol{a}''_A + \boldsymbol{a}'_C = (a''_A + a'_C)\hat{\boldsymbol{j}} = 8\omega^2 R\hat{\boldsymbol{j}}$$

$$\boldsymbol{a}'_B = \boldsymbol{a}''_B + \boldsymbol{a}'_C = (a'_C - a''_B)\hat{\boldsymbol{j}} = -\frac{8}{3}\omega^2 R\hat{\boldsymbol{j}}$$

求得 A,B 两点相对大钢圈的加速度，就可运用相对运动公式求得 A,B 两点的绝对加速度分别为

$$\boldsymbol{a}_A = \boldsymbol{a}'_A + \boldsymbol{\omega} \times (\boldsymbol{\omega} \times \boldsymbol{r}_A) = \boldsymbol{a}'_A + \boldsymbol{\omega} \times [\boldsymbol{\omega} \times (R\hat{\boldsymbol{i}} - R\hat{\boldsymbol{j}})] = 8\omega^2 R\hat{\boldsymbol{j}} + \omega^2 R\hat{\boldsymbol{j}} - \omega^2 R\hat{\boldsymbol{i}}$$
$$= -\omega^2 R\hat{\boldsymbol{i}} + 9\omega^2 R\hat{\boldsymbol{j}} = \omega^2 R(-\hat{\boldsymbol{i}} + 9\hat{\boldsymbol{j}}) \tag{4}$$

$$\boldsymbol{a}_B = \boldsymbol{a}'_B + \boldsymbol{\omega} \times (\boldsymbol{\omega} \times \boldsymbol{r}_B) + 2\boldsymbol{\omega} \times \boldsymbol{v}'_B \tag{5}$$

(5)式中 $\boldsymbol{v}'_B$ 为 B 点相对大钢圈的运动速度，

$$\boldsymbol{v}'_B = 2\boldsymbol{v}'_C = \frac{8}{3}\omega R\hat{\boldsymbol{i}} \tag{6}$$

将(6)式代入(5)式即得

$$a_B = a'_B + \boldsymbol{\omega} \times \left[\boldsymbol{\omega} \times \left(R\hat{i} - \frac{R}{3}\hat{j} \right) \right] + 2\boldsymbol{\omega} \times \frac{8}{3}\omega R\hat{i}$$

$$= -\frac{8}{3}\omega^2 R\hat{j} + \frac{\omega^2}{3}R\hat{j} - \omega^2 R\hat{i} + \frac{16}{3}\omega^2 R\hat{j} = \omega^2 R(-\hat{i} + 3\hat{j})$$

【点评】　(4)和(5)两式分别为 A 和 B 两点的绝对加速度与在匀速转动参照系中相对加速度之间的关系式,其中 $\boldsymbol{\omega} \times (\boldsymbol{\omega} \times \boldsymbol{r}_A)$ 和 $\boldsymbol{\omega} \times (\boldsymbol{\omega} \times \boldsymbol{r}_B)$ 为牵连加速度. 与 A 点相对转动参照系静止不同, B 点在此系中运动,速度为 $\boldsymbol{v}'_B$. 因此,与(4)式相比,(5)式还多了一项 $2\boldsymbol{\omega} \times \boldsymbol{v}'_B$,这项即为科里奥利加速度.

例题 1.14　在半径分别为 R 和 $2R$ 的两同轴薄壁圆筒 A,B 的两筒壁间,夹有一半径恰为 $\frac{1}{2}R$ 的小圆筒. 当 A,B 两筒分别以 ω_1 和 ω_2 的角速度沿相反方向匀速转动时,小圆筒也跟着转动,小圆筒转动时,与 A,B 两筒的接触点间无相对滑动,如图所示. 试求:

(1) 小圆筒相对地面和相对 B 筒运动一周所需的时间各为多少?

(2) 小圆筒上与 B 筒的接触点 C 此时相对地面和相对 A 筒的加速度各为多大?

【提示】　正确求得小圆筒筒心相对地面、相对 A 筒和相对 B 筒的速度和加速度,是求解本题的关键.

【题解】　(1) 设小圆筒轴心 O 相对地面的速度为 $\boldsymbol{v}_0$,转动角速度为 ω. 由于小圆筒与 A,B 筒接触点间无相对滑动,故取 O 点为运动(平动)参照系,如图所示. 由相对运动速度公式可得小圆筒上 C,D 两点的绝对速度 v_C 和 v_D,而 v_D 和 v_C 也分别正是 A,B 两筒壁与小圆筒接触点的速度,故有

$$\begin{cases} v_C = v_0 + \frac{R}{2}\omega = 2R\omega_2 & (1) \\ v_D = -v_0 + \frac{R}{2}\omega = R\omega_1 & (2) \end{cases}$$

由(1)和(2)式可解得

$$\omega = \omega_1 + 2\omega_2 \qquad (3)$$

$$v_0 = \frac{R}{2}(2\omega_2 - \omega_1) \qquad (4)$$

由于小圆筒轴心 O 绕 A,B 筒轴心 O' 作半径为 $\frac{3}{2}R$ 的圆周运动,故相对地面绕 O' 转一圈所需的时间 t 为

$$t = \frac{2\pi \times \frac{3}{2}R}{v_0} = \frac{6\pi}{2\omega_2 - \omega_1}$$

取 B 筒为运动(匀速转动)参照系,在此系中 O 点的速度设为 $\boldsymbol{v}'_0$,由相对运动速度公式得

$$\boldsymbol{v}'_0 = \boldsymbol{v}_0 - \boldsymbol{\omega}_2 \times \boldsymbol{r}'_0 \qquad (5)$$

(5)式中 $\boldsymbol{r}'_0$ 为 O' 指向 O 的矢量. $|\boldsymbol{r}'_0| = \frac{3}{2}R$,代入(5)式可得

$$v'_0 = \frac{R}{2}(2\omega_2 - \omega_1) - \omega_2 \times \frac{3}{2}R = -\frac{\omega_1 + \omega_2}{2}R \qquad (6)$$

于是小圆筒相对 B 筒运动一周所需的时间 t' 为

$$t' = \frac{2\pi \times \frac{3}{2}R}{|v'_0|} = \frac{6\pi}{\omega_1 + \omega_2}$$

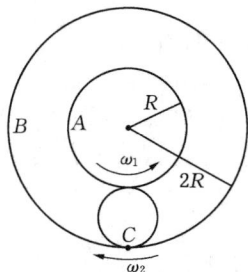
题 1.14 图

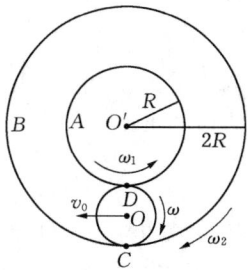
题解 1.14 图

(2) 先求小圆筒上 C 点相对地面的加速度 $\boldsymbol{a}_C$.

取 O 点为运动（平动）参照系. 由于 O 点绕 O' 点作匀速圆周运动, 故牵连加速度 a_0 的值为

$$a_0 = \frac{v_0^2}{\frac{3}{2}R} = \frac{R}{6}(2\omega_2 - \omega_1)^2 \tag{7}$$

而 C 点相对 O 点作匀速圆周运动, 故相对加速度

$$a_C' = \omega^2 \cdot \frac{R}{2} = \frac{R}{2}(\omega_1 + 2\omega_2)^2 \tag{8}$$

由相对运动公式, 得 $\boldsymbol{a}_C = \boldsymbol{a}_C' + \boldsymbol{a}_0$. 由此式及 (7), (8) 两式, 可得

$$a_C = a_C' + a_0 = \frac{R}{2}(\omega_1 + 2\omega_2)^2 + \frac{R}{6}(2\omega_2 - \omega_1)^2 = \frac{2}{3}R[(\omega_1 + \omega_2)^2 + 3\omega_2^2] \tag{9}$$

$\boldsymbol{a}_C$ 方向由 C 指向 O'.

下面求 C 点相对 A 筒的加速度 $\boldsymbol{a}_C''$.

解法 1 取 A 筒为运动（转动）参照系. 在此系中 O 点的相对速度设为 $\boldsymbol{v}_0''$, 由相对运动速度公式得 $\boldsymbol{v}_0'' = \boldsymbol{v}_0 - \boldsymbol{\omega}_1 \times \boldsymbol{r}'$, 故有

$$v_0'' = \frac{R}{2}(2\omega_2 - \omega_1) - \left(-\omega_1 \times \frac{3}{2}R\right) = (\omega_1 + \omega_2)R \tag{10}$$

在此参照系中, B 筒转动角速度为 $\omega_1 + \omega_2$. 设小圆筒绕 O 转动角速度为 ω', 故 C 点的相对速度 v_C'' 为

$$v_C'' = (\omega_1 + \omega_2) \cdot 2R = v_0'' + \omega' \frac{R}{2} \tag{11}$$

将 (10) 式代入 (11) 式, 可解得

$$\omega' = 2(\omega_1 + \omega_2) \tag{12}$$

取 A 筒为静止参照系, O 点为运动（平动）参照系, C 点的相对加速度为 $\boldsymbol{\omega}' \times (\boldsymbol{\omega}' \times \boldsymbol{r}_C'')$, 故其相对 A 筒的绝对加速度 $\boldsymbol{a}_C''$ 为

$$\boldsymbol{a}_C'' = \boldsymbol{a}_0'' + \boldsymbol{\omega}' \times (\boldsymbol{\omega}' \times \boldsymbol{r}_C'') \tag{13}$$

(13) 式中 $\boldsymbol{r}_C''$ 为由 O 指向 C 的矢量. $|\boldsymbol{r}_C''| = \dfrac{R}{2}$, 而 $a_0'' = \dfrac{v_0''^2}{\frac{3}{2}R} = \dfrac{2}{3}(\omega_1 + \omega_2)^2 R$, 将此与 (12) 式代入 (13) 式, 可得

$$a_C'' = \frac{2}{3}(\omega_1 + \omega_2)^2 R + 4(\omega_1 + \omega_2)^2 \times \frac{R}{2} = \frac{8}{3}(\omega_1 + \omega_2)^2 R$$

$\boldsymbol{a}_C''$ 的方向由 C 指向 O'.

解法 2 取 A 筒为运动（转动）参照系. 并直接由转动参照系的相对运动加速度公式求得 $\boldsymbol{a}_C''$,

$$\boldsymbol{a}_C'' = \boldsymbol{a}_C - \boldsymbol{\omega}_1 \times (\boldsymbol{\omega}_1 \times \boldsymbol{r}_C') - 2\boldsymbol{\omega}_1 \times \boldsymbol{v}_C' \tag{14}$$

(14) 式中 $\boldsymbol{v}_C''$ 的值可由将 (10), (12) 式代入 (11) 式而求得,

$$v_C'' = v_0'' + \omega' \frac{R}{2} = (\omega_1 + \omega_2)R + 2(\omega_1 + \omega_2) \times \frac{R}{2} = 2(\omega_1 + \omega_2)R \tag{15}$$

将 (9), (15) 式代入 (14) 式, 便可得

$$a_C'' = \frac{2}{3}R[(\omega_1 + \omega_2)^2 + 3\omega_2^2] - \omega_1^2 \times 2R + 2\omega_1 \times 2(\omega_1 + \omega_2)R = \frac{8}{3}(\omega_1 + \omega_2)^2 R$$

例题 1.15 A, B 两质点分别沿半径为 a 和 b 的同心圆作同方向的匀速圆周运动, 两质点运动速率与半径成反比. 试求: 当两质点的相对速度方向与它们的连线平行时, 两质点与圆心连线间的夹

角 θ.

【提示】　分别画出 A, B 两点的速度和相对速度的矢量关系图,以及 A, B 两点和圆心 O 的位置关系图,并利用几何关系求解.

【题解】　当 A, B 两质点的相对速度 $v' = v_A - v_B$ 方向与两质点连线平行时,A, B 的速度 v_A, v_B 和 v' 的矢量关系如图所示.对 $\triangle AOB$ 运用正弦定理,可得

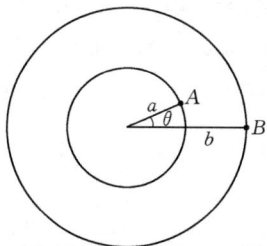

$$\frac{a}{\sin\phi} = \frac{b}{\sin(\theta+\phi)}$$

上式也可写成

$$b\sin\phi = a\sin(\theta+\phi) \tag{1}$$

对由 v_A, v_B 与 v' 构成的矢量三角形运用正弦定理,得

$$\frac{v_A}{\sin[\pi-(\theta+\alpha)]} = \frac{v_B}{\sin\alpha} \tag{2}$$

由于此时 v' 矢量线与 A、B 的连线平行,故有

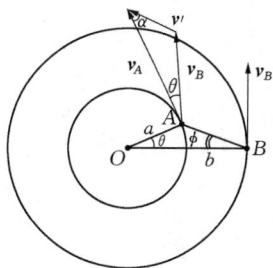

题解 **1. 15** 图

$$\pi-(\theta+\alpha) = \pi-\left(\frac{\pi}{2}-\phi\right)$$

$$\alpha = \frac{\pi}{2}-(\theta+\phi) \tag{3}$$

将(3)式代入(2)式,得

$$\frac{v_A}{\cos\phi} = \frac{v_B}{\cos(\theta+\phi)} \tag{4}$$

由题目所给条件:两质点的速率与半径成反比,即有

$$\frac{v_A}{v_B} = \frac{b}{a} \tag{5}$$

将(5)式代入(4)式,可得

$$a\cos\phi = b\cos(\theta+\phi) \tag{6}$$

将(1)式与(6)式两边相加,得

$$b\sin\phi + a\cos\phi = a\sin(\theta+\phi) + b\cos(\theta+\phi)$$

上式两边乘以 $\dfrac{1}{\sqrt{a^2+b^2}}$,并设 $\tan\beta = \dfrac{b}{a}$,则上式变为

$$\cos(\beta-\phi) = \sin(\theta+\phi+\beta) \tag{7}$$

由(7)式,可得 $\theta+\phi+\beta = \dfrac{\pi}{2}-\beta+\phi$,即 $\theta = \dfrac{\pi}{2}-2\beta$,故

$$\cos\theta = \sin 2\beta = \frac{2ab}{a^2+b^2}, \quad \theta = \arccos\frac{2ab}{a^2+b^2}$$

例题 1.16　一长为 l 的光滑斜杆 AB 与过其 A 端的竖直轴成固定角 α,并绕此竖直轴以恒定角速度 ω 旋转,杆上套有一质量为 m 的小环,小环从 A 端以相对杆向上的初速 v_0 开始运动.试求:

(1) v_0 至少多大小环才能到达 B 端?

(2) 小环到达 B 端时对杆的作用力.

【提示】　在随杆一起转动的参照系中,分析小环在运动中有无所受沿杆方向合力为零的位置,若有,小环只要能到达此位置,即可到达杆的 B 端.

【题解】 设小环到杆 A 端的距离为 x，如图所示. 在随杆一起运动的转动参照系中，小球所受的外力中沿杆方向有分量的为重力 mg 和惯性离心力 $f_i = m\omega^2 x\sin\alpha$. 设当小环运动到 $x = x_0$ 位置时，小环沿杆方向所受的合力为零，即 $mg\cos\alpha = m\omega^2 x_0\sin^2\alpha$，可解得

$$x_0 = \frac{g\cos\alpha}{\omega^2\sin^2\alpha} \tag{1}$$

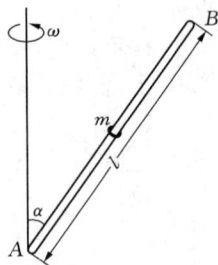

题 1.16 图

（1）若 $x_0 < l$，即 $\omega > \sqrt{\dfrac{g\cos\alpha}{l\sin^2\alpha}}$. 对于此情况，小环在 $x < x_0$ 区域中运动时，其沿杆方向的合外力是指向 A 的方向，而在 $x > x_0$ 区域中运动时，则沿杆方向的合外力方向指向 B. 可见，小环只要能到达 $x = x_0$ 处，就可加速到达 B 端. 在旋转参照系中，小环的运动方程为

$$m\frac{dv}{dt} = m\omega^2 x\sin^2\alpha - mg\cos\alpha \tag{2}$$

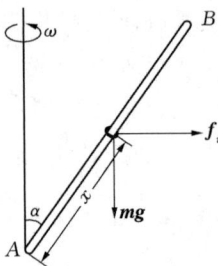

题解 1.16 图

（2）式可写成 $\dfrac{dv}{dx}\dfrac{dx}{dt} = \omega^2\sin^2\alpha x - g\cos\alpha$，即 $v\,dv = (\omega^2\sin^2\alpha x - g\cos\alpha)dx$，对其两边求定积分，

$$\int_{v_0}^0 v\,dv = \int_0^{x_0} (\omega^2\sin^2\alpha x - g\cos\alpha)dx \tag{3}$$

积分后求得

$$-\frac{1}{2}v_0^2 = \frac{1}{2}\omega^2\sin^2\alpha x_0^2 - g\cos\alpha x_0 \tag{4}$$

将(1) 式代入(4) 式，得

$$v_0 = \sqrt{2g\cos\alpha\frac{g\cos\alpha}{\omega^2\sin^2\alpha} - \omega^2\sin^2\alpha\frac{g^2\cos^2\alpha}{\omega^4\sin^4\alpha}} = \frac{g}{\omega}\cot\alpha$$

故只需满足 $v_0 \geqslant \dfrac{g}{\omega}\cot\alpha$，小环就可运动到 B 端.

（2）若 $x_0 \geqslant l$，即 $\omega \leqslant \sqrt{\dfrac{g\cos\alpha}{l\sin^2\alpha}}$，则小环从 A 运动到 B 的过程中，沿杆方向的合力方向始终指向 A 端. 对于这种情况，(3) 式积分应写成

$$\int_{v_0}^0 v\,dv = \int_0^l (\omega^2\sin^2\alpha x - g\cos\alpha)dx \tag{5}$$

由(5) 式积分得 $-\dfrac{1}{2}v_0^2 = \dfrac{1}{2}\omega^2\sin^2\alpha l^2 - g\cos\alpha l$，则 $v_0 = \sqrt{2gl\cos\alpha - \omega^2\sin^2\alpha l^2}$

即应满足 $v_0 \geqslant \sqrt{2gl\cos\alpha - \omega^2\sin^2\alpha l^2}$，小环便可运动到 B 端.

【点评】 在转动参照系中，小环所受外力中沿杆方向有分量的是两个力：其一，重力是恒力；其二，惯性离心力是变力，随着小环位置的升高，此力将随之变大. 因此，小环所受沿杆方向的合力，从开始指向 A 端较大的力逐渐减小到零，继而方向指向 B 端，并逐渐增大. 本题只需分析杆上有无此合力方向的转换点，便可确定(3) 式或(5) 式中等号右边的积分上限.

例题 1.17 一根光滑的细杆被弯成如图所示的形状，并被固定在竖直平面(xOy) 内，形状曲线方程为 $y = \dfrac{1}{2a}x^2$（a 为正的常数）. 杆上套有一质量为 m 的小环.

（1）若小环从杆上 $x = 2a$ 处由静止释放，求运动到 $x = a$ 处时对杆的作用力；

（2）若杆绕 y 轴以恒定角速度 ω_0 转动，则 ω_0 为多大时，环在杆上任何位置均能相对杆静止？

（3）若杆绕 y 轴转动的角速度 ω 取（2）中值的 $\frac{\sqrt{2}}{2}$ 倍，即 $\omega = \frac{\sqrt{2}}{2}\omega_0$，则小环从杆上 $x = 2a$ 处由相对杆静止释放，当小环运动到 $x = a$ 处时对杆的作用力又为多大？

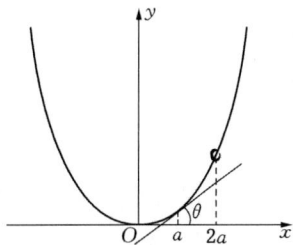

【提示】 抛物线形状的弯杆在某处的曲率半径，可通过作相同形状轨迹的抛物运动的法向方程求得. 此外，在随弯杆一起转动的参照系中，小环除受重力、支持力、惯性离心力以外，由于环在运动，还将受到科里奥利力的作用.

题 1.17 图

【题解】 （1）由弯杆形状方程 $y = \frac{1}{2a}x^2$ 可得，小环在 $x = 2a$ 和 $x = a$ 时的 y 值分别为

$$y(2a) = 2a, \quad y(a) = \frac{1}{2}a$$

小环从 $x = 2a$ 处由静止释放，当到达 $x = a$ 处时的速度设为 v，则由机械能守恒定律，得

$$\frac{1}{2}mv^2 = mg[y(2a) - y(a)]$$

$$v = \sqrt{2g[y(2a) - y(a)]} = \sqrt{3ga} \tag{1}$$

以下求 $x = a$ 处杆的曲率半径.

解法 1 把杆的形状曲线与平抛运动的抛物线轨迹作类比. 即从 O 点以初速度 v_0（沿 x 方向）抛出一物体，此物的重力加速度 g 的方向取为沿 y 方向，则此物的运动方程为

$$\begin{cases} x = v_0 t & (2) \\ y = \frac{1}{2}gt^2 & (3) \end{cases}$$

（2），（3）式中消去 t，可得

$$y = \frac{g}{2v_0^2}x^2 \tag{4}$$

（4）式与弯杆形状方程 $y = \frac{1}{2a}x^2$ 相类比，可得

$$a = \frac{v_0^2}{g} \tag{5}$$

在 $x = a$ 处，$x = a = v_0 t$，$t = \frac{a}{v_0}$，将（5）式代入得 $t = \frac{v_0}{g}$，故此时 $v_y = gt = v_0 = v_x$. 可见，此处轨道切线与 x 轴夹角 $\theta = \frac{\pi}{4}$，故此处法向加速度 $a_n = g\cos\theta = \frac{\sqrt{2}}{2}g$，由此可求得此处曲率半径 $\rho(a)$ 为

$$\rho(a) = \frac{v^2}{a_n} = \frac{(v_x^2 + v_y^2)}{a_n} = \frac{2v_0^2}{\frac{\sqrt{2}}{2}g} = 2\sqrt{2}\,\frac{v_0^2}{g} = 2\sqrt{2}a$$

解法 2 用 $\rho = \left| \frac{[1 + (y')^2]^{\frac{3}{2}}}{y''} \right|$ 公式求解. 由于 $y' = \frac{dy}{dx} = \frac{x}{a}$，$y'' = \frac{d^2y}{dx^2} = \frac{1}{a}$，将此两式代入，可得

$$\rho = \left| \frac{\left[1 + \left(\frac{x}{a}\right)^2\right]^{\frac{3}{2}}}{\frac{1}{a}} \right|_{x=a} = 2\sqrt{2}a$$

当小环运动到 $x = a$ 处,由图 1 所示的小环受力情况,可得其法向运动方程为

$$N - mg\cos\theta = m\frac{v^2}{\rho} \qquad (6)$$

将(1)式代入(6)式,即可解出

$$N = mg\cos\theta + m\frac{v^2}{\rho} = \frac{5}{4}\sqrt{2}mg$$

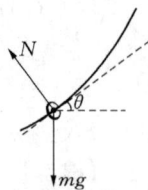

题解 1.17 图 1

（2）在随杆一起旋转的转动参照系中,相对杆不动的环受力情况如图 2 所示,故有

$$mg\sin\theta = f_i\cos\theta = m\omega_0^2 x\cos\theta \qquad (7)$$

其中轨道切线的斜率

$$\frac{\mathrm{d}y}{\mathrm{d}x} = \tan\theta = \frac{x}{a} \qquad (8)$$

将(8)式代入(7)式,得 $\omega_0 = \sqrt{\dfrac{g}{a}}$,即弯杆只需以 $\omega_0 = \sqrt{\dfrac{g}{a}}$ 的角速度绕 y 轴

转动,则小环在杆上任何位置均可相对杆静止.

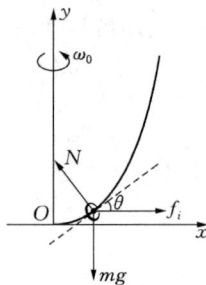

题解 1.17 图 2

（3）若 $\omega = \dfrac{\sqrt{2}}{2}\omega_0 = \sqrt{\dfrac{g}{2a}}$,在随杆转动的参照系中,小环从 $x = 2a$ 处滑至

$x = a$ 处的过程中,重力所作的功为

$$W_g = mg[y(2a) - y(a)] = mg\left(2a - \frac{a}{2}\right) = \frac{3}{2}mga$$

此外,惯性离心力 $f = m\omega^2 x$ 所做的功可与弹性力 $f = kx$ 类比,于是可得其功为

$$W_{f_i} = \frac{1}{2}m\omega^2[(a^2 - (2a)^2)] = -\frac{3}{2}m\omega^2 a^2$$

由动能定理可得

$$\frac{1}{2}mv'^2 = W_g + W_{f_i} = \frac{3}{2}mga - \frac{3}{2}m\omega^2 a^2$$

$$v'^2 = 3ga - 3\frac{g}{2a}a^2 = \frac{3}{2}ga \qquad (9)$$

在 $x = a$ 处,小环除受重力 mg、惯性离心力 $f_i = m\omega^2 x$ 和支持力 N 以外,由于小环沿杆方向有速度 v',故还受到科里奥利力 $f_c = 2mv'\omega\cos\theta$ 的作用. 此力方向为 $\boldsymbol{v}' \times \boldsymbol{\omega}$ 的方向,即垂直于纸面向里(在图 3 中未标出). 而杆对小环的支持力 $\boldsymbol{N}$ 应有两个方向的分力,即

$$\boldsymbol{N} = \boldsymbol{N}_1 + \boldsymbol{N}_2 \qquad (10)$$

其中 $\boldsymbol{N}_1$ 在纸面内,其值由小环在纸面内的法向运动方程确定,

$$N_1 - mg\cos\theta - m\omega^2 a\sin\theta = m\frac{v'^2}{\rho} \qquad (11)$$

将(9)式及 $\rho = 2\sqrt{2}a$ 代入(11)式,得

$$N_1 = \frac{\sqrt{2}}{2}mg + m\times\frac{g}{2a}\times a\times\frac{\sqrt{2}}{2} + m\frac{\frac{3}{2}ga}{2\sqrt{2}a} = \frac{9}{8}\sqrt{2}mg \quad (12)$$

而(10)式中的 $\boldsymbol{N}_2$ 与科里奥利力等值反向,即方向垂直于纸面向外,其值为

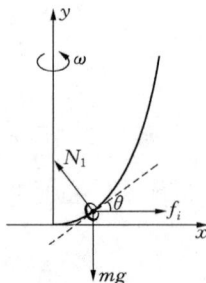

题解 1.17 图 3

$$N_2 = 2mv'\omega\cos\theta = 2m\sqrt{\frac{3}{2}ga} \times \sqrt{\frac{g}{2a}} \times \frac{\sqrt{2}}{2} = \frac{\sqrt{6}}{2}mg \tag{13}$$

由(12),(13) 式,可得杆对小环支持力 N 的值,此值也是小环对杆的作用力 N' 的值,

$$N' = N = \sqrt{N_1^2 + N_2^2} = \frac{\sqrt{258}}{8}mg \approx 2.01mg$$

【点评】　在转动参照系中,小环除了受重力、惯性离心力和支持力外,由于它有速度 v',还将受到科里奥利力的作用,此力可表示为 $\boldsymbol{f}_c = 2m\boldsymbol{v}' \times \boldsymbol{\omega}$. 科里奥利力很容易被遗漏,且应注意此力的方向是既垂直于 $\boldsymbol{v}'$,也垂直于 $\boldsymbol{\omega}$,即垂直于此两矢量构成的平面(纸面). 由于小环在此方向上无运动,故科里奥利力被支持力的分力 $\boldsymbol{N}_2$ 所平衡,而支持力的另一分力 $\boldsymbol{N}_1$ 在纸面内只需求得 $\boldsymbol{N}_1$ 的值. 根据勾股定律,即可求得 $\boldsymbol{N}_1$ 和 $\boldsymbol{N}_2$ 的合力 $\boldsymbol{N}$ 的值.

例题 1.18　一半径为 R 的水平大圆盘以角速度 Ω 绕其过圆心的竖直轴匀速转动. 一半径为 r、质量为 m 的小圆盘,从上轻放到大圆盘上,稳定后两圆盘盘轴的间距为 $d(d > r, R > d + r)$. 已知两盘间的摩擦系数为 μ.

(1) 试求小圆盘稳定转动的角速度 ω;

(2) 为使大圆盘转速保持不变,需对大圆盘施加多大的力矩?

【提示】　分析小圆盘任一直径上,相对盘心对称的两小段相对大圆盘接触点的运动,注意这两小段所受摩擦力的方向即为此相对运动的反方向. 讨论这对摩擦力的力矩对小圆盘转动的影响,以及小圆盘的转动角速度为多大时,才能使此摩擦力矩为零?

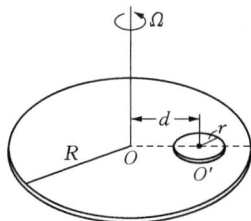

题 1.18 图

【题解】　(1) 在小圆盘上任取一直径,在此直径上取相对盘心 O' 对称的两个小段,此两小段的中心为 A_1 和 A_2,如图 1 所示.

当小圆盘刚放下时,与小圆盘 A_1,A_2 点接触的大圆盘上两点的速度分别为 $\boldsymbol{v}_1$ 和 $\boldsymbol{v}_2$,方向分别垂直于 r_1 和 r_2,此时作用于 A_1,A_2 点的摩擦力 $\boldsymbol{f}_1$ 和 $\boldsymbol{f}_2$ 的方向,则分别沿 $\boldsymbol{v}_1$ 和 $\boldsymbol{v}_2$ 的方向. 由图 1 可知,$\boldsymbol{f}_1$ 相对 O' 的力臂 l_1 小于 $\boldsymbol{f}_2$ 相对 O' 的力臂 l_2,故 $\boldsymbol{f}_1$ 和 $\boldsymbol{f}_2$ 相对 O' 的合力矩,使小圆盘以与大圆盘相同的转动方向绕 O' 加速转动.

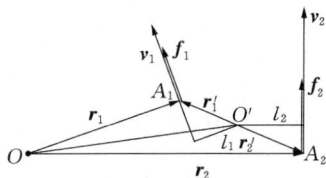

题解 1.18 图 1

设某时刻小圆盘的转动角速度为 $\omega(< \Omega)$,小圆盘上的 A_1,A_2 点此刻的速度分别为 $\boldsymbol{u}_1 = \boldsymbol{\omega} \times \boldsymbol{r}_1'$,$\boldsymbol{u}_2 = \boldsymbol{\omega} \times \boldsymbol{r}_2'$,而与 A_1,A_2 点接触的大圆盘上的两点速度分别为 $\boldsymbol{v}_1 = \boldsymbol{\Omega} \times \boldsymbol{r}_1$,$\boldsymbol{v}_2 = \boldsymbol{\Omega} \times \boldsymbol{r}_2$,故两接触点的相对速度分别为

$$\boldsymbol{v}_1' = \boldsymbol{v}_1 - \boldsymbol{u}_1, \quad \boldsymbol{v}_2' = \boldsymbol{v}_2 - \boldsymbol{u}_2$$

由于 $\boldsymbol{v}_1 - \boldsymbol{v}_2 = \boldsymbol{\Omega} \times (\boldsymbol{r}_1 - \boldsymbol{r}_2)$,而 $\boldsymbol{r}_1 - \boldsymbol{r}_2 = \boldsymbol{r}_1' - \boldsymbol{r}_2'$,即方向为 A_1,A_2 连线方向. 由此可知,$\boldsymbol{v}_1 - \boldsymbol{v}_2$ 的方向与 A_1,A_2 连线垂直,由于 $\boldsymbol{u}_1$,$\boldsymbol{u}_2$ 方向分别垂直于 $\boldsymbol{r}_1'$ 和 $\boldsymbol{r}_2'$,即均垂直于 A_1,A_2 的连线,故 $\boldsymbol{u}_1$,$\boldsymbol{u}_2$ 的方向沿 $\boldsymbol{v}_1 - \boldsymbol{v}_2$ 的矢量线.

把 A_2 点处 $\boldsymbol{v}_2' = \boldsymbol{v}_2 - \boldsymbol{u}_2$ 的矢量图画到 A_1 点以便于比较,此时摩擦力 $\boldsymbol{f}_1$ 和 $\boldsymbol{f}_2$ 的方向则分别沿各自相对速度 $\boldsymbol{v}_1'$ 和 $\boldsymbol{v}_2'$ 的方向,如图 2 所示. 由于

$$\boldsymbol{u}_1 - \boldsymbol{u}_2 = \boldsymbol{\omega} \times (\boldsymbol{r}_1' - \boldsymbol{r}_2') = \boldsymbol{\omega} \times (\boldsymbol{r}_1 - \boldsymbol{r}_2)$$

$$\boldsymbol{v}_1 - \boldsymbol{v}_2 = \boldsymbol{\Omega} \times (\boldsymbol{r}_1 - \boldsymbol{r}_2)$$

因 $\omega < \Omega$,由以上两式可知

$$|\boldsymbol{u}_1 - \boldsymbol{u}_2| < |\boldsymbol{v}_1 - \boldsymbol{v}_2|$$

因此,$\boldsymbol{f}_1$ 与 $\boldsymbol{f}_2$ 间有夹角,即 $\boldsymbol{f}_1$ 与 $\boldsymbol{f}_2$ 相对 O' 点的合力矩仍不为零,使小圆盘继续加速转动.

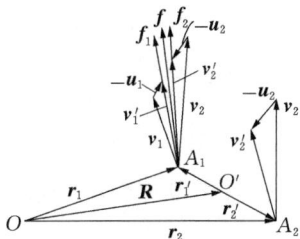

题解 1.18 图 2

当 $\omega = \Omega$ 时，有

$$| \boldsymbol{u}_1 - \boldsymbol{u}_2 | = | \boldsymbol{v}_1 - \boldsymbol{v}_2 |$$

此时，$\boldsymbol{f}_1$ 和 $\boldsymbol{f}_2$ 的方向均沿 $\boldsymbol{f}$ 方向，由于

$$\boldsymbol{v}_1' = \boldsymbol{v}_1 - \boldsymbol{u}_1 = \boldsymbol{\Omega} \times (\boldsymbol{r}_1 - \boldsymbol{r}_1') = \boldsymbol{\Omega} \times \boldsymbol{R}$$

$$\boldsymbol{v}_2' = \boldsymbol{v}_2 - \boldsymbol{u}_2 = \boldsymbol{\Omega} \times (\boldsymbol{r}_2 - \boldsymbol{r}_2') = \boldsymbol{\Omega} \times \boldsymbol{R}$$

可见 $\boldsymbol{f}_1 = \boldsymbol{f}_2 = \boldsymbol{f}$，方向垂直于 $\boldsymbol{R}$，因此，$\boldsymbol{f}_1$，$\boldsymbol{f}_2$ 相对 O' 的合力矩为零，则小圆盘的转动达稳定，稳定的角速度为 $\omega = \Omega$。

(2) 当 $\omega = \Omega$ 时，作用于小圆盘上任一直径上的任两对称段的摩擦力方向均垂直于 $\boldsymbol{R}$，即垂直于 O，O' 连线的方向，故小圆盘受到的总摩擦力 $f = \mu mg$，等效作用点为 O'，由牛顿第三定律可知，作用于大圆盘的摩擦力相对 O 点的力矩为 $M' = \mu mgd$。故为维持大圆盘转速不变，所需施加的外力矩 $M = \mu mgd$。

【点评】 在本题求解中，把 A_2 点上 $\boldsymbol{v}_2' = \boldsymbol{v}_2 - \boldsymbol{u}_2$ 的矢量图画到 A_1 点上，与 A_1 点上 $\boldsymbol{v}_1' = \boldsymbol{v}_1 - \boldsymbol{u}_1$ 的矢量图合成一个几何图形。这可很清楚地看出，在 $\omega < \Omega$ 的情况下，因 $| \boldsymbol{u}_1 - \boldsymbol{u}_2 | < | \boldsymbol{v}_1 - \boldsymbol{v}_2 |$，而使摩擦力 $\boldsymbol{f}_1$ 与 $\boldsymbol{f}_2$ 的方向不同，从而得出小圆盘在此摩擦力矩的作用下继续加速转动，直至 $\omega = \Omega$ 的正确结论。

例题 1.19   两个质量为 M、半径为 R 的相同小球 A，B，用两根长均为 $l = 2R$ 的绳悬挂于同一点 O，在两球上搁一质量为 $m(m = nM)$、半径为 $r\left(r = \dfrac{1}{2}R\right)$ 的小球 C。已知三球的表面均光滑，试讨论体系处于平衡状态时，绳与竖直方向的夹角 θ 与 n 的关系。

【提示】 三球体系平衡有两种可能的形态：即下面两个小球分开时的形态和紧靠在一起的形态。

【题解】 由于 A，B 两球所受的重力通过各自球心，而三球表面均光滑，故 C 球对 A，B 球的作用力 N 也通过两球的球心。因此，平衡时绳子的张力 T 也通过两球球心。

如图所示，已知 $\overline{OO_A} = 3R$，$\overline{O_A O_C} = \dfrac{3}{2}R$，由正弦定理可得

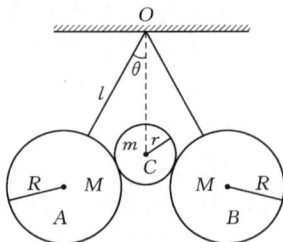
题 1.19 图

$$\frac{\dfrac{3}{2}R}{\sin \theta} = \frac{3R}{\sin(\theta + \phi)}$$

$$\sin(\theta + \phi) = 2\sin \theta \qquad (1)$$

由 C 球受力平衡，得

$$2N\cos(\theta + \phi) = mg = nMg \qquad (2)$$

由 A(或 B) 球水平方向和竖直方向受力平衡，可分别得以下两式：

$$T\sin \theta = N\sin(\theta + \phi) \qquad (3)$$

$$T\cos \theta - N\cos(\theta + \phi) - Mg = 0 \qquad (4)$$

由 (1)，(2)，(3)，(4) 式可解得

$$\sin \theta = \frac{1}{4}\sqrt{\frac{4 + 4n - 3n^2}{1 + n}} \qquad (5)$$

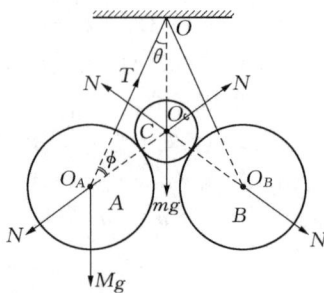
题解 1.19 图

当 A，B 球相互接触时，θ 有最小值 θ_0，由几何关系可得

$$\sin \theta \geqslant \sin \theta_0 = \frac{1}{3} \qquad (6)$$

由(5),(6) 式,得 $\dfrac{1}{4}\sqrt{\dfrac{4+4n-3n^2}{1+n}} \geqslant \dfrac{1}{3}$,可解得 $n \leqslant \dfrac{10+8\sqrt{10}}{27} \approx 1.3$.

于是,可作以下分析:

(1) 若 $n > 1.3$,系统不能平衡;

(2) 若 $n = 1.3$,系统平衡时,$\theta = \theta_0 = \arcsin\dfrac{1}{3}$,即 A,B 两球靠在一起,但两球间无相互作用;

(3) 若 $n < 1.3$,系统有两个可能的平衡状态:

(i) $\theta = \theta_0 = \arcsin\dfrac{1}{3}$,即 A,B 两球紧靠在一起,且两球间有相互作用,此作用力 F 的大小与 n 有关,n 越大,则 F 越小.当 $n = 1.3$ 时,$F = 0$.

(ii) $\theta = \arcsin\dfrac{1}{4}\sqrt{\dfrac{4+4n-3n^2}{1+n}}$,即 A,B 两球分开,n 越小,分得越开.若 $n \to 0$,则 $\theta \to \arcsin\dfrac{1}{2}$.

例题 1.20　一质量为 m 的小球被固定在质量为 M 的大圆环上.把此圆环挂在一不光滑的钉子上,如图所示.若要使环上的任何一点(除小球所在位置外) 挂在钉子上,都能使环保持平衡,则环与钉子之间的摩擦系数 μ 至少多大?

【提示】　大圆环的任何位置挂在钉子上时,都能满足钉子对其的作用力与该处法向的夹角小于摩擦角.

【题解】　设大圆环的半径为 R.钉子位于 P 点处,小球被固定在大圆环的 A 点处,如图所示.大圆环受到钉子对它的支持力 N、摩擦力 f 的作用.此两力的合力 F 的方向一定是竖直向上.B 点是过 P 点的竖直线与 OA 的交点,设 $OB = r$.对 $\triangle OPB$,由正弦定理可得 $\dfrac{R}{\sin\alpha} = \dfrac{r}{\sin\theta}$,即 $\sin\theta = \dfrac{r}{R}\sin\alpha$.

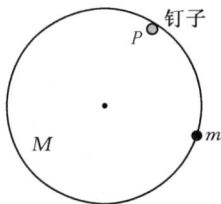

题 1.20 图

可见,当 $\alpha = \dfrac{\pi}{2}$ 时,θ 值为最大,其最大值 θ_m 为

$$\theta_m = \arcsin\dfrac{r}{R} \tag{1}$$

大圆环平衡时,其所受外力相对 P 点的力矩平衡,可得 $Mgr\sin\alpha = mg(R-r)\sin\alpha$,即

$$\dfrac{r}{R} = \dfrac{m}{M+m} \tag{2}$$

将(2) 式代入(1) 式,得

$$\theta_m = \arcsin\dfrac{m}{M+m} \tag{3}$$

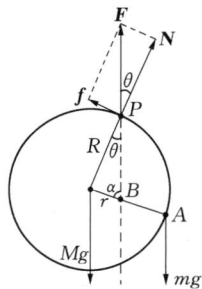

题解 1.20 图

因大圆环相对钉子不发生滑动,则 θ 角必小于或等于摩擦角 $\phi_{\max}(= \operatorname{arctg}\mu)$,即有

$$\theta \leqslant \phi_{\max} \tag{4}$$

(3) 式表示了大圆环上不同点挂在钉子上平衡时的最大 θ 值,只要此角小于或等于摩擦角,就能保证大圆环的任何位置挂在钉子上的平衡.此外,由 $\tan\phi_{\max} = \mu$,可得 $\sin\phi_{\max} = \dfrac{\mu}{\sqrt{\mu^2+1}}$,于是

$$\sin\theta_m = \dfrac{m}{M+m} \leqslant \sin\phi_m = \dfrac{\mu}{\sqrt{\mu^2+1}}$$

由上式即可解得

$$\mu \geqslant \dfrac{m}{\sqrt{M(M+2m)}}$$

例题 1.21 质量相等的两个小球 1,2 用轻绳连接放在倾角为 θ 的斜面上,小球 1 和小球 2 与斜面之间的摩擦系数分别为 μ_1 和 μ_2. 已知 $\mu_1 < \mu_2$,且 $\tan\theta = \sqrt{\mu_1\mu_2}$. 求体系平衡时,绳与斜面最大倾斜线之间夹角 α 的最大值.

【提示】 当 α 为体系能平衡的最大值时,有两种可能的情况:其一为小球 1 已处于相对斜面滑动与不滑动的临界状态,而小球 2 则尚未达到这种状态;其二为小球 2 已达此临界状态,而小球 1 则尚未达到这种状态.并讨论这两种可能情况的条件及相应的结论.

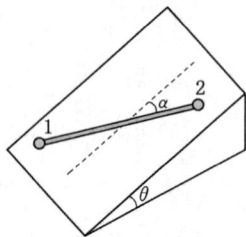

题 1.21 图

【题解】 (1)设 α 为体系能平衡的最大值 α_m,此时小球 1 与斜面间达最大相对运动趋势,即小球 1 受到的摩擦力为最大静摩擦力,$f_1 = \mu_1 mg\cos\theta$,而小球 2 与斜面间未达最大相对运动趋势,即 f_2 为一般静摩擦力.因此小球 1 相对斜面的运动方向与绳垂直,可见 $\boldsymbol{f}_1$ 也与绳垂直.设绳中张力为 T,设两小球所受的重力沿斜面的分力为 $\boldsymbol{F}$,即 $F = mg\sin\theta$. 图 1 表示了两个小球所受外力的矢量关系,把两个矢量关系图画在一起,将有利于比较各矢量的大小和方向.由图示的几何关系,可得

$$T = F\cos\alpha_m = mg\sin\theta\cos\alpha_m \tag{1}$$

$$f_1 = \mu_1 mg\cos\theta = F\sin\alpha_m = mg\sin\theta\sin\alpha_m \tag{2}$$

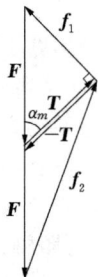

题解 1.21 图 1

由(2)式,可解得 $\sin\alpha_m = \mu_1\cot\theta = \sqrt{\dfrac{\mu_1}{\mu_2}}$. 同时,又有

$$f_2^2 = F^2 + T^2 + 2FT\cos\alpha_m = (mg\sin\theta)^2 + (mg\sin\theta\cos\alpha_m)^2 + 2(mg\sin\theta)(mg\sin\theta\cos\alpha_m)\cos\alpha_m$$

$$= m^2 g^2 \sin^2\theta(1 + 3\cos^2\alpha_m) \tag{3}$$

由于 f_2 为一般静摩擦力,即 $f_2 \leqslant \mu_2 mg\cos\theta$,代入(3)式,得

$$f_2^2 = m^2 g^2 \sin^2\theta(1 + 3\cos^2\alpha_m) \leqslant (\mu_2 mg\cos\theta)^2$$

$$\tan^2\theta(1 + 3\cos^2\alpha_m) \leqslant \mu_2^2 \tag{4}$$

将 $\tan\theta = \sqrt{\mu_1\mu_2}$ 和 $\cos\alpha_m = \sqrt{\dfrac{\mu_2 - \mu_1}{\mu_2}}$ 代入(4)式,得

$$\mu_1\mu_2\left[1 + \frac{3(\mu_2 - \mu_1)}{\mu_2}\right] \leqslant \mu_2^2 \tag{5}$$

设 $x = \mu_1/\mu_2$,则(5)式变为

$$3x^2 - 4x + 1 \geqslant 0 \tag{6}$$

解此不等式,可得两组解

$$\begin{cases} x_1 \geqslant 1(\text{与题意 } \mu_1 < \mu_2 \text{ 不符,舍去}) \\ x_2 \leqslant \dfrac{1}{3}(\text{即 } \mu_2 \geqslant 3\mu_1) \end{cases}$$

综上分析可知:若 $\mu_2 \geqslant 3\mu_1$,则 α 的最大值 α_m 满足 $\sin\alpha_m = \sqrt{\dfrac{\mu_1}{\mu_2}}$.

(2)若 $\mu_1 < \mu_2 < 3\mu_1$,当 α 取体系能平衡的最大值 α_m 时,则小球 2 与斜面间达最大相对运动趋势,小球 2 所受摩擦力为最大静摩擦力,即 $f_2 = \mu_2 mg\cos\theta$,而 f_1 则为一般静摩擦力,即 $f_1 \leqslant \mu_1 mg\cos\theta$. 此情况下,两小球所受外力的矢量关系,如图 2 所示.

由图示的几何关系,可得

$$f_1^2 = T^2 + (mg\sin\theta)^2 - 2Tmg\sin\theta\cos\alpha_m \leqslant (\mu_1 mg\cos\theta)^2 \quad (7)$$

$$f_2^2 = T^2 + (mg\sin\theta)^2 + 2Tmg\sin\theta\cos\alpha_m = (\mu_2 mg\cos\theta)^2 \quad (8)$$

由(7),(8)两式两边相加可得

$$T \leqslant \sqrt{\left(\frac{\mu_1^2 + \mu_2^2}{2}\right)(mg\cos\theta)^2 - (mg\sin\theta)^2} \quad (9)$$

由(7),(8)两式两边相减可得

$$4Tmg\sin\theta\cos\alpha_m \geqslant (\mu_2^2 - \mu_1^2)(mg\cos\theta)^2 \quad (10)$$

将(9)式代入(10)式,即得

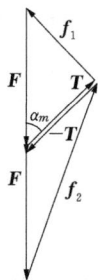

题解 1.21 图 2

$$\cos\alpha_m \geqslant \frac{\sqrt{2}(\mu_1 + \mu_2)}{4\sqrt{\mu_1\mu_2}}$$

【点评】　本题的已知条件为 $\mu_2 > \mu_1$,为此很易得出:当 α 取 α_m 时,是小球 1 所受的摩擦力 f_1 达最大静摩擦力、而小球 2 受的摩擦力 f_2 则未达最大静摩擦力的结果,这样就会遗漏以上分析中情况(2)的讨论.从以上分析可知:当 $\mu_2 \geqslant 3\mu_1$ 时,确实是在 $\alpha = \alpha_m$ 时,$f_1 = \mu_1 mg\cos\theta$,$f_2 \leqslant \mu_2 mg\cos\theta$;但若 $\mu_1 < \mu_2 < 3\mu_1$ 时,则是 $f_2 = \mu_2 mg\cos\theta$,而 $f_1 \leqslant \mu_1 mg\cos\theta$.经过计算可分别求出 α_m 的值或其取值范围.

例题 1.22　由 4 根长为 $2l$、质量为 $2m$ 的均质杆和 4 根长为 l、质量为 m 的均质杆构成合页构件,构件共有 10 个轻质的光滑铰链,将铰链 O_1 悬挂于水平轴上,并在铰链 O_3,O_4 间连一根绳,绳长为 $\sqrt{2}l$.构件平衡时各铰链处两杆的夹角均为 90°,如图所示.试求平衡时绳中的张力.

【提示】　可由平衡条件分别求得各杆端铰链处的受力,从而求得绳中张力,也可通过虚功原理求解.

【题解】　**解法**1　设 O_1A_1 杆的 A_1 端所受力沿水平和竖直两方向的分力分别为 F_{1x} 和 F_{1y},方向如图 1 所示.由对称性可知,F_{1y} 应等于 A_1,B_1 铰链以下杆所受重力的一半.因任两铰链间棒的质量均为 m,故有

$$F_{1y} = 5mg \quad (1)$$

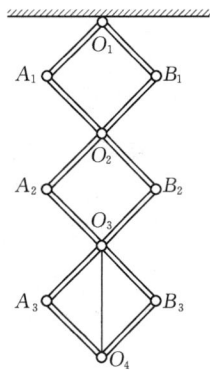

题 1.22 图

由 O_1A_1 杆所受的外力相对 O_1 点力矩平衡,可得

$$F_{1x}l\sin\theta = F_{1y}l\cos\theta + mg\frac{l}{2}\cos\theta \quad (2)$$

将 $\theta = 45°$ 及(1)式代入(2)式,可得

$$F_{1x} = \frac{11}{2}mg \quad (3)$$

A_1B_2 杆所受相对 O_2 点有力矩的外力如图 2 所示,其中 F_{2x} 和 F_{2y} 分别为 B_2 端所受的力在水平和竖直两方向的分力.同样,有

$$F_{2y} = 3mg \quad (4)$$

由 A_1B_2 杆所受外力相对 O_2 点力矩平衡,可得

$$F_{1y}l\cos\theta + F_{1x}l\sin\theta + F_{2y}l\cos\theta = F_{2x}l\sin\theta \quad (5)$$

将(1),(3),(4)式代入(5)式,可解得

$$F_{2x} = \frac{27}{2}mg \quad (6)$$

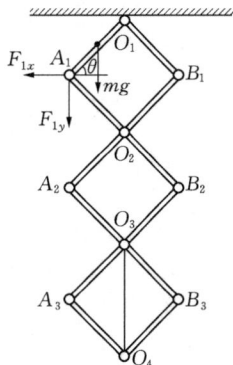

题解 1.22 图 1

把 B_2A_3 杆和 A_3O_4 杆作为一整体,其所受外力中相对 O_3 点有力矩的外力如图 3 所示.图中 N 为 O_4 端受到的外力,由整个合页构件的对称性可知:N 的方向一定为水平方向.由此整体相对 O_3 点力矩平衡,可得

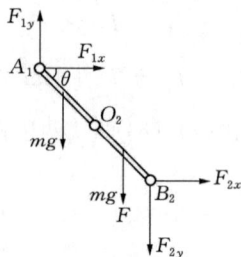

题解 1.22 图 2

$$F_{2x}l\sin\theta + F_{2y}l\cos\theta + mg\frac{l}{2}\cos\theta = N\sqrt{2}l \tag{7}$$

将(4),(6)式代入(7)式,可解得

$$N = \frac{17}{2}mg \tag{8}$$

由 A_3O_4 杆相对 A_3 点力矩平衡,可得

$$mg\frac{l}{2}\cos\theta + Nl\sin\theta = \frac{T}{2}l\cos\theta \tag{9}$$

(9)式中 T 为绳中张力.同样因整个合页构件的对称性,作用于 A_3O_4 杆的 O_4 端的力应是 $\frac{T}{2}$.将(8)式代入(9)式,可解得 $T = 18mg$.

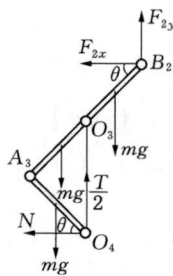

题解 1.22 图 3

解法 2　本题也可用虚功原理求解:

设 O_2 点向上作很小的虚位移 δx,则 O_3,O_4 点作相应的虚位移为 $2\delta x$ 和 $3\delta x$,则绳中张力作的虚功为

$$\delta W = T3\delta x - T2\delta x = T\delta x \tag{10}$$

此时整个合页构件重力势能将增大 δE_p,

$$\delta E_p = 4mg\frac{\delta x}{2} + 4mg\left(\delta x + \frac{\delta x}{2}\right) + 4mg\left(2\delta x + \frac{\delta x}{2}\right) = 18mg\delta x \tag{11}$$

根据虚功原理 $\delta W = \delta E_p$,将(10),(11)式代入,即可得 $T = 18mg$.

【点评】　本题解法 2 所用的虚功原理大致可描述如下:

当一个力学体系处于平衡状态,则体系中任一质点 P_i 所受到的作用力有主动力 $\boldsymbol{F}_i$ 和被动力(即约束反力)$\boldsymbol{N}_i$,有

$$\boldsymbol{F}_i + \boldsymbol{N}_i = 0 \quad (i = 1, 2, \cdots, N)$$

如果质点 P_i 作虚位移(即符合约束的各种位移)$\delta\boldsymbol{r}_i$,那么,

$$\boldsymbol{F}_i \cdot \delta\boldsymbol{r}_i + \boldsymbol{N}_i \cdot \delta\boldsymbol{r}_i = 0 \quad (i = 1, 2, \cdots, N)$$

对体系中各质点的等式相加,得

$$\sum_{i=1}^{N} \boldsymbol{F}_i \cdot \delta\boldsymbol{r}_i + \sum_{i=1}^{w} \boldsymbol{N}_i \cdot \delta\boldsymbol{r}_i = 0$$

对于理想约束(即 $\sum_{i=1}^{N} \boldsymbol{N}_i \cdot \delta\boldsymbol{r}_i = 0$)的体系处于平衡状态,其平衡条件是

$$\delta W = \sum \boldsymbol{F}_i \cdot \delta\boldsymbol{r}_i = 0$$

即具有理想约束的力学体系的平衡条件是对任一虚位移,各主动力所作虚功之和等于零.

本题的力学体系 —— 合页构件处于平衡时,其受到的主动力(重力和绳子张力)在有虚位移时所作的总虚功为零,其中重力作的虚功等于其重力势能的改变.故有绳子张力作的虚功与重力势能的改变量相等的结论.

例题 1.23　在倾角为 θ 的斜面的底端用光滑铰链连接一块长为 l 的竖直板,在竖直板与斜面间夹一半径为 R、质量为 m 的圆球,在板的顶端施加一垂直于板的水平力 F,使圆球和板均保持平衡,

如图所示. 已知板与圆球间的摩擦系数为 μ_1, 圆球和斜面间的摩擦系数为 μ_2, 现不断增大 F, 试问当 F 增大到多大时, 体系的平衡被破坏?

【提示】　当圆球达平衡与不平衡的临界状态时, 讨论球与板的接触点和球与斜面的接触点中哪一接触点已达到相对滑动的临界状态. 分别求出两种可能情况的条件, 便可求得相应的 F 值.

【题解】　当圆球处于平衡状态时, 它所受的外力如图所示. 由所受外力相对球心 C 点力矩平衡, 可得

$$f_1 = f_2 = f \tag{1}$$

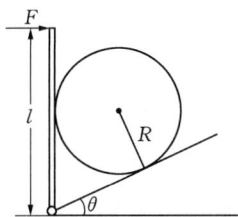

题 1.23 图

由沿水平方向和竖直方向合外力为零, 分别可得

$$N_1 - N_2 \sin \theta - f_2 \cos \theta = 0 \tag{2}$$

$$N_2 \cos \theta - mg - f_1 - f_2 \sin \theta = 0 \tag{3}$$

联立 (1),(2),(3) 式, 可解得

$$N_1 = \frac{1 + \sin \theta}{\cos \theta} f + mg \tan \theta \tag{4}$$

$$N_2 = \frac{1 + \sin \theta}{\cos \theta} f + \frac{mg}{\cos \theta} \tag{5}$$

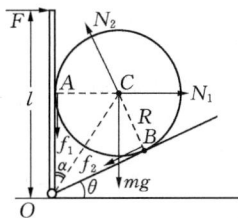

题解 1.23 图

(1) 若 $N_1 \mu_1 \geqslant N_2 \mu_2$, 当 F 增大到体系的平衡刚被破坏时, 圆球与斜面的接触点 B 处开始出现相对滑动, 而圆球与板的接触点 A 处尚未达最大相对滑动趋势, 此时 $f = N_2 \mu_2$. 将此关系代入 (4),(5) 式, 可得

$$N_2 = \frac{mg}{\cos \theta - \mu_2 (1 + \sin \theta)} \tag{6}$$

$$N_1 = \frac{(\sin \theta + \mu_2 \cos \theta) mg}{\cos \theta - \mu_2 (1 + \sin \theta)} \tag{7}$$

将 (6),(7) 式代入 $N_1 \mu_1 \geqslant N_2 \mu_2$, 可得

$$\frac{(\sin \theta + \mu_2 \cos \theta) mg \mu_1}{\cos \theta - \mu_2 (1 + \sin \theta)} \geqslant \frac{mg \mu_2}{\cos \theta - \mu_2 (1 + \sin \theta)}$$

可解得此情况的条件

$$\mu_1 \geqslant \frac{\mu_2}{\sin \theta + \mu_2 \cos \theta} \tag{8}$$

(2) 若 $N_1 \mu_1 < N_2 \mu_2$, 则当体系平衡刚被破坏时, 圆球与板的接触点 A 处出现相对滑动, 而接触点 B 处尚未达最大相对滑动趋势, 此时 $f = N_1 \mu_1$. 将此关系代入 (4),(5) 式, 得

$$N_1 = \frac{mg \sin \theta}{\cos \theta - \mu_1 (1 + \sin \theta)} \tag{9}$$

$$N_2 = \frac{1 - \mu_1 \cos \theta}{\cos \theta - \mu_1 (1 + \sin \theta)} mg \tag{10}$$

将 (9),(10) 式代入 $N_1 \mu_1 < N_2 \mu_2$, 可得

$$\frac{mg \sin \theta \mu_1}{\cos \theta - \mu_1 (1 + \sin \theta)} < \frac{(1 - \mu_1 \cos \theta) \mu_2 mg}{\cos \theta - \mu_1 (1 + \sin \theta)}$$

可解得此情况的条件

$$\mu_1 < \frac{\mu_2}{\sin\theta + \mu_2\cos\theta} \tag{11}$$

由板所受外力相对 O 点力矩平衡，可得

$$Fl = N_1\overline{AO} \tag{12}$$

从图示的几何关系，可得

$$\overline{AO} = R\cot\alpha = R\cot\left(\frac{\pi}{4} - \frac{\theta}{2}\right) \tag{13}$$

将(13) 式代入(12) 式，得

$$F = \frac{R}{l}\cot\left(\frac{\pi}{4} - \frac{\theta}{2}\right)N_1 \tag{14}$$

只需将(7) 式和(9) 式分别代入(14) 式，即可求得两种情况的 F 值. 于是可综述如下：

(1) 若 $\mu_1 \geqslant \dfrac{\mu_2}{\sin\theta + \mu_2\cos\theta}$，则 $F = \dfrac{R(\sin\theta + \mu_2\cos\theta)}{l[\cos\theta - \mu_2(1 + \sin\theta)]}mg\cot\left(\dfrac{\pi}{4} - \dfrac{\theta}{2}\right)$；

(2) 若 $\mu_1 < \dfrac{\mu_2}{\sin\theta + \mu_2\cos\theta}$，则 $F = \dfrac{R}{l}\dfrac{\sin\theta}{[\cos\theta - \mu_1(1 + \sin\theta)]}mg\cot\left(\dfrac{\pi}{4} - \dfrac{\theta}{2}\right)$.

【点评】　本题由于 A、B 两接触点的摩擦系数 μ_1，μ_2 不同，故当 F 增大到体系平衡刚被破坏时，哪个接触点开始产生相对滑动，是由 μ_1，μ_2 大小之间的相对关系来决定. 因此，求解时应分两种情况进行讨论，分别求出两种情况的条件以及相应的 N_1 值.

例题 1.24　3 根质量为 m、长为 l 的相同均质棒，如图所示地靠在一起，三棒与地接触点的连线构成一边长为 l 的正三角形. 已知三棒与地之间的摩擦系数相等.

(1) 试求 OA 棒顶点所受作用力的大小与方向；

(2) 若在 OA 棒的中点固定一质量也为 m 的小球，再求其顶端所受作用力的大小与方向；

(3) 要使体系保持静止，则棒与地面之间的摩擦系数至少为多大？

【提示】　在 OA 棒中点固定小球后，体系的对称性被破坏，要使体系保持静止，所求的最小摩擦系数，不仅要保证 OA 棒相对地面不会滑动，也应保证另两棒相对地面不会滑动.

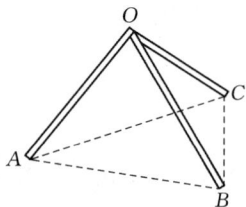

题 1.24 图

【题解】　(1) 3 根棒的顶端相互靠在一起，如图 1 所示. 由对称性可知，任何一棒（如 OA 棒）的顶端受到其余两棒对它的作用力的合力 F 必沿水平方向，如图 2 所示. 在图 1 中 D 是 BC 的中点，有 $\overline{AD} = \overline{DO} = \dfrac{\sqrt{3}}{2}l$.

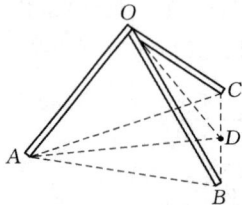

题解 1.24 图 1

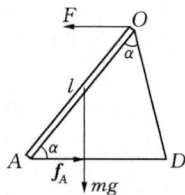

题解 1.24 图 2

$$\cos\alpha = \frac{\sqrt{3}}{3} \tag{1}$$

由 OA 棒所受外力相对 A 点力矩平衡，得

$$Fl\sin\alpha - mg\frac{l}{2}\cos\alpha = O \tag{2}$$

将(1)式代入(2)式,可解得 $F = \frac{\sqrt{2}}{4}mg$.

(2) 当 OA 棒的中点固定一质量也为 m 的小球后,三棒的受力情况都发生改变,且不再对称. 但 OB 与 OC 两棒受力情况相同,此两棒顶端的受力可看成除原受力 $\boldsymbol{F}$ 外,再各受一个力 $\boldsymbol{T}_B$ 和 $\boldsymbol{T}_C$ 的作用,且有 $T_B = T_C$. 既然此两棒仍平衡,可见 $\boldsymbol{T}_B$ 和 $\boldsymbol{T}_C$ 必沿各自棒的方向,故这两力的合力沿 OD 方向,其反作用力 $\boldsymbol{T}$ 作用于 OA 棒的顶端,如图 3 所示. 由 $\boldsymbol{T}$ 和小球重力相对 A 点合力矩为零,可得 $Tl\sin\alpha - mg$ $\frac{l}{2}\cos\alpha = 0$,解得 $T = \frac{\sqrt{2}}{4}mg$.

由图 3 所示 $\boldsymbol{F}$ 和 $\boldsymbol{T}$ 的矢量关系,即可求得 OA 棒顶端所受的作用力 F_A 为

$$F_A = 2F\cos\left(\frac{\pi}{2} - \alpha\right) = 2F\sin\alpha = 2\times\frac{\sqrt{2}}{4}mg\sqrt{\frac{2}{3}} = \frac{\sqrt{3}}{3}mg$$

(3) 由 OA 棒所受的竖直方向和水平方向合外力为零,可分别得

$$N_A = 2mg - T\sin(\pi - 2\alpha) \tag{1}$$

$$f_A = F + T\cos(\pi - 2\alpha) \tag{2}$$

将 $T = F = \frac{\sqrt{2}}{4}mg$ 代入(1),(2)式,可解得

$$N_A = \frac{5}{3}mg \tag{3}$$

$$f_A = \frac{\sqrt{2}}{3}mg \tag{4}$$

将(3),(4)式代入 $f_A \leqslant N_A\mu_A$,可得

$$\mu_A \geqslant \frac{f_A}{N_A} = \frac{\sqrt{2}}{5} \tag{5}$$

OB 棒的受力情况如图 4 所示. 由此棒竖直方向和水平方向合外力为零,可分别得

$$N_B = mg + T_B\sin\alpha \tag{6}$$

$$f_B = F + T_B\cos\alpha \tag{7}$$

由图 5 所示的矢量关系,可得 T_B,T_C 与 T 的关系为 $T = 2T_B\cos 30°$,即

$$T_B = \frac{1}{\sqrt{3}}T = \frac{1}{\sqrt{3}}\times\frac{\sqrt{2}}{4}mg = \frac{\sqrt{6}}{12}mg \tag{8}$$

将(8)式分别代入(6),(7)式,得

$$N_B = mg + \frac{\sqrt{6}}{12}mg\times\sqrt{\frac{2}{3}} = \frac{7}{6}mg \tag{9}$$

$$f_B = \frac{\sqrt{2}}{4}mg + \frac{\sqrt{6}}{12}mg\times\frac{1}{\sqrt{3}} = \frac{\sqrt{2}}{3}mg \tag{10}$$

将(9),(10)式代入 $f_B \leqslant \mu_B N_B$,可得

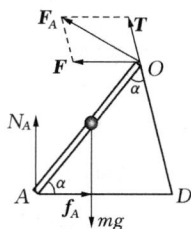

题解 1.24 图 3

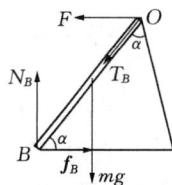

题解 1.24 图 4

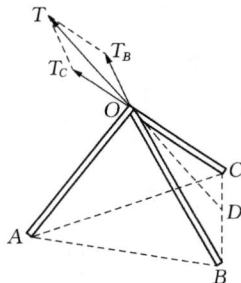

题解 1.24 图 5

$$\mu_B \geqslant \frac{f_B}{N_B} = \frac{2\sqrt{2}}{7} \tag{11}$$

由于 B，C 棒受力情况完全相同，故 C 棒平衡所需的最小摩擦系数与 B 棒相等.比较(5)式与(11)式，即可得棒与地面间的摩擦系数应满足 $\mu \geqslant \dfrac{2\sqrt{2}}{7}$.

【点评】　在(3)小题的求解中，很容易遗漏对 OB 或 OC 棒平衡所需最小摩擦系数的讨论和求解，误以为小球是固定在 OA 棒的中点，只要 OA 棒能保持平衡，则体系一定能平衡，从而得到只需满足 $\mu \geqslant \dfrac{\sqrt{2}}{5}$ 即可的错误结论.

例题 1.25　一半径为 R 的圆环直立在地面上的 P 点，AP 是地面上垂直于环平面的直线，$\overline{AP} = \dfrac{3}{2}R$，一根细杆的一端用铰链铰接于 A 点，而杆身搁在圆环的 B 点上，过 B 点的半径 OB 与 OP 的夹角 $\theta = 60°$，如图所示.为使杆能平衡在此位置，试求杆与环之间的最小摩擦系数.

【提示】　环对杆的支持力 N 的方向既垂直于杆，也垂直于环；而杆所受到的摩擦力 f 的方向既垂直于杆，也垂直于它所受到的支持力 N 的方向.

【题解】　过圆环的圆心 O 点建立直角坐标系.x 轴沿 $\overline{PA}$ 方向，yOz 平面为环平面，y 轴沿水平方向，z 轴为竖直方向，如图所示.

因环对杆的支持力 N 的方向既垂直于杆，也垂直于环，故其在环平面内的分矢量必沿径向，设为 N_1，而另一分矢量 N_2 沿 x 轴的负方向.此外，由于 $N(= N_1 + N_2)$ 的方向垂直于杆，因此，N_1 在 PAB 平面内的分矢量与 N_2 的合矢量垂直于杆，即有

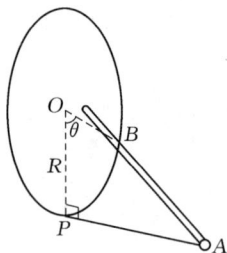

题 1.25 图

$$N_1 \cos\theta \sin\alpha = N_2 \cos\alpha \tag{1}$$

由图示的几何关系得

$$\tan\alpha = \frac{2}{3} \tag{2}$$

由(1)，(2)式可解得

$$N_1 = 3N_2 \tag{3}$$

杆所受到的摩擦力 f 的方向由以下分析判定：首先，杆在环平面(yOz 平面)内有相对 B 点向下滑的趋势，故 f 在此平面内的分矢量必沿 B 点的切线向上的方向，设为 f_1；其次，环相对杆有向 BA 方向移动的趋势，因此 f 的另一分矢量 f_2 必沿 BA 方向，如图所示.而 $f(= f_1 + f_2)$ 的方向既垂直于杆，也垂直于 N 的方向.由此可知，f_1 沿杆方向的分量必与 f_2 等值反向、相互抵消，即有

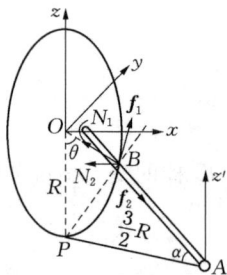

题解 1.25 图

$$f_1 \sin\theta \sin\alpha = f_2 \tag{4}$$

将 $\sin\alpha = \dfrac{2}{\sqrt{13}}$ 和 $\sin\theta = \dfrac{\sqrt{3}}{2}$ 代入(4)式，可得

$$f_1 = \sqrt{\frac{13}{3}} f_2 \tag{5}$$

过 A 点建立一平行于 z 轴的 z' 轴，如图所示.由杆所受的外力相对 z' 轴力矩平衡(由于杆所受的重力沿竖直方向，故相对 z' 轴力矩为零)，可得

$$N_1 \sin\theta \times \frac{3}{2}R + N_2 R\sin\theta = f_1 \cos\theta \times \frac{3}{2}R \tag{6}$$

将(3)式代入(6)式,得

$$N_2 = \frac{\sqrt{3}}{11}f_1 \tag{7}$$

将(3)式代入 $N = \sqrt{N_1^2 + N_2^2}$,可得

$$N = \sqrt{10}\,N_2 \tag{8}$$

由以上分析可得摩擦力 f 的值为

$$f = \sqrt{(f_1\sin\theta\cos\alpha)^2 + (f_1\cos\theta)^2} = \sqrt{\frac{10}{13}}f_1 \tag{9}$$

联立(7),(8),(9)式,可得 $f = \dfrac{11}{\sqrt{39}}N \leqslant N\mu$,即可得 $\mu \geqslant \dfrac{11}{\sqrt{39}}$.

　　【点评】　本题是求杆平衡在角 $\theta = 60°$ 位置时所需的最小摩擦系数,为此应先求得在此位置杆所受到的环对它的支持力 N 和摩擦力 f 的关系,而对 $\mathbf{N}$ 和 $\mathbf{f}$ 方向的正确分析和判断,将成为求得此两力关系的关键:因两接触面间支持力的方向与两接触面均垂直,故 $\mathbf{N}$ 的方向既垂直于杆也垂直于环;而摩擦力 $\mathbf{f}$ 的方向应与 $\mathbf{N}$ 垂直,又因杆有绕 A 点转动的趋势,因此 $\mathbf{f}$ 的方向又垂直于杆.根据 $\mathbf{N}$ 和 $\mathbf{f}$ 的方向,就可求得它们分矢量之间的关系,并通过 $\mathbf{N}$ 和 $\mathbf{f}$ 相对过 A 点的竖直轴合力矩为零,来求得此两力的关系.

例题 1.26　地面上由喷泉喷出的水柱,把一质量为 M 的垃圾桶倒顶在空中.已知水柱从面积为 S_0 的喷泉孔喷出时的速度为 v_0 ,并竖直射向空中,在冲击垃圾桶的内底后,有一半质量的水被吸附在桶的内底,并顺着桶的内壁流下,而另一半质量的水则以原速竖直溅下,如图所示.试求垃圾桶在空中停留的高度 h .设水的密度为 ρ .

　　【提示】　注意水的连续性方程,即每秒从喷泉孔喷出的水的质量等于冲上桶内底的水的质量.

　　【题解】　水从喷泉孔喷出后到达垃圾桶内底时的速度 v 为

$$v = \sqrt{v_0^2 - 2gh} \tag{1}$$

由水流的连续性方程可知,每秒钟冲上桶内底的水的质量 $\dfrac{\Delta m}{\Delta t}$ 应等于每秒钟从喷泉孔喷出的水的质量,即

$$\frac{\Delta m}{\Delta t} = \rho v_0 S_0 \tag{2}$$

题 1.26 图

(2)式中 ρ 为水的密度.冲上桶内底的水中有一半被吸附在桶的内底,并顺桶壁流下,而另一半则以原速竖直溅下,故冲上桶内底的水每秒钟的动量改变 $\dfrac{\Delta p}{\Delta t}$ 为

$$\frac{\Delta p}{\Delta t} = \frac{1}{2}\,\frac{\Delta m}{\Delta t}\cdot v + \frac{1}{2}\,\frac{\Delta m}{\Delta t}\cdot 2v \tag{3}$$

将(2)式代入(3)式,得

$$\frac{\Delta p}{\Delta t} = \frac{3}{2}\rho S_0 v_0 v \tag{4}$$

冲上桶内底的水每秒钟动量的改变量就是这些水受到桶的作用力,其反作用力作用在桶上应与桶所受的重力抵消,使桶维持在空中某一高度,即

$$\frac{\Delta p}{\Delta t} = Mg \tag{5}$$

联立(1),(4),(5)式,便可解得

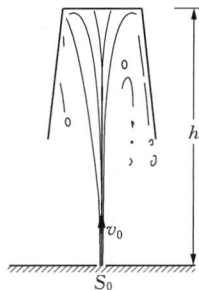

$$h = \frac{v_0^2}{2g} - \frac{2M^2 g}{9\rho^2 v_0^2 S^2}$$

例题 1.27　　一极小的球形雨滴在均匀的静止云雾层中凝结成核，由静止开始落下，并吸附所有它途经与之相遇的雾气，使其体积不断增大，且仍保持球形.若不考虑雨滴在运动中受到的黏滞阻力，试证明雨滴将趋于作匀加速下落，并求此加速度.

【提示】　可通过对由动量定理的微分形式、所得方程的两次积分，求得雨滴的半径 r 随时间 t 的变化关系，然后再求得速度与加速度，r 与 t 的关系也可直接通过解微分方程求得.

【题解】　**解法**1　设雨滴的密度为 ρ，取雨滴开始下落时刻为 $t=0$，在时刻 t 雨滴的质量为 $m(t)$，速度为 $v(t)$，半径为 $r(t)$，其体积 $V(t) = \frac{4}{3}\pi r^3$.雨滴在下落途中吸附所有与之相遇的雾气，使其体积和质量不断增大，故有

$$\frac{dm}{dt} = \frac{d(\rho V)}{dt} = \frac{d\left(\rho \frac{4}{3}\pi r^3\right)}{dt} = 4\pi r^2 \rho \frac{dr}{dt} = \rho_0 \pi r^2 v$$

上式中 ρ_0 为雾气的密度，由上式可得

$$\frac{dr}{dt} = \frac{\rho_0}{4\rho}v \tag{1}$$

由于不计雨滴下落过程中所受的黏滞阻力和浮力，所受的外力只有重力，因此由动量定理可得

$$\frac{d(mv)}{dt} = mg \tag{2}$$

将 $m = \rho V$ 代入（2）式，有 $\frac{d(Vv)}{dt} = Vg$，也可改写成

$$\frac{d(Vv)}{dV}\frac{dV}{dt} = Vg \tag{3}$$

由（1）式，有 $\frac{dV}{dt} = 4\pi r^2 \frac{dr}{dt} = \pi r^2 \frac{\rho_0}{\rho}v$，代入（3）式，得

$$\frac{d(Vv)}{dV} \cdot \frac{\pi r^2 \rho_0}{\rho}v = Vg \tag{4}$$

将 $r = \sqrt[3]{\frac{3V}{4\pi}}$ 代入（4）式，得

$$(Vv)d(Vv) = \sqrt[3]{\frac{16}{9\pi}}\frac{\rho g}{\rho_0}V^{\frac{4}{3}}dV$$

对上式两边积分，

$$\int_0^{Vv}(Vv)d(Vv) = \sqrt[3]{\frac{16}{9\pi}}\frac{\rho g}{\rho_0}\int_0^V V^{\frac{4}{3}}dV$$

积分得 $\frac{1}{2}(Vv)^2 = \frac{3}{7}\sqrt[3]{\frac{16}{9\pi}}\frac{\rho g}{\rho_0}V^{\frac{7}{3}}$，故 $v^2 = \frac{4}{7}\sqrt[3]{\frac{6}{\pi}}\frac{\rho g}{\rho_0}V^{\frac{1}{3}} = \frac{8\rho g}{7\rho_0}r$，即有

$$v = \sqrt{\frac{8\rho g}{7\rho_0}r} \tag{5}$$

将（5）式代入（1）式，得 $\frac{dr}{dt} = \frac{\rho_0}{4\rho}\sqrt{\frac{8\rho g}{7\rho_0}r} = \sqrt{\frac{\rho_0 g}{14\rho}r}$.对其两边乘以 $\frac{dt}{\sqrt{r}}$，然后两边求积分，$\int_0^r \frac{dr}{\sqrt{r}} = \sqrt{\frac{\rho_0 g}{14\rho}}\int_0^t dt$，积分得 $2\sqrt{r} = \sqrt{\frac{\rho_0 g}{14\rho}}t$，即

$$r = \frac{\rho_0 g}{56\rho}t^2 \tag{6}$$

再将(6)式代入(5)式,得

$$v = \sqrt{\frac{8\rho g}{7\rho_0} \times \frac{\rho_0 g}{56\rho}t^2} = \frac{1}{7}gt \tag{7}$$

由(7)式即可得 $a = \dfrac{\mathrm{d}v}{\mathrm{d}t} = \dfrac{1}{7}g$.

解法 2　由(2)式得

$$3v\frac{\mathrm{d}r}{\mathrm{d}t} + r\frac{\mathrm{d}v}{\mathrm{d}t} = rg \tag{8}$$

将(1)式代入(8)式,得

$$\frac{\mathrm{d}^2 r}{\mathrm{d}t^2} + \frac{3}{r}\left(\frac{\mathrm{d}r}{\mathrm{d}t}\right)^2 = \frac{\rho_0}{4\rho}g \tag{9}$$

上述关于非齐次微分方程的特解为

$$r = bt^2 \tag{10}$$

将(10)式代入(9)式,可解得

$$b = \frac{l}{56}\frac{\rho_0}{\rho}g \tag{11}$$

由(1),(10),(11)式,可得

$$v = \frac{4\rho}{\rho_0}\frac{\mathrm{d}r}{\mathrm{d}t} = \frac{4\rho}{\rho_0} \times 2bt = \frac{1}{7}gt \tag{12}$$

于是便可得 $a = \dfrac{\mathrm{d}v}{\mathrm{d}t} = \dfrac{1}{7}g$.

例题 1.28　一质量为 m 的物块与质量线密度为 λ 的软绳相连.开始时,物块位于倾角为 θ 的斜面的顶端,而软绳则盘放在斜面顶端边的平台上,已知斜面及平台均光滑.现释放物块,让其沿斜面滑下,如图所示.试求当 m 沿斜面滑下距离 x(x 小于绳长)时的速度.

【提示】　可通过对由动量定理的微分形式所得方程配全微分,并通过积分求得速度.

【题解】　取物块开始沿斜面下滑的时刻为 $t = 0$,在时刻 t 物块的速度为 $v(t)$,设物块和与物块一起以速度 v 运动的那部分绳(长度为 x)的

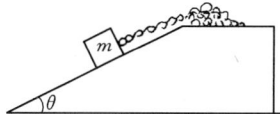

题 1.28 图

总质量为 $M(t)$,则由动量定理,可得 $\dfrac{\mathrm{d}(Mv)}{\mathrm{d}t} = Mg\sin\theta$,可改写为 $\dfrac{\mathrm{d}(Mv)}{\mathrm{d}x}$
$\dfrac{\mathrm{d}x}{\mathrm{d}t} = Mg\sin\theta$.

将 $v = \dfrac{\mathrm{d}x}{\mathrm{d}t}$ 代入上式,并两边乘以 $M\mathrm{d}x$,注意到 $M = m + \lambda\mathrm{d}x$,

$$(Mv)\mathrm{d}(Mv) = (m + \lambda x)^2 g\sin\theta\mathrm{d}x$$

对上式两边积分,得

$$\int_0^{Mv}(Mv)\mathrm{d}(Mv) = \int_0^x (m + \lambda x)^2 g\sin\theta\mathrm{d}x$$

积分得

$$\frac{1}{2}(Mv)^2 = \frac{2g}{3\lambda}\sin\theta\left[(m + \lambda x)^3 - m^3\right]$$

由此即可解得

$$v = \sqrt{\frac{2g\sin\theta\left[(m + \lambda x)^3 - m^3\right]}{3\lambda(m + \lambda x)^2}}$$

例题 1.29   桌面上有一质量为 m 的小球，其上连接一根劲度系数为 k 的竖直轻弹簧. 开始时, 弹簧处于原长状态, 其上端在外力作用下以速度 v_0 匀速向上运动, 如图所示. 试求从弹簧上端开始运动, 到弹簧第一次达最大伸长的过程中, 作用于弹簧上端的力所作的功.

【提示】   当小球脱离桌面后, 换与弹簧上端一起以速度 v_0 向上运动的参照系, 并在此参照系中讨论小球的运动.

【题解】   当弹簧的伸长量为 x_0 时, 即弹簧力与小球所受重力相等时, 小球与桌面脱离, 有

$$x_0 = \frac{mg}{k} \tag{1}$$

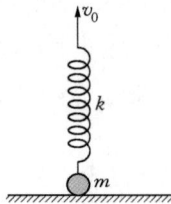

此后, 取以速度 v_0 匀速向上运动的弹簧上端为参照系, 在此惯性系中, 小球以初速度 v_0 开始向下运动直至停下, 此时弹簧的伸长第一次达最大. 设此最大伸长量为 x, 由体系机械能守恒, 得

$$\frac{1}{2}mv_0^2 - mgx_0 + \frac{1}{2}kx_0^2 = \frac{1}{2}kx^2 - mgx \tag{2}$$

体系重力势能和弹性势能的零点, 均取弹簧未形变的位置. 将 (1) 式代入 (2) 式, 得

$$kx^2 - 2mgx + \frac{(mg)^2}{k} - mv_0^2 = 0 \tag{3}$$

解此两次方程, 可得一个合理的解为

$$x = \frac{mg}{k} + v_0\sqrt{\frac{m}{k}} \tag{4}$$

从弹簧伸长 x_0 到 x 的过程所经时间等于此振子作简谐振动四分之一周期的时间, 即

$$t = \frac{T}{4} = \frac{\pi}{2}\sqrt{\frac{m}{k}} \tag{5}$$

由 (5) 式可求得小球此时离桌面的高度 h 为

$$h = v_0 t - (x - x_0) = \left(\frac{\pi}{2} - 1\right)v_0\sqrt{\frac{m}{k}} \tag{6}$$

由体系功能原理便可求得整个过程中作用于弹簧上端的力所作的功 W 为

$$W = \frac{1}{2}mv_0^2 + mgh + \frac{1}{2}kx^2 \tag{7}$$

将 (4), (6) 式代入 (7) 式, 即可得

$$W = mv_0^2 + \frac{\pi}{2}mgv_0\sqrt{\frac{m}{k}} + \frac{1}{2k}m^2g^2$$

【点评】   本题求解的关键是当小球脱离桌面后, 换与弹簧上端一起运动的参照系, 这是惯性参照系, 由力学相对性原理知, 任何惯性系中力学规律均具有相同的形式. 在此参照系中, 作用于弹簧上端的作用力不作功, 因此, 小球脱离桌面后体系机械能守恒, 于是可得到 (2) 式, 从而求得弹簧的最大伸长量 x. 而且在此参照系中, 小球作简谐振动, 很容易求得小球从脱离桌面到弹簧第一次达到最大伸长所经的时间 t. 而在桌面参照系中, 体系机械能不守恒, 而且小球也不作简谐振动, 因而不易求得 x 和 t.

例题 1.30   质量均为 m 的小球 A, B 由长为 l 的轻杆连接, 直立于光滑水平面上, 如图所示. 若在下球 B 上作用一水平恒力 F, 使 B 球移动一段距离, 此时杆与水平方向的夹角为 θ, 求此时水平面对 B 球的作用力.

【提示】　注意体系质心的运动;而轻杆对 B 球的作用力,可通过在 B 球参照系中分析 A 球的运动求得.

【题解】　设在 F 力作用下,经过时间 t,B 球移动了一段距离 s,此时杆与水平方向的夹角为 θ,如图1所示.并设 B 球的速度为 v,而 A 球相对 B 球的速度为 v'.由功能原理,得

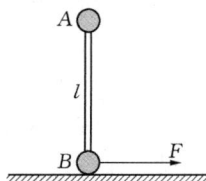

题 1.30 图

$$Fs = \frac{1}{2}mv^2 + \frac{1}{2}m[(v - v'\sin\theta)^2 + (v'\cos\theta)^2] - mgl(1 - \sin\theta) \quad (1)$$

体系质心沿水平方向的加速度 a_c 为

$$a_c = \frac{F}{2m} \quad (2)$$

此过程中质心沿水平方向的位移 x_c 为

$$x_c = \frac{1}{2}a_c t^2 \quad (3)$$

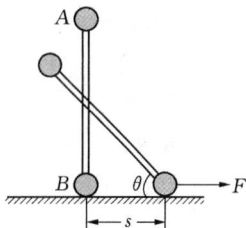

题解 1.30 图 1

而由图1所示的几何关系,可得到质心沿水平方向的位移 x_c 为

$$x_c = s - \frac{l}{2}\cos\theta \quad (4)$$

由(2),(3),(4) 式,得

$$t = \sqrt{\frac{2m}{F}(2s - l\cos\theta)} \quad (5)$$

由动量定理可得

$$Ft = mv + m(v - v'\sin\theta) \quad (6)$$

将(5) 式代入(6) 式,得

$$v = \frac{1}{2}v'\sin\theta + \sqrt{\frac{F}{2m}(2s - l\cos\theta)} \quad (7)$$

将(7) 式代入(1) 式,便可求得

$$v'^2 = \frac{2Fl\cos\theta + 4mgl(1 - \sin\theta)}{m(1 + \cos^2\theta)} \quad (8)$$

设 B 球受到杆的作用力为 T,方向沿杆,地面对它的支持力为 N,B 球的受力情况如图2所示.由此,B 球沿水平方向和竖直方向的运动方程分别为

$$F + T\cos\theta = ma \quad (9)$$

$$N - T\sin\theta - mg = 0 \quad (10)$$

取 B 球为参照系,则 A 球的受力情况如图3所示.图中惯性力 $f_i = ma$,a 为 B 球此时的加速度,于是可得 A 球在此参照系中绕 B 作圆周运动的法向运动方程为

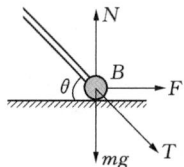

题解 1.30 图 2

$$mg\sin\theta - T - ma\cos\theta = m\frac{v'^2}{l} \quad (11)$$

将(8),(9) 式代入(11) 式,可解得

$$T = \frac{mg(6\sin\theta - \sin^3\theta - 4) - F\cos\theta(\cos^2\theta + 3)}{(1 + \cos^2\theta)^2} \quad (12)$$

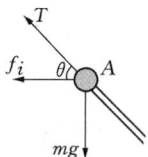

题解 1.30 图 3

将(12) 式代入(10) 式,即得此时水平面对 B 球的作用力 N 为

$$N = mg + T\sin\theta = mg\left[1 + \frac{\sin\theta(6\sin\theta - \sin^3\theta - 4) - F\sin\theta\cos\theta(\cos^2\theta + 3)}{(1 + \cos^2\theta)^2}\right]$$

【点评】 本题为轻杆两端连接两小球的体系,这类体系不论作何运动,任意时刻杆对小球的作用力一定为沿杆方向,否则其反作用力作用于轻杆的两端,会使轻杆受力矩作用.这与由转动定律得出的对于转动惯量为零的刚体所受合力矩为零的结论是相违背的.此外,为求得杆对 B 球作用力,可在 B 球参照系(非惯性系)中讨论 A 球的运动.而 A 球相对 B 球的运动速度可通过在惯性系中运用质心运动定律、功能原理及动量定理等原理求得.

例题 1.31   一质量为 m 的物体以一定的初速度竖直向上抛出,风以恒定的速度 u 水平吹来,物体所受到的空气阻力与物体相对空气的速度成正比,即可表示为 $f = -kv$.经过时间 τ 物体回到地面,物体的落地点与抛出点相距 S,且落地时竖直方向的分速度比抛出时小了 Δv,试求整个运动过程中空气阻力所做的功.

【提示】   当物体受到变力作用而运动时,变力对物体运动起到的积累效应,可通过把整个过程细分成无限多个小过程,将各小过程中力起到的效应进行累加而求得.

【题解】   设水平方向和竖直方向分别为 x 轴和 y 轴的方向,物体在运动过程中某时速度为 v,它沿两个方向的分量分别为 v_x 和 v_y,两个方向物体受到的阻力分别为

$$f_x = -k(v_x - u), \quad f_y = -kv_y$$

根据动量定理,在 x 方向有

$$-k(v_x - u)\Delta t = m\Delta v_x$$

物体上升和下降的整个过程对上式的两边进行累加, $\sum ku\Delta t - k\sum v\Delta t = m\sum \Delta v_x$,有

$$ku\tau - kS = mv_{fx} \tag{1}$$

(1) 式中的 v_{fx} 是物体回到地面时 x 方向的末速度.
同样根据动量定理,物体上升过程中 y 方向有

$$-(mg + kv_y)\Delta t = m\Delta v_y$$

对上式两边进行累加, $-\sum mg\Delta t - \sum kv_y\Delta t = -mg\sum\Delta t - k\sum\Delta y = m\sum\Delta v_y$,有

$$-kH - mg\tau_1 = -mv_0 \tag{2}$$

(2) 式中 τ_1 是上升过程经过的时间, v_0 为物体抛出时的初速度.在下降过程中 y 方向有

$$(-kv_y + mg)\Delta t = m\Delta v_y$$

对上式两边进行累加, $-\sum kv_y\Delta t + mg\sum\Delta t = m\sum\Delta v_y$,即 $-k\sum\Delta y + mg\sum\Delta t = m\sum\Delta v_y$,有

$$-kH + mg\tau_2 = mv_{fy} \tag{3}$$

(3) 式中 τ_2 是下降过程经过的时间, v_{fy} 为物体落地时 y 方向的末速度.物体上升与下降的总时间为 τ,于是有

$$\tau_1 + \tau_2 = \tau \tag{4}$$

由(2) 式、(3) 式和(4) 式可解得

$$v_0 + v_{fy} = g(\tau_1 + \tau_2) = g\tau \tag{5}$$

由题意得

$$v_0 - v_{fy} = \Delta v \tag{6}$$

由(5)式、(6)式可解得

$$v_0 = \frac{1}{2}(g\tau + \Delta v) \tag{7}$$

$$v_{fy} = \frac{1}{2}(g\tau - \Delta v) \tag{8}$$

由(1)式得

$$v_{fx} = \frac{k(u\tau - S)}{m} \tag{9}$$

根据功能原理及(7)式、(8)式、(9)式,物体在整个运动过程中,空气阻力做的功为

$$W_f = \frac{1}{2}m(v_{fx}{}^2 + v_{fy}{}^2) - \frac{1}{2}mv_0^2 = -\frac{1}{2}mg\tau\Delta v + \frac{k^2(u\tau - S)^2}{2m}$$

例题 1.32　　一质量为 m 的小环 A 套在光滑的水平固定杆中,并用长为 l 的细绳与质量也为 m 的小球 B 连接,先将绳拉直至水平方向,然后由静止释放此体系,试求:

(1) 当绳与水平杆之间的夹角 θ 为多大时,小球的速度最大?并求出此最大速度.

(2) 小球速度达最大时,绳中张力为多大?

【提示】　　小球在其运动轨道切线方向受合力为零时速度达最大.

【题解】　　设当绳与杆的夹角为 θ 时,小环 A 的速度为 v_A,小球 B 相对小环的速度为 v',则小球 B 相对地面的速度 v_B 由相对运动公式给出,即

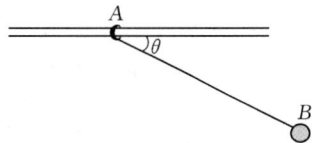

题 1.32 图

$$\boldsymbol{v}_B = \boldsymbol{v}' + \boldsymbol{v}_A \tag{1}$$

(1)式的矢量关系如图 1 所示,由图可得

$$v_{Bx} = v_A - v'\sin\theta \tag{2}$$

$$v_B = \sqrt{(v_A - v'\sin\theta)^2 + (v'\cos\theta)^2} \tag{3}$$

由体系水平方向动量守恒和机械能守恒,分别得

$$mv_A + mv_{Bx} = 0 \tag{4}$$

$$\frac{1}{2}mv_A^2 + \frac{1}{2}mv_B^2 - mgl\sin\theta = 0 \tag{5}$$

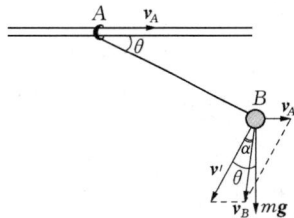

题解 1.32 图 1

其中重力势能的零点取 B 球的释放点,将(2),(3)式分别代入(4),(5)式,得

$$mv_A + m(v_A - v'\sin\theta) = 0 \tag{6}$$

$$\frac{1}{2}mv_A^2 + \frac{1}{2}m[(v_A - v'\sin\theta)^2 + (v'\cos\theta)^2] - mgl\sin\theta = 0 \tag{7}$$

联立(6),(7)式,可解得

$$v'^2 = \frac{4gl\sin\theta}{1 + \cos^2\theta} \tag{8}$$

$$v_A = \frac{1}{2}\sin\theta\sqrt{\frac{4gl\sin\theta}{1 + \cos^2\theta}} \tag{9}$$

设 $\boldsymbol{v}_B$ 与 $\boldsymbol{v}'$ 的夹角为 α.由图 1 所示的几何关系,运用正弦定理,有

$$\frac{v_A}{\sin\alpha} = \frac{v'}{\sin\left(\frac{\pi}{2} + \theta - \alpha\right)} \tag{10}$$

将(8),(9) 式代入(10) 式,可得

$$\frac{v'}{v_A} = \frac{\cos(\theta - \alpha)}{\sin\alpha} = \frac{\cos\theta\cos\alpha + \sin\theta\sin\alpha}{\sin\alpha} = \frac{2}{\sin\theta}$$

于是可解得 $\cot\alpha = \dfrac{1 + \cos^2\theta}{\sin\theta\cos\theta}$,即

$$\begin{cases} \sin\alpha = \dfrac{\sin\theta\cos\theta}{\sqrt{1 + 3\cos^2\theta}} \\[3mm] \cos\alpha = \dfrac{1 + \cos^2\theta}{\sqrt{1 + 3\cos^2\theta}} \end{cases} \tag{11}$$

设此时绳中张力为 T, 小环 A 的加速度为 a,则有

$$T\cos\theta = ma \tag{12}$$

取小环 A 为参照系,在此非惯性系中,小球 B 的受力情况如图 2 所示. 图 2 中 $f_i = ma$,由图 2 可得小球 B 作圆周运动的法向方程为

$$T + ma\cos\theta - mg\sin\theta = m\frac{v'^2}{l} \tag{13}$$

将(8) 式代入(13) 式,得

$$T = \frac{5 + \cos^2\theta}{1 + \cos^2\theta}mg\sin\theta - ma\cos\theta \tag{14}$$

题解 1. 32 图 2

联立(12),(14) 式,可解得

$$T = \frac{5 + \cos^2\theta}{(1 + \cos^2\theta)^2}mg\sin\theta \tag{15}$$

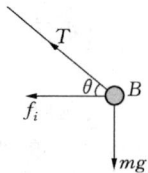

(1) 小球 B 相对地面的速度 $\boldsymbol{v}_B$ 的方向,就是它运动轨道上该点的切线方向,当小球运动速度达最大时,该切线方向小球所受合力必为零. 于是有

$$mg\cos(\theta - \alpha) = T\sin\alpha \tag{16}$$

将(11),(15) 式代入(16) 式,可得有关 $\cos^2\theta$ 的二次方程

$$3\cos^4\theta + 8\cos^2\theta - 3 = 0 \tag{17}$$

此方程的解为 $\cos^2\theta = \dfrac{1}{3}$,即

$$\begin{cases} \cos\theta = \dfrac{\sqrt{3}}{3} \\[3mm] \sin\theta = \sqrt{\dfrac{2}{3}} \end{cases} \tag{18}$$

将(8),(9) 式代入(3) 式,再把(18) 式代入,即可求得小球 B 的最大速度 $v_{B\max}$ 为

$$v_{B\max} = \sqrt{(v_A - v'\sin\theta)^2 + (v'\cos\theta)^2} = \sqrt{\frac{gl(4 - 3\sin^2\theta)\sin\theta}{1 + \cos^2\theta}} = \sqrt{\frac{\sqrt{6}}{2}gl}$$

(2) 将(18) 式代入(15) 式,就可求得小球 B 有最大速度时的绳子张力为

$$T = \frac{5 + \cos^2\theta}{(1 + \cos^2\theta)^2}mg\sin\theta = \sqrt{6}mg$$

以上是本题的一种解法,当然本题也可用求导的方法求出 v_B 的最大值.

例题 1.33　一根空心的细管被弯成半径为 R 的圆环,圆环直立地固定在置于光滑水平面上的滑块上,圆环与滑块的总质量为 M. 在圆环的管腔内有一质量为 m 的小球,可在管腔内无摩擦地沿管腔运动,如图所示.开始小球位于管腔的最高点,环与球均静止,小球在微小扰动下从右方沿管腔滑下,当它相对环的圆心 O 转过角 $\theta = \dfrac{\pi}{4}$ 时,环向左运动的速度达最大.试求:

(1) 圆环与小球质量之比 $\dfrac{M}{m}$ 的值及环向左运动的最大速度;

(2) 小球运动轨道在此处的曲率半径.

【提示】　当小球向右沿管腔滑至与管腔无相互作用时环向左运动速度达最大;而此处轨道的曲率半径可通过分析小球的法向运动求得.

【题解】　(1) 设小球相对环转过 θ 角时,环的速度为 $\boldsymbol{V}$,小球相对环的速度为 $\boldsymbol{v'}$,小球相对地面的速度为 $\boldsymbol{v}$.此三速度矢量之间的关系由相对运动公式给出,为

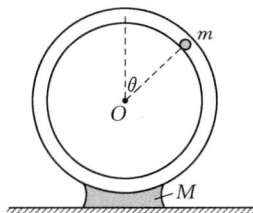
题 1.33 图

$$\boldsymbol{v} = \boldsymbol{v'} + \boldsymbol{V} \tag{1}$$

由图所示的几何关系,得

$$v_x = v'\cos\theta - V \tag{2}$$

$$v = \sqrt{(v'\cos\theta - V)^2 + (v'\sin\theta)^2} \tag{3}$$

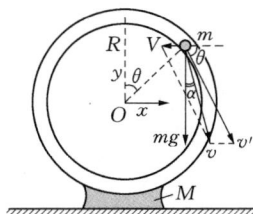
题解 1.33 图

由体系沿水平(x)方向动量守恒,并利用(2)式可得

$$m(v'\cos\theta - V) - MV = 0 \tag{4}$$

取环心为重力势能零点,由体系机械能守恒,并利用(3)式得

$$mgR = mgR\cos\theta + \frac{1}{2}MV^2 + \frac{1}{2}m\left[(v'\cos\theta - V)^2 + (v'\sin\theta)^2\right] \tag{5}$$

由(4),(5)式可解得

$$v' = \sqrt{\frac{2(M+m)gR(1-\cos\theta)}{M + m\sin^2\theta}} \tag{6}$$

$$V = \sqrt{\frac{2m^2 gR\cos^2\theta(1-\cos\theta)}{(M+m)(M+m\sin^2\theta)}} \tag{7}$$

当环向左运动速度达最大时,小球与环的管腔脱离,即两者之间无相互作用,此时环的加速度为零.现取环为参照系,此参照系该时刻为惯性系,此系中小球沿管腔作圆周运动的法向方程为

$$mg\cos\theta = m\frac{v'^2}{R} \tag{8}$$

将(6)式代入(8)式,得

$$\frac{M}{m} = \frac{2(1-\cos\theta) - \sin^2\theta\cos\theta}{3\cos\theta - 2} \tag{9}$$

将 $\theta = 45°$ 代入(9)式,即可得

$$\frac{M}{m} = \sqrt{2} + \frac{1}{2} \approx 1.914 \tag{10}$$

将(10)式及 $\theta = 45°$ 代入(7)式,就可得到圆环向左运动的最大速度 $V_{\max}$ 为

$$V_{\max} = \sqrt{(17\sqrt{2} - 24)gl} \approx 0.2\sqrt{gl}$$

（2）将（6），（7）式代入（3）式，小球的绝对速度 v 为

$$v = \sqrt{\frac{2gR(1-\cos\theta)[M^2+m(2M+m)\sin^2\theta]}{(M+m)(M+m\sin^2\theta)}} \qquad (11)$$

设 v 与竖直方向的夹角为 α，则由图示的几何关系以及（6），（7）式，得

$$\tan\alpha = \frac{v'\cos\theta - V}{v'\sin\theta} = \cot\theta - \frac{V}{v'\sin\theta} = \frac{M}{M+m}\cot\theta$$

即

$$\sin\alpha = \frac{M\cos\theta}{\sqrt{M^2+m(m+2M)\sin^2\theta}} \qquad (12)$$

由于此时小球与环之间无相互作用力，因此小球的加速度等于重力加速度，即 $a = g$. 加速度沿轨道法线方向的分量为

$$a_n = a\sin\alpha = g\sin\alpha \qquad (13)$$

小球的轨道在此处的曲率半径 ρ 为

$$\rho = \frac{v^2}{a_n} = \frac{v^2}{g\sin\alpha} \qquad (14)$$

把（11），（12）式代入（14）式，得

$$\rho = \frac{2(1-\cos\theta)[M^2+m(2M+m)\sin^2\theta]^{\frac{3}{2}}}{M\cos\theta(M+m)(M+m\sin^2\theta)}R \qquad (15)$$

把 $\theta = 45°$ 和（10）式代入（15）式，便可得

$$\rho = \frac{8}{7}(46\sqrt{2}-65)\left(\frac{13}{4}+2\sqrt{2}\right)^{\frac{3}{2}}R \approx 0.92R$$

【点评】　本题求解小球运动轨道某处的曲率半径，可通过先求得小球运动轨道方程，然后再求曲率半径的方法，也可如以上求解那样先求得小球在此处的法向加速度 a_n，然后运用 $a_n = \frac{v^2}{\rho}$ 的公式求出曲率半径 ρ. 由于圆环向左速度达最大时，正是小球与圆环相互脱离（即无作用力）之时，故此时小球加速度为重力加速度，而轨道该点的法向则是与切向垂直的方向，即与小球运动此时速度垂直的方向，故通过运用体系动量守恒、能量守恒及相对运动原理求得此速度及方向，从而即可求得运动轨道此处的曲率半径.

例题 1.34　一根绳子跨过相距 $2l$ 的等高小轴承 a，b，绳的两端各系一质量均为 m 的物体 A，B，绳上位于两轴的中点连接一质量为 M 的物体 C，如图所示. 体系由静止开始释放，物体 C 将竖直向下运动，忽略轴承的质量及摩擦.

（1）当连接 C 的绳与竖直方向的夹角 $\alpha = 60°$ 时，C 的速度达最大，求 $\frac{M}{m}$ 的值及 C 的最大速度；

（2）若取 $\frac{M}{m} = 1$，试求当 $\alpha = 60°$ 时物体 C 的加速度.

【提示】　在以某一轴承 a（或 b）为极点的平面极坐标系中，物体 c 速度最大时，其加速度为零，故其径向加速度也为零，并注意分析 A，B 两物此时的加速情况.

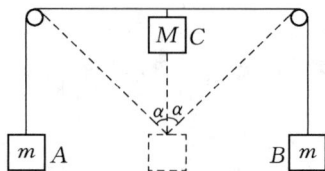
题 1.34 图

【题解】　（1）如图所示，从开始释放到连接 C 的绳与竖直线成 α 角，物体 C 下降的高度 H 为

$$H = l\cot\alpha \qquad (1)$$

而物体 A,B 则上升了 h,

$$h = \frac{l}{\sin\alpha} - l \qquad (2)$$

设此时 A(或 B) 与 C 的速度分别为 v 和 V,由体系机械能守恒定律,得

$$MgH - 2mgh = \frac{1}{2}MV^2 + 2 \times \frac{1}{2}mv^2 \qquad (3)$$

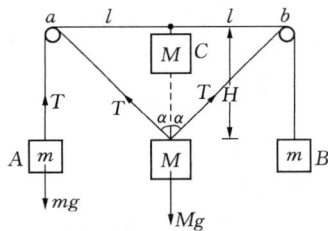

题解 1.34 图

而 v 与 V 之间的约束关系为

$$v = V\cos\alpha \qquad (4)$$

联立(1),(2),(3),(4) 式,可解得

$$V = \sqrt{\frac{M\cos\alpha + 2m(\sin\alpha - 1)}{(M + 2m\cos^2\alpha)\sin\alpha} \cdot 2gl} \qquad (5)$$

当物体 C 速度达最大时,其加速度为零.故由物体 C 的受力分析,可得

$$2T\cos\alpha = Mg \qquad (6)$$

此时物体 A(或 B) 的运动方程为

$$T - mg = ma \qquad (7)$$

在以 a(或 b) 为极点的平面极坐标系中,由于物体 C 的加速度为零,故其径向加速度为零,即有

$$a_r = \ddot{r} - r\dot{\theta}^2 = 0 \qquad (8)$$

(8) 式中的 $\ddot{r}$ 就是(7) 式中的 a,而 $r = \frac{l}{\sin\alpha}$,$\dot{\theta} = \frac{V\sin\alpha}{l/\sin\alpha} = \frac{V\sin^2\alpha}{l}$,把这些关系代入(8) 式,得

$$a = \frac{V^2\sin^3\alpha}{l} \qquad (9)$$

联立(5),(6),(7),(9) 式,并把 $\alpha = 60°$ 代入,可得

$$4\left(\frac{M}{m}\right)^2 - 5\left(\frac{M}{m}\right) + (10 - 6\sqrt{3}) = 0 \qquad (10)$$

解此关于 $\frac{M}{m}$ 的二次方程,便可得

$$\frac{M}{m} = 1.324 \qquad (11)$$

把(11) 式和 $\alpha = 60°$ 代入(5) 式,即可求得物体 C 的最大速度为 $V_{max} = 0.706\sqrt{gl}$.

(2) 若取 $\frac{M}{m} = 1$,则(5) 式变为

$$V = \sqrt{\frac{\cos\alpha + 2(\sin\alpha - 1)}{(1 + 2\cos^2\alpha)\sin\alpha} \cdot 2gl} \qquad (12)$$

物体 C 的径向运动方程为

$$T + T\cos 2\alpha - mg\cos\alpha = m\left[\frac{(V\sin\alpha)^2}{l/\sin\alpha} - a\right] \qquad (13)$$

物体 A(或 B) 的运动方程为

$$T - mg = ma \qquad (14)$$

设物体 C 的加速度为 a_C,方向沿竖直方向,在此方向上物体 C 的运动方程为

$$2T\cos\alpha - mg = ma_C \tag{15}$$

联立(12),(13),(14),(15)式,并把 $\alpha = 60°$ 代入,可解得

$$a_C = \left(\frac{2}{\sqrt{3}} - 1\right)g \approx 0.155g$$

此加速度的方向竖直向上.

【点评】 本题求解的一个关键问题,是物体 C 速度达最大时,并不是物体 A, B 速度达最大时,在以轴承 a(或 b)为极点的平面极坐标系中,物体 C 速度达最大时,其径向加速度和横向加速度均为零,而由径向加速度为零可得 $\ddot{r} = r\dot{\theta}^2$,其中 $\ddot{r}$ 正是此时 A, B 运动的加速度,这说明只要此时连接物体 C 的绳转动角速度 $\dot{\theta}$ 不为零,A, B 的加速度就不等于零,即此时 A, B 的速度并非是最大之时.这一点易被忽视.

例题 1.35 两根光滑的细杆竖直地固定在天花板上,两杆间的距离为 d,两杆上各套着一个质量分别为 m_1 和 m_2 的小环 A, B.一根穿过 B 环的绳,一端连在 B 环所在杆的杆顶旁天花板上,另一端则连在 A 环上,如图所示.在外力 F 的作用下,B 环以速度 v 向下匀速运动.试求:

(1) 当运动到两环间的绳与竖直杆的夹角为 θ 时 F 的值;

(2) 从 $\theta_1 = 37°$ 到 $\theta_2 = 53°$ 的过程中 F 力所做的功.本小题设 $m_1 = 2m$, $m_2 = m$, $v = \sqrt{\dfrac{12}{11}gd}$.

【提示】 运用相对运动原理求 A 环的加速度,为此可先求出在 B 环参照系中 A 环的相对加速度,A 环的相对加速度则可通过在极坐标系中先求出径向加速度,从而就可求出相对总加速度.

【题解】

(1) 取 B 环为运动参照系,在此系中 A 环的相对速度为 $v' = \dfrac{v}{\cos\theta}$,相对速度在垂直于绳方向上的分量

$$v'_\perp = v'\sin\theta = v\tan\theta$$

此时两环间绳长 $L = \dfrac{d}{\sin\theta}$,绳转动的角速度

$$\dot{\theta} = \omega = \frac{v'_\perp}{L} = \frac{v\tan\theta}{\dfrac{d}{\sin\theta}} = \frac{v\tan\theta\sin\theta}{d}$$

取极坐标,以 B 为极点.由于 $\ddot{r} = 0$, $r = L = \dfrac{d}{\sin\theta}$,故 A 环的相对径向加速度为

$$a'_r = \ddot{r} - r(\dot{\theta})^2 = -\frac{d}{\sin\theta}\left(\frac{v\tan\theta\sin\theta}{d}\right)^2 = -\frac{v^2\tan^2\theta\sin\theta}{d}$$

上式中"—"号代表径向加速度的方向为沿绳指向极点 B 的方向,由于 A 环相对加速度的方向沿杆向上,因此 A 环的相对加速度值为

$$a' = \frac{a'_r}{\cos\theta} = \frac{v^2\tan^3\theta}{d}$$

由于 B 环相对地面作匀速运动,即牵连加速度为零,因此 A 环相对地面的绝对加速度 a 与相对加

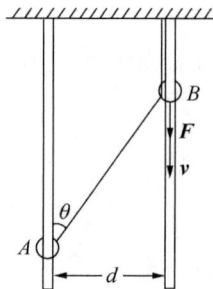

题 1.35 图

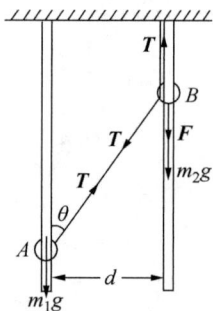

题解 1.35 图 1

速度 a' 相等,即 $a = a' = \dfrac{v^2 \tan^3 \theta}{d}$.

对 A 环进行受力分析,可得它的运动方程为 $T\cos\theta - m_1 g = m_1 a$,

$$T = \frac{m_1}{\cos\theta}\left(g + \frac{v^2 \tan^3 \theta}{d}\right)$$

对 B 环进行受力分析,可得它的运动方程为 $F + m_2 g + T\cos\theta - T = 0$,

$$F = T(1 - \cos\theta) - m_2 g = \frac{m_1}{\cos\theta}\left(g + \frac{v^2 \tan^3 \theta}{d}\right)(1 - \cos\theta) - m_2 g$$

$$= m_1\left(g + \frac{v^2 \tan^3 \theta}{d}\right)\left(\frac{1}{\cos\theta} - 1\right) - m_2 g$$

(2) 设从 $\theta_1 = 37°$ 到 $\theta_2 = 53°$ 的过程中,A,B 环的位移分别为 Δx_A,Δx_B,由图示的几何关系,可得

$$\Delta x_B = d\left(\frac{1}{\sin\theta_1} - \frac{1}{\sin\theta_2}\right) = \frac{5}{12}d$$

$$\Delta x_A + \Delta x_B = d(\cot\theta_1 - \cot\theta_2) = \frac{7}{12}d$$

故 $\Delta x_A = \dfrac{7}{12}d - \dfrac{5}{12}d = \dfrac{1}{6}d$.

由相对运动可知,在角位置分别为 θ_1 和 θ_2 时,A 环相对地面的速度分别为

$$v_{A1} = v\left(\frac{1}{\cos\theta_1} - 1\right) = \frac{1}{4}v, \quad v_{A2} = v\left(\frac{1}{\cos\theta_2} - 1\right) = \frac{2}{3}v$$

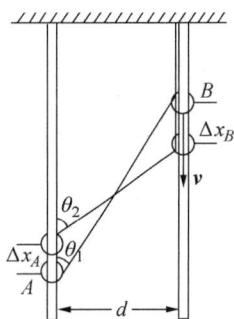
题解 1.35 图 2

由功能原理可得,在此过程中 F 力做的功为

$$W = \frac{1}{2}m_1(v_{A2}^2 - v_{A1}^2) + m_1 g \Delta x_A - m_2 g \Delta x_B = \frac{1}{3}mgd$$

例题 1.36　质量分别为 $M = 3.60\,\text{kg}$ 和 $m = 1.80\,\text{kg}$ 的两物块 A,B,连接在原长 $l_0 = 0.300\,\text{m}$、劲度系数 $k = 24.0\,\text{N/m}$ 的弹性绳的两端,并放置在水平桌面上,如图所示.已知两物块与桌面间的摩擦系数均为 $\mu = 0.300$.现将两物块拉开至相距 $l = 1.200\,\text{m}$,由静止释放.试求:

(1) 两物块相碰时的速度 v_A 和 v_B;

(2) 从释放到相碰所经过的时间.

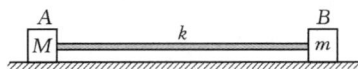
题 1.36 图

【提示】　在质心参照系中,两物块各通过一段弹性绳与固定点(即质心)连接而作振动;由于弹性绳只能拉伸、不能压缩,故当弹性绳恢复原长后就对两物块无作用力.

【题解】　(1) 释放两物后,设体系质心的加速度为 a_C,则有

$$-Mg\mu + mg\mu = (M + m)a_C, \quad a_C = -\frac{M - m}{M + m}g\mu = -1\,(\text{m/s}^2)$$

设此时质心离 A,B 的距离分别为 l_A 和 l_B,有

$$\begin{cases} l_A + l_B = l \\ Ml_A = ml_B \end{cases}$$

由以上二式,解得

$$l_A = \frac{m}{M + m}l = \frac{1}{3}l, \quad l_B = \frac{M}{M + m}l = \frac{2}{3}l$$

当绳处于原长 l_0 时,用同样方法可求得 A,B 到质心的两段弹性绳的长度 l_{OA} 和 l_{OB} 分别为

$$l_{OA} = \frac{m}{M+m}l_0 = \frac{1}{3}l_0, \quad l_{OB} = \frac{M}{M+m}l_0 = \frac{2}{3}l_0$$

这两段弹性绳的劲度系数 k_A 和 k_B 分别为

$$k_A = \frac{l_0}{l_{OA}}k = \frac{M+m}{m}k = 3k, \quad k_B = \frac{l_0}{l_{OB}}k = \frac{M+m}{M}k = \frac{3}{2}k$$

故两物在质心系中作简谐振动的角频率为

$$\omega_A = \omega_B = \omega = \sqrt{\frac{k(M+m)}{Mm}} = \sqrt{20}(\text{s}^{-1})$$

设物块 B 的平衡位置 O' 与绳原长时的位置 O 之间的距离为 b_B, B 的受力情况如图1所示,其中惯性力 $f_{iB} = ma_C$,则有

$$k_B b_B = f_{iB} + f_B = ma_C + mg\mu, \quad b_B = \frac{m(g\mu + a_C)}{k_B} = 0.2(\text{m})$$

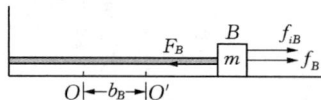
题解 1.36 图 1

故 B 作简谐振动的振幅 A_B 为

$$A_B = (l_B - l_{OB}) - b_B = \frac{2}{3}(l - l_0) - b_B = 0.4(\text{m})$$

当弹性绳恢复原长时,B 到达 O 点,即在 O' 点左方 $\frac{1}{2}A_B$ 处. 设从 B 释放至到达 O 点所经的时间为 t_1,

从图2所示的振幅矢量图可得 $\omega t_1 = \frac{2\pi}{3}$,即 $t_1 = \frac{2\pi}{3\omega} = \frac{\sqrt{5}}{15}\pi(\text{s})$,此时 B 的速度 v_B 为

$$v_B' = -A_B\omega\sin\frac{2\pi}{3} = -\frac{2}{5}\sqrt{15}(\text{m/s})$$

由质心系的性质可知:物块 A 从释放也经过时间 t_1 使 A 到质心的这段绳恢复原长,此时 A 的速度 v_A' 为

$$v_A' = -\frac{m}{M}v_B' = -\frac{1}{2}v_B = \frac{1}{5}\sqrt{15}(\text{m/s})$$

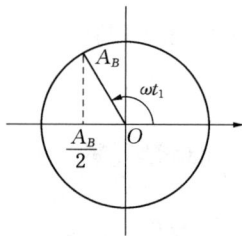
题解 1.36 图 2

此时质心的速度 v_C 为

$$v_C = a_C t_1 = -\frac{\sqrt{5}}{15}\pi(\text{m/s})$$

故 A,B 此时相对地面的速度分别为

$$v_A = v_A' + v_C = \frac{1}{5}\sqrt{15} - \frac{\sqrt{5}}{15}\pi = \frac{\sqrt{5}}{5}\left(\sqrt{3} - \frac{\pi}{3}\right)(\text{m/s})$$

$$v_B = v_B' + v_C = \frac{-2}{5}\sqrt{15} - \frac{\sqrt{5}}{15}\pi = \frac{-\sqrt{5}}{5}\left(2\sqrt{3} + \frac{\pi}{3}\right)(\text{m/s})$$

此后两物均作匀减速运动,加速度 a 为

$$a = -g\mu = -3(\text{m/s}^2)$$

当弹性绳恢复原长时,物块 A 的速度 v_A 较小,当它经过时间 t' 停下时,经过的位移为 Δl_A,则有

$$t' = \frac{v_A}{|a|} = \frac{\sqrt{5}}{15}\left(\sqrt{3} - \frac{\pi}{3}\right)(\text{s})$$

$$\Delta l_A = \frac{1}{2}\,|\,a\,|\,t'^2 = \frac{1}{2}\times 3 \times \frac{5}{15^2}\Big(\sqrt{3}-\frac{\pi}{3}\Big)^2 \approx 0.016(\text{m})$$

物块 B 在此过程中经过的位移 Δl_B 为

$$\Delta l_B = v_B t' + \frac{1}{2}at'^2 = -\frac{\sqrt{5}}{5}\Big(2\sqrt{3}+\frac{\pi}{3}\Big)\times\frac{\sqrt{5}}{15}\Big(\sqrt{3}-\frac{\pi}{3}\Big) - \frac{3}{2}\frac{5}{15^2}\Big(\sqrt{3}-\frac{\pi}{3}\Big)^2$$

$$= \frac{-1}{30}\Big(9-\frac{\pi^2}{3}\Big)\approx -0.190\,(\text{m})$$

显然此过程中 A,B 两物经过的路程

$$\Delta l_A - \Delta l_B \approx 0.206\ \text{m} < l_0 = 0.30(\text{m})$$

可见当 A 停下时,两物并未相碰,B 须经过距离 $\Delta l'_B$ 才能与 A 相碰,

$$\Delta l'_B = l_0 - \Delta l_A = 0.284(\text{m})$$

设两物相碰时 B 的速度值为 V_B,故有

$$V_B^2 - v_B^2 = 2a\Delta l'_B$$

$$V_B = \sqrt{v_B^2 + 2a\Delta l'_B} = \sqrt{\frac{1}{5}\Big(2\sqrt{3}+\frac{\pi}{3}\Big)^2 - 2\times 3\times 0.284} \approx 1.54(\text{m/s})$$

(2) 设从弹性绳恢复原长到两物相碰经过的时间为 t_2,则有

$$\Delta l'_B = |\,v_B\,|\,t_2 + \frac{1}{2}at_2^2$$

将数据代入上式,得 $0.284 = \frac{\sqrt{5}}{5}\Big(2\sqrt{3}+\frac{\pi}{3}\Big)t_2 - \frac{3}{2}t_2^2$,即 $1.5t_2^2 - 2.02t_2 + 0.284 = 0$,可解得

$$t_2 = \frac{1}{3}(2.02 - 1.54) = 0.16(\text{s})$$

方程的另一解 $t'_2 = \frac{1}{3}(2.02 + 1.54)$ 被略去.故两物从被释放到相碰经过的总时间为

$$t = t_1 + t_2 = \frac{\sqrt{5}}{15}\pi + 0.16 = 0.63(\text{s})$$

【点评】　本题是两物块用弹性绳连接的体系.与弹簧不同的是,弹性绳只能被拉伸而不能被压缩,因此,在弹性绳从拉伸状态到恢复原长的过程中,弹性绳的作用与弹簧相同,以后弹性绳就不起作用了.此外,由于两物均在运动,而两物所受弹性力与两物之间的距离,即弹性绳的长度有关,使求解较为困难.因此,在质心系中讨论两物的运动,可使问题简化.在质心系中,物块通过弹性绳的一段与固定点(即质心)连接,弹性绳在恢复原长过程中,物块在这段弹性绳的弹性力及摩擦力作用下作单纯的振动.若取平衡位置为坐标原点,则这段运动过程为标准的简谐振动,因此很容易求出所经的时间和弹性绳恢复原长时物块的速度.

例题 1.37　两颗质量分别为 M 和 m 的超新星相距为 d,绕其不动的质心作各自的圆周运动.在超新星爆炸中,质量为 M 的星损失的质量为 ΔM.设爆炸是瞬时的、完全球对称的,且忽略爆炸碎物对质量为 m 的星的直接作用.试问 ΔM 应满足什么关系,余下的双星仍被束缚而不会相互远离?

【提示】　虽然超新星爆炸后,爆炸星的剩余星体速度不变,但以剩余星和另一未爆炸星构成体系的质心不再静止.此外,在质心参照系中体系的机械能只有小于或等于零,双星才不会相互远离.

【题解】　设爆炸前两星 M 和 m 与质心的距离分别为 r_M 和 r_m,有

$$r_M + r_m = d \tag{1}$$

$$Mr_M = mr_m \tag{2}$$

由(1),(2)式,可解得

$$r_M = \frac{m}{M+m}d \tag{3}$$

$$r_m = \frac{M}{M+m}d \tag{4}$$

两星绕质心作圆周运动的角速度相同,设为 ω ,有 $\frac{GMm}{d^2} = M\omega^2 r_M$,即

$$Gm = r_M\omega^2 d^2 \tag{5}$$

由于质量为 M 的星爆炸是瞬时的,且为球对称的,因此,余下的星体此瞬时运动速度不变. 这样,余下的星体和质量为 m 的星构成的体系,其质心就有速度 v_C 为

$$v_C = \frac{m\omega r_m - (M-\Delta M)\omega r_M}{M-\Delta M+m} = \frac{\Delta M r_M\omega}{M-\Delta M+m}$$

质心的动能 E_{kC} 为

$$E_{kC} = \frac{1}{2}(M-\Delta M+m)v_C^2 = \frac{\Delta M^2 r_M^2\omega^2}{2(M-\Delta M+m)} \tag{6}$$

体系此时的总动能 E_k 为

$$E_k = \frac{1}{2}(M-\Delta M)(r_M\omega)^2 + \frac{1}{2}m(r_m\omega)^2 \tag{7}$$

体系此时的势能 U 为

$$U = \frac{-G(M-\Delta M)m}{d} \tag{8}$$

取质心为参照系,在质心系中体系的机械能 E' 为

$$E' = E_k - E_{kC} + U \tag{9}$$

把(6),(7),(8)式代入(9)式,得

$$E' = \frac{1}{2}(M-\Delta M)(r_M\omega)^2 + \frac{1}{2}m(r_m\omega)^2 - \frac{\Delta M^2 r_M^2\omega^2}{2(M-\Delta M+m)} - \frac{G(M-\Delta M)m}{d}$$

把(5)式代入上式,即可得

$$E' = -\frac{1}{2}r_M\omega^2\left(Md - 2\Delta Md + \Delta M r_M + \frac{(\Delta M)^2 r_M}{M-\Delta M+m}\right) \tag{10}$$

若质心系中体系的机械能小于零,即 $E' < 0$,则双星将被束缚而不会相互远离,故有

$$Md - 2\Delta Md + \Delta M r_m + \frac{(\Delta M)^2 r_M}{M-\Delta M+m} > 0 \tag{11}$$

把(3)式代入(11)式,可解得

$$\Delta M < \frac{1}{2}(M+m)$$

　　【点评】　在超新星爆炸前,体系的质心是静止的,虽然在爆炸中,质量为 M 的星损失的质量 ΔM 是球对称地飞散出去,故余下的星体的瞬时速度并不发生改变,但以 M 星爆炸后余下的星体和 m 星构成体系并非原体系. 这一新体系的质心并不静止,而是以 v_c 的速度开始作匀速运动,这点易被忽视. 此外,本题求解中还用到柯尼希定理,即体系的总动能等于质心的动能与质心系中体系的动能之和.

例题 1.38　质量为 m_1、速度为 v_1 的粒子,被一静止的核俘获后,产生一质量为 m_2 的粒子,沿垂直于 v_1 的方向射出,余下的核的质量为 m_3,在此过程中有量值为 Q 的非机械能转化为机械能,求产生的新粒子的动能.

【提示】　利用动量守恒和功能定理.

【题解】　设余下核 m_3 以速度 v_3 射出,v_3 的方向与 v_1 方向之间的夹角为 θ,如图所示.取 v_1 方向为 x 方向,v_2 方向为 y 方向.由 x 方向和 y 方向体系动量守恒,分别得

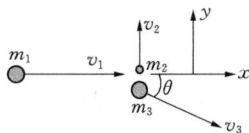

$$m_1 v_1 = m_3 v_3 \cos\theta \tag{1}$$

$$m_2 v_2 = m_3 v_3 \sin\theta \tag{2}$$

题解 1.38 图

将(1)式和(2)式分别两边平方,再两式相加,可得

$$m_1^2 v_1^2 + m_2^2 v_2^2 = m_3^2 v_3^2$$

上式也可改写成

$$\frac{1}{2} m_3 v_3^2 = \frac{1}{2}\frac{m_1^2}{m_3} v_1^2 + \frac{1}{2}\frac{m_2^2}{m_3} v_2^2 \tag{3}$$

由于此核反应过程有量值为 Q 的非机械能转化为机械能,故此反应的能量关系为

$$\frac{1}{2} m_1 v_1^2 + Q = \frac{1}{2} m_2 v_2^2 + \frac{1}{2} m_3 v_3^2 \tag{4}$$

把(3)式代入(4)式,得

$$\frac{1}{2} m_1 v_1^2 + Q = \frac{1}{2} m_1 v_1^2 \frac{m_1}{m_3} + \frac{1}{2} m_2 v_2^2 \left(1 + \frac{m_2}{m_3}\right) \tag{5}$$

由(5)式即可求得粒子 m_2 的动能 E_k 为

$$E_k = \frac{1}{2} m_2 v_2^2 = \frac{m_3}{m_2 + m_3}\left[Q + \frac{1}{2} m_1 v_1^2\left(\frac{m_3 - m_1}{m_3}\right)\right]$$

例题 1.39　一静止物块爆炸成质量相等的 1,2,3 三物块,设爆炸中释放的总动能为一定值 Q,但每一物块所具有的动能 T_1,T_2,T_3 有多种可能值,可用高为 Q 的等边三角形内一点 P 对 3 条边所作垂线的长度来表示 T_1,T_2,T_3,如图所示,但不是三角形内每一点所对应的一组动能值都是物理上所允许的.

(1)试求出物理上许可点的范围边界;

(2)若是一电子偶素在静止时衰变成 3 个能量总和为 Q 的 γ 光子,同样求出物理上许可点的范围边界.

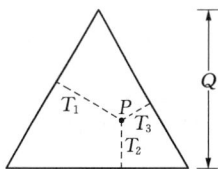

【提示】　建立以正三角形的垂心为极点的平面极坐标系,在此极坐标系中讨论物理上许可点的范围边界;在讨论 γ 光子时,应用相对论关于光子能量与动量的关系,即 $T = cP$.

题 1.39 图

【题解】　(1)设爆炸后 1,2,3 三物块的动能分别为 T_1,T_2,T_3,动量分别为 p_1,p_2,p_3.已知三物块的总动能为 Q,有

$$T_1 + T_2 + T_3 = Q \tag{1}$$

由体系动量守恒,得

$$p_1 + p_2 + p_3 = 0 \tag{2}$$

(2)式所示的矢量关系如图 1 所示,由图 1 可得 $p_1^2 = p_2^2 + p_3^2 - 2p_2 p_3 \cos\theta_{23}$,即

$$\cos\theta_{23} = \frac{p_2^2 + p_3^2 - p_1^2}{2p_2 p_3} \tag{3}$$

因 $|\cos\theta_{23}| \leqslant 1$，于是(3)式可表示为

$$\left(\frac{p_2^2 + p_3^2 - p_1^2}{2p_2 p_3}\right)^2 \leqslant 1 \qquad (4)$$

题解 1.39 图 1

把动量与动能的关系 $T = p^2/2m$ 代入(4)式，得 $\dfrac{(T_2 + T_3 - T_1)^2}{4T_2 T_3} \leqslant 1$，即

$$(T_2 + T_3 - T_1)^2 \leqslant 4T_2 T_3 \qquad (5)$$

图 2 所示的正三角形内的任一点均满足(1)式，若能满足(2)式，即满足(5)式的点就是物理上的许可点. 在此三角形内任取一点 P，其位置用极坐标 (r, θ) 表示，取三角形的垂心 O 为极坐标的极点，OA 为极轴，因 $\overline{OA} = \dfrac{2}{3}Q$，故由图 2 可得

$$T_1 = \frac{Q}{3} + r\cos\theta \qquad (6)$$

$$T_2 = \frac{Q}{3} - r\cos(60° + \theta) \qquad (7)$$

$$T_3 = \frac{Q}{3} - r\cos(60° - \theta) \qquad (8)$$

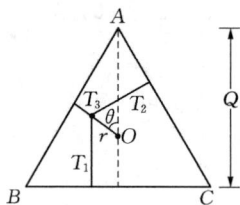

题解 1.39 图 2

把(6)，(7)，(8)式代入(5)式，有

$$\left(\frac{Q}{3} - 2r\cos\theta\right)^2 \leqslant \frac{4}{9}Q^2 - \frac{4}{3}Qr\cos\theta + 4r^2\cos^2\theta - 3r^2 \qquad (9)$$

由(9)式可得 $r \leqslant \dfrac{Q}{3}$，于是可得正三角形内物理上允许点的范围边界为内切圆的圆周. 允许区域为此圆内区域，即图 3 所示的阴影部分区域.

(2) 对于电子偶衰变成 3 个 γ 光子的情况，以上的(1)，(2)，(3)，(4)式均适用，只是光子的速度为 c，其能量与动量的关系须用相对论的关系. 由于光子没有静质量，故其动能 T 就是光子的能量 E，因此有

$$T = E = cp \qquad (10)$$

于是(4)式变为

$$\left|\frac{T_2^2 + T_3^2 - T_1^2}{2T_2 T_3}\right| \leqslant 1$$

题解 1.39 图 3

即为 $T_2^2 + T_3^2 - T_1^2 \leqslant 2T_2 T_3$ 或

$$(T_2 - T_3)^2 \leqslant T_1^2 \qquad (11)$$

(11)式有两个解分别为

$$T_2 \leqslant T_1 + T_3 \qquad (12)$$

$$T_3 \leqslant T_1 + T_2 \qquad (13)$$

同理可得

$$T_1 \leqslant T_2 + T_3 \qquad (14)$$

(12)，(13)，(14)中的任何一式，如(12)式又可写成 $2T_2 \leqslant T_1 + T_2 + T_3 = Q$，故得

$$T_2 \leqslant \frac{Q}{2} \qquad (15)$$

由(13)，(14)式同样可得

$$T_3 \leqslant \frac{Q}{2} \qquad (16)$$

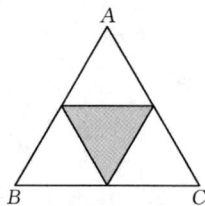

题解 1.39 图 4

$$T_1 \leqslant \frac{Q}{2} \tag{17}$$

(15),(16),(17)式是物理上许可点应满足的条件,在正三角形内物理上许可点的范围为连接各边中点的三角形内部及 3 条边,如图 4 所示的阴影部分区域.

例题 1.40　在半顶角 $\theta = 60°$ 的光滑圆锥面上,一质量 $m = 1.0\,\mathrm{kg}$ 的小球,由一根穿过锥顶小孔的绳连接,以速率 $v_0 = \dfrac{\sqrt{15}}{4}\,\mathrm{m/s}$ 作匀速圆周运动,小球到孔的绳长 $r_0 = 0.50\,\mathrm{m}$,如图所示.现将绳的另一端缓慢向下拉,直至小球与锥面脱离,试求此过程中拉绳的力所作的功.

【提示】　小球的运动是相对过小孔的竖直轴(即圆锥面的对称轴)角动量守恒.

【题解】　设小球脱离锥面时小球到孔的绳长为 r,小球运动速率为 v,由于小球所受的外力相对 O 点的力矩均无竖直分量,因此,小球相对锥面对称轴(即过小孔 O 的竖直轴)角动量守恒,故得 $mv_0 r_0 \sin\alpha = mvr\sin\alpha$,即

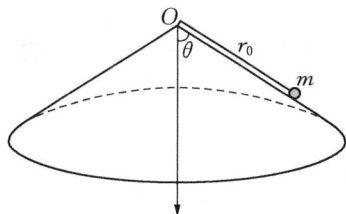

题 1.40 图

$$v = \frac{r_0}{r} v_0 \tag{1}$$

当小球脱离锥面时,小球的受力情况如图所示,因此有

$$T\cos\alpha = mg \tag{2}$$

$$T\sin\alpha = m\,\frac{v^2}{r\sin\alpha} \tag{3}$$

由(2),(3)式可解得

$$v = \sin\alpha \sqrt{\frac{gr}{\cos\alpha}} \tag{4}$$

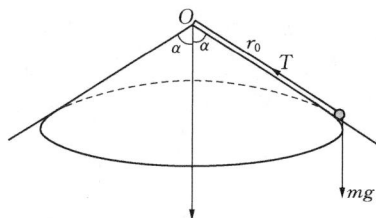

题解 1.40 图

比较(1),(4)式,可得

$$r = \sqrt[3]{\frac{v_0^2 r_0^2 \cos\alpha}{g\sin^2\alpha}} = \sqrt[3]{\frac{\dfrac{15}{16} \times \dfrac{1}{4} \times \dfrac{1}{2}}{9.8 \times \dfrac{3}{4}}} = 0.25\,(\mathrm{m}) \tag{5}$$

$$v = v_0 r_0 \sqrt[3]{\frac{g\sin^2\alpha}{v_0^2 r_0^2 \sin^2\alpha}} = \frac{\sqrt{15}}{4} \times \frac{1}{2} \times \sqrt[3]{\frac{9.8 \times \dfrac{3}{4}}{\dfrac{15}{16} \times \dfrac{1}{4} \times \dfrac{1}{2}}} = 1.92\,(\mathrm{m/s}) \tag{6}$$

由功能原理即可求得拉绳力在此过程中所作的功 W 为

$$W = \frac{1}{2} m(v^2 - v_0^2) + mg(r_0 - r)\cos\alpha \tag{7}$$

把(5),(6)式及数据代入(7)式,就可得 $W = 2.61\,(\mathrm{J})$.

例题 1.41　在光滑水平面上,有两个质量均为 m 的小球 A,B 用劲度系数为 k 的轻弹簧相连,弹簧的自然长度为 a.开始两球静止,弹簧无形变,一质量也为 m 的小铅粒以垂直于两球连线方向的水平速度,射入其中一小球 B,并留在其内,如图所示.已知在以后的运动过程中,弹簧的最大长度为 $2a$,试求铅粒射入小球前的速度 v_0.

【提示】　质心参照系中体系的机械能与角动量都守恒;且当弹簧达最大伸长时,小球仅有横向速度而无径向速度.

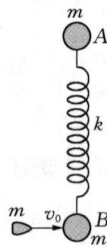

【题解】 自铅粒射入小球 B 并留在其内后,弹簧开始以 ω_0 的初角速度绕质心旋转, 同时两小球沿弹簧方向相对质心作振动,而体系的质心 C 则始终作匀速直线运动. 设当弹簧长度为 l 时,A,B 球与质心 C 之间的距离分别为 l_A 和 l_B 则有

$$ml_A = 2ml_B \tag{1}$$

$$l_A + l_B = l \tag{2}$$

由(1),(2)式,可解得

$$l_A = \frac{2}{3}l, \quad l_B = \frac{1}{3}l$$

题 **1.41** 图

可见当弹簧处于原长 a 和长度变为 $2a$ 时,A,B 球与质心的距离分别为 $\frac{2}{3}a$,$\frac{1}{3}a$ 和 $\frac{4}{3}a$,$\frac{2}{3}a$. 在铅粒射入小球 B 前后,体系相对该时质心所在空间点 C 角动量守恒,于是可得

$$mv_0 \frac{1}{3}a = \left[2m\left(\frac{a}{3}\right)^2 + m\left(\frac{2a}{3}\right)^2 \right]\omega_0 \tag{3}$$

由(3)式可得

$$\omega_0 = \frac{v_0}{2a} \tag{4}$$

取质心为参照系,在质心系中体系相对质心的角动量守恒,且机械能守恒,设当弹簧长度达最大的 $2a$ 时,其转动角速度为 ω,故分别为

$$mv_0 \frac{1}{3}a = \left[2m\left(\frac{2}{3}a\right)^2 + m\left(\frac{4}{3}a\right)^2 \right]\omega \tag{5}$$

$$\frac{1}{2}\left[2m\left(\frac{a}{3}\right)^2 + m\left(\frac{2}{3}a\right)^2 \right]\omega_0^2 = \frac{1}{2}\left[2m\left(\frac{2a}{3}\right)^2 + m\left(\frac{4}{3}a\right)^2 \right]\omega^2 + \frac{1}{2}ka^2 \tag{6}$$

联立(4),(5),(6)式,即可解得 $v_0 = 2a\sqrt{\dfrac{2k}{m}}$.

【点评】 本题是在质心系中讨论体系角动量守恒和机械能守恒的问题. 由于体系的质心始终作匀速直线运动,因此质心系是惯性系,由力学相对性原理可知,其力学规律与任何惯性系中的规律相同. 然而,质心系是个特殊的参照系,即使质心系是非惯性系,在运用功能原理和角动量定理等求解体系问题时,可不必计入惯性力的作用,即与一般惯性系等同.

例题 1.42 一根长为 L 的轻杆,两段各固定一质量为 m 的小球,可绕过其中点的固定水平轴在竖直平面内自由转动. 开始杆静止在水平位置,在与杆转动的同一竖直平面内,有一只质量也为 m 的小飞虫以一定的速度斜向右下方匀速飞行,飞行的方向与杆成 $\alpha = 45°$ 角,并落在右侧杆上转轴与小球的中点上. 设落上杆的前后,小飞虫沿杆方向的速度不变,小飞虫落上杆后,立即沿杆向小球方向爬行,使杆在小飞虫爬到杆端小球前,在竖直平面内作匀角速转动. 取 x 轴沿杆方向,且与杆固定联结,转轴处为原点,并取小飞虫落到杆上的时刻为时间零点,不计转轴处的摩擦. 试求:

(1) 小飞虫飞行速度 v_0 的值;

(2) 小飞虫沿杆爬行时的位置 x 与时间 t 的关系;

(3) 小飞虫爬到杆端小球处杆转过的角度.

【提示】 利用质点系角动量定理,分析小飞虫落上杆后沿杆的运动与杆作匀速转动之间的关系.

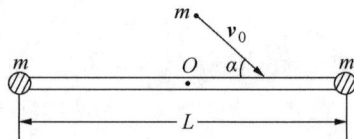

题 **1.42** 图

【题解】 (1)设小飞虫飞行的速度为 $\boldsymbol{v}_0$,$\boldsymbol{v}_0 = \boldsymbol{v}_{0\perp} + \boldsymbol{v}_{0\parallel}$,其中

$v_{0\perp} = v_0\sin\alpha = \frac{\sqrt{2}}{2}v_0$, $v_{0/\!/} = v_0\cos\alpha = \frac{\sqrt{2}}{2}v_0$, 分别为小飞虫落上杆前速度在垂直于杆方向和平行于杆方向的分量. 在小飞虫落上杆前后, 由体系相对轴 O 角动量守恒, 得

$$mv_{0\perp}\frac{L}{4} = \left[m\left(\frac{L}{4}\right)^2 + 2m\left(\frac{L}{2}\right)^2\right]\omega$$

$$\omega = \frac{2\sqrt{2}}{9}\frac{v_0}{L} \tag{1}$$

由题意可知:小飞虫落上杆前后沿杆方向的速度不变, 即落上杆后小飞虫立即以相对杆的初速度 $u_0 = v_{0/\!/} = \frac{\sqrt{2}}{2}v_0$ 开始沿杆爬行, 并使杆绕轴 O 以角速度 ω 匀速转动. 由角动量定理可知体系相对轴 O 的角动量增量等于体系所受相对于轴 O 的外力矩的冲量. 在时刻 $t \to t + \Delta t$、小飞虫爬到位置为 $x \to x + \Delta x$ 的过程中, 有

$$m(x+\Delta x)^2\omega - mx^2\omega = mgx\cos\omega t\,\Delta t$$

由此可得小飞虫沿杆方向的运动速度

$$u = \frac{\Delta x}{\Delta t} = \frac{g}{2\omega}\cos\omega t \tag{2}$$

由(2)式可知:沿杆方向小飞虫作简谐振动, 将初始条件($t=0$ 时, $u_0 = \frac{\sqrt{2}}{2}v_0$)代入上式, 得 $\frac{g}{2\omega} = \frac{\sqrt{2}}{2}v_0$, 有

$$\omega = \frac{\sqrt{2}g}{2v_0} \tag{3}$$

由(1)式、(3)式可得

$$v_0 = \frac{3}{2}\sqrt{gL}, \quad \omega = \frac{1}{3}\sqrt{\frac{2g}{L}}$$

(2) 设小飞虫沿杆方向的运动方程为 $x = \frac{L}{4} + A\sin\omega' t$, 则其速度

$$u = \frac{\mathrm{d}x}{\mathrm{d}t} = A\omega'\cos\omega' t \tag{4}$$

由(2)式、(4)式可得 $\omega' = \omega$, $A = \frac{9}{4}L$. 于是沿杆方向的运动方程为

$$x = \frac{1}{4}L + \frac{9}{4}L\sin\frac{1}{3}\sqrt{\frac{2g}{L}}\,t \tag{5}$$

(3) 当小飞虫爬到杆端小球处时, 有

$$x = \frac{L}{4} + \frac{9L}{4}\sin\frac{1}{3}\sqrt{\frac{2g}{L}}\,t = \frac{L}{2}$$

解得

$$\sin\frac{1}{3}\sqrt{\frac{2g}{L}}\,t = \frac{1}{9}, \quad t = 3\sqrt{\frac{L}{2g}}\sin^{-1}\frac{1}{9} = 0.33\sqrt{\frac{L}{2g}}$$

此时杆转过的角度为 $\theta = \omega t = 6.3°$.

例题 1.43　　两个质量分别为 m_1 和 m_2 的彗星沿各自的抛物线轨道绕太阳运动,两轨道共面. 当两彗星运动到离太阳距离为 R 处时,相互垂直相碰,并结合成一个天体. 试讨论此复合天体以后运动的轨道.

【提示】　绕太阳沿抛物线轨道运动的彗星的机械能为零,若体系的机械能小于零,则运动轨道为椭圆或圆.

【题解】　两彗星的运动轨道均为抛物线,则两彗星各自与太阳构成的体系的机械能均为零. 设当它们运动到离太阳距离为 R 处相碰前的速度分别为 v_1 和 v_2,故有

$$\frac{1}{2}m_1 v_1^2 - \frac{GM_s m_1}{R} = 0 \tag{1}$$

$$\frac{1}{2}m_2 v_2^2 - \frac{GM_s m_2}{R} = 0 \tag{2}$$

由(1),(2)式,得

$$v_1 = v_2 = \sqrt{\frac{2GM_s}{R}} \tag{3}$$

两彗星相碰撞前后由两彗星构成的体系动量守恒,即有

$$m_1 \boldsymbol{v}_1 + m_2 \boldsymbol{v}_2 = (m_1 + m_2)\boldsymbol{v} \tag{4}$$

(4)式中 $\boldsymbol{v}$ 为碰撞后两彗星结合成一个复合天体的速度. 由于 $\boldsymbol{v}_1$ 与 $\boldsymbol{v}_2$ 垂直,如图所示,故有 $(m_1 v_1)^2 + (m_2 v_2)^2 = (m_1 + m_2)^2 v^2$,即可得

$$v^2 = \frac{m_1^2 + m_2^2}{(m_1 + m_2)^2}\frac{2GM_s}{R} \tag{5}$$

由于是完全非弹性碰撞,碰撞中有机械能损失,因此碰撞后复合天体与太阳构成的体系的机械能必小于零. 设复合天体的质量为 $M(= m_1 + m_2)$,即有

$$E = \frac{1}{2}Mv^2 - \frac{GM_s M}{R} < 0$$

题解 1.43 图

由此可知,复合天体的运动轨道应是以太阳为焦点的椭圆轨道. 由于椭圆轨道的半长轴 a 是由能量决定的,而半短轴 b 则是由能量和角动量共同决定. 从本题的已知条件无法确定两彗星碰撞后复合天体的速度与该处矢径的夹角,即无法确定角动量,因而椭圆轨道的半短轴 b 无法确定. 既然半长轴 a 仅由能量 E 决定,为了求出 a,不妨设碰撞后复合天体的速度与该处矢径垂直,即碰撞处为椭圆轨道的近(或远)日点. 设此复合天体运动到远(或近)日点时,矢径为 r,速度为 v',则由体系相对太阳中心角动量守恒及机械能守恒分别得

$$Mv'r = MvR \tag{6}$$

$$\frac{1}{2}Mv'^2 - \frac{GM_s M}{r} = \frac{1}{2}Mv^2 - \frac{GM_s M}{R} \tag{7}$$

由(5),(6),(7)式可解出

$$r = \frac{m_1^2 + m_2^2}{2m_1 m_2}R$$

由此可求得椭圆轨道的半长轴 a 为

$$a = \frac{1}{2}(r + R) = \frac{(m_1 + m_2)^2}{4m_1 m_2}R$$

即两彗星碰撞后复合天体的运动轨道是以太阳为焦点、半长轴为 $\frac{(m_1 + m_2)^2}{4m_1 m_2}R$ 的椭圆轨道.

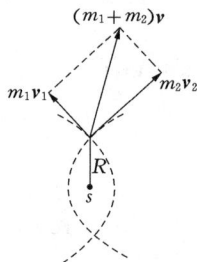

半长轴 a 也可用以下公式求得:

$$v^2 = k^2 \left(\frac{2}{r} - \frac{1}{a} \right) \tag{8}$$

式中 $k^2 = GM_s$, $r = R$, 把(5)式代入(8)式, 即可求得

$$a = \frac{2k^2 r}{k^2 - v^2 r} = \frac{(m_1 + m_2)^2}{4 m_1 m_2} R$$

例题 1.44　　质量为 m 的登月器连接在质量为 $M(M = 2m)$ 的航天飞机上, 一起绕月球作圆周运动, 轨道半径是月球半径 R_m 的 3 倍. 某时, 航天飞机把登月器向运动反方向射出后, 登月器仍沿原方向运动, 并沿如图所示的椭圆轨道登上月球表面, 在月球表面逗留一段时间, 完成科考工作后, 经快速起动仍沿原椭圆轨道回到分离点, 与航天飞机实现对接. 试求登月器在月球表面可逗留的时间. 已知月球表面的重力加速度 $g_m = 1.62 \text{ m/s}^2$, 月球半径 $R_m = 1.74 \times 10^6 \text{ m}$.

【提示】　航天飞机(包括登月器)绕月亮的运动, 与行星绕太阳的运动类似, 可用开普勒定律求解.

【题解】　设航天飞机连同登月器一起绕月作圆周运动的速度为 v_0, 则有

$$\frac{GM_m(M+m)}{(3R_m)^2} = (M+m) \frac{v_0^2}{3R_m} \tag{1}$$

(1)式中 M_m 为月球的质量, 由(1)式可得

$$v_0 = \sqrt{\frac{GM_m}{3R_m}} \tag{2}$$

其绕月运动的周期 T_0 为

$$T_0 = \frac{2\pi(3R_m)}{v_0} = 6\pi R_m \sqrt{\frac{3R_m}{GM_m}} \tag{3}$$

由于月球表面重力加速度 g_m 为

$$g_m = \frac{GM_m}{R_m^2} \tag{4}$$

把(4)式代入(3)式, 并代入数据可得

$$T_0 = 6\pi R_m \sqrt{\frac{3}{g_m R_m}} = 6 \times 3.14 \times 1.74 \times 10^6 \times \sqrt{\frac{3}{1.62 \times 1.74 \times 10^6}}$$
$$= 33\,812(\text{s}) \approx 9.4(\text{h}) \tag{5}$$

设登月器与航天飞机刚脱离时两者的速度分别为 v_1 和 v_2, 由动量守恒可得

$$(M+m)v_0 = mv_1 + Mv_2 \tag{6}$$

登月器与航天飞机脱离后, 两者沿各自的椭圆轨道运动, 如图所示. 设登月器到达月球表面时速度为 v_1', 由相对月球中心角动量守恒和机械能守恒分别得

$$3R_m m v_1 = R_m m v_1' \tag{7}$$

$$\frac{1}{2}mv_1^2 - \frac{GM_m m}{3R_m} = \frac{1}{2}mv_1'^2 - \frac{GM_m m}{R_m} \tag{8}$$

联立(7), (8)两式, 可解得

$$v_1 = \sqrt{\frac{GM_m}{6R_m}} = \frac{\sqrt{2}}{2} v_0 \tag{9}$$

把(9)式代入(6)式, 得

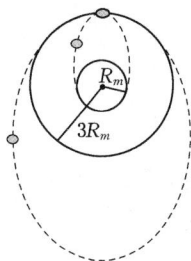

题 1.44 图

$$v_2 = v_0 + \frac{m}{M}\left(1 - \frac{\sqrt{2}}{2}\right)v_0 \tag{10}$$

设航天飞机运动到离月球最远处时速度为 v'_2，该处到月球球心的距离为 kR_m，同样由航天飞机相对月球中心角动量守恒和机械能守恒分别得

$$3R_mMv_2 = kR_mMv'_2 \tag{11}$$

$$\frac{1}{2}Mv_2^2 - \frac{GM_mM}{3R_m} = \frac{1}{2}Mv'^2_2 - \frac{GM_mM}{kR_m} \tag{12}$$

联立(11)，(12)两式，可解得

$$k = \frac{3}{2\left(\dfrac{v_0}{v_2}\right)^2 - 1} \tag{13}$$

把(10)式代入(13)式，并代入 $\dfrac{M}{m} = 2$，可得 $k \approx 5.75$，于是可得航天飞机椭圆轨道的半长轴 a_M 为

$$a_M = \frac{1}{2}(k+3)R_m = 4.38R_m$$

而登月器椭圆轨道的半长轴 a_m 为

$$a_m = \frac{1}{2}(3+1)R_m = 2R_m$$

根据开普勒第三定律，可分别求出登月器的周期 T_m 和航天飞机的周期 T_M 与 T_0 的比为

$$\frac{T_m}{T_0} = \left(\frac{a_m}{3R_m}\right)^{\frac{3}{2}} = \left(\frac{2}{3}\right)^{\frac{3}{2}} = 0.54$$

$$\frac{T_M}{T_0} = \left(\frac{a_M}{3R_m}\right)^{\frac{3}{2}} = \left(\frac{4.38}{3}\right)^{\frac{3}{2}} = 1.76$$

即

$$T_m = 0.54T_0 \tag{14}$$

$$T_M = 1.76T_0 \tag{15}$$

登月器为了能沿原椭圆轨道返回脱离点与航天飞机实现对接，则其在月球上可逗留的时间 Δt 为

$$\Delta t = (n+1)T_M - T_m \quad (n = 0, 1, 2, \cdots) \tag{16}$$

把(14)，(15)式及(5)式代入(16)式，即得

$$\Delta t = (1.76n + 1.22) \times 9.4\ \text{h} \quad (n = 0, 1, 2, \cdots)$$

由此表示可知，登月器在月球表面可逗留的最短时间为 $\Delta t_{min} = 11.5\ \text{h}$.

例题 1.45 "星际子弹"被认为是稠密气体团，它们像弹道式粒子一样穿过低密度星际气体云. 在宇宙某处，有一球状低密度均匀气体云，质量为 M，半径为 R，一"星际子弹"的半径远小于 R，质量 $m \ll M$，子弹对气体云中心的角动量 $L = m\sqrt{\dfrac{GMR}{32}}$，子弹的总能量 $E = -\dfrac{5GMm}{4R}$，忽略所有非引力作用.

(1) 试问此子弹的运动是总在云里？总在云外？还是有时在云里，有时在云外？

(2) 求子弹运动轨道的转折点离气体云中心的距离；

(3) 讨论子弹运动轨道的形状，并求其运动周期.

【提示】 分析子弹的运动可作势能曲线或有效势能曲线.

【题解】　（1）子弹受到气体云团的万有引力为

$$\boldsymbol{F}(r) = \begin{cases} -\dfrac{GMmr}{R^3}\hat{r} & (r \leqslant R) \\[2mm] -\dfrac{GMm}{r^2}\hat{r} & (r > R) \end{cases} \tag{1}$$

若取无穷远为引力势能零点，则引力势能由以下积分求得：

$$U(r) = \int_r^\infty \boldsymbol{F}(r) \cdot \mathrm{d}\boldsymbol{l} = \int_r^\infty F(r)\mathrm{d}r \tag{2}$$

在 $r \leqslant R$ 区域，

$$U(r) = \int_r^R -\frac{GMmr}{R^3}\mathrm{d}r + \int_R^\infty -\frac{GMm}{r^2}\mathrm{d}r = -\frac{GMm}{2R^3}(3R^2 - r^2) \tag{3}$$

在 $r > R$ 区域，

$$U(r) = \int_R^\infty -\frac{GMm}{r^2}\mathrm{d}r = -\frac{GMm}{r} \tag{4}$$

图 1 为势能曲线图. 由题意知，子弹的总能量 $E = -\dfrac{5GMm}{4R}$，而子弹能出现的区域应满足 $E \geqslant U$，由图 1 可知，只有在 $r \leqslant r_0$ 区域子弹才可能出现，而 $r_0 < R$，这就是说，子弹总是在云里.

（2）子弹的有效势能 $U_{\text{eff}}(r)$ 为

$$U_{\text{eff}}(r) = U(r) + \frac{L^2}{2mr^2} \tag{5}$$

（5）式中的 L 为子弹相对气体云中心的角动量，$L = m\sqrt{\dfrac{GMR}{32}}$，将此式及（3）式代入（5）式，得

题解 1.45 图 1

$$U_{\text{eff}}(r) = -\frac{GMm}{2R^3}(3R^2 - r^2) + \frac{GMmR}{64r^2} \tag{6}$$

子弹的机械能 E 为

$$E = \frac{1}{2}m\dot{r} + U_{\text{eff}}(r) \tag{7}$$

在运动轨道的转折处，$\dot{r} = 0$，于是有

$$E = -\frac{5GMm}{4R} = U_{\text{eff}}(r) = -\frac{GMm(3R^2 - r^2)}{2R^3} + \frac{GMmR}{64r^2} \tag{8}$$

由（8）式，得方程

$$32\left(\frac{r}{R}\right)^4 - 16\left(\frac{r}{R}\right)^2 + 1 = 0 \tag{9}$$

此二次方程的解为 $\left(\dfrac{r}{R}\right)^2 = \dfrac{2 \pm \sqrt{2}}{8}$，即

$$r_1 = \sqrt{\frac{2 + \sqrt{2}}{8}}R, \quad r_2 = \sqrt{\frac{2 - \sqrt{2}}{8}}R$$

在轨道转折点子弹离气体云中心的距离为 $\sqrt{\dfrac{2 + \sqrt{2}}{8}}R$ 或 $\sqrt{\dfrac{2 - \sqrt{2}}{8}}R$.

（3）由（2）小题中讨论计算可知，（9）式所示的方程有 r_1 和 r_2 两个解，即在图 2 所示的子弹有效势能曲线图中，子弹的机械能 $E = -\dfrac{5GMm}{4R}$ 与有效势能曲线有两个交点. 因此，子弹运动为椭圆轨道，其

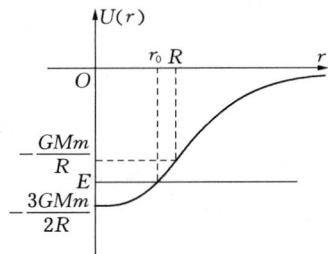

半长轴 a 和半短轴 b 分别为

$$a = r_1 = \frac{1}{2}\sqrt{1 + \frac{\sqrt{2}}{2}}R, \quad b = r_2 = \frac{1}{2}\sqrt{1 - \frac{\sqrt{2}}{2}}R$$

形状大致如图 3 所示,可见轨道中共有 4 个转折点.椭圆的面积 S 为

$$S = \pi ab = \frac{\sqrt{2}}{8}\pi R^2$$

由于子弹相对气体云中心角动量守恒,可知其面积速率 k 为恒量,

$$k = \frac{\mathrm{d}S}{\mathrm{d}t} = \frac{L}{2m} = \frac{1}{2}\sqrt{\frac{GMR}{32}}$$

故子弹轨道运动的周期 T 为

$$T = \frac{S}{k} = \frac{2\pi R^{\frac{3}{2}}}{\sqrt{GM}}$$

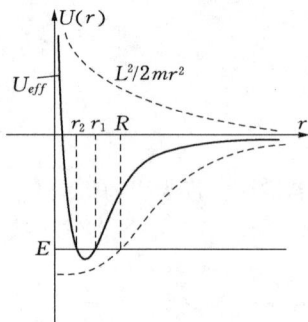

题解 1.45 图 2

【点评】 当质点在一维势场中运动时,常采用势能曲线来讨论质点的运动,而当质点在固定力心的引力场中作二维(即二变量 r, θ) 运动时,为便于讨论其矢径(r)的变化范围,常引进有效势能 $U_{eff}(r)$. 有效势能由两部分构成:一部分是引力势能 $U(r)$,另一部分则是其机械能中的横向动能 $\frac{1}{2}m(r\dot{\theta})^2$. 由于质点相对固定力心角动量守恒,即 $L = mr^2\dot{\theta} = C$,因此,横向动能表示中的 $\dot{\theta}$ 可用 $\frac{L}{mr^2}$ 来替换,于是有

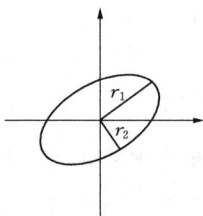

题解 1.45 图 3

$$U_{eff}(r) = U(r) + \frac{L^2}{2mr^2}$$

可见有效势能仅是 r 的函数,而体系机械能 E 也只是 r 的函数,即

$$E = \frac{1}{2}m\dot{r}^2 + U_{eff}(r)$$

这与质点在作一维(一个变量 r) 运动相仿,只要作出有效势能曲线,就可很方便地讨论质点径向运动的范围.

例题 1.46 　将宇宙飞船从地球发射至太阳系外,有两个方案.方案一:以足够大的速度(大于太阳系逃逸速度) 直接发射.方案二:使宇宙飞船接近太阳系的一个外层行星(例如火星). 在它的作用下,改变运动方向,然后逃离太阳系.设所有行星在同一平面内沿同一方向绕太阳在圆轨道上运行,设空气阻力及地球自转的影响均可忽略.试求:

(1) 按方案一,从地面发射所需的相对地球的最小速度 v_a 及发射方向;

(2) 按(1)问中的方向相对地球以速度 v_b 从地面发射飞船,求飞船穿过火星轨道时的速度;(设飞船穿过火星轨道时,离火星很远)

(3) 使飞船进入火星引力场,但仍可飞出太阳系,求从地面发射的速度;(设飞船相对地球的发射方向与(1)问中相同,并设飞船沿火星轨道的切线方向脱离火星引力场)

(4) 估计方案二比方案一节省能量的最大百分比.

【提示】 　按方案一,飞船的运动可分为两个阶段,第一阶段是先脱离地球引力场,此阶段可认为太阳引力不变,第二阶段再逃离太阳系.而按方案二,飞船的运动则可分为 3 个阶段,第一阶段与方案一相同,第二阶段是飞船脱离地球引力后从地球轨道飞往火星轨道,第三阶段是在火星引力作用下改变运动方向,从火星轨道另一处沿切向离开火星引力场,并借助火星轨道速度继续逃离太阳系.

【题解】　(1) 按方案 1,从地面上发射的飞船直接逃离太阳系的过程,可分为两个阶段:第 1 阶段是先脱离地球引力场的阶段.为了使发射速度最小,则在太阳系中应尽可能借助地球的公转速度,故应向地球轨道速度方向发射.当飞船相对地球到达足够远处,即已脱离地球引力场时,可认为飞船仍近似在地球公转轨道上,且此时飞船相对地球仍有一定的速度,此阶段可认为太阳的引力势能不变.第 2 阶段是飞船脱离地球引力后继续逃离太阳的过程,直至飞到离太阳无穷远处.

取地球为参照系,设飞船脱离地球引力后相对地球的速度为 v_{a1},则由机械能守恒得

$$\frac{1}{2}mv_a^2 - \frac{GM_em}{R_e} = \frac{1}{2}mv_{a1}^2 \tag{1}$$

(1) 式中 M_e 和 R_e 分别为地球的质量和半径.再取太阳为参照系,由题设地球绕太阳作圆轨道运动,设地球轨道速度为 v_e,太阳质量为 M_s,地球轨道半径为 r_{se},则有 $\dfrac{GM_sM_e}{r_{se}^2} = M_e\dfrac{v_e^2}{r_{se}}$,即

$$v_e = \sqrt{\frac{GM_s}{r_{se}}} \tag{2}$$

在太阳参照系中,飞船脱离地球引力场时的速度 v_{a2} 为

$$v_{a2} = v_{a1} + v_e \tag{3}$$

在地球公转轨道上的飞船要继续逃离太阳,则它与太阳构成体系的机械能应大于或等于零,即

$$\frac{1}{2}mv_{a2}^2 - \frac{GM_sm}{r_{se}} \geqslant 0$$

最小的 v_{a2} 对应上式中取等于零,故有

$$v_{a2} = \sqrt{\frac{2GM_s}{r_{se}}} = \sqrt{2}v_e \tag{4}$$

把(4) 式代入(3) 式,得

$$v_{a1} = (\sqrt{2}-1)v_e = 12.3(\text{km/s}) \tag{5}$$

把(5) 式代入(1) 式,得

$$v_a = \sqrt{v_{a1} + 2G\frac{M_s}{R_e}} = 16.4(\text{km/s})$$

(2) 在地球参照系中,地球表面上飞船的发射速度为 v_b,当飞船脱离地球引力时速度设为 v_{b1},则由机械能守恒得

$$\frac{1}{2}mv_b^2 - \frac{GM_em}{R_e} = \frac{1}{2}mv_{b1}^2 \tag{6}$$

在太阳参照系中,此时飞船的速度 v_{b2} 为

$$v_{b2} = v_{b1} + v_e \tag{7}$$

此后在飞船从地球轨道处向火星轨道运动的过程中,只受到太阳引力的作用.当飞船飞到火星轨道处时,设其速度为 $\boldsymbol{v}\,(= \boldsymbol{v}_r + \boldsymbol{v}_\theta)$,如图 1 所示.火星轨道半径设为 r_{sm},则由飞船相对太阳中心角动量守恒,可得

$$mv_{b2}r_{se} = mv_\theta r_{sm} \tag{8}$$

由机械能守恒,得

题解 1.46 图 1

$$\frac{1}{2}mv_{b2}^2 - \frac{GM_s m}{r_{se}} = \frac{1}{2}m(v_r^2 + v_\theta^2) - \frac{GM_s m}{r_{sm}} \tag{9}$$

把(6)，(7)，(8)式代入(9)式，并利用 $v_e = \sqrt{\dfrac{GM_s}{R_e}}$ 和 $g = \dfrac{GM_e}{R_e^2}$，得

$$v_r^2 = v_{b2}^2 - v_\theta^2 - \frac{2GM_s}{r_{se}} + \frac{2GM_s}{r_{sm}} = (v_{b1} + v_e)^2\left[1 - \left(\frac{r_{se}}{r_{sm}}\right)^2\right] - 2v_e^2\left(1 - \frac{r_{se}}{r_{sm}}\right)$$

故有

$$v_r = \left[(\sqrt{v_b^2 - 2R_e g} + v_e)^2\left(1 - \frac{r_{se}^2}{r_{sm}^2}\right) - 2v_e^2\left(1 - \frac{r_{se}}{r_{sm}}\right)\right]^{\frac{1}{2}} \tag{10}$$

$$v_\theta = \frac{r_{se}}{r_{sm}}(\sqrt{v_b^2 - 2R_e g} + v_e) \tag{11}$$

（3）按方案2，飞船的运动可分为3个阶段．第1阶段与方案1的第1阶段相同，是飞船脱离地球引力的阶段．第2阶段则是脱离地球引力后，从地球轨道处运动到火星轨道处的阶段．而第3阶段是飞船在火星轨道某处进入火星引力场后，在火星引力作用下改变运动方向，并从火星轨道的另一处沿火星轨道的切向离开火星引力场，这样可借助火星的轨道速度，以更大的相对太阳的速度继续逃离太阳系．

第1、第2阶段的讨论与(2)小题中完全一样．当飞船飞到火星轨道某处时，相对太阳的速度为 $\boldsymbol{v}$，相对火星的速度为 $\boldsymbol{v}'$，根据相对运动公式得

$$\boldsymbol{v}' = \boldsymbol{v} - \boldsymbol{v}_m \tag{12}$$

(12)式中 $\boldsymbol{v}_m$ 为火星的轨道速度，(12)式也可表示为

$$v'^2 = (v_\theta - v_m)^2 + v_r^2 \tag{13}$$

火星的轨道速度 v_m 可由式 $\dfrac{GM_s M_m}{r_{sm}^2} = M_m\dfrac{v_m^2}{r_{sm}}$ 求得，

$$v_m = \sqrt{\frac{GM_s}{r_{sm}}} \tag{14}$$

由题意可知，当飞船在火星轨道另一处脱离火星引力场时，速度方向为轨道的切向，如图2所示．以火星为参照系，由机械能守恒知，离开火星引力场时飞船的速度仍为 v'．故在太阳参照系中飞船的速度 v_{b3} 为

$$v_{b3} = v' + v_m \tag{15}$$

在火星轨道处，飞船仅在太阳引力作用下逃离太阳系，则以飞船和太阳构成体系的机械能至少应等于零，故有 $\dfrac{1}{2}mv_{b3}^2 - \dfrac{GM_s m}{r_{sm}} = 0$，即

$$v_{b3} = \sqrt{\frac{2GM_s}{r_{sm}}} = \sqrt{2}\,v_m \tag{16}$$

把(16)式代入(15)式，得

$$v' = (\sqrt{2} - 1)v_m \tag{17}$$

把(10)，(11)，(17)式代入(13)式，再把(14)式代入，即可得

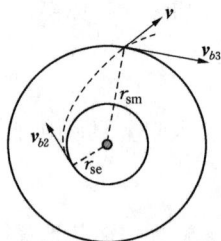

题解 1.46 图 2

$$v_b = \left\{v_e^2\left[\left(\frac{r_{se}}{r_{sm}}\right)^{\frac{3}{2}} - 1 + \sqrt{\left(\frac{r_{se}}{r_{sm}}\right)^3 - \left(2\sqrt{2}\,\frac{r_{se}}{r_{sm}} - 2\right)}\right]^2 + 2gR_e\right\}^{\frac{1}{2}} = 12.5(\text{km/s})$$

（4）设方案 1 和方案 2 所需的最小发射能量分别为 E_1 和 E_2，则方案 2 比方案 1 节省能量的最大百分比为

$$\eta = \frac{E_1 - E_2}{E_1} = \frac{v_a^2 - v_b^2}{v_a^2} = \frac{(16.4)^2 - (12.5)^2}{(16.4)^2} = 0.41 = 41\%$$

【点评】　本题是 1985 年第 16 届国际物理奥林匹克竞赛试题. 在本题的求解中，应分清飞船飞行的几个阶段，在飞船飞行的不同阶段，应取不同的参照系，明确运动守恒量，并作适当的近似. 例如，在飞船逃离地球引力场，以及飞船进入火星引力场过程中，应分别取地球和火星为参照系，以飞船和地球为体系以及以飞船和火星为体系机械能守恒，且飞船分别相对地球中心和火星中心角动量守恒，虽然这两个过程相对地球和火星都经过了很大的空间范围，但相对太阳却是范围很小，故可认为这些过程中太阳的引力近似不变，这样使求解更为清晰简便.

例题 1.47　质量为 M 的恒星周围很大范围内球对称地均匀分布有质量密度为 ρ 的尘埃，在尘埃范围内有一质量为 m 的行星绕恒星作半径为 r_0 的圆轨道运动（忽略尘埃对行星的阻力作用）. 若行星在运动中受到一径向的小扰动，使其稍微偏离圆轨道，试定量描述行星以后的运动.

【提示】　行星径向受到小扰动后将作径向小振动，比较径向小振动周期与原圆运动周期，有助于对行星以后运动的描述.

【题解】　行星在运动中除受到恒星的万有引力外，还受到宇宙尘埃的万有引力；而尘埃的引力由行星轨道半径内的尘埃质量 M' 决定，M' 为

$$M' = \frac{4}{3}\pi r_0^3 \rho \tag{1}$$

设行星在轨道上运动速度为 v_0，则行星的运动方程为

$$\frac{GMm}{r_0^2} + \frac{GM'm}{r_0^2} = m\frac{v_0^2}{r_0} \tag{2}$$

行星相对恒星中心角动量守恒，而行星的角动量 L 为

$$L = mv_0 r_0 \tag{3}$$

把（1），（3）式代入（2）式，得

$$\frac{GM}{r_0^2} + \frac{4}{3}\pi G\rho r_0 = \frac{L^2}{m^2 r_0^3}$$

设 $k = \frac{4}{3}\pi G\rho$，则上式可表示为

$$\frac{GM}{r_0^2} + kr_0 = \frac{L^2}{m^2 r_0^3} \tag{4}$$

若行星运动稍偏离此圆轨道，它到恒星的矢径 r 可表示为

$$r(t) = r_0 + \delta(t) \tag{5}$$

其中 $\delta(t) \ll r_0$，取平面极坐标系，则行星运动的径向方程为

$$-\frac{GMm}{r^2} - kmr = m(\ddot{r} - r\dot{\theta}^2) \tag{6}$$

而行星相对恒星中心角动量 $L(= mr^2\dot{\theta})$ 守恒，故

$$\dot{\theta} = \frac{L}{mr^2} \tag{7}$$

把（5）式与（7）式代入（6）式，可得

$$-\frac{GM}{(r_0+\delta)^2} - k(r_0+\delta) = \ddot{\delta} - \frac{L^2}{m^2(r_0+\delta)^3}$$

由于 $\delta \ll r_0$，上式中 $\left(\dfrac{\delta}{r_0}\right)^2$ 及更高次项均可略去，则上式变为

$$\ddot{\delta} = -\frac{GM}{r_0^2}\left(1-\frac{2\delta}{r_0}\right) - kr_0\left(1+\frac{\delta}{r_0}\right) + \frac{L^2}{m^2 r_0^3}\left(1-3\frac{\delta}{r_0}\right) \tag{8}$$

把(4)式代入(8)式,得

$$\ddot{\delta} + \left(\frac{L^2}{m^2 r_0^4} + 3k\right)\delta = 0 \tag{9}$$

这是简谐振动的运动方程,简谐振动的角频率 ω_r 为

$$\omega_r = \sqrt{\frac{L^2}{m^2 r_0^4} + 3k} \tag{10}$$

当行星绕恒星作半径为 r_0 的圆周运动时,其角速度 $\omega_0 = \dfrac{L}{m r_0^2}$,而若空间不存在宇宙尘埃,即 $\rho = 0$ 时,$k = 0$,则 $\omega_r = \omega_0$,这表明当行星绕恒星运动一周,其径向 r 的振动也恰好经历一个周期,此过程中 r 的取值有两次极大和两次极小,因此行星的轨道是稳定的椭圆. 当存在宇宙尘埃,即当 $\rho \neq 0$,从而 $k \neq 0$ 时,由(10)式知,$\omega_r > \omega_0$. 这表明行星的轨道不再是一个严格的椭圆. 但由于 k 很小,ω_r 只是比 ω_0 稍大,故轨道形状仍大致是椭圆,但椭圆不闭合,行星的径向振动比圆运动超前一个相位,椭圆将作进动,如图所示. 即若行星绕恒星逆时针运行,则进动方向将是顺时针,设进动角速度为 ω_p,则椭圆的轴转动一周需时 T_p 为

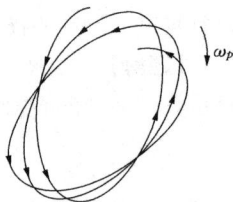

题解 1.47 图

$$T_p = \frac{2\pi}{\omega_p} \tag{11}$$

而椭圆进动一周时,行星径向振动与圆运动的相位差为 2π,即

$$(\omega_r - \omega_0)T_p = 2\pi \tag{12}$$

由(11)和(12)式,即可得

$$\omega_p = \omega_r - \omega_0 = \sqrt{\frac{L^2}{m^2 r_0^4} + 3k} - \frac{L}{m r_0^2} = \frac{L}{m r_0^2}\left[\left(1 + \frac{3km^2 r_0^4}{L^2}\right)^{\frac{1}{2}} - 1\right]$$

$$\approx \frac{L}{m r_0^2} \cdot \frac{3km^2 r_0^4}{2L^2} = \frac{3km r_0^2}{2L} \tag{13}$$

把 $k = \dfrac{4}{3}\pi G\rho$ 和 $L = m r_0^2 \omega_0 = m\sqrt{GMr_0}$ 代入(13)式,即得 $\omega_p = 2\pi\rho\sqrt{\dfrac{Gr_0^3}{M}}$.

【点评】 行星绕恒星的运动是个二维问题,在平面极坐标系中用 r 和 θ 两个变量来描述其运动. 利用行星相对恒星中心角动量守恒,把其径向运动方程中的 $\dot{\theta}$ 用 $\dfrac{L}{mr^2}$ 来替换,使之变成仅有一个变量 r 的一维运动方程. 从方程可知,行星径向小振动为简谐振动,比较径向振动角频率与轨道运动角频率,就可得出行星椭圆轨道作进动的结论,并可求出其进动方向和进动角频率.

例题 1.48   质量为 m 的质点在有心引力作用下作半径为 r_0 的圆周运动,有心引力的大小可表示为

$$F = kr^N$$

其中 r 为质点到固定力心的距离,k 为正的常数,N 为可正可负的常数(不一定是整数).

(1) 问当 N 为何值时,该圆轨道对径向小扰动是稳定的?

(2) 对稳定的圆轨道,求径向小扰动情况下质点径向振动的周期;(用 r_0, m, k, n 表示)

(3) 问当 N 为何值时,稳定圆轨道的运动周期为径向小振动周期的整数倍?

【提示】　质点径向作小振动,则其轨道将是稳定的.

【题解】　(1) 质点在有心引力 $F = kr^N$ 的作用下,作半径为 r_0 的圆周运动,其运动速度设为 v_0,有 $kr_0^N = \dfrac{mv_0^2}{r_0}$,即

$$v_0 = \sqrt{\frac{kr_0^{N+1}}{m}} \tag{1}$$

当受到径向小扰动后,其运动将稍偏离圆轨道,其矢径 r 可表示为

$$r = r_0 + \delta \tag{2}$$

(2) 式中 $\delta \ll r_0$. 取平面极坐标系,则其径向运动方程为

$$-kr^N = m(\ddot{r} - r\dot{\theta}^2) \tag{3}$$

由质点所受的是有心力可知,质点相对力心角动量 L 守恒,L 为

$$L = mr^2\dot{\theta} = mv_0r_0 \tag{4}$$

即

$$\dot{\theta} = \frac{L}{mr^2} \tag{5}$$

把(2),(5) 式代入(3) 式,可得

$$-k(r_0+\delta)^N = m\left[\ddot{\delta} - \frac{L^2}{m^2(r_0+\delta)^3}\right]$$

因 $\delta \ll r_0$,上式中略去 $\left(\dfrac{\delta}{r_0}\right)^2$ 及更高次项,可得

$$\ddot{\delta} = \frac{-k}{m}r_0^N + \frac{L^2}{m^2 r_0^3} - \delta\left(\frac{k}{m}Nr_0^{N-1} + \frac{3L^2}{m^2 r_0^4}\right) \tag{6}$$

把(1) 式代入(4) 式,得 $L = mv_0r_0 = mr_0\sqrt{\dfrac{kr_0^{N+1}}{m}}$,即有等式

$$\frac{L^2}{m^2 r_0^3} - \frac{k}{m}r_0^N = 0 \tag{7}$$

把(7) 式代入(6) 式,则(6) 式变为

$$\ddot{\delta} + \left(\frac{k}{m}Nr_0^{N-1} + \frac{3L^2}{m^2 r_0^4}\right)\delta = 0 \tag{8}$$

由(8) 式可知,若要径向小扰动是稳定的,则应有

$$\frac{k}{m}Nr_0^{N-1} + \frac{3L^2}{m^2 r_0^4} > 0 \tag{9}$$

把(4) 式代入(9) 式得

$$N > \frac{-\dfrac{3v_0^2}{r_0^2}}{\dfrac{k}{m}r_0^{N-1}} = \frac{-3mv_0^2}{kr_0^{N+1}} \tag{10}$$

把(1) 式代入(10) 式,即可求得 $N > -3$.

(2)(8) 式为质点径向小振动的运动方程,由此方程就可知此振动的角频率 ω 为

$$\omega = \sqrt{\frac{k}{m}Nr_0^{N-1} + \frac{3L^2}{m^2 r_0^4}} \tag{11}$$

把 $L = mr_0 v_0 = mr_0\sqrt{\frac{kr_0^{N+1}}{m}}$ 代入(11) 式,得 $\omega = \sqrt{(N+3)\frac{k}{m}r_0^{N-1}}$,故周期 T 为

$$T = \frac{2\pi}{\omega} = 2\pi\sqrt{\frac{m}{(N+3)kr_0^{N-1}}} \tag{12}$$

(3) 质点作半径为 r_0 的圆轨道运动的周期 T_0 为

$$T_0 = \frac{2\pi r_0}{v_0} = 2\pi\sqrt{\frac{m}{kr_0^{N-1}}} \tag{13}$$

稳定圆轨道运动的周期为径向小振动周期的整数倍,即有

$$T_0 = nT \quad (n = 1, 2, 3, \cdots) \tag{14}$$

把(12),(13) 式代入(14) 式,得

$$2\pi\sqrt{\frac{m}{kr_0^{N-1}}} = n \cdot 2\pi\sqrt{\frac{m}{(N+3)kr_0^{N-1}}}$$

由上式即可解得

$$N = n^2 - 3 \quad (n = 1, 2, 3, \cdots)$$

即当 $N = -2, 1, 6, \cdots$ 时,稳定圆轨道运动的周期为径向小振动周期的1, 2, 3, $\cdots$ 倍.

例题 1.49　蒸汽机的飞球调速器,由两个质量为 m 的球通过4根长为 l 的铰臂,与套在竖直轴的上、下两个套筒连接而构成,上面的套筒固定,下面的套筒质量为 M,可沿轴无摩擦地上、下滑动,如图所示. 整个装置绕竖直轴以恒定角速度 ω_0 匀速转动. 忽略各铰臂的质量及套筒 M 的转动惯量.

(1) 求套筒 M 平衡时与上套筒之间的距离;

(2) 求套筒 M 在平衡位置附近上、下小振动的频率;

(3) 若轴可以自由转动,而系统以初角速度 ω_0 稳定转动,给套筒 M 一上、下小扰动,则其小振动频率与(2)中的值是否相同?如不相同,求此频率.

【提示】　无论转轴以恒定角速度转动,还是可自由转动,转动参照系中体系的机械能(包括离心势能) 均守恒,由机械能守恒即可得小球振动方程.

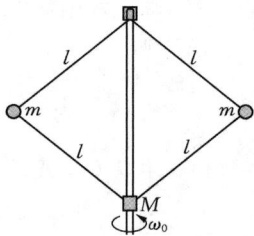

题 1.49 图

【题解】　(1) 在以角速度 ω_0 绕轴旋转的转动参照系中,其中一个小球 m 所受的力如图所示. 其中惯性离心力 $f_i = m\omega_0^2 l\sin\theta$,则有

$$(T_1 - T_2)\cos\theta = mg \tag{1}$$

$$(T_1 + T_2)\sin\theta = f_i = m\omega_0^2 l\sin\theta \tag{2}$$

由(1),(2) 式,解得

$$T_2 = \frac{1}{2}m\left(\omega_0^2 l - \frac{mg}{\cos\theta}\right) \tag{3}$$

由套筒 M 受力平衡可得

$$2T_2\cos\theta = Mg \tag{4}$$

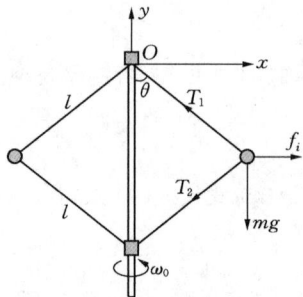

题解 1.49 图

把(3)式代入(4)式,得

$$\cos \theta = \frac{(M+m)g}{m\omega_0^2 l} \tag{5}$$

故套筒 M 平衡时,上、下套筒的距离 L 为

$$L = 2l\cos \theta = \frac{2(M+m)g}{m\omega_0^2}$$

当然 $\theta = 0$ 也应是体系的一个可能平衡状态,此情况下 $L = 2l$.

(2) **解法 1**　在转动参照系中建立如图所示的坐标系,则球 m 的坐标 x,y 和套筒 M 的坐标 Y 分别为

$$x = l\sin \theta, \quad y = -l\cos \theta, \quad Y = -2l\cos \theta$$

故有

$$\dot{x} = l\cos \theta \dot{\theta}, \quad \dot{y} = l\sin \theta \dot{\theta}, \quad \dot{Y} = 2l\sin \theta \dot{\theta}$$

$$\ddot{x} = -l\sin \theta \dot{\theta}^2 + l\cos \theta \ddot{\theta}, \quad \ddot{y} = l\cos \theta \dot{\theta}^2 + l\sin \theta \ddot{\theta}, \quad \ddot{Y} = 2l\cos \theta \dot{\theta}^2 + 2l\sin \theta \ddot{\theta}$$

则球 m 和套筒 M 的运动方程分别为

$$m\omega_0^2 l\sin \theta - (T_1 + T_2)\sin \theta = m\ddot{x} \tag{6}$$

$$(T_1 - T_2)\cos \theta - mg = m\ddot{y} \tag{7}$$

$$2T_2 \cos \theta - Mg = M\ddot{Y} \tag{8}$$

由(6),(7)式可解得

$$2T_2 \cos \theta = m\cot \theta(\omega_0^2 l\sin \theta - \ddot{x}) - m(\ddot{y} + g) \tag{9}$$

由(8),(9)式,得

$$M(\ddot{Y} + g) = m\cot \theta(\omega_0^2 l\sin \theta - \ddot{x}) - m(\ddot{y} + g)$$

把 $\ddot{x}, \ddot{y}, \ddot{Y}$ 的表示式代入上式,得

$$2Ml\cos \theta \dot{\theta}^2 + \frac{(2M\sin^2 \theta + m)l}{\sin \theta}\ddot{\theta} = m\omega_0^2 l\cos \theta - (M+m)g$$

设体系平衡时 $\theta = \theta_0$,则受小扰动后,设 $\theta = \theta_0 + \theta'$, $\theta' \ll \theta_0$,故有 $\dot{\theta} = \dot{\theta}'$, $\ddot{\theta} = \ddot{\theta}'$. 由于 $\dot{\theta}^2 = \dot{\theta}'^2$ 是二阶小量可略去,则上式变为

$$(2M\sin^2 \theta + m)l\ddot{\theta}' = m\omega_0^2 l\cos \theta \sin \theta - (M+m)g\sin \theta$$

因 $\sin \theta = \sin(\theta_0 + \theta') \approx \sin \theta_0 + \cos \theta_0 \cdot \theta'$, $\cos \theta = \cos(\theta_0 + \theta') = \cos \theta_0 - \sin \theta_0 \cdot \theta'$,代入上式,略去二阶及更高阶小量,得

$$(2M\sin^2 \theta_0 + m)l\ddot{\theta}' - [m\omega_0^2 l\cos 2\theta_0 - (M+m)g\cos \theta_0]\theta' = 0$$

把(5)式代入上式,即得

$$(2M\sin^2 \theta_0 + m)l\ddot{\theta}' + ml\omega_0^2 \sin^2 \theta_0 \theta' = 0$$

故小振动的频率为

$$\nu = \frac{\omega_0}{2\pi}\sqrt{\frac{m\sin^2 \theta_0}{2M\sin^2 \theta_0 + m}}$$

解法 2　在转动参照系中引进离心势能(保守力为惯性离心力).取转轴处为势能零点,当球离轴

距离为 x 时，离心势能 $U_{离}$ 为

$$U_{离} = \int_x^0 m\omega_0^2 x \mathrm{d}x = -\frac{1}{2}m\omega_0 x^2$$

取上套筒处为重力势能零点，故当铰臂与轴成 θ 角时，体系的势能 U 为

$$U = U_{离} + U_{重} = -2 \times \frac{1}{2}m\omega_0 l^2 \sin^2\theta - 2(m+M)gl\cos\theta \qquad (10)$$

设球的速度为 $v(=l\dot{\theta})$，套筒的速度为 V，两者的约束关系为 $V\cos\theta = v\cos\left(\frac{\pi}{2}-2\theta\right)$，即 $V = 2v\sin\theta$，体系的动能为

$$E_k = 2 \times \frac{1}{2}mv^2 + \frac{1}{2}MV^2 = mv^2 + 2M\sin^2\theta v^2 \qquad (11)$$

由(10)，(11)式得体系的机械能为

$$E = E_k + U = (2M\sin^2\theta + m)l^2\dot{\theta}^2 - m\omega_0^2 l^2\sin^2\theta - 2(M+m)gl\cos\theta \qquad (12)$$

因体系机械能守恒，有

$$\frac{\mathrm{d}E}{\mathrm{d}\theta} = 4M\sin\theta\cos\theta l^2\dot{\theta}^3 + (2M\sin^2\theta + m)l^2 \cdot 2\ddot{\theta}\dot{\theta} - 2m\omega_0^2 l^2\sin\theta\cos\theta\dot{\theta} + 2(M+m)gl\sin\theta\dot{\theta} = 0$$

球在平衡位置附近作小振动，设 $\theta = \theta_0 + \theta'$，$\theta' \ll \theta_0$，故 $\dot{\theta} = \dot{\theta}'$，$\ddot{\theta} = \ddot{\theta}'$，$\sin\theta \approx \sin\theta_0 + \cos\theta_0 \cdot \theta'$，$\cos\theta \approx \cos\theta_0 - \sin\theta_0 \cdot \theta'$，略去两阶及更高阶小量，则上式变为

$$(2M\sin^2\theta + m)l\ddot{\theta}' - m\omega_0^2 l(\sin\theta_0\cos\theta_0 + \cos2\theta_0\theta') + (M+m)g(\sin\theta_0 + \cos\theta_0 \cdot \theta') = 0$$

把(5)式代入上式，得

$$(2M\sin^2\theta + m)l\ddot{\theta}' + m\omega_0^2 l\sin^2\theta_0\theta' = 0$$

由此可得小振动频率为

$$\nu = \frac{1}{2\pi}\sqrt{\frac{m\sin^2\theta_0}{2M\sin^2\theta_0 + m}}$$

（3）若轴可以自由转动，当体系受到一小扰动，转动角速度 ω 会发生变化，设 $\omega = \dot{\phi}$，由于体系不受到相对轴的外力矩，故体系相对轴角动量守恒. 设此角动量为 L，

$$L = 2ml^2\sin^2\theta\dot{\phi} \qquad (13)$$

取相距轴无限远处为离心势能的零点，则球的离心势能为

$$U_{离} = \int_x^\infty m\dot{\phi}^2 x\mathrm{d}x = \int_x^\infty m\frac{L^2}{4m^2 x^3}\mathrm{d}x = \frac{L^2}{8mx^2}$$

故体系的机械能为

$$E = (2M\sin^2\theta + m)l^2\dot{\theta}^2 + \frac{2 \times L^2}{8ml^2\sin^2\theta} - 2(M+m)gl\cos\theta$$

因体系机械能守恒，有

$$\frac{\mathrm{d}E}{\mathrm{d}t} = 4M\sin\theta\cos\theta l^2\dot{\theta}^2 + 2(2M\sin^2\theta + m)l^2\ddot{\theta}\dot{\theta} - \frac{L^2\cos\theta}{2ml^2\sin^3\theta}\dot{\theta} + 2(M+m)gl\sin\theta\dot{\theta} = 0$$

设 $\theta = \theta_0 + \theta'$，$\theta' \ll \theta_0$，有 $\dot{\theta} = \dot{\theta}'$，$\ddot{\theta} = \ddot{\theta}'$ 代入上式，略去两阶及更高阶小量，则上式为

$$(2M\sin^2\theta+m)l\ddot{\theta}'-\frac{L^2\cos\theta_0}{2ml^3\sin^3\theta_0}\left(1-\frac{1+2\cos^2\theta_0}{\sin\theta_0\cos\theta_0}\theta'\right)+2(M+m)g(\sin\theta_0+\cos\theta_0\theta')=0$$

把 $L=2ml^2\sin^2\theta_0\omega_0^2$ 及 $\cos\theta_0=\dfrac{(M+m)g}{m\omega_0^2l}$ 代入上式,得

$$(2M\sin^2\theta_0+m)l\ddot{\theta}'+ml\omega_0^2(1+3\cos^2\theta_0)\theta'=0$$

由此可得此情况下小振动的频率为

$$\nu=\frac{\omega_0}{2\pi}\sqrt{\frac{m(1+3\cos^2\theta_0)}{2M\sin^2\theta_0+m}}$$

【点评】　在转动参照系中,质点所受的惯性离心力是一种保守力,常引进离心势能.若把离心势能与其他真实保守内力的势能一样,当作体系的一种势能,则可与任何惯性系一样来讨论体系的机械能问题.如在本题中因无外力作功,也无非保守内力作功,因此,体系机械能守恒.这里必须指出:在转动参照系中,质点除受惯性离心力作用外,还受到科里奥利力的作用,但由于科里奥利力始终与质点运动速度方向垂直,此力不作功,于是科里奥利力的存在并不影响对体系机械能问题的讨论.

例题 1.50　一质量为 m 的小球连在一根劲度系数为 k 的弹性绳的一端,弹性绳穿过一块固定的竖直板上的小孔 O,其另一端连在小孔正下方的地上,当小球位于小孔处时,绳恰为原长,如图1所示. 现将小球贴着板沿水平 (x) 方向拉开距离 a,并以初速度 $v_0=2\sqrt{ga}$ 开始运动,v_0 的方向平行于板,并与 x 方向成 $\theta=60°$ 的夹角,如图2所示.设 $ka=mg$,试求:

(1) 经过多少时间小球到达最高位置,并求此高度;

(2) 小球再次通过 x 轴时的位置、速度以及所需的时间.

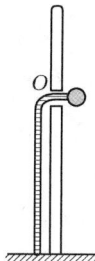

题 1.50 图 1

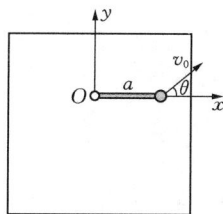

题 1.50 图 2

【提示】　小球沿 x 方向和沿 y 方向作同频率、不同振幅和不同初相位的简谐振动.

【题解】　(1) 当绳转过 ϕ 角时,设绳的伸长为 l,如图所示,此时小球 x, y 方向的运动方程分别为

$$-kl\cos\phi=-kx=m\ddot{x} \tag{1}$$

$$-kl\sin\phi-mg=-ky-mg=m\ddot{y} \tag{2}$$

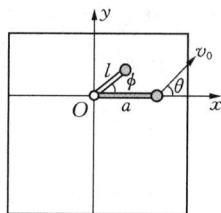

题解 1.50 图

设 $y'=y+\dfrac{mg}{k}=y+a$,有 $\ddot{y}'=\ddot{y}$,代入(2)式,得

$$-ky'=m\ddot{y}' \tag{3}$$

由(1),(3)式可得 x, y 两方向振动的角频率为

$$\omega_x=\omega_y=\omega=\sqrt{\frac{k}{m}}=\sqrt{\frac{g}{a}}$$

由初始条件: $x_0 = a$, $\dot{x}_0 = v_0\cos\theta = \dfrac{1}{2}v_0$, $y'_0 = a$, $\dot{y}'_0 = v_0\sin\theta = \dfrac{\sqrt{3}}{2}v_0$, 可得 x, y 方向振动的振幅和初相位分别为

$$A_x = \sqrt{x_0^2 + \left(\frac{\dot{x}_0}{\omega_x}\right)^2} = \sqrt{a^2 + \frac{ga \cdot a}{g}} = \sqrt{2}a$$

$$A_y = \sqrt{y_0^{2\prime} + \left(\frac{\dot{y}'_0}{\omega_y}\right)^2} = \sqrt{a^2 + \frac{ga \cdot 3a}{g}} = 2a$$

$$\tan\phi_x = \frac{-\dot{x}_0}{\omega_x x_0} = \frac{-\frac{1}{2}\times 2\sqrt{ga}}{\sqrt{\frac{g}{a}}\cdot a} = -1, \quad \phi_x = -\frac{\pi}{4}$$

$$\tan\phi_y = \frac{-\dot{y}'_0}{\omega_y y'_0} = \frac{-\frac{\sqrt{3}}{2}\times 2\sqrt{ga}}{\sqrt{\frac{g}{a}}\cdot a} = -\sqrt{3}, \quad \phi_y = -\frac{\pi}{3}$$

于是 x, y 方向的振动方程分别为

$$x = \sqrt{2}a\cos\left(\sqrt{\frac{g}{a}}t - \frac{\pi}{4}\right) \tag{1}$$

$$y' = 2a\cos\left(\sqrt{\frac{g}{a}}t - \frac{\pi}{3}\right) \tag{2}$$

当小球到达最高位置时, 有

$$y' = A_y = 2a = y + a, \quad y = a$$

设经过时间为 t_1, 则由(2) 式, 得

$$y' = 2a\cos\left(\sqrt{\frac{g}{a}}t_1 - \frac{\pi}{3}\right) = 2a$$

即 $\sqrt{\dfrac{g}{a}}t_1 - \dfrac{\pi}{3} = 0$, $t_1 = \dfrac{\pi}{3}\sqrt{\dfrac{a}{g}}$.

(2) 当小球再次通过 x 轴时, 有 $y = 0$, 即 $y' = a$, 设经过时间为 t_2, 有

$$y' = 2a\cos\left(\sqrt{\frac{g}{a}}t_2 - \frac{\pi}{3}\right) = a$$

即 $\cos\left(\sqrt{\dfrac{g}{a}}t_2 - \dfrac{\pi}{3}\right) = \dfrac{1}{2}$, $\sqrt{\dfrac{g}{a}}t_2 - \dfrac{\pi}{3} = \dfrac{\pi}{3}$, 得 $t_2 = \dfrac{2\pi}{3}\sqrt{\dfrac{a}{g}}$.

此时的 x 坐标为

$$x = \sqrt{2}a\cos\left(\sqrt{\frac{g}{a}}t_2 - \frac{\pi}{4}\right) = \sqrt{2}a\cos\left(\sqrt{\frac{g}{a}}\times\frac{2\pi}{3}\sqrt{\frac{a}{g}} - \frac{\pi}{4}\right) = \sqrt{2}a\cos\frac{5}{12}\pi = 0.366a$$

此时小球的 x, y 方向的速度 v_x, v_y 分别为

$$v_x = -A_x\omega_x\sin(\omega_x t + \phi_x) = -\sqrt{2ga}\sin\frac{5}{12}\pi = -1.366\sqrt{ga}$$

$$v_y = -A_y\omega_y\sin(\omega_y t + \phi_y) = -2\sqrt{ga}\sin\frac{\pi}{3} = -\sqrt{3ga} = -1.73\sqrt{ga}$$

此时小球速度的方向与 x 轴的夹角设为 α, 有

$$\tan \alpha = \frac{v_y}{v_x} = 1.266, \quad \alpha = 51.7°$$

速度的值 v 为

$$v = \sqrt{v_x^2 + v_y^2} = 2.2\sqrt{ga}$$

【点评】　这是一个两维振动的问题,即把小球的运动看成同频率、方向相互垂直,而初相位和振幅均不同的两个振动的合成.只要利用初始条件就可求得两方向振动的初相位和振幅,从而得到此两振动方程,并从两方向振动的相互关联,便可求得所需求的结果.

例题 1.51　一质量为 M、长为 l 的长圆筒,底朝上、口向下地悬挂在一劲度系数为 k 的弹簧下,圆筒内底处有一质量为 m、厚度可忽略的活塞,活塞与筒底之间夹有一根原长可忽略的小弹簧,开始此弹簧被压紧并被锁定,整个系统处于平衡状态,如图所示.现解除此锁定,使圆筒与活塞在极短时间内获得速度,已知圆筒获得的速度 $V_0 = \frac{g}{2}\sqrt{\frac{m}{k}}$,在以后的运动过程中活塞和圆筒之间的摩擦力 $f = \frac{1}{2}mg$,并设 $M = 3m$.试求:

(1) 圆筒在以后的运动过程中可到达的最低位置及所经时间;

(2) 圆筒要能到达此最低位置,圆筒长度 l 应满足的关系.

【提示】　试比较以下两种情况中,哪种情况能使圆筒可到达的最低位置更低:(1) 圆筒在下降到最低位置前,活塞始终在圆筒内;(2) 圆筒在下降到最低位置前的某处,活塞已离开圆筒.

【题解】　(1) 小弹簧的锁定被解除后,圆筒获得向上的初速度 V_0.由动量守恒,可求出活塞获得向下的初速度 v_0 为

$$v_0 = \frac{MV_0}{m} = 3V_0 = \frac{3}{2}g\sqrt{\frac{m}{k}}$$

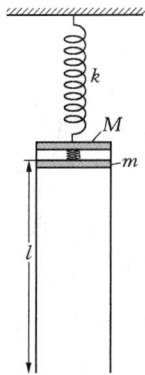

题 1.51 图

以后活塞向下作加速度为 a 的匀加速运动,运动方程为

$$mg - f = ma$$

因 $f = \frac{1}{2}mg$,故其加速度 $a = \frac{1}{2}g$.

取 x 轴的正方向竖直向下,坐标轴原点取在小弹簧锁定被解除后到活塞脱离圆筒前圆筒的平衡位置,如图 1 所示.并取锁定解除时刻为 $t = 0$,在 $t = 0$ 时刻圆筒的位置 $x_0 = \frac{mg - f}{k}$,速度 $V_0 = \frac{-g}{2}\sqrt{\frac{m}{k}}$,圆筒振动的角频率 $\omega = \sqrt{\frac{k}{M}}$,故其振幅和初相位分别为

$$A = \sqrt{x_0^2 + \left(\frac{V_0}{\omega}\right)^2} = \sqrt{\left(\frac{mg}{2k}\right)^2 + \left(\frac{g}{2}\sqrt{\frac{m}{k}} \cdot \sqrt{\frac{M}{k}}\right)^2} = \frac{mg}{k}$$

$$\tan \phi = \frac{-V_0}{x_0\omega} = \frac{\frac{g}{2}\sqrt{\frac{m}{k}}}{\frac{mg}{2k}\sqrt{\frac{k}{M}}} = \sqrt{3}, \quad \phi = \frac{\pi}{3}$$

故活塞在脱离圆筒前圆筒的运动方程为

$$x = \frac{mg}{k}\cos\left(\sqrt{\frac{k}{M}}t + \frac{\pi}{3}\right) \tag{1}$$

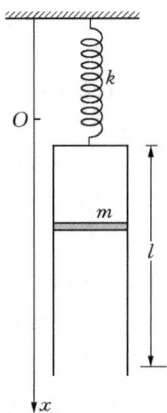

题解 1.51 图 1

此情况下圆筒可到达的最低位置为 $x = A = \dfrac{mg}{k}$.

若在圆筒未到达上述最低位置前某时活塞已离开圆筒,则以后圆筒能否运动到比上述的最低位置更低的位置呢?设圆筒运动到 $x'(<A)$ 位置时活塞离开圆筒,此时其速度为 V',由机械能守恒得

$$\frac{1}{2}kx'^2 + \frac{1}{2}MV'^2 = \frac{1}{2}kA^2 \tag{2}$$

由于活塞离开圆筒,则圆筒的平衡位置发生变化,比未脱离前升高了 $x'_0 = \dfrac{f}{k} = \dfrac{mg}{2k}$. 若取新的平衡位置为新坐标轴 x' 的原点,设圆筒以后振动的振幅为 A',同样由机械能守恒得

$$\frac{1}{2}k(x' + x'_0)^2 + \frac{1}{2}MV'^2 = \frac{1}{2}kA'^2 \tag{3}$$

把(2),(3)式分别改写成

$$(x')^2 + \left(\sqrt{\frac{M}{k}}V'\right)^2 = A^2 \tag{4}$$

$$(x' + x'_0)^2 + \left(\sqrt{\frac{M}{k}}V'\right)^2 = A'^2 \tag{5}$$

(4),(5)式中各量大小的关系类似于直角三角形中勾股定律的关系,可表示为如图2所示的几何关系.由图2可知

$$A + x'_0 > A' \tag{6}$$

(6)式表明,若活塞在圆筒运动到 $x = A$ 位置以前的任何位置离开圆筒,虽然以后运动的振幅 $A' > A$,但由于其平衡位置上升了 x'_0,故其最低位置仍高于 $x = A$ 的位置.因此,圆筒所能到达的最低位置为 $x = A = \dfrac{mg}{k}$,由(1)式可求得所经时间 t.

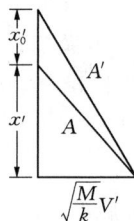

题解 1.51 图 2

$$x = \frac{mg}{k}\cos\left(\sqrt{\frac{k}{M}}t + \frac{\pi}{3}\right) = \frac{mg}{k}$$

即 $\sqrt{\dfrac{k}{M}}t + \dfrac{\pi}{3} = 2\pi$, 得 $t = \dfrac{5\pi}{3}\sqrt{\dfrac{M}{k}}$.

(2)圆筒要能到达上述最低位置,则在圆筒到达此位置前活塞不能离开圆筒,故圆筒的长度 l 应满足

$$l \geqslant v_0 t + \frac{1}{2}at^2 - (A - x_0) = \frac{3}{2}g\sqrt{\frac{m}{k}} \times \frac{5\pi}{3}\sqrt{\frac{M}{k}} + \frac{1}{4}g\left(\frac{5\pi}{3}\sqrt{\frac{M}{k}}\right)^2 - \frac{mg}{2k} = 33.6\frac{mg}{k}$$

【点评】　本题求解的一个重要问题,是活塞在圆筒到达最低位置前离开圆筒,还是在其到达最低位置后离开,能使圆筒到达的最低位置更低,这涉及体系开始运动后,对活塞在圆筒内运动时间的要求.由以上分析求解可知,活塞在圆筒到达最低位置后离开圆筒,可使其到达的位置比在此以前离开更低.所以,只要圆筒有足够的长度,使其在到达最低位置前不离开圆筒,就可保证圆筒能到达此最低位置.

例题 1.52　水平传送带以恒定速度 $u = 1.5\,\text{m/s}$ 向右运行,传送带上有一个质量为 $m = 1\,\text{kg}$ 的物块,通过一根劲度系数为 $k = 25\,\text{N/m}$ 的水平弹簧与墙相连,物块与传送带间的摩擦系数 $\mu = 0.75$. 开始弹簧处于原长,物块以初速度 $v_0 = 2\,\text{m/s}$ 开始向右运动,直至第一次停下.试求:

(1) 经过的时间;

(2) 经过的位移.

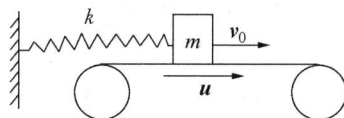

【提示】　物块在有摩擦情况下沿水平面的振动,其运动在半个周期内(即物块在两个相邻静止状态的时间内)是标准的简谐振动,即相对平衡位置两边的运动对称,相邻两个半周期的运动则是相对不同的平衡位置. 本题中物块是放在运动的水平传送带上,因整个过程相对传送带运动方向的不同,即摩擦力方向不同,使不同阶段有不同的平衡位置.

题 1.52 图

【题解】　在物块运动方向上建立坐标轴,取向右为正方向,物块的出发点为坐标原点 O.

物块从开始运动到第一次停下的整个过程共分 3 个阶段:

第一阶段:由于 $v > u$,因此物块受到的摩擦力方向向左,在 $x = -mg\mu/k$ 位置处物体受到的合力为零. 取该处为坐标 x_1 的原点 O_1,此阶段物体运动方程为

$$x_1 = A_1\cos(\omega t + \varphi_1)$$

其中 $\omega = \sqrt{\dfrac{k}{m}} = 5(\text{s}-1)$,在 $t = 0$ 时,$x_{10} = mg\mu/k = 0.3(\text{m})$,$v_{10} = v_0 = 2(\text{m/s})$,因此

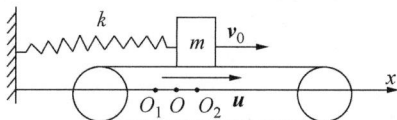

$$A_1 = \sqrt{x_{10}^2 + \left(\frac{v_{10}}{\omega}\right)^2} = 0.5(\text{m})$$

$$\tan\phi_1 = -\frac{v_{10}}{x_{10}\omega} = -\frac{4}{3},\ \phi_1 = -0.926\,8$$

题解 1.52 图

有

$$x_1 = A_1\cos(\omega t + \phi_1) = 0.5\cos(5t - 0.926\,8)$$

当物体的速度减至与传送带速度 u 相等时,第一阶段结束,经过的时间为 t_1,有

$$v_1 = -A_1\omega\sin(\omega t_1 + \phi_1) = -2.5\sin(5t_1 - 0.926\,8) = u = 1.5$$

解得 $\sin(5t_1 - 0.926\,8) = -\dfrac{3}{5}$,$t_1 = 0.056\,7(\text{s})$.

此时物体的位置为

$$x_{1f} = 0.5\cos(5t_1 - 0.926\,8) = 0.4(\text{m})$$

弹簧的伸长量 $\Delta x_1 = x_{1f} - x_{10} = 0.1(\text{m})$,即当 $t = t_1$ 时,物体与传送带之间无相对运动,且所受到的弹性力 $F = k\Delta x_1 = 2.5(\text{N})$,而物体与传送带之间的最大静摩擦力 $f_{max} = mg\mu = 7.5(\text{N})$,即有 $F < f_{max}$,可见此后物体随传送带一起作匀速运动.

第二阶段:物体以速度 u 作匀速运动,物体与传送带之间的静摩擦力不断增大,经过时间 t_2 达到最大静摩擦力,此时弹簧的伸长量为 $\Delta x_2 = \dfrac{mg\mu}{k} = 0.3(\text{m})$. 由 $ut_2 = \Delta x_2 - \Delta x_1$ 可知 $t_2 = \dfrac{\Delta x_2 - \Delta x_1}{u} = \dfrac{0.3 - 0.1}{0.15} = 0.133\,3(\text{s})$

第三阶段:弹簧的弹性力开始大于最大静摩擦力,物体开始向右减速,物体的速度将小于传送带的速度,物体与传送带之间发生相对滑动,所受到的摩擦力开始反向,即方向向右. 此阶段的平衡位置为 O_2 点,此位置处弹簧的伸长量 $\Delta x = mg\mu/k = \Delta x_2 = 0.3(\text{m})$,即第三阶段开始时位置恰是该阶段的平衡位置,故有 $x_{30} = o$,$v_{30} = u = 1.5(\text{m/s})$,有 $A_3 = \dfrac{v_{20}}{\omega} = 0.3(\text{m})$. 直到物体停下,经过的时间为 t_3,

$$t_3 = T/4 = \frac{\pi}{2}\sqrt{\frac{m}{k}} = \frac{\pi}{10} = 0.314(\text{s})$$

经过的位移为 $\Delta x_3 = A_2 = 0.3 (\mathrm{m})$. 整个过程所经过的总时间为

$$t = t_1 + t_2 + t_3 = 0.056\,7 + 0.133\,3 + 0.314 = 0.504 (\mathrm{s})$$

整个过程所经过的总位移为

$$\Delta x = \Delta x_1 + \Delta x_2 + \Delta x_3 = 0.1 + 0.2 + 0.3 = 0.6 (\mathrm{m})$$

例题 1.53　两质量均为 m 的物块 A,B 间,用劲度系数为 k 的轻弹簧连接,通过连在物块 A 上的绳悬挂于天花板的 O 点,如图所示. 在物块 B 上施加一向下的恒力 $F = nmg$,达平衡后撤去此 F 力,此后弹簧收缩,使体系向上运动. 当物块 A 与天花板相碰时,弹簧第一次达最大伸长,且伸长量为 $5mg/k$,试求:

(1) n 的值;

(2) A 碰天花板时的速度 v_A;

(3) O,A 间绳的长度 L.

【提示】　分析以物块 A 和 B 构成的体系在绳子松弛后质心的运动,以及两个物块相对质心的运动.

【题解】　(1) 设在 B 上施加力 F 后弹簧的伸长量为 x_1,

$$x_1 = \frac{F + mg}{k} = \frac{(n+1)mg}{k} \tag{1}$$

撤去力 F 后,B 开始上升,使弹簧收缩. 当弹簧的压缩量为 x_2 时,A 开始上升,

$$x_2 = \frac{mg}{k} \tag{2}$$

题 1.53 图

设此时 B 的速度为 v_0,取弹簧未形变时 B 的位置为重力势能的零点. 由机械能守恒,可得

$$-mgx_1 + \frac{1}{2}kx_1^2 = mgx_2 + \frac{1}{2}kx_2^2 + \frac{1}{2}mv_0^2 \tag{3}$$

将(1)式、(2)式代入(3)式,得

$$v_0^2 = \frac{k}{m}(x_1^2 - x_2^2) - 2g(x_1 + x_2) = \frac{mg^2}{k}(n^2 - 4)$$

解得 $v_0 = g\sqrt{\frac{m}{k}(n^2 - 1)}$. 当 A 开始上升(即绳开始松弛)时,体系质心的速度为 v_{C0}

$$v_{C0} = \frac{1}{2}v_0 = g\sqrt{\frac{m}{2k}\frac{n^2-4}{2}} \tag{4}$$

在质心系中取 x 轴向上为正,这时 A 的速度为 $v'_{A0} = -v_{C0}$,与 A 连接的半根弹簧的形变

$$\Delta x'_A = -\frac{mg}{2k} = x'_{A0}$$

简谐振动的角频率 $\omega = \sqrt{\frac{2k}{m}}$,故振幅

$$A = \sqrt{x'^2_{A0} + \frac{v'^2_{A0}}{\omega^2}} = \sqrt{2(-\frac{mg}{2k})^2 + \frac{n^2-4}{2}} \tag{5}$$

根据题意,当弹簧第一次达最大伸长时,弹簧的伸长量为 $\frac{5mg}{k}$,则半根弹簧的伸长量为 $\frac{5mg}{2k}$,即在质心系中 A 振动的振幅为

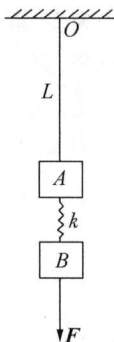

$$A = \frac{5mg}{2k} \tag{6}$$

由(5)式、(6)式可解得 $n = \sqrt{52}$.

(2) 在质心系中 A 作简谐振动的初相位为

$$\phi = \tan^{-1}\left(-\frac{v'_{Ao}}{x'_{AO}}\frac{1}{\omega}\right) = \tan^{-1}\left(-\frac{g\sqrt{\frac{m}{2k}\frac{n^2-4}{2}}}{-\frac{mg}{2k}\sqrt{\frac{2k}{m}}}\right) = 0.564\pi$$

当弹簧第一次达最大伸长时,有 $x'_A = A\cos(\omega t + \varphi) = A$,由 $\omega t + \phi = 2\pi$ 可知

$$t = \frac{2\pi - \varphi}{\omega} = \frac{2\pi - 0.564\pi}{\omega} = 1.436\pi\sqrt{\frac{m}{2k}}$$

此时质心的速度

$$v_C = v_{C0} - gt = g\sqrt{\frac{m}{2k}\cdot\frac{n^2-4}{2}} - 1.436\pi\sqrt{\frac{m}{2k}}\,g = 0.39\sqrt{\frac{m}{2k}}\,g$$

由于此时 A 相对质心的速度为 0,故 A 碰天花板的速度就是质心的速度,即

$$v_A = v_C = 0.39\sqrt{\frac{m}{2k}}\,g$$

(3) 在此过程中质心作上抛运动,它的位移为

$$\Delta x_C = v_{C0}t - \frac{1}{2}gt^2 = \sqrt{\frac{m}{2k}}\,g\cdot\sqrt{24}\cdot1.436\pi\sqrt{\frac{m}{2k}} - \frac{1}{2}g(1.436\pi)^2\frac{m}{2k} = 11.92\frac{mg}{2k}$$

而 A 相对于质心的位移 $\Delta x'_A = \frac{6mg}{2k}$,因此 A 的绝对位移

$$\Delta x_A = \Delta x_C + \Delta x'_A = (11.92 + 6)\frac{mg}{2k} = 8.96\frac{mg}{k}$$

故绳子的长度 L 为

$$L = \Delta x_A = 8.96\frac{mg}{k}$$

例题 1.54　在光滑水平桌面上,一质量为 m 的小球与一根穿过桌面上小孔 O 的细绳相连,绳的另一端悬一质量为 M 的物块,小球在桌面上以角速度 ω_0 绕小孔 O 作匀速圆周运动,桌面下的物块保持静止,如图所示.现给物块一竖直方向的微小扰动,试证明物块将上下作简谐振动,并求其振动周期.

【提示】　小球相对小孔 O 角动量守恒,并注意小球运动的径向速率变化率($\ddot{r}$)即是重物上下运动的加速度.

【题解】　当体系处于稳定状态时,桌面上运动小球到孔 O 的距离设为 r_0,则有 $m\omega_0^2 r_0 = Mg$,故

$$r_0 = \frac{Mg}{m\omega_0^2} \tag{1}$$

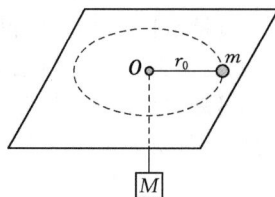
题 1.54 图

当物块受到竖直方向的微扰后,桌面上小球的运动可在以 O 为极点的极坐标系中描述,其径向运动方程为

$$-T = m(\ddot{r} - r\dot{\theta}^2) \qquad (2)$$

(2)式中 T 为绳中张力. 而物块 M 的运动方程为

$$T - Mg = Ma \qquad (3)$$

(3)式中的 a 应等于(2)式中的 $\ddot{r}$, 即

$$a = \ddot{r} \qquad (4)$$

由(2), (3), (4)式, 可得

$$(M+m)\ddot{r} - mr\dot{\theta}^2 + Mg = 0 \qquad (5)$$

由于小球 m 相对 O 点角动量 L 守恒, 故有 $L = m\omega_0 r_0^2 = m\dot{\theta}r^2$, 即

$$\dot{\theta} = \frac{L}{mr^2} \qquad (6)$$

把(6)式代入(5)式, 得

$$(M+m)\ddot{r} - \frac{L^2}{mr^3} + Mg = 0 \qquad (7)$$

设 $r = r_0 + \delta$, $\delta \ll r_0$, 代入(7)式, 得

$$(M+m)\ddot{\delta} - \frac{L^2}{mr_0^3}\left(1+\frac{\delta}{r_0}\right)^{-3} + Mg = 0$$

因 $\dfrac{\delta}{r_0} \ll 1$, 故上式取近似, 略去两阶及更高阶小量. 并将(1)式和 $L = m\omega_0 r_0^2$ 代入, 可得

$$(M+m)\ddot{\delta} + \frac{3L^2}{mr_0^4}\delta = 0 \quad \text{或} \quad \ddot{\delta} + \frac{3m\omega_0^2}{M+m}\delta = 0 \qquad (8)$$

由(8)式即可得物块作小振动的周期为

$$T = \frac{2\pi}{\omega_0}\sqrt{\frac{M+m}{3m}}$$

本题也可用类似于例题 1.49 解法 2 的方法. 用对体系机械能求一阶导数而得到振动方程, 从而求得振动周期的方法求解. 这里不再赘述, 请读者自行求解.

例题 1.55 一半径为 R 的圆圈沿 $y = 2R$ 的直线作无滑动滚动, 圆圈上的一点 P 的轨迹为一条旋轮线, 现有一根形状与此线相同的固定光滑钢丝, 其上穿了一个小环, 如图所示. 试求此小环从钢丝最高处滑至最低处所需的时间.

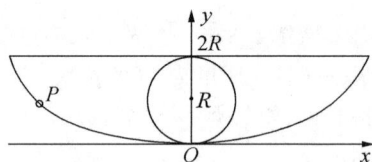
题 1.55 图

【提示】 求出小环沿此钢丝运动时的轨道切向加速度, 把此切向加速度与沿直线作简谐振动质点的加速度作类比.

【题解】 设圆圈沿直线作匀速纯滚动, 其上 P 点在时刻 t 的坐标可表示为

$$\begin{cases} x = R(\omega t + \sin\omega t) & (1) \\ y = R(1 - \cos\omega t) & (2) \end{cases}$$

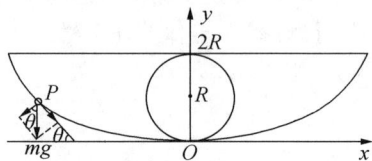
题解 1.55 图

式中 ω 为圆作无滑动滚动时绕圆心的转动角速度. 对(1), (2)式

两边求微分得

$$\mathrm{d}x = R\omega(1 + \cos\omega t)\mathrm{d}t \tag{3}$$

$$\mathrm{d}y = R\omega\sin\omega t\,\mathrm{d}t \tag{4}$$

由(3),(4)式可得 P 点在 $\mathrm{d}t$ 时间内沿悬轮线经过的弧长 $\mathrm{d}s$ 为

$$\mathrm{d}s = \sqrt{\mathrm{d}x^2 + \mathrm{d}y^2} = R\omega\sqrt{2 + 2\cos\omega t}\,\mathrm{d}t = R\omega\sqrt{4\cos^2\left(\frac{\omega t}{2}\right)}\mathrm{d}t = 2R\omega\cos\frac{\omega t}{2}\mathrm{d}t \tag{5}$$

对(5)式两边求积分,

$$\int_0^s \mathrm{d}s = \int_0^t 2R\omega\cos\frac{\omega t}{2}\mathrm{d}t$$

可得

$$s = 4R\sin\frac{\omega t}{2} \tag{6}$$

如图所示,一根形状与此悬轮线相同的光滑钢丝上穿一小环,小环沿此钢丝滑动时,其切向加速度 $\ddot{s}$ 为

$$\ddot{s} = -g\sin\theta \tag{7}$$

因切线的斜率 $\dfrac{\mathrm{d}y}{\mathrm{d}x} = \tan\theta$,故有

$$\sin\theta = \frac{\mathrm{d}y}{\sqrt{(\mathrm{d}x)^2 + (\mathrm{d}y)^2}} = \frac{\mathrm{d}y}{\mathrm{d}s} \tag{8}$$

把(8)式代入(7)式,得

$$\ddot{s} = -g\frac{\mathrm{d}y}{\mathrm{d}s} \tag{9}$$

把(4),(5)式代入(9)式,得

$$\ddot{s} = -g\frac{\sin\omega t}{2\cos\dfrac{\omega t}{2}} = -g\sin\frac{\omega t}{2} \tag{10}$$

把(6)式代入(10)式,得

$$\ddot{s} + \frac{g}{4R}s = 0 \tag{11}$$

(11)式表明小环沿此钢丝作类似简谐振动,其周期为 $T = 2\pi\sqrt{\dfrac{4R}{g}} = 4\pi\sqrt{\dfrac{R}{g}}$,故此小环从钢丝最高点滑至最低点所需的时间为 $t = \dfrac{1}{4}T = \pi\sqrt{\dfrac{R}{g}}$.

例题 1.56　当风从远方吹来时,若风速在垂直于地面的竖直方向存在一梯度,人们偶尔会听到遥远声源发出的声音,甚至会非常清晰.设风速在竖直(y)方向的分布可表示为 $v = v_0 + ky^2$(k 是一极小的正的常数),已知远处某声源($x=0$)发出一束声波,发射方向与竖直方向的夹角为 θ_0,而在地面($y=0$)处声速为 V_s,假设在该声波传播途经的范围内,$\dfrac{ky^2}{V_s} \ll 1$.试求:

(1) 该束声波在空间传播的轨迹;

(2) 地面上能清晰地听到该声音的点与声源的距离.

【提示】　由于风速在垂直于地面的竖直方向存在一梯度,使从地面发出的声波在各不同风速层间传播时,会存在类似于光在各不同介质层中传播时出现的折射现象,从而改变其传播方向,并经很

长距离后重新折返地面.

　　【题解】　（1）直角坐标系如图选取.声源位于坐标系原点 O 处,把吹遍地面的风沿竖直(y)方向分成许多薄层,每一薄层 dy 中的风速均匀,声波相继在各薄层的界面上发生折射.设声波在风速为 v 的薄层以入射角 θ 射向界面,以 $\theta + d\theta$ 的折射角射入风速为 $v + dv$ 的薄层,由折射定律得

$$\frac{\sin(\theta + d\theta)}{\sin\theta} = \frac{V_s + (v+dv)\sin(\theta+d\theta)}{V_s + v\sin\theta}$$

把上式展开,略去高阶小量,整理可得 $\dfrac{dv}{V_s} = \dfrac{d(\sin\theta)}{\sin^2\theta}$. 把 $v = v_0 + ky^2$ 代入,并对两边积分,$\displaystyle\int_0^y \frac{2ky}{V_s}dy = \int_{\theta_0}^{\theta}\frac{d(\sin\theta)}{\sin^2\theta}$,积分得

$$\frac{k}{V_s}y^2 = \frac{1}{\sin\theta_0} - \frac{1}{\sin\theta} \qquad (1)$$

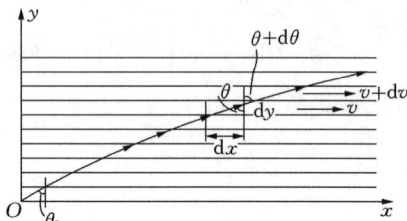

题解 1.56 图

由于

$$\sin\theta = \frac{dx}{\sqrt{(dx)^2 + (dy)^2}} = \frac{1}{\sqrt{1 + \left(\dfrac{dy}{dx}\right)^2}}$$

把此关系代入(1)式,得

$$\frac{dy}{dx} = \pm\sqrt{\frac{1}{\sin^2\theta_0}\left(1 - \frac{k\sin\theta_0}{v_s}y^2\right)^2 - 1}$$

由题设条件 $\dfrac{ky^2}{V_s} \ll 1$,即 $\dfrac{k\sin\theta_0}{V_s}y^2 \ll 1$,故把上式展开、略去高阶小量,得

$$\frac{dy}{dx} = \pm\sqrt{\frac{1}{\sin^2\theta_0}\left(1 - \frac{2k\sin\theta_0}{V_s}y^2\right) - 1} = \pm\sqrt{\cot^2\theta_0 - \frac{2k}{V_s\sin\theta_0}y^2} \quad \text{或} \quad \frac{dy}{\sqrt{\cot^2\theta_0 - \dfrac{2k}{V_s\sin\theta_0}y^2}} = \pm dx$$

对上式两边积分,得

$$\sqrt{\frac{V_s\sin\theta_0}{2k}}\arcsin\sqrt{\frac{2k\sin\theta_0}{V_s}}\cdot\frac{y}{\cos\theta_0} = \pm x + C$$

由边界条件 $x_0 = 0$, $y_0 = 0$,可得出积分常数 $C = 0$,略去上式中的"一"号,故声波传播的轨迹为

$$y = \cos\theta_0\sqrt{\frac{V_s}{2k\sin\theta_0}}\sin\left(\sqrt{\frac{2k}{V_s\sin\theta_0}}x\right) \qquad (2)$$

　　（2）当声波传到地面上时,有 $y = 0$,即

$$y = \cos\theta_0\sqrt{\frac{V_s}{2k\sin\theta_0}}\sin\left(\sqrt{\frac{2k}{V_s\sin\theta_0}}x\right) = 0$$

故 $\sqrt{\dfrac{2k}{V_s\sin\theta_0}}x = 0$ 或 π. 其中的"0"对应于声源的位置,故能清晰地听到声音的位置与声源的距离 x 为 $x = \pi\sqrt{\dfrac{v_s\sin\theta_0}{2k}}$. 由于 k 很小,故 x 的值较大,说明声音可传得较远.

　　【点评】　本题描述的情况是人们偶尔可清晰听到远方声源发出声音的一种可能,这并不能用一般人想象的用"风携带着声音一起过来"来解释.若是风把声音带过来,则应在风所经途中到处都可同样清晰地听到声音,而不会出现在某些地方听到声音特别清晰的情况.出现这种情况的原因,是风速随高度而变.当声波以一定角度射入不同的风速层,致使声波在不同风速层中因声速不同而引起其波阵面方向的改变.这与光在不同介质层中传播时发生折射相仿,正是这种折射会使声波可能重又折返

地面,使该处的人能清楚地听到此声音.这种情况也可能发生在无风的情况下,由于声波是空气的压缩波,其波速是温度的函数,即 $v \propto \sqrt{T}$. 若地面附近竖直方向存在温度梯度,则地面某处声源发出的声波在空中传播时,也可能会发生类似本题出现的波发生折射,最后重又折返地面的情况.

例题 1.57 沿 x 轴方向有一根线密度为 η、张力为 T 的弦,在 $x = a$ 处为弦的固定端.一列简谐横波在弦中沿 x 方向传播,在 $x = -a$ 处激起的振动方程为 $y = A\cos(\omega t + \varphi_0)$,试求:

(1) 入射波的方程和经固定端反射的反射波的方程;

(2) 形成驻波的表示式,并指出波节和波腹的位置;

(3) 相邻两波节间的总能量(取弦上各点处于平衡位置时的势能为零).

【提示】 在固定端反射波有半波损失,即反射在固定端激起的振动与入射波在固定端激起的振动始终有 π 的相位差.

【题解】 (1) 设入射波的方程为 $y_1 = A\cos(\omega t - kx + \phi_1)$,其中 $k = \dfrac{2\pi}{\lambda}$ 为波数. 此波在 $x = -a$ 处激起的振动方程为 $y_1(x = -a) = A\cos(\omega t + ka + \phi_1)$,由题意知此振动方程为 $y = A\cos(\omega t + \varphi_0)$,故有 $ka + \phi_1 = \phi_0$,得 $\phi_1 = \phi_0 - ka$,于是

$$y_1 = A\cos(\omega t - kx + \phi_0 - ka)$$

设反射波的方程为 $y_2 = B\cos(\omega t + kx + \phi_2)$,由于 $x = a$ 处为固定端,因此为全反射,即有 $B = A$. 在此固定端,反射波有半波损失,故有 $ka + \phi_2 = -ka + \phi_0 - ka + \pi$,得 $\phi_2 = \phi_0 - 3ka + \pi$.于是

$$y_2 = A\cos(\omega t + kx + \phi_0 - 3ka + \pi)$$

(2) 入射波与反射波叠加形成驻波,有

$$y_{驻} = y_1 + y_2 = 2A\cos\left(kx - ka + \frac{\pi}{2}\right)\cos\left(\omega t + \phi_0 - 2ka + \frac{\pi}{2}\right)$$
$$= 2A\sin k(x-a)\sin(\omega t + \phi_0 - 2ka)$$

由上式所示的驻波方程,可得波节的位置为

$$k(x-a) = n\pi \quad (n = 0, -1, -2, \cdots)$$

$$x = a + \frac{n\pi}{k} \quad (n = 0, -1, -2, \cdots)$$

由于波数 k 为 $k = \dfrac{2\pi}{\lambda} = \dfrac{\omega}{v} = \omega\sqrt{\dfrac{\eta}{T}}$,于是波节位置为

$$x = a + \frac{n\pi}{\omega}\sqrt{\frac{T}{\eta}} \quad (n = 0, -1, -2, \cdots)$$

而波腹的位置为

$$k(x-a) = \left(n + \frac{1}{2}\right)\pi \quad (n = -1, -2, \cdots)$$

$$x = a + \frac{(2n+1)\pi}{2\omega}\sqrt{\frac{T}{\eta}} \quad (n = -1, -2, \cdots)$$

(3) 在驻波上任取一小段 $\mathrm{d}x$,此小段驻波的动能为

$$\mathrm{d}E_k = \frac{1}{2}\eta\mathrm{d}x\left(\frac{\partial y}{\partial t}\right)^2 = 2\eta A^2\omega^2\sin^2 k(x-a)\cos^2(\omega t + \phi_0 - 2ka)\mathrm{d}x$$

由驻波性质可知,相邻两波节间的总机械能守恒,且两波节间各点的相位相同,即同时通过平衡位置.此时,各质元的动能均为最大,而势能为零,其中 $\mathrm{d}x$ 段的动能为

$$dE_{kmax} = 2\eta A^2 \omega^2 \sin^2 k(x-a) dx$$

因此,相邻两波节间的总能量为

$$E = \int dE_{kmax} = 2\eta A^2 \omega^2 \int_{a-\frac{\pi}{k}}^{a} \sin^2 k(x-a) dx = 2\eta A^2 \omega^2 \frac{\pi}{2k} = \eta A^2 \omega^2 \frac{\pi}{k} = \pi \eta A^2 \omega \sqrt{\frac{T}{\eta}}$$

【点评】 当一简谐波沿一弦传播到与另一弦交接处时,若另一弦的波阻 Z_2 大于此弦的波阻 Z_1,即 $Z_2 > Z_1$(所谓波阻是指弦的质量线密度 η 与波传播速度 v 的乘积,即 $Z = \eta v$),则反射波存在半波损失,即反射波在交接点激起的振动与入射波在交接点激起的振动有 π 的相位差.若把反射波当作入射波的延续,在交接点处仿佛有半个波长的波缺失,故称半波损失.本题中波沿弦传到固定端反射,固定端处物质可视为 $Z \to \infty$,故有半波损失.此外,反射波与入射波为相干波,叠加后形成驻波,则固定端处必是一波节.

例题 1.58 A,B,C 三物块用两根劲度系数都是 k 的轻弹簧相连,静置于光滑水平面上,如图所示.已知 A,C 的质量均为 m, B 的质量为 M.用 x_1, x_2, x_3 分别表示 A,B,C 三物块以图示平衡位置为原点的位移.现给 A 在极短时间内的冲量,使之获得初速度 v_0,方向指向 B,试求以后三物块的位移 x_1, x_2, x_3 与时间 t 的关系.

【提示】 在质心系中,体系有两种简正模式:模式 1 为 B 不动而 A,C 相向运动;模式 2 为 A,C 同向运动,而 B 则反向运动.

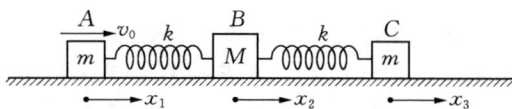

题 1.58 图

【题解】 图示的振动体系有两个简正模式:模式 1 为 B 不动,而 A,C 相向运动,此模式的本征频率 $\omega_1 = \sqrt{\dfrac{k}{m}}$;模式 2 为 A,C 同向运动,B 则反向运动,此模正的本征频率为 $\omega_2 = \sqrt{\dfrac{k(M+m)}{Mm}}$.一般的运动是这两种简正模式振动的叠加.

当 A 获得初速度 v_0 后,体系的质心开始作匀速运动,质心速度 v_c 为 $v_c = \dfrac{mv_0}{M+2m}$.在质心系中,三物体的位移分别可表示为

$$x_1' = A_1 \sin \omega_1 t + A_2 \sin \omega_2 t + x_{10}' \tag{1}$$

$$x_2' = -B_2 \sin \omega_2 t + x_{20}' \tag{2}$$

$$x_3' = -A_1 \sin \omega_1 t + A_2 \sin \omega_2 t + x_{30}' \tag{3}$$

由于 $t = 0$ 时,$x_1' = x_2' = x_3' = 0$,故以上三式中 $x_{10}' = x_{20}' = x_{30}' = 0$.把以上三式对时间 t 求导,得

$$\dot{x}_1' = A_1 \omega_1 \cos \omega_1 t + A_2 \omega_2 \cos \omega_2 t \tag{4}$$

$$\dot{x}_2' = -B_2 \omega_2 \cos \omega_2 t \tag{5}$$

$$\dot{x}_3' = -A_1 \omega_1 \cos \omega_1 t + A_2 \omega_2 \cos \omega_2 t \tag{6}$$

在 $t = 0$ 时,有

$$\dot{x}_1' = v_0 - v_c = v_0 - \frac{mv_0}{M+2m} = \frac{M+m}{M+2m} v_0 \tag{7}$$

$$\dot{x}_2' = -v_c = -\frac{mv_0}{M+2m} \tag{8}$$

$$\dot{x}_3' = -v_c = \frac{-mv_0}{M+2m} \tag{9}$$

把(7),(8),(9)式分别代入(4),(5),(6)式,可解得

$$A_1 = \frac{v_0}{2\omega_1}, \quad A_2 = \frac{Mv_0}{2\omega_2(M+2m)}, \quad B_2 = \frac{mv_0}{\omega_2(M+2m)}$$

把以上关系代入(1),(2),(3)式,并利用相对运动原理,即可求得三物体相对实验室参照系的位移随时间的变化关系

$$x_1 = v_C t + x_1' = \frac{mv_0}{M+2m}t + \frac{v_0}{2\omega_1}\sin\omega_1 t + \frac{Mv_0}{2\omega_2(M+2m)}\sin\omega_2 t$$

$$x_2 = v_C t + x_2' = \frac{mv_0}{M+2m}t - \frac{mv_0}{\omega_2(M+2m)}\sin\omega_2 t$$

$$x_3 = v_C t + x_3' = \frac{mv_0}{M+2m}t - \frac{v_0}{2\omega_1}\sin\omega_1 t + \frac{Mv_0}{2\omega_2(M+2m)}\sin\omega_2 t$$

例题 1.59　一根长为 l、质量为 m 的均匀杆,其两端用两根劲度系数分别为 k_1 和 k_2 的轻弹簧悬挂,平衡时杆是水平的,如图所示.设弹簧只能沿竖直方向运动,则杆可在平衡位置附近作小振动.

(1) 取 $k_1 = k_2$,求出简正模式的本征频率,并描述相应的简正模式运动;

(2) 取 $k_1 \neq k_2$,求简正模式的本征频率.

【提示】　此体系有两种简正模式:模式 1 为对称模式,即杆保持水平地沿竖直方向作小振动;模式 2 为反对称模式,即杆绕质心轴作小角转动振动.

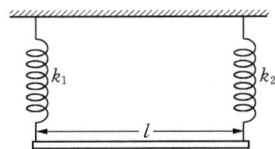

题 1.59 图

【题解】　设杆的左、右端偏离平衡位置的竖直小位移分别为 x_1 和 x_2,如图所示.其质心 C 的运动方程为

$$-k_1 x_1 - k_2 x_2 = \frac{m}{2}(\ddot{x}_1 + \ddot{x}_2) \quad (1)$$

杆绕质心 C 的转动方程为

$$-\frac{1}{2}l(k_2 x_2 - k_1 x_1) = \frac{1}{l}I_0(\ddot{x}_2 - \ddot{x}_1) \quad (2)$$

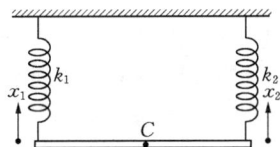

题解 1.59 图

式中 I_0 为杆相对质心 C 的转动惯量,$I_0 = \frac{1}{12}ml^2$.

(1) 当 $k_1 = k_2 = k$ 时,(1),(2)式变为

$$(\ddot{x}_1 + \ddot{x}_2) + \frac{2k}{m}(x_1 + x_2) = 0 \quad (3)$$

$$(\ddot{x}_2 - \ddot{x}_1) + \frac{6k}{m}(x_2 - x_1) = 0 \quad (4)$$

从(3),(4)两式可知,此体系有两种简正模式:模式 1 为对称模式,即杆始终保持水平地沿竖直方向作小振动.可设 $x_a = x_1 + x_2$,则(3)式变为

$$\ddot{x}_a + \frac{2k}{m}x_a = 0 \quad (5)$$

由(5)式知此模式的本征频率为 $\omega_a = \sqrt{\dfrac{2k}{m}}$.

模式 2 为反对称模式,即杆绕通过质心 C 且垂直于杆的水平轴作小角的谐振动.若设 $x_b = x_2 - x_1$,则(4)式变为

$$\ddot{x}_b + \frac{6k}{m}x_b = 0 \tag{6}$$

由(6)式得此模式的本征频率为 $\omega_b = \sqrt{\dfrac{6k}{m}}$.

(2) 若 $k_1 \neq k_2$,为求得(1)式和(2)式的稳定解,可将试解 $x_1 = A_1 e^{i\omega t}$ 和 $x_2 = A_2 e^{i\omega t}$(ω 为简正模式的本征频率)代入(1),(2)式,得

$$-k_1 A_1 - k_2 A_2 = \frac{m}{2}(-A_1 \omega^2 - A_2 \omega^2) \tag{7}$$

$$-\frac{l}{2}(k_2 A_2 - k_1 A_1) = \frac{I_0}{l}(-A_2 \omega^2 + A_1 \omega^2) \tag{8}$$

(7),(8)两式方程组有非零解的充要条件为

$$\begin{vmatrix} \left(k_1 - \dfrac{m\omega^2}{2}\right) & \left(k_2 - \dfrac{m\omega^2}{2}\right) \\ \left(\dfrac{I_0 \omega^2}{l} - \dfrac{lk_1}{2}\right) & \left(\dfrac{lk_2}{2} - \dfrac{I_0 \omega^2}{l}\right) \end{vmatrix} = 0$$

于是可得

$$m^2 \omega^4 - 4m(k_1 + k_2)\omega^2 + 12k_1 k_2 = 0$$

可解得

$$\omega^2 = \frac{2(k_1 + k_2) \pm 2\sqrt{k_1^2 + k_2^2 - 3k_1 k_2}}{m}$$

上式中的"+"和"−"号所对应的 ω 值,就是此体系两种简正模式的本征频率.

例题 1.60   地面上有一个半球形的小喷嘴,喷嘴的半球面上分布有许多小孔.喷水时,水从这些小孔中以相同的速度 v_0 向不同方向喷出.设与洒水面积相比,喷嘴可看作是一个点.

(1) 喷嘴喷出的水在空中勾画出一立体图形,请定量描述此图形;

(2) 要使水喷溅到地面上的范围内受水量均匀,则喷嘴半球面上小孔的数密度将如何分布?

【提示】   沿任一仰角 θ 射出的水的轨迹为关于 $u(= \tan\theta)$ 的二次方程,要此方程有实数解,则要求其判别式大于或等于零,由此可得水柱在空间能到达的范围的边界曲线方程,将此曲线绕对称轴旋转一周形成的旋转曲面就是立体图形的表面.

【题解】   (1) 取喷嘴为坐标原点,以某一水平方向为 x 轴方向,竖直向上为 y 轴方向,从喷嘴喷出的水相对 y 轴是对称的,因此只要考虑任一竖直截面(xOy 平面)中喷嘴向各方向喷出的水柱,求得这些水柱形成抛物线的包络线,并将此包络线绕 y 轴旋转一周,即可得到其立体图形.

在 xOy 平面中,设从某一孔中的水柱以 θ 的仰角射出,其 x,y 方向的运动方程为

$$x = v_0 \cos\theta t \tag{1}$$

$$y = v_0 \sin\theta t - \frac{1}{2}gt^2 \tag{2}$$

联立(1),(2)式,消去 t 可得

$$y = \tan\theta x - \frac{g}{2v_0^2 \cos^2\theta}x^2 \tag{3}$$

(3)式为水柱的轨迹方程.设 $u = \tan\theta$,则(3)式可写成

$$\frac{gx^2}{2v_0^2}u^2 - xu + \left(y + \frac{gx^2}{2v_0^2}\right) = 0 \tag{4}$$

若把 x,y 取为定值,则(4)式为关于 u 的二次方程.此方程若有实数解,则要求判别式大于等于零,即

$$x^2 - 4\frac{gx^2}{2v_0^2}\left(y + \frac{gx^2}{2v_0^2}\right) \geqslant 0$$

可解得

$$y \leqslant \frac{v_0^2}{2g} - \frac{g}{2v_0^2}x^2 \tag{5}$$

(5)式所示的不等式,将 xOy 平面用一条抛物线分成两个部分.水可以到达此抛物线以下的各点,但不能到达其上的各点,这条抛物线就是所求的包络线,如图 1 中虚线所示.此抛物线方程为

$$y = \frac{v_0^2}{2g} - \frac{g}{2v_0^2}x^2 \tag{6}$$

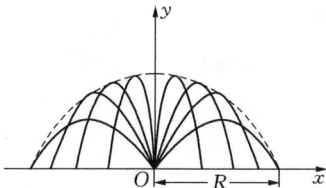

题解 1.60 图 1

因此,水在空中勾画出的立体图形的表面,为(6)式所示的抛物线绕 y 轴旋转一周形成的旋转抛物面,立体图形的高为 $\frac{v_0^2}{2g}$,地面上喷溅到范围的半径 $R = \frac{v_0^2}{g}$.

（2）设小喷嘴球面的半径为 r,如图 2 所示,从图 2 中 θ 角处射出的水的射程为

$$R = \frac{v_0^2 \sin 2\theta}{g}$$

对上式两边求微分,得

$$\mathrm{d}R = \frac{2v_0^2 \cos 2\theta}{g}\mathrm{d}\theta$$

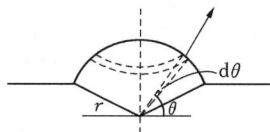

题解 1.60 图 2

因此,从喷嘴球面上与竖直轴夹角为 $\theta \to \theta + \mathrm{d}\theta$ 的细环带(图 2 中虚线带)上小孔射出的水,溅落点的范围是半径为 R、宽度为 $\mathrm{d}R$ 的环带,其面积 $\mathrm{d}S$ 为

$$\mathrm{d}S = 2\pi R\mathrm{d}R = \frac{2\pi v_0^4 \sin 4\theta}{g^2}\mathrm{d}\theta$$

设溅落点范围内单位面积上每秒的受水量(即体积)为 k,则上述溅落点环带上每秒的受水量为

$$\mathrm{d}Q = k\frac{2\pi v_0^4 \sin 4\theta}{g^2}\mathrm{d}\theta$$

而喷嘴球面上 $\theta \to \theta + \mathrm{d}\theta$ 细环带的面积 $\mathrm{d}S'$ 为

$$\mathrm{d}S' = 2\pi r^2 \sin\theta\mathrm{d}\theta$$

设小孔的面积为 S_0,球面上单位面积小孔数的分布为 $N(\theta)$,故从此细环带上每秒喷出水的体积 $\mathrm{d}Q'$ 为

$$\mathrm{d}Q' = N(\theta)S_0 v_0 \mathrm{d}S' = 2\pi r^2 \sin\theta N(\theta)S_0 v_0 \mathrm{d}\theta$$

由 $\mathrm{d}Q = \mathrm{d}Q'$,可得

$$k\frac{2\pi v_0^4 \sin 4\theta}{g^2}\mathrm{d}\theta = 2\pi r^2 \sin\theta N(\theta)S_0 v_0 \mathrm{d}\theta$$

由上式即可求得 $N(\theta)$ 为

$$N(\theta) = \frac{kv_0^3 \sin 4\theta}{r^2 g^2 S_0 \sin\theta} = C\frac{\sin 4\theta}{\sin\theta}$$

上式中常数 C 是与 k，v_0，r，g，S_0 等量有关的量.

例题 1.61　一颗质量为 M 的星球是由密度为 ρ 的不可压缩的流体组成，该星球以恒定的角速度 ω 缓慢自转，由于转动，其赤道处比两极处略有凸起. 已知该星球的平均半径为 R. 作为一级近似，

（1）试求在极角 θ 的表面附近深 h（较小）处的压强；

（2）设两极处和赤道处的半径分别为 R_p 和 R_e，试求 $R_e - R_p$ 的值.

【提示】　在深度为 h 处某小质量元所受的万有引力和惯性离心力沿径向的分力之差，是由小质量元沿径向两横截面上的压强差产生的力来平衡. 此外，在转动参照系中引进离心势能，则星球表面总势能处处相等，由此很容易求得 $R_e - R_p$ 的值.

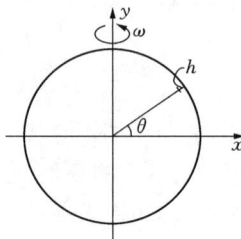

题 1.61 图

【题解】　（1）在极角为 θ 的表面附近深为 h 处取一截面为 $\mathrm{d}S$、深度为 $\mathrm{d}r$ 的小体积元，其体积 $\mathrm{d}V = \mathrm{d}S \cdot \mathrm{d}r$，其质量 $\mathrm{d}m = \rho\mathrm{d}V$. 在随星球以角速度 ω 旋转的转动参照系中，此小体积元受到的惯性离心力 $\mathrm{d}f_i$ 为

$$\mathrm{d}f_i = \mathrm{d}m\omega^2 r\cos\theta = \rho\omega^2 r\cos\theta\mathrm{d}V$$

其方向如图 1 所示. 小体积元受到的万有引力 $\mathrm{d}F$ 为

$$\mathrm{d}F = \frac{G\frac{4}{3}\pi r^3 \rho\mathrm{d}m}{r^2} = \frac{4}{3}\pi G\rho^2 r\mathrm{d}V$$

方向沿径向 r 方向，而 $\mathrm{d}f_i$ 的径向分量与 $\mathrm{d}F$ 的差是由小体积元的 $\mathrm{d}r$ 两截面处因压强差 $\mathrm{d}p(r)$ 产生的力来平衡，即有

$$-\mathrm{d}p(r)\mathrm{d}S = \frac{4}{3}\pi G\rho^2 r\mathrm{d}V - \rho\omega^2 r\cos^2\theta\mathrm{d}V$$

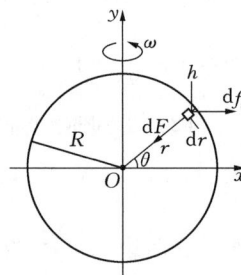

题解 1.61 图 1

因 $\rho = \dfrac{M}{\frac{4}{3}\pi R^3}$，故上式也可写成

$$-\mathrm{d}p(r) = \left(\frac{GM\rho}{R^3} - \rho\omega^2\cos^2\theta\right)r\mathrm{d}r$$

对上式两边求定积分，因在 $r = R$ 处，$p = 0$，故

$$-\int_{p(r)}^0 \mathrm{d}p(r) = \int_r^R \left(\frac{GM\rho}{R^3} - \rho\omega^2\cos^2\theta\right)r\mathrm{d}r$$

积分得

$$p(r) = \frac{1}{2}\left(\frac{GM\rho}{R^3} - \rho\omega^2\cos^2\theta\right)(R^2 - r^2) \tag{1}$$

将 $r = R - h$ 代入上式，由于 $\dfrac{h}{R} \ll 1$，因此，把上式展开，略去 $\dfrac{h}{R}$ 的高阶小量，即可得

$$p(h) = \frac{1}{2}\rho\left(\frac{GM}{R^3} - \omega^2\cos^2\theta\right)[R^2 - (R-h)^2] = \frac{1}{2}\rho\left(\frac{GM}{R^3} - \omega^2\cos^2\theta\right)R^2\left[1 - \left(1 - \frac{h}{R}\right)^2\right]$$

$$\approx \left(\frac{GM}{R^2} - \omega^2\cos^2\theta R\right)\rho h \tag{2}$$

可见在 $h \ll R$ 的范围内，压强与深度近似成正比.

（2）在转动参照系中引入惯性离心势能（以下称离心势能）. 取转轴处为此势能的零点，故在此星球赤道表面处单位体积元的离心势能（即离心势）为

$$U_{离}(\theta = 0) = -\int_0^{R_e} \rho \omega^2 r \mathrm{d}r = -\frac{1}{2}\rho\omega^2 R_e^2$$

该处的引力势和总势分别为

$$U_{引}(\theta = 0) = -\frac{\rho GM}{R_e}$$

$$U_{总}(\theta = 0) = U_{离} + U_{引} = -\frac{1}{2}\rho\omega^2 R_e^2 - \frac{\rho GM}{R_e}$$

而在星球两极表面处离心势为零,故其总势等于其引力势,即

$$U_{总}\left(\theta = \frac{\pi}{2}\right) = -\frac{\rho GM}{R_p}$$

在星球表面处处等势,故由 $U_{总}(\theta = 0) = U_{总}\left(\theta = \frac{\pi}{2}\right)$,可得 $-\frac{1}{2}\rho\omega^2 R_e^2 - \frac{\rho GM}{R_e} = -\frac{\rho GM}{R_p}$,即得

$$R_e - R_p = \frac{\omega^2 R_e^3 R_p}{2GM} \approx \frac{\omega^2 R^4}{2GM} \tag{3}$$

若该星球的质量和半径均与地球相仿,且自转也与地球一样,即有 $R = 6.4 \times 10^6$ m, $M = 6 \times 10^{24}$ kg, $\omega = \frac{2\pi}{T} = 7.3 \times 10^{-5}$ s^{-1},将这些数据代入(3)式,可估算得 $R_e - R_p \approx 11$ km.

本小题也可用以下方法求得:在极角为 $\theta \to \theta + \mathrm{d}\theta$、离球心 O 距离为 R_p 处取一小体积元 $\mathrm{d}V = R_p \mathrm{d}\theta \cdot \mathrm{d}S$,如图 2 所示.此体积所受惯性离心力的横向分量是由小体积元在横向的两个截面 $\mathrm{d}S$ 上的压强差 $\mathrm{d}p(\theta)$ 引起的力来平衡,即有

$$-\mathrm{d}p(\theta)\mathrm{d}S = \rho R_p \mathrm{d}\theta \mathrm{d}S \omega^2 R_p \cos\theta\sin\theta$$

对上式两边求定积分,因在 $\theta = \frac{\pi}{2}$ 处,$p = 0$,故有

$$-\int_{p(\theta=0)}^{0} \mathrm{d}p(\theta) = \int_0^{\frac{\pi}{2}} \rho\omega^2 R_p^2 \sin\theta\cos\theta\mathrm{d}\theta$$

题解 1.61 图 2

积分得

$$p(\theta = 0) = \frac{1}{2}\rho\omega^2 R_p^2 \tag{4}$$

由(1)小题中(1)式可知,在 $\theta = 0$, $r = R_p$ 处的压强为

$$p(\theta = 0, h) = \frac{1}{2}\left(\frac{GM}{R_e^3} - \omega^2\right)\rho(R_e^2 - R_p^2) \tag{5}$$

(4),(5)式中的 p 应相等,故有

$$\frac{1}{2}\omega^2 R_p^2 = \frac{1}{2}\left(\frac{GM}{R_e^3} - \omega^2\right)(R_e^2 - R_p^2)$$

即

$$R_e - R_p = \frac{\omega^2 R_e^5}{GM(R_e + R_p)} \approx \frac{\omega^2 R_e^4}{2GM} \approx \frac{\omega^2 R^4}{2GM} \tag{6}$$

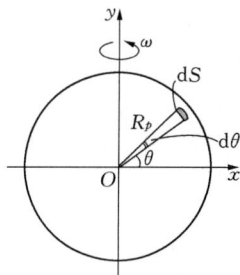

例题 1.62　试估算在地球赤道上由太阳引起的潮汐和由月亮引起的潮汐的高度比.

【提示】　地球表面为等势面,其中包括地球引力势、月亮引力势,以及月、地系统质心系(转动参

照系)中的离心势.

【题解】　先考虑由月亮引起的潮汐,设月亮的质量为 m,地球的质量为 M_e,地球的固体部分半径为 r_0,月亮到地球中心的距离为 r_{me}. 月、地系统质心 C 到地球中心的距离为 r_{Ce}. 在图示的截面中,水面考察点 P 的位置用极坐标 (r,θ) 表示,C 到 P 的距离用 η 表示. 设月、地系绕过质心 C,垂直于图平面的轴转动. 转动角速度为 ω,并设地球自转轴也与图平面垂直,这种设定可便于计算赤道处在 24 小时周期内潮汐变化与 θ 的关系. 以上设定中的 r_{Ce} 为

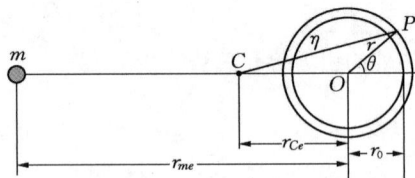

题解 1.62 图

$$r_{Ce} = \frac{m}{M_e + m} r_{me} \tag{1}$$

另有

$$\frac{GM_e m}{r_{me}^2} = M_e \omega^2 r_{Ce} \tag{2}$$

由(1),(2)式可解得

$$\omega = \sqrt{\frac{G(M_e + m)}{r_{me}^3}} \tag{3}$$

此外设定中的 η 为

$$\eta = (r_{Ce}^2 + r^2 + 2rr_{Ce}\cos\theta)^{\frac{1}{2}} \tag{4}$$

地球表面 $P(r,\theta)$ 点处单位质量水的势能(即势 V)由 3 种势组成:其一是地球引力势 V_e,

$$V_e = -\frac{GM_e}{r} \tag{5}$$

其二是月亮的引力势 V_m,

$$V_m = \frac{-Gm}{(r_{me}^2 + r^2 + 2r_{me}r\cos\theta)^{\frac{1}{2}}} \tag{6}$$

由于 $\dfrac{r}{r_{me}} \ll 1$,可将(6)式按 $\dfrac{r}{r_{me}}$ 的幂次展开,略去比 $\left(\dfrac{r}{r_{me}}\right)^2$ 更高次的项,有

$$V_m = \frac{-Gm}{r_{me}}\left[1 + \left(\frac{r}{r_{me}}\right)^2 + 2\left(\frac{r}{r_{me}}\right)\cos\theta\right]^{-\frac{1}{2}}$$

$$\approx \frac{-Gm}{r_{me}}\left[1 - \left(\frac{r}{r_{me}}\right)\cos\theta + \frac{r^2}{2r_{me}^2}(3\cos^2\theta - 1)\right] \tag{7}$$

其三是在月、地系统质心参照系中的离心势 $V_{离}$,

$$V_{离} = -\frac{1}{2}\omega^2\eta^2 = -\frac{1}{2}\frac{G(M_e + m)}{r_{me}^3}(r_{Ce}^2 + r^2 + 2r_{Ce}r\cos\theta)$$

$$= -\frac{Gm}{r_{me}}\left[\frac{m}{2(M_e + m)} + \frac{(M_e + m)}{2m}\left(\frac{r}{r_{me}}\right)^2 + \left(\frac{r}{r_{me}}\right)\cos\theta\right] \tag{8}$$

故 V 为

$$V = V_e + V_m + V_{离} \tag{9}$$

把(5),(7),(8)式代入(9)式,并注意到地球表面为等势面,可得

$$-\frac{GM_e}{r} - \frac{Gm}{r_{me}}\left[\frac{2M_e + 3m}{2(M_e + m)} + \frac{(M_e + 3m\cos^2\theta)}{2m}\left(\frac{r}{r_{me}}\right)^2\right] = C \tag{10}$$

取 $r = r_0 + h$ 代入(10)式,作合理近似可得 $\dfrac{GM_e}{r_0^2}h - \dfrac{3Gmr_0^2}{2r_{me}^3}\cos^2\theta = C$,即

$$h = \frac{3mr_0^4\cos^2\theta}{2M_e r_{me}^3} + C \tag{11}$$

在 $\theta = \dfrac{\pi}{2}$ 处水面高度最低为 h_0,故(11)式中的 $C = h_0$,而在 $\theta = 0$ 处潮汐最大,取为 h_{max},故在 24 小时内赤道处的潮汐变化 $(\Delta h)_m$ 为

$$(\Delta h)_m = h_{max} - h_0 = \frac{3mr_0^4}{2M_e r_{me}^3} \tag{12}$$

与由月亮引起的潮汐计算相似,由太阳引起的潮汐变化 $(\Delta h)_s$ 为

$$(\Delta h)_s = \frac{3M_s r_0^4}{2M_e r_{se}^3} \tag{13}$$

(13)式中 M_s 为太阳的质量,r_{se} 为太阳到地球的距离,故由(12),(13)式,即可得

$$\frac{(\Delta h)_s}{(\Delta h)_m} = \frac{M_s r_{me}^3}{m r_{se}^3} = \frac{2.0\times10^{30}\times(3.8\times10^8)^3}{7.3\times10^{22}\times(1.5\times10^{11})^3} \approx 0.44$$

【点评】　液体达平衡时,其自由液面应是它所处保守力场的等势面.若液面各处不等势,则由于液体的流动性,高势处的液体将会向低势处流动,说明液体并未达到平衡.在重力场中,自由液面是平行于地面的等高平面,液面上各处的重力势相等;在重力场中,绕竖直对称轴高速旋转的水桶,其液面呈旋转抛物面形,其液面上各处的势(重力势与离心势之和)相等.本题地球上的水面也是等势面,水面处的势则是由地球引力势、月亮引力势和月、地系统质心系中的离心势 3 个部分构成.

例题 1.63　一质量为 m 的卫星绕质量为 M 的行星沿半径为 r 的圆轨道运动,运动角速度为 ω,而行星绕过质心的自转轴以角速度 Ω 自转,两种角速度的方向一致.已知行星绕自转轴的转动惯量为 I.

(1) 一般 ω 和 Ω 并不相等,由于潮汐摩擦作用,使行星自转角速度和卫星轨道角速度都会发生改变,试求这两种角速度改变量之间的关系;

(2) 潮汐摩擦将使行星与卫星系统的机械能减少,试问在什么条件下系统最终可达稳定状态,即机械能不变的状态?

【提示】　由以行星和卫星构成的体系相对行星中心的角动量守恒,可求得 ω,Ω 和 r 各变量之间的变化关系,当体系达稳定状态(即机械能不变状态)时,有 $\dfrac{dE}{d\omega} = 0$ 和 $\dfrac{d^2E}{d\omega^2} > 0$.

【题解】　取行星与卫星为体系,此体系相对行星中心的角动量 L 为

$$L = I\Omega + mr^2\omega \tag{1}$$

由于潮汐摩擦作用,行星的自转角速度 Ω 和卫星绕行星作圆轨道运动的角速度 ω 都会发生改变,而 ω 的改变又将导致轨道半径 r 的改变,这些改变量之间的关系,可通过对(1)式求微分而求得,

$$dL = Id\Omega + mr^2 d\omega + 2mr\omega dr \tag{2}$$

因卫星绕行星作圆周运动,故有 $G\dfrac{Mm}{r^2} = m\omega^2 r$,此即

$$\omega^2 = \frac{GM}{r^3} \tag{3}$$

对(3)式两边求微分,得

$$2\omega d\omega = -\frac{3GM}{r^4}dr = -\frac{3\omega^2}{r}dr$$

故 $\mathrm{d}\omega$ 与 $\mathrm{d}r$ 之间的关系为

$$\mathrm{d}r = -\frac{2r}{3\omega}\mathrm{d}\omega \tag{4}$$

把 (4) 式代入 (2) 式,得

$$\mathrm{d}L = I\mathrm{d}\Omega - \frac{1}{3}mr^2\mathrm{d}\omega \tag{5}$$

因体系相对行星中心角动量守恒,即 $\mathrm{d}L = 0$,故由 (5) 式可得 $\mathrm{d}\Omega$ 与 $\mathrm{d}\omega$ 之间的关系为

$$\mathrm{d}\Omega = \frac{mr^2}{3I}\mathrm{d}\omega \tag{6}$$

（2）体系的机械能 E 为

$$E = \frac{1}{2}I\Omega^2 + \frac{1}{2}mr^2\omega^2 - G\frac{Mm}{r} \tag{7}$$

因潮汐摩擦将引起体系机械能的减小,对 (7) 式求微分,得

$$\mathrm{d}E = I\Omega\mathrm{d}\Omega + mr^2\omega\mathrm{d}\omega + mr\omega^2\mathrm{d}r + \frac{GMm}{r^2}\mathrm{d}r$$

把 (3) 式代入上式,得

$$\mathrm{d}E = I\Omega\mathrm{d}\Omega + mr^2\omega\mathrm{d}\omega + 2mr\omega^2\mathrm{d}r$$

把 (4),(6) 两式代入上式,得

$$\frac{\mathrm{d}E}{\mathrm{d}\omega} = \frac{1}{3}mr^2(\Omega - \omega) \tag{8}$$

体系最终达稳定状态（即能量不变的状态）时,$\dfrac{\mathrm{d}E}{\mathrm{d}\omega} = 0$,故由 (8) 式,得 $\Omega = \omega$. 由此可知,当卫星的轨道运动角速度 ω 与行星自转角速度 Ω 相同时,体系的机械能不再变化,此时行星上已无涨潮、落潮的潮汐现象,潮汐摩擦也不再存在,而要体系处于稳定状态,则此时机械能应取极小值,即有 $\dfrac{\mathrm{d}^2E}{\mathrm{d}\omega^2} > 0$. 利用 (8) 式,可得

$$\frac{\mathrm{d}^2E}{\mathrm{d}\omega^2} = \frac{1}{3}mr^2\left(\frac{\mathrm{d}\Omega}{\mathrm{d}\omega} - 1\right) + \frac{2}{3}mr(\Omega - \omega)\frac{\mathrm{d}r}{\mathrm{d}\omega} > 0$$

把 (6) 式及 $\Omega = \omega$ 代入上式,即得 $\dfrac{mr^2}{I} > 3$,这就是体系应满足的条件.

例题 1.64　半圆柱形飞机棚长为 l、半径为 R,暴露于风中,风速方向与其轴线垂直,流线如图所示. 地面上远处的风速为 v_0,飞机棚周围任一点的风速可由"速度势" ϕ 确定:

$$\phi = -v_0\left(r + \frac{R^2}{r}\right)\cos\theta$$

式中 r 为棚顶附近某点 B 到半圆柱轴心 O 的距离,θ 为 $\overline{OB}$ 与 x 轴的夹角. 已知速度与速度势的关系与保守力和势能的关系类似. 若飞机棚的门 A 是敞开的,求风施加在飞机棚上的力. 设 $l = 70\text{ m}$,$R = 10\text{ m}$,$v_0 = 20\text{ m/s}$,$\rho = 1.20\text{ kg/m}^3$,忽略由高度产生的压强差（取两位有效数字）.

【提示】　由伯努利方程可求得机棚外附近各点的压强,并由机棚内、外各点压强差就可求得机棚的受力.

【题解】　飞机棚附近 B 点风速 $\boldsymbol{v}$ 的径向分量 v_r 和横向分量 v_θ 分别为

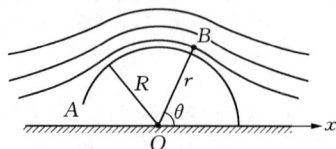

题 1.64 图

$$v_r = -\frac{\partial \phi}{\partial r}\Big|_{r=R} = v_0\left(1-\frac{R^2}{r^2}\right)\cos\theta\Big|_{r=R} = 0$$

$$v_\theta = -\frac{1}{r}\frac{\partial \phi}{\partial \theta}\Big|_{r=R} = -v_0\left(1+\frac{R^2}{r^2}\right)\sin\theta\Big|_{r=R} = -2v_0\sin\theta$$

由题意知,远处的风速为 v_0,压强为 p_0,故由伯努利方程可得 B 点的压强 $p(\theta)$ 为

$$p(\theta) + \frac{1}{2}\rho v_\theta^2 = p_0 + \frac{1}{2}\rho v_0^2$$

即

$$p(\theta) = p_0 + \frac{1}{2}\rho(v_0^2 - v_\theta^2) = p_0 + \frac{1}{2}\rho v_0^2(1 - 4\sin^2\theta)$$

飞机棚内的压强,即机棚门口 A(即 $\theta = \pi$ 处)的压强为 $p_A = p_0 + \frac{1}{2}\rho v_0^2$,故风施加在飞机棚上的力 F 为

$$F = \int[p_A - p(\theta)]\sin\theta\mathrm{d}s = \frac{1}{2}\rho v_0^2 LR\int_0^\pi 4\sin^2\theta \cdot \sin\theta\mathrm{d}\theta$$

$$= 2\rho v_0^2 LR\left(\frac{1}{3}\cos^3\theta - \cos\theta\right)\Big|_0^\pi = \frac{8}{3}\rho v_0^2 LR \approx 9.0 \times 10^5\,(\mathrm{N})$$

例题 1.65　　两根长为 l、质量为 m 的均匀棒的上端用轻质光滑铰链连接,并使两棒成 $\alpha = 60°$ 的夹角直立在光滑地面上,由静止开始释放,如图所示.试求:

(1) 刚释放时铰链运动的加速度;

(2) 当两棒的夹角成 $\alpha' = 90°$ 时,铰链运动的速度和加速度.

【提示】　刚释放时,在一棒的质心参照系中,棒将绕质心作转动,而相对地面,棒的上端将沿竖直方向运动,而其下端将沿水平方向运动,由相对运动关系就可求得各运动量.

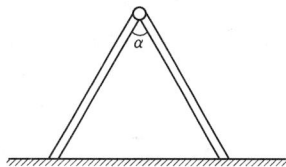

题 1.65 图

【题解】　(1) 刚释放时,两棒与地面的夹角 $\theta = \alpha = 60°$,其中一棒 AB 的受力如图 1 所示.设此棒质心 C 此时加速度的水平(x)方向分量和竖直(y)方向的分量分别为 a_{Cx} 和 a_{Cy},则沿 x, y 方向此棒质心运动方程分别为

$$F = ma_{Cx} \tag{1}$$

$$mg - N = ma_{Cy} \tag{2}$$

此棒绕质心 C 的转动方程为

$$\frac{1}{2}lN\cos\theta - F\cdot\frac{l}{2}\sin\theta = \frac{1}{12}ml^2\ddot{\theta} \tag{3}$$

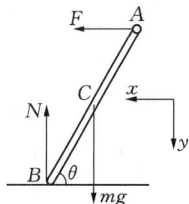

题解 1.65 图 1

由体系的对称性可知,铰链 A 的加速度无水平分量,即 A 的加速度沿 y 方向.故根据相对运动公式可得

$$a_{Ax} = a_{Cx} - \frac{1}{2}l\ddot{\theta}\sin\theta = a_{Cx} - \frac{\sqrt{3}}{4}l\ddot{\theta} = 0 \tag{4}$$

$$a_{Ay} = a_{Cy} + \frac{1}{2}l\ddot{\theta}\cos\theta = a_{Cy} + \frac{1}{4}l\ddot{\theta} \tag{5}$$

由(4)式可得

$$a_{Cx} = \frac{\sqrt{3}}{4}l\ddot{\theta} \tag{6}$$

而棒的 B 端的加速度方向沿 x 方向,即无 y 分量,故有

$$a_{By} = a_{Cy} - \frac{1}{2}l\ddot{\theta}\cos\theta = a_{Cy} - \frac{1}{4}l\ddot{\theta} = 0$$

可得

$$a_{Cy} = \frac{1}{4}l\ddot{\theta} \tag{7}$$

把(6)式代入(1)式,得

$$F = \frac{\sqrt{3}}{4}ml\ddot{\theta} \tag{8}$$

把(7)式代入(2)式,得

$$N = mg - \frac{1}{4}ml\ddot{\theta} \tag{9}$$

把(8),(9)式及 $\theta = 60°$ 代入(3)式,得

$$\frac{1}{2}\left(mg - \frac{1}{4}ml\ddot{\theta}\right) - \frac{\sqrt{3}}{2} \times \frac{\sqrt{3}}{4}ml\ddot{\theta} = \frac{1}{6}ml\ddot{\theta}$$

即

$$l\ddot{\theta} = \frac{3}{4}g \tag{10}$$

由(5),(7),(10)式,即可求得 $a_A = a_{Ay} = \frac{3}{8}g$.

(2) 当两棒之间的夹角 $\alpha' = 90°$ 时, AB 棒与地面的夹角 $\theta' = 45°$,此时棒可视为相对瞬时转轴 O 作纯转动,如图2所示.图2中 O 点与棒质心 C 的距离为 $\frac{1}{2}l$,故棒绕 O 的转动惯量 I_0 为

$$I_0 = \frac{1}{12}ml^2 + m\left(\frac{l}{2}\right)^2 = \frac{1}{3}ml^2 \tag{11}$$

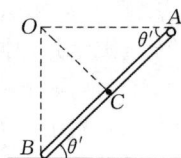

题解 1.65 图 2

由机械能守恒,可得

$$mg\,\frac{l}{2}(\sin\theta - \sin\theta') = \frac{1}{2}I_0\omega^2 \tag{12}$$

上式中 ω 为此时棒的转动角速度,把(11)式代入(12)式,即得

$$\omega = \sqrt{(\sin\theta - \sin\theta')\frac{3g}{l}} = \sqrt{\left(\frac{\sqrt{3}}{2} - \sin\theta'\right)\frac{3g}{l}} \tag{13}$$

而铰链 A 与 O 点的距离为 $l\cos\theta'$,故此时 A 的速度 v_A 为

$$v_A = \omega l\cos\theta' = \cos\theta'\sqrt{\left(\frac{\sqrt{3}}{2} - \sin\theta'\right)3gl}$$

于是有

$$a_A = \frac{\mathrm{d}v_A}{\mathrm{d}t} = -\sin\theta' \cdot \omega\sqrt{\left(\frac{\sqrt{3}}{2} - \sin\theta'\right)3gl} + \cos\theta'\frac{(-\cos\theta')\omega}{2\sqrt{\frac{\sqrt{3}}{2} - \sin\theta'}}\sqrt{3gl}$$

$$= -\sin\theta'\left(\frac{\sqrt{3}}{2} - \sin\theta'\right) \cdot 3g - \frac{3}{2}g\cos^2\theta'$$

把 $\theta' = 45°$ 代入上式,就可得此时铰链 A 的加速度 $a_A = (\sqrt{6} - 1)\frac{3}{4}g$.

例题 1.66　　一根长为 l、质量为 m 的均匀杆水平地搁在桌面的边角处,其中长为 $\frac{1}{3}l$ 的部分位于桌面上,其余 $\frac{2}{3}l$ 部分露在桌边外,如图所示.杆由静止开始释放,试求当杆向下转过的角度 θ 为多大时,杆相对桌角开始滑动?已知杆与桌角间的摩擦系数为 μ.

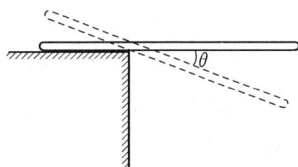

题 1.66 图

【提示】　在杆相对桌角滑动以前,杆的质心作圆周运动,列出质心的切向运动方程和法向运动方程,就可求得开始滑动时的角度.

【题解】　设杆转过角度为 θ 时杆相对桌角开始滑动,此时杆的转动角速度为 ω. 由机械能守恒,有

$$mg\left(\frac{l}{2}-\frac{l}{3}\right)\sin\theta = \frac{1}{2}I_0\omega^2 \qquad (1)$$

式中 I_0 为杆相对桌角 O 的转动惯量,I_0 为

$$I_0 = \frac{1}{12}ml^2 + m\left(\frac{l}{2}-\frac{l}{3}\right)^2 = \frac{1}{9}ml^2 \qquad (2)$$

把(2)式代入(1)式,可解得

$$\omega = \sqrt{\frac{3g}{l}\sin\theta} \qquad (3)$$

此时,杆的受力如图所示. 由此可得杆的质心 C 绕 O 点运动的切向和法向方程分别为

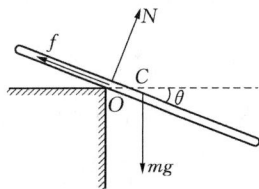

题解 1.66 图

$$mg\cos\theta - N = m\left(\frac{l}{2}-\frac{l}{3}\right)\frac{d\omega}{dt} \qquad (4)$$

$$f - mg\sin\theta = m\left(\frac{l}{2}-\frac{l}{3}\right)\omega^2 \qquad (5)$$

由于此时杆相对桌角开始滑动,因此 f 为滑动摩擦力,有

$$f = N\mu \qquad (6)$$

由(3)式,可得

$$\frac{d\omega}{dt} = \sqrt{\frac{3g}{l}}\,\frac{\cos\theta}{2\sqrt{\sin\theta}}\cdot\omega = \frac{3g}{2l}\cos\theta \qquad (7)$$

把(7)式代入(4)式,得

$$N = \frac{3}{4}mg\cos\theta \qquad (8)$$

把(8)式代入(6)式,得

$$f = \frac{3}{4}mg\mu\cos\theta \qquad (9)$$

把(3),(9)式代入(5)式,即可求得 $\tan\theta = \frac{1}{2}\mu$.

【点评】　在本题求解中,应注意杆相对桌角开始滑动时,杆的质心在沿杆方向所受合力并非为零,即并非是 $f = mg\sin\theta$,而应等于质心作圆周运动的向心力.质心在该方向的运动方程如(5)式所示,这是因为从开始运动到杆开始滑离桌角的过程,质心始终在作圆周运动.

例题 1.67　(1)一薄壁圆筒半径为 R、质量为 m(其质量集中在圆柱面上),筒中盛满质量为 μ 的水,沿着倾角为 θ 的固定楔形木块的斜面无滑动地滚下,如图所示.设水与筒壁间无摩擦,求盛水圆筒质心的加速度;

(2)若楔形木块不是固定的,而是置于光滑水平面上,其质量为 M.

(i) 求在盛水圆筒滚下过程中楔形木块的加速度;

(ii) 若圆筒自离桌面高 h 处从静止开始滚下,求到达桌面时楔形木块的速度.

【提示】 在讨论圆筒转动时,此圆筒与质量为 $m+M$ 的实心固体圆筒不同,因筒内的水并不参与转动,因此其转动惯量只是筒壁的转动惯量.若楔形木块不固定,为求圆筒对木块的作用力,则应在木块参照系中求解圆筒的运动.

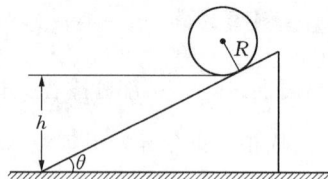
题 1.67 图

【题解】 (1)盛水圆筒在斜面上作无滑动滚动,故其除受重力外,还受到静摩擦力 f 的作用,故质心运动方程为

$$(m+\mu)g\sin\theta - f = (m+\mu)a \tag{1}$$

圆筒相对筒轴的转动方程为

$$fR = I\beta \tag{2}$$

(2)式中 I 为盛水圆筒相对筒轴的转动惯量,由于在筒滚动时,筒内的水并不随筒转动,而是作平动,故有

$$I = mR^2 \tag{3}$$

(2)式中的 β 为筒的转动角加速度,因筒作无滑动滚动,故

$$\beta = \frac{a}{R} \tag{4}$$

由(1),(2),(3),(4)式,可解得 $a = \dfrac{m+\mu}{2m+\mu}g\sin\theta$.

(2)(i)设圆筒沿楔形木块的斜面下滚时,木块的加速度为 w.以木块为参照系,在此参照系中,圆筒受力如图所示,其中惯性力 $f_i = (m+\mu)w$,并设圆筒相对木块的质心加速度为 a',转动角加速度为 β,其质心运动方程为

$$(m+\mu)g\sin\theta + (m+\mu)w\cos\theta - f = (m+\mu)a' \tag{5}$$

圆筒相对其质心轴的转动方程为

$$fR = I\beta \tag{6}$$

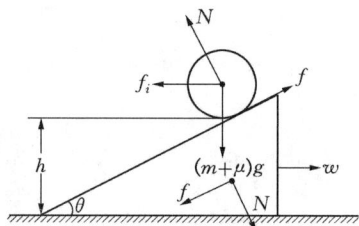
题解 1.67 图

a' 与 β 的关系与(4)式相同,为

$$a' = \beta R \tag{7}$$

在垂直于斜面方向,有

$$N - (m+\mu)g\cos\theta + (m+\mu)w\sin\theta = 0 \tag{8}$$

而木块的运动方程为

$$N\sin\theta - f\cos\theta = Mw \tag{9}$$

由(3),(6)和(7)式,可得 $f = ma'$,再代入(5)式,得

$$(m+\mu)g\sin\theta + (m+\mu)w\cos\theta = (2m+\mu)a' \tag{10}$$

由(8),(9)式消去 N,并利用 $f = ma'$,得

$$(m+\mu)g\sin\theta\cos\theta - (m+\mu)w\sin^2\theta - ma'\cos\theta = Mw \tag{11}$$

由(10),(11)式消去 a',即得木块的加速度

$$w = \frac{(m+\mu)^2 g\sin\theta\cos\theta}{(M+m+\mu)(2m+\mu)-(m+\mu)^2\cos^2\theta} \tag{12}$$

把(12)式代入(10)式,得圆筒相对木块的加速度 a',

$$a' = \frac{(M+m+\mu)(m+\mu)g\sin\theta}{m(m+\mu)+(m+\mu)^2\sin^2\theta+M(2m+\mu)} \tag{13}$$

(ⅱ) 设盛水圆筒自离桌面高 h 处滚到桌面经过的时间为 t,则有 $\dfrac{h}{\sin\theta}=\dfrac{1}{2}a't^2$,即

$$t = \sqrt{\frac{2h}{a'\sin\theta}} \tag{14}$$

利用(12),(13)和(14)式,即可求得此时楔形木块的速度 u 为

$$u = wt = \sqrt{\frac{2gh(m+\mu)^3\cos^2\theta}{(M+m+\mu)\left[(M+m+\mu)(2m+\mu)-(m+\mu)^2\cos^2\theta\right]}}$$

例题 1.68　　一质量为 m、长为 $2a$ 的均匀杆 AB,其 A 端用轻质的光滑铰链与一长为 b 的水平轻杆 OA 相连接,AB 杆可绕铰链在竖直平面内自由转动,现两杆一起绕过 O 的竖直轴以恒定的角速度 ω 转动,设 θ 为 AB 杆与竖直线的夹角,如图所示.

(1) 试求转动中 AB 杆相对 OA 杆平衡时,可能的 θ 值所满足的关系式;

(2) 指出 θ 在 0 到 2π 之间有几个可能的平衡位置,并讨论平衡的稳定性.

【提示】　　在转动参照系中,杆的势能由重力势能和离心势能构成,当杆平衡时,势能对角 θ 的一阶导数为零,而由势能对 θ 的两阶导数值的正、负就可确定此平衡位置的稳定性.

【题解】　　(1) 在转动参照系中,AB 杆的势能为重力势能和由惯性离心力引起的离心势能之和,其中重力势能为 $mga\cos\theta$(以 A 点为重力势能零点),而离心势能可由以下计算求得:

在 AB 杆上距 A 端 l 处取微元 $\mathrm{d}l$,如图 1 所示. 设微元与转轴的距离变量为 ξ,若取转轴处为离心势能的零点,则此微元的离心势能为

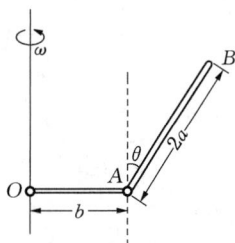
题 1.68 图

$$\mathrm{d}U_{离}=-\int_0^{b+l\sin\theta}\frac{m}{2a}\mathrm{d}l\,\omega^2\xi\mathrm{d}\xi=\frac{-m}{4a}\omega^2(b+l\sin\theta)^2\mathrm{d}l$$

故 AB 杆的离心势能为

$$U_{离}=\int\mathrm{d}U_{离}=\int_0^{2a}-\frac{m}{4a}\omega^2(b+l\sin\theta)^2\mathrm{d}l=\frac{-m\omega^2}{12a\sin\theta}\left[(b+2a\sin\theta)^3-b^3\right]$$

$$=-\frac{1}{2}m\omega^2\left[\frac{1}{3}a^2\sin^2\theta+(b+a\sin\theta)^2\right] \tag{1}$$

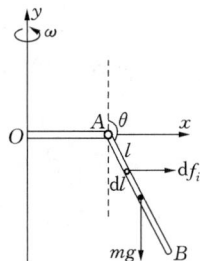
题解 1.68 图 1

因此,AB 杆的势能为

$$U=U_{离}+U_{重}=-\frac{1}{2}m\omega^2\left[\frac{1}{3}a^2\sin^2\theta+(b+a\sin\theta)^2\right]+mga\cos\theta \tag{2}$$

当杆平衡时满足 $\dfrac{\mathrm{d}U}{\mathrm{d}\theta}=0$,有 $\dfrac{\mathrm{d}U}{\mathrm{d}\theta}=-m\omega^2a\cos\theta\left(b+\dfrac{4}{3}a\sin\theta\right)-mga\sin\theta=0$,即

$$\tan\theta = -\frac{a}{g}\omega^2\left(\frac{b}{a}+\frac{4}{3}\sin\theta\right) \tag{3}$$

(3)式就是 AB 杆平衡时,可能的 θ 值所满足的关系式.

(2)把(3)式左、右两边的项各设一函数,即:设 $y_1 = \tan\theta$, $y_2 = -\frac{a}{g}\omega^2\left(\frac{b}{a}+\frac{4}{3}\sin\theta\right)$,两函数曲线如图2所示.由图2可知,$\theta$ 在 Ⅱ 和 Ⅳ 象限各有一个平衡位置,而在第 Ⅲ 象限有无平衡位置,则取决于 a 和 b 的关系,可能有两个平衡位置,也可能有一个平衡位置或没有平衡位置,这是因为 y_1 曲线是确定的,而 y_2 曲线的形状则是由常数 $\frac{-b\omega^2}{g}$ 和 $\frac{4a\omega^2}{3g}$ 决定,即 y_2 曲线在 $y=-\frac{b\omega^2}{g}$ 附近摆动.当 ω 的值变动时,$y=-\frac{b\omega^2}{g}$ 也相应变动.其摆动幅度 $\frac{4a\omega^2}{3g}$ 也随之变动,致使 y_1 和 y_2 两曲线在第三象限或有两个交点,或相切于一点,或无交点.图2所示为无交点,即无平衡位置的情况.

平衡位置的稳定性,取决于该平衡位置处 $\frac{\mathrm{d}^2U}{\mathrm{d}\theta^2}$ 值的正、负,而 $\frac{\mathrm{d}^2U}{\mathrm{d}\theta^2}$ 为

$$\frac{\mathrm{d}^2U}{\mathrm{d}\theta^2} = -\frac{4}{3}ma^2\omega^2(\cos^2\theta-\sin^2\theta)+mab\omega^2\sin\theta-mga\cos\theta \tag{4}$$

题解 1.68 图 2

把(3)式代入上式,得

$$\frac{\mathrm{d}^2U}{\mathrm{d}\theta^2} = \frac{ma\cos^2\theta}{\sin\theta}(b\omega^2-g\tan^3\theta) \tag{5}$$

讨论:

(i) θ 在第 Ⅱ 象限的平衡点,即在 $\frac{\pi}{2}<\theta<\pi$ 区间,有 $\sin\theta>0$, $\tan\theta<0$,因此由(5)式,得 $\left.\frac{\mathrm{d}^2U}{\mathrm{d}\theta^2}\right|_{\text{Ⅱ}}>0$,即此平衡位置的平衡性质为稳定平衡.

(ii) θ 在第 Ⅳ 象限的平衡点,即在 $\frac{3\pi}{2}<\theta<2\pi$ 区间,有 $\sin\theta<0$, $\tan\theta<0$,因此由(5)式,得 $\left.\frac{\mathrm{d}^2U}{\mathrm{d}\theta^2}\right|_{\text{Ⅳ}}<0$,即此平衡位置的平衡性质是不稳定平衡.

(iii) θ 在第 Ⅲ 象限的平衡点,即在 $\pi<\theta<\frac{3\pi}{2}$ 区间,有 $\sin\theta<0$, $\tan\theta>0$,而(4)式又可表示为

$$\frac{\mathrm{d}^2U}{\mathrm{d}\theta^2} = \frac{ma\cos^2\theta}{\sin\theta}\left[\frac{4}{3}a\omega^2\sin\theta\cdot\tan^2\theta+b\omega^2(\tan^2\theta+1)\right]=\frac{ma\omega^2}{\sin\theta}\left(\frac{4}{3}a\sin^2\theta+b\right) \tag{6}$$

由(6)式可知,当 $\frac{4}{3}a\sin^2\theta+b<0$,即 $b<\frac{-4}{3}a\sin^2\theta$ 时,有 $\frac{\mathrm{d}^2U}{\mathrm{d}\theta^2}>0$,故此平衡位置的平衡性质为稳定平衡;而当 $b>-\frac{4}{3}a\sin^2\theta$ 时,有 $\frac{\mathrm{d}^2U}{\mathrm{d}\theta^2}<0$,故此平衡位置的平衡性质为不稳定平衡.

本题中离心势能是杆从势能零点(即转轴位置处)移到平衡位置过程中惯性离心力所作功之负值,其实此功值即为惯性系中此杆绕转轴转动之动能,即

$$U_{\text{离}} = -\frac{1}{2}I\omega^2 \tag{7}$$

其中 I 为杆绕转轴的转动惯量.I 为

$$I = \frac{1}{3}ma^2\sin^2\theta+m(b+a\sin\theta)^2 \tag{8}$$

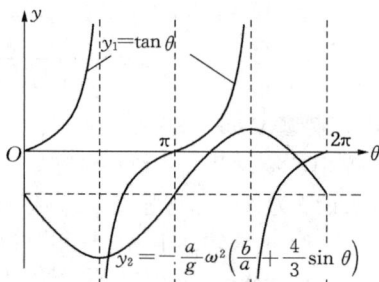

把(8) 式代入(7) 式, 得 $U_{离} = -\dfrac{1}{2}m\omega^2\left[\dfrac{1}{3}a\sin^2\theta + (b + a\sin\theta)^2\right]$, 此式与(1) 式完全相同.

【点评】 平衡的种类有 3 种, 即稳定平衡、不稳定平衡和随遇平衡. 在保守力场中, 一物体在 $P(x = x_0)$ 点静止, 其势能为 U, 则有 $\left.\dfrac{\mathrm{d}U}{\mathrm{d}x}\right|_{x = x_0} = 0$.

若

$$\left.\frac{\mathrm{d}^2 U}{\mathrm{d}x^2}\right|_{x = x_0} = \left.\frac{\mathrm{d}^3 U}{\mathrm{d}x^3}\right|_{x = x_0} = \cdots = \left.\frac{\mathrm{d}^{n-1} U}{\mathrm{d}x^{n-1}}\right|_{x = x_0} = 0$$

而 $\left.\dfrac{\mathrm{d}^n U}{\mathrm{d}x^n}\right|_{x = x_0} = a \neq 0$.

(1) 如果 n 是奇数, 则不论 a 是正是负, 物体在 P 点处于不稳定平衡状态.

(2) 如果 n 是偶数, 则 $a > 0$, 物体在 P 点处于稳定平衡状态; 而 $a < 0$, 则处于不稳定平衡状态.

(3) 如果势能 U 是常数, 即势能的任何一阶导数均为零, 则物体处于随遇平衡状态.

例题 1.69　一半径为 R 的实心均匀球, 开始时质心静止, 但绕过质心的水平轴以角速度 ω_0 旋转, 从球的最低点离地高 h 处竖直下落到地面, 球与地面碰撞的恢复系数为 e, 球与地面的摩擦系数为 μ, 忽略空气阻力及碰撞时产生的形变.

(1) 试求碰撞后球的质心速度和自转角速度;

(2) 试求第一次落地点与第二次落地点之间的水平距离;

(3) 试画出碰撞后球的质心速度与地面夹角 θ 的正切与初始角速度 ω_0 的关系曲线.

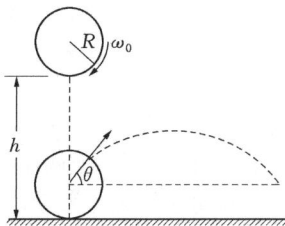

题 1.69 图

【提示】　转动的圆球与地面的碰撞过程有两种可能的情况: 其一是在碰撞的整个过程时间(虽然时间很短) 内, 球与地面的碰撞点间始终在滑动; 其二是只在碰撞过程的前一段时间内碰撞点存在相对滑动, 而在碰撞结束前已无相对滑动. 对于这两种情况, 由于摩擦力的冲量不同, 导致碰后小球的水平速度不同.

【题解】　(1) 球碰地前质心速度为

$$v_0 = \sqrt{2gh} \tag{1}$$

碰前球转动角速度为 ω_0. 设碰后转动角速度为 ω, 质心速度为 v, v 的两个分量分别为 v_x 和 v_y, 如图 1 所示. 对于球与地碰撞的过程有以下两种可能的情况.

情况 1　在球与地碰撞的 Δt 时间内, 球与地的接触点间始终有相对滑动, 故两者之间的摩擦力始终为滑动摩擦力, 即 $f = N\mu$, N 为地面的平均支持力. 根据动量定理, 在 x, y 两方向分别有

$$\int_0^{\Delta t} f \mathrm{d}t = \int_0^{\Delta t} N\mu \mathrm{d}t = mv_x \tag{2}$$

$$\int_0^{\Delta t} N \mathrm{d}t = mv_y - m(-v_0) = m(v_y + v_0) \tag{3}$$

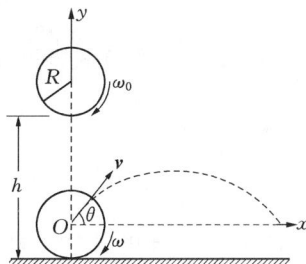

题解 1.69 图 1

由恢复系数 e 的定义, 有

$$e = \frac{v_y}{v_0} \tag{4}$$

由(2), (3), (4) 式, 得

$$v_x = \mu(1 + e)v_0 \tag{5}$$

故碰后球的质心速度 v 为

$$v = \sqrt{v_x^2 + v_y^2} = v_0\sqrt{\mu^2(1+e)^2 + e^2} \tag{6}$$

v 的方向与 x 轴的夹角 θ 由下式给出：

$$\tan\theta = \frac{v_y}{v_x} = \frac{e}{\mu(1+e)} \tag{7}$$

在碰撞中，因摩擦力矩的作用，使球的转速变小. 由角动量定理，有

$$\int_0^{\Delta t} -fR\,dt = -N\mu R\Delta t = I(\omega - \omega_0) \tag{8}$$

由(2),(5),(8) 式，可得 $\omega = \omega_0 - \dfrac{\mu m R(1+e)v_0}{I}$.

球相对质心轴的转动惯量 $I = \dfrac{2}{5}mR^2$，与(1) 式一同代入上式，得

$$\omega = \omega_0 - \frac{5\mu(1+e)}{2R}\sqrt{2gh} \tag{9}$$

本情况是在球与地接触间，两者之间始终有相对滑动，则要求 $\omega R \geqslant v_x$，把(5),(9) 式代入，可得

$$\omega_0 \geqslant \frac{7\mu(1+e)}{2R}\sqrt{2gh} = \omega_{OC}$$

这就是本情况所对应的初条件.

情况 2 在球与地碰撞的 Δt 时间过程中，只有前一部分时间 Δt_f 中两者接触点间有相对滑动，而后一部分时间中已无相对滑动，即在碰撞结束前球已达纯滚动，摩擦力将变为零. 同样，在 x 方向应用动量定理，有

$$\int_0^{\Delta t_f} f\,dt = \int_0^{\Delta t_f} \mu N\,dt = mv_x \tag{10}$$

由角动量定理，有

$$\int_0^{\Delta t_f} -fR\,dt = \int_0^{\Delta t_f} -\mu NR\,dt = I(\omega - \omega_0) \tag{11}$$

因该阶段结束时，球已达纯滚动，故有

$$\omega = \frac{v_x}{R} \tag{12}$$

由(10),(11),(12) 式，可解得 $v_x = \dfrac{IR}{I + mR^2}\omega_0 = \dfrac{2}{7}\omega_0 R$. 而 v_y 仍由(4) 式给出，故碰后质心的速度 v 为

$$v = \sqrt{v_x^2 + v_y^2} = \sqrt{\left(\frac{2}{7}\omega_0 R\right)^2 + (ev_0)^2} \tag{13}$$

v 的方向与 x 轴的夹角 θ 满足

$$\tan\theta = \frac{v_y}{v_x} = \frac{7ev_0}{2\omega_0 R} \tag{14}$$

碰后球的转动角速度为 $\omega = \dfrac{v_x}{R} = \dfrac{2}{7}\omega_0$，本情况所对应的初条件为

$$\omega_0 < \frac{7\mu(1+e)}{2R}\sqrt{2gh} = \omega_{OC}$$

（2）球与地碰后球心作抛物运动，由抛物运动射程公式，可得球第一、第二次落地点间的水平距

离 s 为

$$s = \frac{2v^2 \sin\theta\cos\theta}{g} \qquad\qquad (15)$$

对于情况 1,由(7)式,得

$$\sin\theta = \frac{e}{\sqrt{e^2 + \mu^2(1+e)^2}}, \quad \cos\theta = \frac{\mu(1+e)}{\sqrt{e^2 + \mu^2(1+e)^2}}$$

把(6)式及以上两式代入(15)式,得

$$s = \frac{2}{g}\left[e^2 + \mu^2(1+e)^2\right]v_0^2\left[\frac{\mu e(1+e)}{e^2 + \mu^2(1+e)^2}\right] = 4\mu(1+e)h$$

对于情况 2,由(14)式,得

$$\sin\theta = \frac{ev_0}{\sqrt{\left(\frac{2}{7}\omega_0 R\right)^2 + (ev_0)^2}}, \quad \cos\theta = \frac{\frac{2}{7}\omega_0 R}{\sqrt{\left(\frac{2}{7}\omega_0 R\right)^2 + (ev_0)^2}}$$

把(13)式及以上两式代入(15)式,得

$$s = \frac{2}{g}\left[\left(\frac{2}{7}\omega_0 R\right)^2 + (ev_0)^2\right]\left[\frac{\frac{2}{7}\omega_0 R e v_0}{\left(\frac{2}{7}\omega_0 R\right)^2 + (ev_0)^2}\right] = \frac{4}{7}e\omega_0 R\sqrt{\frac{2h}{g}}$$

(3) (7)和(14)两式分别给出了情况 1 和情况 2 中 $\tan\theta$ 随初始角速度 ω_0 变化的关系.对于情况 1,即 $\omega \geqslant \omega_{0C}$ 时,$\tan\theta$ 与 ω_0 无关,为恒量 $\frac{e}{\mu(1+e)}$;对于情况 2,即 $\omega < \omega_{0C}$ 时,$\tan\theta$ 与 ω_0 成反比关系.故 $\tan\theta$ 与 ω_0 的关系曲线如图 2 所示.

本题是 1991 年第 22 届国际中学生物理奥林匹克竞赛试题,本题的一个关键问题是球在与地碰撞过程中,接触点间是否始终存在相对滑动.若始终存在相对滑动,则球始终受滑动摩擦力作用,使球质心不断加速,而转动则不断减速,且使碰撞后满足 $v_x \leqslant \omega R$;若碰撞中只有前部分时间存在相对滑动,当碰撞过程还未结束时,v_x 已与 ωR 相等,故在后部分时间内,接触点间已无相对滑动,两者间已无摩擦力,v_x 与 ω 也不再变化.这两种可能情况应分别讨论,求出碰撞后的各运动量及相应的条件.

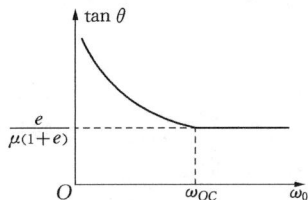

题解 1.69 图 2

例题 1.70 一简单的玩具陀螺由一质量为 m、半径为 R 的圆盘,垂直、对称地装在一长为 l、半径为 $r(\ll R)$ 的轻细杆的中点.开始陀螺的一个杆端支在地面上,杆与竖直线成 θ 角,并以很大的角速度 ω 绕杆轴旋转,如图所示.已知杆与水平地面之间有较小的摩擦,摩擦系数为 μ.略去陀螺的章动,并设在一个进动周期内 ω 的减小率很小.

(1) 描述陀螺的运动,并求进动角速度;

(2) 杆轴经过多少时间变为竖直位置?

【提示】 高速自旋的陀螺有一较大的自转角动量,当自转轴侧倾时,其轴与地面的接触端的一侧所受摩擦力相对质心的力矩,将使陀螺的自转轴逐渐趋向于竖直轴.

【题解】 (1) 当陀螺绕自转轴高速自旋时,沿自转轴方向,陀螺有一很大的自旋角动量 $\boldsymbol{L}$,如图 1 所示.陀螺所受的重力相对支点 O 的力矩 $\boldsymbol{\tau}_g$,使角动量 $\boldsymbol{L}$ 在 dt 时间内有一沿 $\boldsymbol{\tau}_g$ 方向上的增量 $d\boldsymbol{L}$,这意味着陀螺的自转轴将绕过 O 点的竖直轴进动.此

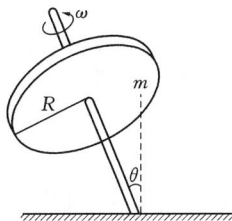

题 1.70 图

外,图 1 中的陀螺自转轴左倾,轴下端的左侧部分与地面接触,因进动而使轴端受到的摩擦力 f 的方向垂直于图面向里,故相对质心 C 的摩擦力矩 τ_f 方向如图 2 所示.因此,在 dt 时间内角动量沿 τ_f 方向有一增量 $d\boldsymbol{L}$,致使陀螺的自转轴作另一种进动,即在绕竖直轴进动的同时,作逐渐趋向于竖直轴的运动,最终变为竖直位置.

陀螺所受的重力相对 O 点的力矩 τ_g 为

$$\tau_g = mg \frac{l}{2} \sin\theta \tag{1}$$

在 dt 时间内角动量的增量 dL 为

$$dL = L \sin\theta d\phi \tag{2}$$

由角动量定理,有

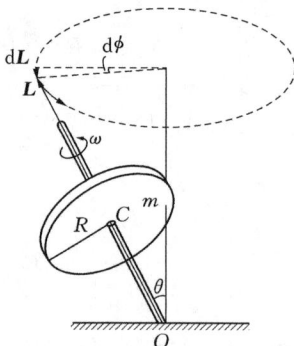

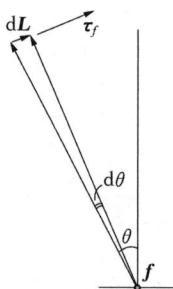

题解 1.70 图 1   题解 1.70 图 2

$$\tau_g dt = dL \tag{3}$$

由(1),(2),(3)式,可得陀螺绕竖直轴进动的角速度 Ω 为

$$\Omega = \frac{d\phi}{dt} = \frac{mgl}{2L} = \frac{mgl}{2I\omega} \tag{4}$$

上式中的 I 为陀螺绕自转轴的转动惯量.由(4)式可见,Ω 与 ω 成反比,随着 ω 越来越小,进动角速度 Ω 将越来越大.

(2) 摩擦力 $f = \mu mg$,摩擦力相对质心 C 的力矩 τ_f 为

$$\tau_f = \mu mg \frac{l}{2} \tag{5}$$

在 dt 时间内角动量增量 dL 为

$$dL = -L d\theta \tag{6}$$

由角动量定理,有

$$\tau_f dt = dL \tag{7}$$

由(5),(6),(7)式,可得陀螺自转轴趋向竖直轴的进动角速度 Ω' 为

$$\Omega' = \frac{d\theta}{dt} = -\frac{\mu mgl}{2I\omega} \tag{8}$$

故自转轴从开始与竖直线成 θ 角直到转至竖直位置经过的时间 t 为 $t = -\dfrac{\theta}{\Omega'} = \dfrac{2I\omega\theta}{\mu mgl}$.

【点评】 在本题求解中,因自旋角动量 L 很大,故可忽略因各种因素引起的进动或章动的角动量,即把自旋角动量当作总角动量.此外,因 $\boldsymbol{L}$ 是恒模矢量,由角动量定理,有

$$\boldsymbol{\tau} = \frac{\mathrm{d}\boldsymbol{L}}{\mathrm{d}t} = \boldsymbol{\Omega} \times \boldsymbol{L}$$

由上式即可得到(4)式与(8)式.

此外,本题对陀螺运动的描述中,除由重力矩引起的进动外,更重要的是还有自转轴向竖直轴逐渐靠拢的运动.这是由于此自转轴是个半径 r 不可忽略的细轴杆.当轴杆向左(或右)侧倾时,与地接触的是轴端的左(或右)侧部分,由于进动,此部分会受到与进动反向的摩擦力,此摩擦力相对质心的力矩是指向竖直轴的方向,正是此力矩使陀螺的自转轴逐渐趋近于竖直轴.

例题 1.71　中午一艘火箭飞船以速度 $v = 0.8c$ 飞经地球,飞船上以及地球上的观察者一致同意这一事件发生在 12:00.

(1) 按飞船上时钟的读数,飞船于 12:30 飞经一宇航站,该宇航站相对地球固定,且其上的时钟与地球上的时钟同步.试问飞船飞经宇航站时,宇航站上的时钟读数为何时?

(2) 在飞船时间 12:30 飞船飞经宇航站时,用无线电向地球发回报告信号,试问按地球时间何时接到此信号?

(3) 如果地球接到信号的同时,立即发出应答信号,试问按飞船时间何时接到此应答信号?

【提示】　在飞船参照系中,观察者观察到地球以速度 v 在逐渐远离它,故从飞船发出的无线电信号相对地球的速度为 $c - v$,且从飞船发出信号到地球接到信号所经时间与从地球立即发回信号到飞船接到此信号所经时间相等.

【题解】　**解法 1**　(1) 在飞船参照系 S' 系中,从飞船飞经地球到飞船飞经宇航站经过的时间 $\Delta t_1' = 30 \times 60 = 1\,800$ s. 因为这是本征时间,故在宇航站——地球参照系 S 系中测得的时间 Δt_1 为

$$\Delta t_1 = \frac{\Delta t_1'}{\sqrt{1 - v^2/c^2}} = \frac{1\,800}{\sqrt{1 - (0.8)^2}} = 3\,000(\mathrm{s})$$

即为 50 分钟,故宇航站上钟的读数为 12:50.

(2) 在 S 系中宇航站与地球的距离 l 为 $l = 0.8c \times 50 \times 60 = 2\,400c$. 从飞船发出报告信号到地球接到此信号经过的时间 Δt_2 为

$$\Delta t_2 = \frac{l}{c} = 2\,400(\mathrm{s})$$

即为 40 分钟,故此时地球上的钟指示为下午 1:30.

(3) 在 S' 系中宇航站与地球的距离 l' 为 $l' = 0.8c \times 30 \times 60 = 1\,440c$. 设在 S' 系中飞船从发出报告信号到接到地球发回的信号所经时间为 $\Delta t'$,则有 $(c - v)\frac{\Delta t'}{2} = l'$,得

$$\Delta t' = \frac{2l'}{c - v} = \frac{2l'}{0.2c} = \frac{10l'}{c} = 14\,400(\mathrm{s})$$

即为 4 小时,故接到地球发回信号时,飞船上的钟指示为下午 4:30.

解法 2　本小题也可由以下方法求得:

在 S 系中,当地球接到飞船发出的报告信号时,飞船与地球的距离 $L = l + v\Delta t_2$,设地球发出应答信号到飞船接到此信号所经时间为 Δt_3,则有 $(c - v)\Delta t_3 = L = l + v\Delta t_2$,得

$$\Delta t_3 = \frac{l + v\Delta t_2}{c - v} = 21\,600(\mathrm{s})$$

故从飞船发出报告信号到接到地球发回的应答信号所经的总时间 Δt 为

$$\Delta t = \Delta t_2 + \Delta t_3 = 24\,000(\mathrm{s})$$

因在 S' 系中 $\Delta t'$ 为本征时间,Δt 是已被膨胀的时间,故 $\Delta t'$ 为

$$\Delta t' = \Delta t \sqrt{1 - v^2/c^2} = 24\,000 \times 0.6 = 14\,400(\text{s})$$

例题 1.72   一艘飞船以 $v = 0.6c$ 的速度离开地球，途中向地球发出一无线电信号. 地球接到信号后，立即向飞船发出回复信号，飞船从发出信号到接到回复信号所经的时间为 $t' = 40\text{s}$. 试求当飞船接到回复信号时，地球上的观察者测得飞船与地球的距离.

【提示】   飞船从发出信号到接到回复信号所经过的飞船时间是本征时间，利用时间膨胀效应，即可求出在地球参照系中的时间.

【题解】   **解法 1**   设在地球参照系（S 系）中，飞船在与地球相距为 l_0 处时发出信号，此信号经过时间 $t_1 = \dfrac{l_0}{c}$ 到达地球，此时飞船与地球的距离为 $l = l_0 + v t_1 = l_0 + v \dfrac{l_0}{c}$. 地球发出的回复信号相对飞船的速度为 $c - v$，故此回复信号经过时间 t_2 到达飞船，

$$t_2 = \frac{l}{c-v} = \frac{l_0 + v \dfrac{l_0}{c}}{c-v} = \frac{l_0}{c} \frac{c+v}{c-v}$$

故在 S 系中此过程的总时间

$$t = t_1 + t_2 = \frac{l_0}{c}\left(1 + \frac{c+v}{c-v}\right)$$

由于在飞船参照系（S' 系）中 $t' = 40\text{s}$ 为本征时间，故在 S 系中认为此过程的时间应膨胀，于是有

$$t = \frac{l_0}{c}\left(1 + \frac{c+v}{c-v}\right) = \frac{t'}{\sqrt{1 - \dfrac{v^2}{c^2}}} = \frac{40}{0.8} = 50(\text{s})$$

由此可求得

$$l_0 = 25(c-v) = 10c$$

因此，当飞船接到回复信号时，S 系中测得飞船与地球的距离

$$L = l_0 + vt = 10c + 30c = 40c = 1.2 \times 10^{10} (\text{m})$$

解法 2   在 S' 系（飞船系）中，地球发出回复信号时，$x_1' = -20c$，$t_1' = 0$. 当飞船接到回复信号时，$x_2' = 0$，$t_2' = 20\text{s}$. 故此过程的空间间隔和时间间隔分别为

$$\Delta x' = 20c, \quad \Delta t' = 20\text{s}$$

由洛仑兹变换即可求得

$$\Delta x = \frac{\Delta x' + v \Delta t'}{\sqrt{1 - \dfrac{v^2}{c^2}}} = \frac{20c + 0.6c \times 20}{0.8} = 40c = 1.2 \times 10^{10} (\text{m})$$

解法 3   在 S' 系中，飞船发出信号经过 20s 时间到达地球，地球的回复信号经过相同的 20s 时间到达飞船. 故此信号到达飞船时，飞船与地球的距离 L' 为

$$L' = (c+v) \times 20 = 32c$$

由于在 S 系中这段距离是本征长度，而 S' 系中测得的距离已被收缩，故有

$$L = \frac{L'}{\sqrt{1 - \dfrac{v^2}{c^2}}} = \frac{32c}{0.8} = 40c = 1.2 \times 10^{10} (\text{m})$$

【点评】　飞船从发出信号到接到回复信号,在飞船参照系中是在同一地点先后发生的两个事件,因此所经过的飞船时间 t' 是本征时间. 在地面参照系中这段时间可通过时间膨胀直接求得.

▨▨▨例题 1.73　一块厚玻璃以速率 v 向右运动. 在 A 点有闪光灯,它发出的光通过厚玻璃后到达 B 点,如图所示. 已知 A,B 之间的距离为 L,玻璃在其静止的坐标系中的厚度为 D_0,玻璃的折射率为 n. 试问,光从 A 点传播到 B 点需多少时间?

【提示】　光在相对玻璃静止的参照系中传播速度为 $\dfrac{c}{n}$,由相对论速度变速公式可求得在地面参照系中光在运动玻璃内的传播速度.

【题解】　取地面为参照系 S,运动的厚玻璃为参照系 S',S' 系相对 S 系沿 x 方向以速度 v 运动. 在 S' 系中,光在玻璃中传播的速度为 $u'_x = \dfrac{c}{n}$,由速度变换公式,可得在 S 系中此传播速度 u_x 为

图：题 1.73 图（一块玻璃向右运动，A、B 在两侧，距离 L，玻璃速度 v）

$$u_x = \frac{u'_x + v}{1 + \dfrac{u'_x v}{c^2}} = \frac{\dfrac{c}{n} + v}{1 + \dfrac{v}{cn}} = \frac{c^2 + cnv}{cn + v} \tag{1}$$

在 S' 系中玻璃的厚度为 D_0,则在 S 系中厚度 D 为

$$D = D_0 \sqrt{1 - \beta^2} \tag{2}$$

设在 S 系中的观察者看来,光在厚玻璃中传播所需时间为 Δt_1,在这段时间中玻璃向 x 方向运动了 $v\Delta t_1$ 的距离,故有

$$D + v\Delta t_1 = u_x \Delta t_1 \tag{3}$$

把(1),(2)式代入(3)式,得

$$\Delta t_1 = \frac{D_0 \sqrt{1 - \beta^2}}{u_x - v} = \frac{D_0 (cn + v)}{c^2 \sqrt{1 - \beta^2}} \tag{4}$$

设光在玻璃外空间传播所经时间为 Δt_2,则有

$$c\Delta t_2 = L - u_x \Delta t_1 \tag{5}$$

把(1),(4)式代入(5)式,得

$$\Delta t_2 = \frac{L}{c} - \frac{D_0 (c + nv)}{c^2 \sqrt{1 - \beta^2}} \tag{6}$$

故光从 A 点传播到 B 点所需的总时间 Δt 为

$$\Delta t = \Delta t_1 + \Delta t_2 \tag{7}$$

把(4),(6)式代入(7)式,即可得

$$\Delta t = \frac{D_0 (cn + v)}{c^2 \sqrt{1 - \beta^2}} + \frac{L}{c} - \frac{D_0 (c + nv)}{c^2 \sqrt{1 - \beta^2}} = \frac{L}{c} + \frac{D(n-1)(c-v)}{c^2 \sqrt{1 - \beta^2}}$$

本题中的(4)式也可用以下方法求得:

在 S' 系中,光在玻璃中传播的速度 $u'_x = \dfrac{c}{n}$,故光在厚玻璃中传播所经时间 $\Delta t'_1$ 为

$$\Delta t'_1 = \frac{D_0}{u'_x} = \frac{nD_0}{c}$$

由洛仑兹变换,可求得在 S 系中测得的光在玻璃中传播所经时间 Δt_1 为

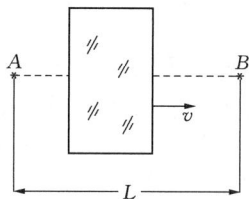

$$\Delta t_1 = \frac{\Delta t' + \frac{v}{c^2}\Delta x'}{\sqrt{1-\beta^2}} = \frac{\frac{nD_0}{c} + \frac{v}{c^2}D_0}{\sqrt{1-\beta^2}} = \frac{D_0(cn+v)}{c^2\sqrt{1-\beta^2}}$$

此即(4)式.

▓▓▓ **例题 1.74** 在一惯性坐标系 S 中,观察到两艘宇宙飞船 A,B 沿直线相向平行飞行,轨道相距为 d,如图所示.飞船的速率都是 $\frac{c}{2}$.当两艘飞船抵达彼此最近点(图中虚线表示处)时,飞船 A 以 $\frac{3}{4}c$ 的速率(S 系中观察)投出一小包.

(1) 假设飞船 A 上有一与 S 系坐标轴都平行的坐标系 S',S' 系相对 S 系运动方向平行于 y 轴,在 S' 系中为使小包能被飞船 B 收到,则小包抛出的角度应为多大?

(2) 在 S' 系中的观察者看来,小包抛出的速率为多大?

【提示】 先求出 S 系中小包投出的 x 方向速度和 y 方向速度,然后由相对论速度变换公式就可求得在飞船 A 的 S' 系中小包的 x',y' 两方向的速度.

【题解】 (1) 如图所示,在惯性系 S 中,飞船 B 沿 y 轴方向以速度 $\frac{c}{2}$ 飞行,因此,从飞船 A 投出的小包为了能够被飞船 B 收到,其速度 $\boldsymbol{u}$ 的 y 分量 u_y 应与飞船 B 的飞行速度相同,即有 $u_y = \frac{c}{2}$.在 S 系中,小包被投出的速率 $u = \frac{3}{4}c$,故速度 $\boldsymbol{u}$ 的 x 分量 u_x 为

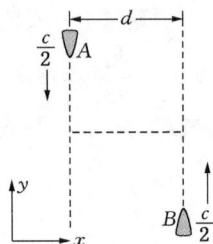
题 1.74 图

$$u_x = \sqrt{u^2 - u_y^2} = \frac{\sqrt{5}}{4}c$$

相对飞船 A 静止的坐标系 S' 系相对 S 系以 $\frac{c}{2}$ 的速度沿 y 轴负方向运动,即 $v = -\frac{c}{2}$.由速度变换公式,可求得在 S' 系中小包被投出时的两速度分量 u'_y 和 u'_x 分别为

$$u'_y = \frac{u_y - v}{1 - \frac{u_y v}{c^2}} = \frac{\frac{c}{2} + \frac{c}{2}}{1 + \frac{1}{4}} = \frac{4}{5}c$$

$$u'_x = \frac{u_x\sqrt{1-\beta^2}}{1 - \frac{u_y v}{c^2}} = \frac{\frac{\sqrt{5}}{4}c\sqrt{1-\frac{1}{4}}}{1 + \frac{1}{4}} = \frac{\sqrt{15}}{10}c$$

如图所示,故在 S' 系(即飞船 A 参照系)的观察者看来,小包投出时速度方向与 x' 轴的夹角 α 可由下式给出,即

$$\tan\alpha = \frac{u'_y}{u'_x} = \frac{8}{\sqrt{15}}, \quad \alpha = \arctan\frac{8}{\sqrt{15}} \approx 64°$$

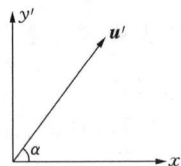
题解 1.74 图

(2) 在 S' 系中,小包被投出的速率 u' 为

$$u' = \sqrt{u_x'^2 + u_y'^2} = \frac{\sqrt{79}}{10}c \approx 0.89c$$

▓▓▓ **例题 1.75** 在实验室参照系(S 系)中测得一根沿 x 方向运动的棒与 x 轴的夹角 $\theta = 45°$,而在相对实验室参照系以 $v = 0.6c$ 速度沿 x 轴运动的另一参照系(S' 系)中,测得此角度为 $\theta' = 35°$.求:

(1) 棒相对 S 系的运动速度 v_0;

(2) 棒相对 S' 系的运动速度 v;

(3) 在相对棒静止的参照系(S'' 系)中,棒与 x'' 轴的夹角 θ_0.

【提示】　运用运动方向上长度收缩原理,可求得棒相对不同参照系的角度变换;利用相对论速度变换公式,即可求得棒相对不同参照系的速度.

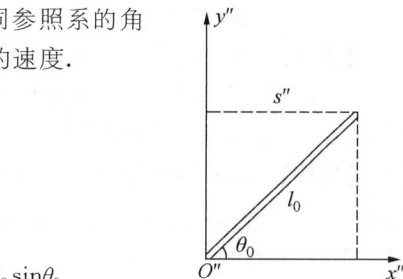

题 1.75 图

【题解】　(1) 设棒在自身静止的参照系(S'')中的长度为l_0,

$$x'' = l_0 \cos\theta_0, \quad y'' = l_0 \sin\theta_0$$

在实验室参照系$(S$ 系$)$中,

$$x = x'' \sqrt{1 - \frac{v_0^2}{c^2}} = l_0 \cos\theta_0 \sqrt{1 - \frac{v_0^2}{c^2}}, \quad y = y' = l_0 \sin\theta_0$$

$$\tan\theta = \frac{y}{x} = \frac{l_0 \sin\theta_0}{l_0 \cos\theta_0 \sqrt{1 - \frac{v_0^2}{c^2}}} = \frac{\tan\theta_0}{\sqrt{1 - \frac{v_0^2}{c^2}}}$$

$$\tan\theta_0 = \tan\theta \sqrt{1 - \frac{v_0^2}{c^2}} = \sqrt{1 - \frac{v_0^2}{c^2}}$$

由速度变换公式,可求得棒相对 S' 系的运动速度 v_1,

$$v_1 = \frac{v_0 - v}{1 - \frac{v}{c^2} v_0} \tag{1}$$

$$\tan\theta_1 = \frac{\tan\theta_0}{\sqrt{1 - \frac{v_1^2}{c^2}}} = \sqrt{\frac{c^2 - v_0^2}{c^2 - v_1^2}} = \tan 35° = 0.7$$

可解得 $c^2 - v_0^2 = 0.49(c^2 - v_1^2)$,有

$$v_1 = \frac{10}{7} \sqrt{v_0^2 - 0.51 c^2} \tag{2}$$

由(1) 式、(2) 式可得:

$$\frac{v_0 - 0.6c}{1 - \frac{0.6 v_0}{c}} = \frac{10}{7} \sqrt{v_0^2 - 0.51 c^2}$$

设 $v_0 = ac$,则 $\dfrac{(a - 0.6)c}{1 - 0.6a} = \dfrac{10c}{7} \sqrt{a^2 - 0.51}$,可解得 $a = 11/15 = 0.73$,$v_0 = 0.73c$.

(2) $v_1 = \dfrac{10}{7} \sqrt{v_0^2 - 0.51 c^2} = 0.24c$.

(3) $\tan\theta_0 = \sqrt{1 - \dfrac{v_0^2}{c^2}} = 0.68$,$\theta_0 = 34.2°$.

例题 1.76　两根静长相同的直尺 AB 和 $A'B'$,分别静置于 S 系和 S' 系,S' 系相对 S 系以速度 v 沿 x 方向运动,如图所示.静止在 A,B 上的两个钟的计时率调到一致,静止在 A',B' 上的两个钟的计时率也调到一致.当 A 与 A' 钟相遇时,两钟均调到零;当 B 与 B' 钟相遇时,两钟也均调到零.设当 A 与 A' 相遇时,A 发出光信号,已知 B' 接到该信号时,B' 钟的读数为 1 个时间单位.

(1) 试问当 B 接到该信号时,B 钟的读数为多少时间单位?

(2) 当 B' 接到该信号后,立即发出应答光信号,试问:

(i) A' 接到应答信号时,A' 钟的读数为多少时间单位?

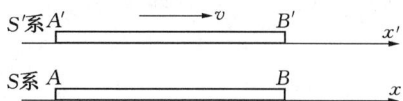

题 1.76 图

（ii）A 接到应答信号时，A 钟的读数为多少时间单位？

【提示】 在 S' 系中的观察者看来 B,B' 相遇早于 A,A' 相遇，求出此时间差，就可由从 A 发出信号到 B' 接到信号时 B' 钟的读数为 1 个时间单位，求出直尺静长 l_0 与 v 的关系，而在 S 系中的观察者看来，A,A' 相遇则早于 B,B' 相遇，并从以上 l_0 与 v 的关系，就可求得 B 接到信号时 B 钟的读数.

【题解】 （1）设两直尺 AB 和 $A'B'$ 的静长为 l_0，在 S' 系中的观察者测得 AB 尺的长度为 $\sqrt{1-\beta^2}\,l_0$，在他看来，B' 与 B 先相遇，A' 与 A 后相遇，两事件的时间差 $\Delta t'$ 为

$$\Delta t' = \frac{l_0 - \sqrt{1-\beta^2}\,l_0}{v}$$

当 A 与 A' 相遇时，A' 发出的光信号在 S' 系中经时间 $\frac{l_0}{c}$ 到达 B'，故 B' 接到此光信号时 B' 钟的读数 $t_{B'}$ 为

$$t_{B'} = \Delta t' + \frac{l_0}{c} = \frac{l_0}{c} + \frac{l_0 - \sqrt{1-\beta^2}\,l_0}{v} \tag{1}$$

由题意知

$$t_{B'} = 1 \tag{2}$$

由(1),(2)式,可得

$$\frac{l_0}{c} = \frac{\beta}{\beta + (1-\sqrt{1-\beta^2})} \tag{3}$$

在 S 系中的观察者测得 $A'B'$ 尺的长度为 $\sqrt{1-\beta^2}\,l_0$，在他看来，A 与 A' 先相遇，B 与 B' 晚相遇，此两事件的时间差 Δt 为

$$\Delta t = \frac{l_0 - \sqrt{1-\beta^2}\,l_0}{v}$$

当 A 与 A' 相遇时，A' 发出的光信号在 S 系中经时间 $\frac{l_0}{c}$ 到达 B，故 B 接到此光信号时 B 钟的读数 t_B 为

$$t_B = \frac{l_0}{c} - \Delta t = \frac{l_0}{c} - \frac{l_0 - \sqrt{1-\beta^2}\,l_0}{v} = \frac{l_0}{c}\left(1 - \frac{1-\sqrt{1-\beta^2}}{\beta}\right) \tag{4}$$

把(3)式代入(4)式,即可得

$$t_B = \frac{\beta}{\beta + (1-\sqrt{1-\beta^2})} \cdot \frac{\beta - (1-\sqrt{1-\beta^2})}{\beta} = \sqrt{\frac{1-\beta}{1+\beta}}\,(时间单位)$$

（2）（i）在 S' 系中的观察者看来，当 B' 接到 A' 发出的信号后，立即发出应答信号，此信号经时间 $\frac{l_0}{c}$ 到达 A'，故 A' 接到此应答信号时 A' 钟的读数 $t_{A'}$ 为

$$t_{A'} = \frac{2l_0}{c} \tag{5}$$

把(3)式代入(5)式,即得

$$t_{A'} = \frac{2\beta}{\beta + (1-\sqrt{1-\beta^2})} = 1 + \sqrt{\frac{1-\beta}{1+\beta}}\,(时间单位)$$

（ii）设当 A' 接到应答信号时，S 系中 A 钟的读数为 t_{A1}，由于 $t_{A'}$ 为本征时间，故 t_{A1} 为

$$t_{A1} = \frac{t_{A'}}{\sqrt{1-\beta^2}} = \frac{2l_0}{c\sqrt{1-\beta^2}}$$

此时 A' 与 A 相距

$$\Delta l_{AA'} = vt_{A1} = \frac{2vl_0}{c\sqrt{1-\beta^2}}$$

光信号又经过 $\frac{\Delta l_{AA'}}{c}$ 的时间到达 A,故 A 接收到此应答信号时 A 钟的读数 t_A 为

$$t_A = t_{A1} + \frac{\Delta l_{AA'}}{c} = \frac{2(1+\beta)l_0}{c\sqrt{1-\beta^2}} \qquad (6)$$

把(3)式代入(6)式,便可得

$$t_A = 1 + \sqrt{\frac{1+\beta}{1-\beta}} (时间单位)$$

【点评】　本题是同一惯性系不同地点(即直尺的两端)的钟的零点不同时,且定义以某一惯性系中一个事件所经的时间为某钟的一个时间单位. 本题求解的关键是正确找出不同地点的钟的零点之间的时间关系,并由所定义的一个时间单位求出直尺的静长与已知量 —— 两惯性系之间相对运动速度 v 之间的关系,即(3)式,由此式很容易求得各时间.

例题 1.77　孪生子 A,B 中的 A 留在地球上,而 B 以速度 $v = 0.8c$ 乘飞船离开地球出去旅行,当飞船上的钟指示 6y 时到达星球 P,然后以原速返回,回到地球时飞船上已过了 12y,由于时间膨胀效应,地球上的时钟指示已过了 20y. 另一方面,从飞船上的观察者 B 看来,地球在远离或靠近飞船,地球上的钟是运动的钟,应该走慢,即飞船的钟指示 12y,地球上的钟应指示为 7.2y,故当他返回地球时,地球上的钟指示有两种不同的结果,对此应如何解释?

【理解】　这就是孪生子佯谬. 相对论只适用于惯性系,由于地球是惯性系,飞船则是非惯性系. 因为飞船从静止开始加速,后以速度 v 匀速飞行,继而又减速到 0,然后又掉头反向加速、匀速、再减速为 0 回到地球,整个过程中很多时间处于非惯性系,况且出去和回来的匀速过程也是两个不同的惯性系,因此,留在地球上的 A 所认为的结果是正确的.

若飞船加速和减速的过程时间比旅行时间短很多可忽略时,也可在狭义相对论的范围内对此作出正确的解释:设惯性系 S' 相对惯性系 S(即地球)以速度 $v = 0.8c$ 沿 x 轴的正方向(即远离地球的方向)运动,在飞船飞往 P 星的过程中,B 相对 S' 系静止,在 B 看来,是地球和 P 星一起以速度 $v = 0.8c$ 向 x 轴的负方向运动,因此当 P 星到达 B 时,飞船的钟指示为 6y,则地球上的钟应指示为 3.6y. 此后飞船掉头,在 S 系中以 $u_B = -0.8c$ 的速度返程,则在 S' 系中,飞船不再静止,其速度 u_B' 可由速度变换公式求得,

$$u_B' = \frac{u_B - v}{1 - \frac{v}{c^2}u_B} = \frac{-0.8c - 0.8c}{1 + (0.8)^2} = -\frac{1.6c}{1.64} = -\frac{40}{41}c$$

从 S' 系看来,飞船返程是追赶地球的过程,由于在 S' 系中 P 星与地球相距 4.8ly,因此飞船追上地球的时间为

$$\frac{4.8}{\left(\frac{40}{41} - 0.8\right)c} = \frac{82}{3}(y)$$

由于地球的钟走得慢,相对 S' 系为 82/3y 的时间,地球上的钟的指示应是

$$\frac{82}{3} \times \sqrt{1-(0.8)^2} = 16.4(y)$$

故从 S' 系看来,当飞船返回地球时,地球上的钟的读数应是 $3.6+16.4=20(y)$,这与 S 系中 A 的看法一致.

例题 1.78 半人马星座 α 星与地球相距 $L=4.3\text{ly}$,孪生兄弟 A,B 中的 A 乘坐宇宙飞船从地球出发去该星球旅行,飞船的速度为 $v=0.8c$,他在往返途中每隔 0.01y 发出一个无线电信号,留在地球上的 B 也每隔 0.01y 发出一个无线电信号.试问:

(1) 在 A 到达该星前,B 收到多少个 A 发出的信号?

(2) 在 A 到达该星前,A 收到多少个 B 发出的信号?

(3) A 和 B 共收到多少个对方发出的信号?

(4) 当 A 返回地球时,A 比 B 年轻了几岁?

【提示】 可利用光的多普勒效应公式,求出在飞船往返 α 星的过程中,A,B 接收到对方发来的信号频率,从而就可求出接收到的信号数.

【题解】 解法 1 用多普勒效应原理求解.

(1) 设飞船上的 A 和地球上的 B 发出无线电信号的本征频率为 $\nu_0(=100$ 个 $/$年$)$.根据光的多普勒效应原理,在飞船飞往半人马星座 α 星的过程中,地球上的 B 接收到的频率为

$$\nu_1=\sqrt{\frac{1-\beta}{1+\beta}}\,\nu_0=\frac{1}{3}\nu_0$$

在地球参照系(S 系)中,飞船从地球出发经过时间 t 到达该星,

$$t=\frac{L}{v}=\frac{4.3}{0.8c}=5.375(y)$$

因此 B 共可收到 A 发出的信号数为

$$N_1=\nu_1 t=\frac{1}{3}\nu_1 t=179$$

(2) 在飞船参照系(S' 系)中,飞船上的 A 观察到地球在远离自己.根据多普勒效应原理,A 接收到 B 发出的信号频率为

$$\nu_1=\sqrt{\frac{1-\beta}{1+\beta}}\,\nu_0=\frac{1}{3}\nu_0$$

在 S' 参照系看来,地球与该星的距离为

$$L'=L\sqrt{1-\beta^2}=0.6L$$

从地球离开飞船到该星到达飞船经过的时间为 t',

$$t'=\frac{L'}{v}=3.225(y)$$

因此 A 共可收到 B 发出的信号数为

$$N_2=\nu_1 t'=\frac{1}{3}\nu_0 t'=107$$

(3) 在飞船返程的过程中,地球上的 B 接收到的信号有两部分:第一部分是当飞船到达 α 星时 A 已发出、但 B 尚未收到的信号,这些信号要在飞船掉头后经过 Δt 时间才能陆续到达地球,$\Delta t=\dfrac{L}{c}$.此外,这些信号在 A 发出时,相对接收者 B 的运动状态与掉头前的其他时段一样,因此 B 接收到的频率仍为 ν_1.

第二部分是在飞船掉头后 A 发出的信号,由于发出这些信号时 A 与接收者 B 的相对运动状态发

生了改变,根据多普勒效应原理,地球上的 B 接收到的信号的频率变为

$$\nu_2 = \sqrt{\frac{1+\beta}{1-\beta}}\,\nu_0 = 3\nu_0$$

由于这些信号中第一个信号要经过 $\Delta t = \dfrac{L}{c}$ 时间才能到达地球,从而被 B 接收到,因此在 A 返程过程中的前 Δt 时间内,B 接收到频率为 ν_1 的信号,在之后 $t - \Delta t$ 时间内接收到频率为 ν_2 的信号. 故在飞船返程过程中 B 收到 A 发出的信号数为

$$N_1' = \nu_1 \Delta t + \nu_2 (t - \Delta t) = \frac{1}{3}\nu_0\,\frac{L}{c} + 3\nu_0\left(\frac{L}{0.8c} - \frac{L}{c}\right) = \frac{13L}{12c}\nu_0$$

因此,在飞船整个旅行过程中,B 共收到 A 发出的信号数为

$$N_B = N_1 + N_1' = \left(\frac{L}{3v} + \frac{13L}{12c}\right)\nu_0 = \frac{3L}{2c}\nu_0 = 645$$

在飞船返程的整个过程中 A 接收到 B 发出的信号频率始终为 ν_2,这是因为 B 始终在惯性系中,其状态没有发生变化;飞船掉头后,作为接收者的 A 与信号发出者的 B 之间相对运动状态立刻发生改变,因此,飞船一掉头 A 接收到的空中迎面而来的信号频率马上就变为 ν_2,故 A 在飞船返程过程中收到 B 发出的信号数为

$$N_2' = \nu_2\,t' = 3\nu_0\,\frac{L'}{v} = \frac{15L'}{4c}\nu_0$$

于是,在飞船整个旅行过程中,A 共收到 B 发出的信号数为

$$N_A = N_2 + N_2' = \left(\frac{L'}{3v} + \frac{15L'}{4c}\right)\nu_0 = \frac{25L'}{6c}\nu_0 = 1\,075$$

(4) 当飞船返回地球时,B 的年龄增长了 $N_A T = 1\,075 \times 0.01 = 10.75$(岁),而 A 的年龄增长了 $N_B T = 645 \times 0.01 = 6.45$(岁),故 A 比 B 年轻 4.3 岁.

解法 2　(1) 在地球系(S 系)中的 B 看来,从 A 出发后经过时间 t,A 发出最后一个在 A 到达该星前能被 B 收到的信号,则有 $\dfrac{vt}{c} = \dfrac{L - vt}{v}$,可得

$$t = \frac{L/v}{1+\beta} = \frac{4.3}{0.8 \times 1.8} = 2.986\,(\mathrm{y})$$

由于飞船从地球出发,飞到 A 发出该信号处所经历的飞船时间 t' 为本征时间,因此 S 系中的 t 是 t' 被膨胀的结果,于是有

$$t' = t\sqrt{1 - \frac{v^2}{c^2}} = 1.79\,(\mathrm{y})$$

即此过程中 A 在 S' 系中共经历了 1.79y,故 B 共收到 179 个信号.

(2) 在飞船系(S' 系)中的 A 看来,地球与半人马星座 α 星的距离为 $L' = L\sqrt{1-\beta^2}$,地球以速度 v 远离他,α 星则以速度 v 靠近他,在地球离开他经过时间 t',B 发出最后一个在 α 星到达他前他所能收到的信号,则有,$\dfrac{vt'}{c} = \dfrac{L' - vt'}{v}$,可得

$$t' = \frac{L'/v}{1+\beta} = \frac{L}{v}\sqrt{\frac{1-\beta}{1+\beta}} = 1.79\,(\mathrm{y})$$

由于飞船从地球出发，直到地球上的 B 发出该信号时，所经过的地球时间 t 是本征时间，故 t' 是 t 被膨胀的结果，于是有

$$t = t' \sqrt{1-\beta^2} = 1.075(\text{y})$$

即在此过程中 B 在 S 系共经历了 1.075y，故 A 能收到 107 个信号.

（3）A 共收到的信号数为

$$N_A = \frac{2L}{v \times 0.01} = \frac{2 \times 4.3}{0.8 \times 0.01} = 1\,075$$

B 共收到的信号数为

$$N_B = \frac{2L'}{v \times 0.01} = \frac{2 \times 4.3 \times 0.6}{0.8 \times 0.01} = 645$$

（4）此过程在两个参照系中所经历的时间差为

$$\Delta t = \frac{2L}{v} - \frac{2L}{v} \sqrt{1-\beta^2} = 4.3(\text{y})$$

即当 A 返回地球时，A 比 B 年轻了 4.3 岁.

例题 1.79　在弗雷德·霍尔的一本小说的末尾，书中的英雄以高的洛仑兹系数和与银河系平面成直角的方向飞行，他说他似乎在一个蓝边红体的"金鱼碗"内部朝碗口飞行，费曼用 25 张百元钞票打赌说，来自银河系的光看来不会是那样. 已知他相对银河参照系的飞行速率 $v = 0.99c$，并观察到他的飞行方向与他和银河系边缘连线的夹角 $\phi = 45°$，如图所示.

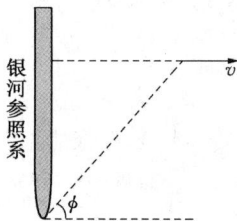

题 1.79 图

（1）试求在飞行者看来，来自银河系边缘的光的方向与他的飞行方向之间的夹角 ϕ'；

（2）试求飞行者接收到的来自银河系边缘的光的频率 ν' 与实际发出的光的频率 ν 之比 $\dfrac{\nu'}{\nu}$；

（3）取不同的 ϕ 角计算 ϕ' 和 $\dfrac{\nu'}{\nu}$ 的值，以判定谁赌赢了？

【提示】　由相对论速度变换公式可求得在飞行者参照系看来，从银河系边缘及不同部位射来光的方向与他飞行方向间的夹角，以确定在他看来银河系的大致形状；此外，由光的多普勒效应公式求得光红移和蓝移的临界角，以确定谁赌赢了.

【题解】　（1）取银河系为 S 系、飞行者为 S' 系，S' 系相对 S 系以速度 v 沿 x 方向运动，如图1所示. 在 S 系中，来自银河系边缘的光的速度方向与 x 轴的夹角 $\phi = 45°$，故光速沿 x，y 两个方向的分量分别为 $u_x = c\cos\phi$，$u_y = c\sin\phi$. 由速度变换公式，可得在 S' 系中光速的两个分量分别为

$$u'_x = \frac{u_x - v}{1 - \dfrac{u_x v}{c^2}} = \frac{c\cos\phi - v}{1 - \dfrac{v}{c}\cos\phi}, \quad u'_y = \frac{u_y \sqrt{1-\beta^2}}{1 - \dfrac{u_x v}{c^2}} = \frac{c\sin\phi \sqrt{1-\beta^2}}{1 - \dfrac{v}{c}\cos\phi}$$

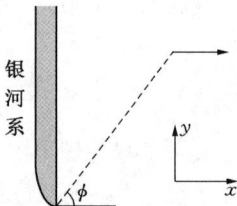

题解 1.79 图 1

设在 S' 系中此光速方向与 x' 轴的夹角为 ϕ'，有

$$\tan\phi' = \frac{u'_y}{u'_x} = \frac{\sqrt{1-\beta^2}}{1 - \dfrac{\beta}{\cos\phi}} \cdot \tan\phi$$

把 $\beta = \dfrac{v}{c} = 0.99$ 和 $\phi = 45°$ 代入上式,得

$$\tan \phi' = \frac{\sqrt{1-(0.99)^2}}{1-0.99 \times \sqrt{2}} = -0.3529$$

即 $\phi' = 160.58°$. 图 2 表示在飞行者看来银河系的形状,正如小说中英雄所描述的那样像个"金鱼碗",且他正在向碗口飞行.

（2）根据光的多普勒效应公式,可得飞行者接收到的来自银河系边缘的光的频率 ν' 为

$$\nu' = \frac{\nu \sqrt{1-\beta^2}}{1 - \dfrac{v}{c}\cos\theta}$$

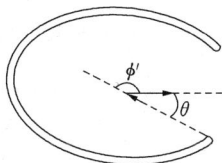
题解 1.79 图 2

上式中 ν 为银河系边缘实际发出光的频率. θ 与 ϕ' 互为补角,如图 2 所示,即有 $\cos\theta = 0.9431$,把此结果与 $\beta = 0.99$ 一同代入上式,可得

$$\frac{\nu'}{\nu} = \frac{\sqrt{1-(0.99)^2}}{1-0.99 \times 0.9431} = 2.127$$

从这一比率可见,飞行者看到来自银河系边缘的光发生了蓝移现象.

（3）取 $\phi' = 0$,即 $\theta = \pi$,$\cos\theta = -1$. 这时有

$$\frac{\nu'}{\nu} = \frac{\sqrt{1-(0.99)^2}}{1+0.99} = 0.0709$$

这是来自银河系中心的光,在飞行者看来发生了红移现象.

若取 $\nu' = \nu$,这时有

$$\cos\theta = \frac{1-\sqrt{1-\beta^2}}{\beta} = \frac{1-\sqrt{1-(0.99)^2}}{0.99} = 0.8676$$

即 $\theta = 29.8°$,$\phi' = -150.18°$ 处是临界角度. 若 θ 大于此角,则光发生红移;而 θ 小于此角,则光发生蓝移. 这就意味着越接近银河系中心,发来的光红移越明显;而越接近银河系边缘,发来的光蓝移越明显.

当飞行者位于银河系中心向外飞行时,来自银河系边缘的光,有 $\phi = \dfrac{\pi}{2}$,$\phi' = \arctan\left(\dfrac{\sqrt{1-\beta^2}}{-\beta}\right) = 171.89°$,即 $\theta = 8.11°$,于是有

$$\frac{\nu'}{\nu} = \frac{\sqrt{1-(0.99)^2}}{1-0.99 \times 0.99} = 7.089$$

从此比率可见,飞行者越接近银河系中心,来自银河系边缘光的蓝移程度越大.

综上所述,霍尔在小说中描写的飞行英雄所说的话,即他在一个蓝边红体的"金鱼碗"内部朝着碗口飞行的描述基本是正确的,费曼赌输了.

例题 1.80 当一光源以速度 v_1 向地球靠近时,在相对地球静止的 S 系中的人 A,看到光源发出波长 $\lambda_1 = 500$ nm 的绿光,而相对地球以速度 v_2（与 v_1 沿同一方向）运动的 S' 系中的人 B,看到光源发出的却是波长 $\lambda_2 = 600$ nm 的红光. 当该光源以相同速率 v_1 远离地球时,A 看到的是波长为 λ_2 的红光. 试求:

（1）速度 v_1 和 v_2 的值;

（2）当光源以速率 v_1 远离地球时,B 看到光的波长.

【提示】 可先求出光源发出光的本征波长.

【题解】 (1) 设光源发出光的本征波长为 λ_0. 当波源以速度 v_1 向地球靠近时, 由光的多普勒效应公式, 可得在相对地球静止的 S 参照系中, 人 A 接收到光的波长 λ_1 为

$$\lambda_1 = \lambda_0 \sqrt{\frac{c-v_1}{c+v_1}} \tag{1}$$

另一惯性系 S' 相对地球以速度 v_2, 沿与 v_1 同一直线的方向运动. 设在 S' 系中观察到光源的运动速度为 v'_1, 由速度变换公式, 得

$$v'_1 = \frac{v_1 - v_2}{1 - \frac{v_1 v_2}{c^2}} \tag{2}$$

在 S' 系中的观察者 B 看到光源发出光的波长为 λ_2, 由光的多普勒效应公式, λ_2 为

$$\lambda_2 = \lambda_0 \sqrt{\frac{c-v'_1}{c+v'_1}} \tag{3}$$

当光源以相同速率 v_1 远离地球时, S 系中 A 看到光的波长为 λ_2, 故有

$$\lambda_2 = \lambda_0 \sqrt{\frac{c+v_1}{c-v_1}} \tag{4}$$

由(1),(4) 式, 可得

$$\lambda_0 = \sqrt{\lambda_1 \lambda_2} = 547.7(\text{nm}) \tag{5}$$

把(5) 式代入(1) 式, 得 $\left(\frac{500}{547.7}\right)^2 = \frac{c-v_1}{c+v_1}$, 可解得

$$v_1 = \frac{1}{11}c \tag{6}$$

由(3) 式和(4) 式, 得

$$v'_1 = -v_1 = -\frac{1}{11}c \tag{7}$$

把(6),(7) 式代入(2) 式, 得 $v_2 = 0.18c$, v_2 为正, 表示 S' 系是向靠近地球的方向运动.

(2) 当光源以速率 v_1 远离地球时, 在 S' 系中的 B 观察到该光源的运动速度 v''_1 为

$$v''_1 = \frac{v_1 - v_2}{1 - \frac{v_1 v_2}{c^2}} = \frac{-\frac{1}{11}c - 0.18c}{1 + \frac{0.18}{11}} = -0.267c$$

故由光的多普勒效应公式, 即可求得 B 看到光的波长 λ'_1 为

$$\lambda'_1 = \lambda_0 \sqrt{\frac{c-v''_1}{c+v''_1}} = \lambda_0 \sqrt{\frac{1+0.267}{1-0.267}} = 720.1(\text{nm})$$

例题 1.81 一粒子衰变成能量分别为 E_1 和 E_2 的两 γ 射线, 它们的夹角为 θ, 求此粒子的静质量.

【提示】 粒子的衰变过程是动量守恒和能量守恒的过程.

【题解】 设此粒子的静质量为 m_0, 衰变前运动速度为 v, 衰变后能量分别为 E_1 和 E_2 的两 γ 射线的方向与粒子运动方向(x 方向)的夹角分别为 θ_1 和 θ_2, 如图所示. 由体系 x, y 方向动量守恒, 分别得到

$$\frac{m_0 v}{\sqrt{1-\beta^2}} = \frac{E_1}{c}\cos\theta_1 + \frac{E_2}{c}\cos\theta_2 \tag{1}$$

$$0 = \frac{E_1}{c}\sin\theta_1 - \frac{E_2}{c}\sin\theta_2 \qquad (2)$$

由题意可知

$$\theta_1 + \theta_2 = \theta \qquad (3)$$

由粒子衰变前后体系能量守恒,得

$$\frac{m_0 c^2}{\sqrt{1-\beta^2}} = E_1 + E_2 \qquad (4)$$

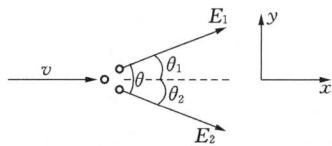

题解 1.81 图

将(1),(2)式两边各自平方,再两式相加得

$$\frac{m_0^2 v^4}{1-v^2/c^2} = \frac{E_1^2}{c^2} + \frac{E_2^2}{c^2} + 2\frac{E_1 E_2}{c^2}(\cos\theta_1\cos\theta_2 - \sin\theta_1\sin\theta_2)$$

把(3)式代入上式,得

$$\frac{m_0^2 c^4}{1-v^2/c^2} \cdot \frac{v^2}{c^4} = \frac{1}{c^2}(E_1^2 + E_2^2 + 2E_1 E_2 \cos\theta)$$

把(4)式代入上式,得

$$(E_1 + E_2)^2 \cdot \frac{v^2}{c^2} = (E_1 + E_2)^2 - 2E_1 E_2(1-\cos\theta)$$

$$\sqrt{1-v^2/c^2} = \frac{\sqrt{2E_1 E_2(1-\cos\theta)}}{E_1 + E_2}$$

把此式代入(4)式,即可求得此粒子的静质量 m_0 为

$$m_0 = \frac{1}{c^2}\sqrt{2E_1 E_2(1-\cos\theta)}$$

例题 1.82　两个静质量相同的粒子 A 和 B,其中粒子 B 静止,而粒子 A 以动能 E_{k0} 射向粒子 B,并发生弹性碰撞.碰撞后入射粒子 A 沿与入射方向成 θ 角的方向散射,原静止粒子 B 则沿与入射方向成 ϕ 角的方向反冲.已知散射角 θ 等于反冲角 ϕ,试求此角的大小.

【提示】　粒子的碰撞,不管是弹性的还是非弹性的,在相对论中总能量都守恒,故可通过动量守恒和能量守恒来求解.

【题解】　设两粒子的静能为 E_0,碰撞前两个粒子的能量分别为 $E_{A0} = E_0 + E_{k0}$,$E_{B0} = E_0$,碰撞后分别为 E_A 和 E_B.由碰撞前、后总能量守恒,得

$$E_A + E_B = E_{A0} + E_{B0} = 2E_0 + E_{K0} \qquad (1)$$

设粒子 A 碰撞前的动量为 P_0,碰撞后两粒子的动量分别为 P_A 和 P_B.由体系动量守恒,得

$$\boldsymbol{P}_0 = \boldsymbol{P}_A + \boldsymbol{P}_B$$

沿 A 粒子入射方向和垂直于入射方向分量方程分别为

$$P_0 = P_A\cos\theta + P_B\cos\phi \qquad (2)$$

$$0 = P_A\sin\theta - P_B\sin\phi \qquad (3)$$

由(3)式以及根据题意 $\theta = \varphi$,可得 $P_A = P_B$.

另由相对论能量和动量的关系:$E^2 = P^2 c^2 + E_0^2$ 以及(1)式,可得 $E_A = E_B = \frac{1}{2}(2E_0 + E_{K0})$.

由于

$$P_0{}^2 c^2 = E_{A0}{}^2 - E_0{}^2 = (E_{K0} + E_0)^2 - E_0{}^2 = E_{K0}(2E_0 + E_{K0})$$

$$P_A{}^2 c^2 = E_A{}^2 - E_0{}^2 = \frac{1}{4}(2E_0 + E_{K0})^2 - E_0{}^2 = \frac{1}{4}E_{K0}(4E_0 + E_{K0})$$

将以上关系代入(2)式,可得 $\cos^2\theta = \dfrac{P_0^2}{4P_A^2} = \dfrac{2E_0 + E_{k0}}{4E_0 + E_{k0}}$, $\cos2\theta = \dfrac{E_{k0}}{4E_0 + E_{k0}}$.

当 $E_{K0} \ll E_0$ 时,$\cos2\theta \to 0$,故 $\theta \to \dfrac{\pi}{4}$;当 $E_{K0} \gg E_0$ 时,$\cos2\theta \to 1$,故 $\theta \to 0$. 可见入射粒子的动能由小到大变化时,θ 由 $\dfrac{\pi}{4}$ 变化到 0. 但在非相对论的同类碰撞中,总有 $\theta + \phi = \dfrac{\pi}{2}$,当 $\theta = \varphi$ 时,$\theta = \dfrac{\pi}{4}$. 在相对论情况下,当散射角与反冲角相等时,两者之和小于 $\dfrac{\pi}{2}$. 这个现象称为散射角的相对论压缩,最先由钱皮恩于 1932 年所作的实验所证实.

例题 1.83 一光源 A 向着全反射平面镜 B 的方向发射一束单色光,发光功率为 P_0,而 B 向着 A 的方向以速度 v 匀速运动. 试求:A 接收到的经 B 反射后的反射光的功率 P.

【提示】 光的功率由光的频率和单位时间内发出的光子数决定. 当光源与接收者相对运动时,利用光的多普勒效应公式,可得到接收者接收到的光频率变化. 另外,由于时间膨胀效应造成不同参照系中单位时间的不同.

【题解】 取相对 A 静止的参照系为 S 系,相对 B 静止的参照系为 S' 系. 在 S 系中,光源 A 在单位时间内发出的光子数设为 n_0,频率为 ν_0,因此有 $P_0 = n_0 h\nu_0$. 根据光的多普勒效应公式,可得 B 接收到光的频率为 $\nu' = \sqrt{\dfrac{1+\beta}{1-\beta}}\nu_0$,式中 $\beta = \dfrac{v}{c}$. B 并将以此频率的光反射回去,同样由光的多普勒效应公式,可求得 A 接收到光的频率为

$$\nu'' = \sqrt{\frac{1+\beta}{1-\beta}}\nu' = \frac{1+\beta}{1-\beta}\nu_0$$

在 S 系中,A 每隔一个单位时间发出 n_0 个光子. 由于此单位时间为本征时间,故在 S' 系中测得此时间应膨胀,即为 $1/\sqrt{1-\beta^2}$ 个单位时间,于是在 S' 系的单位时间内 A 发出的光子数为 $n_{01}' = \sqrt{1-\beta^2}\,n_0$.

在 S' 系中的观察者看来,光源 A 以速度 v 向着静止的 B 运动,若某时 A,B 间距为 c,在接下来的一个单位时间内,A 发出 n_{01}' 个光子,当这些光子中的第一个光子经过一个单位时间刚到达 B 时,A 发出最后一个光子. 此时,A,B 间距为 $c-v$,该光子经过 $\Delta t'$ 的时间到达 B,$\Delta t' = \dfrac{c-v}{c}$,因此 B 在 $\Delta t'$ 时间内接收到 n_{01}' 个光子. 于是,B 在单位时间内接收到的光子数为

$$n_{02}' = \frac{n_{01}'}{\Delta t'} = \frac{c}{c-v}\sqrt{1-\beta^2}\,n_0 = \sqrt{\frac{1+\beta}{1-\beta}}\,n_0$$

在 S' 系中,B 在单位时间内接收到 n_{02}' 个光子,同时把这些光子发射出去. 然而,在 S 系中的观察者看来,B 以速度 v 向着静止的 A 运动. 同理,在 S 系中的单位时间内,A 接收到的光子数为

$$n_0' = \sqrt{\frac{1+\beta}{1-\beta}}\,n_{02}' = \frac{1+\beta}{1-\beta}n_0$$

于是,A 接收到反射光的功率为

$$P = n_0'h\nu'' = \frac{1+\beta}{1-\beta}n_0\frac{1+\beta}{1-\beta}h\nu_0 = \left(\frac{1+\beta}{1-\beta}\right)^2 P_0$$

例题 1.84　　一个动量为 $200\,\mathrm{GeV}/c$ 的 π 介子衰变成一个 μ 子和一个中微子 ν，即 $\pi \rightarrow \mu + \nu$. 在 π 介子静止的参照系中，π 介子的寿命 $\tau_{\pi 0} = 2.60 \times 10^{-8}\,\mathrm{s}$，其静能 $E_{0\pi} = 139.6\,\mathrm{MeV}$，$\mu$ 子的静能 $E_{0\mu} = 105.7\,\mathrm{MeV}$，而中微子的静质量为零.

(1) 试求 π 介子衰变前行经的平均距离；

(2) 试求 μ 子在实验室参照系中的运动方向与 π 介子运动方向之间夹角的最大值；

(3) 试求中微子可能具有的最大动量和最小动量.

【提示】　　求得质心系中 μ 介子的动量与能量后，再用相对论的动量变换公式，即可求得在实验室参照系中 μ 介子的动量.

【题解】　　(1) 设 π 介子的运动速度为 v，其静质量 $m_0 = \dfrac{E_{0\pi}}{c^2} = 139.6\,\mathrm{MeV}/c^2$，其动量 P_π 为

$$P_\pi = \frac{m_0 v}{\sqrt{1 - \beta^2}} = \frac{m_0 c \beta}{\sqrt{1 - \beta^2}} = 2 \times 10^5\,(\mathrm{MeV}/c)$$

即 $\dfrac{\beta}{\sqrt{1 - \beta^2}} = \dfrac{2 \times 10^5}{139.6}$，可得 $\beta = 0.999\,999\,756$.

在实验室坐标系中 π 介子的寿命 τ_π 为 $\tau_\pi = \dfrac{\tau_{\pi 0}}{\sqrt{1 - \beta^2}}$，故 π 介子在衰变前行经的距离 l 为

$$l = \tau_\pi v = \tau_{\pi 0} \cdot c \cdot \frac{\beta}{\sqrt{1 - \beta^2}} = 2.6 \times 10^{-8} \times 3 \times 10^8 \times \frac{2 \times 10^5}{139.6} = 11\,175\,(\mathrm{m})$$

(2) 取实验室坐标系为 S 系，体系质心坐标系为 S' 系. 在 S' 系中体系的总能量即为 π 介子的静能 $E' = 139.6\,\mathrm{MeV}$. 设 μ 介子的能量为 E'_μ，中微子的能量为 E'_ν，由能量守恒，得

$$E' = E'_\mu + E'_\nu \tag{1}$$

在质心 S' 系中，设 μ 介子的动量为 $\boldsymbol{p}'$. 由质心系的性质可知，中微子的动量为 $-\boldsymbol{p}'$. 对于此两粒子分别有

$$E'^2_\mu = E^2_{\mu 0} + p'^2 c^2 \tag{2}$$

$$E'_\nu = p' c \tag{3}$$

把 (2)，(3) 式代入 (1) 式，解得

$$p' = \frac{E'^2 - E^2_{\mu 0}}{2 E' c} = \frac{(139.6)^2 - (105.7)^2}{2 \times (139.6)} = 29.783\,9\,(\mathrm{MeV}/c)$$

把上式代入 (2) 式，得

$$E'_\mu = \sqrt{(105.7)^2 - (29.8)^2} = 109.816\,(\mathrm{MeV})$$

取 π 介子的运动方向为 x 轴的正方向，以 θ' 表示 $\boldsymbol{p}'$ 与 x 轴的夹角. 由相对论动量变换公式，可得在 S 系中 μ 介子的动量沿 x，y 两方向的分量分别为

$$p_{\mu x} = \frac{p'_x + \dfrac{v}{c^2} E'_\mu}{\sqrt{1 - \beta^2}} = \frac{p' \cos \theta' + \dfrac{v}{c^2} E'_\mu}{\sqrt{1 - \beta^2}} \tag{4}$$

$$p_{\mu y} = p'_y = p' \sin \theta' \tag{5}$$

设在 S 系中 μ 介子的动量与 x 轴的夹角为 θ，由 (4)，(5) 式，即得

$$\tan\theta = \frac{p_{\mu y}}{p_{\mu x}} = \frac{p'\sin\theta'\sqrt{1-\beta^2}}{p'\cos\theta' + \frac{v}{c^2}E'_\mu} \qquad (6)$$

把(6)式两边对 θ' 求导, 当 θ 取极大值时, 有 $\dfrac{\mathrm{d}\theta}{\mathrm{d}\theta'} = 0$, 于是得

$$\cos\theta' = -\frac{p'^2 c^2}{E'_\mu v} = -0.271\,2, \theta' = 105.736°$$

把此 θ' 值代入(6)式, 可得

$$\tan\theta_{\max} = 0.000\,196\,6, \quad \theta_{\max} = 0.011\,267°$$

(3) 中微子在实验室 S 系中的最大动量和最小动量, 应分别发生在其质心 S' 系的 x 轴正向和负向, 由相对运动的动量变换公式, 可得中微子的最大动量 $p_{\nu\max}$ 和最小动量 $p_{\nu\min}$ 分别为

$$p_{\nu\max} = \frac{p' + \frac{v}{c^2}E'_\nu}{\sqrt{1-\beta^2}} = \frac{p'(1+\beta)}{\sqrt{1-\beta^2}} = 85\,358.5(\mathrm{MeV}/c)$$

$$p_{\nu\min} = \frac{-p' + \frac{v}{c^2}E'_\nu}{\sqrt{1-\beta^2}} = \frac{-p'(1-\beta)}{\sqrt{1-\beta^2}} = -0.010\,413\,7(\mathrm{MeV}/c)$$

例题 1.85   一个粒子以速度 $v_1 = 0.8c$ 垂直射入厚度为 $d = 0.35\mathrm{m}$ 的水泥防护墙, 并以速度 $v_2 = \dfrac{5}{13}c$ 从墙的另一侧射出. 已知粒子的静质量为 $m_0 = \dfrac{2}{3}\times 10^{-26}\mathrm{kg}$, 设墙对粒子的作用力为恒量. 试求:

(1) 在墙静止的参照系 S 中, 墙对粒子的作用力 F 的值为多大?

(2) 在与粒子以相同的入射速度 v_1 运动的参照系 S' 中, 此作用力 F' 的值为多大?

(3) 在 S 系和 S' 系中粒子穿过墙各需多长时间?

【提示】   在相对论中, 力的定义与经典力学中一样, 是动量对时间的变化率. 另外, 力在不同参照系中的值, 可通过相对论力的变换公式求得.

【题解】   (1) 在墙静止的参照系 S 中, 粒子受到的墙对它的作用力为 F, 有

$$F = \frac{\mathrm{d}p}{\mathrm{d}t} = \frac{\mathrm{d}}{\mathrm{d}x}\left(\frac{m_0 v}{\sqrt{1-\frac{v^2}{c^2}}}\right)\cdot\frac{\mathrm{d}x}{\mathrm{d}t}$$

两边积分, 有 $\displaystyle\int_0^d F\mathrm{d}x = \int_{v_1}^{v_2} v\,\mathrm{d}\left(\frac{m_0 v}{\sqrt{1-\frac{v^2}{c^2}}}\right)$, 则

$$Fd = \left.\frac{m_0 v^2}{\sqrt{1-\frac{v^2}{c^2}}}\right|_{v_1}^{v_2} - \int_{v_1}^{v_2}\frac{m_0 v}{\sqrt{1-\frac{v^2}{c^2}}}\mathrm{d}v = \frac{m_0 v_2^2}{\sqrt{1-\frac{v_2^2}{c^2}}} - \frac{m_0 v_1^2}{\sqrt{1-\frac{v_1^2}{c^2}}} + m_0 c^2\left(\sqrt{1-\frac{v_2^2}{c^2}} - \sqrt{1-\frac{v_1^2}{c^2}}\right)$$

$$= \frac{\frac{25}{169}m_0 c^2}{\frac{12}{13}} - \frac{\frac{16}{25}m_0 c^2}{\frac{3}{5}} + m_0 c^2\left(\frac{12}{13} - \frac{3}{5}\right) = -\frac{7}{12}m_0 c^2 = -0.583 m_0 c^2$$

$$F = -\frac{\frac{7}{12}m_0 c^2}{d} = -\frac{0.583 m_0 c^2}{0.35} = -1.0\times 10^{-9}(\mathrm{N})$$

（2）在与粒子以相同的入射速度 v_1 运动的参照系 S' 中,此作用力的值为 F',根据力的变换公式

$F' = \dfrac{F - \dfrac{v}{c^2}uF}{1 - \dfrac{uv}{c^2}}$,式中 $u = 0$, $v = v_1$, 故有 $F' = F = -1.0 \times 10^{-9}$（N）.

（3）在 S 系中,有 $F = \dfrac{\mathrm{d}}{\mathrm{d}t}\left(\dfrac{m_0 v}{\sqrt{1 - \dfrac{v^2}{c^2}}}\right)$,两边积分,$\int_0^t F\mathrm{d}t = \int_{v_1}^{v_2}\mathrm{d}\left(\dfrac{m_0 v}{\sqrt{1 - \dfrac{v^2}{c^2}}}\right)$,则 $Ft = \dfrac{m_0 v_2}{\sqrt{1 - \dfrac{v_2^2}{c^2}}} -$

$\dfrac{m_0 v_1}{\sqrt{1 - \dfrac{v_1^2}{c^2}}}$,故

$$t = \dfrac{1}{F}\left(\dfrac{\dfrac{5}{13}m_0 c}{\dfrac{12}{13}} - \dfrac{\dfrac{4}{5}m_0 c}{\dfrac{3}{5}}\right) = 1.83 \times 10^{-9}\,(\mathrm{s})$$

在 S' 系中, $v_1' = 0$,根据速度变换公式

$$v_2' = \dfrac{v_2 - v_1}{1 - \dfrac{v_1}{c^2}v_2} = \dfrac{\left(\dfrac{5}{13} - \dfrac{4}{5}\right)c}{1 - \dfrac{5}{13}\cdot\dfrac{4}{5}} = -\dfrac{3}{5}c$$

有

$$t' = \dfrac{1}{F'}\left(\dfrac{m_0 v_2'}{\sqrt{1 - \dfrac{v_2'^2}{c^2}}} - \dfrac{m_0 v_1'}{\sqrt{1 - \dfrac{v_1'^2}{c^2}}}\right) = \dfrac{\left(-\dfrac{3}{5}c\right)m_0}{\dfrac{4}{5}F} = \dfrac{-3m_0 c}{4F} = 1.50 \times 10^{-9}\,(\mathrm{s})$$

例题 1.86　光子火箭的飞行目的地是距地球 $R = 3.4 \times 10^4$ 光年的银河系中心,火箭在前一半旅程以加速度 $a' = 10\,\mathrm{m/s^2}$（相对火箭的静止系）作匀加速运动,而后一半旅程则以同样的加速度作匀减速运动,火箭到达目的地时的静质量 $M_0' = 1.0 \times 10^6$ kg,试问火箭发动机在开始发射时至少需要多大功率?

【提示】　火箭从地球飞往银河系的过程是加速过程,故火箭参照系 S' 系不是惯性系,如果在时刻 t 在 S' 系中建立坐标系,该坐标系以 t 时刻火箭的速度 v 在极短时间内相对地球作匀速运动,这样,在此极短时间内 S' 系可看作惯性系,故可用狭义相对论讨论火箭的运动,而火箭的整个旅程是这些无限多极短运动过程的组合.

【题解】　火箭在从地球飞往银河系的过程中始终在作变速运动,所以若以火箭为 S' 参照系,这是个非惯性系.如果要用狭义相对论来求解此类问题,可在 S' 系中先后建立一系列的坐标系,任一瞬时（t 时）坐标系以此时火箭的速度 v 在极短时间内相对地球作匀速直线运动.故在此短时间内 S' 可看作惯性系,这样就可用狭义相对论来求解.而火箭的整个加速过程,便是这一系列无限多极短运动过程的组合.

在 S' 系中,火箭作加速度为 a' 的加速运动.火箭在 $\mathrm{d}t'$ 时间内动量的增量为 $\mathrm{d}p'$,根据动力学规律,有

$$\frac{\mathrm{d}p'}{\mathrm{d}t'} = Ma' \tag{1}$$

式中 M 近似为该瞬时火箭的静质量.由动量守恒可知,火箭动量的增量应等于 $\mathrm{d}t'$ 时间内辐射光子的动量,而火箭辐射光子的同时,又使火箭（其内燃料）的能量 E 发生改变,故根据质能公式 $E = Mc^2$,有

$$dp' = -\frac{1}{c}dE = -cdM \tag{2}$$

由(1),(2)式可得 $Ma' = -c\dfrac{dM}{dt'}$. 火箭发动机在任何时刻的功率 N 为

$$N = -\frac{dE}{dt'} = -c^2\frac{dM}{dt'} = cMa' \tag{3}$$

(3)式表明,火箭发动机的功率取决于该时刻火箭的质量,于是,只需求出火箭初始质量 M_0,便可求得所需求的初始功率. 设旅程一半(即加速过程结束)时火箭的静质量为 M_h,速度为 v,并设此一半旅程中辐射光子的总能量为 E_r,则由能量守恒和动量守恒分别得

$$M_0 c^2 = \frac{M_h c^2}{\sqrt{1 - v^2/c^2}} + E_r \tag{4}$$

$$\frac{M_h v}{\sqrt{1 - v^2/c^2}} = \frac{E_r}{c} \tag{5}$$

由(4),(5)式可解得

$$\frac{M_h}{M_0} = \sqrt{\frac{c-v}{c+v}} \tag{6}$$

而后一半旅程可同理求得

$$\frac{M_0'}{M_h} = \sqrt{\frac{c-v}{c+v}} \tag{7}$$

由(6),(7)式可得

$$M_0 = \frac{c+v}{c-v}M_0' \tag{8}$$

(8)式表明要求得火箭的初始质量 M_0,需先求得火箭在旅程一半时的速度 v. 为此,设在地球参照系 S 系中,火箭在时刻 t 的速度为 u,经过时间 dt 后,u 的增量为 du,而在 S' 系中相应的增量为 du',则由速度变换公式,有 $u + du = \dfrac{u + du'}{1 + \dfrac{u}{c^2}du'}$,即

$$(u + du)\left(1 + \frac{u}{c^2}du'\right) = u + du'$$

上式中略去高阶无穷小,得

$$du' = \frac{1}{1 - u^2/c^2}du = \frac{1}{1 - \beta^2}du \tag{9}$$

因 dt' 是本征时间,故由时间膨胀,有

$$dt = \frac{dt'}{\sqrt{1 - \beta^2}} \tag{10}$$

由(9),(10)式,可得

$$a' = \frac{du'}{dt'} = \frac{1}{(1 - \beta^2)^{3/2}}\frac{du}{dt} = \frac{1}{(1 - \beta^2)^{3/2}}a$$

式中 $a = \dfrac{du}{dt}$ 为 S 系中火箭的加速度,因 a' 为常量,故 a 不是常量,则上式可改写成

$$\frac{du}{\left(1 - \dfrac{u^2}{c^2}\right)^{3/2}} = a'dt$$

对上式积分,并利用初始条件($t = 0$ 时 $u = 0$),可得 $\dfrac{u}{\sqrt{1 - u^2/c^2}} = a't$,即

$$u = \frac{a't}{\sqrt{1 + \dfrac{a'^2}{c^2}t^2}} \tag{11}$$

因 $u = \dfrac{\mathrm{d}x}{\mathrm{d}t}$,故(11) 式为

$$\mathrm{d}x = \frac{a'x}{\sqrt{1 + \dfrac{a'^2}{c^2}t^2}}\mathrm{d}t$$

对上式积分,并利用初始条件($t = 0$ 时 ,$x = 0$),可得

$$x = \frac{c^2}{a'^2}\left[\sqrt{1 + \frac{a'^2}{c^2}t^2} - 1\right]$$

当火箭飞到半程时,$x = \dfrac{R}{2}$,代入上式,即可求得完成半程所需的地球时间 t 为

$$t = \frac{R}{2c}\sqrt{1 + \frac{4c^2}{a'R}} \tag{12}$$

把(12) 式代入(11) 式,即可得火箭在半程时的速度 v 为

$$v = \frac{c}{\sqrt{1 + \dfrac{c^2}{a'^2 t^2}}} = c\left[1 + \frac{4c^2}{a'^2 R^2}\left(1 + \frac{4c^2}{a'R}\right)^{-\frac{1}{2}}\right]^{-\frac{1}{2}}$$

因 $\dfrac{c^2}{a'R} \ll 1$,则上式中略去高阶小量,得

$$v \approx c\left(1 - \frac{2c^4}{a'^2 R^2}\right) \tag{13}$$

把(13) 式代入(8) 式,得火箭起飞时的静质量 M_0 为

$$M_0 = \frac{c + v}{c - v}M_0' = \left(\frac{a'^2 R^2}{c^4} - 1\right) \approx \frac{a'^2 R^2}{c^4} \tag{14}$$

把(14) 式代入(3) 式,即可得火箭在开始发射时发动机所需的功率 N 为

$$N = cM_0 a' = \frac{a'^3 R^2}{c^3}M_0' = 3.8 \times 10^{24}\,(\mathrm{J/s})$$

【点评】　只有在任何惯性系中才能用狭义相对论原理来讨论物体的运动,而本题中作加速运动的火箭参照系是个非惯性系,如果把火箭的运动看成是一系列在极短时间内相对地球作匀速直线运动的组合,就可在此极短时间内把火箭参照系看成惯性系,从而可用狭义相对论原理来讨论火箭的加速运动,这是求解这类问题的处理方法.

本题的求解较为复杂,大致可分为以下 3 部分:

(1) 在以上所述的火箭参照系中,根据动量守恒,把加速火箭的动量改变与火箭所发射的光子动量联系起来,并由相对论能公式求得火箭质量改变与其运动加速度的关系,从而求得火箭发动机的瞬时功率与火箭瞬时质量成正比的结果,即(3) 式.

(2) 根据动量守恒与能量守恒可求得(8) 式,即火箭开始发射时的质量与其旅程一半(即加速过程结束) 时的速度有关.

(3)利用相对论速度变换公式,求得火箭相对地球参照系的加速度与相对火箭参照系的加速度之间的关系,并通过两次积分求得火箭完成半程所需的地球时间,继而求得半程时的火箭速度,最后,即可求得火箭发动时所需的功率.

例题 1.87　引力红移和恒星质量的测定:

(1)频率为 ν 的一个光子具有惯性质量,此质量由光子的能量确定.在此假定下,光子也有引力质量,量值等于惯性质量.与此相应从一颗星球表面向外发射出的光子逃离引力场时便会损失能量.试证明初始频率为 ν 的光子从星球表面到达无穷远处,若将它的频移记为 $\Delta\nu$,则当 $|\Delta\nu|\ll\nu$ 时,有 $\dfrac{\Delta\nu}{\nu}\approx -\dfrac{GM}{Rc^2}$,式中 M 为星球质量,R 为星球半径.这样,在距星球足够远处对某条已知谱线频率红移的测量,可用来测出比值 M/R.如果知道了 R,星球的质量 M 便可确定.

(2)在一项太空实验中发射出一艘无人驾驶的宇宙飞船,欲测量银河系中某颗恒星的质量 M 和半径 R,宇宙飞船径向接近目标时,可以监测到从星球表面 He^+ 离子发出的光子对实验舱内 He^+ 离子束进行共振激发.共振吸收的条件是 He^+ 离子朝着星球的速度必须与光子引力红移严格地相适应.共振吸收时的飞船 He^+ 离子相对星球的速度 v(记为 $v=\beta c$),可随着飞船到星球表面最近距离 d 的变化而进行测量,实验数据在下面的数据表中给出.请充分利用这些数据,作图求出星球半径 R 和质量 M.解答中可不必进行误差估算.

题 1.87 表

速度性参量 $\beta = v/c\,(10^{-5})$	3.352	3.279	3.195	3.077	2.955
到星球表面的距离 $d\,(10^8\mathrm{m})$	38.90	19.98	13.32	8.99	6.67

(3)为在本实验中确定 R 和 M,通常需要考虑因发射光子时离子的反冲造成的频率修正.(热运动对发射谱线仅起加宽作用,不会使峰的分布移位,因此可以假定热运动的全部影响已被审查过.)

(ⅰ)令 ΔE 为原子(或者说离子)在静止时的两个能级差,假定静止原子在能级跃迁后产生一个光子,并形成一个反冲原子.考虑相对论效应,试用能级差 ΔE 和初始原子静止质量 m_0 来表达发射光子的能量 $h\nu$.

(ⅱ)对 He^+ 离子这种相对论频移比值 $(\Delta\nu/\nu)_{反冲}$ 作出数值计算,计算结果应当得出这样的结论:反冲频移远小于(2)小题中所得的引力红移.

计算中将用到的常量如下:真空中光速 $c=3.0\times10^8(\mathrm{m/s})$,He 的静质量 $m_0c^2=4\times938(\mathrm{MeV})$,玻尔能级 $E_n=-\dfrac{13.6Z^2}{n^2}(\mathrm{eV})$,引力常数 $G=6.67\times10^{-11}(\mathrm{Nm^2/kg^2})$.

【提示】　利用光的多普勒效应公式,求出当飞船靠近星球时光子频率的增加量,就可求出因引力红移而使光子的频率降低量.

【题解】　(1)光子的能量 $E=mc^2=h\nu$,光子的质量(惯性质量,根据题设也是引力质量)为 $m=\dfrac{h\nu}{c^2}$.

设光子在远离行星过程中的初态和末态,分别用脚标"i"和"f"表示,当光子从离行星中心距离为 r 处发射到无限远处时,由能量守恒可得

$$h\nu_i - G\frac{Mm_i}{r} = h\nu_f - G\frac{Mm_f}{\infty} = h\nu_f$$

$$\Delta\nu = \nu_f - \nu_i = -G\frac{Mm_i}{hr} = -G\frac{M\nu_i}{rc^2}$$

$\Delta \nu$ 为负,表示频率减小(即波长增大),这就是频率红移. 上式中最后一等式是由于 $|\Delta \nu| \ll \nu$,故有 $\nu_i \approx \nu_f = \nu, \dfrac{\Delta \nu}{\nu} \approx - G \dfrac{M}{rc^2}$.

当光子从半径为 R 的行星表面发射到无限远时,只需将 R 代入即可,于是证得 $\dfrac{\Delta \nu}{\nu} \approx - G \dfrac{M}{Rc^2}$.

(2) 光子从初始位置 r_i 到末位置 r_f,能量的减少量为

$$h\nu_i - h\nu_f = - G \frac{Mm_i}{r_f} + G \frac{Mm_f}{r_i}$$

由于光子能量变化很小,即有 $m_f \approx m_i = \dfrac{h\nu_i}{c^2}$,于是

$$h\nu_i - h\nu_f \approx G \frac{M(h\nu_i)}{c^2} \left(\frac{1}{r_i} - \frac{1}{r_f} \right)$$

可解得 $\dfrac{\nu_f}{\nu_i} = 1 - \dfrac{GM}{c^2} \left(\dfrac{1}{r_i} - \dfrac{1}{r_f} \right)$. 在本项实验中, r_i 为星球半径 R, r_f 为 R 与 d 之和,故有

$$\frac{\nu_f}{\nu_i} = 1 - \frac{GM}{c^2} \left(\frac{1}{R} - \frac{1}{R+d} \right) \tag{1}$$

为了能对飞船中的 He^+ 离子束进行共振激发,发射来的光子必须通过多普勒效应,使其频率又从 ν_f 升为 ν_i. 设 ν' 为飞船中 He^+ 离子接收到的光子频率,由光的多普勒效应公式 $\nu_i = \sqrt{\dfrac{1+\beta}{1-\beta}} \nu_f$,由题目提供的数据可知 $\beta \ll 1$,于是有

$$\frac{\nu_f}{\nu'} = \sqrt{\frac{1-\beta}{1+\beta}} \approx \left(1 - \frac{\beta}{2} \right) \left(1 - \frac{\beta}{2} \right) \approx 1 - \beta$$

共振吸收的条件是 ν' 必须等于 ν_i,即 $\nu' = \nu_i$,于是有

$$\frac{\nu_f}{\nu_i} = 1 - \beta \tag{2}$$

联立(1)式、(2)式,可得 $\beta = \dfrac{GM}{c^2} \left(\dfrac{1}{R} - \dfrac{1}{R+d} \right)$,或写成 $\dfrac{1}{\beta} = \dfrac{Rc^2}{GM} \left(\dfrac{R}{d} + 1 \right)$.

利用题目中给出的 $\beta \sim d$ 数据表,可得到 $\dfrac{1}{\beta} \sim \dfrac{1}{d}$ 的数据表如下:

题解 1.87 表

β^{-1} （10^5）	0.298	0.305	0.313	0.325	0.338
d^{-1} （$10^{-8}\ m^{-1}$）	0.026	0.050	0.075	0.111	0.150

据此数据表可画出 $\dfrac{1}{\beta} \sim \dfrac{1}{d}$ 的线性关系,如图所示. 对于该直线有 斜率 $= \alpha R, \alpha = \dfrac{Rc^2}{GM}$, $\dfrac{1}{\beta}$ 的轴截距为 α. 从图上可测得 $\alpha R = 3.2 \times 10^{12}\,m, \alpha = 0.29 \times 10^5$,于是可得

$$R = \frac{\alpha R}{\alpha} = 1.104 \times 10^8\,(m), \qquad M = \frac{Rc^2}{G\alpha} = 5.11 \times 10^{30}\,(kg)$$

事实上,在设计题目所给的数据时,已取定 $R = 1.11 \times 10^8\,(m)$, $M = 5.2 \times 10^{30}\,kg$.

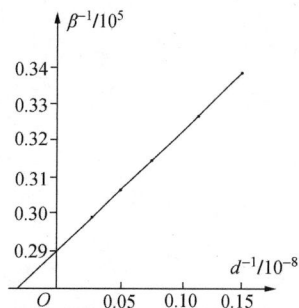

题解 1.87 图

（3）（i）设原子在发射光子后的静质量为 m_0'，动量为 p，发出光子的频率为 ν. 由动量守恒和能量守恒，分别得

$$P = \frac{h\nu}{c}, \quad \sqrt{p^2 c^2 + m_0'^2 c^4} + h\nu = m_0 c^2$$

由以上两式可得 $(m_0 c^2 - h\nu)^2 = p^2 c^2 + m_0'^2 c^4 = (h\nu)^2 + m_0'^2 c^4$，则 $(m_0 c^2)^2 - 2h\nu m_0 c^2 = m_0'^2 c^4$，有

$$h\nu(2m_0 c^2) = (m_0^2 - m_0'^2)c^4 = (m_0 - m_0')c^2 (m_0 + m_0')c^2$$

将题目所给的关系 $\Delta E = m_0 c^2 - m_0' c^2$ 代入上式，得 $h\nu(2m_0 c^2) = \Delta E(2m_0 c^2 - \Delta E)$，可解出 $h\nu = \left(1 - \frac{\Delta E}{2m_0 c^2}\right)\Delta E$.

（ii）考虑原子反冲，原子所发的光子频率为 $h\nu = \left(1 - \frac{\Delta E}{2m_0 c^2}\right)\Delta E$；不考虑原子反冲，原子所发的光子频率为 $h\nu_0 = \Delta E$. 反冲频移对应的频移比为

$$\frac{\Delta\nu}{\nu_0} = \frac{\nu_0 - \nu}{\nu_0} = \frac{\Delta E}{2m_0 c^2}$$

以 He^+ 离子从 $n=2$ 到 $n=1$ 发射的光子为例，作如下的计算：

$$\Delta E = 40.8\text{eV}, \quad m_0 c^2 = 3\,752 \times 10^5\,\text{eV}$$

离子反冲频移比为 $\frac{\Delta\nu}{\nu_0} = 5.44 \times 10^{-9}$. 由前面讨论所得的引力红移公式 $\frac{\Delta\nu}{\nu} = -GM/Rc^2$，可估算得 $\left|\frac{\Delta\nu}{\nu}\right| \approx 10^{-5}$. 可见，离子反冲频移远小于引力红移，在太空引力红移实验中完全可以忽略。

第 2 章 热 学

例题 2.01 定义温标 t^* 与测温性质 x 之间的关系为 $t^* = \ln(Kx)$，式中 K 为常数.

(1) 设 x 为定容稀薄气体的压强，并假定水的三相点为 $t^* = 273.16°$，试确定温标 t^* 与热力学温标之间的关系.

(2) 在温标 t^* 中，冰点和汽点各为多少度？

(3) 在温标 t^* 中是否存在零度？

【提示】 利用建立一个温标需具备的 3 个要素及热力学温标的定义.

【题解】 (1) 设在水的三相点温度时定容稀薄气体的压强 $x = p_{tr}$，则 $t_{tr}^* = 273.16 = \ln(Kp_{tr})$，所以 $K = e^{273.16/t_{tr}}$. 代入 t^* 的表示式得

$$t^* = \ln\left(e^{273.16} \cdot \frac{p}{p_{tr}}\right) \tag{1}$$

而对于定容稀薄气体，其热力学温度 T 与压强 p 的关系为

$$T = ap = 273.16 \cdot \frac{p}{p_{tr}} \tag{2}$$

将(2)式代入(1)式消去 p，得 t^* 与热力学温度 T 的关系为

$$t^* = \ln\left(e^{273.16} \cdot \frac{T}{273.16}\right) \ \text{或} \ T = 273.16e^{(t^*-273.16)} \tag{3}$$

(2) 因为冰点的热力学温度为 $273.15°$，沸点为 $373.15°$，所以代入(3)式得温标 t^* 的冰点和沸点分别为

$$t_i^* = 273.16 + \ln\frac{273.15}{273.16} = 273.16°, \quad t_b^* = 273.16 + \ln\frac{273.15}{273.16} = 273.47°$$

(3) 根据(3)式，当 $t^* = 0$ 时，$T = 273.16e^{-273.16}$，所以 t^* 的零度是存在的，它对应的热力学温度为 $273.16e^{-273.16}$ K.

【点评】 本习题定义的温标，以理想气体为工作物质、以等容条件下的压强为测温性质，选取温度 t^* 与 p 的关系为对数函数的关系，固定点为三相点. 问题是这种对数函数关系是否有实用意义，下面对此作一点说明.

我们知道热力学温标作为标准温标与理想气体温标完全一致，因此可以用理想气体温度计来测量一个系统的热力学温度. 定体气体温度计有许多优点(如测量精确而灵敏，测量范围大而复现性好)，但仪器笨重，结构复杂，操作麻烦，达到热平衡缓慢. 因此，它仅适宜于作复现温标的基准温度计使用. 为了简单、方便而正确地测量温度，国际计量大会经多次会议，讨论制定国际实用温标来代替理想气体温标，以实现热力学温标. 第 18 届国际计量大会及第 77 届国际计量委员会决议自 1990 年 1 月 1 日起在全世界实行 1990 年国际温标，用它代替以前所用的温标. 1990 年国际温标有多项规定：其中一项规定为把整个温度分成 4 个温区，每个温区用规定的标准仪器(即温度计)去测量，并规定在同一温区的不同范围内给出不同的测量关系，这些方法和测温关系较好地保证温度计测量值与热力学温标尽可能符合. 例如，在 $0.65 \sim 5.0$ K 温区，标准测量仪器是用 ^{3}He 或 ^{4}He 的蒸气压强来定义的温度计，其测量关系为：$T_{90}/K = A_0 + \sum A_i\left[\ln(p/p_a) - \frac{B}{C}\right]^i$. 式中除 p 及 p_a(由固定点确定)外，其他常

数都是规定的.* 又如在 961.78℃（银的凝固点）以上的温区,用光学温度计作标准测量仪器,温度由普朗克辐射定律来定义,其中辐射体的温度与其辐射波长的关系是指数函数的形式.

例题 2.02   设一房间冬天的温度为 1℃,夏天的温度为 35℃.试求在两个季节房间内空气的重量之比.（假设在这两个季节房间内空气的压强相等.）

【提示】   利用理想气体的状态方程及混合气体分压强的概念.

【题解】   (1) 设房间的体积为 V_0,冬天和夏天的温度分别为 T_1 和 T_2,房间内空气的摩尔数分别为 ν_1 和 ν_2,则

$$p_0 V_0 = \nu_1 R T_1, \quad p_0 V_0 = \nu_2 R T_2$$

所以 $\dfrac{\nu_1}{\nu_2} = \dfrac{T_2}{T_1}$.设空气的平均摩尔质量为 M,则冬天和夏天房间内空气重量之比为

$$\frac{m_1 g}{m_2 g} = \frac{\nu_1 M g}{\nu_2 M g} = \frac{T_2}{T_1} = \frac{273.16 + 35}{273.16 + 1} = 1.12/1$$

由此可知在相同的压强下,冬天房间内的空气重量（或质量）是夏天时的 1.12 倍.

(2) 因冬天和夏天的压强相等（均为 p_0）,而温度分别为 T_1 和 T_2,设房间内空气的分子数密度分别为 n_1 和 n_2,则

$$p_0 = n_1 K T_1, \quad p_0 = n_2 K T_2$$

可得 $n_1/n_2 = T_2/T_1$.由房间体积 V_0 可知,房间内的空气在冬天和夏天的重量 W_1 和 W_2 分别为

$$W_1 = m_1 g = V_0 n_1 g, \quad W_2 = m_2 g = V_0 n_2 g$$

所以

$$\frac{W_1}{W_2} = \frac{m_1 g}{m_2 g} = \frac{n_1}{n_2} = \frac{T_2}{T_1} = \frac{273.16 + 35}{273.16 + 1} = \frac{1.12}{1}$$

(3) 冬天时体积为 V_0 的房间内,气体的温度为 T_1,压强为 p_0;当这些空气的温度上升至夏天的温度时,其体积为 $V_2 = V_0 + \Delta V$,其中 ΔV 是因空气膨胀而增加的体积,即排出到室外的温度为 T_2、压强为 p_0 的空气体积.因此

$$p_0 V_0 = \nu R T_1, \quad p_0 (V_0 + \Delta V) = \nu R T_2$$

于是得到冬天时房间内空气的重量 W_1 与夏天时房间内空气质量 W_2 之比等于夏天时 $V_0 + \Delta V$ 内的空气重量 W_1 与其中一部分（即 V_0 中）的空气重量之比,即

$$\frac{W_1}{W_2} = \frac{V_0 + \Delta V}{V_0} = \frac{T_2}{T_1} = 1.12$$

【点评】   从不同的思路考虑同一道题目,可以得到不同的解题方法.

例题 2.03   在制造氦氖激光管时,要充以一定比例的混合气体.如图所示的两个容器中,分别充以氦气和氖气.氦气的压强为 $2.0 \times 10^4 \, \text{Pa}$,氖气的压强为 $1.2 \times 10^4 \, \text{Pa}$. V_1 是 V_2 的 2 倍.现打开活塞,使两部分气体均匀混合.试求混合后气体的总压强和两种气体

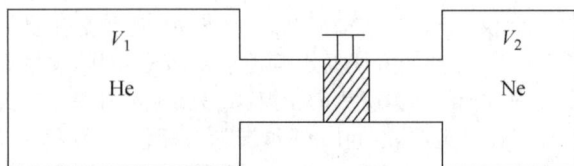

题 2.03 图   氦氖气体混合示意图

* 参见《1990 年国际温标宣传手册》（国家技术监督局计量司编）.

的分压强.

【提示】　混合理想气体的各组分气体也满足相应的状态方程.

【题解】　打开活塞后,两种气体均匀混合,充满容器 V_1+V_2.设混合前后各气体的温度相等,并都为理想气体、混合后氦气的分压强为 p_{He},氖气的分压强为 p_{Ne};混合前氦气的压强为 p_1,氖气的压强为 p_2.则

$$p_1=2.0\times10^4\,\mathrm{Pa},\quad p_2=1.2\times10^4\,\mathrm{Pa}$$

$$p_{He}(V_1+V_2)=p_1V_1,\quad p_{Ne}(V_1+V_2)=p_2V_2$$

所以

$$p_{He}=\frac{V_1}{V_1+V_2}p_1=\frac{2}{3}\times2.0\times10^4=1.33\times10^4\,(\mathrm{Pa})$$

$$p_{Ne}=\frac{V_2}{V_1+V_2}p_2=\frac{1}{3}\times1.2\times10^4=4\times10^3\,(\mathrm{Pa})$$

混合气体的总压强

$$p=p_{He}+p_{Ne}=1.73\times10^4\,(\mathrm{Pa})$$

【点评】　本题的要点是明确混合理想气体中,组分气体分压强的意义.

例题 2.04　一篮球在温度为 0℃ 时被打入空气,直至球内压强为 1.5 大气压.

(1) 在球赛时篮球内气体的温度升至 30℃,试问此时球内的压强是多少?

(2) 在球赛中篮球被刺破一小孔因漏气而被换下,试问当该球内气体温度恢复至 0℃ 时最终漏掉的空气是原有空气的百分之几?

【提示】　应用理想气体的状态方程.

【题解】　(1) 设在上述过程中篮球的体积不变(恒为 V_0),则球内空气的状态压强 $p_0=1.5\mathrm{atm}$, $T_0=273K$.设 30℃ 时的压强为 p,此时的温度 $T=(30+273)K=303K$,所以

$$p_0V_0=\nu RT_0,\quad pV_0=\nu RT$$

由此得

$$p=\frac{Tp_0}{T_0}=\frac{303}{273}\times1.5=1.66\,(\mathrm{atm})$$

(2) 篮球因漏气而压强下降,最终球内气体与外面空气达到平衡,此时压强与外面空气的压强相等(为 $p=1\mathrm{atm}$),温度 $T=273K$,体积为 V_0.设球内空气的质量为 m,则 $pV_0=\frac{m}{M}RT$,其中 M 为空气的平均摩尔质量,所以 $m=\frac{MpV_0}{RT}$.同理得漏气前球内空气的质量 $m_0=\frac{Mp_0V_0}{RT_0}$.最终漏掉空气与原有空气的百分比 x 为

$$x=\frac{\Delta m}{m_0}=\frac{m_0-m}{m}=\frac{p_0-p}{p}=\frac{1.5-1}{1.5}=\frac{1}{3}=33.3\%$$

【点评】　最后篮球因漏气而恢复到打气前的状态,很显然漏出去的空气质量一定与开始时打到篮球内的空气质量相等.设打入球内的空气质量为 Δm_0,它被打进篮球后,该球内气体压强增加了 0.5atm,而原来气体产生的压强为 1atm,可见打进篮球气体的质量仅为原来气体质量的一半,因而最后篮球又把这部分气体排出体外.排出去的气体质量与篮球漏气前气体质量比为 ⅓.

用理想气体状态方程计算时,设想打进去的空气的体积为 ΔV,篮球的体积为 V_0,则有

$$p(V_0 + \Delta V) = \nu R T_0, \quad p_1 V_0 = \nu R T_0$$

式中 $T_0 = 273\mathrm{K}$, $p = 1\mathrm{atm}$, $p_1 = 1.5\mathrm{atm}$, 解得

$$\frac{\Delta V}{V_0} = \frac{p_1 - p}{p} = 0.5$$

因为 $m = V\rho$, 所以 $\dfrac{\Delta m}{m} = 0.5$ 或 $\Delta m = 0.5m$. 可知打进篮球的气体质量是篮球内气体总质量的 $\frac{1}{3}$.

例题 2.05　　试由理想气体的状态方程, 导出理想气体的压强公式 $p = nKT$. 式中 p 为理想气体的压强, n 为理想气体的数密度, 即单位体积中的分子数目, T 为绝对温度, K 为玻耳兹曼常数, $K = \dfrac{R}{N_A}$, N_A 为 1mol 理想气体的分子数, N_A 为阿伏伽德罗常数.

【提示】　　注意 K, R 及 N_A 这些常数的意义; 系统的总分子数 $N = \nu N_A$, ν 为系统的摩尔数.

【题解】　　设任一理想气体系统的质量为 m, 其摩尔质量为 M, 则当该系统处于体积为 V、温度为 T 的平衡态时, 由状态方程, 知其压强为 $p = \dfrac{m}{MV}RT$, 其中 $\dfrac{m}{M} = \nu$ 为摩尔数. 该系统的分子数 $N = \nu N_A = \dfrac{m}{M} N_A$, 所以, $\dfrac{m}{M} = \dfrac{N}{N_A}$. 代入 p 的表达式得

$$p = \frac{N}{N_A V}RT = n\frac{R}{N_A}T = nKT$$

式中 $K = \dfrac{R}{N_A}$, K 称为玻尔兹曼常数.

【点评】　　$p = nKT$ 称为理想气体的压强公式, 其实也是理想气体状态方程的一种表示式. 许多问题中用它来讨论更为方便.

例题 2.06　　设一氢气球可以自由膨胀以保持其内外压强相等. 随着气球的上升, 因大气压随高度减少, 气球将不断膨胀. 如果气球内的氢气和球外的大气皆可视作理想气体, 并忽略重力加速度及空气的摩尔质量随高度的变化. 试求氢气球上升过程中所受浮力的变化.

【提示】　　根据理想气体的状态方程求出气球在空气中任意两个位置所受浮力进行比较.

【题解】　　**解法 1**　　如图所示, 氢气球在两个不同高度受到浮力 F_1 及 F_2, 而氢气球与大气达到力学平衡和热平衡, 即气球内外压强和温度均相等. 若该两处大气的分子数密度分别为 n_1 及 n_2, 则

$$F_1 = V_1 \cdot n_1 mg, \quad F_2 = V_2 \cdot n_2 \cdot mg$$

式中 m 为大气分子的平均质量, g 为重力加速度, 它随高度的变化可忽略. 因 $p = nKT$, 所以

$$n_1 = \frac{p_1}{KT_1}, \quad n_2 = \frac{p_2}{KT_2}$$

因此

$$\frac{F_1}{F_2} = \frac{V_1 n_1}{V_2 n_2} = \frac{V_1 p_1 \cdot T_2}{V_2 p_2 \cdot T_1} = \frac{\nu KT_1 \cdot T_2}{\nu KT_2 \cdot T_1} = 1$$

题解 2.06 图　　氢气球在两不同高度所受浮力的示意图

式中 ν 为氢气球氢气的摩尔数. 由此可知氢气球所受浮力不变.

解法 2　　设氢气球在任一高度时体积为 V, 大气的分子数密度为 n, 压强为 p, 温度为 T, 则氢气球受到的浮力 $F = V \cdot n \cdot mg$, 式中 m 为大气分子的平均质量, g 为重力加速度.

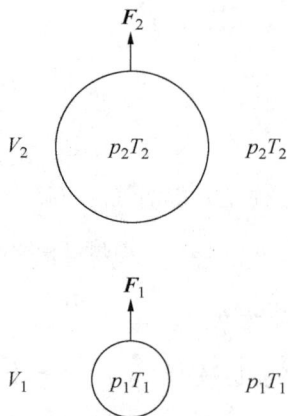

因 $p = nRT$,所以 $F = \dfrac{Vp}{RT}mg$. 设氢气球内的压强、温度均与球外大气相等,则

$$F = \dfrac{pV}{N_A RT}\, m N_A g = \dfrac{\nu RT}{RT}Mg = \nu Mg$$

式中 ν 为氢气球氢气的摩尔数,M 为空气的平均摩尔质量. 由此可知若忽略 M,g 随高度的变化,则氢气球所受浮力是一个常数,与高度无关.

【点评】　上述结论的一个重要假设是氢气球内的压强与外界大气的压强相等,而实际情况通常是氢气球充气时使其压强比大气压高,球内的压强等于大气压加气球色膜因弹性弯曲面而产生的附加压强. 气球越小,附加压强越大,反之亦然. 到高空因大气压降低,氢气球越来越大,其色膜也拉伸得越大,膜内产生的弹性力也大,就很容易把膜拉裂而导致气球破裂下落.

例题 2.07　一充有 1.05atm(标准大气压),10^{-4} kg 的氢气球顶在天花板上. 试问气球与天花板的接触面积有多大?(忽略气球本身的重量,已知空气的平均摩尔质量为 28.8g.)

【提示】　氢气球的内外压强并不相等.

【题解】　如图所示,一氢气球顶在天花板上. 设它与天花板的接触面积为 S. F 为气球受到空气的浮力,F' 为天花板给气球的作用力,p_0 为大气压,V 为气体的体积,p 为气球内的压强,氢气及外面大气的温度为 T,则 $pV = \dfrac{m}{M}RT$,式中 m 为氢气球内气体的质量,$M = 2 \times 10^{-3}$ kg·mol^{-1},所以 $V = \dfrac{m}{M}\dfrac{RT}{p}$.

因为 $F = V \cdot \rho \cdot g$,式中 ρ 为空气密度,$\rho = m' \cdot n = \dfrac{M_0}{N_A} \cdot \dfrac{p_0}{RT}$,$m'$ 为一个空气分子的平均质量,N_A 为阿伏伽德罗常数,M_0 为空气的平均摩尔质量. 所以

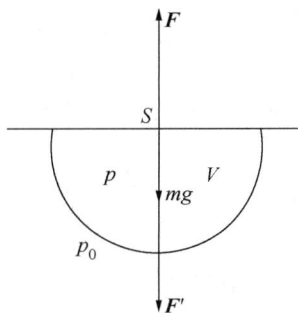
题解 2.07 图　氢气球顶在天花板上示意图

$$F = \dfrac{M_0}{N_A} \cdot \dfrac{p_0 V}{RT}g = \dfrac{M_0}{M} \cdot \dfrac{p_0}{p}mg$$

因为 $F' = p \cdot S'$,而平衡时,$F = F' + mg$,即

$$p \cdot S = \dfrac{M_0}{M} \cdot \dfrac{p_0}{p}mg - mg \approx \dfrac{M_0}{M} \cdot \dfrac{p_0}{p}mg$$

所以

$$S = \dfrac{M_0 p_0}{M p^2}mg = \dfrac{28.8 \times 1.013 \times 10^5}{2 \times (1.05 \times 1.013 \times 10^5)^2} \times 10^{-4} \times 9.8 = 1.26 \times 10^{-7}\,(\text{m}^2)$$

【点评】　数字计算需要注意各量的单位.

例题 2.08　一个一端封闭的薄壁圆柱形浮沉子,开口端向下插入密度为 ρ 的液体中,此时内部封入少量气体. 在外压强为 P_0 时,其闭端恰巧与水平液面相平. 试证:当外压强突然增加至 $2P_0$ 时,浮沉子下沉深度 x 与它在该处的运动速度 v 的关系为

$$v^2 = 2gx - \dfrac{2p_0}{\rho}\ln(1 + \rho gx/2p_0)$$

式中 g 为重力加速度. 空气密度与 ρ 相比可以忽略,过程中粘滞阻力亦可以不计,空气可看作理想气体.

【提示】　浮沉子在液面下 x 处时,浮沉子内气体的压强等于液面大气的压强加上该处液体的压

强 $9gx$.

【题解】 如图所示,因为浮沉子中封入的气体量很少,当它位于 $x = 0$ 的液面处时,气体的体积为 V_0、压强为 p_0.这时浮沉子受到的浮力 F' 与浮沉子所受的重力 Mg 相等,即 $Mg = F' = V_0 \rho g$.

设当外压强为 $2p_0$、浮沉子位于离液面 x 处时,气体体积为 V,压强 $p = 2p_0 + \rho g x$,受到的浮力为 F,重力仍为 Mg.若浮沉子的温度与液体温度相同而保持不变,则 $V(2p_0 + \rho g x) = p_0 V_0$,所以 $V = \dfrac{p_0 V_0}{2p_0 + \rho g x}$.
而

题解 2.08 图　封有少量气体的浮沉子的示意图

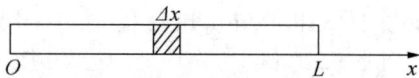

$$F = V \rho g = \frac{p_0 V_0 \rho g}{2p_0 + \rho g x}$$

根据牛顿第二定律,浮沉子的加速度满足方程 $M\dfrac{\mathrm{d}v}{\mathrm{d}t} = Mg - F$,即 $\rho V_0 \dfrac{\mathrm{d}v}{\mathrm{d}t} = \rho V_0 g - V\rho g$,因而有

$\dfrac{\mathrm{d}v}{\mathrm{d}t} = g - \dfrac{p_0 g}{2p_0 + \rho g x}$.将上式两边乘以 $v = \dfrac{\mathrm{d}x}{\mathrm{d}t}$,可得

$$v\frac{\mathrm{d}v}{\mathrm{d}t} = g\frac{\mathrm{d}x}{\mathrm{d}t} - \frac{p_0 g}{2p_0 + \rho g x}\frac{\mathrm{d}x}{\mathrm{d}t} \quad 或 \quad \frac{\mathrm{d}v^2}{\mathrm{d}t} = 2g\frac{\mathrm{d}x}{\mathrm{d}t} - \frac{2p_0 g}{2p_0\left(1 + \dfrac{\rho g x}{2p_0}\right)}\frac{\mathrm{d}x}{\mathrm{d}t}$$

对上式两边积分得

$$v^2 = 2gx - \frac{2p_0}{\rho}\ln\left(1 + \frac{\rho g x}{2p_0}\right) + c$$

因为 $x = 0$ 时,浮沉子 $v = 0$,所以 $c = 0$,代入上式得

$$v^2 = 2gx - \frac{2p_0}{\rho}\ln\left(1 + \frac{\rho g x}{2p_0}\right)$$

例题 2.09 在一横截面积不变的毛细管内,理想气体的温度自 $x = 0$ 的一端到 $x = L$ 的另一端按照方程 $T = T_0 + \dfrac{T_L - T_0}{L}x$ 线性变化.设毛细管的体积为 V,压强 p 处处相等.试证下式成立:

$$pV = \nu R \frac{T_L - T_0}{\ln(T_L/T_0)}$$

式中 ν 为管中气体的摩尔数.

【提示】 毛细管内的理想气体因各处温度不同而处在一个非平衡态,但在很小的区域仍可视为平衡态,理想气体的状态方程仍适用.

【题解】 **解法1** 如图所示,在毛细管中 x 处任取一小段 Δx,其温度为 $T(x)$,压强为 p,体积为 $\Delta V = A \cdot \Delta x$,$A$ 为毛细管的截面积.由理想气体的状态方程得

题解 2.09 图　长为 L 的均匀毛细血管中充有理想气体

$$pA\Delta x = \frac{\Delta m}{M} \cdot RT(x), \quad \Delta m = \frac{p \cdot AM \cdot \Delta x}{RT(x)}$$

因管中气体的总质量 $m = \nu M$,所以

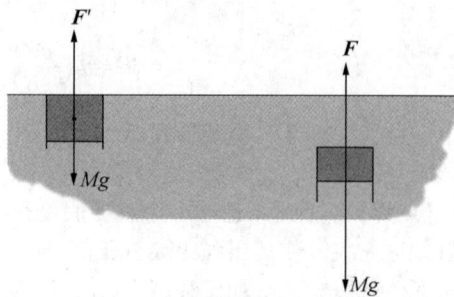

$$m = \nu M = \int_0^L \mathrm{d}m = \frac{p \cdot A \cdot M}{R}\int_0^L \frac{\mathrm{d}x}{\left(T_0 + \dfrac{T_L - T_0}{L}x\right)} = \frac{pAML\ln\frac{T_L}{T_0}}{R(T_L - T_0)} = \frac{pVM\ln\frac{T_L}{T_0}}{R(T_L - T_0)}$$

即 $pV = \nu R \dfrac{T_L - T_0}{\ln\left(\dfrac{T_L}{T_0}\right)}$.

解法 2　因为 $p = nKT$，所以 $n(x) = \dfrac{p}{KT(x)}$. Δx 小段内的分子数为 $\mathrm{d}N = n \cdot A\Delta x$. 总分子数 N 为

$$N = \int_0^L \mathrm{d}N = \frac{PAL}{(T_L - T_0)K}\ln\frac{T_L}{T_0} = \frac{pV}{K(T_L - T_0)}\ln\frac{T_L}{T_0}$$

因为 $\nu = \dfrac{N}{N_A}$，$R = KN_A$，所以 $pV = \dfrac{\nu R(T_L - T_0)}{\ln\dfrac{T_L}{T_0}}$.

【点评】　本题毛细管内的气体处处压强相等，但各处温度不相等，也就是系统处在力学平衡、但热学不平衡的状态，所以整体而言系统不处在平衡态，不能应用理想气体状态方程. 但是我们看到系统两端的温度保持不变，致使系统内部各处温度也不改变. 因此系统的任一小部分处于压强温度、体积都不改变的状态. 所以对一局部处于平衡态，总体不平衡的系统，我们称为处在局域平衡态，对各局域都可应用理想气体的状态方程来讨论.

例题 2.10　在一个截面积为 A 的密闭容器中，有一个质量为 m 的活塞把容器分隔成两部分. 活塞可在容器中无摩擦地滑动. 当活塞平衡不动时，两边气体的温度相同，压强相同（均为 p），体积分别为 V_1 和 V_2. 如图所示. 现设法使活塞稍微偏离平衡位置，然后放开活塞，活塞将作来回振动. 若整个系统可看作是恒温的，则试求：

（1）活塞振动的周期（结果用 p, V_1, V_2, m 和 A 表示）；

（2）气体温度为 0℃ 时的周期 τ 和气体温度为 30℃ 时的周期 τ' 的比值.

【提示】　利用理想气体状态方程和牛顿定律，求出活塞受到的力是一准弹性力，从而得到活塞作简谐振动的周期.

【题解】　（1）设活塞向右移动一个小量 x，如图所示，则活塞两边的体积分别增加 ΔV 和减少 ΔV，$\Delta V = A \cdot x$. 设活塞两边容器内的压强分别为 p_1 和 p_2，则有

$$p_1(V_1 + Ax) = pV_1, \quad p_2(V_2 - Ax) = pV_2$$

因 x 是小量，所以由上式得

$$p_1 = \left(1 - \frac{A}{V_1}x\right)p, \quad p_2 = \left(1 + \frac{A}{V_2}x\right)p$$

活塞受力 f 为

$$A(p_2 - p_1) = 2A^2 p\left(\frac{1}{V_1} + \frac{1}{V_2}\right) \cdot x$$

该力与 x 轴方向相反，它使活塞滑向平衡位置. 同理，如果使活塞向左移动一个小量 x，则活塞受到同样大小但方向沿 x 轴的力. 可把该力 f 写成

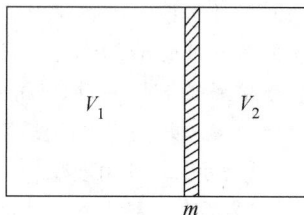

题解 2.10 图（A）

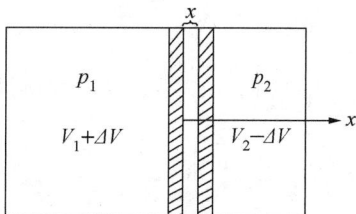

题解 2.10 图（B）

$$f = 2A^2 p \left(\frac{1}{V_1} + \frac{1}{V_2} \right) x = -Kx$$

即表示活塞离开平衡位置一个小位移时,活塞就受到一个准弹性力的作用,因而活塞将作简谐振动.
显然它的角频率 $\omega = \sqrt{\dfrac{k}{m}}$. 周期 τ 为

$$\tau = \frac{2\pi}{\omega} = 2\pi \sqrt{\frac{m}{K}} = 2\pi \sqrt{\frac{mV_1 V_2}{2A^2 p(V_1 + V_2)}}$$

(2) 设 V_1 中有 N_1 个分子,V_2 中有 N_2 个分子,两边压强相等为 p,温度相等为 T,则

$$p = n_1 KT = \frac{N_1}{V_1} KT, \quad p = n_2 KT = \frac{N_2}{V_2} KT$$

因而得

$$p(V_1 + V_2) = (N_1 + N_2)KT = NKT, \quad \tau = 2\pi \sqrt{\frac{mV_1 V_2}{2A^2 \cdot NKT}}$$

式中 N 为两容器内的总分子数,在活塞振动时保持不变.所以当气体温度分别为 0℃ 及 30℃ 时,振动
周期 τ 与 τ' 的比值为

$$\frac{\tau'}{\tau} = \sqrt{\frac{T}{T'}} = \sqrt{\frac{273}{303}} = \sqrt{\frac{273}{273 + 30}} = \left(\frac{1}{1 + \frac{30}{273}} \right)^{\frac{1}{2}} = 1 - \frac{1}{2} \cdot \frac{30}{273} \approx 1 - 0.05 = 0.95$$

【点评】   在上述运算过程中看到,如果活塞偏离平衡位置 x 不是一个小量,作用在活塞上的力就
不是一个准弹性力,活塞虽也会作振动,但不是谐振动,其实是当 x 较大时,活塞受到的作用力也较
大,活塞在平衡位置附近的加速度也较大,这时两边容器中气体的体积变化也较快.可以设想当活塞
较快向右移动时,左面容器靠近活塞的地方空气的分子数就较少,或者说分子数密度较小,其他地方
的分子数密度较大.分子数密度大的地方的分子就要向小的地方扩散,如果这种分子扩散而使容器内
分子数密度趋向均匀的速度跟不上活塞移动而产生的不均匀,则容器内各处分子数密度就不相等,气
体内部各处的压强也不会相等,这时就不能把这部分气体称为处于平衡态,物理上称它为非平衡态.
这时即使可把它看成理想气体,但状态方程已不适用.所以,上述运算过程建立在气体一直处于平衡
态的假设基础上,当 x 很小时这个假设是成立的.

例题 2.11   一抽气机的转速为 ω/分,该抽气机每分钟能抽出气体 c 升.设一容器的体积为 V,试
问经过多少时间后才能使容器内的压强由 p_0 降至 $10^{-2} p_0$?

【提示】   利用理想气体状态方程及近似 $\ln(1 + x) \approx x (x \ll 1)$.

【题解】   **解法 1**   因为抽气机的转速为 ω/分,每分钟抽出的气体体积为 c 升,所以抽气机每转一
次抽的气体体积 v 为 $v = c / \omega$. 设抽气机抽一次后容器中的压强为 p_1,则 $p_1 (V + v) = p_0 V$,即

$$p_1 = \left(\frac{V}{V + v} \right) p_0 = \left(\frac{V}{V + c/\omega} \right) p_0$$

设抽了 n 次后,容器中的压强为 p_n,则由上面的分析得

$$p_n = \left(\frac{V}{V + c/\omega} \right)^n p_0, \quad n = \frac{\ln \dfrac{p_n}{p_0}}{\ln \left(\dfrac{V}{V + c/\omega} \right)}$$

所用时间 t 为

$$t = \frac{n}{\omega} = \frac{\ln \dfrac{p_0}{p_n}}{\omega \ln \left(1 + \dfrac{c}{V\omega}\right)}$$

当 $p_n = 10^{-2} p_0$ 时,

$$t = \frac{2\ln 10}{\omega \ln \left(1 + \dfrac{c}{\omega V}\right)}$$

若 $\dfrac{c}{\omega V} \ll 1$, 则

$$t = \frac{V}{c}\ln \frac{p_0}{p_n} = 2\frac{V}{c}\ln 10 \approx 4.606\frac{V}{c}(\text{分})$$

解法 2　设抽气机经 dt 时间抽出的气体体积 $dv = cdt$, 容器内的压强为 $p + dp$, 则 $(p + dp)(V + cdt) = pV$, 因 $dv \ll V$, 所以

$$\frac{dp}{p} = -\frac{c}{V}dt$$

两边积分得

$$t = \frac{V}{c}\ln \frac{p_0}{p} = \frac{V}{c}\ln \frac{p_0}{10^{-2}p_0} = \frac{2V}{c}\ln 10 = 4.606\frac{V}{c}(\text{分})$$

【点评】　本题主要涉及理想气体的状态方程. 解法 1 把整个抽气过程看成由一系列小过程构成的不连续过程. 抽气机每运转一次, 抽出容器 V 中的气体体积 $v = c/\omega$, 容器中气体的压强也相应变化, 压强变化的方程为一个代数方程. 当 v/V 是一个小量时, 每一次抽气, 容器中压强的变化很小, 因而整个过程中压强的变化可看成连续的, 从而得到近似表达式. 解法 2 则把整个过程看成一个连续过程, 也就是一开始就假定 c 是一个小量, 则整个过程就是容器 V 中的气体连续泄出的过程, 压强的变化满足微分方程. 在极限情况下解法 1 和解法 2 的结果相同.

例题 2.12　地面上干燥空气中主要组成气体的体积分数约为氮 78.1%、氧 20.9%、氩 1.0%. 在标准状态下试求下列各量:

(1) 各组分以 atm 为单位的分压强;

(2) 各组分的密度;

(3) 干燥空气的密度;

(4) 干燥空气的平均相对分子质量.

【提示】　利用混合气体中各组分气体的状态方程.

【题解】　在标准状态下, 地面上的干燥空气可视为理想气体. 下面计算中各热学量的下角标"1,2,3"分别表示氮气、氧气及氩气的相关热学量.

(1) 如图(a)所示, 设在体积为 V 的容器中贮有干燥的空气, 它同地面上空气的组成相同, 也就是设想在地面划出一体积为 V 的干燥空气, 其总压强为 p, 温度为 T. 设 m_1, m_2 及 m_3 分别为容器中所含组分气体的质量, M_1, M_2 及 M_3 为它们的摩尔质量, 它们产生的分压强为 p_1, p_2 及 p_3, 则

$$\begin{cases} p_1 V = \dfrac{m_1}{M_1}RT \\[2mm] p_2 V = \dfrac{m_2}{M_2}RT \\[2mm] p_3 V = \dfrac{m_3}{M_3}RT \end{cases} \tag{1}$$

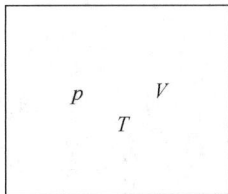

(a)

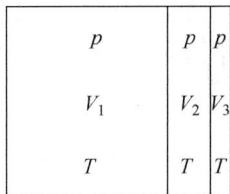

(b)

题解 2.12 图

设想如图(b)所示,把容器分成 V_1,V_2 和 V_3 共 3 个部分,它们分别占总体积 V 的 78.1%,20.9% 和 1.0%.而它们的压强、温度均相等,分别为 p 和 T,则

$$\begin{cases} pV_1 = \dfrac{m_1}{M_1}RT = \nu_1 RT \\[2mm] pV_2 = \dfrac{m_2}{M_2}RT = \nu_2 RT \\[2mm] pV_3 = \dfrac{m_3}{M_3}RT = \nu_3 RT \end{cases} \tag{2}$$

由上式得

$$\begin{cases} \dfrac{p_1}{p} = \dfrac{V_1}{V} = \dfrac{\nu_1}{\nu} = 78.1 \times 10^{-2}, \quad p_1 = 78.1 \times 10^{-2} p = 78.1 \times 10^{-2} = 0.781(\text{atm}) \\[2mm] \dfrac{p_2}{p} = \dfrac{V_2}{V} = \dfrac{\nu_2}{\nu} = 20.9 \times 10^{-2}, \quad p_2 = 20.9 \times 10^{-2} p = 20.9 \times 10^{-2} = 0.209(\text{atm}) \\[2mm] \dfrac{p_3}{p} = \dfrac{V_3}{V} = \dfrac{\nu_3}{\nu} = 1 \times 10^{-2}, \quad p_3 = 1 \times 10^{-2} p = 10^{-2} = 0.01(\text{atm}) \end{cases}$$

（2）由元素周期表可查得各种气体的摩尔质量如下:$M_1 = 28\text{g}$, $M_2 = 32\text{g}$, $M_3 = 39.9\text{g}$. 各组成气体的密度 $\rho_1 = \dfrac{m_1}{V}$,而 $p_1 V = \dfrac{m_1}{M_1}RT$, $V = \dfrac{m_1}{M_1 p_1}RT$,所以

$$\begin{cases} \rho_1 = \dfrac{p_1 M_1}{RT} \\[2mm] \rho_2 = \dfrac{p_2 M_2}{RT} \\[2mm] \rho_3 = \dfrac{p_3 M_3}{RT} \end{cases}$$

这里 $T = 273\text{K}$,$R = 8.31\text{J} \cdot \text{mol}^{-1}\text{K}^{-1} = 8.21 \times 10^{-5}\text{m}^3\text{atmmol}^{-1}\text{K}^{-1}$,代入上式得

$$\begin{cases} \rho_1 = \dfrac{28.0 \times 10^{-3} \times 0.781}{8.21 \times 10^{-5} \times 273} \approx 0.976(\text{kg} \cdot \text{m}^{-3}) \\[2mm] \rho_2 = \dfrac{32.0 \times 10^{-3} \times 0.209}{8.21 \times 10^{-5} \times 273} \approx 0.298(\text{kg} \cdot \text{m}^{-3}) \\[2mm] \rho_3 = \dfrac{39.9 \times 10^{-3} \times 0.010}{8.21 \times 10^{-5} \times 273} \approx 1.8 \times 10^{-2}(\text{kg} \cdot \text{m}^{-3}) \end{cases}$$

（3）干燥空气的密度 ρ 为

$$\rho = \frac{m}{V} = \frac{(m_1 + m_2 + m_3)}{V} = \rho_1 + \rho_2 + \rho_3 = 0.976 + 0.298 + 1.8 \times 10^{-2} = 1.292(\text{kg} \cdot \text{m}^{-3})$$

（4）由干燥空气的平均相对分子质量可得平均摩尔质量 M_r.

$$M_r = \frac{mRT}{PV} = \frac{(m_1 + m_2 + m_3)RT}{(p_1 + p_2 + p_3)V} = \frac{(m_1 + m_2 + m_3)RT}{\left(\dfrac{m_1}{M_1} + \dfrac{m_2}{M_2} + \dfrac{m_3}{M_3}\right)RT}$$

$$= \frac{\nu_1 M_1 + \nu_2 M_2 + \nu_3 M_3}{\nu_1 + \nu_2 + \nu_3} = \frac{\nu_1}{\nu}M_1 + \frac{\nu_2}{\nu}M_2 + \frac{\nu_3}{\nu}M_3 = \frac{V_1}{V}M_1 + \frac{V_2}{V}M_2 + \frac{V_3}{V}M_3$$

$$= 0.781 \times 28 + 0.209 \times 32.0 + 0.010 \times 39.9 = 29.0$$

故干燥空气的摩尔质量为 29.0g.

【点评】 对由多种成分的气体组成的混合气体,当均匀混合、并可视为理想气体时,有这样一个

重要性质或等式:

$$\frac{p_i}{p} = \frac{V_i}{V} = \frac{\nu_i}{\nu} = \frac{n_i}{n}$$

式中 n_i 是第 i 分子的数密度, $n = \sum_i n_i$, n 是整个混合气体的数密度.

例题 2.13　一容器放入氧及水蒸气的混合物,其中水蒸气所含质量占 20%. 在 $t = 100℃$ 时,混合物气体的压强 $p = 1.01325 \times 10^5 \, \text{Pa}$. 假设 $t = 0℃$ 时,水蒸气全部凝结成水. 水的体积相对容器来讲可以忽略不计. 试计算 0℃ 时容器内气体的压强 p'.

【提示】　利用状态方程求出系统的体积, 0℃ 时容器内的气体全部为氧气.

【题解】　设 $t = 100℃$ 时,容器 V 内水蒸气的压强为 p_1、质量为 m_1,氧气的压强为 p_2、质量为 m_2. 若把它们视作理想气体,则下列等式成立:

$$p = p_1 + p_2 \tag{1}$$

$$p_1 V = \frac{m_1}{M_1} R T_1 \tag{2}$$

$$p_2 V = \frac{m_2}{M_2} R T_1 \tag{3}$$

$$m_1 = \frac{1}{5}(m_1 + m_2), \quad m_2 = \frac{4}{5}(m_1 + m_2) \tag{4}$$

式中 $M_1 = 18\text{g}$, $M_2 = 32\text{g}$. 由上面各式得 $p_1 = \frac{4}{9} p_2$,代入(1)式 得

$$p_1 = \frac{4}{13}(\text{atm}), \quad p_2 = \frac{9}{13}(\text{atm})$$

代入(3)式得

$$\nu_2 = \frac{p_2 V}{R T_1} \tag{5}$$

当 $t = 0℃$ 时,水蒸气全部凝结. 所以

$$p' V = \nu_2 R T' \tag{6}$$

由(5)式、(6)式得

$$p' = \frac{T'}{T_1} p_2 = 0.507(\text{atm}) = 5.14 \times 10^4 \, \text{Pa}$$

【点评】　本题中假设 $t = 0℃$ 时,水蒸气全部凝结成水. 实际上水蒸气不可能全部凝结成水,水面上总有水蒸气存在. 当达到平衡时,水面上的水蒸气称为饱和蒸气,这时单位时间内从液面跑出来的水分子与从水液面上混合气体中回到水中的水分子数目相等. 水的饱和蒸气的压强称为饱和蒸气压,它与液面的形状及温度有关. 在平液面的情况下,在 0℃ 时水的饱和蒸气压为 $6.106 \times 10^2 \, \text{Pa}$,在 100℃ 时为 $1.013 \times 10^5 \, \text{Pa}$,即 1 个大气压. 上面的这两组数据或性质很重要,最好能记住.

例题 2.14　如图所示,一密封的气缸内有空气,缸底有极少量的水,整个系统处在平衡态. 气体的温度为 T,气体的体积为 V_1,压强 $p_1 = 2.00\text{atm}$. 现将活塞慢慢下压,并保持缸内温度不变. 当气体体积减少到 $V_2 = \frac{1}{2} V_1$,压强 $p_2 = 3.00\text{atm}$ 时,试求其温度 T.

【提示】　气缸内的气体由空气和水蒸气两部分组成;温度不变,水的饱和蒸气压也不改变.

【题解】　因水的体积很小,所以可忽略. 活塞下压前,缸内气体由两部分组成. 设其中空气的压强

为 p_{1g}，饱和水蒸气的压强为 p_s，则

$$p_1 = p_{1g} + p_s = 2.00 (\text{atm}) \tag{1}$$

设这种气体为理想气体，则

$$p_{1g} V_1 = p_{2g} V_2 \tag{2}$$

$$p_2 = p_s + p_{2g} = 3.00 (\text{atm}) \tag{3}$$

由(2)式得

$$p_{2g} = \frac{V_1}{V_2} p_{1g} = 2 p_{1g} \tag{4}$$

题解 2.14 图

由(1)式、(3)式及(4)式得

$$p_{1g} = 1\text{atm}, \quad p_{2g} = 2\text{atm}, \quad p_s = 1\text{atm}$$

由于水的饱和蒸气压 $p_s = 1\text{atm}$，所以其温度 $T = 100℃$.

【点评】　(1)一般知道了水蒸气的饱和蒸压就等于知道其温度. 特别当 $p_s = 1\text{atm}$ 时，系统温度 $T = 100℃$.

(2) 活塞缓慢下压且温度不变，过程中有一部分水蒸气液化成水，但因水的比容比其蒸气小得多，因而水的体积仍可忽略不计. 由于系统温度不变，因此 p_s 不变.

例题 2.15　　试由分子运动论的简化模型证明：

(1) 理想气体的压强 $p = \frac{1}{3} nm \overline{v^2} = \frac{2}{3} n \overline{\varepsilon_t}$，式中 m 为分子的质量，n 为分子数密度，$\overline{v^2}$ 为分子速度平方的平均值，$\overline{\varepsilon_t}$ 为分子的平均平动能.

(2) 单原子理想气体的摩尔内能 $U = \frac{3}{2} RT$.

【提示】　利用分子作无规则热运动、统计平均的概念及质点动力学的定律，并作 $\overline{v_x^2} = \overline{v_x}^2$ 的近似.

【题解】　(1) 设由 N 个单原子分子构成的热学系统，被置于一个边长为 l 的立方体中. 由于每个分子都作无规则运动，对每个分子来说，其对各个方向运动的概率是完全相同的. 因此可以简单地假设 N 个分子中有 $\frac{1}{6} N$ 个分子在 x 轴方向来回运动，$\frac{1}{6} N$ 个分子在 y 方向、$\frac{1}{6} N$ 个分子在 z 方向运动. 它们分别与垂直于 x 轴、y 轴、z 轴的壁相碰.

如图所示，对沿 x 轴运动的 $\frac{1}{6} N$ 个分子来说，假设每个分子的平均速率为 $\overline{v_x}$，则每个分子平均每秒碰撞垂直于 x 轴的壁的次数为 $\frac{\overline{v_x}}{l}$. 每个分子一次碰壁给壁的冲量 $\Delta I = 2m \overline{v_x}$. 而平均每秒碰壁的分子数为 $\frac{1}{6} N \cdot \frac{\overline{v_x}}{n}$，所以壁平均每秒获得的冲量为

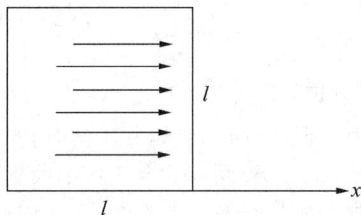

题解 2.15 图　平均来说容器中有 $\frac{1}{6} N$ 个分子沿 x 轴方向运动。

$$I = \frac{1}{6} N \cdot \frac{\overline{v_x}}{l} \cdot 2m \overline{v_x} = \frac{N}{3} m \frac{\overline{v_x^2}}{l}$$

壁受到的平均冲力 F 即为单位时间内的冲量，所以 $F = \frac{N}{3} m \frac{\overline{v_x^2}}{l}$. 运动分子对壁产生的压强 p 为

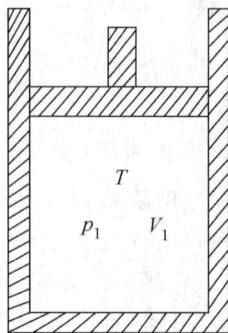

$$p = \frac{F}{S} = \frac{F}{l^2} = \frac{N}{3} m \frac{\overline{v_x^2}}{l^3} = \frac{m}{3} \frac{N}{V} \overline{v_x^2} = \frac{m}{3} n \overline{v_x^2}$$

假定 $\overline{v_x^2} = \overline{v_x^2}$,则得

$$p = \frac{1}{3} nm \overline{v_x^2} = \frac{2}{3} n \overline{\frac{1}{2} m v_x^2} = \frac{2}{3} n \overline{\varepsilon_t}$$

式中 $\overline{\varepsilon_t} = \frac{1}{2} m \overline{v_x^2}$,称为分子的平均平动能. 与理想气体压强公式 $p = nKT$ 相比,可得 $\overline{\varepsilon_t} = \frac{3}{2} KT$. 该结果与严格的统计理论结果相同.

（2）对 1mol 单原子理想气体,其内能

$$U = N_A \cdot \frac{1}{2} m \overline{v^2} = N_A \overline{\varepsilon}$$

式中 $\overline{\varepsilon}$ 为每个分子的平均动能(因分子间没有相互作用产生的势能),而单原子分子没有振动和转动,所以其平均动能就是平均平动能. 系统的内能就是所有分子平均平动能之和,1mol 气体的内能为

$$U = N_A \cdot \frac{3}{2} \cdot KT = \frac{3}{2} RT$$

由此可知单原子分子组成的理想气体,其内能仅是温度的函数.

【点评】　（1）在这里仅用最简单的模型及一个近似,就能得到与严格的统计理论计算相同的结果. 这表明所用模型虽简单,却抓住了问题的本质. 对于一个复杂的物理论题,只要能得到正确或较好的结果,所用模型越简单越好.

（2）这里所得的结果很重要, $p = \frac{2}{3} n \overline{\varepsilon_t}$ 表明大量分子组成的系统处在平衡态时,其压强是由分子的平动运动产生的. 对双原子分子或多原子分子系统,这些系统中的分子除作平动外,还可能作振动(双原子分子或多原子分子)或转动(多原子分子)运动. 但分子的振动及转动对压强无贡献.

（3）分子的平均平动能 $\overline{\varepsilon_t} = \frac{3}{2} KT$ 把分子的微观运动与系统的宏观参量温度联系起来,表明了温度的微观意义:温度是描述系统分子运动激烈程度的物理量.

例题 2.16　外层空间的温度约为 3K,主要是氢原子气体,平均每立方厘米有一个氢原子. 试求:

（1）外层空间中这种气体所产生的压强;

（2）每个氢原子的平均动能;

（3）氢原子的速度平方的平均值(即 $\overline{v^2}$).

【提示】　把外层空间中的氢原子气体视作理想气体,利用压强公式及氢原子的平均平动能表示式.

【题解】　（1）因 $p = nKT$,所以外层空间的压强

$$p = 1 \times 10^{-6} \times 1.38 \times 10^{-23} \times 3 = 4.14 \times 10^{-29} (\text{Pa})$$

（2）每个氢原子的平均动能

$$\overline{\varepsilon} = \frac{3}{2} KT = \frac{3}{2} \times 1.38 \times 10^{-23} \times 3 = 6.21 \times 10^{-23} (\text{J})$$

（3）氢原子的动能和速度平方的平均值分别为

$$\frac{1}{2} m \overline{v^2} = \frac{3}{2} KT, \quad \overline{v^2} = \frac{3}{m} KT = 7.48 \times 10^4 (\text{m}^2 \text{s}^{-2})$$

例题 2.17 如图所示,同种单原子气体被放在用刚性绝热壁所做容器的两个部分,抽去中间隔板后它们均匀混合.试求混合后气体的温度和压强.

【提示】 整个系统混合前后内能不变.

【题解】 设气体为理想气体,混合过程是一个绝热过程,而且整个系统也没有对外做功,所以混合前后系统的内能相等.因为是单原子理想气体,所以每个分子的平均动能 $\bar{\varepsilon} = \frac{3}{2}KT$. 设混合前后容器两边的气体分子数目分别为 N_1 和 N_2,混合后的气体温度为 T,则

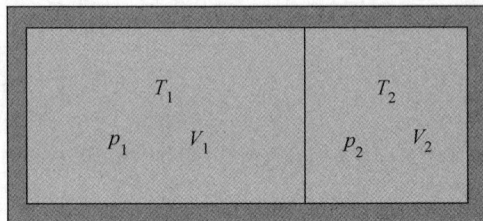

题 2.17 图

$$N_1 \cdot \frac{3}{2}KT_1 + N_2 \cdot \frac{3}{2}KT_2 = (N_1 + N_2) \cdot \frac{3}{2}KT$$

混合后的温度 $T = \dfrac{N_1 T_1 + N_2 T_2}{N_1 + N_2}$. 由 $pV = \nu RT$ 可知 $\nu_1 = \dfrac{p_1 V_1}{RT_1}$, $\nu_2 = \dfrac{p_2 V_2}{RT_2}$,式中 ν_1,ν_2 分别表示两部分气体的摩尔数.因为 $N = \nu N_A$,所以,$N_1 = \nu_1 N_A$,$N_2 = \nu_2 N_A$.故

$$T = \frac{\nu_1 T_1 + \nu_2 T_2}{\nu_1 + \nu_2} = \frac{p_1 V_1 + p_2 V_2}{p_1 V_1 / T_1 + p_2 V_2 / T_2}$$

混合后气体的压强为

$$p = \frac{\nu RT}{V} = \frac{(\nu_1 + \nu_2)RT}{V_1 + V_2} = \frac{p_1 V_1 + p_2 V_2}{V_1 + V_2}$$

例题 2.18 粗细均匀的杆由长为 l_1 和 l_2、热导率为 κ_1 和 κ_2 两种材料的杆连接而成,两端分别与温度为 T_1 和 T_2 的热源相接触,如图所示.试求稳定后杆中任一点的温度及热流密度.

【提示】 利用热传导方程求出温度在杆中的分布.

【题解】 在稳定的条件下,粗细均匀的杆中的热流密度 $J = $ 常数,即 $J = -k\dfrac{\partial T}{\partial x} = c$,所以可得杆中 l_1 和 l_2 部分的温度 T_{l_1} 及 T_{l_2} 分别为

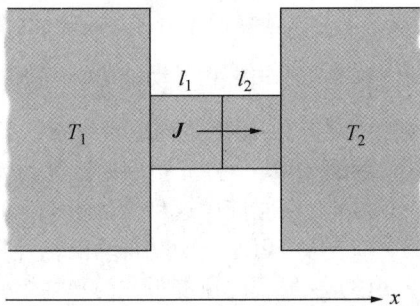

$$T_{l_1} = -\frac{c}{\kappa_1}x + c_1, \quad T_{l_2} = -\frac{c}{\kappa_2}x + c_2$$

式中积分常数 c_1 及 c_2 可由已知边界条件来确定.因为 $x = 0$ 时,$T_{l_1} = T_1$,所以 $c_1 = T_1$;又因为 $x = l_1 + l_2$ 时,$T_{l_2} = T_2$,所以 $c_2 = T_2 + \dfrac{c}{\kappa_2}(l_1 + l_2)$. 因此可得

题 2.18 图

$$T_{l_1} = -\frac{c}{\kappa_1}x + T_1, \quad T_{l_2} = \frac{c}{\kappa_2}(l_1 + l_2 - x) + T_2$$

又因为当 $x = l_1$ 时,$T_{l_1} = T_{l_2}$,即 $-\dfrac{c}{\kappa_1}l_1 + T_1 = \dfrac{c}{\kappa_2}l_2 + T_2$,所以得 $c = \dfrac{T_1 - T_2}{l_1/\kappa_1 + l_2/\kappa_2}$. 将 c 代入 T_{l_1} 及 T_{l_2} 的表达式得

$$T_{l_1} = -\frac{\kappa_2(T_1 - T_2)}{\kappa_2 l_1 + \kappa_1 l_2}x + T_1, \quad T_{l_2} = \frac{\kappa_1(T_1 - T_2)}{\kappa_2 l_1 + \kappa_1 l_2}(l_1 + l_2 - x) + T_2$$

热流密度

$$J = c = \frac{T_1 - T_2}{l_1/\kappa_1 + l_2/\kappa_2} = \frac{\kappa_1 \kappa_2 (T_1 - T_2)}{\kappa_2 L_1 + \kappa_1 l_2}$$

例题 2.19　一定质量的理想气体,经一准静态过程从状态 A 到状态 B,如图所示.试在 $p-V$ 图上用图形(或曲线所围面积)来表示系统在该过程中所做的功、内能的增量和吸取的热量.

【提示】　理想气体在 $P-V$ 上的等温过程和绝热过程分别由 $PV = C_1$ 及 $PV^\gamma = C_2$ 表示,式中 C_1 和 C_2 为常数,$\gamma = C_p/C_V$.

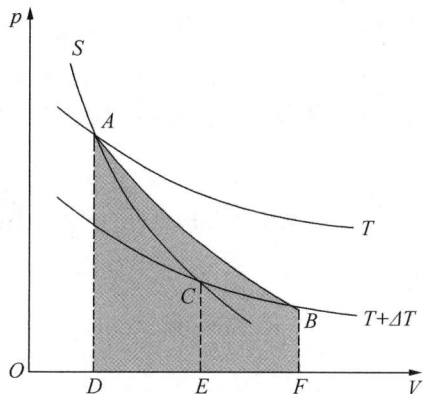

题 2.19 图

【题解】　如图所示,系统在 AB 过程中对外所做的功 W'_{AB} 为曲边梯形 $ADFBA$ 的面积 A_{ADFBA},即

$$W'_{AB} = \int_A^B p\,\mathrm{d}V = A_{ADFBA}$$

过 B 作等温线 $(T + \Delta T)$ 与过 A 的绝热线相交于 C 点.由于 $T_B = T_C$,因此 $U_B = U_C$,有

$$\Delta U_{AB} = U_B - U_A = U_C - U_A$$

因为 AC 是绝热过程,所以系统内能的增量等于系统对外做功的负值,即

$$U_C - U_A = -W'_{AC} = -\int_A^C p\,\mathrm{d}V = -A_{ADECA}$$

系统在 AB 过程中吸取的热量

$$Q_{AB} = \Delta U_{AB} + W'_{AB} = A_{ADFBA} - A_{ADFCA} = A_{ACEFBA}$$

由此可见,借助过 A 点的绝热线及过 B 点的等温线,就可以用作图的方法把系统在 AB 过程中对外做的功、内能的增量和吸收的热量表示出来.

【点评】　理想气体系统所作的准静态等温过程和绝热过程,是极其重要的两个过程,搞清楚系统在这两个过程中对外所做的功、从外界吸取的热量,就搞清楚了系统内能的变化,也就弄清楚了热力学第一定律的基本内容和重要概念.这些内容都可以用 $p-V$ 状态图表示出来.这对了解理想气体经任一过程的情况是吸热还是放热、温度是升高还是降低等,都有直观的表示,而用不到详细的计算.

例题 2.20　一理想气体经历如图所示的准静态循环过程,其中 AB,CD,EF 分别是温度为 T_1,T_2 和 T_3 的等温过程,BC,DE 及 FA 为绝热过程.已知 $T_1 = 800\mathrm{K}$,$T_2 = 400\mathrm{K}$,$T_3 = 200\mathrm{K}$;在 AB 过程中系统吸收热量 $Q_1 = 1\,600\mathrm{J}$,在 CD 过程中系统吸收热量 $Q_2 = 800\mathrm{J}$.试求:

(1) 系统在 EF 等温过程中放出的热量 Q_3;

(2) 整个循环过程中系统对外做的功 W' 及效率.

【提示】　设法将这一较复杂的循环过程分解成两个卡诺循环.

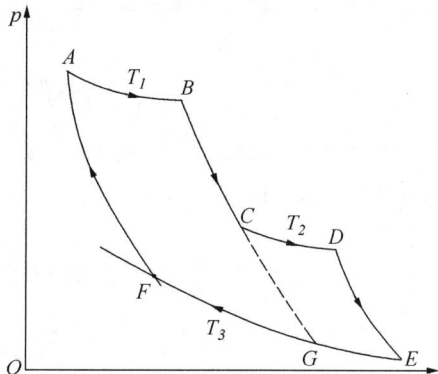

题 2.20 图

【题解】　(1) 设想将绝热线 BC 延伸与等温线 EF 相交于 G,则整个循环过程就分成两个卡诺循环.对循环 $ABCGFA$,其效率 η_1 为

$$\eta_1 = 1 - \frac{T_3}{T_1} = 1 - \frac{|Q'_3|}{Q_1}$$

所以

$$|Q'_3| = \frac{T_3}{T_1}Q_1 = \frac{200}{800} \times 1\,600 = 400(\text{J})$$

同理可得，在 $CDEG$ 的循环中放出的热量 Q''_3 为

$$|Q''_3| = \frac{T_3}{T_2}Q_2 = \frac{200}{400} \times 800 = 400\,(\text{J})$$

因此在整个循环过程中系统放出的热量 Q_3 为

$$Q_3 = |Q'_3| + |Q''_3| = 800\,(\text{J})$$

(2) 在 $ABGFA$ 的循环过程中，系统对外所做的功 W'_1 为

$$W'_1 = Q_1 - |Q'_3| = 1\,200\,(\text{J})$$

在 $CDEGC$ 的循环过程中，系统对外做功 W'_2 为

$$W'_2 = Q_2 - |Q''_3| = 400\,(\text{J})$$

所以，系统在整个循环过程中对外所做的功 W' 为

$$W' = W'_1 + W'_2 = 1\,600\,(\text{J})$$

整个循环的效率

$$\eta = \frac{W'}{Q} = \frac{W'}{Q_1+Q_2} = \frac{1\,600}{2\,400} = \frac{2}{3} = 66.7\%$$

例题 2.21　一热泵的工作物质准静态地工作于两个热源之间，其中一个热源是温度恒为 $t_0 = 10℃$ 的湖水，另一个热源是与外界绝热的质量为 M 的水.

(1) 试问供给热泵的能量 W 与水的温度 T 之间有何关系？

(2) 试计算当 $M = 1\,000\text{kg}$、水的温度由 t_0 升高至 $t_1 = 30℃$ 时的 W 值.

(3) 若用热电器直接加热，用相同的能量能使质量为 $1\,000\text{kg}$ 的水升高几度？

【提示】　热泵就是一致冷机，它将外界所做的功及从低温源吸取的热量，都转换成热量输送到高温热源.

【题解】　(1) 此热泵实际上是工作于温度为 T_0 的湖水和质量为 M 的水之间的致冷机. 当水的温度为 T 时，致冷机的致冷系数为 $\varepsilon = \dfrac{T_0}{T-T_0}$. 这时，若热泵得到 $\text{d}W$ 的功，则水得到的热量 $\text{d}Q$ 为

$$\text{d}Q = (\varepsilon+1)\text{d}W = \frac{T}{T-T_0}\text{d}W$$

设水的比热为 c，水升高温度 $\text{d}t$，则 $\text{d}Q = Mc\,\text{d}t$，代入上式可得水温升高与外界供给能量之间的关系为 $\text{d}W = Mc\left(1 - \dfrac{T_0}{T}\right)\text{d}t$.

当水由温度 T_0 升高至 T 时，外界供给的能量为

$$W = Mc\left[T - T_0\left(\ln\frac{T}{T_0}+1\right)\right]$$

(2) 当 $M = 1\,000\text{kg}, T_0 = 283\text{K}, T = T_1 = 313\text{K}$ 时，设 $c = 4.18\text{kJ}\cdot\text{kg}^{-1}\text{K}^{-1}$，则 $W = 7.1 \times 10^6\,(\text{J})$.

(3) 若用电热器直接加热 $1\,000\text{kg}$ 水，则 $Mc\Delta T = W$，它升高的温度 ΔT 为

$$\Delta T = \frac{W}{Mc} = \frac{7.1 \times 10^6}{10^3 \times 4.18 \times 10^3} = 1.7(\text{K})$$

即水由 $10℃$ 上升到 $11.7℃$，仅升高 $1.7℃$．而用热泵能使相同质量的水升高 $30℃$．

　　【点评】　　所谓热泵，就是利用致冷机对室内供热的一种设备．它把室内的空气作为高温热源，而把室外的空气作为低温热源，因此在致冷机工作的每个循环内，就把从低温热源取得的热量以及外界（电源）对致冷机做的功一起送到了室内，所以室内得到的热量比电源所做的功要大．如果致冷机的致冷系数为 ε，则室内获得的热量 Q 是电源对致冷所做功 W 的 $(\varepsilon+1)$ 倍，即 $Q=(\varepsilon+1)W$，而致冷系数 $\varepsilon = \dfrac{Q'}{W}$．$Q'$ 为致冷机在循环过程中从低温热源吸取的热量．

　　░░░ **例题 2.22**　　一绝热活塞将一绝热气缸分成容积均为 V_0 的两部分．气缸两室内充有温度为 T_0、压强为 p_0 的相同气体．现对左侧气体加热，直到把活塞右侧的气体压缩至 $2p_0$ 为止．设活塞的移动是缓慢而无摩擦的，气体的定容摩尔热容 $C_{V,m}$ 已知．试求：

　　（1）对右侧气体压缩过程所做的功；

　　（2）压缩后右侧气体的终温、体积及内能的增量 ΔU_1；

　　（3）活塞左侧气体的终温、体积及内能的增量 ΔU_2；

　　（4）整个过程中系统吸收的热量．

　　【提示】　　要计算对气体系统所做的功，一定要先求出过程方程，即 $p = p(V)$．

　　【题解】　　（1）右侧气体经过一绝热过程从状态 (p_0, V_0, T_0) 变为状态 (p_1, V_1, T_1)．设气体是理想气体，由于过程是准静态绝热的，其绝热过程方程为 $pV^\gamma = p_0 V_0^\gamma$，$p_1 V_1^\gamma = p_0 V_0^\gamma$，式中 $\gamma = C_{p,m}/C_{V,m} = (C_{V,m}+R)/C_{V,m}$，$p_1 = 2p$．因而可得

$$V_1 = \left(\frac{p_0}{p_1}\right)^{\frac{1}{\gamma}} V_0 = \left(\frac{1}{2}\right)^{\frac{1}{\gamma}} V_0$$

对该气体所做的功 W 应等于气体对外做功的负值，即

$$W = -W' = -\int_{V_0}^{V_1} p\,\mathrm{d}V = -\int_{V_0}^{V_1} (p_0 V_0^\gamma) \cdot V^{-\gamma}\,\mathrm{d}V = \frac{p_0 V_0^\gamma}{1-\gamma}(V_0^{1-\gamma} - V_1^{1-\gamma})$$

$$= \frac{1}{1-\gamma} p_0 V_0 \left(1 - 2^{1-\frac{1}{\gamma}}\right) = \frac{1}{\gamma-1} p_0 V_0 \left(2^{1-\frac{1}{\gamma}} - 1\right)$$

　　（2）因为 $p_0 V_0 = \nu R T_0$，$p_1 V_1 = \nu R T_1$，所以 $\dfrac{T_1}{T_0} = \dfrac{p_1 V_1}{p_0 V_0}$，$T_1 = \dfrac{p_1 V_1}{p_0 V_0} T_0 = 2^{1-\frac{1}{\gamma}} T_0$，

$$\Delta U_1 = C_V(T_1 - T_0) = C_V\left(2^{1-\frac{1}{\gamma}} - 1\right) T_0 = \nu C_{V,m}\left(2^{1-\frac{1}{\gamma}} - 1\right) T_0 = \frac{p_0 V_0}{R} C_{V,m}\left(2^{1-\frac{1}{\gamma}} - 1\right)$$

因 $p_0 V_0 = \nu R T_0$，得 $T_0 = \dfrac{p_0 V_0}{\nu R} = \dfrac{p_0 V_0}{\nu(C_{p,m} - C_{V,m})}$，所以

$$\Delta U_1 = \frac{C_{V,m}}{C_{p,m} - C_{V,m}} p_0 V_0 \left(2^{1-\frac{1}{\gamma}} - 1\right) = \frac{1}{\gamma-1} p_0 V_0 \left(2^{1-\frac{1}{\gamma}} - 1\right) = W$$

因为是绝热过程，所以系统内能的增量等于外界对系统所做的功．

　　（3）设左侧气体的终态为 (p_2, V_2, T_2)，则 $p_2 = 2p_0$，$V_2 = 2V_0 - V_1$，

$$V_2 = 2V_0 - \left(\frac{1}{2}\right)^{\frac{1}{\gamma}} V_0 = V_0\left[2 - \left(\frac{1}{2}\right)^{\frac{1}{\gamma}}\right]$$

$$T_2 = \frac{p_2 V_2}{p_0 V_0} T_0 = 2\left[2 - \left(\frac{1}{2}\right)^{\frac{1}{\gamma}}\right] T_0$$

$$\Delta U_2 = C_V(T_2 - T_0) = \nu C_{V,m}(3 - 2^{1 - \frac{1}{\gamma}}) = \frac{p_0 V_0}{R} C_{V,m}(3 - 2^{1 - \frac{1}{\gamma}})$$

（4）把左、右两室中的气体看成一个总的系统，则总系统在整个过程对外并没有做功，它从外界吸收的热量等于整个系统内部的增量，即

$$Q = \Delta U_1 + \Delta U_2 = \nu C_{V,m}(2^{1 - \frac{1}{\gamma}} - 1)T_0 + \nu C_{V,m}(3 - 2^{1 - \frac{1}{\gamma}})T_0 = 2\nu C_{V,m} T_0 = 2\frac{p_0 V_0}{R} C_{V,m}$$

【点评】 （1）一个理想气体系统从一个确定的初态，如(p_0, V_0, T_0)出发，经过一个过程达到某终态. 一般的问题往往告诉终态的一个状态参量，而要求另外两个状态参量. 因此，要确定系统的两个状态参量，一般需要两个独立方程才能求得. 理想气体的状态方程是一个，另一个就要从系统经历的过程来求得. 经历的过程如果是准静态的，该过程往往都可用过程方程来表示. 例如，等压过程 $p =$ 常数，等容过程 $V =$ 常数，等温过程 $pV =$ 常数，等等，而绝热过程的过程方程为 $pV^\gamma =$ 常数，式中 $\nu = C_{p,m}/C_{V,m} = \frac{C_{V,m} + R}{C_{V,m}} = 1 + \frac{R}{C_{V,m}}$. 这里 $C_{V,m}$ 为摩尔定容热容，也称摩尔比热，$C_{p,m}$ 为摩尔等压热容. 在题目中 $C_{V,m}$ 往往是给定或已知的.

（2）要求在系统的变化过程中直接计算外界或系统所做的功，必须知道其过程方程，即知道过程压强如何随体积变化，知道压强与体积的函数关系 $p = p(V)$. 同时要搞清楚是外界还是系统做功.

（3）理想气体系统的内能仅仅是温度的函数，在一定的温度范围内，系统内能的增量与温度的增量成正比，即

$$\Delta U = C_V \Delta T = \nu C_{V,m} \Delta T$$

式中 C_V 为系统的定容热容.

（4）系统从外界吸收的热量，往往通过第一定律，由系统内能的增量及外界对系统所做的功求得. 例如，在本题中若从整个系统来看，由于系统对外不做功，系统吸收的热量等于系统内能的增量，由活塞两边气体内能的增量可得系统吸收的热量. 另外，我们看到右侧气体不吸收热量，所以只需考虑左侧气体吸收的热量. 左侧气体吸收的热量应等于其内能的增量减去它对外所做的功. 而它仅对右侧气体做功，其量值恰为右侧气体内能的增量.

例题 2.23 在一具有绝热壁的刚性圆柱形封闭气缸内，有一个装有小阀门的绝热活塞. 在气缸的 A 端装有电热器 H，可用于对气体加热.

起初，活塞紧贴气缸 B 端的内壁，小阀门 L 关闭，气缸内存在一定质量的某种理想气体，其温度为 $T_0(\mathrm{K})$. 活塞与气缸壁之间的摩擦可以忽略. 后设法把活塞移动至气缸中央，用销钉 F 把活塞固定，从而把气缸分成体积相等的左、右两室，如图所示. 在上述移动活塞压缩气体的过程中，设外界对气体所做的功为 W，气体温度升至 $T(R)$.

现在开启小阀门，经过足够长的时间，再将它关闭. 然后拔除销钉（即让活塞可以自由移动），并用电热器加热气体. 加热完毕并经一定时间后，得知左室内气体的压强变为加热前的 1.5 倍，右室气体的体积变为原来的 0.75 倍.

试求：电热器传给气体的热量.

【提示】 整个系统经历了绝热压缩、绝热自由膨胀及从外界吸取热量 3 个简单过程.

【题解】 由题意可把整个气体看成一个系统，则它经历了 3 个过程：绝热压缩过程、自由膨胀过程及吸收热量过程. 设气缸体积为 V.

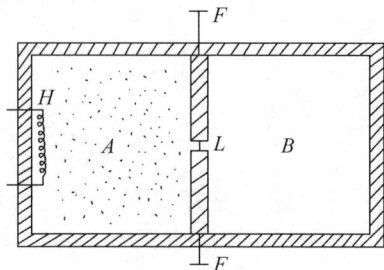

题 2.23 图

在绝热压缩过程中，系统气体由 V 变为 $\frac{1}{2}V$，T_0 趋于 T.

设系统气体的摩尔数为 ν,定容摩尔热容为 $C_{V,m}$,则绝热过程外界对系统所做的功,应等于系统内能的增量,即

$$W = \nu C_{V,m} \cdot \Delta T = \nu C_{V,m}(T - T_0), \quad \nu = W/C_{V,m}(T - T_0)$$

若压缩后气体的压强为 p_1,则

$$p_1 \cdot \frac{V}{2} = \nu RT, \quad p_1 = \frac{2RT}{V}\nu = \frac{2RWT}{C_{V,m}V(T - T_0)}$$

开启小阀门达到平衡的过程,是一个绝热自由膨胀的过程. 系统体积由 $\frac{1}{2}V$ 到 V,吸热为 0,外界作功为 0,所以系统内能不变,即温度不变(仍为 T). 设压强由 P_1 变到 P_2,则

$$P_2 V = \nu RT, \quad P_2 = \frac{\nu RT}{V} = \frac{1}{2}P_1$$

关闭阀门并对 A 室气体加热,活塞移动,压缩 B 室气体,最后

$$P_A = 1.5 P_2, \quad V_B = 0.75 \times \frac{V}{2} = \frac{3}{8}V$$

$$P_B = P_A = \frac{3}{2}P_2, \quad V_A = V - V_B = \frac{5}{8}V$$

设两室气体的温度分别为 T_A 及 T_B,则

$$P_A V_A = \nu_A R T_A, \quad T_A = \frac{P_A V_A}{\nu_A R} = \frac{15}{8}T$$

$$P_B V_B = \nu_B R T_B, \quad T_B = \frac{P_B V_B}{\nu_B R} = \frac{9}{8}T$$

对整个系统而言,由于外界做功为 0,系统从外界吸取的热量 Q 应等于系统内能的增量,即

$$Q = \Delta U_1 + \Delta U_2 = \frac{1}{2}\nu C_{V,m} \Delta T_A + \frac{1}{2}\nu C_{V,m} \Delta T_B = \frac{1}{2}\nu C_{V,m}(T_A + T_B - 2T)$$

$$= \frac{1}{2}\nu C_{V,m}T = \frac{WT}{2(T - T_0)}$$

【点评】　(1) 在本题中的 3 个过程可能都不是准静态过程,因此不可能获得过程方程,也就不可能由过程方程来求得所需的信息.

(2) 应在解题中充分注意划分系统和外界. 若把一部分作为系统,另一部分就是外界;若把两部分合起来看作一个系统,则系统内一部分对另一部分所做的功或传递的热量,对系统内能的增减不起作用.

例如,在本题的第三个吸热过程,可以看成 A 室气体吸收的热量,等于 A 室气体内能的增量及 A 室气体对外(即对 B 室气体)做功之和. 而 A 室气体对 B 室气体所做的功等于 B 室气体内能的增量. 所以不论是把 A 室气体作为系统,还是把 A 室和 B 室气体一起作为系统,从外界吸取的热量都是相同的.

例题 2.24　　一系统由双原子分子构成,系统温度为 T,原子间的相互作用势为

$$E_p = E_{p(0)}\left[(r_0 /r)^{12} - 2(r_0 /r)^6\right]$$

试求:分子内两个原子间的距离 r 的均方差.

【提示】　利用能量均分定理求出分子振动的平均势能.

【题解】　因为双原子分子中两原子的相互作用势能 E_p 为

$$E_p = E_p(0)\left[(r_0 /r)^{12} - 2(r_0 /r)^6\right]$$

所以两原子间的相互作用力 $F(r)$ 为

$$F(r) = -\frac{\partial E_p}{\partial r} = 12\frac{E_p(0)}{r_0}\left[\left(\frac{r_0}{r}\right)^{13} - \left(\frac{r_0}{r}\right)^7\right]$$

若系统温度为 T 时,分子振动能量不大,则分子中的两个原子将在平衡位置作谐振动. 将 $F(r)$ 在 $r = r_0$ 处作泰勒展开,并取 $(r - r_0)$ 一次项得

$$F(r) = -\frac{72E_p(0)}{r_0^2}(r - r_0) = -Kx$$

因为当系统处于平衡态时,分子振动的平均动能和平均势能均为 $\frac{1}{2}kT$,所以

$$\frac{1}{2}K\overline{x^2} = \frac{1}{2}K\overline{(r-r_0)^2} = \frac{1}{2}kT$$

因为分子作谐振动,所以 $\bar{r} = r_0$,因而 r 的均方偏差

$$\overline{(r-\bar{r})^2} = \frac{k}{K}T = \frac{k}{72E_p(0)} \cdot r_0^2$$

【点评】　本题利用能量均分定理求得分子振动的平均势能. 但是应注意,只有系统温度较高时,振动自由度才打开. 原子间距离 r 的均方偏差表示 r 与平均距离 r_0 之间的平均偏差.

例题 2.25　试估计一个空气分子在标准条件下前行 1km 距离所需的时间. (已知:空气分子的平均摩尔质量约为 29g,分子的有效直径为 3×10^{-10} m.)

【提示】　利用布朗运动的理论结果及无规行走模型,求出分子离开原点的距离 x 的平方平均值与时间的关系. 并利用近似 $\overline{v_x^2} = \overline{v_x'^2}$ 及平均自由程 λ 与碰撞截面 σ 的关系.

【题解】　根据布朗运动理论或无规行走模型,设分子离开原点的距离为 x,则

$$\overline{x^2} = 2Dt = \frac{l^2}{\tau}t = \overline{v_x} \cdot \lambda \cdot t$$

即 $t = \dfrac{\overline{x^2}}{\overline{v_x} \cdot \lambda}$. 因为 $\frac{1}{2}m\overline{v_x^2} = \frac{1}{2}kT$,　$\lambda = \dfrac{1}{\sqrt{2}\sigma n}$,　$n = \dfrac{p}{kT}$,　$\sigma = \pi\left(\dfrac{d^2}{4}\right)$,所以 $\overline{v_x} \approx \sqrt{\dfrac{kT}{m}}$,因而

$$t = \frac{\overline{x^2}\sqrt{2}\pi d^2 p}{kT}\left(\frac{m}{kT}\right)^{1/2} = \frac{\overline{x^2}\sqrt{2}\pi d^2 p}{kT}\left(\frac{M}{RT}\right)^{1/2}$$

将 $x = 1 \times 10^3$, $d = 3 \times 10^{-10}$, $M = 29 \times 10^{-3}$, $p = 1.013 \times 10^5$, $T = 273$, $k = 1.38 \times 10^{-23}$, $R = 8.31$ 代入上式,得 $t = 3.6 \times 10^{10}$ (s).

【点评】　这里用到了 $\overline{x^2} = 2Dt$ 的公式,它是 1905 年爱因斯坦关于布朗运动理论的一个重要结果,完全为实验证实. 它几乎成为各种布朗运动理论合理与否的一个重要判据.

例题 2.26　如图所示,在一开有小孔的容器内装有气、液两相共存的某种物质,蒸气的分子可以通过小孔流出. 设气、液两相共存平衡时的温度为 T、汽化热为 l、物质的摩尔质量为 M,蒸气可以看作理想气体. 试求小孔流出的分子束相对强度随温度的变化关系.

【提示】　单位时间内容器中分子与单位面积的碰撞数目就是分子从小孔漏出时的分子束强度;克拉珀龙方程.

【题解】　由分子运动理论中单位时间内与单位面积器壁相碰分子数的概念可知,从小孔流出的分子束强度 I 为

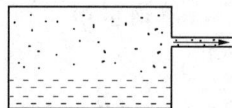
题 2.26 图

$$I = \frac{1}{4}n\bar{v} = \frac{1}{4}n\sqrt{\frac{8kT}{\pi m}}$$

因为 $p = nkT$,所以

$$I = \frac{1}{4} \frac{p}{kT} \sqrt{\frac{8kT}{\pi m}} = \frac{p}{\sqrt{2\pi mkT}}$$

对上式两边微商可得

$$\frac{1}{I}\frac{\mathrm{d}I}{\mathrm{d}T} = \frac{1}{p}\frac{\mathrm{d}p}{\mathrm{d}T} - \frac{1}{2T}$$

因为

$$\frac{\mathrm{d}p}{\mathrm{d}T} = \frac{l}{T(v_g - v_L)} = \frac{l}{v_g T} = \frac{lMp}{RT^2}$$

在上式中用到 $v_g \gg v_L$ 及理想气体状态方程,所以

$$\frac{1}{I}\frac{\mathrm{d}I}{\mathrm{d}T} = \frac{Ml}{RT^2} - \frac{1}{2T} = \frac{1}{T}\left(\frac{Ml}{RT} - \frac{1}{2}\right)$$

【点评】 本题有两个要点.一是关于流出小孔的分子束强度,应理解为单位时间内与单位器壁相碰的分子数 $\frac{1}{4}n\bar{v}$.如果记不清楚这个公式,则可以由麦克斯韦速度分布律导出.假如导出有困难的话,可以应用简化模型.设想在单位体积内的 n(分子数密度)个分子中,平均约有 $\frac{1}{6}n$ 的分子沿 x 轴正方向运动,平均速率为 $\bar{v}$,则单位时间与单位器壁相碰的分子数为 $\frac{1}{6}n\bar{v}$,也能得到较正确的结果.第 2 个要点是本题所讨论的系统是气液共存的系统,必涉气液相变的问题,也即需考虑克拉珀龙方程的应用.

例题 2.27 已知 1 mol 范氏气体作一可逆循环过程,由状态 1 到状态 2 为等温过程,温度为 T_1,体积由 V_1 变化到 V_2;从状态 2 到状态 3 为绝热过程,体积由 V_2 变至 V_3;从状态 3 到状态 4 为等温过程,温度为 T_2;由状态 4 回到状态 1 为绝热过程.试求:

(1) 系统在 1—2 过程中吸收的热量;

(2) 系统在 2—3 过程中所作的功;

(3) 证明该循环的效率为 $\eta = 1 - T_2/T_1$.(T_1,T_2,V_1,V_2 及 $C_{V,m}$ 均为常数)

【提示】 范氏气体的内能公式 $U = C_V T - \frac{a}{V} + U_0$;绝热过程方程为 $T(V-b)^{R/C_{V,m}} = $ 常数.

【题解】 (1) 系统由状态 $(V_1, T_1) \rightarrow (V_2, T_1)$ 是一个等温过程,因为

$$\mathrm{d}Q_1 = T\mathrm{d}S_1 = \mathrm{d}U + p\mathrm{d}V, \quad U = C_{V,m}T - \frac{a}{V} + U_0, \quad \left(p + \frac{a}{V^2}\right)(V-b) = RT$$

所以,

$$\mathrm{d}U = C_{V,m}\mathrm{d}T + \frac{a}{V^2}\mathrm{d}V$$

$$\mathrm{d}Q_1 = C_{V,m}\mathrm{d}T + \left(\frac{a}{V^2} + p\right)\mathrm{d}V = C_{V,m}\mathrm{d}T + \frac{RT}{V-b}\mathrm{d}V$$

对上式积分得

$$Q_1 = RT_1 \ln\frac{V_2 - b}{V_1 - b}$$

(2) 因系统经绝热过程,由状态 (V_2, T_1) 变化到 (V_3, T_2),所以系统对外所作的功 W 为

$$W = -\Delta U = C_{V,m}(T_2 - T_1) + \left(\frac{a}{V_3} - \frac{a}{V_2}\right)$$

因为 1mol 范氏气体的绝热过程方程为

$$\left(p+\frac{a}{V^2}\right)(V-b)^{1+\frac{R}{C_{V,m}}} = 常数 = A \ 或 \ T(V-b)^{R/C_{V,m}} = 常数 = B$$

由此解得

$$V_3 = b + \left(\frac{T_1}{T_2}\right)^{C_{V,m}/R} \cdot (V_2 - b)$$

代入 W 的表示式，可得绝热过程系统对外所作的功.

另外，W 也可这样求得：

$$W = \int_{V_2}^{V_3} p\,\mathrm{d}V = \int_{V_2}^{V_3}\left[\frac{A}{(V-b)^n} - \frac{a}{V^2}\right]\mathrm{d}V = \frac{A}{1-n}\left[(V_3-b)^{1-n} - (V_2-b)^{1-n}\right] + a\left(\frac{1}{V_3} - \frac{1}{V_2}\right)$$

式中，$n = 1 + R/C_{V,m}$. 因为

$$A = \left(p_3 + \frac{a}{V_3^2}\right)(V_3-b)^n = \left(p_2 + \frac{a}{V_2^2}\right)(V_2-b)^n$$

所以

$$W = \frac{R}{1-n}(T_2 - T_1) + a\left(\frac{1}{V_3} - \frac{1}{V_2}\right) = C_{V,m}(T_2 - T_1) + a\left(\frac{1}{V_3} - \frac{1}{V_2}\right)$$

与前面所得结果相同.

（3）系统由状态 $(V_3, T_2) \to (V_4, T_2)$ 是一个等温过程，吸收的热量 Q_2 为

$$Q_2 = RT_2 \ln\frac{V_4 - b}{V_3 - b}$$

所以系统经一循环过程的效率为

$$\eta = 1 - \frac{|Q_2|}{Q_1} = 1 - \frac{RT_2 \ln\dfrac{V_3-b}{V_4-b}}{RT_1 \ln\dfrac{V_2-b}{V_1-b}}$$

因为

$$\left(p_3 + \frac{a}{V_3^2}\right)(V_3-b)^n = \left(p_2 + \frac{a}{V_2^2}\right)(V_2-b)^n$$

$$\left(p_4 + \frac{a}{V_4^2}\right)(V_4-b)^n = \left(p_1 + \frac{a}{V_1^2}\right)(V_1-b)^n$$

$$\left(p + \frac{a}{V^2}\right)(V-b) = RT$$

所以

$$\frac{V_3 - b}{V_4 - b} = \frac{V_2 - b}{V_1 - b}$$

将上述结果代入 η，得 $\eta = 1 - \dfrac{T_2}{T_1}$，这就是卡诺定理.

【补充】 1mol 范氏气体绝热多方过程方程的推导. 因为

$$\mathrm{d}Q = \mathrm{d}U + p\,\mathrm{d}V = C_{V,m}\mathrm{d}T + \frac{a}{V^2}\mathrm{d}V + p\,\mathrm{d}V = C_{V,m}\mathrm{d}T + \left(p + \frac{a}{V^2}\right)\mathrm{d}V$$

对于绝热过程，$\mathrm{d}Q = 0$，所以

$$C_{V,m}\mathrm{d}T + \frac{RT}{V-b}\mathrm{d}V = 0 \ 或 \ \frac{C_{V,m}}{R}\frac{\mathrm{d}T}{T} = -\frac{\mathrm{d}V}{V-b}$$

对上式两边积分得

$$T(V-b)^{R/C_{V,m}} = 常数$$

因为

$$\left(p+\frac{a}{V^2}\right)(V-b)=RT$$

所以,

$$\left(p+\frac{a}{V^2}\right)(V-b)^{1+\frac{R}{C_{V,m}}}=\text{常数}$$

上面两个等于常数的方程,就是范氏气体的绝热过程方程.

【点评】　(1) 这是一个卡诺循环过程,由卡诺定理可知循环效率 η 与工作物质无关,为 $1-\dfrac{T_2}{T_1}$.

(2) 要证明以范氏气体为工作物质的卡诺循环的效率 $\eta=1-\dfrac{T_2}{T_1}$,关键是给出绝热过程方程.

(3) 上述这种证明是在热力学第一定律基础上的,如果已经引进了熵的概念,则上面的证明可以不必应用范氏气体的绝热过程方程.证明如下:

因为 $\mathrm{d}Q=T\mathrm{d}S$,所以,

对 $1\to2$ 的等温过程, $Q_1=T_1(S_2-S_1)$;

对 $3\to4$ 的等温过程, $Q_2=T_2(S_4-S_3)$;

因 $2\to3$ 为绝热过程,所以 $S_2=S_3$;

因 $4\to1$ 为绝热过程,所以 $S_4=S_1$.

$$\eta=1-\frac{|Q_2|}{Q_1}=1-\frac{T_2(S_2-S_1)}{T_1(S_3-S_4)}=1-\frac{T_2}{T_1}$$

由于熵的概念或热力学第二定律建立在卡诺定理的基础上,由熵或热力学第二定律来证明卡诺定理实际上只是一种形式,因为定理本身实质上已包含在熵或第二定律的内容之中.但上面的证明表明它们是自洽的.

例题 2.28　1 mol 范氏气体,初态为 (v_1,T_1),经一多方过程,温度增至 $T_2=mT_1$,过程的多方指数为 n, C_v 为常数.试求:

(1) 过程中系统从外界吸收的热量;

(2) 系统对外所作的功;

(3) 系统熵的增量.

【提示】　1mol 范氏气体的多方过程方程: $\left(p+\dfrac{a}{v^2}\right)(v-b)^n=\text{常数}$.

【题解】　(1) 因为 1mol 范氏气体的多方过程方程为

$$\left(p+\frac{a}{v^2}\right)(v-b)^n=\text{常数}$$

式中 $n=1-\dfrac{R}{C-C_v}$,这里的 C 和 C_v 是摩尔热容及定体摩尔热容,所以, $C=C_v+\dfrac{R}{1-n}$,因而

$$Q=\int_{T_1}^{T_2}C\mathrm{d}T=\int_{T_1}^{T_2}\left(C_v+\frac{R}{1-n}\right)\mathrm{d}T=\left(C_v+\frac{R}{1-n}\right)(T_2-T_1)$$

$$=(m-1)\left(C_v+\frac{R}{1-n}\right)T_1$$

(2) 设过程的末态为 (T_2,V_2).因为

$$\left(p+\frac{a}{v^2}\right)(v-b)^n=\text{常数},\quad\left(p+\frac{a}{v^2}\right)(v-b)=RT$$

所以将初态的 (p_1,v_1,T_1) 及末态的 (p_2,v_2,T_2) 代入上面两式,得

$$\left(p_1+\frac{a}{v_1^2}\right)(v_1-b)^n=\left(p_2+\frac{a}{v_2^2}\right)(v_2-b)^n$$

$$\left(p_1 + \frac{a}{v_1^2}\right)(v_1 - b) = RT_1, \quad \left(p_2 + \frac{a}{v_2^2}\right)(v_2 - b) = RT_2$$

有

$$\frac{v_2 - b}{v_1 - b} = \left(\frac{T_2}{T_1}\right)^{\frac{1}{1-n}} = m^{\frac{1}{1-n}}$$

即 $v_2 = b + (v_1 - b)m^{\frac{1}{1-n}}$. 由于 $\left(p + \frac{a}{v^2}\right)(v - b)^n = $ 常数，$\left(p + \frac{a}{v^2}\right)(v - b) = RT$，因此，$RT(v - b)^{n-1}$ = 常数，故

$$\left(p + \frac{a}{v^2}\right)(v - b)^{n-1} = RT_1(v_1 - b)^{n-1}$$

得

$$p = \frac{RT_1(v_1 - b)^{n-1}}{(v - b)^n} - \frac{a}{v^2}$$

所以系统对外所做的功为

$$W' = \int_{v_1}^{v_2} p\mathrm{d}V = \int_{v_1}^{v_2}\left[\frac{RT_1(v_1 - b)^{n-1}}{(v - b)^n} - \frac{a}{v^2}\right]\mathrm{d}v = \frac{RT_1}{1-n}\left[\left(\frac{v_1 - b}{v_2 - b}\right)^{n-1} - 1\right] + a\left(\frac{1}{v_2} - \frac{1}{v_1}\right)$$

$$= \frac{RT_1}{1-n}(m - 1) + a\left[\frac{1}{b + (v_1 - b)m^{\frac{1}{1-n}}} - \frac{1}{v_1}\right]$$

(3)
$$\Delta S = \int \frac{\mathrm{d}Q}{T} = \int_{T_1}^{T_2} \frac{C\mathrm{d}T}{T} = C\ln\frac{T_2}{T_1} = \left(C_V + \frac{R}{1-n}\right)\ln m$$

【点评】　从本题的计算看到，利用热力学第一定律来求范氏气体状态变化过程中系统对外作的功及吸收的热量等热力学量，要比理想气体过程繁复得多，所以一般教材中都不以它作为工作物质来学习和应用热力学定律及掌握有关基本概念. 但是如果能够掌握和了解范氏气体的多方过程及求过程中涉及的热力学量，无疑对深入理解和掌握热力学定律是有益的.

例题 2.29　由于大气的对流，空气会发生升降. 由于大气压随高度发生变化，因此气体上升或下降时体积将发生变化. 因空气的导热系数很小，所以气体上升或下降的过程可看作绝热过程. 试求：

(1) 大气温度随高度的变化率 $\mathrm{d}T/\mathrm{d}z$；

(2) 在常温范围内给出该值.（已知空气的摩尔质量 $M = 28.96$ g.）

【提示】　把大气看成理想气体，利用理想气体的绝热过程方程，求出温度 T 与高度 z 的关系.

【题解】　如图所示，它表示空气中 z 处面积为 A、厚度为 $\mathrm{d}z$ 的一薄层气体，处在力学平衡状态，则有

$$(p + \mathrm{d}p)\cdot A = pA - M'g$$

$$M' = n\cdot m\cdot A\mathrm{d}z$$

题解 2.29 图

式中 p 为气体压强，M' 为薄层空气的质量，n 为该处的气体分子数密度，m 为空气分子的平均质量，g 为重力加速度. 由上两式得

$$\frac{\mathrm{d}p}{\mathrm{d}z} = -nmg = -\frac{p}{kT}mg \tag{1}$$

设 1 mol 气体上升 $\mathrm{d}z$，其温度由 T 变为 $T + \mathrm{d}T$，而且过程是绝热的，当把气体看成是理想气体时，有 $T^{-\gamma}p^{\gamma-1} = $ 常数. 对 p 微商得

$$\frac{\mathrm{d}T}{\mathrm{d}p} = \frac{\gamma - 1}{\gamma}\frac{T}{p} \tag{2}$$

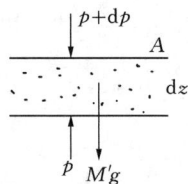

由(1),(2)得大气温度随高度的变化率

$$\frac{dT}{dz} = \frac{dT}{dp} \cdot \frac{dp}{dz} = -\frac{\gamma - 1}{\gamma} \frac{m}{k} g = -\frac{\gamma - 1}{\gamma} \frac{M}{R} g$$

式中 $M = N_A \cdot m$ 为空气的摩尔质量.

在常温下,$C_{p,m} = \frac{7}{2}R$,$C_{V,m} = \frac{5}{2}R$,$\gamma = C_{p,m}/C_{V,m} = \frac{7}{5}$,$M = 28.96 \text{ g} \cdot \text{mol}^{-1}$,$R = 8.31$ $\text{J} \cdot \text{mol}^{-1}\text{K}^{-1}$.将这些数据代入上式得

$$\frac{dT}{dz} = \frac{-\left(\frac{7}{5} - 1\right)}{7/5} \cdot \frac{28.96 \times 10^{-3} \times 10}{8.31} = -10 \times 10^{-3} (\text{K/m})$$

上式表示在题目所给的条件下,每上升 1km 空气的温度下降 10K.

例题 2.30　　在体积为 V 的空壳中充满热辐射,单位体积的内能 $u = \sigma T^4$,σ 为斯忒藩 - 玻耳兹曼常数,$\sigma > 0$;辐射压强 $p = \frac{1}{3}u$.试证明:以热辐射为工作物质、与温度为 T_1 和 $T_2 (< T_1)$ 的两热源接触所构成可逆卡诺循环的效率 $\eta = 1 - \frac{T_2}{T_1}$.

【提示】　光子系统的状态方程及内能分别为 $P = \frac{1}{3}\sigma T^4$,$U = V\sigma T^4$.

【题解】　设想以热辐射为工作物质,让它作如图所示的卡诺循环.因为 $p = \frac{1}{3}u = \frac{1}{3}\sigma T^4$,所以该系统的等温过程就是等压过程.

因为系统的内能 $U = V \cdot u = V\sigma T^4$,所以

$$dQ = dU + pdV = d(V\sigma T^4) + \frac{1}{3}\sigma T^4 dV = \frac{4}{3}\sigma T^4 dV + 4\sigma T^3 V dT$$

由上式可知,对于 $1 \to 2$ 的等温过程,系统吸收的热量 $Q_1 = \frac{4}{3}\sigma T_1^4 (V_2 - V_1)$;对于 $3 \to 4$ 的等温过程,系统吸收的热量 $Q_2 = \frac{4}{3}\sigma T_2^4 (V_4 - V_3)$.

对于绝热过程,$dQ = 0$,所以有 $\frac{4}{3}\sigma T^4 dV + 4\sigma T^3 V dT = 0$,即

$$\frac{dV}{V} = -3\frac{dT}{T}, \quad \ln VT^3 = 常数$$

故 $VT^3 = $ 常数.由于 $2 \to 3$ 及 $4 \to 1$ 都是绝热过程,因此

$$V_1 T_1^3 = V_4 T_2^3, \quad V_2 T_1^3 = V_3 T_2^3$$

可得

$$\frac{V_1}{V_2} = \frac{V_4}{V_3}, \quad \frac{V_3 - V_4}{V_2 - V_1} = \left(\frac{T_1}{T_2}\right)^3$$

$$\eta = 1 - \frac{|Q_2|}{Q_1} = 1 - \frac{T_2^4 (V_3 - V_4)}{T_1^4 (V_2 - V_1)} = 1 - \frac{T_2}{T_1}$$

题解 2.30 图

【点评】　作为热力学系统,热辐射物质与一般工作物质(如理想气体等)的主要区别在于,构成系统的粒子-光子数目是可以变化的;而从宏观上看,其状态方程为 $p = \frac{1}{3}\sigma T^4$,与体积 V 无关,等温过程就是等压过程.当系统经等温压缩时,压强不变,体积减小,系统内的光子数目减少,但单位体积内

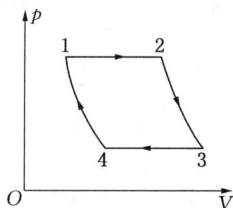

的光子数则保持不变,能量密度 u 也不变;反之亦然.

例题 2.31 如图所示,与 x 轴垂直、面积为 A 的平板逆着 x 轴方向缓慢运动,速度为 V. 周围稀薄气体的温度为 T,分子数密度为 n,分子质量为 m. 试用麦克斯韦分布律求板在运动中受到的阻力.

【提示】 由麦克斯韦分布律求出 dt 时间内与板相碰的分子数,注意板正反两面相碰分子数是不同的.

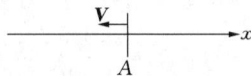

题 2.31 图

【题解】 因为气体稀薄,板的运动较缓慢,所以可认为板的运动并不影响气体中分子按速度的分布函数. 如图所示,设分子与板的碰撞是弹性碰撞,则相对于板静止的参考系来说,一个速度为 v 的分子以 $v+V$ 的速度与板相碰,在 x 方向的分量为 $-(v_x+V)$,它相对地面参考系的 x 方向分量为 $-(v_x+2V)$. 所以对地面参考系而言,该分子在 x 方向的速度增量为

$$-(v_x+2V)-v_x=-2(v_x+V)$$

相应地板获得的沿 x 方向的动量为 $2m(v_x+V)$.

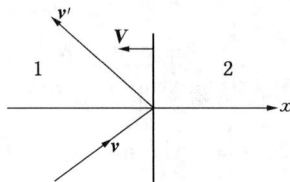

题解 2.31 图

在 dt 时间内、速度为 v 的分子中,能与板上面积为 dA 部分相碰的分子一定位于以 $(v_x+V)\cdot dt$ 为高、dA 为底的体积内,其数目为

$$dN=n\cdot(v_x+V)f(\boldsymbol{v})d\boldsymbol{v}dtdA$$

所以 dt 时间内板 A 获得的沿 x 方向的动量为

$$dk_1=2mn(v_x+V)^2\cdot Af(\boldsymbol{v})d\boldsymbol{v}dt$$

板受到来自左面气体 1 的作用力 f_1 为

$$f_1=\frac{dk_1}{dt}=\int_{-V}^{\infty}\iint_{-\infty}^{\infty}2mnA(v_x+V)^2f(v_x)f(v_y)f(v_z)dv_xdv_ydv_z$$

$$=\int_{-V}^{\infty}2mnA(v_x+V)^2f(v_x)dv_x$$

同理,可得平板 A 受到来自右面气体 2 沿 x 方向的作用力 f_2 为

$$f_2=\int_{V}^{\infty}2mnA(v_x-V)^2f(v_x)dv_x$$

平板受到的沿 x 方向的合作用力 f 为

$$f=f_1-f_2=\int_{-V}^{\infty}2mnA(v_x+V)^2f(v_x)dv_x-\int_{V}^{\infty}2mnA(v_x-V)^2f(v_x)dv_x$$

因为平板运动缓慢,V 是一个小量,所以上式可近似写作

$$f=\int_0^{\infty}2mnA(v_x+V)^2f(v_x)dv_x-\int_0^{\infty}2mnA(v_x-V)^2f(v_x)dv_x$$

$$=2mnA\int_0^{\infty}4\cdot Vv_xf(v_x)dv_x=8mnAV\left(\frac{kT}{2\pi m}\right)^{1/2}=2mnA\bar{v}V$$

这表明在空气中缓慢运动的板受到的阻力与板的运动速度 V、板的截面积 A、空气的分子数密度 n 以及空气分子的平均速率成正比.

【点评】 如果在空气中运动的是一个半径为 r 的小球,则它在运动中所受的阻力是多大呢?若把小球简化成截面为 πr^2 的板,则它的受力情况就是上题所得的结果. 因而可以猜到阻力必与它相对空气的运动速度 V 成正比,与截面成正比. 这就是著名的斯托克斯定理. 当然也可以像本题一样通过对球面的积分而求得这个阻力.

例题 2.32　已知水在一个大气压、4 ℃ 时的表面张力系数 $\sigma = 7.24 \times 10^{-2}$ N/m，等温压缩率 $\kappa = -\dfrac{1}{V}\left(\dfrac{\mathrm{d}V}{\mathrm{d}p}\right)_T = 4.75 \times 10^{-5}$ atm^{-1}. 试求：在 1 个大气压下、4 ℃ 时半径 $r = 1.0 \times 10^{-6}$ cm 的水滴的密度.

【提示】由等温压缩系数求出水的体积与压强的关系（即水的状态方程）；由水的表面张力系数求出小水珠的内外压强差；导出小水珠的密度与平液面时水的密度的关系.

【题解】　因为系统的等温压缩率 κ 为

$$\kappa = -\frac{1}{V}\left(\frac{\mathrm{d}V}{\mathrm{d}p}\right)_T = 4.75 \times 10^{-5}\,(\mathrm{atm}^{-1})$$

对 κ 为常数的等温过程有

$$\frac{\mathrm{d}V}{V} = -\kappa \mathrm{d}p, \quad \ln\frac{V}{V_0} = -\kappa(p - p_0)$$

即 $V = V_0 \mathrm{e}^{-\kappa(p-p_0)}$.

设平液面时水的密度为 ρ_0，而相同质量 M 的水在相同温度和大气压下的小液滴的密度为 ρ，则 $M = V\rho = V_0\rho_0$，即 $V = V_0\rho_0/\rho$，所以水滴的密度 $\rho = \rho_0 \mathrm{e}^{\kappa(p-p_0)}$.

设小水滴为球形，则水滴内的压强为 $p = p_0 + \dfrac{2\sigma}{r}$，式中 p_0 为大气压强，r 为水滴的半径，因此得水滴的密度 $\rho = \rho_0 \mathrm{e}^{2\kappa\sigma/r}$.

因为

$$2\kappa\sigma/r = 2 \times 4.75 \times 10^{-5} \times (1.013 \times 10^{-5}) \times 7.24 \times 10^{-2}/(1.0 \times 10^{-8}) = 6.79 \times 10^{-3}$$

是一个小量，所以

$$\rho = \rho_0\left(1 + \frac{2\kappa\sigma}{r}\right) = \rho_0(1 + 6.79 \times 10^{-3}) \approx 1.01 \times 10^3\,(\mathrm{kg \cdot m^{-3}})$$

【点评】　液体成为液滴时，由于表面张力的存在，使得内部的压强比外部压强——大气压大，即比平液面时液体内部的压强要大，因此，液滴内部的密度 ρ 比平液面时液体的密度 ρ_0 要大. 然而如何求得 ρ 与 ρ_0 的关系呢？除了 $\rho = \dfrac{V_0}{V}\rho_0$ 外，关键是要知道液体的压强 p 与体积 V 及温度 T 的关系，也就是要知道液体的状态方程. 由于液体分子间的相互作用较为复杂，一般液体都得不到较简明的物态方程. 在实验上常常通过测量，给出等温压缩率 κ_T、物体膨胀系数 α_V 及相对压力系数 α_p. 所以本题给出 κ_T，实质上是给出等温条件下 p 与 V 的关系.

例题 2.33　一高为 L、截面为 A 的圆柱形容器，充有分子质量为 m 的理想气体. 已知气体的温度为 T（在室温范围）. 试求：

(1) 该气体的定容摩尔热容 $C_{V,m}$；

(2) 当 $T \to 0$ 及 $T \to \infty$ 时的 $C_{V,m}$.

【提示】　$\lim\limits_{T \to 0}\dfrac{1}{T^2}\mathrm{e}^{-\frac{1}{T}} = \lim\limits_{x \to \infty}\dfrac{x^2}{\mathrm{e}^x} = \lim\limits_{x \to \infty}\dfrac{2x}{\mathrm{e}^x} = 0.$

【题解】　(1) 设容器中的气体处于平衡态，系统的温度为 T，分子数为 N. 由于重力的影响，分子数密度 n 与高度 z 有关，即 $n = n_0 \mathrm{e}^{-\frac{mg}{kT}z}$①，式中 n_0 为 $z = 0$，即容器底部的分子数密度，k 为玻耳兹曼常数，m 为分子的质量，g 为重力加速度，因而

$$\mathrm{d}n = -\frac{n_0 mg}{kT}\mathrm{e}^{-\frac{mg}{kT}z}\mathrm{d}z$$

---

① 参见例题 2.29 题解.

$$N = A \int dn = n_0 A \int_0^L de^{-\frac{mg}{kT}z} = n_0 A(e^{-\frac{mgL}{kT}} - 1)$$

系统的内能 $U = N\bar{\varepsilon} + N\bar{\varepsilon}_p$，式中 $\bar{\varepsilon}_p$ 为分子的平均重力势能，$\bar{\varepsilon}$ 为除重力势能以外的平均能量（如平动、转动和振动能量之和）.

$$\bar{\varepsilon}_p = \frac{A}{N} \int mgz \cdot dn = \frac{An_0}{N} \left(mgz e^{-\frac{mgz}{kT}} \Big|_0^L - mg \int_0^L e^{-\frac{mgz}{kT}} dz \right)$$

$$= \frac{n_0 A}{N} \left[mgL e^{-\frac{mgL}{kT}} + kT(e^{-\frac{mgL}{kT}} - 1) \right] = \frac{mgL e^{-\frac{mgL}{kT}}}{(e^{-\frac{mgL}{kT}} - 1)} + kT$$

因为

$$C_V = \left(\frac{\partial U}{\partial T} \right)_V = N \frac{\partial \bar{\varepsilon}}{\partial T} + N \frac{\partial \bar{\varepsilon}_p}{\partial T}$$

所以

$$C'_{V,m} = N_A \frac{\partial \bar{\varepsilon}}{\partial T} + N_A \frac{\partial \bar{\varepsilon}_p}{\partial T} = C_{V,m} + N_A mgL \frac{\partial}{\partial T} \left(\frac{e^{-\frac{mgL}{kT}}}{e^{-\frac{mgL}{kT}} - 1} \right) + N_A k$$

$$= C_{V,m} - R \left(\frac{mgL}{kT} \right)^2 \frac{e^{-\frac{mgL}{kT}}}{(e^{-\frac{mgL}{kT}} - 1)^2} + R$$

式中 $C_{V,m}$ 为不考虑重力时 1mol 理想气体的摩尔热容.

（2）当 $T \to 0$ 时，理想气体分子只有平动能，即转动和振动自由度受到冻结，所以 $C_{V,m} = \frac{3}{2}R$，而 $e^{-\frac{mgL}{kT}} \to 0$，故 $\lim\limits_{T \to 0} C'_{V,m} = \frac{3}{2}R + R = \frac{5}{2}R$.

（2）当 $T \to \infty$ 时，

$$C'_{V,m} = \begin{cases} \dfrac{3}{2}R \ （单原子分子气体） \\[2mm] \dfrac{7}{2}R \ （双原子分子气体） \end{cases}$$

因为 $\lim\limits_{T \to \infty} e^{-\frac{mgL}{kT}} = e^{-0} = 1$，即 $\dfrac{mgL}{kT}$ 是一个小量，所以 $\lim\limits_{T \to \infty} (e^{-\frac{mgL}{kT}} - 1)^2 = \left(\dfrac{mgL}{kT} \right)^2$，因而

$$C'_{V,m} = C_{V,m} - R + R = C_{V,m} = \begin{cases} \dfrac{3}{2}R \ （单原子分子气体） \\[2mm] \dfrac{7}{2}R \ （双原子分子气体） \end{cases}$$

【点评】 在一般情况下讨论一个热力学系统，例如一缸理想气体的内能 U 时，都不考虑由于存在重力场而引起了系统的重力势能. 这主要不是因为可以通过坐标的选取而使重力势能为零，而是重力势能在系统的变化过程中常常保持不变或变化很小而可略去，因而它对系统定体热容 C_V 的贡献就为零. 当系统温度变化使得系统的重力势能发生显著变化时，这种变化就对 C_V 产生了影响，这时就得考虑了. 例如在本题中，当温度很低时，温度的变化使得气体的分子数密度随高度的分布发生较大的变化，因而引起气体重力势能的变化，从而对 C_{Vm} 产生影响. 而在高温（即 $T \to \infty$）时，气体分子的动能很大，气体分子几乎均匀地充满整个容器，这时温度的变化对这种分布的影响不大，故重力势能变化不大，所以理想气体的 $C'_{V,m}$ 不受重力的影响. 而温度 $T \to 0$ 时，分子数密度 n 随高度急剧降低，当容器高度 L 较大时，容器上部的气体分子数密度就几乎为零，即空气分子凝聚在容器的下面. 而这时温度的变化，会引起系统重力势能的改变，从而对 $C'_{V,m}$ 产生不可忽略的影响.

另外一定得注意,当温度很低时,对于双原子分子的理想气体来说,它的转动和振动自由度被冻结,所以系统的内能中不包含分子转动和振动能量.因此,若不考虑重力势能,则它只有分子的平动能,它的 $C_{V,m} = \frac{3}{2}R$. 对 1mol 理想气体来说,在低温下重力势能对 $C'_{V,m}$ 的贡献为 R,其他部分的贡献为 $\frac{3}{2}R$.

例题 2.34 在一汽缸中封闭一定量的液体及其蒸气.蒸气可看作理想气体,液相和气相的热容均为常数.试导出饱和蒸气压的克劳修斯方程:

$$p = Ae^{-L(0)/kT} \cdot T^{(C_{gp}-C_{lp})/R}$$

式中 C_{gp}, C_{lp} 分别为蒸气和液体的定压热容,$L(0)$ 为 $T=0\,\mathrm{K}$ 时的汽化热.

【提示】 在温度变化范围较大时,相变潜热 L 与温度 T 有关.

【题解】 作一如图所示的小卡诺循环,则其效率为

$$\eta = \frac{W'}{Q} = \frac{\Delta T}{T}, \quad W' = \Delta p(V_g - V_L), \quad Q = L$$

式中 V_g, V_L 为系统在温度为 T、压强为 $p+\Delta p$ 时气体和液体的体积. L 为液体全部变成同温度的气体时吸收的热量,即相变潜热.因为 AB 过程是等温等压过程,所以 $Q = H(g) - H(L)$,式中 $H(g)$ 和 $H(L)$ 分别为过程开始和结束时气体和液体的焓.因为

$$H_g(T) - H_g(0) = \int_0^T C_{gp}\mathrm{d}T = C_{gp} \cdot T$$

同理,

$$H_L(T) = C_{Lp} \cdot T + H_L(0)$$

式中 C_{gp} 和 C_{Lp} 分别为气体和液体的定压热容.所以

$$L = (C_{gp} - C_{Lp}) \cdot T + [H_g(0) - H_L(0)] = (C_{gp} - C_{Lp}) \cdot T + L(0)$$

将 W', $L = Q$ 代入 η 式,得

$$\frac{(V_g - V_L)\mathrm{d}p}{(C_{gp} - C_{Lp}) \cdot T + L(0)} = \frac{\mathrm{d}T}{T}$$

因为 $V_g \gg V_L, V_g = \frac{\nu RT}{p}$,式中 ν 为气体的摩尔数.将 V_g 代入上式得

$$\mathrm{d}p = [(C_{gp} - C_{Lp}) \cdot T + L(0)]\nu \frac{p\mathrm{d}T}{RT^2}$$

对上式积分得

$$p = Ae^{-L(0)/\nu RT} \cdot T^{(C_{gp}-C_{Lp})/\nu R}$$

【点评】 本题完全可以直接从克拉珀龙方程出发.但是在应用克拉珀龙方程时,一般都把相变潜热看成与温度无关的常数,这在温度变化范围不大的情况下是可以的.但是当讨论蒸气压方程时,考虑的是饱和蒸气压随温度的变化关系,这时 L 就不能看成常数.因而在本题中求出 L 与温度 T 的关系就成为关键之一.因此,从小卡诺循环出发就比较容易找到 L 与 T 的关系,同时这也是导出克拉珀龙方程的简易办法.

例题 2.35 两块热容量很大的金属 A 和 B,温度分别为 T_1 和 T_2,并且 $T_1 > T_2$. 在某一时刻 t,通过一薄层导热性能不好的隔离物质接触在一起.隔离物单位时间内传递的热量为 $P_Q \Delta T$, ΔT 为两块金属的温度差.整个体系不与外界交换热量.设金属的热容量 C_A 和 C_B 不随温度变化.试求:

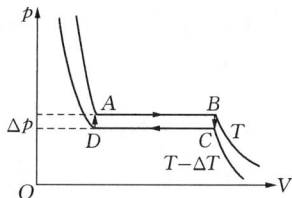

(1) 经过很短时间 Δt 后，金属 A 熵的改变；

(2) 经过很短时间 Δt 后，两体系总熵的改变；

(3) 经足够长时间两体系达到热平衡后，总体系的熵变.

【提示】注意问题中内含的几个近似. 例如，A,B 的热容量很大和传热时间 Δl 很短，这意味着 A,B 在过程中温度不会改变；而经过足够长的时间，意味着 Δt 趋于无穷，则系统总能达到平衡态，A,B 温度将相等.

【题解】 (1) 如图所示，A 和 B 为两块热容量很大的金属，中间是 t 时刻插入的、导热性很差的物质，因它单位时间传导的热量为 $P_Q\Delta T$，所以在 Δt 时间内金属 A 失去的热量 ΔQ_A 为 $\Delta Q_A = -P_Q\Delta T\cdot\Delta t$. 但由于金属 A 的热容量很大，失去这些热量并不改变其温度，因而在 Δt 时间后，金属 A 熵的增量 ΔS_A 为

$$\Delta S_A = \frac{\Delta Q_A}{T_1} = -\frac{P_Q\Delta T\Delta t}{T_1} = \frac{-P_Q(T_1-T_2)\Delta t}{T_1}$$

(2) 同理，金属 B 经时间 Δt 后熵的增量 ΔS_B 为

$$\Delta S_B = \frac{\Delta Q_B}{T_2} = \frac{P_Q\Delta T\Delta t}{T_2} = \frac{P_Q(T_1-T_2)\Delta t}{T_2}$$

经 Δt 后两体系的总熵变为

$$\Delta S = \Delta S_A + \Delta S_B = P_Q(T_1-T_2)\Delta t\left(\frac{1}{T_2}-\frac{1}{T_1}\right) = \frac{P_Q\Delta t\cdot(T_1-T_2)^2}{T_1 T_2}$$

因 $(T_1-T_2)^2 > 0$，故 $\Delta S > 0$.

(3) 设经过足够长的时间，整个系统达到热平衡，温度为 T，并且若隔离物质很薄而不吸收热量，则 $C_A(T_1-T) = C_B(T-T_2)$，所以最后金属 A 和 B 达到的共同温度 T 为

$$T = \frac{C_A T_1 + C_B T_2}{C_A + C_B}$$

设某时刻金属 A 的温度为 T'_1，温度改变 $\mathrm{d}T'_1$ 时熵的变化为

$$\mathrm{d}S_A = \frac{C_A \mathrm{d}T'_1}{T'_1}$$

所以当 A 由温度 T_1 变化到 T 的过程中，熵的增量为

$$\Delta S_A = C_A\int_{T_1}^{T}\frac{\mathrm{d}T'_1}{T'_1} = C_A\ln\frac{T}{T_1} = C_A\ln\left[\frac{C_A T_1 + C_B T_2}{T_1(C_A+C_B)}\right]$$

同理，金属 B 熵的增量为

$$\Delta S_B = C_B\int_{T_2}^{T}\frac{\mathrm{d}T'_2}{T'_2} = C_B\ln\frac{T}{T_2} = C_B\ln\left[\frac{C_A T_1 + C_B T_2}{T_2(C_A+C_B)}\right]$$

达到平衡时系统熵的增量 ΔS 为

$$\Delta S = \Delta S_A + \Delta S_B = \ln\left[\left(\frac{C_A T_1 + C_B T_2}{C_A + C_B}\right)^{(C_A+C_B)}\Bigg/ T_1^{C_A}\cdot T_2^{C_B}\right]$$

【点评】 这是一个典型的热传导过程，即一个不可逆过程，所以过程终了时整个系统的熵必然增加.

例题 2.36 一醉汉在如图所示的原点开始行走. 已知他向右走一步的概率为 p_+，向左走一步的概率为 p_-，向上走一步的概率为 q_+，向下走一步的概率为 q_-. 他的每步步长均为 l. 试求他走 N 步后处于 P 点(其 x,y 坐标为 l 的整数倍)的概率是多少？

【提示】 这是一个二维无规运动问题，数学上常用多项式分布公式来讨论.

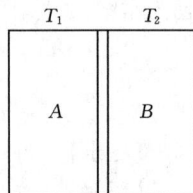

【题解】　如图所示,设醉汉在到达 P 点所走的 N 步中,向右走了 n 步,向左走了 n' 步,向上走了 m 步,向下走了 m' 步,则

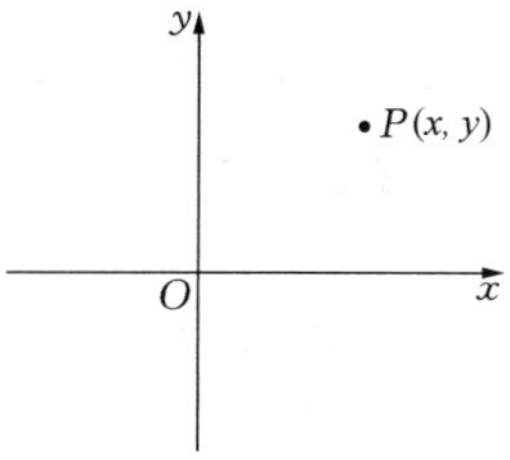

$$n - n' = \frac{x}{l}, \quad m - m' = \frac{y}{l}, \quad n + n' + m + m' = N$$

由上面三式解得

$$
\begin{cases}
n = \dfrac{1}{2}\left[N + \left(\dfrac{x}{l} - \dfrac{y}{l} \right) \right] - m' \\[2mm]
n' = \dfrac{1}{2}\left[N - \left(\dfrac{x}{l} + \dfrac{y}{l} \right) \right] - m' \\[2mm]
m = \dfrac{y}{l} + m'
\end{cases}
$$

题 2.36 图

所以醉汉走了 N 步位于点 $P(x, y)$ 处的概率为

$$W(P) = \sum_{\substack{n'=0 \\ m'=0}} \frac{N!}{n!\,n'!\,m!\,m'!} p_+^{n}\, p_-^{n'} q_+^{m}\, q_-^{m'}$$

式中 p_+, p_-, q_+ 及 q_- 分别表示醉汉向右、向左、向上及向下每走一步的概率,而且满足下式:

$$p_+ + p_- + q_+ + q_- = 1$$

由于 n, n', m 及 m' 都是正整数,当 $\dfrac{x}{l} + \dfrac{y}{l}$ 为偶数时,N 必为偶数;当 $\dfrac{x}{l} + \dfrac{y}{l}$ 为奇数时,N 必为奇数.$W(P)$ 表示式中的求和,从 $m' = 0$ 到使 $n' = 0$ 的 m' 值为止.

例如,设 $x = 3l$, $y = 2l$, $N = 11$,则存在下列 4 种走法:$(m' = 0, m = 2, n' = 3, n = 6)$;$(m' = 1, m = 3, n' = 2, n = 5)$;$(m' = 2, m = 4, n' = 1, n = 4)$;$(m' = 3, m = 5, n' = 0, n = 3)$.将这些数组代入 $W(P)$ 表示求和,就可得到醉汉在 11 步内走到 P 点的概率.

又如,若 $p_+ = p_- = q_+ = q_- = \dfrac{1}{4}$, $x = 0$, $y = 0$, $N = 2N'$,则

$$n = n', \quad m = m', \quad 2n + 2m = 2N', \quad n + m = N'$$

因而醉汉走了 $2N'$ 步回到原点的概率为

$$W(O) = \sum_{n+n'=N} \frac{N!}{(n!)^2 (m!)^2} \cdot \left(\frac{1}{4} \right)^N = \sum_{n=0}^{N'} \frac{N!}{(n!)^2 \left[\left(\dfrac{N}{2} - n \right)! \right]^2} \cdot \left(\frac{1}{4} \right)^N$$

【点评】　这是典型的二维无规行走模型,常用它来讨论二维的布朗运动问题.数学上,它是二项分布公式的推广,称为多项分布.

设在 N 次重复独立试验中,若每次可能有若干结果 A_1, A_2, $\cdots$, A_r,而且 $p(A_i) = p_i$, $i = 1, 2, \cdots, r$.同时

$$p_1 + p_2 + \cdots p_r = \sum_{i=1}^{r} p_i = 1$$

式 p_i 为结果 A_i 出现的概率,则在 N 次试验中 A_1 出现 k_1 次,A_2 出现 k_2 次,$\cdots$,A_r 出现 k_r 次的概率 W 为

$$W = \frac{N!}{k_1!\, k_2! \cdots k_r!} \cdot p_1^{k_1} p_2^{k_2} \cdots p_r^{k_r}$$

上式为多项式 $(p_1 + p_2 + \cdots + p_r)^N$ 展开式的通项,即

$$(p_1 + p_2 + \cdots + p_r)^N = \sum_{\substack{k_i \geq 0 \\ \Sigma k_i = N}} \frac{N!}{k_1!\, k_2! \cdots k_r!} p_1^{k_1} p_2^{k_2} \cdots p_r^{k_r} = 1$$

多项分布是二项分布的推广,二项分布的结果可借鉴地应用到多项分布的情况.多项分布(特别是 4 项或 6 项分布)常常用来讨论二维或三维布朗运动问题,数学上称为随机游动问题.

例题 2.37   两个同样大小、温度相同的小球,均涂成黑色,其中一个为铜质,另一个为铝质.它们被悬于一周围正在融化的冰的空腔内.观测发现,铝球的温度经 10 分钟由 3 ℃ 降为 1 ℃,而铜球花了 14.2 分钟经过同样的温度变化.已知铜的密度是 8.9×10^3 kg /m^3,铝的密度为 2.7×10^3 kg /m^3.试计算铝和铜比热的比值.

【提示】   在 T_0 的空腔内,温度为 T 的黑色小球(看成黑体)向空腔壁传递热量的速率 $\dfrac{dQ}{dt} = A\sigma(T^4 - T_0^4)$.

【题解】   **解法 1**   设铜球的半径为 r,密度为 ρ_1,比热为 c_1,通过表面单位时间内放出的热量为 κ_1,则它在 Δt_1 内放出的热量 Q_1 为

$$Q_1 = \kappa_1 \Delta t_1 = M_1 \cdot c_1 \Delta T_1 \tag{1}$$

式中 M_1 为铜球的质量,即为 $M_1 = \dfrac{4}{3}\pi r^3 \rho_1$.

同理,对于铝球来说,它在 Δt_2 时间内放出的热量 Q_2 为

$$Q_2 = \kappa_2 \Delta t_2 = M_2 c_2 \Delta T_2 \tag{2}$$

由于两个小球半径相同(都为 r),表面都涂成黑色,而且球面以外的情况也完全相同,因此 $\kappa_1 = \kappa_2$,且 $M_2 = \dfrac{4}{3}\pi r^3 \rho_2$.由(1),(2)式得

$$\frac{c_1}{c_2} = \frac{\Delta t_1}{\Delta t_2} \cdot \frac{M_2}{M_1} = \frac{\Delta t_1 \cdot \rho_2}{\Delta t_2 \cdot \rho_1} = \frac{14.2 \times 2.7}{10 \times 8.9} = 0.43$$

解法 2   因涂黑的小球放在温度为 T_0 的空腔内,则小球与腔壁之间传递热量的速率为 $\dfrac{dQ}{dt} = A\sigma(T^4 - T_0^4)$,式中 A 为小球的表面积,σ 为斯忒藩-玻耳兹曼常量,它的实验值为 $5.670\ 3 \times 10^{-8}$ W /(m^2 · K^4),T 为小球的温度.而小球失去 dQ 热量后,温度下降 dT,所以 $dQ = Mc\, dT$.代入 $\dfrac{dQ}{dt}$ 式可得 $Mc\dfrac{dT}{dt} = A\sigma(T^4 - T_0^4)$ 或 $\dfrac{dT}{(T^4 - T_0^4)} = \dfrac{A\sigma}{Mc}dt$

对铜质小球来讲,

$$\int_{276.15}^{274.15} \frac{dT}{(T^4 - T_0^4)} = \frac{A_1 \sigma}{M_1 c_1} \Delta t_1$$

对铝质小球而言,

$$\int_{276.15}^{274.15} \frac{dT}{(T^4 - T_0^4)} = \frac{A_2 \sigma}{M_2 c_2} \Delta t_2$$

由上两式可知

$$\frac{A_1 \sigma}{M_1 c_1} \Delta t_1 = \frac{A_2 \sigma}{M_2 c_2} \Delta t_2$$

因 $A_1 = A_2$,所以

$$\frac{c_1}{c_2} = \frac{M_2}{M_1} \cdot \frac{\Delta t_1}{\Delta t_2} = 0.43$$

【点评】   本题是关于黑体辐射传热的问题.黑体定义为能吸收一切投射到它表面的辐射能量的物体.它的辐出度(单位时间通过表面积辐射出去的能量)M_e 与它的温度 T^4 成正比,即 $M_e = \sigma T^4$.这就是著名的斯忒藩-玻耳兹曼定律,σ 叫做斯忒藩-玻耳兹曼常量.当黑体的温度较周围物体温度高时

就放出能量;反之就吸收能量.

本题中融化的冰构成的空腔可以看成一个黑体,所以小球(黑体)向腔壁辐射能量的速率为

$$\frac{\mathrm{d}Q}{\mathrm{d}t} = A \cdot \sigma(T^4 - T_0^4)$$

正是基于对黑体传递热量的这种认识,本题的解法 1 就给出相同的两个黑体小球单位时间放出的热量相等的正确判断,因而得出了与解法 2 相同的正确结果.

如果小球不是黑体,则它向腔壁传递热量的速率为

$$\frac{\mathrm{d}Q}{\mathrm{d}t} = A\sigma\alpha(T^4 - T_0^4)$$

式中 A 为小球的表面积,σ 为斯忒藩-玻耳兹曼常量,α 为小球的吸收率.因铜和铝表面的吸收率不同,所以不能得到本题所得到的结果.

例题 2.38　将处于冰点(T_i, p_i)的水充满一不可膨胀的容器,然后将水的温度降为 T_f,这时的压强增至 p_f.试求:

(1) 此时容器中固态水占各种状态水的比率 y 与水在各相之单位质量体积的关系;

(2) 设 $t_i = 0\ ℃$, $p_i = 1.01 \times 10^5\ \mathrm{Pa}$, $t_f = -5\ ℃$, $p_f = 5.98 \times 10^7\ \mathrm{Pa}$;水在所涉及的温度范围内定压膨胀系数 $\alpha = -67 \times 10^{-6}\ \mathrm{K}^{-1}$,等温压缩系数 $\kappa = 12.04 \times 10^{-11}\ \mathrm{Pa}^{-1}$;末态水和冰的单位质量的体积分别为 $v_l = 1.0908 \times 10^{-3}\ \mathrm{m}^3/\mathrm{kg}$, $v_s = 1.1928 \times 10^{-3}\ \mathrm{m}^3/\mathrm{kg}$,求 y 值的大小.

【提示】　利用两相共存平衡时的杠杆定则,求出两相所占的比率;利用液体的膨胀系数、压缩系数为常数,求出状态方程的微分表达式.

【题解】　(1) 设固态水的质量为 m_s,液态水的质量为 m_l,则固态水所占的比例 y 为

$$y = \frac{m_s}{m_s + m_l}$$

设系统的总质量为 m,在温度为 T_f 及压强为 p_f 时水的比体积为 v_l,冰的比体积为 v_s,并令

$$V_2 = mv_l, \quad V_1 = mv_s, \quad V_1 + V_2 = m(v_l + v_s)$$

它们分别为系统在温度 T_f 和压强 p_f 下全部为水或冰的体积,则有

$$V_2 - V_1 = m(v_l - v_s), \quad V = m_s v_s + m_l v_l$$

式中 V 为状态(T_f, p_f)时的体积,也就是初态(T_i, p_i)时的体积.代入 y 的表示式得

$$y = \frac{m_s(v_l - v_s)}{V_2 - V_1} = \frac{m_s v_l - (V - m_l v_l)}{V_2 - V_1} = \frac{mv_l - V}{V_2 - V_1} = \frac{V_2 - V}{V_2 - V_1} = \frac{V_2 - V}{m(v_l - v_s)}$$

因为 $\mathrm{d}V = \left(\frac{\partial V}{\partial T}\right)_p \mathrm{d}T + \left(\frac{\partial V}{\partial p}\right)_T \mathrm{d}p$, $\alpha = \frac{1}{V}\left(\frac{\partial V}{\partial T}\right)_p$, $\kappa = -\frac{1}{V}\left(\frac{\partial V}{\partial p}\right)_T$,所以 $\mathrm{d}V = V(\alpha \mathrm{d}T - \kappa \mathrm{d}p)$.由于在($t_i$, p_i) $\rightarrow$ (t_f, p_f)的过程中,α 及 κ 为常数,因此对上式积分可得

$$\int_V^{V_2} \frac{\mathrm{d}V}{V} = \alpha \Delta T - \kappa \Delta p, \quad \ln\frac{V_2}{V} = \alpha \Delta T - \kappa \Delta p$$

即 $V = V_2 \exp(-\alpha \Delta T + \kappa \Delta p)$,代入 y 的表达式得

$$y = \frac{V_2}{m(v_l - v_s)}[1 - \exp(-\alpha \Delta T + \kappa \Delta p)] = \frac{v_l}{(v_l - v_s)}[1 - \exp(-\alpha \Delta T + \kappa \Delta p)]$$

因为 $\alpha \Delta T$, $\kappa \Delta p$ 是一个小量,所以上式为

$$y = \frac{v_l}{v_l - v_s}(\alpha \Delta T - \kappa \Delta p)$$

（2）将 $v_l = 1.0908 \times 10^{-3}$，$v_s = 1.1928 \times 10^{-3}$，$\alpha = -67 \times 10^{-6}$，$\kappa = 12.04 \times 10^{-11}$，$\Delta T = (T_f - T_i) = -5$，$\Delta p = p_f - p_i = 5.98 \times 10^7 - 1.01 \times 10^5 = 5.97 \times 10^7$ 代入 y 的表达式，得

$$y = \frac{1.0908 \times 10^{-3}}{(1.0908 - 1.1928) \times 10^{-3}}[-67 \times 10^{-6} \times (-5) - 12.04 \times 10^{-11} \times 5.97 \times 10^7]$$

$$= \frac{1.0908 \times 10^{-3}}{-1.02 \times 10^{-4}} \times 6.853 \times 10^{-3} = 7.33 \times 10^{-2} = 7.33\%$$

【点评】 系统两相共存且处在状态 (T, p, V) 时，某相的质量所占的比率 $y = \dfrac{V_2 - V}{V_2 - V_1}$ 是一个普遍适用的公式，它对气液、固液、固气相变都成立，该式也称为杠杆定则。系统经过一个等温（温度为 T）、等压（压强为 p）的过程由体积为 V_1 的一种相转变成体积为 V_2 的另一种相。在这一过程中的某个状态，系统体积为 V，第一相所占的质量比率 y，第二相所占的比率 $x = 1 - y = \dfrac{V - V_1}{V_2 - V_1}$。

还要指出的是，本题中系统经一等容过程由 (T_i, p_i) 变化到末态 (T_f, p_f)，而题目中要求出的是 $V_2 - V$，这时的 V_2 是温度为 T_f、压强为 p_f 时系统全部为液态水时的体积。所以我们设想经过一个过程，系统由状态 (T_i, V, p_i) 变化到 (T_f, V_2, p_f)，但系统没有发生相变，一直处在液体状态。利用这一过程中 α 及 κ 为常数的性质，通过积分求出 V 与 V_2 的关系。

最后指出，在 T_f 和 p_f 保持不变的相变过程中，虽然两相所占的比率不同，但它们的比体积 v_l 及 v_s 是一个常数。

例题 2.39 一质量为 m'、半径为 r 的宏观小球，以速度 v_0 在真空中运动。前方是温度为 T、分子数密度为 n 的 ν mol 稀薄理想气体。在 $t = 0$ 时小球进入气体。气体由质量为 m 的单原子分子构成，这些原子与小球的碰撞是弹性的。已知理想气体分子的平均速率为 $\bar{v} = \sqrt{8RT/\pi M}$，它比小球的初速度大得多。式中 M 为气体的摩尔质量，$M = N_A m$。假设单位时间内原子与小球的碰撞数为 $\sigma n \bar{v}$。试求：

（1）小球与一个原子碰撞时的能量改变；

（2）小球平均能量的减少率及最终平均能量；

（3）体系（小球＋理想气体）熵的改变；

（4）（附加题）σ 值的大小。

【提示】 小球在空气或液体中受到的阻力来自作无规热运动的空气或液体分子与小球作弹性碰撞、持续交换动量的结果。

【题解】 （1）如图 1 所示，一质量为 m 的原子以速率 $\bar{v}$ 与小球面上 ds 面垂直相碰。因小球以 v_0 速率逆 x 轴方向运动，且碰撞是弹性的，所以原子碰撞后动量沿 n（ds 面法线）方向的改变为

$$m(\bar{v} + v_0 \cos\theta) - [-m(\bar{v} + v_0 \cos\theta)] = 2m(\bar{v} + v_0 \cos\theta)$$

小球在 n 方向获得动量 Δp 为

$$\Delta p = -2m(\bar{v} + v_0 \cos\theta)$$

小球能量的增量 ΔE 为

$$\Delta E = \frac{(p + \Delta p)^2}{2m'} - \frac{(p)^2}{2m'}$$

式中 $p = m'v_0$，所以

$$\Delta E = \frac{1}{2m'}[p^2 + 2p \cdot \Delta p + (\Delta p)^2 - p^2]$$

$$= \frac{1}{2m'}[-2m'v_0 \cdot 2m(\bar{v} + v_0 \cos\theta)\cos\theta + 4m^2(\bar{v} + v_0 \cos\theta)^2]$$

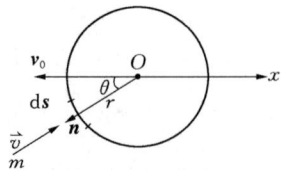

题解 2.39 图 1

$$= -2mv_0(\bar{v}+v_0\cos\theta)\cos\theta + \frac{2m^2}{m'}(\bar{v}+v_0\cos\theta)^2$$

(2) 当小球进入稀薄理想气体,就受到周围原子从各个方向的碰撞.已知(题设)单位时间内原子与小球相碰的次数为 $\sigma n\bar{v}$,由于 $v_0 \ll \bar{v}$,认为小球的运动并不影响理想气体所处的平衡态,因而单位时间与单位面积相碰的数目为 $\frac{\sigma n\bar{v}}{4\pi r^2}$.由图 1 可知,$dt$ 时间内与小球表面 ds 相碰的分子数为 $\frac{\sigma n\bar{v}}{4\pi r^2}ds\cdot dt$.因每个分子在 $\boldsymbol{n}$ 方向获得的动量增量为 $2m(\bar{v}+v_0\cos\theta)$,所以小球在 dt 内、通过 ds 得到的动量增量(沿 $\boldsymbol{n}$ 的反方向) 为

$$dk = 2m(\bar{v}+v_0\cos\theta)\cdot\frac{\sigma n\bar{v}}{4\pi r^2}dsdt$$

则 ds 受到的垂直作用力 df 为

$$df = \frac{dk}{dt} = \frac{1}{2}\frac{m\sigma n\bar{v}}{\pi r^2}(\bar{v}+v_0\cos\theta)ds$$

从图 1 中也看到这个力 df 的分量除在 x 方向外,在 y 及 z 方向产生的合力为零.在 x 方向产生的合力为

$$f = \int df\cos\theta = \frac{1}{2}\frac{m\sigma n\bar{v}}{\pi r^2}\int_0^\pi(\bar{v}+v_0\cos\theta)\cos\theta r^2\sin\theta d\theta\int_0^{2\pi}d\varphi$$

$$= -m\lambda n\bar{v}\cdot v_0\cdot\frac{1}{3}\cos^3\theta\Big|_0^\pi = \frac{2}{3}m\sigma n\bar{v}v_0$$

小球受阻力作用后,其速度 $\boldsymbol{v}$ 将改变,由上式得 $f = m'\dfrac{dv}{dt} = -\dfrac{2}{3}m\sigma n\bar{v}v$,有 $\dfrac{dv}{v} = -\dfrac{2}{3}\dfrac{m\sigma n\bar{v}}{m'}\cdot dt$,两边积分得

$$\ln\frac{v}{v_0} = -\frac{2}{3}\frac{m\sigma n\bar{v}}{m'}t, \quad v = v_0\exp\left(-\frac{2}{3}\frac{m\sigma n\bar{v}}{m'}t\right)$$

小球的能量 E 为

$$E = \frac{1}{2}m'v^2 = \frac{1}{2}m'v_0^2\exp\left(-\frac{4}{3}\frac{m\sigma n\bar{v}}{m'}t\right)$$

能量 E 的变化率 $\dfrac{dE}{dt}$ 为

$$\frac{dE}{dt} = -\frac{2}{3}m\lambda n\bar{v}v_0^2\exp\left(-\frac{4}{3}\frac{m\sigma n\bar{v}}{m'}t\right)$$

当 $t\to\infty$ 时,小球的定向运动速度为 0,定向运动的能量 $E = 0$.这时小球将在周围气体分子的作用下作随机运动,即布朗运动.由布朗运动理论可知,小球的平均平动能等于分子的平均平动能 $\bar{\varepsilon}$,$\bar{\varepsilon} = \dfrac{3}{2}kT'$,式中 T' 为最后理想气体吸收了小球受到摩擦阻力所产生的热量 Q 而达到的温度.因 Q 等于阻力 f 所作的功,即小球定向运动动能的减少值,所以 $Q = \dfrac{1}{2}m'v_0^2$.气体吸收热量,每个分子的平均平动能增加.设 $t = \infty$ 时系统温度为 T',则

$$\frac{3}{2}kT' = \frac{3}{2}kT + \frac{Q}{\nu N_A} = \frac{3}{2}kT + \frac{1}{2}\frac{m'v_0^2}{\nu N_A}$$

$$T' = T + \frac{1}{3}\frac{m'v_0^2}{\nu R}$$

式中 $R = N_A\cdot k$ 为气体常数,ν 为理想气体的摩尔数.

（3）设某时刻系统的温度为 T'',则由上式可知

$$\frac{3}{2}k\mathrm{d}T'' = \frac{\mathrm{d}Q}{\nu N_\mathrm{A}}, \quad \mathrm{d}Q = \frac{3}{2}\nu R\mathrm{d}T''$$

当理想气体及小球构成的系统与外界隔绝而吸收 $\mathrm{d}Q$ 热量时,它的熵增量 $\mathrm{d}S$ 为

$$\mathrm{d}S = \frac{\mathrm{d}Q}{T''} = \frac{3}{2}\nu R \frac{\mathrm{d}T''}{T''}$$

所以 $t \to \infty$ 时,系统熵的增量 ΔS 为

$$\Delta S = \int \mathrm{d}S = \int_T^{T'} \frac{3}{2}\nu R \frac{\mathrm{d}T''}{T''} = \frac{3}{2}\nu R\ln\frac{T'}{T} = \frac{3}{2}\nu R\ln\left(1 + \frac{1}{3}\frac{m'v_0^2}{\nu RT}\right)$$
$$= \frac{3}{2}\nu R\ln\left(1 + \frac{8}{3}\frac{m'v_0^2}{\pi\nu M\overline{v}^2}\right) \approx \frac{4km'v_0^2}{\pi m(\overline{v})^2}$$

上式近似中用到 $(\overline{v})^2 \gg v_0^2$.

（4）如图2所示,$\mathrm{d}t$ 时间内与 $\mathrm{d}s$ 面相碰的、速度为 $\boldsymbol{v}$ 的分子,一定位于以 $(v_x + v_0\cos\theta)\cdot\mathrm{d}t$ 为高、$\mathrm{d}S$ 为底的柱体内. 位于该体积内、速度为 $\boldsymbol{v}$ 的分子数为 $nf(\boldsymbol{v})\mathrm{d}\boldsymbol{v}$,所以单位时间与 $\mathrm{d}s$ 相碰的、速度为 $\boldsymbol{v}$ 的分子数 $\mathrm{d}\Gamma$ 为

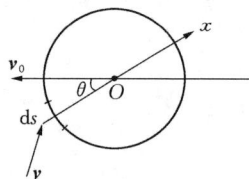
题解 2.39 图 2

$$\mathrm{d}\Gamma = (v_x + v_0\cos\theta)nf(\boldsymbol{v})\mathrm{d}\boldsymbol{v}\mathrm{d}S = n(v_x + v_0\cos\theta)f(\boldsymbol{v})\mathrm{d}\boldsymbol{v}r^2\sin\theta\mathrm{d}\theta\mathrm{d}\varphi$$

单位时间内与小球相碰的分子数 Γ 为

$$\Gamma = \int\mathrm{d}\Gamma = \int_0^{2\pi}\mathrm{d}\varphi\int_0^\pi\mathrm{d}\theta\int_{-v_0\cos\theta}^\infty\mathrm{d}v_x\iint_{-\infty}^\infty\mathrm{d}v_y\mathrm{d}v_z\cdot nr^2(v_x + v_0\cos\theta)\sin\theta$$

因 $v_0\cos\theta$ 是一个小量,所以上式为

$$\Gamma = 4\pi nr^2\int_0^\infty v_xf(v_x)\mathrm{d}v_x = 4\pi nr^2\cdot\left(\frac{m}{2\pi kT}\right)^{1/2}\frac{kT}{m} = n\pi r^2\overline{v} = \sigma n\overline{v}$$

故 $\sigma = \pi r^2$,为小球与分子的碰撞截面.

例题 2.40 1mol 单原子理想气体经历如图所示的循环过程. 已知 $p_2 = 2p_1$, $V_2 = 2V_1$, $V_1 = 2V_3$. 试求:

（1）循环的效率;

（2）循环过程中温度的最高点;

（3）3 个过程中是否存在多方过程?

【提示】 系统在循环过程中对外界所做的功,等于 p-V 图上过程所围的面积. 吸收的热量是各过程中从外界吸收热量之和,但要注意区分在一过程中系统吸收了多少量和放出了多少量. 导出过程中系统温度 T 随 V 的变化关系. 凡过程方程符合 pV^n = 常数的方程,都称为多方程,式中 n 为常数. 例如,等温过程的 $n = 1$;绝热过程的 $n = C_P/C_V = \gamma$,在温度变化不大的范围内,C_P 及 C_V 均为常数;等压过程中的 $n = 0$,所以它们均是多方过程.

【题解】 （1）如图所示,循环的效率 $\eta = \dfrac{W'}{Q_1}$,W' 为系统对外所作的功,即图中 $\triangle ABC$ 的面积,

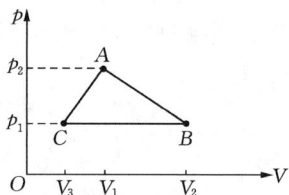
题 2.40 图

$$W' = \frac{1}{2}(p_2 - p_1)(V_2 - V_3) = \frac{1}{2}p_1\left(2V_1 - \frac{1}{2}V_1\right) = \frac{3}{4}p_1V_1$$

系统在循环过程中吸收的热量 Q_1 等于 AB, BC 及 CA 过程中吸收的热量之和. 因 BC 是一个等压压缩的过程,外界对系统作功,温度降低、内

能减少,所以是一个放热过程.CA 过程中系统温度单调增加,即内能单调增加,而系统对外作功,所以必定从外界吸收热量.从已知条件可知,$T_A = T_B$,所以 AB 过程中温度不是单调变化的,在这一过程中系统在某一范围吸收热量,在另外的范围放出热量,为此先求系统吸收的热量与过程的关系.因为

$$dQ = C_{V,m}dT + pdV = \frac{3}{2}RdT + pdV$$

$$pV = RT, \quad pdV + Vdp = RdT$$

所以

$$dQ = \frac{C_{V,m}}{R}(pdV + Vdp)$$

因为 AB 的过程方程为 $p = a + bV$,有 $p_2 = a + bV_1$,$p_1 = a + bV_2$,所以

$$b = \frac{p_2 - p_1}{V_1 - V_2} = -\frac{p_2 - p_1}{V_2 - V_1} = \frac{-p_1}{V_1}, \quad a = 3p_1$$

因而得

$$p = 3p_1 - \frac{p_1}{V_1} \cdot V = p_1\left(3 - \frac{V}{V_1}\right), \quad dp = -\frac{p_1}{V_1}dV$$

代入 dQ 表示式,可得

$$dQ = \frac{C_{V,m}}{R}\left[p_1\left(3 - \frac{V}{V_1}\right)dV - \frac{p_1}{V_1}VdV\right] = \frac{C_{V,m}}{R}\left[p_1\left(3 - 2\frac{V}{V_1}\right)dV\right]$$

由上式可知,当 $\left(3 - 2\frac{V}{V_1}\right) > 0$,即 $V < \frac{3}{2}V_1$ 时,系统体积增加,吸收热量;当 $V > \frac{3}{2}V_1$ 时,放出热量.所以在 AB 过程中系统吸收的热量

$$Q_{AB} = \int dQ = \frac{C_{V,m}}{R}\int_{V_1}^{\frac{3}{2}V_1} p_1\left(3 - 2\frac{V}{V_1}\right)dV = \frac{C_{V,m}}{R}p_1\left[3V - \frac{V^2}{V_1}\right]_{V_1}^{\frac{3}{2}V_1} = \frac{C_{V,m}}{4R}p_1V_1$$

对于 CA 过程,吸收的热量

$$Q_{CA} = \Delta U + W' = C_{V,m} \cdot (T_A - T_C) + \frac{1}{2}(p_2 - p_1)(V_1 - V_3)$$

$$= C_{V,m} \cdot \left(\frac{p_2V_1}{R} - \frac{p_1V_3}{R}\right) + \frac{1}{2}p_1 \cdot \frac{V_1}{2} = \frac{C_{V,m}}{R}\left(2p_1V_1 - \frac{1}{2}p_1V_1\right) = \frac{3}{2R}C_{V,m}p_1V_1$$

所以

$$Q = Q_{AB} + Q_{CA} = \frac{C_{V,m}}{4R}p_1V_1 + \frac{3C_{V,m}}{2R}p_1V_1 = \frac{7}{4}\frac{C_{V,m}}{R}p_1V_1$$

$$\eta = \frac{W'}{Q} = \frac{3}{7}\frac{C_{V,m}}{R} = \frac{2}{7} = 28.6\%$$

式中用到 $C_{V,m} = \frac{3}{2}R$.

(2) 因 BC 过程是温度不断降低的过程,最高温度为 T_B,而 CA 过程是温度单调增加的过程,最高温度为 T_A,而 $T_A = T_B$,所以循环过程中的最高温度可能存在于 AB 过程中.为此先找到 AB 过程中温度随体积的变化关系.因为

$$\begin{cases} p = p_1\left(3 - \frac{V}{V_1}\right) \\ pV = RT \end{cases}$$

所以

$$T = \frac{p_1}{R}\left(3 - \frac{V}{V_1}\right)V$$

$$\frac{dT}{dV} = \frac{p_1}{R}\left(3 - 2\frac{V}{V_1}\right) = 0, \quad V = \frac{3}{2}V_1$$

$$\frac{d^2 T}{dV^2} = -\frac{2p_1}{RV_1} < 0$$

因而

$$T_{max} = \frac{9}{4}\frac{p_1 V_1}{R}$$

（3）因 AB 过程的过程方程为 $p = p_1\left(3 - \frac{V}{V_1}\right)$，不能写成 $pV^n = $ 常数的形式，所以 AB 过程不是多方过程.

因 BC 是等压过程，所以是多方过程.

因 CA 为直线，所以可写成 $p = c + dV$. 将 C 点及 A 点的 p，V 代入，可得 $p_1 = c + \frac{1}{2}dV_1$，$p_2 = c + dV_1$. 由此得 $d = \frac{2p_1}{V_1}$，$c = 0$. 所以 CA 过程的过程方程为 $p = \frac{2p_1}{V_1}V$，即 $pV^{-1} = $ 常数. 由于多方指数 $n = -1$，因此 CA 过程是一个多方过程.

例题 2.41　　如图所示，一个体积为 V 的球形容器内装有初始压强为 p_0 的水蒸气，球内温度保持 T. 现将下端截面为单位面积的细管插入液氮中，假定进入细管的分子都凝聚在管内. 试求球内水蒸气（可看作理想气体）的压强降到 p 时所需的时间，以及在该时刻附近单位时间内减少的能量.

【提示】　容器中的理想气体处于平衡态时，碰壁分子的平均平动能 $\overline{\varepsilon}_{平动} = 2kT$.

【题解】　（1）因进入细管的水蒸气都凝结成液体，所以 dt 时间内进入细管凝结成水的分子数 dN，即为同时间内水蒸气减少的分子数，

$$dN = -\frac{1}{4}n\overline{v} \cdot dt$$

式中 n 为水蒸气的分子数密度，$\overline{v}$ 为水蒸气分子的平均速率. 由上式可知，容器内单位体积中的水蒸气分子在 dt 内减少为

$$dn = d\frac{N}{V} = -\frac{1}{4}\frac{n}{V}\overline{v}dt$$

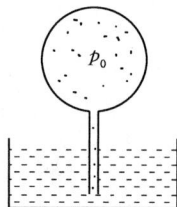

题 2.41 图

因为 $p = nkT$，所以

$$dp = -\frac{1}{4}\frac{p}{V}\overline{v}dt, \quad \frac{dp}{p} = -\frac{1}{4}\frac{\overline{v}}{V}dt$$

对上式积分，得到时间 t 时容器内的压强 p 及分子数密度 n 分别为

$$p = p_0 e^{-\frac{\overline{v}}{4V}t}, \quad n = n_0 e^{-\frac{\overline{v}}{4V}t}$$

式中 p_0 及 n_0 为 $t = 0$ 时水蒸气的压强及分子数密度.

（2）因为每个分子的平均能量为 $\overline{\varepsilon} = \overline{\varepsilon}_{平动} + \overline{\varepsilon}_{转} + \overline{\varepsilon}_{振}$，对碰壁（即进入细管）的分子来说，分子的平均平动能 $\overline{\varepsilon}_{平动}$ 为 $\overline{\varepsilon}_{平动} = 2kT$，因水分子有 3 个转动自由度和 3 个振动自由度，所以 $\overline{\varepsilon}_{转} = \frac{3}{2}kT$，$\overline{\varepsilon}_{振} = \frac{1}{2} \times 6kT = 3kT$，则

$$\bar{\varepsilon} = 2kT + \frac{3}{2}kT + 3kT = 6\frac{1}{2}kT$$

因 t 时刻单位时间内的碰壁数即进入细管的数目

$$dN = \frac{1}{4}n\bar{v} = \frac{1}{4}n_0\bar{v}e^{-\frac{\bar{v}}{4V}t}$$

这些分子凝聚成液体时,水蒸气就失去能量

$$dE = \bar{\varepsilon}dN = \frac{13}{8}n_0\bar{v}kTe^{-\frac{\bar{v}}{4V}t}$$

当水蒸气温度为室温时,它的振动自由度冻结,所以 $\bar{\varepsilon} = \frac{7}{2}kT$,有

$$dE = \bar{\varepsilon}dN = \frac{7}{8}n_0\bar{v}ke^{-\frac{\bar{v}}{4V}t}$$

【点评】　本题涉及两个基本知识,在解题时已经直接使用.

(1) 单位时间内碰壁的分子数 $d\Gamma = \frac{1}{4}n \cdot \bar{v}$,这可以直接从麦氏分布律推算出来;

(2) 碰壁分子的平均平动能 $\bar{\varepsilon}_{平动} = 2kT$,这可以由碰壁分子按速率的分布函数求得.

例题 2.42　已知一半径为 R 的球形肥皂膜上带有电量 Q,肥皂液的表面张力系数为 σ.试求膜内外的压强差.

【提示】　当液体体积不变时,在等温过程中外界对液体所作的功等于液体自由能的增量 $dW = dF = \sigma dA$.

【题解】　设球形肥皂膜的半径为 R,带电量 Q,则膜表面的电势 $\phi = \dfrac{Q}{4\pi\varepsilon_0 R}$.

设想肥皂膜经一等温过程,半径由 R 变为 $R + dR$,则外界对膜所作的功 dW 为

$$dW = dW_1 + dW_2 = (p_i - p_0) \cdot dV - Qd\phi$$

式中 $dW_1 = (p_i - p_0)dV$ 为内外气体所作的功,$dW_2 = -Qd\phi$ 为电场所作的功.

由于在等温过程中外界对液体(这里为肥皂液膜)所作的功等于液体自由能的增量,即 $dW = dF = \sigma dA$,因此

$$(p_i - p_0)dV - Qd\phi = \sigma dA$$

因为 $V = \dfrac{4}{3}\pi R^3$,$dV = 4\pi R^2 dR$,$d\phi = -\dfrac{Q}{4\pi\varepsilon_0 R^2} \cdot dR$,$A = 2 \times 4\pi R^2$,$dA = 16\pi R dR$ 所以

$$(p_i - p_0) \cdot 4\pi R^2 dR + \frac{Q^2}{4\pi\varepsilon_0 R^2}dR = 16\pi\sigma R dR$$

即

$$\Delta p = p_i - p_0 = \frac{4\sigma}{R} - \frac{Q^2}{\varepsilon_0(4\pi R^2)^2}$$

【点评】　本题的关键是 $dW = \sigma dA$,它的含义如下:对于体积恒定的液体或体积为零的表面,在一可逆等温过程中,外界对系统所作的功 dW 等于自由能 F 的增量 dF,而 $F = \sigma A$,A 为液体的表面积,σ 为表面张力系数.因 σ 仅是温度的函数,与 A 无关,所以在等温过程中 $dF = \sigma dA$.

例题 2.43　如图所示,在图(a)中毛细管内液面高度为 h,在图(b)中,一倒置的 U 形毛细管,高度 $h_1 < h$.试讨论当 U 形管管口距液面距离为 h_2 时,管口液面的弯曲情况.

【提示】　在液体与固体接触的界面处,液面所成的接触角决定于液体和固体的性质,与液面所处的位置无关.

【题解】 如图所示,设 U 形管管口液面内一点 A 与管内一点 B 在同一水平面上,C 点与 D 点在同一水平面上,则

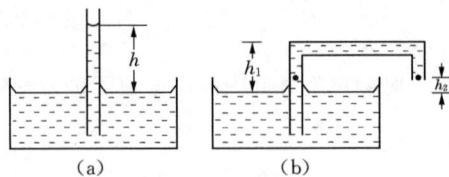

题 2.43 图

$$p_A = p_B = p_C - \rho g h_2 = p_D - \rho g h_2$$

所以

$$\Delta p = p_A - p_0 = -\rho g h_2$$

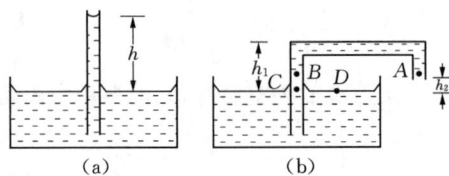

题解 2.43 图

这表明管口液面内外压强差为 $-\rho g h_2$. 当 h_2 为正值,即点 A 位于水平液面上方时,$h_2 > 0$,则 $\Delta p < 0$. 这时液面内 A 点的压强比液面外大气压要小,所以液面一定是凹液面.

当 $h_2 = 0$ 时,$\Delta p = 0$,即 $p_A = p_0$,这时液面一定为平液面.

当 $h_2 < 0$ 时,也就是管口 A 点在水平液面以下时,$\Delta p > 0$,因而这时液面一定为凸液面. 当 h_2 继续减少,即 U 形管管口低于液面较大时,液面将更向下凸出,液滴将拉长. 当液滴重要超过表面张力向上的分量时,液滴下落;管口再降低时,液体将从管口连续流出.

【点评】 讨论表面张力问题时,要特别牢记液面与器壁的接触角只决定于液体与所接触的固体的性质. 因此在讨论本题的过程中,即当 h_2 由大于零到小于零的过程中,液体与毛细管的接触角是不变的. $h_2 = 0$ 时,液面为平液面,并非指液面与管壁垂直,而是表示液面与一定厚度的管口的壁接触时的情况. 液面与管壁的接触角与 $h_2 > 0$ 时凹液面的情况相同. 而当 $h_2 < 0$ 时,液面将与管口外面的管壁相接触,形成向上的表面张力拉力,作用在液滴上,这时液面为凸液面.

例题 2.44 已知某溶液表面张力系数 $\sigma = a - bT$,在温度为 T 的等温过程中把半径为 R 的小球分成 n 个小小球. 试求:

(1) 外界对它所作的功;

(2) 从外界吸收的热量;

(3) 系统的内能和熵的增量.

【提示】 某种液体的表面张力系数 σ 仅是温度 T 的函数,与液面的面积和压强无关.

【题解】 (1) 因 $V = \dfrac{4}{3}\pi R^3 = n \cdot \dfrac{4}{3}\pi r^3$,所以

$$r = n^{-1/3} \cdot R \ \text{或} \ n = \left(\frac{R}{r}\right)^3$$

等温过程中外界所作的功 W 为

$$W = \sigma \cdot \Delta A = \sigma(n \cdot 4\pi r^2 - 4\pi R^2) = \sigma\left(\frac{R^3}{r^3}4\pi r^2 - 4\pi R^2\right) = 4\pi R^2 \sigma\left(\frac{R}{r} - 1\right)$$

$$= 4\pi R^2 (a - bT)\left(\frac{R}{r} - 1\right)$$

(2) 由于 $\Delta S = -\dfrac{\mathrm{d}\sigma}{\mathrm{d}T} \cdot \Delta A$,

$$\Delta Q = T\Delta S = -T\frac{\mathrm{d}\sigma}{\mathrm{d}T}\Delta A = 4\pi R^2 bT\left(\frac{R}{r} - 1\right)$$

(3) 因为

$$\Delta U = W + \Delta Q = 4\pi\sigma R^2\left(\frac{R}{r} - 1\right) - T\frac{\mathrm{d}\sigma}{\mathrm{d}T}\Delta A = 4\pi R^2\left(\frac{R}{r} - 1\right)\left(\sigma - T\frac{\mathrm{d}\sigma}{\mathrm{d}T}\right) = 4\pi R^2 \cdot a\left(\frac{R}{r} - 1\right)$$

过程中系统熵的增量 ΔS 为

$$\Delta S = -\frac{\mathrm{d}\sigma}{\mathrm{d}T}\Delta A = -4\pi R^2\left(\frac{R}{r}-1\right)(-b) = 4\pi R^2 b\left(\frac{R}{r}-1\right)$$

【点评】　对体积保持不变的液体,经过一个等温过程,外界对系统所作的功,只能是对液体表面作功.对这种系统,表面张力系 σ 与温度 T 的关系 $\sigma(T)$,实质上就是该系统的物态方程.这时描述系统的热力学量为 σ,T 及表面积 A. 系统的熵 $S = -\left(\dfrac{\mathrm{d}\sigma}{\mathrm{d}T}\right)A$,内能 $U = \left[\sigma - T\left(\dfrac{\mathrm{d}\sigma}{\mathrm{d}T}\right)\right]\cdot A$.

例题 2.45　已知空气的温度为 T_0,摩尔质量为 M_0,重力加速度为 g.试求:水的沸点随高度的变化.

【提示】　水沸腾时饱和蒸汽压和温度的关系可由克拉珀龙方程给出;再由大气压随高度的变化关系,就可导出水的沸点随高度的变化关系.

【题解】　因为当水的饱和蒸气压等于液面上的大气压时,饱和蒸气的温度就是水的沸点 T_c. 而水在沸腾时,其饱和蒸气压与温度的关系由克拉珀龙方程给出:

$$\frac{\mathrm{d}p}{\mathrm{d}T_c} = \frac{l}{T_c(v_g - v_l)}$$

式中 l 为水在 T_c 时的汽化热,v_g 和 v_l 分别为气相和液相的比体积.因为 $v_g \gg v_l$ 以及 $Mpv_g = RT$(M 为水蒸气的摩尔质量),所以上式为

$$\frac{\mathrm{d}p}{\mathrm{d}T_c} = \frac{l}{T_c v_g} = \frac{pl_m}{T_c^2 R} \quad \text{或} \frac{\mathrm{d}p}{p} = \frac{l_m \mathrm{d}T_c}{RT_c^2}$$

式中 $l_m = Ml$ 为水蒸气的摩尔汽化热.又因空气的压强随高度而变化,即

$$\mathrm{d}p = -\rho g\mathrm{d}z = -nmg\mathrm{d}z = -\frac{mg p}{kT_0}\mathrm{d}z = -\frac{M_0 g p}{RT_0}\mathrm{d}z$$

式中 M_0 为空气的摩尔质量,g 为重力加速度,T_0 为空气的温度.由上面两式得

$$\frac{\mathrm{d}T_c}{T_c^2} = -\frac{M_0 g}{l_m T_0}\mathrm{d}z$$

两边积分得

$$\frac{1}{T_c} = \frac{M_0 g}{l_m T_0}z + c$$

当 $z = 0$ 时,$T_c = 373.15\,\mathrm{K}$,代入得 $c = \dfrac{1}{373.15\,\mathrm{K}}$,因而

$$\frac{1}{T_c} = \frac{M_0 g}{l_m T_0}z + \frac{1}{373.15\,\mathrm{K}}$$

上式表明,当 z 增加时,T_c 降低.但上式只在 l_m 不随温度变化的范围才成立.

【点评】　在高原地区或高山上,因气压低水不到 $100\,°\!C$ 就烧开了。

例题 2.46　设晶格中有 N 个原子位于格点上.当原子离开格点并占据格点间的位置时,就形成填隙原子和空位.晶体的这种缺陷称为弗伦克尔缺陷.

(1)设格点数目和填隙位置的数目都是 N,试证明在晶格中形成 n 个空位和填隙原子时,系统的熵的增量为

$$\Delta s = 2k\ln\frac{N!}{n!(N-n)!}$$

(2)设原子在格点位置和填隙位置的能量差为 u,温度为 T 时,试证空位数目为

$$n = N\mathrm{e}^{-u/2kT}$$

【提示】 系统的熵 S 与热力的概率 W^T 的关系称为玻耳兹曼关系（或玻耳兹曼假设），$S = k\ln W^T$.

【题解】 如图所示，"o" 为正常格点，"×" 为填隙位置.

(1) 因为 N 个原子位于正常格点时，其热力学概率 W_1^T 及系统的熵 S_1 分别为

$$W_1^T = N!, \quad S_1 = k\ln W^T = k\ln N!$$

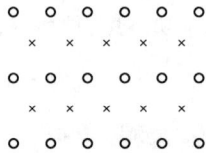

题解 2.46 图

当 n 个原子位于填隙原子时，就有 $N-n$ 个原子位于 N 个正常格点，其配容数为

$$(N-n)!\frac{N!}{n!(N-n)!} = \frac{N!}{n!}$$

同理，n 个原子位于 N 个填隙位置的配容数为 $\dfrac{N!}{(N-n)!}$，所以 N 个原子中 $N-n$ 个原子在正常格点、同时有 n 个原子位于填隙位置的总配容数，即热力学概率 W_2 为

$$W_2^T = \frac{N!}{(N-n)!n!} \cdot \frac{N!}{n!}\frac{N!}{(N-n)!}$$

系统的熵 S_2 为 $S_2 = k\ln W_2^T$，系统熵的增量 ΔS 为

$$\Delta S = S_2 - S_1 = k\ln\left[\frac{N!}{(N-n)!n!}\right]^2 = 2k\ln\frac{N!}{(N-n)!n!}$$

(2) 因一个原子从正常位置跑到填隙位置时，能量增加 u，所以当 n 个原子从正常位置成为填隙原子时，系统内能的增量 $\Delta U = nu$. 设在这一过程中系统温度不变，外界作功为零，即 $\mathrm{d}T = 0$，$\mathrm{d}W = 0$，则因 $\mathrm{d}F = \mathrm{d}U - T\mathrm{d}S$，而过程等温，所以 $\mathrm{d}F = \mathrm{d}W = 0$，因此得 $\Delta U = T\Delta S$. 将 $\Delta U = nu$ 及 ΔS 的值代入可得

$$nu = 2kT\ln\frac{N!}{n!(N-n)!}$$

设 $n \ll N$，对上式用斯特令公式 $\ln N! = N(\ln N - 1)$，得

$$nu = 2kT(n\ln N - n\ln n) = 2nkT\ln\frac{N}{n}$$

所以得 $n = N\mathrm{e}^{-u/2kT}$. 上面的运算中应用了近似：$\ln(N-n) = \ln N$.

例题 2.47 有一根一维链，由长为 a 的 N 节（$N \gg 1$）组成，如图所示，两端间距为 x. 每节链可以自由活动. 试求：

(1) 整条链的熵；

(2) 链条温度为 T 和保持 x 时所必须的张力 $f(x)$.

【提示】 一维链是指在一个维度上可以折叠的链.

【题解】 (1) 一维链的每一节都给一个方向（向左或向右）. 设 N 节中有 n 节向右，则必定有 $N-n$ 节向左，则链条两端间的距离 x 为

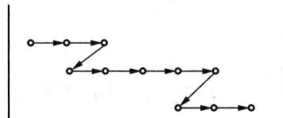

题 2.47 图

$$x = [n - (N-n)]a$$

而 n 及 $(N-n)$ 分别为

$$n = \frac{1}{2}\left(\frac{x}{a} + N\right), \quad N-n = \frac{1}{2}\left(N - \frac{x}{a}\right)$$

N 节中有 n 节向右时，系统的热力学概率为

$$W^T(n) = \frac{N!}{n!(N-n)!}$$

所以系统的熵 S 为

$$S = k\ln W^T = k[\ln N! - \ln n! - \ln(N-n)!]$$

应用斯特令公式 $\ln N! = N(\ln N - 1)$，得

$$S = k[N\ln N - n\ln n - (N-n)\ln(N-n)]$$
$$= k\left[N\ln 2N - \frac{1}{2}\left(\frac{x}{a}+N\right)\ln\left(\frac{x}{a}+N\right) - \frac{1}{2}\left(N-\frac{x}{a}\right)\ln\left(N-\frac{x}{a}\right)\right]$$

当 $x \to 0$ 时，$S = k[N\ln 2N - N\ln N] = kN\ln 2$，这时 S 为极大，即系统处于最混乱的状态.

当 $x \to Na$ 时，$S = 0$. $S = 0$ 表示最为有序.

(2) 设链条的每个接头可以自由活动，则链条系统的内能与长度 x 无关. 对于等温过程，外力对链条所作的功等于系统(链条)自由能 F 的增量，即 $dW = dF$，而

$$dW = f dx, \quad F = U - TS, \quad U = U(T)$$

所以

$$f = \left(\frac{\partial F}{\partial x}\right)_T = -T\left(\frac{\partial S}{\partial x}\right)_T$$

应用上面 $S = S(x)$ 的表示式，得

$$f = \frac{kT}{2a}\ln\left(\frac{1+\dfrac{x}{Na}}{1-\dfrac{x}{Na}}\right)$$

当 $Na \gg x$，即 $\dfrac{x}{Na} \ll 1$ 时，$\ln\left(1+\dfrac{x}{Na}\right) \approx \dfrac{x}{Na}$，所以

$$f = \frac{kT}{2a}\left(\frac{x}{Na} + \frac{x}{Na}\right) = \frac{kT}{Na^2}x$$

这意味着链条折叠得很短时，作用力与链条的长度成正比.

例题 2.48　　一枚硬币被掷了 400 次，得到 210 次朝上的概率为多少？

【提示】　在二项分布公式中，当 n 与 $\bar{n}$ 相差较小时，可把二项式分布公式展开成高斯分布公式.

【题解】　这是一个二项分布问题. 因 $N = 400$，$n = 210$，$p = q = \dfrac{1}{2}$，所以

$$W(n) = \frac{N!}{n!(N-n)!}p^n q^{N-n}$$

因为 $\bar{n} = Np = 400 \times \dfrac{1}{2} = 200$，$\bar{n}$ 与 n 很接近，所以上式可展开成高斯分布，即

$$W(n) = \frac{1}{\sqrt{2\pi Npq}}e^{-\frac{(n-\bar{n})^2}{2Npq}}$$

将 N，n，$\bar{n}$，p 及 q 代入上式得

$$W(210) = \frac{1}{\sqrt{2\pi \times 100}}e^{-\frac{10^2}{200}} = \frac{1}{10\sqrt{2\pi}}e^{-\frac{1}{2}} = \frac{1}{25.07} \times \frac{1}{\sqrt{e}} = \frac{1}{25} \times \frac{1}{1.649} = 0.024 = 2.4\%$$

【点评】　二项分布除在 $n \approx \bar{n}$ 附近可以展开成高斯分布外，还存在一个极限条件下的重要分布 (泊松分布). 当 $p \ll 1$ 及 $n \ll N$ 时，二项分布变成泊松分布

$$W(n) = \frac{\lambda^n}{n!}e^{-\lambda}, \quad \lambda = Np$$

例题 2.49　一质量为 m、长为 l、C_p 为常数的均匀杆,两端与温度为 T_1 和 T_2($<T_1$)的两个热源相接触而达到稳定状态,然后把两个热源去掉,让它达到平衡态.试求杆在前后两种状态熵的增量.

【提示】　利用积分 $\int \ln \xi \, \mathrm{d}\xi = (\ln \xi - 1)\xi$.

【题解】　如图所示,当杆与两个温度分别为 T_1,T_2 的热源接触而达到稳态时,设杆内的温度为 $T(x)$,则单位时间内通过截面积 A 的热量 Q 为常数,即有

$$Q = \kappa \frac{\partial T}{\partial x} A = 常数$$

式中 κ 为杆的热导率,因而 $\dfrac{\partial T}{\partial x} = a =$ 常数,有 $T = ax + b$. 因 $x = 0$, $T = T_1$; $x = l$, $T = T_2$,所以得

题解 2.49 图

$$a = -\frac{T_1 - T_2}{l}, \quad b = T_1, \quad T = T_1 - \frac{T_1 - T_2}{l}x$$

当去掉热源、杆达到平衡时,杆内各处温度相等,设为 T_f,则

$$T_f = \frac{\int_0^l C_p \rho A T \mathrm{d}x}{C_p \rho A \cdot l} = \frac{1}{l}\int_0^l (ax + b)\mathrm{d}x = \frac{a}{2}l + b = \frac{1}{2}(T_1 + T_2)$$

式中 ρ 为杆的密度.这里 T_f 就是杆的末态温度,而 T 则为系统的初态温度.

设杆由初态(温度 T)趋向末态(温度 T_f)的过程中,杆中 x 处、长 $\mathrm{d}x$ 的部分熵的增量为 $\mathrm{d}S(x)$,则

$$\mathrm{d}S(x) = \int \frac{\mathrm{d}Q(x)}{T} = \int_T^{T_f} \frac{C_p \rho A \cdot \mathrm{d}x \cdot \mathrm{d}T}{T} = C_p \rho A \mathrm{d}x \cdot \ln\left[\frac{(T_1 + T_2)}{2(T_1 + ax)}\right]$$

由初态到末态整个杆的熵增量 ΔS 为

$$\Delta S = \int_0^l \mathrm{d}S_x = C_p \rho A \left[\int_0^l \ln \frac{1}{2}(T_1 + T_2)\mathrm{d}x - \int_0^l \ln(T_1 + ax)\mathrm{d}x\right]$$

令 $T_1 + ax = \xi$, $\ln \xi = y$,则 $\xi = \mathrm{e}^y$, $\mathrm{d}\xi = \mathrm{e}^y \mathrm{d}y$,所以

$$\int \ln \xi \cdot \mathrm{d}\xi = \int y\mathrm{e}^y \mathrm{d}y = y\mathrm{e}^y - \int \mathrm{e}^y \mathrm{d}y = (y - 1)\mathrm{e}^y = (\ln \xi - 1)\xi$$

因而得

$$\Delta S = C_p \rho A \left\{ l\ln \frac{1}{2}(T_1 + T_2) - \frac{1}{a}[\ln(T_1 + ax) - 1] \cdot (T_1 + ax) \right\}$$

$$= C_p M \left\{ \ln \frac{1}{2}(T_1 + T_2) + \frac{1}{T_1 - T_2}[(\ln T_2 - 1)T_2 - (\ln T_1 - 1)T_1] \right\}$$

$$= C_p M \left[\ln \frac{1}{2}(T_1 + T_2) + \frac{T_2 \ln T_2 - T_1 \ln T_1}{T_1 - T_2} + 1 \right]$$

例题 2.50　N 个原子规则地排列成理想晶体.若原子脱离晶格内部格点位置而跑到晶体表面并形成新的一层,则晶体内部将出现空位.晶格的这种缺陷称为肖特基缺陷.设 N 表示晶格上的原子数, n 表示晶体内的空位数,u 表示一个原子从内部跑到表面所需能量.试证:当温度为 T, $1 \ll n \ll N$ 以及忽略晶体体积变化的条件下,下式成立.

$$\frac{n}{N + n} = \mathrm{e}^{-u/kT} \text{ 或 } n \approx N\mathrm{e}^{-u/kT}$$

式中 k 为玻耳兹曼常数.

【提示】　注意应用热力学概率的定义.

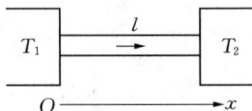

【题解】　当晶体中有 n 个原子从 N 个正常格点跑到表面形成新的一层表面原子时,晶体的格点就由 N 增加到 $N+n$ 个,而内部留下了 n 个空位. 这时 N 个原子在 $N+n$ 个格点上配置方式的数目,即热力学概率 $W_2^T = \dfrac{(N+n)!}{n!}$,而原来 N 个原子在 N 个格点上配置方式的数目,即热力学概率 $W_1^T = N!$,所以 n 个原子跑到表面后,系统(晶体)熵的增量 ΔS 为

$$\Delta S = S_2 - S_1 = k\ln W_2^T - k\ln W_1^T = k\ln \frac{(N+n)!}{n!N!}$$

因为原子由正常格点跑到表面是在温度 T 保持不变的条件下进行,而且晶体的体积保持不变,所以外界作功为零,即 $\mathrm{d}W = 0$, $\mathrm{d}T = 0$. 因为系统的自由能 F 为

$$F = U - TS, \quad \mathrm{d}F = \mathrm{d}U - T\mathrm{d}S - S\mathrm{d}T$$

对于等温过程,$\mathrm{d}T = 0$, $\mathrm{d}F = \mathrm{d}W = 0$,所以

$$\mathrm{d}U = T\mathrm{d}S, \quad \Delta U = T\Delta S$$

U 为晶体的内能,ΔU 为增加 n 个空位时内能的增量,所以

$$\Delta U = nu = T\Delta S = Tk\ln \frac{(N+n)!}{n!N!}$$

因 n 及 N 都是大量,所以可应用斯特令公式,得

$$\ln(N+n)! = (N+n)[\ln(N+n) - 1], \quad \ln n! = n(\ln n - 1), \quad \ln N! = N(\ln N - 1)$$

代入 nu 的表示式(利用 $n \ll N$) 得

$$nu = kT \cdot n[\ln(N+n) - \ln n], \quad u = kT\ln \frac{N+n}{n}$$

所以 $\dfrac{n}{N+n} = \mathrm{e}^{-u/kT}$. 因 $n \ll N$,故

$$n = N\mathrm{e}^{-u/kT} \text{ 或 } \frac{n}{N} = \mathrm{e}^{-u/kT}$$

$\dfrac{n}{N}$ 表示在温度为 T 的条件下产生一个肖特基缺陷的概率.

第 3 章 电 磁 学

例题 3.01   如果电荷间作用力与距离的立方成反比,其余性质不变.回答下列问题,并说明理由:

(1) 高斯定律是否成立?

(2) 是否仍可引进电势概念?

(3) 均匀带正电的球面内是否存在电场?方向如何?

(4) 当静电平衡时,导体上电荷是否仍分布在表面上?

【提示】 (1) 考察点电荷的场,并以点电荷为球心的球面为高势面.

(2) 分析这种电力的保守性.

(3) 试考察均匀带电球面内任一点的电场.以该点为顶作对顶小锥面,考察球面上被锥面所割的两面元电荷在该点产生的场.

(4) 以导体球为例,利用(3)的结果.

【题解】 (1) 高斯定律不再成立.只需考察点电荷的场即可说明.取以点电荷 q 为球心、r 为半径的球面为高斯面,对此球面求电场的通量.由题意有

$$\oint \boldsymbol{E} \cdot \mathrm{d}\boldsymbol{S} = E \cdot 4\pi r^2 \propto \frac{q}{r^3} \cdot r^2 = \frac{q}{r}$$

不再仅与球面内电荷有关.

(2) 仍可引进电势概念.尽管电荷间作用力与距离立方成反比,但仍只是距离的函数,因而电力仍为保守有心力,故仍可引进电势概念.但点电荷的电势不再与距离成反比(若仍取无穷远为电势零点),而与距离的平方成反比.

(3) 这时均匀带正电球面内将存在电场,且电场方向沿半径指向球心. 试考察球内任一点 P 的场.以 P 为顶点作两个对顶小锥面,如图所示.在球面上分别割出两面元 $\mathrm{d}S_1$,$\mathrm{d}S_2$,由几何关系,$\mathrm{d}S_1 \propto r_1^2$,$\mathrm{d}S_2 \propto r_2^2$.由题意,$\mathrm{d}E_1$ $\propto \dfrac{\mathrm{d}S_1}{r_1^3} \propto \dfrac{r_1^2}{r_1^3} = \dfrac{1}{r_1}$,同理,$\mathrm{d}E_2 \propto \dfrac{1}{r_2}$,可见 $\mathrm{d}E_1 > \mathrm{d}E_2$,由叠加原理和对称性即可得出 $\boldsymbol{E}_P$ 指向球心.

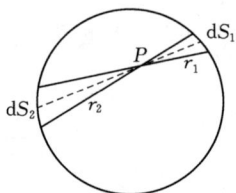

题解 3.01 图

(4) 不再分布在表面上,导体内部也有电荷分布.以导体球为例,由(3)部分讨论可知,若电荷仅分布在球面上,球内电场并不为零,故电荷将向球内移动,直至球内电场处处为零.

【点评】 本题涉及库仑定律的两个基本内涵:有心力和反平方.前者是引进电势的依据,后者是导出高斯定律的基础.因而本题的反立方假定不影响电势的引进,但破坏了高斯定律成立的条件,也破坏了与高斯定律有关的某些结果.

例题 3.02   (1) 偶极矩分别为 $\boldsymbol{p}_1$ 和 $\boldsymbol{p}_2$ 的两个偶极子 A,B,中心相距 r,$\boldsymbol{p}_1$ 与从 A 指向 B 的矢量 $\boldsymbol{r}$ 间夹角 θ,$\boldsymbol{p}_1$ 和 $\boldsymbol{p}_2$ 间夹角 φ($\boldsymbol{p}_2$ 和 $\boldsymbol{r}$ 间夹角 $\varphi - \theta$),如图 1 所示,求 $\boldsymbol{p}_2$ 受到 $\boldsymbol{p}_1$ 作用力的 r 分量 F_r 和 θ 分量 F_θ;

(2) 4 个等量异号电荷排列成如图 2 所示的电四极子(设 $l \ll r$).求该电荷系统在 $P(r, \theta)$ 点产生

的电势 Φ 和场强 $\boldsymbol{E}$ (分别求出 E_r 和 E_θ).

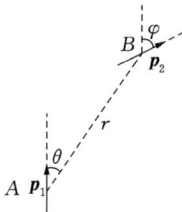

题 3.02 图 1

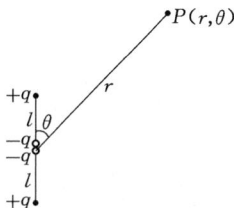

题 3.02 图 2

【提示】 (1) 用能量法.

(2) 将电四极子的电场看成两个反向电偶极子电场的叠加,并先考察电势.

【题解】 (1) 偶极子 A 在偶极子 B 处产生的电场为

$$E_r = \frac{1}{4\pi\varepsilon_0} \frac{2p_1\cos\theta}{r^3}, \quad E_\theta = \frac{1}{4\pi\varepsilon_0} \frac{p_1\sin\theta}{r^3}$$

故两偶极子的互作用能

$$\begin{aligned} W &= -\boldsymbol{p}_2 \cdot \boldsymbol{E} = -[p_2\cos(\varphi-\theta)\hat{\boldsymbol{r}} + p_2\sin(\varphi-\theta)\hat{\boldsymbol{\theta}}] \cdot (E_r\hat{\boldsymbol{r}} + E_\theta\hat{\boldsymbol{\theta}}) \\ &= -\frac{p_1 p_2}{4\pi\varepsilon_0 r^3}[2\cos\theta\cos(\varphi-\theta) + \sin\theta\sin(\varphi-\theta)] \\ &= -\frac{p_1 p_2}{4\pi\varepsilon_0 r^3}\{3\cos\theta\cos(\varphi-\theta) - [\cos\theta\cos(\varphi-\theta) - \sin\theta\sin(\varphi-\theta)]\} \\ &= -\frac{p_1 p_2}{4\pi\varepsilon_0 r^3}[3\cos\theta\cos(\varphi-\theta) - \cos\varphi] \end{aligned}$$

故

$$F_r = -\frac{\partial W}{\partial r} = -\frac{3p_1 p_2}{4\pi\varepsilon_0 r^4}[3\cos\theta\cos(\varphi-\theta) - \cos\varphi]$$

$$F_\theta = -\frac{1}{r}\frac{\partial W}{\partial\theta} = -\frac{3p_1 p_2}{4\pi\varepsilon_0 r^4}[\sin\theta\cos(\varphi-\theta) - \cos\theta\sin(\varphi-\theta)] = -\frac{3p_1 p_2}{4\pi\varepsilon_0 r^4}\sin(2\theta-\varphi)$$

(2) 可将电四极子在 P 点产生的电场看成两个反向偶极子在 P 点产生的电场的叠加. 两个反向偶极子的偶极矩大小相同, $p_+ = p_- = ql = p$, 但方向相反. 对每个偶极子,其电势为

$$\Phi_+ = \frac{1}{4\pi\varepsilon_0} \frac{p_+\cos\theta_+}{r_+^2}, \quad \Phi_- = \frac{1}{4\pi\varepsilon_0} \frac{p_-\cos\theta_-}{r_-^2}$$

式中 $\theta_+ = \theta + \Delta\theta$, $\theta_- = \theta - \Delta\theta$, $r_+ = r - \frac{l}{2}\cos\theta$, $r_- = r + \frac{l}{2}\cos\theta$. 故 P 点电势

$$\Phi = \Phi_+ - \Phi_- = \frac{p}{4\pi\varepsilon_0}\left[\frac{\cos(\theta+\Delta\theta)}{\left(r-\frac{l}{2}\cos\theta\right)^2} - \frac{\cos(\theta-\Delta\theta)}{\left(r+\frac{l}{2}\cos\theta\right)^2}\right]$$

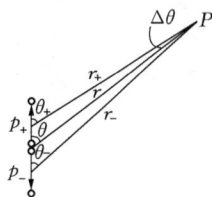

题解 3.02 图

略去二级以上小量,并注意到 $\Delta\theta = \frac{l}{2}\sin\theta/r$, 上式变为

$$\begin{aligned} \Phi &= \frac{p}{4\pi\varepsilon_0 r^2}\left[(\cos\theta - \sin\theta\Delta\theta)\left(1+\frac{l}{r}\cos\theta\right) - (\cos\theta + \sin\theta\cdot\Delta\theta)\left(1-\frac{l}{r}\cos\theta\right)\right] \\ &= \frac{p}{4\pi\varepsilon_0 r^2}\left[-\sin\theta\cdot\Delta\theta + \frac{l}{r}\cos^2\theta - \sin\theta\cdot\Delta\theta + \frac{l}{r}\cos^2\theta\right] \end{aligned}$$

$$= \frac{p}{4\pi\varepsilon_0 r^2}\left[\frac{2l}{r}\cos^2\theta - 2\sin\theta \cdot \frac{\frac{l}{2}\sin\theta}{r}\right]$$

$$= \frac{ql^2}{4\pi\varepsilon_0 r^3}(3\cos^2\theta - 1) = \frac{Q}{8\pi\varepsilon_0 r^3}(3\cos^2\theta - 1)$$

电场强度

$$E_r = -\frac{\partial\Phi}{\partial r} = \frac{3ql^2}{4\pi\varepsilon_0 r^4}(3\cos^2\theta - 1) = \frac{3}{2}\frac{Q}{4\pi\varepsilon_0 r^4}(3\cos^2\theta - 1)$$

$$E_\theta = -\frac{1}{r}\frac{\partial\Phi}{\partial\theta} = -\frac{1}{r}\frac{ql^2}{4\pi\varepsilon_0 r^3}(-6\cos\theta\sin\theta) = \frac{6ql^2\sin\theta\cos\theta}{4\pi\varepsilon_0 r^4} = \frac{3Q}{4\pi\varepsilon_0 r^4}\sin\theta\cos\theta$$

以上电势与电场表式中的 $Q = 2ql^2$ 称为电四极子的四极矩.

【点评】   本题(1)小题用能量法求解,比直接用力的合成法求解方便得多.(2)小题若用点电荷的场叠加求解,距离近似中应保留二级小量 l^2/r^2,计算将更繁琐.本题涉及的电(偶、四)极子概念,在电学中有广泛应用.

例题 3.03   半径为 a 的圆环位于 xy 平面内,环心与坐标原点重合.在 $x<0$ 的半环上,均匀分布有电荷 $+q$;在 $x>0$ 的半环上,均匀分布有电荷 $-q$.求 z 轴上坐标为 z 的点 P 处的电场强度 $\boldsymbol{E}$(方向用 $\boldsymbol{i}, \boldsymbol{j}, \boldsymbol{k}$ 表示).

【提示】   考察 y 值相同的正、负两电荷元的电场的叠加.

【题解】   在带正、负电的两个半圆环上分别取两弧元,它们对环心 O 的张角都是 $\Delta\varphi$,对应半径与 y 轴的夹角都是 φ,如图所示.两弧元的电量各为 $+\lambda a\Delta\varphi$ 和 $-\lambda a\Delta\varphi$,这里 $\lambda = \frac{q}{\pi a}$ 为电荷的线密度,它们在 P 点产生的场强分别为 $\Delta\boldsymbol{E}_+$ 和 $\Delta\boldsymbol{E}_-$.显然,两者大小相等,均为

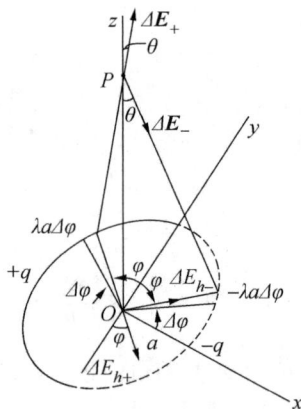

题解 3.03 图

$$\Delta E_+ = \Delta E_- = \frac{1}{4\pi\varepsilon_0}\frac{\lambda a\Delta\varphi}{z^2 + a^2}$$

由对称性可知,$\Delta\boldsymbol{E}_+$ 和 $\Delta\boldsymbol{E}_-$ 的方向与 z 轴的夹角相同,都是 θ,因而两者的 z 分量互相抵消,即 $\Delta E_{z^+} + \Delta E_{z^-} = 0$.由叠加原理,圆环在 P 点的电场的 z 分量为零,即 $E_z = 0$.

再来看两电荷元产生的电场在 xy 平面上的分量.设其为 ΔE_h,显然 $\Delta\boldsymbol{E}_{h+}$ 和 $\Delta\boldsymbol{E}_{h-}$ 的大小相等,有 $\Delta E_{h+} = \Delta E_{h-} = \Delta E_+\sin\theta$,但方向不同.$\Delta\boldsymbol{E}_{h+}$ 与 y 轴负方向的夹角和 $\Delta\boldsymbol{E}_{h-}$ 与 y 轴正方向的夹角相同,都是 φ,因而两者的 y 分量互相抵消,即 $\Delta E_{y+} + \Delta E_{y-} = 0$,于是有 $E_y = 0$.

但 $\Delta\boldsymbol{E}_{h+}$ 与 $\Delta\boldsymbol{E}_{h-}$ 的 x 分量并不抵消,它们大小相等、符号相同,有

$$\Delta E_{x+} = \Delta E_{x-} = \Delta E_h\sin\varphi = \Delta E_+\sin\theta\sin\varphi$$

由图不难看出 $\sin\theta = \dfrac{a}{(z^2 + a^2)^{\frac{1}{2}}}$,于是

$$\Delta E_{x+} = \Delta E_{x-} = \frac{1}{4\pi\varepsilon_0}\frac{\lambda a\Delta\varphi}{z^2 + a^2}\frac{a}{(z^2 + a^2)^{\frac{1}{2}}} \cdot \sin\varphi$$

而 $a\Delta\varphi\sin\varphi = \Delta y$,代入上式得

$$\Delta E_{x+} = \Delta E_{x-} = \frac{1}{4\pi\varepsilon_0}\frac{\lambda a}{(z^2 + a^2)^{\frac{3}{2}}}\Delta y$$

于是

$$\Delta E_x = \Delta E_{x+} + \Delta E_{x-} = 2\Delta E_{x+} = \frac{1}{4\pi\varepsilon_0} \frac{2\lambda a}{(z^2 + a^2)^{\frac{3}{2}}} \Delta y$$

不难看出 $\sum \Delta y = 2a$, 而 $\lambda = q/\pi a$, 于是

$$E_x = \sum \Delta E_x = \frac{1}{4\pi\varepsilon_0} \frac{2\lambda a}{(z^2 + a^2)^{\frac{3}{2}}} \sum \Delta y = \frac{1}{4\pi\varepsilon_0} \frac{4\lambda a}{(z^2 + a^2)^{\frac{3}{2}}} = \frac{1}{\pi^2\varepsilon_0} \frac{qa}{(z^2 + a^2)^{\frac{3}{2}}}$$

最后得 P 点场强 $\boldsymbol{E} = \dfrac{1}{\pi^2\varepsilon_0} \dfrac{qa}{(z^2 + a^2)^{\frac{3}{2}}} \boldsymbol{i}$.

例题 3.04   点电荷 $+q$ 和 $-q'(q' < q)$ 分别位于 x 轴上 A, B 两点, A, B 的距离为 l. 从 $+q$ 发出的某一条电力线与连线 AB 成 α 角.

(1) 求该电力线最终的切线与 x 轴间的夹角 β;

(2) 求该力线或其最终的切线与 x 轴的交点 C 的位置.

【提示】   (1) 将力线数与电通量联系起来.

(2) 考察远处一点的电场(矢量)与两电荷电量的关系, 注意该点与两电荷的距离几乎相同.

【题解】   (1) 由于 $q' < q$, 从 $+q$ 发出的电力线不可能全部终止于 $-q'$, 一部分将延伸至无穷远. 设 $\alpha > \alpha_0$ 的力线将延伸至无穷远, 则从 $+q$ 发出、位于以 α_0 为半顶角的锥面内的力线将全部终止于 $-q'$. 由于力线数与电通量成正比, 根据高斯定律, 并注意到以 α_0 为半顶角的锥面所包含的立体角为 $2\pi(1 - \cos\alpha_0)$, 应有

$$\frac{2\pi(1 - \cos\alpha_0)}{4\pi} q = q'$$

由此解得

$$\alpha_0 = \arccos\left(1 - 2\frac{q'}{q}\right) \text{ 或 } \alpha_0 = 2\arcsin\sqrt{q'/q}$$

因此, 应分 $\alpha < \alpha_0$ 和 $\alpha > \alpha_0$ 两种情况来讨论 β 角.

当 $\alpha < \alpha_0$, 与上面的讨论相仿, 该力线终止于 $-q'$ 时与连线 AB 的夹角 β 满足

$$\frac{2\pi(1 - \cos\alpha)}{4\pi} q = \frac{2\pi(1 - \cos\beta)}{4\pi} q'$$

由此得

$$\cos\beta = 1 - \frac{q}{q'}(1 - \cos\alpha)$$

则

$$\beta = \arccos\left[1 - \frac{q}{q'}(1 - \cos\alpha)\right] \text{ 或 } \beta = 2\arcsin\left(\sin\frac{\alpha}{2}\sqrt{\frac{q}{q'}}\right)$$

当 $\alpha > \alpha_0$ 时, 力线延伸至无穷远. 这时, 从 $+q$ 发出、位于半顶角为 $(\pi - \alpha_0)$ 的锥面内的力线, 最终将均匀分布在 4π 立体角内, 力线总数与电荷 $(q - q')$ 成正比. 这就是说, 从 $+q$ 发出、位于立体角 $[4\pi - 2\pi(1 - \cos\alpha)]$ 内的力线, 最终犹如从电量为 $(q - q')$ 的点电荷发出, 而位于 $[4\pi - 2\pi(1 - \cos\beta)]$ 立体角内. 故有

$$\frac{4\pi - 2\pi(1 - \cos\alpha)}{4\pi} q = \frac{4\pi - 2\pi(1 - \cos\beta)}{4\pi}(q - q')$$

即

$$q\left[1-\frac{1}{2}(1-\cos\alpha)\right]=(q-q')\left[1-\frac{1}{2}(1-\cos\beta)\right]$$

由此解得

$$\cos\beta=\frac{q}{q-q'}(1+\cos\alpha)-1 \ 或 \ \cos\frac{\beta}{2}=\cos\frac{\alpha}{2}\sqrt{\frac{q}{q-q'}}$$

则

$$\beta=\arccos\left[\frac{q}{q-q'}(1+\cos\alpha)-1\right]或\beta=2\arccos\left(\cos\frac{\alpha}{2}\sqrt{\frac{q}{q-q'}}\right)$$

（2）对于终止于 $-q'$ 的力线，交点即在 $-q'$ 处．对于通向无穷远的力线，为求其最终切线与 x 轴的交点，考察远处一点 P 的电场．P 点的电场 $\boldsymbol{E}_P$ 为 q 点产生的场 $\boldsymbol{E}_q$ 和 $-q'$ 产生的场 $\boldsymbol{E}_{-q'}$ 之矢量和．如图所示，不难看出 $\boldsymbol{E}_P$ 的延长线与 x 轴必交于 A 点的左侧．设交点为 C，设 $CA=x_1$，$CB=x_2$，记 $AP=r_1$，$BP=r_2$，$\angle CPA=\theta$，$\angle CPB=\varphi$，$\angle PCA=\psi$．在 $\triangle PCA$ 和 $\triangle PCB$ 中分别应用正弦定理，有

$$\frac{x_1}{\sin\theta}=\frac{r_1}{\sin\psi}, \quad \frac{x_2}{\sin\varphi}=\frac{r_2}{\sin\psi}$$

由于 P 很远，$r_1\approx r_2$，由以上二式得 $\dfrac{x_1}{x_2}=\dfrac{\sin\theta}{\sin\varphi}$．而由 $\boldsymbol{E}_q+\boldsymbol{E}_{-q'}=\boldsymbol{E}_P$ 的矢量图及 $E_q\propto q/r_1^2$，$E_{-q'}\propto q'/r_2^2$，有 $\dfrac{q'/r_2^2}{\sin\theta}=\dfrac{q/r_1^2}{\sin\varphi}$，也因 $r_1\approx r_2$，$\dfrac{\sin\theta}{\sin\varphi}=\dfrac{q'}{q}$，与前面的 $\dfrac{x_1}{x_2}$ 式比较，即得 $\dfrac{x_1}{x_2}=\dfrac{q'}{q}$．

若令 $AB=l$，不难由上式得出

$$x_1=\frac{q'}{q-q'}l, \quad x_2=\frac{q}{q-q'}l$$

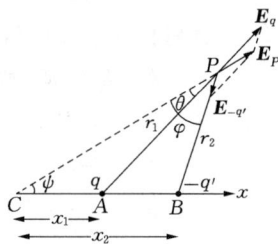

题解 3.04 图

【点评】（1）解本题的关键是知道力线数与电通量成正比、电通量与电量成正比（此即高斯定律）．

（2）将 x_1 和 x_2 的表式与质心坐标表式进行比较不难发现，只要考虑到电量不仅有大小，而且还有正负，这两个表示式与质心的 x 坐标表示式无异．因此可以说，在远处看来，电荷系统的力线犹如是从电荷体系的"重心"发出来的．此结论对任何电荷体系都适用．与质心相仿，电荷体系的"重心" C 的位置由下式决定：

$$\boldsymbol{r}_C=\frac{\sum q_i\boldsymbol{r}_i}{\sum q_i}$$

式中 $\boldsymbol{r}_i$ 是点电荷 q_i 的位矢．注意 q_i 可正可负．上式也可推广到连续分布的电荷体系，只要将求和改为积分．这正是任何有限范围的静电荷体系在足够远处都可看成点电荷这一论断的物理基础．

例题 3.05 　均匀带电 $+q$、半径为 a 的圆环与均匀带电 $-q$、半径为 b 的圆环同心、共面放置，P 为远处一点，P 与环心 O 的距离为 r，与环的轴（取为 z 轴）成 θ 角，且 $a<b\ll r$．求 P 点的电势 Φ，并求 P 点电场强度的 r 分量 E_r 和 θ 分量 E_θ（精确到 a^2/r^2 量级）．

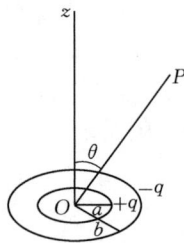

题 3.05 图

【提示】　先取小量近似，再求积分．

【题解】　先考察带 $+q$ 的圆环在 P 点产生的电势．以 OP 与 z 轴所在竖直面为 xz 平面，建立如图坐标．考察环上 $\varphi\rightarrow\varphi+\mathrm{d}\varphi$ 弧元电荷 $\eta a\mathrm{d}\varphi$ 在 P 处产生的电

势,这里 $\eta = q/2\pi a$ 是电荷的线密度. 不难求得该电荷元所在位置 A 至 P 点的距离 AP(见图),

$$\overline{AP}^2 = \overline{PP'}^2 + \overline{AP'}^2 = (r\cos\theta)^2 + a^2 + (r\sin\theta)^2 + 2a \cdot r\sin\theta\cos\varphi$$
$$= r^2 + a^2 + 2ra\sin\theta\cos\varphi$$

该电荷元在 P 点产生的电势(精确到 a^2/r^2) 为

$$d\Phi_+ = \frac{1}{4\pi\varepsilon_0} \frac{\eta a\,d\varphi}{\sqrt{r^2+a^2+2ra\sin\theta\cos\varphi}} = \frac{\eta a}{4\pi\varepsilon_0 r} \frac{d\varphi}{\sqrt{1+\dfrac{a^2}{r^2}+2\,\dfrac{a}{r}\sin\theta\cos\varphi}}$$

$$\approx \frac{\eta a\,d\varphi}{4\pi\varepsilon_0 r}\left(1-\frac{1}{2}\frac{a^2}{r^2}-\frac{a}{r}\sin\theta\cos\varphi+\frac{3}{2}\frac{a^2}{r^2}\sin^2\theta\cos^2\varphi\right)$$

题解 **3.05** 图

整个带 $+q$ 圆环在 P 点产生的电势为上式的积分,

$$\Phi_+ = \int d\Phi_+ = \frac{2\eta a}{4\pi\varepsilon_0 r}\int_0^\pi\left(1-\frac{1}{2}\frac{a^2}{r^2}-\frac{a}{r}\sin\theta\cos\varphi+\frac{3}{2}\frac{a^2}{r^2}\sin^2\theta\cos^2\varphi\right)d\varphi$$

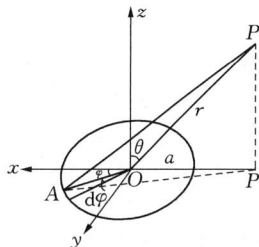

$$= \frac{2\eta a}{4\pi\varepsilon_0 r}\left[\left(1-\frac{1}{2}\frac{a^2}{r^2}\right)+\frac{3}{4}\frac{a^2}{r^2}\sin^2\theta\right]\pi = \frac{q}{4\pi\varepsilon_0 r}\left[1-\frac{1}{2}\frac{a^2}{r^2}\left(1-\frac{3}{2}\sin^2\theta\right)\right]$$

同理,带 $-q$ 的圆环在 P 点产生的电势为

$$\Phi_- = \frac{-q}{4\pi\varepsilon_0 r}\left[1-\frac{1}{2}\frac{b^2}{r^2}\left(1-\frac{3}{2}\sin^2\theta\right)\right]$$

P 点的总电势

$$\Phi = \Phi_+ + \Phi_- = \frac{q}{4\pi\varepsilon_0 r}\left[\frac{1}{2r^2}(b^2-a^2)-\frac{3}{4r^2}\sin^2\theta(b^2-a^2)\right]$$

$$= \frac{q(b^2-a^2)}{4\pi\varepsilon_0 \cdot 2r^3}\left(1-\frac{3}{2}\sin^2\theta\right) = \frac{q(b^2-a^2)}{4\pi\varepsilon_0 \cdot 4r^3}(3\cos^2\theta-1)$$

电场强度

$$E_r = -\frac{\partial\Phi}{\partial r} = \frac{3q(b^2-a^2)}{16\pi\varepsilon_0 r^4}(3\cos^2\theta-1)$$

$$E_\theta = -\frac{1}{r}\frac{\partial\Phi}{\partial\theta} = \frac{6q(b^2-a^2)}{16\pi\varepsilon_0 r^4}\cos\theta\sin\theta$$

【点评】　与例题 3.02(2) 比较可知,带等量异号电荷的两同心圆环的电场与电四极子相仿,其四极矩 $Q = \dfrac{q}{2}(b^2-a^2)$.

例题 3.06　(1) 求均匀带电球体球面上一点的电势与球心电势之比;
(2) 求均匀带电立方体角上一点的电势与中心电势之比.

【提示】　(1) 略.
(2) 将立方体分成相等的 8 个小立方体,这时原立方体的中心即为 8 个小立方体的顶点.

【题解】　(1) 设球体半径为 R,带电总量为 Q,则球面上一点的电势 $\varphi_s = \dfrac{1}{4\pi\varepsilon_0}\dfrac{Q}{R}$. 球内任一点的电场可由高斯定律求得. 对离球心为 r 的点,有

$$E(r) = \frac{1}{4\pi\varepsilon_0}\frac{r^3}{R^3}\frac{Q}{r^2} = \frac{1}{4\pi\varepsilon_0}\frac{Q}{R^3}r$$

因而球心电势

$$\varphi_0 = \int_0^R E\,dr + \varphi_s = \frac{1}{4\pi\varepsilon_0}\frac{Q}{R^3}\int_0^R r\,dr + \varphi_s = \frac{1}{4\pi\varepsilon_0}\frac{Q}{2R} + \frac{1}{4\pi\varepsilon_0}\frac{Q}{R} = \frac{3}{2}\cdot\frac{1}{4\pi\varepsilon_0}\frac{Q}{R}$$

所以所求之电势比 $\varphi_s/\varphi_0 = \dfrac{2}{3}$.

（2）设立方体边长为 l，带电总量为 Q，电荷体密度为 ρ. 设想将立方体切成 8 个边长为 $l/2$ 的小立方体，如图所示，则中心点 O 的电势等于 8 个小立方体顶角电势的总和，$\varphi_0^l = 8\varphi_c^{l/2}$.

顶角电势显然与带电总量成正比，与边长成反比，故有

$$\varphi \propto \frac{Q}{l} = \frac{\rho l^3}{l} = \rho l^2$$

在 ρ 不变的情况下，电势与边长平方成正比，因而有 $\varphi_c^{l/2} = \dfrac{1}{4}\varphi_c^l$，代入原等式得

$$\varphi_0^l = 8\varphi_c^{l/2} = 8 \cdot \frac{1}{4}\varphi_c^l = 2\varphi_c^l$$

故所求电势比 $\varphi_c/\varphi_0 = \dfrac{1}{2}$.

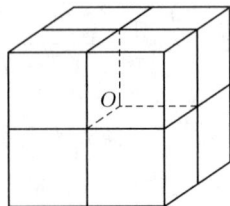

题解 3.06 图

例题 3.07　半径为 a 的球壳均匀带电量 q，球壳外分布着体电荷，其密度仅与至球壳中心的距离 r 有关. 已知球壳外任一点的电场的大小相同，求电荷体密度 ρ 与 r 的关系.

【提示】　利用高斯定律，以半径分别为 r 和 $r + dr$ 的同心球面为高斯面.

【题解】　球壳外任一点的电场大小可由球壳表面处的电场得到，$E = \dfrac{1}{4\pi\varepsilon_0}\dfrac{q}{a^2}$. 为求 r 处的电荷密度 $\rho(r)$，取半径分别为 r 和 $r + \Delta r$ 的两个同心球面作为高斯面. 由高斯定律有

$$E \cdot 4\pi(r + \Delta r)^2 - E \cdot 4\pi r^2 = \frac{1}{\varepsilon_0}\rho \cdot 4\pi r^2 \Delta r$$

由此解得 $\rho = \rho(r) = \dfrac{2\varepsilon_0 E}{r}$. 将 E 表示式代入，即得 $\rho(r) = \dfrac{q}{2\pi a^2 r}$.

例题 3.08　相距为 l 的两个大平面之间充满着等离子体，正负离子的带电量都是 e，数密度都是 n，每个离子的质量分别为 m_+ 和 m_-. 由于扰动，正负离子层之间沿着与平面垂直的方向发生微小位移，以后正负离子层之间将沿着该方向来回振动. 求振动频率.

【提示】　考察负离子层受正离子层的作用力，证明此力与微小位移成正比. 用折合质量代替负离子层的质量，以补偿正离子的运动.

【题解】　为简单起见，先设正离子层不动、负离子层向右位移 x，且 $x \ll l$（见图）. 为求负离子层受正离子层的静电力，将它分为与正离子层重合的 I 和不重合的 II 两部分. I 部分只受未与负离子层重合、厚为 x 的正离子薄层的作用，II 部分则受整个正离子层的作用. 厚为 x 的正离子薄层在两侧产生均匀电场，方向垂直平面从薄层指向两侧，大小不难由高斯定律求得为 $E_1 = \dfrac{ne}{2\varepsilon_0}x$，因而 I 部分负离子单位面积受力

$$F_{\mathrm{I}} = -ne(l - x)\frac{ne}{2\varepsilon_0}x \approx \frac{-n^2 e^2}{2\varepsilon_0}lx$$

这里略去了二级小量 x^2. 整个正离子层也在两侧产生均匀电场，其场强也可由高斯定律求得为 $E_2 = \dfrac{ne}{2\varepsilon_0}l$，于是 II 部分负离子单位面积受力

$$F_{\mathrm{II}} = -nex \cdot \frac{ne}{2\varepsilon_0}l = \frac{-n^2 e^2}{2\varepsilon_0}lx$$

题解 3.08 图

单位面积负离子层所受合力

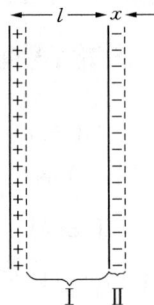

$$F = F_{\text{I}} + F_{\text{II}} = -\frac{n^2 e^2}{\varepsilon_0} lx$$

力与位移 x 成正比,且与 x 反方向,为简谐力,故负离子层作简谐振动,角频率为力与位移之比除以质量的平方根,

$$\omega' = \sqrt{\frac{n^2 e^2 l}{\varepsilon_0 n m_- l}} = \sqrt{\frac{n e^2}{\varepsilon_0 m_-}}$$

考虑到正离子的运动,只要用折合质量 $m_+ m_- / (m_+ + m_-)$ 代替上式中的 m_-,即得实际角频率

$$\omega = \sqrt{\frac{n e^2 (m_+ + m_-)}{\varepsilon_0 m_+ m_-}}$$

例题 3.09　在边长为 $a = 1\,\text{cm}$ 的正方形的两对对角上,分别放有一对正电子和一对质子,静止释放这 4 个带电粒子,分别估算正电子和质子的最终速度 v_e 和 v_p(保留 3 位有效数字),有关数据请查阅附录.

【提示】　注意正电子与质子的质量相差悬殊.

【题解】　当 4 个粒子被静止释放时,均受径向静电斥力作用,遂将互相分离.由于电子质量远小于质子质量(相差约 2 000 倍),电子分离速度将比质子大得多,可以认为当电子分离致很远时,质子几乎还在原位置未动,然后两质子在相互斥力作用下互相分离.本题可用能量守恒对正电子和质子的最终速度估算如下:

由对称性,两个正电子运动情况相同,可对任一个正电子作计算.当正电子远离原位置时,其动能应等于未释放时它与两质子的静电势能和它与另一正电子的静电势能的一半(另一半属另一正电子),而有

$$\frac{1}{2} m_e v_e^2 = 2 \cdot \frac{1}{4\pi\varepsilon_0} \frac{e^2}{a} + \frac{1}{2} \frac{1}{4\pi\varepsilon_0} \frac{e^2}{\sqrt{2}a} = \frac{1}{4\pi\varepsilon_0} \frac{e^2}{a} \left(2 + \frac{1}{2\sqrt{2}}\right)$$

由此得正电子最终速度 $v_e = \sqrt{\frac{1}{4\pi\varepsilon_0} \frac{e^2}{a m_e} \left(4 + \frac{1}{\sqrt{2}}\right)}$.由附录查得 $\frac{1}{4\pi\varepsilon_0} = \frac{1}{4\pi} \frac{1}{8.854 \times 10^{-12}} = 8.988 \times 10^9 \,\text{m/F}$, $e = 1.602 \times 10^{-19}\,\text{C}$, $m_e = 9.109 \times 10^{-31}\,\text{kg}$.由题意 $a = 1\,\text{cm} = 10^{-2}\,\text{m}$,同时代入 v_e 式可得 $v_e = 345\,\text{m/s}$.

对质子, $m_p = 1.672 \times 10^{-27}\,\text{kg}$,有 $\frac{1}{2} m_p v_p^2 = \frac{1}{2} \frac{1}{4\pi\varepsilon_0} \frac{e^2}{\sqrt{2}a}$,则

$$v_p = \sqrt{\frac{1}{4\pi\varepsilon_0} \frac{e^2}{m_p \sqrt{2}a}} = 3.12\,(\text{m/s})$$

例题 3.10　一个带正电荷的小珠可以在一个绝缘光滑圆环上滑动,一个近似于点的电偶极子固定在圆环中心,其偶极矩为 p,其轴位于圆环平面内.初始时,珠子位于与电偶极子正、负电荷等距离的对称位置上.由静止释放珠子,它将如何运动?它第一次停止在哪里?如果没有圆环,珠子将如何运动?忽略重力.

【提示】　注意体系的能量守恒及电偶极子电场的径向分量对小珠的作用.

【题解】　设圆环的半径为 r,小珠的带电量为 $+q$,质量为 m,偶极矩 $\boldsymbol{p}$ 的方向向上,初始时小珠位于对称位置 A,如图所示.显然小珠与偶极子的互作用静电势能与小珠的动能之和为常量,在任一位置 θ 上,偶极子的电势 $U = \frac{1}{4\pi\varepsilon_0} \frac{p\cos\theta}{r^2}$,故有

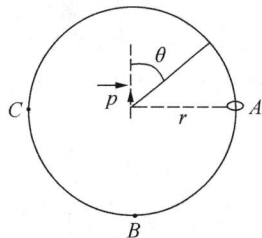

题解 1.10 图

$$qU + \frac{1}{2}mv^2 = \frac{1}{4\pi\varepsilon_0}\frac{qp\cos\theta}{r^2} + \frac{1}{2}mv^2 = C = 0 \tag{1}$$

因为初始时，$\theta = 90°$，且小珠静止，电势能与动能皆为零．这时小珠受电场力向下，小珠将向下运动，速度随之增大．当 $\theta = \pi$ 时，势能达负的最大值，动能达最大，故小珠到达 B 点时速度最大，为

$$v_{\max} = \sqrt{\frac{2}{4\pi\varepsilon_0}\frac{qp}{mr^2}} \tag{2}$$

当 $\theta = 270°$ 时，势能又为零，动能也变为零，故小珠将停止在 C 点．以后小珠在半圆环 ABC 上作周期性的往返运动．

电偶极子电场的径向分量为

$$E_r = \frac{1}{4\pi\varepsilon_0}\frac{2p\cos\theta}{r^3} \tag{3}$$

小珠所受径向力为

$$F_r = qE_r = \frac{1}{4\pi\varepsilon_0}\frac{2qp\cos\theta}{r^3} \tag{4}$$

而小珠所需向心力为 $F_n = -\dfrac{mv^2}{r}$，由(1) 式可知

$$-\frac{mv^2}{r} = \frac{1}{4\pi\varepsilon_0}\frac{2qp\cos\theta}{r^3} = F_r$$

这就是说，小珠所需的向心力恰好可由偶极子对小珠的径向力所提供，因而即使没有圆环，小珠也仍将在半圆弧 ABC 上运动．(但实际上，由于偶极子并非完全点状，上述结论是近似的，故当真的不存在圆环时，小珠将逐渐偏离半圆弧轨道.)

例题 3.11　(1) 如果电荷间作用力与距离的关系不是反平方，而是 $\propto r^{-(2+\delta)}$，其他与库仑定律相同，求一均匀带电球面内、外各点的电势．设球面半径为 R，面电荷密度为 σ；

(2) 麦克斯韦曾在卡文迪许工作的基础上，用以下实验来检测 δ 的值：将半径各为 a 和 $b(a > b)$ 的两个导体薄球壳同心放置，并用细导线将两球壳相连，将外球壳充电至电势 U 后，撤去电源，再撤去连接两球壳的细导线，然后将外球壳接地．此时测得内球壳电势不大于 u．由此估算 δ 的值，已知 $\delta \ll 1$．估算中只需保留一级小量，并认为接地与接无穷远无异．

【提示】　(1) 注意球面内、外积分结果的形式不同.

(2) 由于 $\delta \ll 1$，当将(1) 的结果用于内、外球壳时，注意取小量近似.

【题解】　(1) 与点电荷 q 相距 r 处的电势(仍以无穷远为电势零点)

$$\varphi = \int_r^\infty \frac{1}{4\pi\varepsilon_0}\frac{q}{r^{2+\delta}}\mathrm{d}r = \frac{q}{4\pi\varepsilon_0(1+\delta)}\frac{1}{r^{1+\delta}}$$

题解 3.11 图

现在来考察离球心 r 处 P 点的电势．取球心 O 与 P 的连线为轴，作半顶角为 θ 和 $\theta + \mathrm{d}\theta$ 的锥面，在球面上割出一环带，该环带与 P 点的距离相同，记为 r'，则该环带的电荷在 P 点产生的电势可求，

$$\mathrm{d}\varphi = \frac{1}{4\pi\varepsilon_0}\frac{\sigma \cdot 2\pi R\sin\theta R\mathrm{d}\theta}{(1+\delta)r'^{(1+\delta)}} = \frac{\sigma R^2}{2\varepsilon_0(1+\delta)}\frac{\sin\theta\mathrm{d}\theta}{(R^2 + r^2 - 2Rr\cos\theta)^{(1+\delta)/2}}$$

P 点的电势为上式对 θ 的积分，

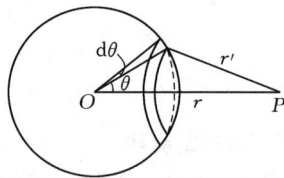

$$\varphi = \frac{\sigma R^2}{2\varepsilon_0(1+\delta)}\int_0^\pi \frac{\sin\theta \mathrm{d}\theta}{(R^2+r^2-2Rr\cos\theta)^{(1+\delta)/2}} = \frac{\sigma R}{2\varepsilon_0(1-\delta^2)r}[(R+r)^{1-\delta}-|R-r|^{1-\delta}]$$

当 $r < R$ 时(P 点在球内),$|R-r|=R-r$;当 $r > R$ 时(P 点在球外),则 $|R-r|=r-R$,故有

$$\varphi = \begin{cases} \dfrac{\sigma R}{2\varepsilon_0(1-\delta^2)r}[(R+r)^{1-\delta}-(R-r)^{1-\delta}]\ (r<R,球内) \\[3mm] \dfrac{\sigma R}{2\varepsilon_0(1-\delta^2)r}[(R+r)^{1-\delta}-(r-R)^{1-\delta}]\ (r>R,球外) \end{cases}$$

(2) 由 $\delta \ll 1$ 可得

$$(R+r)^{1-\delta} \approx (R+r)-\delta(R+r)\ln(R+r)\quad |R-r|^{1-\delta} \approx |R-r|-\delta|R-r|\ln|R-r|\quad 1-\delta^2 \approx 1$$

电势可表示为

$$\varphi \approx \begin{cases} \dfrac{\sigma R}{2\varepsilon_0 r}\{2r+\delta[(R-r)\ln(R-r)-(R+r)\ln(R+r)]\}\ (r<R) \\[3mm] \dfrac{\sigma R}{2\varepsilon_0 r}\{2R+\delta[(r-R)\ln(r-R)-(R+r)\ln(R+r)]\}\ (r>R) \\[3mm] \dfrac{\sigma}{2\varepsilon_0}[2R-\delta\cdot 2R\ln 2R]\qquad\qquad\qquad\qquad\qquad (r=R) \end{cases}$$

将此结果应用于题中两球壳. 设两球壳带电的面电荷密度各为 σ_a,$\sigma_b(\ll\sigma_a)$,保留一级小量,有

$$\varphi_a = \frac{\sigma_a}{2\varepsilon_0}[2a-\delta\cdot 2a\ln 2a]+\frac{b\sigma_b}{2\varepsilon_0 a}\{2b+\delta[(a-b)\ln(a-b)-(a+b)\ln(a+b)]\}$$

$$\approx \frac{\sigma_a a}{\varepsilon_0}-\delta\frac{\sigma_a a}{\varepsilon_0}\ln 2a+\frac{\sigma_b b^2}{\varepsilon_0 a}$$

$$\varphi_b = \frac{\sigma_b}{2\varepsilon_0}[2b-\delta\cdot 2b\ln 2b]+\frac{a\sigma_a}{2\varepsilon_0 b}\{2b+\delta[(a-b)\ln(a-b)-(a+b)\ln(a+b)]\}$$

$$\approx \frac{\sigma_b b}{\varepsilon_0}+\frac{\sigma_a a}{\varepsilon_0}+\delta\frac{\sigma_a a}{2\varepsilon_0 b}[(a-b)\ln(a-b)-(a+b)\ln(a+b)]$$

令 $\varphi_a = \varphi_b = U$,得

$$\frac{b\sigma_b}{\varepsilon_0}\left(1-\frac{b}{a}\right) = -\delta\left\{\frac{a\sigma_a}{\varepsilon_0}\ln 2a+\frac{a\sigma_a}{2\varepsilon_0 b}[(a-b)\ln(a-b)-(a+b)\ln(a+b)]\right\}$$

而 $\dfrac{a\sigma_a}{\varepsilon_0} \approx U$,由题意有 $\dfrac{b\sigma_b}{\varepsilon_0}\left(1-\dfrac{b}{a}\right)\leqslant u$,代入上式得

$$u \geqslant \frac{1}{2}\delta U\left\{\frac{1}{b}[(a+b)\ln(a+b)-(a-b)\ln(a-b)]-2\ln 2a\right\}$$

$$= \frac{1}{2}\delta U\left(\ln\frac{a^2-b^2}{4a^2}+\frac{a}{b}\ln\frac{a+b}{a-b}\right)$$

则

$$\delta \leqslant \frac{2u}{U\left(\ln\dfrac{a^2-b^2}{4a^2}+\dfrac{a}{b}\ln\dfrac{a+b}{a-b}\right)}$$

【点评】　静电力的反平方规律具有深刻的意义,对静电力的反平方规律的实验检验历来为科学界所重视. 本题即为 1872 年麦克斯韦所做实验检验方法的理论基础. 实验结果得到的 u 值为零,后由仪器灵敏度及有关数据估算得到 $\delta < 5\times 10^{-5}$. 20 世纪 70 年代用更精确的实验方法得到的结果是 $\delta < 2\times 10^{-16}$.

例题 3.12　右图为开尔文滴水起电机示意图. 从三通管左右两管口形成的水滴分别穿过铝筒 A_1，A_2 后滴进铝杯 B_1，B_2，当滴了一段时间后，原均不带电的两铝杯间会有几千伏的电势差. 试分析其原理. 图中铝筒 A_1 用导线与铝杯 B_2 相连；铝筒 A_2 用导线与铝杯 B_1 相连.

【提示】　注意因偶然因素造成的两铝筒带电情况的不对称性，进而分析这种不对称性的正反馈作用.

【题解】　本装置的几何结构尽管十分对称，但由于空气中离子分布及宇宙射线等因素的不确定性，使铝筒 A_1 和 A_2 的电势会略有不同. 譬如，A_1 的电势比 A_2 高，由于静电感应，使 A_1 上方的水滴带负电，A_2 上方的水滴带正电，带电水滴分别滴入下方的铝杯后，使 B_1 杯带负电，由于 B_1 与 A_2 用导线相连，又使 A_2 电势进一步降低. 同理，A_1 电势进一步升高，这又使 A_1 上方的水滴带更多的负电，A_2 上方的水滴带更多的正电，如此下去，使铝杯 B_2 的电势越来越高，B_1 的电势越来越低，最终可使两铝杯间产生几千伏的电势差. 当然，由于各种因素的不确定性，下次实验开始时，可能 A_2 的电势比 A_1 高，最终使 B_1 的电势比 B_2 的电势高几千伏. 但 A_1 和 A_2 因偶然因素造成的电势差因上述正反馈效应而得到放大却是不变的.

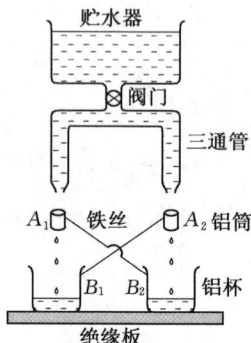
题 3.12 图

【点评】　物理系统的对称性因某种原因受到破坏，这种现象称为对称破缺. 对称破缺在物理学的许多分支及其他许多学科里已成为一个重要的概念. 本题是这方面的一个例子.

例题 3.13　常见的话筒有两种，一种为电容式的，一种为驻极式的，它们分别由一块定片和一块动片构成，如图所示. 定片与动片的面积均为 S，两者的间距为 d. 对电容式话筒，两片均为金属导体；对驻极式话筒，动片为金属导体，定片为一面被金属化的介质，介质厚度为 d_1，相对介电常数为 ε_r，其未金属化表面在制作过程中已带有恒定外加电荷，电荷面密度为 σ，其已金属化表面（没有外加电荷）作为电极. 在声压作用下，两话筒的动片均在平衡位置附近作位移为 $x_0 \sin \omega t$ 的声频振动. 请分别对两种话筒设计最佳电路，将此振动变成电压信号输出. 说明对所用元件参量的要求，并写出输出电压信号与位移的关系.

【提示】　为使话筒有电压输出，电容式话筒必须有电源，而驻极式则无需电源. 为使动片的运动（这使电容变化）最大限度地反映到输出电压上，应尽量保持动片上的电量不变.

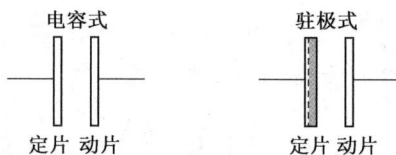
题 3.13 图

【题解】　（1）电容式. 由公式 $u = q/C$，为将声振动（引起电容变化）变为电信号输出，应使 q 基本不动，故可用如图 1 所示电路：并使 $R \gg \dfrac{1}{C\omega}$. 对此电路有如下方程：

$$u = \frac{q}{C} + \frac{\mathrm{d}q}{\mathrm{d}t}R = \frac{q}{\varepsilon_0 S}(d+x) + \frac{\mathrm{d}q}{\mathrm{d}t}R = u_1(t) + u_2(t)$$

当 $R \gg \dfrac{1}{C\omega}$ 时，q 基本不变，$u_2(t)$ 不易求，可求 $u_1(t)$，

$$u_1(t) = \frac{q}{\varepsilon_0 S}(d+x) = \frac{q}{\varepsilon_0 S}d + \frac{q}{\varepsilon_0 S}x = u_{10} + \Delta u_1(t)$$

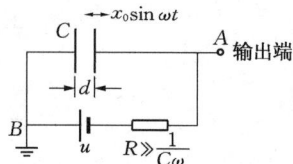
题解 3.13 图 1

$$\Delta u_1(t) = \frac{q}{\varepsilon_0 S}x = \frac{q}{\varepsilon_0 S/d} \cdot \frac{x}{d} = \frac{q}{C}\frac{x}{d} = u\frac{x}{d} = u \cdot \frac{1}{d}x_0 \sin \omega t$$

此即输出信号. 如果 R 很小 $\left(R \ll \dfrac{1}{C\omega} \right)$，$u_1(t)$ 不易求（因 q 变化大），可求 $u_2(t)$，

$$u_2(t) = \frac{\mathrm{d}q}{\mathrm{d}t}R = R \cdot \frac{\mathrm{d}(uC)}{\mathrm{d}t} = Ru\frac{\mathrm{d}C}{\mathrm{d}t} = uR\frac{\varepsilon_0 S}{d^2}\frac{\mathrm{d}x}{\mathrm{d}t} \approx uRC\frac{1}{d}\omega x = uRC\omega\frac{x}{d} \ll u\frac{x}{d}$$

可见比 $R \gg \dfrac{1}{C\omega}$ 时的输出信号小得多.

(2) 驻极式.因有恒定外加电荷,无需外接电源,可用如图 2 所示电路,并使 $R \gg \frac{1}{C\omega}$(理由同上). 对此电路,静态时有

$$\frac{\sigma_1}{\varepsilon_r \varepsilon_0} d_1 = \frac{\sigma_2}{\varepsilon_0} d \qquad (1)$$

$$\sigma_1 + \sigma_2 = \sigma \qquad (2)$$

由(1),(2) 解得 $\sigma_2 = \frac{\sigma d_1}{\varepsilon_r d + d_1}$.

由于 R 很大,此电荷在 d 发生小量变化时基本保持不变,故输出 信号

$$\Delta u(t) = \frac{\sigma_2}{\varepsilon_0} x = \frac{d_1 \sigma}{\varepsilon_0 (\varepsilon_r d + d_1)} x_0 \sin \omega t$$

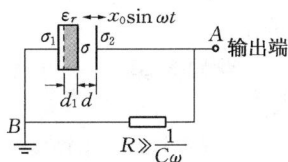
题解 3.13 图 2

【点评】 本题(1) 和(2) 两小题的关键都是使动片的电荷基本保持不变,从而使动片附近的场强 也基本不变,这样就能使动片的位移最大限度地引起电压变化.

例题 3.14 (1) 两半无限大导体平板互成直角放置,将点电荷 q 从无穷远搬至与两导体平板相 距均为 d 处,如图所示.求在此过程中外力所作的功 W_{in};

(2) 当点电荷 q 处于该位置时,设两平板由导体变为绝缘体,这时又将点电荷 q 从该位置搬回无穷 远,求在此过程中外力所作的功 W_{out};

(3) 这时在绝缘板上的电荷体系的静电能是多少?

【提示】 (1) 搬运电荷时,镜像电荷也作相应运动,但外力只对所搬运的电 荷作功.

(2) 这时镜像电荷不再运动.

(3) 对(1) 和(2) 的效果作总体考察.

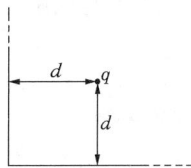
题 3.14 图

【题解】 (1) 点电荷 q 所在区域(第 Ⅰ 象限) 的电场可等效为该点电荷 q 和另外 3 个镜像电荷 $-q$,$-q$,q 的电场的叠加,如图所示,而在其余区域(第 Ⅱ,Ⅲ,Ⅳ 象限),电场则为零.因而,将点电 荷 q 从无穷远搬至现在位置过程中外力所作的功,就等于将这 4 个电荷从无穷远搬至现在位置过程中 外力所作功的四分之一(只要设想搬动过程中 4 个电荷的位置始终对称 就不难理解这一点),而将 4 个电荷从无穷远搬至现在位置外力所作的功 即等于 4 个电荷的相互作用势能,因而所求的功 W_{in} 为

$$W_{\text{in}} = \frac{1}{4}\left[4\left(\frac{1}{4\pi\varepsilon_0} \frac{-q^2}{2d}\right) + 2\left(\frac{1}{4\pi\varepsilon_0} \frac{q^2}{2\sqrt{2}d}\right)\right] = \frac{1}{4\pi\varepsilon_0} \frac{q^2}{d}\left(\frac{1}{4\sqrt{2}} - \frac{1}{2}\right)$$

此功为负,这是显然的.

(2) 当将点电荷 q 搬动时,它受到的力即等效于 3 个镜像电荷对它的 作用力,因而所求的功 W_{out} 即为该点电荷与 3 个镜像电荷在现在位形时 相互作用能的负值,

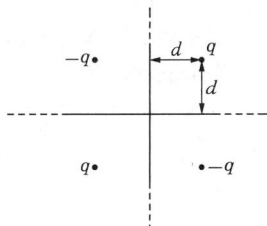
题解 3.14 图

$$W_{\text{out}} = -\left[2 \cdot \frac{1}{4\pi\varepsilon_0} \frac{-q^2}{2d} + \frac{1}{4\pi\varepsilon_0} \frac{q^2}{2\sqrt{2}d}\right] = \frac{1}{4\pi\varepsilon_0} \frac{q^2}{d}\left(1 - \frac{1}{2\sqrt{2}}\right)$$

由于在搬动时,该电荷始终受到引力,故此功为正.

(3) 从效果上看,W_{in} 等效于建立感应电荷体系(即绝缘板上的电荷体系),再将点电荷 q 从无穷远 搬至现在位置的整个过程中外力所作的功,而 W_{out} 则为将点电荷 q 在绝缘板电荷体系的电场中从现 在位置搬至无穷远处外力所作的功,因而建立绝缘板上的电荷体系外力所作的功(亦即绝缘板上电荷 体系的静电能 W),就等于 W_{in} 与 W_{out} 之和,有

$$W = W_{in} + W_{out} = \frac{1}{4\pi\varepsilon_0}\frac{q^2}{d}\left(\frac{1}{4\sqrt{2}} - \frac{1}{2} + 1 - \frac{1}{2\sqrt{2}}\right) = \frac{1}{4\pi\varepsilon_0}\frac{q^2}{d}\left(\frac{1}{2} - \frac{1}{4\sqrt{2}}\right)$$

此能量显然为正.

【点评】 镜像法是求解静电(特别是有关导体)问题的重要方法之一. 本题是镜像法的一个例子.

例题 3.15 一点电荷 q 放在半径为 a 的电中性导体薄球壳内,离球心的距离为 r,求该点电荷所受的静电力.

【提示】 利用镜像法,而在求镜像电荷的位置与大小时,只需考察对称轴上的特殊点.

【题解】 点电荷 q 将在球壳内表面感应出总量为 $-q$ 的不均匀分布的电荷,如图所示,而在球壳外表面则将均匀分布电量为 q 的电荷. 由于外表面上均匀分布的电荷在其内部不产生电场,因而球壳内点电荷 q 只受到球壳内表面感应电荷所产生电场的作用力,而球壳内表面上的感应电荷则与接地球壳无异. 但球壳内表面上感应电荷在球内产生的电场可等效为球外一镜像电荷的场.

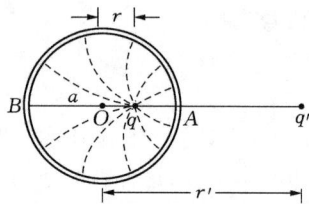
题解 3.15 图

为求此镜像电荷 q' 的大小和位置,只要考察 q 与球心 O 连线上与球壳内表面相交的两点 A 和 B 的电势即可. 由对称性,q' 必在此直线上,令其与球心 O 的距离为 r',则由 A 和 B 两点的电势为零可得如下方程:

$$\frac{q}{a-r} + \frac{q'}{r'-a} = 0, \quad \frac{q}{a+r} + \frac{q'}{r'+a} = 0$$

由此解得

$$r' = \frac{a^2}{r}, \quad q' = -\frac{a}{r}q$$

于是所求的力为

$$F = \frac{1}{4\pi\varepsilon_0}\frac{qq'}{(r'-r)^2} = -\frac{q^2}{4\pi\varepsilon_0}\frac{ar}{(a^2-r^2)^2}$$

当 $r \to 0$ 时此力为零,$r \to a$ 时此力趋于无穷大.

【点评】 本题是镜像法的又一个例子. 不难证明,q 和 q' 在整个球壳上产生的电势为零.

例题 3.16 N 块不带电导体圆板共轴等距平行放置,并依次编号,如图所示,彼此间距比板的直径小得多. 电动势为 U 的电源的负极与第 1 块板相连并接地,正极依次与第 N 块板、第 $N-1$ 块板、……、第 k 块板、……、第 3 块板,第 2 块板相连. 求:

(1) 第 k 块板与第 1 块板所带电量绝对值之比($|q_k| : |q_1|$);

(2) 第 k 块板的电势 U_k.

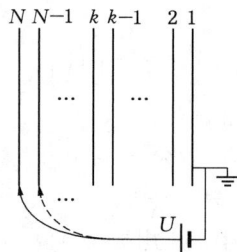
题 3.16 图

【提示】 将这些平行放置的导体平板看成电容的串联.

【题解】 (1) 设相邻两导体板间的电容为 C,则当电源正极与第 N 块板相连时,电源犹如接在串联的 $(N-1)$ 个电容的两端,因而在第 N 块板上将带电量

$$q_N = U \cdot \frac{C}{N-1}$$

与此同时,第 $(N-1)$ 块板的左表面带 $-q_N$ 电量,右表面带 $+q_N$ 电量,其余各块导体板的带电情况与第 $(N-1)$ 块相仿. 当电池正极接着与第 $(N-1)$ 块板相连时,板左表面的电荷因被第 N 块板的正电荷吸引,不再发生变化,而右表面则成为 $(N-2)$ 个串联电容的正极而带电量

$$q'_{N-1} = U \cdot \frac{C}{N-2}$$

因而,第 $(N-1)$ 块板的总带电量为

$$q_{N-1} = -U\frac{C}{N-1} + U\frac{C}{N-2} = UC\left(\frac{1}{N-2} - \frac{1}{N-1}\right)$$

依此类推,第 k 块板的带电量为

$$q_k = UC\left(\frac{1}{k-1} - \frac{1}{k}\right)$$

而显然 $q_1 = -UC$,故 $|q_k| : |q_1| = \left(\frac{1}{k-1} - \frac{1}{k}\right) : 1$.

(2) 由以上分析可知,第 N 块板与第 $(N-1)$ 块板间的电势差为 $U/(N-1)$,第 $(N-1)$ 块板与第 $(N-2)$ 块板间电势差为 $U/(N-2)$.依此类推,故第 k 块板的电势为

$$U_k = U\left(\frac{1}{k-1} + \frac{1}{k-2} + \cdots + \frac{1}{2} + 1\right)$$

【点评】　本题也可不用电容串联思想,而将每一块带电导体平板看成无限大带电平板,利用高斯定律来求解,但比电容法要繁杂得多.

例题 3.17　半径为 a 的气球充电至电势 V.气球通过大气漏电,同时打开并调节放气阀门,使其半径逐渐变小.

(1) 为使气球电势保持不变,求气球半径 r 与时间 t 的关系.设大气的电阻率为 ρ,相对介电常数为 1;

(2) 在全部漏电过程中,消耗在大气中的焦耳热为多少?它与气球的初始静电能是否相等?为什么?

【提示】　(1) 根据欧姆定律列出半径与时间关系的微分方程.

(2) 注意过程中有外力参与作功.

【题解】　(1) 半径为 r 时,大气的电阻

$$R = \int_r^\infty \rho \frac{\mathrm{d}r}{4\pi r^2} = \frac{\rho}{4\pi r}$$

由欧姆定律,

$$-\frac{\rho}{4\pi r}\frac{\mathrm{d}q}{\mathrm{d}t} = V = \text{常量} \tag{1}$$

其中 q 为气球带电量.q 与 r 又有下式相联系:

$$\frac{1}{4\pi\varepsilon_0}\frac{q}{r} = V \tag{2}$$

由此得

$$q = 4\pi\varepsilon_0 V \cdot r \tag{3}$$

求导得

$$\frac{\mathrm{d}q}{\mathrm{d}t} = 4\pi\varepsilon_0 V \frac{\mathrm{d}r}{\mathrm{d}t} \tag{4}$$

代入方程(1)得 $-\frac{\rho}{4\pi r} \cdot 4\pi\varepsilon_0 V \frac{\mathrm{d}r}{\mathrm{d}t} = V$,即 $\frac{\mathrm{d}r}{r} = -\frac{1}{\rho\varepsilon_0}\mathrm{d}t$,两边积分得 $\ln r\big|_a^r = -\frac{1}{\rho\varepsilon_0}t$,故 $r = ae^{-\frac{1}{\rho\varepsilon_0}t}$.

（2）在全部漏电过程中消耗的焦耳热

$$Q = \int_0^\infty \left(-\frac{dq}{dt}\right)^2 R dt = \int_0^\infty -\frac{dq}{dt} \cdot V dt = V q_0$$

其中 q_0 为 $t=0$ 时刻气球上的带电量，由（3）式有 $q_0 = 4\pi\varepsilon_0 aV$. 而气球原静电能 $W = \frac{1}{2} q_0 V = \frac{1}{2} Q$，消耗的焦耳热大于原静电能是因为在气球半径逐渐减小过程中外力（大气压力和气球弹力）在作功，使静电能不断得到补充.

例题 3.18   一电容器由半径各为 a，$b(a < b)$ 的两薄导体球壳组成，外球壳上有一小洞，从此洞穿出一绝缘导线把内球壳与一半径为 c 的第 3 个导体相连，该导体与电容器的距离 r 很大. 将电容器的外球壳接地，而让两相连导体带电荷 Q. 求作用在第 3 个导体上的静电力的近似表示式.

【提示】   根据电容的并联确定第 3 个导体球上的电量，再由静电平衡确定外球壳外表面的感应电量. 第3个导体即受此电量的作用.

【题解】   由于外球壳接地，内球壳用导线与半径为 c 的导体球（导体 3）相连，可认为内、外球壳组成的球形电容器与球形导体 3（作为电容器）并联. 设导体 3 上带电量为 q，则内球壳上带电量为 $Q_a = (Q - q)$，它们分别与电容成正比. 球形电容器的电容 C_{ab} 和导体 3 的电容 C_c 分别为

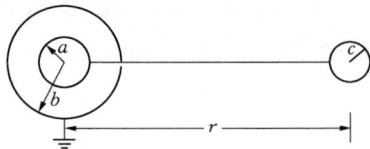

题 3.18 图

$$C_{ab} = \frac{4\pi\varepsilon_0}{\frac{1}{a} - \frac{1}{b}}, \quad C_c = 4\pi\varepsilon_0 c$$

因而有

$$q = \frac{c}{c + \frac{1}{\frac{1}{a} - \frac{1}{b}}} Q = \frac{c\left(\frac{1}{a} - \frac{1}{b}\right)}{c\left(\frac{1}{a} - \frac{1}{b}\right) + 1} Q$$

$$Q_a = Q - q = \frac{1}{c\left(\frac{1}{a} - \frac{1}{b}\right) + 1} Q$$

外球壳的内表面将带电量 $-Q_a$. 由于导体 3 上电荷的感应作用，外球壳的外表面也将带上少量电荷. 设所带电荷为 q'，由外球壳的电势为零而有 $\frac{q'}{b} + \frac{q}{r} = 0$，得 $q' = -\frac{b}{r} q$.

由于内球壳与外球壳的内表面带等量异号电荷，它们对外不产生电场，所以导体 3 所受的静电力实际上即为 q 与 q' 间的作用力，

$$F = \frac{1}{4\pi\varepsilon_0} \frac{qq'}{r^2} = \frac{1}{4\pi\varepsilon_0 r^2} \left(-\frac{b}{r}\right) q^2 = -\frac{1}{4\pi\varepsilon_0 r^3} \frac{bc^2\left(\frac{1}{a} - \frac{1}{b}\right)^2}{\left[c\left(\frac{1}{a} - \frac{1}{b}\right) + 1\right]^2} Q^2$$

负号表示是引力.

例题 3.19   在一很大的水平接地导体平板上方存在竖直方向的均匀电场 E_0，现将一个质量密度为 ρ、半径为 R 的导体半球平放在导体平板上（使球面朝上），如图所示，试求 E_0 至少应多大，才能将这一半球从导体平板上拉起来？

【提示】   先考察电中性导体球在均匀外电场中的感应电荷分布（这可由两个均匀带异号电荷的球体在外电场中产生小位移，使重叠部分总电场为零得出），其上半个球上的电荷分布与题中导体半球上的电荷分布无异，半球受力便可求得.

【题解】　为解题方便,先来考察一电中性导体球在均匀外电场中的行为.导体球可看成两个带等量异号体电荷球体的叠加.设球的半径为 R,体电荷密度为 $\pm\rho$.当有外电场 E_0 存在时,两带电球将沿电场方向发生微小位移,以在球内形成反向电场抵消外场,最终使球内合电场为零.

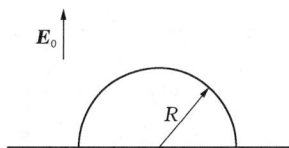
题 3.19 图

设两球体的位移为 l,现来考察球内任一点 P 的电场(见图).设 P 与正电荷球中心 O_+ 距离为 r_+,与负电荷球中心 O_- 距离 r_-.由高斯定律,正电荷球在 P 点产生的电场

$$E_+ = \frac{1}{4\pi\varepsilon_0}\frac{\frac{4}{3}\pi r_+^3}{r_+^2}\hat{r}_+ = \frac{\rho}{3\varepsilon_0}r_+$$

同理,负电荷球在 P 点产生的电场

$$E_- = \frac{-\rho}{3\varepsilon_0}r_-$$

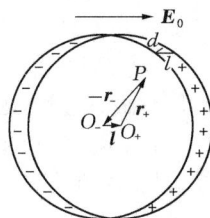
题解 3.19 图

这里 r_+ 和 r_- 分别为从 O_+ 和 O_- 指向 P 点的矢量,于是合电场

$$E = E_+ + E_- = \frac{\rho}{3\varepsilon_0}(r_+ - r_-) = \frac{-\rho}{3\varepsilon_0}l$$

式中 l 为从 O_- 指向 O_+ 的矢量,可见球内为一均匀场.只要令 $E = -E_0$,就可得到实际位移值 l,$\frac{\rho}{3\varepsilon_0}l = E_0$,求得 $l = \frac{3\varepsilon_0 E_0}{\rho}$.

由于导体的 ρ 很大,l 为一小量,两带电球位移的结果为球内绝大部分交叠区域仍是电中性的,只在两边很薄的非交叠区出现薄层电荷,可视为面电荷.面电荷密度 σ 为 θ 角的函数(这实际上就是导体上的感应电荷),$\sigma = \rho d = \rho l\cos\theta$,将 l 表示式代入,可得

$$\sigma = \sigma_0\cos\theta = 3\varepsilon_0 E_0\cos\theta \tag{1}$$

当 $\theta < 90°$ 时,$\sigma > 0$;当 $\theta > 90°$ 时,$\sigma < 0$;当 $\theta = 90°$ 时,$\sigma = 0$.

现在回到本题.设想一半径为 R 的导体球置于竖直向上的均匀电场 E_0 中,则由上面讨论知,导体表面将出现感应电荷,其电荷面密度由(1)式表示,式中 θ 角现应理解为与竖直方向的夹角.这时过球心的水平面必为与导体球等势的等势面,若在此平面上放置导体平板,不影响导体球上部的电场分布.因而在本题的情况下,半球上的电荷分布仍由(1)式决定,而在导体平板上将出现感应电荷,它们在导体平板上方的效应犹如原下半球上的电荷产生的效应(下半球的电荷可看成上半球电荷的镜像电荷),而在导体平板下方则电场处处为零.这样,半球所受的电力即为半球表面电荷所受电力的合力.此合力必向上,其大小 F 可由各面元电荷所受法向力沿竖直方向的分力的积分求得.带电导体表面单位面积所受的力等于 $\frac{1}{2\varepsilon_0}\sigma^2$,故有

$$F = \int_0^{\pi/2}\frac{1}{2\varepsilon_0}\sigma^2 \cdot 2\pi R\sin\theta R\,\mathrm{d}\theta \cdot \cos\theta = \frac{\pi R^2\sigma_0^2}{\varepsilon_0}\int_0^{\pi/2}\sin\theta\cos^3\theta\,\mathrm{d}\theta$$

$$= -\frac{\pi R^2\sigma_0^2}{\varepsilon_0}\int_0^{\pi/2}\cos^3\theta\mathrm{d}\cos\theta = \frac{\pi R^2\sigma_0^2}{4\varepsilon_0}$$

以 $\sigma_0 = 3\varepsilon_0 E_0$ 代入,

$$F = \frac{9}{4}\pi R^2\varepsilon_0 E_0^2 \tag{2}$$

令 $F = mg = \dfrac{2}{3}\pi R^3\rho g$，得 $E_0 = \dfrac{2}{3}\sqrt{\dfrac{2R\rho g}{3\varepsilon_0}}$，这就是能将半球从平板上拉起来的最小电场值.

例题 3.20　　半径为 r 的圆柱形长直导线水平放置，其轴与大地（视为导体）距离为 d，如图所示. 在下列两种情况下，求单位长度导线与大地间的电容 C^*（表示为 d/r 的函数）：

（1）$r \ll d$；

（2）$r < d$，但与 d 同数量级.

【提示】（1）此时，电荷可看成均匀分布在柱面上，空间电场为此带电柱面及其镜像所共同激发.

（2）考察两平行带异号电荷直线的等势面，证明它们为一系列非同心的圆柱面，于是本题可解.

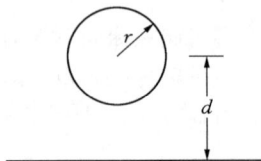

题 3.20 图

【题解】　（1）设想柱形导线带正电，线电荷密度为 $+\eta$，由镜像法可知，地面上方的电场为此导线与地面下对称位置上一线电荷密度为 $-\eta$ 的柱形导线共同激发.

当 $r \ll d$ 时，导线上电荷可看成均匀分布，空间电场可认为由位于导线轴上的两均匀带电直线所激发，两者的线电荷密度分别为 $+\eta$ 和 $-\eta$.

取地面为 yz 平面，两带电直线沿 z 轴方向，分别位于 $x = \pm a$ 处，如图所示（在本小题中，$a = d$）. 以 y 轴（其实是 yz 平面）为零电势面. 任一点 $P(x,y)$ 处的电场

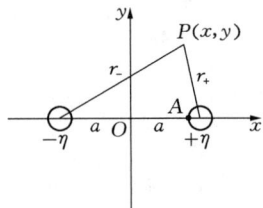

$$\boldsymbol{E}_P = \boldsymbol{E}_+ + \boldsymbol{E}_- = \frac{\eta}{2\pi\varepsilon_0}\left(\frac{1}{r_+}\hat{\boldsymbol{r}}_+ - \frac{1}{r_-}\hat{\boldsymbol{r}}_-\right)$$

题解 3.20 图

P 点的电势为电场从 P 点至 O 点（电势零点）的积分. 现在要求细导线的电势，最方便的是沿 x 轴求积分，并将积分起点取在细导线表面与 x 轴的交点 A，并令 $a = d$. 导线电势

$$\varphi_A = \frac{\eta}{2\pi\varepsilon_0}\int_r^d \frac{\mathrm{d}r}{r} - \frac{\eta}{2\pi\varepsilon_0}\int_{2d-r}^d \frac{\mathrm{d}r}{r} \approx \frac{\eta}{2\pi\varepsilon_0}\ln\frac{2d}{r}$$

所求电容

$$C^* = \frac{\eta}{\varphi} = \frac{2\pi\varepsilon_0}{\ln\dfrac{2d}{r}}$$

（2）当 r 与 d 同数量级时，导线上电荷不再均匀分布在柱面上，而因受镜像导线上异号电荷的吸引而偏向镜像一方，因而空间电场不能看成两条沿轴放置的异号线电荷电场的叠加. 但仍可看成与导线轴平行的两条异号线电荷电场的叠加，两条线电荷的位置均由轴向对方靠近，但线电荷密度不变. 这是因为两条平行异号带电直线的等势面是一系列不共轴的圆柱面的缘故.

为此，来考察图中两条带电直线的等势面. 设两条带电直线与 y 轴的距离都是 $a\,(a \neq d)$. 按上文的讨论，任一点 P 的电势

$$\varphi_P = \int_P^0 \boldsymbol{E}\cdot\mathrm{d}\boldsymbol{r} = \int_P^0 \boldsymbol{E}_+\cdot\mathrm{d}\boldsymbol{r} + \int_P^0 \boldsymbol{E}_-\cdot\mathrm{d}\boldsymbol{r} = \frac{\eta}{2\pi\varepsilon_0}\int_{r_+}^a \frac{\mathrm{d}r}{r} - \frac{\eta}{2\pi\varepsilon_0}\int_{r_-}^a \frac{\mathrm{d}r}{r}$$

$$= \frac{\eta}{2\pi\varepsilon_0}\ln\frac{a}{r_+} - \frac{\eta}{2\pi\varepsilon_0}\ln\frac{a}{r_-} = \frac{\eta}{2\pi\varepsilon_0}\ln\frac{r_-}{r_+}$$

由此，电势为 φ 的点满足 $\dfrac{r_-}{r_+} = \mathrm{e}^{2\pi\varepsilon_0\varphi/\eta}$，以 $P(x,y)$ 点的坐标代入上式，并两边取平方，得

$$\frac{(x+a)^2 + y^2}{(x-a)^2 + y^2} = \mathrm{e}^{4\pi\varepsilon_0\varphi/\eta}$$

令 $e^{4\pi\varepsilon_0\varphi/\eta} = k^2$，则电势为 φ 的等势面方程为

$$(x+a)^2 + y^2 = k^2(x-a)^2 + k^2 y^2$$

化简为

$$\left(x - \frac{k^2+1}{k^2-1}a\right)^2 + y^2 = \frac{4k^2}{(k^2-1)^2}a^2$$

上式为一圆方程，圆心和半径均因 k^2 而异. 令该圆为题中圆柱形导线的截面，则有

$$\left(\frac{k^2+1}{k^2-1}\right)^2 a^2 = d^2, \quad \frac{4k^2}{(k^2-1)^2}a^2 = r^2$$

由此解出 k^2（注意 $k>1$），

$$k^2 = \left[\frac{d}{r} + \sqrt{\left(\frac{d}{r}\right)^2 - 1}\right]^2$$

由上文 k^2 的定义 $k^2 = e^{4\pi\varepsilon_0\varphi/\eta}$，即得

$$C^* = \eta/\varphi = \frac{4\pi\varepsilon_0}{\ln k^2} = \frac{2\pi\varepsilon_0}{\ln k} = \frac{2\pi\varepsilon_0}{\ln\left[\dfrac{d}{r} + \sqrt{\left(\dfrac{d}{r}\right)^2 - 1}\right]}$$

当 $r \ll d$ 时，结果与(1)小题相同.

例题 3.21　原子力显微镜(Atomic Force Microscopy, AFM)经常遇到的问题是要确定样品对扫描探头的力. 扫描探头可视为半径为 R、电势为 V 的导体球，样品可视为大的导体平面，其电势为零. 设球状探头中心与样品表面的距离为 h_0.

(1) 求样品对球状探头的静电力，答案可用无穷级数相加形式表达.

(2) 已知当 $V = V_0$，$R = 1.0 \times 10^{-8}\,\text{m}$，$h_0 = 5.0 \times 10^{-8}\,\text{m}$ 时，样品对球状探头的力为 $1.1 \times 10^{-12}\,\text{N}$，求当 $V = 2V_0$，$R = 1.0\,\text{m}$，$h_0 = 5.0\,\text{m}$ 时的力.

(3) 已知 $R/h_0 = 1/51$，如要求用(1)小题的答案来计算力时可达约 1% 的精确度，需要保留哪几项？

(4) 估计(3)小题中因忽略其余项所引起的相对误差的数量级.

【提示】　利用镜像法.

【题解】　(1) 利用镜像法求出诸镜像电荷的大小与位置.

(i) 为使球状导体表面电势为 V，可在球心处放一点电荷 q_0，而有 $V = \frac{1}{4\pi\varepsilon_0}\frac{q_0}{R}$，故 $q_0 = 4\pi\varepsilon_0 R V$.

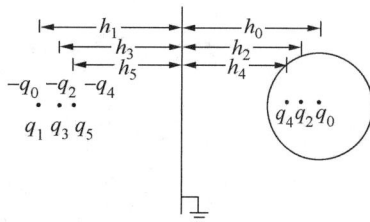

题解 3.21 图

(ii) 为使样品表面电势为零，应有镜像电荷及位置如图所示，

$$q_1 = -q_0, \quad h_1 = -h_0$$

(iii) q_1 的出现使导体球面不再是等势面. 在球内放置点电荷 q_2，使 q_0, q_1, q_2 的合电势场在球面处为 V，故有

$$q_2 = -\frac{R}{2h_0}q_1 = \frac{R}{2h_0}q_0, \quad h_2 = h_0 - \frac{R^2}{2h_0}$$

(iv) 重复步骤(ii)，求 q_2 的镜像电荷 q_3 及位置为

$$q_3 = -q_2, \quad h_3 = -h_2$$

重复步骤(iii)，求 q_3 的镜像电荷 q_4 及位置为

$$q_4 = -\frac{R}{h_2 + h_0}q_3 = \frac{R}{h_2 + h_0}q_2, \quad h_4 = h_0 - \frac{R^2}{h_2 + h_0}$$

同样可求出

$$q_5 = -q_4, \quad q_6 = \frac{R}{h_4 + h_0} q_4, \quad h_6 = h_0 - \frac{R^2}{h_4 + h_0}$$

一般有

$$q_{2(n+1)} = \frac{R}{h_{2n} + h_0} q_{2n}, \quad h_{2(n+1)} = h_0 - \frac{R^2}{h_{2n} + h_0}$$

（v）样品对球状探头的作用力即球内各镜像（正）电荷与球外各镜像（负）电荷之间作用力的总和：

$$F = -\frac{q_0}{4\pi\varepsilon_0} \left[\frac{q_0}{(h_0 + h_0)^2} + \frac{q_2}{(h_0 + h_2)^2} + \frac{q_4}{(h_0 + h_4)^2} + \cdots \right]$$
$$- \frac{q_2}{4\pi\varepsilon_0} \left[\frac{q_0}{(h_0 + h_2)^2} + \frac{q_2}{(h_2 + h_2)^2} + \frac{q_4}{(h_2 + h_4)^2} + \cdots \right]$$
$$- \cdots$$
$$= \frac{-q_0}{4\pi\varepsilon_0} \sum_{n=0}^{\infty} \frac{q_{2n}}{(h_0 + h_{2n})^2} - \frac{q_2}{4\pi\varepsilon_0} \sum_{n=0}^{\infty} \frac{q_{2n}}{(h_0 + h_{2n})^2} - \cdots$$
$$= -\frac{1}{4\pi\varepsilon_0} \sum_{m=0}^{\infty} \sum_{n=0}^{\infty} \frac{q_{2m} q_{2n}}{(h_{2m} + h_{2n})^2}$$

（2）令 $k_0 = h_0/R, k_{2n} = h_{2n}/R$，则

$$k_2 = h_2/R = \frac{h_0}{R} - \frac{R}{2h_0} = k_0 - \frac{1}{2k_0}$$

$$k_4 = \frac{h_4}{R} = \frac{h_0}{R} - \frac{R}{h_0 + h_2} = k_0 - \frac{1}{k_0 + k_2} = k_0 - \frac{1}{k_0 + k_0 - \frac{1}{2k_0}}$$

$$k_6 = \frac{h_6}{R} = \frac{h_0}{R} - \frac{R}{h_0 + h_4} = k_0 - \frac{1}{k_0 + k_4} = k_0 - \cfrac{1}{k_0 + k_0 - \cfrac{1}{k_0 + k_0 - \cfrac{1}{2k_0}}}$$

……

$$k_{2(n+1)} = \frac{h_{2(n+1)}}{R} = k_0 - \frac{1}{k_0 + k_{2n}} = f_{2(n+1)}(k_0)$$

$$q_2 = \frac{R}{h_0 + h_0} q_0 = \frac{1}{2k_0} q_0$$

$$q_4 = \frac{R}{h_0 + h_2} q_2 = \frac{1}{k_0 + k_2} \cdot \frac{1}{2k_0} q_0 = \frac{1}{k_0 + k_0 - \frac{1}{2k_0}} \cdot \frac{1}{2k_0} q_0$$

$$q_6 = \frac{R}{h_0 + h_4} q_4 = \frac{1}{k_0 + k_4} \cdot \frac{1}{k_0 + k_2} \cdot \frac{1}{2k_0} q_0$$
$$= \cfrac{1}{k_0 + k_0 - \cfrac{1}{k_0 + k_0 - \cfrac{1}{2k_0}}} \cdot \cfrac{1}{k_0 + k_0 - \cfrac{1}{2k_0}} \cdot \frac{1}{2k_0} q_0$$

……

$$q_{2(n+1)} = \frac{R}{h_0 + h_{2n}} q_{2n} = \frac{1}{k_0 + k_{2n}} q_{2n} = \frac{1}{k_0 + k_{2n}} \cdot \frac{1}{k_0 + k_{2n}} \cdot \frac{1}{k_0 + k_{2(n-1)}} \cdots \frac{1}{2k_0} q_0$$
$$= g_{2(n+1)}(k_0) q_0$$

于是 F 中的一般项

$$F_{m,n} = -\frac{1}{4\pi\varepsilon_0}\frac{q_{2m}q_{2n}}{(h_{2m}+h_{2n})^2} = -\frac{1}{4\pi\varepsilon_0}\frac{g_{2m}(k_0)g_{2n}(k_0)q_0^2}{R^2[f_{2m}(k_0)+f_{2n}(k_0)]^2} = -4\pi\varepsilon_0 V^2 G(k_0)$$

由题设可知所求情况与原情况的 k_0 相同, 故 $F_{m,n} \propto V^2$, 从而合力 $F \propto V^2$, 所求

$$F = 2^2 F_0 = 4 \times 1.1 \times 10^{-12} = 4.4 \times 10^{-12}(\text{N})$$

（3）$R/h_0 = 1/51$, 可见左、右两边电荷的距离基本上都是 $2h_0$. 至于电荷,

$$q_2 = \frac{R}{2h_0}q_0 = \frac{1}{102}q_0, \quad h_2 = h_0 - \frac{R_2}{2h_0}$$

q_0 与 $q_3 = -q_2$ 的作用力为

$$F_{03} = -\frac{1}{4\pi\varepsilon_0}\frac{q_0 q_2}{(h_0+h_2)^2} = -\frac{q_0^2}{4\pi\varepsilon_0}\frac{\dfrac{1}{102}}{(2h_0)^2\left(1-\dfrac{R^2}{4h_0^2}\right)} \approx F_{01}\cdot\frac{1}{102} = F$$

$$F_{23} = F_{01}\cdot\left(\frac{q_2}{q_0}\right)^2 \approx F_{01}\cdot\frac{1}{10\,000} \ll F_{03}$$

由题意只需达 1% 精度, 故只保留 F_{01}, F_{03}, F_{12} 即可. 所以,

$$F = F_{01}+F_{03}+F_{21} = F_{01}+2F_{03} \approx F_{01}+\frac{1}{51}F_{01} = -\frac{1}{4\pi\varepsilon_0}\frac{q_0^2}{(2h_0)^2}\left(1+\frac{1}{51}\right)$$

$$= -\frac{1}{4\pi\varepsilon_0}\frac{(4\pi\varepsilon_0 RV)^2}{4h_0^2}\left(1+\frac{1}{51}\right) = -\frac{\pi\varepsilon_9 V^2}{51^2}\left(1+\frac{1}{51}\right)$$

（4）所忽略的项主要是 F_{05}, F_{14}, F_{23}, 由（3）小题可知 $F_{23} \approx 10^{-4}F_{01}$, 而 F_{05}, F_{14} 与 F_{23} 同数量级, 故忽略诸项引起的相对误差约为 3×10^{-4}.

例题 3.22　一旋转椭球状导体, 其旋转椭球表面方程为

$$\frac{x^2}{a^2}+\frac{y^2}{a^2}+\frac{z^2}{b^2} = 1$$

（1）求该导体的电容;

（2）求当 $b \gg a$ 和 $b \ll a$ 时电容的近似表示式.

积分公式: $\displaystyle\int\frac{\mathrm{d}x}{\sqrt{1+x^2}} = \ln(x+\sqrt{1+x^2})$, $\displaystyle\int\frac{\mathrm{d}x}{1+x^2} = \arctan x$,

$\displaystyle\int\frac{\mathrm{d}x}{\sqrt{1-x^2}} = \arcsin x$, $\qquad\displaystyle\int\frac{\mathrm{d}x}{1-x^2} = \frac{1}{2}\ln\frac{1+x}{1-x}$.

【提示】　（1）设想均匀带电球面上的电荷与球面固连. 当球面沿 z 轴形变成旋转椭球面时, 应用比例原理论证内部电场仍处处为零, 由此得出旋转椭球导体上的电荷分布. 用积分法求出中心电势, 即得电容. 注意当 $b > a$ 和 $b < a$ 时积分结果的形式不同.

（2）分别求小量近似.

【题解】　（1）半径为 a 的均匀带电球面, 其内部电场为零, 这可用高斯定律说明, 也可直接论证: 对球面内任一点 P, 以其为顶点作对顶小圆锥面, 分别在球面上割出两面元(参见题解 3.01 图), 根据几何关系和电力反平方规律, 即可得出两面元的电荷在 P 点产生的电场相互抵消. 其他面元的作用与此相仿. 因而 P 点的电场为零, 亦即球面内任一点电场为

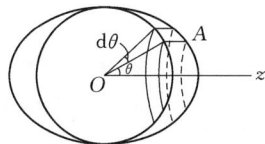

题解 3.22 图

零.设想球面由绝缘材料做成,当它按比例 $\dfrac{b}{a}$ 沿 z 方向伸长(或收缩)成旋转椭球面时,由上面的分析可知,这时椭球面内各点电场仍为零,但这时电荷密度不再均匀分布.按静电平衡条件,这也就是椭球导体上的电荷分布.只需求出此带电椭球在中心点产生的电势,即可求出电容.

设原来半径为 a 的球面上电荷面密度为 σ_0,在该球面上锥角为 $(\theta,\theta+\mathrm{d}\theta)$ 环带上的电荷伸长至椭球时其电量不变,但其至中心点 O 的距离增大为 OA,如图所示,它在 O 点产生的电势为

$$\mathrm{d}\varphi = \frac{1}{4\pi\varepsilon_0}\frac{\sigma_0 2\pi a\sin\theta a\,\mathrm{d}\theta}{\overline{OA}} = \frac{1}{4\pi\varepsilon_0}\frac{\sigma_0\cdot 2\pi a\sin\theta a\,\mathrm{d}\theta}{\sqrt{a^2\sin^2\theta+\left(a\cos\theta\cdot\dfrac{b}{a}\right)^2}}$$

$$= \frac{\sigma_0 2\pi a^2}{4\pi\varepsilon_0}\frac{\sin\theta\mathrm{d}\theta}{\sqrt{a^2\sin^2\theta+b^2\cos^2\theta}} = -\frac{q}{8\pi\varepsilon_0 a}\frac{\mathrm{d}\cos\theta}{\sqrt{1+\dfrac{b^2-a^2}{a^2}\cos^2\theta}}$$

式中 $q = 4\pi a^2\sigma_0$ 为球面上的总电量.

(i) 当 $b > a$ 时,

$$\mathrm{d}\varphi = -\frac{q}{8\pi\varepsilon_0 a}\frac{1}{c}\frac{\mathrm{d}(c\cos\theta)}{\sqrt{1+c^2\cos^2\theta}}$$

其中 $c^2 = \dfrac{b^2-a^2}{a^2}$,于是 O 点电势

$$\varphi = -\frac{q}{8\pi\varepsilon_0 ac}\int_0^\pi\frac{\mathrm{d}(c\cos\theta)}{\sqrt{1+c^2\cos^2\theta}} = -\frac{q}{8\pi\varepsilon_0}\frac{1}{\sqrt{b^2-a^2}}\int_c^{-c}\frac{\mathrm{d}x}{\sqrt{1+x^2}}$$

$$= \frac{q}{8\pi\varepsilon_0\sqrt{b^2-a^2}}\ln(x+\sqrt{1+x^2})\Big|_{-c}^{c} = \frac{q}{8\pi\varepsilon_0\sqrt{b^2-a^2}}\ln\frac{b+\sqrt{b^2-a^2}}{b-\sqrt{b^2-a^2}}$$

由此得电容

$$C = \frac{q}{\varphi} = \frac{8\pi\varepsilon_0\sqrt{b^2-a^2}}{\ln\dfrac{b+\sqrt{b^2-a^2}}{b-\sqrt{b^2-a^2}}} \qquad (b>a)$$

(ii) 当 $b < a$ 时,

$$\mathrm{d}\varphi = -\frac{q}{8\pi\varepsilon_0 a}\frac{1}{c}\frac{\mathrm{d}(c\cos\theta)}{\sqrt{1-c^2\cos^2\theta}}$$

其中 $c^2 = \dfrac{a^2-b^2}{a^2}$,于是 O 点电势

$$\varphi = -\frac{q}{8\pi\varepsilon_0 ac}\int_0^\pi\frac{\mathrm{d}(c\cos\theta)}{\sqrt{1-c^2\cos^2\theta}} = -\frac{q}{8\pi\varepsilon_0}\frac{1}{\sqrt{a^2-b^2}}\int_c^{-c}\frac{\mathrm{d}x}{\sqrt{1-x^2}}$$

$$= -\frac{q}{8\pi\varepsilon_0\sqrt{a^2-b^2}}\arcsin x\Big|_c^{-c} = \frac{q}{4\pi\varepsilon_0\sqrt{a^2-b^2}}\arcsin\frac{\sqrt{a^2-b^2}}{a}$$

由此得电容

$$C = \frac{q}{\varphi} = \frac{4\pi\varepsilon_0\sqrt{a^2-b^2}}{\arcsin\dfrac{\sqrt{a^2-b^2}}{a}} \qquad (b<a)$$

(2) 当 $b \gg a$ 时(针状),

$$\ln\frac{b+\sqrt{b^2-a^2}}{b-\sqrt{b^2-a^2}} = \ln\frac{1+\sqrt{1-\dfrac{a^2}{b^2}}}{1-\sqrt{1-\dfrac{a^2}{b^2}}} \approx 2\ln\frac{2b}{a}$$

$$C = \frac{8\pi\varepsilon_0\sqrt{b^2-a^2}}{\ln\dfrac{b+\sqrt{b^2-a^2}}{b-\sqrt{b^2-a^2}}} \approx \frac{4\pi\varepsilon_0 b}{\ln\dfrac{2b}{a}} \qquad (b \gg a)$$

当 $b \ll a$ 时(盘状),

$$\arcsin\frac{\sqrt{a^2-b^2}}{a} \approx \frac{\pi}{2}$$

$$C = \frac{4\pi\varepsilon_0\sqrt{a^2-b^2}}{\arcsin\dfrac{\sqrt{a^2-b^2}}{a}} \approx 8\varepsilon_0 a \qquad (b \ll a)$$

【点评】　本题巧妙地利用变形法确定了旋转椭球形导体在静电平衡情况下的电荷分布,从而使其电容问题迎刃而解.

对于盘状导体,由于其上电荷并不均匀分布,故求得的电容值与假定电荷均匀分布得到的结果($2\pi\varepsilon_0 a$)不同.对于针状导体,由于其上电荷基本均匀分布,故两者结果相同.读者可自行比较、检验之.

例题 3.23　在半径为 R 的接地金属圆柱面轴上放有一根半径为 r_0 的细长导线,导线处于正的高电压 V_0,这就构成一个圆柱形计数器.电离辐射一出现,就会在导线表面附近(那里电场很强)触发"雪崩".设想在导线表面有 N 个电子从原子上电离出去,形成 N 个离子,它们将在电场的作用下,开始离开导线运动.假定离子迁移率(离子速度除以电场)为常量 w,且运动离子围绕导线形成均匀的圆柱形薄层.

(1) 求离子的径向位置 r 作为时间 t(从离子在导线表面形成的时刻开始计算)的函数.本小题计算时忽略雪崩和离子造成的电场改变;

(2) 如果电势 V_0 保持不变,当离子沿径向漂移时,一定有电荷 Q 流向导线.已知全部离子电荷为 Q_i,计算电荷 Q 作为时间 t 的函数.

【提示】　(1) 由柱内电场列出离子运动满足的微分方程.

(2) 流向导线的电荷 Q 系用来抵消离子层所形成的反向电场.

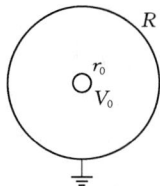

题 3.23 图

【题解】　(1) 先求柱面内电场.设导线上电荷线密度为 λ,则 $E = \dfrac{1}{2\pi\varepsilon_0}\dfrac{\lambda}{r}$,而

$$V_0 = \int_{r_0}^R E\,\mathrm{d}r = \frac{\lambda}{2\pi\varepsilon_0}\int_{r_0}^R \frac{\mathrm{d}r}{r} = \frac{\lambda}{2\pi\varepsilon_0}\ln\frac{R}{r_0}$$

故 $E = \dfrac{V_0}{\ln\dfrac{R}{r_0}}\dfrac{1}{r}$.

考察离子运动.离子速度

$$\frac{\mathrm{d}r}{\mathrm{d}t} = wE = \frac{V_0 w}{\ln\dfrac{R}{r_0}}\frac{1}{r}$$

则 $r\dfrac{\mathrm{d}r}{\mathrm{d}t} = \dfrac{V_0 w}{\ln\dfrac{R}{r_0}}$,积分得 $\displaystyle\int_{r_0}^r r\,\mathrm{d}r = \int_0^t \dfrac{V_0 w}{\ln\dfrac{R}{r_0}}\,\mathrm{d}t$,即

$$\frac{1}{2}(r^2 - r_0^2) = \frac{V_0 w}{\ln \frac{R}{r_0}} t$$

有

$$r = \sqrt{r_0^2 + 2\frac{V_0 w}{\ln R/r_0} t}$$

(2) 在 r_0 和正离子径向位置 r_i 之间有一反向电场.设计数器长 L,则离子电荷线密度 $\lambda_i = \dfrac{Q_i}{L}$,此反向电场的电势差 $\Delta V = \dfrac{Q_i}{L \cdot 2\pi\varepsilon_0}\ln\dfrac{r_i}{r_0}$.此电势差必为流入导线的电荷 Q(同时有 $-Q$ 流入圆柱外壁)所产生的电势差所抵消,这个相消的电势为 $\Delta V' = \dfrac{Q}{L \cdot 2\pi\varepsilon_0}\ln\dfrac{R}{r_0}$.

令 $\Delta V = \Delta V'$,得 $Q = Q_i\dfrac{\ln\dfrac{r_i}{r_0}}{\ln R/r_0}$.以 $r_i = \sqrt{r_0^2 + 2\dfrac{V_0 w}{\ln R/r_0}t}$ 代入上式,得

$$Q = \frac{Q_i}{2\ln R/r_0}\ln\left(1 + 2\frac{V_0 w}{r_0^2\ln R/r_0}t\right)$$

此作用只到 $r_i = R$ 为止,即只适用于 $t \leqslant \dfrac{R^2 - r_0^2}{2\dfrac{V_0 w}{\ln R/r_0}} = t_1$.当 $t \geqslant t_1$ 后,$Q = Q_i$.

例题 3.24　内外半径分别为 a,b 的介质球壳,介质的相对介电常数为 ε_r,一点电荷 q 位于介质球壳的中心,求将该点电荷搬至无穷远过程中外力所作的功.(可设想在介质球壳上挖一小孔,假设这不影响介质的极化.)

【提示】　用能量法,并将体系看成 3 个串联的球形电容(将点电荷看成分布在小的导体球上),其中一个电容中充满介质.当点电荷搬至无穷远时,仍可看成 3 个串联电容,但均为真空.

【题解】　设想点电荷分布在一导体小球上,再设想在介质的内、外表面处各存在半径分别为 a 和 b 的导体薄球壳.由于导体球壳很薄,其上异号面电荷非常靠近,可以认为它们的存在不会影响原电场.这样一来,整个系统可看成由 3 个电容串联而成:最内层的导体小球与介质内表面导体球壳间的电容 C_1,内、外半径分别为 a 和 b 的球形介质电容 $\varepsilon_r C_2$,半径为 b 的导体球壳与无穷远之间的电容 C_3.当将点电荷搬至无穷远时,在点电荷所在处仍存在点电荷导体小球与无穷远之间的电容,此电容仍可看成 3 个真空电容 C_1,C_2 和 C_3 的串联.这样一来,两种状态的静电能只相差在真空电容 C_2 与介质电容 $\varepsilon_r C_2$ 的贮能上,外力所作的功 A 即等于此静电能的差,

$$A = \frac{q^2}{2}\left(\frac{1}{C_2} - \frac{1}{\varepsilon_r C_2}\right) = \frac{q^2}{2C_2}\left(1 - \frac{1}{\varepsilon_r}\right)$$

而 $C_2 = \dfrac{4\pi\varepsilon_0}{\dfrac{1}{a} - \dfrac{1}{b}}$ 代入上式,得 $A = \dfrac{q^2}{8\pi\varepsilon_0}\left(\dfrac{1}{a} - \dfrac{1}{b}\right)\left(1 - \dfrac{1}{\varepsilon_r}\right)$

【点评】　通过能量改变求功是静电问题中常用的方法.但要注意过程中有没有其他作功(电学中传热问题较少涉及)过程,特别是电源作功(本题中无电源作功问题).

本题也可以通过积分直接计算两种情况下静电场能量的差得到.

例题 3.25　平板电容器两极板间均匀分布着稀疏的介质颗粒,每个介质颗粒可看成半径为 a 的小球(a 比电容器线度小得多),介质的相对介电常数为 ε_r,颗粒的数密度为 n.这样,两极板间可看成充满一种等效的均匀介质.求这种等效介质的相对介电常数 ε_r'.

【提示】　设平板间存在电场,求出每个介质球在外场作用下的极化强度(忽略其他介质球的影

响),由此得出每个介质颗粒的电矩,从而得出稀疏颗粒介质的等效极化强度与等效介电常数.

【题解】 设想介质颗粒不存在时,极板间已存在均匀电场 $\boldsymbol{E}_0$. 当有介质颗粒时,由于颗粒稀疏,可认为使某介质颗粒极化的外电场即为 $\boldsymbol{E}_0$. 在 $\boldsymbol{E}_0$ 作用下,球状介质颗粒被均匀极化,设其极化强度为 $\boldsymbol{P}$,同时介质球表面形成等效极化电荷,极化电荷面密度 $\sigma' = P\cos\theta$(见图),此极化电荷产生的场也是均匀的,方向与 $\boldsymbol{P}$ 相反,大小为 $P/3\varepsilon_0$(参见题解 3.19),而介质正是在 $\boldsymbol{E}_0$ 和此极化电荷的场的合电场作用下被极化. 于是有

$$\boldsymbol{P} = (\varepsilon_r - 1)\varepsilon_0\left[\boldsymbol{E}_0 - \frac{\boldsymbol{P}}{3\varepsilon_0}\right]$$

即 $\left(1 + \dfrac{\varepsilon_r - 1}{3}\right)\boldsymbol{P} = (\varepsilon_r - 1)\varepsilon_0\boldsymbol{E}_0$,由此得

$$\boldsymbol{P} = \frac{3\varepsilon_0(\varepsilon_r - 1)}{\varepsilon_r + 2}\boldsymbol{E}_0$$

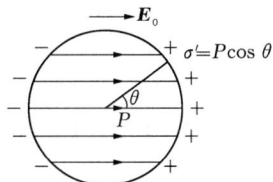

题解 3.25 图

每个颗粒的电矩

$$\boldsymbol{p} = \frac{4}{3}\pi a^3 \boldsymbol{P} = \frac{4\pi\varepsilon_0 a^3(\varepsilon_r - 1)}{\varepsilon_r + 2}\boldsymbol{E}_0$$

极化颗粒的存在,相当于极板间介质被均匀极化,其等效极化强度

$$\boldsymbol{P'} = n\boldsymbol{p} = 4\pi\varepsilon_0 a^3 n \frac{\varepsilon_r - 1}{\varepsilon_r + 2}\boldsymbol{E}_0$$

由于颗粒稀疏,$\boldsymbol{P'}$ 必很小,可忽略与 $\boldsymbol{P'}$ 对应的极化电荷产生的反向电场,可认为使该等效介质极化的场即为外场 $\boldsymbol{E}_0$,从而有 $\boldsymbol{P'} = (\varepsilon_r' - 1)\varepsilon_0\boldsymbol{E}_0$. 与上式比较,即得等效相对介电常数

$$\varepsilon_r' = 1 + \frac{\varepsilon_r - 1}{\varepsilon_r + 2} \cdot 4\pi a^3 n$$

例题 3.26 一半无限大的液体介质,相对介电常数为 ε_r,在其表面下深度为 h 处有一点电荷 q. 求液体表面极化电荷的分布及表面上极化电荷的总量,并求点电荷 q 所受到的静电力.

【提示】 首先,由于点电荷周围将聚集异号极化电荷,使点电荷 q 的行为等效于电量为 q/ε_r 的点电荷. 再利用介质表面的边界条件求出表面极化电荷的分布,表面极化电荷的行为可等效为"镜像电荷".

【题解】 首先,该点电荷周围必将聚集与 q 异号的极化电荷 q'',使 $q + q'' = \dfrac{q}{\varepsilon_r}$,故只需考察点电荷 q/ε_r 的行为.

由于对称性,只需考察离点电荷在表面上的垂足 O 距离为 r 处的面极化电荷,设其密度为 $\sigma'(r)$,在表面上、下,电场为点电荷 q/ε_r 产生的电场 $\boldsymbol{E}_1$ 和 σ' 产生的电场 $\boldsymbol{E'}$ 的叠加. 在表面处法向,由高斯定律,σ' 产生的场 $\boldsymbol{E'}$ 的法向分量为 $\dfrac{\sigma'}{2\varepsilon_0}$,方向由表面指向上、下两方,于是

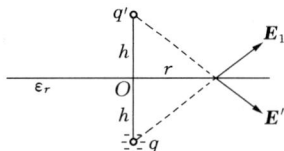

题解 3.26 图

$$E_{n\text{上}} = \frac{1}{4\pi\varepsilon_0}\frac{q/\varepsilon_r h}{(h^2 + r^2)^{3/2}} + \frac{\sigma'}{2\varepsilon_0}, \quad E_{n\text{下}} = \frac{1}{4\pi\varepsilon_0}\frac{q/\varepsilon_r h}{(h^2 + r^2)^{3/2}} - \frac{\sigma'}{2\varepsilon_0}$$

由电位移法向分量 D_n 的连续性,有 $\varepsilon_0 E_{n\text{上}} = \varepsilon_r\varepsilon_0 E_{n\text{下}}$,即

$$\frac{1}{4\pi}\frac{qh}{\varepsilon_r(h^2 + r^2)^{3/2}} + \frac{\sigma'}{2} = \frac{1}{4\pi}\frac{qh}{(h^2 + r^2)^{3/2}} - \frac{\varepsilon_r\sigma'}{2}$$

由此解得

$$\sigma' = \frac{\varepsilon_r - 1}{(\varepsilon_r + 1)\varepsilon_r} \cdot \frac{qh}{2\pi(h^2 + r^2)^{3/2}}$$

极化电荷总量

$$q' = \int_0^\infty \sigma' \cdot 2\pi r\mathrm{d}r = \frac{\varepsilon_r - 1}{\varepsilon_r(\varepsilon_r + 1)}\int_0^\infty \frac{qhr\mathrm{d}r}{(r^2 + h^2)^{3/2}} = \frac{\varepsilon_r - 1}{\varepsilon_r(\varepsilon_r + 1)}q$$

由 $\sigma'(r)$ 的表示式可见,极化电荷在表面下产生的场与在表面上方 h 处有一点电荷 q' 无异,于是 q 受到的静电力为 q 与 q' 的斥力

$$F = \frac{1}{4\pi\varepsilon_0}\frac{q^2(\varepsilon_r - 1)}{\varepsilon_r(\varepsilon_r + 1)\cdot 4h^2}$$

【点评】　在表面上方的场即为电量等于 $(q/\varepsilon_r + q')$ 的点电荷的场. q' 实质上是介质情况下的"镜像电荷".

例题 3.27　一静电除尘装置由竖直放置的半径为 a 的金属棒和半径为 b 的同轴薄壁圆筒组成,装置高度比 a 和 b 都大得多.在金属棒和圆筒之间加有电压 U.

(1) 求筒内距轴 $r(a < r < b)$ 处的电场强度 $E(r)$;

(2) 一粒尘埃可视为半径为 $c(c \ll a, b)$ 的介质小球,其相对介电常数为 ε_r.设尘埃位于筒内离轴 $r(a < r < b)$ 处,试估算此尘埃所受电场力的大小与方向;

(3) 设尘埃质量为 m,求该尘埃从静止出发沿电场力方向自一电极运动到另一电极所需时间(忽略重力和空气阻力).

【提示】　(1) 利用高斯定律.

(2) 采用题解 3.21 的方法求出球状尘埃的极化强度与偶极矩,由此得出尘埃所受的力.

(3) 列出尘埃的运动方程,并求积分.

【题解】　(1) 设金属棒单位长带电量 λ,则由高斯定律

$$E = \frac{\lambda}{2\pi\varepsilon_0 r}, \quad U = \int_a^b E\mathrm{d}r = \frac{\lambda}{2\pi\varepsilon_0}\int_a^b \frac{\mathrm{d}r}{r} = \frac{\lambda}{2\pi\varepsilon_0}\ln\frac{b}{a}$$

有 $E = \dfrac{U}{r\ln\dfrac{b}{a}}$.

(2) 在尘埃所在处电场可视为均匀,球状介质(尘埃)将被均匀极化,极化强度的方向与电场一致,设为 P,则 $P = (\varepsilon_r - 1)\varepsilon_0 E'$,其中 $E' = E - \dfrac{P}{3\varepsilon_0}$(参见题解 3.25),代入上式得

$$P = (\varepsilon_r - 1)\varepsilon_0\left(E - \frac{P}{3\varepsilon_0}\right) = (\varepsilon_r - 1)\varepsilon_0 E - \frac{\varepsilon_r - 1}{3}P$$

由此解得

$$P = \frac{3(\varepsilon_r - 1)}{\varepsilon_r + 2}\varepsilon_0 E = \frac{3(\varepsilon_r - 1)}{\varepsilon_r + 2}\varepsilon_0\frac{U}{r\ln\dfrac{b}{a}}$$

这里已将(1)部分得到的 E 表示式代入.尘埃相当于偶极子,其偶极矩

$$p = \frac{4}{3}\pi c^3 P = \frac{4}{3}\pi c^3\frac{3(\varepsilon_r - 1)}{\varepsilon_r + 2}\varepsilon_0\frac{U}{\ln\dfrac{b}{a}}\cdot\frac{1}{r}$$

尘埃受到的作用力

$$F = p\frac{\partial E}{\partial r} = -\frac{4\pi\varepsilon_0 c^3(\varepsilon_r - 1)U^2}{(\varepsilon_r + 2)\left(\ln\dfrac{b}{a}\right)^2}\frac{1}{r^3}$$

"—"号表示受力方向指向轴心.

（3）尘埃必从圆筒壁向金属棒运动,其加速度

$$a = \frac{\mathrm{d}v}{\mathrm{d}t} = \frac{F}{m} = -\frac{A}{r^3} \quad \left(\text{其中 } A = \frac{4\pi\varepsilon_0 c^3(\varepsilon_r - 1)U^2}{m(\varepsilon_r + 2)\left(\ln\dfrac{b}{a}\right)^2}\right)$$

上式两边乘 $\mathrm{d}r$ 并积分,注意 $\dfrac{\mathrm{d}r}{\mathrm{d}t} = v$,有 $\displaystyle\int_0^v v\mathrm{d}v = \int_b^r -\frac{A}{r^3}\mathrm{d}r$,积分得 $\dfrac{1}{2}v^2 = \dfrac{A}{2}\dfrac{1}{r^2}\Big|_b^r = \dfrac{A}{2}\left(\dfrac{1}{r^2} - \dfrac{1}{b^2}\right)$,有

$$v = -\sqrt{A\left(\frac{1}{r^2} - \frac{1}{b^2}\right)} = -\frac{\sqrt{A(b^2 - r^2)}}{br}$$

则

$$\mathrm{d}t = \frac{\mathrm{d}r}{v} = -\frac{br\mathrm{d}r}{\sqrt{A(b^2 - r^2)}}$$

积分得

$$t = \int \mathrm{d}t = \frac{-b}{\sqrt{A}}\int_b^a \frac{r\mathrm{d}r}{\sqrt{b^2 - r^2}} = \frac{b}{2\sqrt{A}}\int \frac{\mathrm{d}(b^2 - r^2)}{\sqrt{b^2 - r^2}} = \frac{b}{2\sqrt{A}}2\sqrt{b^2 - r^2}\Big|_b^a = \frac{b}{\sqrt{A}}\sqrt{b^2 - a^2}$$

例题 3.28　在相对介电常数为 ε_r 的无限大液体介质中存在均匀电场 $\boldsymbol{E}_0$.

（1）在介质中挖一半径为 R 的球形空腔,求腔内电场;

（2）在球形空腔内放入半径相同的导体球,并使导体球带电量 Q,求导体球所受的电场力.

【提示】（1）球形空腔内为一均匀场,此场可利用边界条件求得.

（2）利用边界条件求出导体球及介质球腔表面的电荷分布,用能量法求出导体球所受的力.

【题解】（1）在空腔壁上将形成极化电荷,此极化电荷在球内产生的场与原场 $\boldsymbol{E}_0$ 的叠加即为空腔中的场,在球外,极化电荷产生的场与原场叠加的结果将使介质的极化不再均匀.受均匀场中介质球内仍为均匀场这一结果的启发,空腔中也应为均匀场,故可设极化电荷面密度为 $\sigma_P = -\sigma_0\cos\theta$.只要求出 σ_0,即可求出腔内电场,因为此分布的极化电荷在腔内产生均匀电场

$E' = \dfrac{\sigma_0}{3\varepsilon_0}$,方向与 $\boldsymbol{E}_0$ 相同（见图1）.于是腔内电场 $\boldsymbol{E} = \boldsymbol{E}_0 + \dfrac{\sigma_0}{3\varepsilon_0}\boldsymbol{i}$.为求 σ_0,应将其与极化相联系,故应先求出此极化电荷在腔外产生的电场.这可利用边界条件.记腔内为1,腔外为2,在 θ 处应有

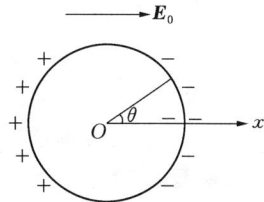

题解 3.28 图 1

$$E_{2n} - E_{1n} = \frac{\sigma_P}{\varepsilon_0} = -\frac{\sigma_0}{\varepsilon_0}\cos\theta$$

由于 $E_{1n} = \left(E_0 + \dfrac{\sigma_0}{3\varepsilon_0}\right)\cos\theta$,则有

$$E_{2n} = E_{1n} - \frac{\sigma_0}{\varepsilon_0}\cos\theta = \left(E_0 - \frac{2}{3\varepsilon_0}\sigma_0\right)\cos\theta$$

$$P_{2n} = (\varepsilon_r - 1)\varepsilon_0 E_{2n} = (\varepsilon_r - 1)\varepsilon_0 E_0\cos\theta - \frac{2}{3}(\varepsilon_r - 1)\sigma_0\cos\theta$$

由极化电荷与极化强度关系,$P_{2n} = -\sigma' = \sigma_0\cos\theta$,代入上式得 $\sigma_0 = \dfrac{3(\varepsilon_r - 1)}{2\varepsilon_r + 1}\varepsilon_0 E_0$.代入 E 表示式,得

$$E = E_0 + \frac{\sigma_0}{3\varepsilon_0} = E_0 + \frac{\varepsilon_r - 1}{2\varepsilon_r + 1}E_0 = \frac{3\varepsilon_r}{2\varepsilon_r + 1}E_0$$

写成矢量式为

$$\boldsymbol{E} = \frac{3\varepsilon_r}{2\varepsilon_r + 1}\boldsymbol{E}_0 \tag{1}$$

(2) 将带电导体球放入空腔,可设想为先将不带电导体球放入空腔,再在导体球上放置电荷.当不带电导体球放入空腔时,导体球上将感生电荷,这一感生电荷的场进而又改变介质的极化,最终在球面上形成的全电荷(自由电荷加极化电荷)在球内产生的场应正好与原外场抵消,使球内的场为零.因而,可设全电荷面密度 $\sigma_t = \sigma_{t0}\cos\theta$,如图 2 所示,其中 σ_{t0} 应满足 $\frac{\sigma_{t0}}{3\varepsilon_0} = E_0$ (即 $\sigma_{t0} = 3\varepsilon_0 E_0$),则 $\sigma_t = 3\varepsilon_0 E_0\cos\theta$.

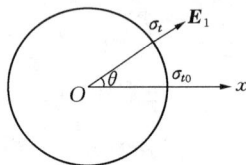

由边界条件,导体球外表面(介质内)θ 处电场与表面垂直,其值为

$$E_1 = \frac{\sigma_t}{\varepsilon_0} = 3E_0\cos\theta$$

题解 3.28 图 2

当导体球上再放置电量 Q 时,Q 必均匀分布在球表面(仍使球内电场为零),由 Q 引起的极化电荷也将均匀分布在球表面,这时在 θ 处的总电场

$$E = E_1 + E_2 = 3E_0\cos\theta + \frac{Q}{4\pi\varepsilon_0\varepsilon_r R^2} \tag{2}$$

方向垂直球面,其中 E_2 为加上 Q 后所激发的场.导体受力的力密度(单位面积受力)等于场的能量密度,且由对称性知,合力必沿 $\boldsymbol{E}_0$ 方向(即 x 方向),θ 到 $\theta + \mathrm{d}\theta$ 环带受力沿 x 方向的分量为

$$\mathrm{d}F_x = \frac{1}{2}\varepsilon_r\varepsilon_0 E^2 \cdot 2\pi R\sin\theta R\mathrm{d}\theta \cdot \cos\theta = \varepsilon_r\varepsilon_0\pi R^2 E^2\sin\theta\cos\theta\mathrm{d}\theta$$

合力 $F = \int\mathrm{d}F_x = \int_0^\pi \varepsilon_r\varepsilon_0\pi R^2 E^2\sin\theta\cos\theta\mathrm{d}\theta$,而

$$E^2 = \left(3E_0\cos\theta + \frac{Q}{4\pi\varepsilon_0\varepsilon_r R^2}\right)^2 = 9E_0^2\cos^2\theta + \left(\frac{Q}{4\pi\varepsilon_0\varepsilon_r R^2}\right)^2 + 6E_0\cos\theta\frac{Q}{4\pi\varepsilon_0\varepsilon_r R^2}$$

其中只有最后一项对积分有贡献,故

$$F = \int_0^\pi \varepsilon_r\varepsilon_0\pi R^2 \cdot \frac{6E_0 Q}{4\pi\varepsilon_0\varepsilon_r R^2}\cos^2\theta\sin\theta\mathrm{d}\theta = \frac{3}{2}E_0 Q\int_0^\pi(-\cos^2\theta)\mathrm{d}(\cos\theta)$$
$$= \frac{3}{2}E_0 Q\frac{\cos^3\theta}{3}\Big|_\pi^0 = QE_0$$

【点评】 带电导体球在液态介质中所受的力取决于介质中的电场强度,而不取决于球所处空腔内的电场强度.此结论显然也适用于点电荷.可见液态介质中的电场强度与其物理含义相同.

例题 3.29 有两个点电荷 q 和 q',分别置于无限大各向同性介质内的两个半径均为 a 的小球形空腔的中心,相隔距离为 $r(r \gg a)$,求电荷 q' 所受的静电力.设介质的相对介电常数为 ε_r.

【提示】 q' 所在空腔处在 q 及其所在空腔表面极化电荷所激发的电场(该电场在 q' 的空腔处可视为均匀)中.利用题解 3.28(1) 的结果.

【题解】 q' 所在的球形空腔及附近介质处于电荷 q 及周围介质所激发的电场中.由于 q 与 q' 相距很远,此电场可看成均匀场,记为 $\boldsymbol{E}_q$.如果此电场不存在,q' 在腔中不受力作用,因为 q' 激发的电场引起的介质极化所产生的极化电荷均匀分布在球形腔表面上,对 q' 无力作用.但 q' 也并不简单地就受 $\boldsymbol{E}_q$ 的作用,因为 $\boldsymbol{E}_q$ 的存在使 q' 周围介质产生附加极化,使腔内电场不再等于 $\boldsymbol{E}_q$.问题归结为求出在均匀电场 $\boldsymbol{E}_q$ 中一球形空腔内的电场.根据题解 3.28,此场的大小为 $E = \frac{3\varepsilon_r}{2\varepsilon_r + 1}E_q$

(参见题解 3.28 式(1)).略去 q' 及其周围极化电荷对 q 附近介质极化的影响(此为二级效应),$\boldsymbol{E}_q$ 显然

就是点电荷 q 经介质部分屏蔽的场,即 $E_q = \dfrac{1}{4\pi\varepsilon_0}\dfrac{q}{\varepsilon_r r^2}$,所求的力

$$F' = q'E = q'\frac{3\varepsilon_r}{2\varepsilon_r + 1}\cdot\frac{1}{4\pi\varepsilon_0}\frac{q}{\varepsilon_r r^2} = \frac{1}{4\pi\varepsilon_0}\frac{3qq'}{(2\varepsilon_r + 1)r^2}$$

【点评】　(1) q' 产生的场也会使 q 附近的介质极化,从而改变 q' 处的 E_q,但这是二级小量,故略去不计.

(2) 点电荷在固体介质中受的力并不取决于介质中的场,而取决于空腔中的场,与液体介质的情况不同.

例题 3.30　一偶极矩为 p 的点状电偶极子位于半径为 a、相对介电常数为 ε_r 的介质球的球心,求球内、球外各点的电势.(提示:球外为一偶极子的场.)

【提示】　介质球表面的极化电荷分布与均匀极化介质球相同.

【题解】　由提示可知,介质球的表面极化电荷分布与均匀极化情况相同.设极化电荷 $\sigma = \sigma_0\cos\theta$,极坐标的轴与球心偶极子的 $\boldsymbol{p}$ 方向一致.于是球外的场由球表面极化电荷形成的偶极矩和球心偶极子经介质屏蔽后的等效偶极矩 p/ε_r 两部分共同产生,总偶极矩为 $p_t = \dfrac{p}{\varepsilon_r} + \dfrac{4\pi}{3}a^3\sigma_0$(请注意极化强度为 P 的均匀极化球表面的极化电荷面密度 $\sigma = P\cos\theta$).球内的场则由球心等效偶极子 p/ε_r 产生的场和表面极化电荷产生的均匀场叠加而成.问题归结为求 σ_0,这可由边界条件求得.

设球内为区域 2,球外为区域 1,则在表面 (a, θ) 处,

$$E_{1r} = \frac{1}{4\pi\varepsilon_0}\frac{(2p/\varepsilon_r)\cos\theta}{a^3} + \frac{1}{4\pi\varepsilon_0}\frac{2\cdot\frac{4}{3}\pi a^3\sigma_0\cos\theta}{a^3} = \frac{1}{4\pi\varepsilon_0}\frac{2p\cos\theta}{\varepsilon_r a^3} + \frac{2\sigma_0}{3\varepsilon_0}\cos\theta$$

$$E_{2r} = \frac{1}{4\pi\varepsilon_0}\frac{(2p/\varepsilon_r)\cos\theta}{a^3} - \frac{\sigma_0}{3\varepsilon_0}\cos\theta = \frac{1}{4\pi\varepsilon_0}\frac{2p\cos\theta}{\varepsilon_r a^3} - \frac{\sigma_0}{3\varepsilon_0}\cos\theta$$

由边界条件 $\varepsilon_r E_{2r} = E_{1r}$,得 $\dfrac{2p\cos\theta}{4\pi\varepsilon_0 a^3} - \dfrac{\varepsilon_r\sigma_0}{3\varepsilon_0}\cos\theta = \dfrac{2p\cos\theta}{4\pi\varepsilon_0\varepsilon_r a^3} + \dfrac{2\sigma_0}{3\varepsilon_0}\cos\theta$,由此解得 $\sigma_0 = \dfrac{3(\varepsilon_r - 1)}{\varepsilon_r(\varepsilon_r + 2)}\dfrac{p}{2\pi a^3}$.代入 p_t 表示式得

$$p_t = \frac{p}{\varepsilon_r} + \frac{4\pi}{3}a^3\cdot\frac{3(\varepsilon_r - 1)}{\varepsilon_r(\varepsilon_r + 2)}\frac{p}{2\pi a^3} = \left[\frac{1}{\varepsilon_r} + \frac{2(\varepsilon_r - 1)}{\varepsilon_r(\varepsilon_r + 2)}\right]p = \frac{3}{\varepsilon_r + 2}p$$

球外电势即为 p_t 的电势.以无穷远为电势零点,有

$$\varphi_1 = \frac{1}{4\pi\varepsilon_0}\frac{p_t\cos\theta}{r^2} = \frac{1}{4\pi\varepsilon_0}\frac{3}{\varepsilon_r + 2}\frac{p\cos\theta}{r^2}\quad (r \geqslant a)$$

球内电势为均匀场 $\dfrac{\sigma_0}{3\varepsilon_0}$ 的电势和偶极子 p/ε_r 的电势的叠加,即

$$\varphi_2 = \frac{(p/\varepsilon_r)\cos\theta}{4\pi\varepsilon_0 r^2} + \frac{\sigma_0}{3\varepsilon_0}r\cos\theta = \frac{p\cos\theta}{4\pi\varepsilon_0\varepsilon_r}\left[\frac{1}{r^2} + \frac{2(\varepsilon_r - 1)}{(\varepsilon_r + 2)a^3}r\right]\quad (r \leqslant a)$$

例题 3.31　在一块很大的电阻材料的水平表面上,竖直并排插 4 根金属针,针间距都是 d,针与表面接触良好.外边两针间接以电源,中间两针间接电压表,如图所示.设流过电源的电流为 I,电压表读数为 U.求材料的电阻率 ρ.

【提示】　电阻材料中的电流分布可看成仅有流入电流时的电流分布与仅有流出电流时的电流分布的叠加.根据欧姆定律微分形式,可得出材料中的电场可等效为一对异号点电荷的场.

【题解】　电阻材料中的电流是流入电流与流出电流的叠加.当只有流

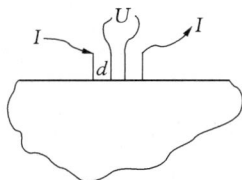

题 3.31 图

入电流存在时,媒质中电流密度为 $j_1 = \dfrac{I}{2\pi r^2}$. 由欧姆定律微分形式,电场为

$$E_1 = \rho j_1 = \frac{\rho I}{2\pi r^2}$$

式中 r 是考察点至电流流入点的距离. 与点电荷的电场 $E = \dfrac{1}{4\pi\varepsilon_0}\dfrac{q}{r^2}$ 相比较, E_1 与 $q = 2\varepsilon_0\rho I$ 的点电荷的电场相当,因而在电压表两端所在位置的电势差

$$U_1 = \frac{q}{4\pi\varepsilon_0}\left(\frac{1}{d} - \frac{1}{2d}\right) = \frac{q}{4\pi\varepsilon_0}\cdot\frac{1}{2d}$$

以 $q = 2\varepsilon_0\rho I$ 代入,得 $U_1 = \dfrac{\rho I}{2\pi}\cdot\dfrac{1}{2d}$.

同理,当只有流出电流存在时,情况类似,而且在两电流入口、出口的连线(即四针端所在直线)上,电流方向相同,对应的电势差也相同, $U_2 = \dfrac{\rho I}{2\pi}\cdot\dfrac{1}{2d}$.

当流入电流、流出电流同时存在时,电压表的读数为 U_1 与 U_2 之和,

$$U = U_1 + U_2 = \frac{\rho I}{2\pi d}$$

由此可得 $\rho = \dfrac{2\pi dU}{I}$.

【点评】　上述测材料电阻率的方法称为四探针法. 它可在不对材料进行切割的情况下测量材料的电阻率.

这里用点电荷场类比法求得结果,可不必使用积分.

例题 3.32　半径各为 $a, b (a < b)$ 的同心导体球壳之间充满导电媒质.

(1) 当两球壳间通以稳恒电流时,为使导电媒质中发热处处均匀,媒质的电阻率 ρ 与半径 r 的关系应如何?

(2) 已知 $r = a$ 处(内球壳表面外)$\rho = \rho_a$,若内球壳电势为 $+U$,外球壳接地,此时媒质内的体电荷密度 ω 与半径 r 的关系如何?

【提示】　注意稳恒电流的性质,并利用欧姆定律微分形式.

【题解】　欲媒质中发热处处均匀,应使热功率密度处处相同,即

$$p_H = j^2\rho = 常数 \tag{1}$$

而由稳恒电流的连续性方程 $\oint \boldsymbol{j}\cdot\mathrm{d}\boldsymbol{S} = 0$,在球对称情况下,变为

$$j\cdot 4\pi r^2 = 常数 \tag{2}$$

因而 j 正比于 $\dfrac{1}{r^2}$,代入(1) 式,可得 $\rho = Cr^4$. 由题意 $\rho_a = Ca^4$ 得 $C = \rho_a/a^4$,于是

$$\rho = \frac{\rho_a}{a^4}r^4 \tag{3}$$

由欧姆定律微分形式 $j = E/\rho$ 可得

$$E = \rho j = \frac{\rho_a}{a^4}r^4\frac{c''}{r^2} = C'r^2 \tag{4}$$

E 正比于 r^2,并非反比于 r^2,可见必有空间电荷分布. 此电荷分布可用高斯定律求得. 为此,先要求出(4) 式中的常数 C',这可由内、外球壳间电势差为 U 的条件求得:

$$U = \int_a^b E \mathrm{d}r = \int_a^b C'r^2 \mathrm{d}r = \frac{C'}{3}(b^3 - a^3)$$

得 $C' = \dfrac{3U}{b^3 - a^3}$,从而有

$$E = \frac{3U}{b^3 - a^3}r^2 \tag{5}$$

取内、外半径各为 r 和 $r + \Delta r$ 的球壳,由高斯定律,壳层内电荷为

$$\Delta q = \varepsilon_0 [E(r+\Delta r) \cdot 4\pi(r+\Delta r)^2 - E(r) \cdot 4\pi r^2] = \frac{\varepsilon_0 \cdot 3U}{b^3 - a^3} \cdot 4\pi[(r+\Delta r)^4 - r^4] \approx \frac{12\pi\varepsilon_0 U}{b^3 - a^3} \cdot 4r^3 \Delta r$$

可得体电荷密度

$$\omega = \frac{\Delta q}{\varphi\pi r^2 \Delta r} = \frac{12\pi\varepsilon_0 U \cdot 4r^3 \Delta r}{4\pi r^2 \Delta r (b^3 - a^3)} = \frac{12\varepsilon_0 U}{b^3 - a^3}r \tag{6}$$

【点评】　解答本题时易犯的错误是将热功率密度表示式写成电场强度 E 的函数,

$$P_H = j^2 \rho = \left(\frac{E}{\rho}\right)^2 \rho = E^2/\rho$$

又想当然地认为 E 正比于 $1/r^2$,于是由上式得 $p_H = E^2/\rho$ 正比于 $1/\rho r^4 = $ 常数,从而得 ρ 正比于 $1/r^4$. 而 E 正比于 $1/r^2$ 只在无空间电荷时成立,亦即在电阻率均匀时成立,这样一来,$j = E/\rho$ 正比于 $(1/r^2)r^4$ 正比于 r^2,与稳恒电流连续性方程相矛盾. 而且不难证明这时空间也有电荷,又与 E 正比于 $1/r^2$ 相矛盾.

例题 3.33　　如图所示三端电阻网络,其中电阻 a,b,c,d,e,f 的阻值各为 1,2,3,4,5,6,单位为欧姆,但哪个电阻是几欧姆并不知道. 用万用表测得 A,B 两端间电阻为 $6.60\ \Omega$,B,C 两端间电阻为 $12.10\ \Omega$,C,A 两端间电阻为 $9.50\ \Omega$,试求各电阻的阻值.

【提示】　注意所测得的阻值不为整数都是由于 3 个电阻 d,e,f 并联造成的,再注意所测得阻值的小数点后面第二位都是 0.

【题解】　由于 6 个电阻的阻值都是整数,所测得阻值不是整数完全是由于 d,e,f 这 3 个电阻并联造成的. 而 d,e,f 并联时,其阻值表示式中的分母都是 $d+e+f$. 再由 3 次测量所得阻值的小数点后面第二位都是 0,不难看出 $d+e+f = 10(\Omega)$. 这有 3 种组合:1,3,6;1,4,5;2,3,5. 前两种阻合都应得到 $1 \times (3+6)/10 = 0.90(\Omega)$,与题意不符;只有第三种组合与题意相符.

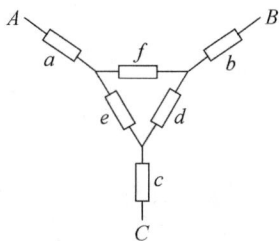

题 3.33 图

由于 $R_{AB} = 6.60(\Omega)$,而 $f(d+e)/(d+e+f) = 2 \times (3+5)/10 = 1.60(\Omega)$,可见 $f = 2\Omega$ 及 $a+b = 6.60 - 1.60 = 5(\Omega)$;

由于 $R_{BC} = 12.10(\Omega)$,而 $d(e+f)/(d+e+f) = 3 \times (2+5)/10 = 2.10(\Omega)$,可见 $d = 3(\Omega)$,及 $b+c = 12.10 - 2.10 = 10(\Omega)$;

由于 $R_{CA} = 9.50$,而 $e(d+f)/(d+e+f) = 5(2+3)/10 = 2.50(\Omega)$,可见 $e = 5(\Omega)$ 及 $c+a = 9.50 - 2.50 = 7(\Omega)$.

由以上结果不难得到 $c = 6\Omega, a = 1\Omega, b = 4\Omega$,最后可求得各电阻的阻值如下:

$$a = 1\Omega, \quad b = 4\Omega, \quad c = 6\Omega, \quad d = 3\Omega, \quad e = 5\Omega, \quad f = 2\Omega$$

例题 3.34 用图示电路测量待测电阻 R 的阻值. 图中 A' 是一个只有刻度但没有标度的电流表，r 是标准电阻箱. 第一次测量时，取 $r_1 = 50.0\,\Omega$，A' 显示 $I_1 \sim 3.90$ 格；第二次测量时，取 $r_2 = 100.0\,\Omega$，A' 显示 $I_2 \sim 5.20$ 格；第三次测量时，将 R 换成已知电阻 R'，其阻值为 $R' = 20.0\,\mathrm{k}\Omega$，取 $r_3 = 10.0\,\Omega$，这时 A' 显示 $I_3 \sim 7.80$ 格，由此估算待测电阻 R 的阻值（保留三位有效数字）.

【提示】 注意电阻并联时分电流与电阻值的关系，并注意第三次测量结果与前两次相比有何不同特征.

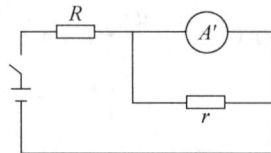

【题解】 (1) 判定 R 的大小. 在并联电路中流过各支路的电流与该支路的电阻成反比. 这在第一、第二次测量中也得到体现，而在第三次测量中，电阻箱电阻换成比前两次电阻（$50.0\,\Omega$，$100.0\,\Omega$）都小的电阻（$10.0\,\Omega$），A' 的示数理应比前两次小，但实际上 I_3 反而变大，这里唯一的可能是换上的 R' 比原来的 R 阻值小了，由此可见，$R > 20.0\,\mathrm{k}\Omega$.

题 3.34 图

(2) 求 A' 的内阻. 既然 $R > 20.0\,\mathrm{k}\Omega$，$R$ 就比 r_1 或 r_2 大得多（R' 也比 r_1 或 r_2 大得多），于是第一、第二次测量中，流过电池的总电流完全由 R 决定，与 r_1 或 r_2 的改变几乎无关. 设该总电流为 I，并设 A' 的内阻为 r_g，则有

$$I_1 = \frac{r_1}{r_1 + r_g}I, \quad I_2 = \frac{r_2}{r_2 + r_g}I$$

两式相比得

$$\frac{I_1}{I_2} = \frac{r_1}{r_2}\frac{r_2 + r_g}{r_1 + r_g}$$

由题意有 $I_1/I_2 = 3.90/5.20 = \frac{3}{4}$，$r_1 = 50.0\,\Omega$，$r_2 = 100.0\,\Omega$，代入上式即可解得 $r_g = 50.0\,\Omega$.

(3) 估算 R 的阻值. 设第三次测量时总电流为 I'，则 $\dfrac{I}{I'} = \dfrac{R'}{R}$，

$$I_1 = \frac{50}{50+50}I = \frac{1}{2}I, \quad I_3 = \frac{10}{10+50}I' = \frac{1}{6}I'$$

两式相比得 $I_1/I_3 = 3I/I'$，则

$$I/I' = \frac{1}{3}I_1/I_3 = \frac{1}{3}3.90/7.80 = \frac{1}{6}$$

由此即可得

$$R = R' \cdot \frac{I'}{I} = 6R' = 120\,(\mathrm{k}\Omega)$$

例题 3.35 考察如图所示的无穷电阻网络. 从边长为 L 的正方形开始，连接每个边的中点构成另一正方形；连接该正方形的每个边的中点构成又一正方形；如此下去，直至无穷. 则最初正方形的两对角顶之间的电阻是多少？假定所有导线均有相同的横截面和电阻率. 设长为 L 的导线电阻为 R.

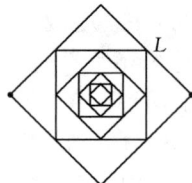

题 3.35 图

【提示】 利用相似和比例关系及等势点分、合原理，将原电路简化为如图所示的简单电路.

【题解】 设所求的电阻为 xR. 为下文运算方便，不妨以 R 作为电阻单位，于是可将所求电阻设为 x. 由于电阻与长度成正比，除去最外面两个正方形后剩下的小网络两对顶之间的电阻应为 $x/2$，因此原网络可简化为图 (a). （该图下半部各阻值与上半部相同，未标出.）

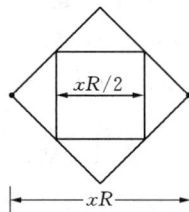

提示 3.28 图

再将网络沿 AB 线对折，重叠的电阻成并联，故减半，即图 (b)；再将最上面的两个电阻并联，即图 (c). 至此，可得方程

$$x = \frac{1}{2} + \left[\frac{1}{\dfrac{1}{2(1+\sqrt{2})}} + \frac{1}{\dfrac{1}{2\sqrt{2}} + \dfrac{x}{2}} \right]^{-1}$$

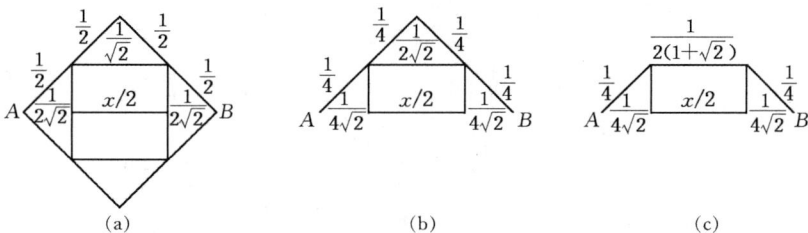

题解 3.35 图

化简为

$$2x - 1 = \frac{1}{\sqrt{2} + 1 + \dfrac{\sqrt{2}}{\sqrt{2}x + 1}}$$

$$(2x - 1)\left[(2+\sqrt{2})x + 2\sqrt{2} + 1 \right] = \sqrt{2}x + 1$$

最后得 x 的二次方程

$$x^2 + (\sqrt{2} - 1)x - \frac{1}{\sqrt{2}} = 0$$

解得

$$x = \frac{1}{2}(\sqrt{3} - \sqrt{2} + 1) \approx 0.659$$

$$R_{AB} = \frac{1}{2}(\sqrt{3} - \sqrt{2} + 1)R \approx 0.659R$$

例题 3.36　由电阻均为 1 Ω 的电阻丝连成三棱形框架, 如图所示, 求框架方形侧面两对角顶之间的电阻.

【提示】　本题用基尔霍夫方程法、电流叠加法或星角变换法均可求解.

【题解】　解法 1　基尔霍夫方程法.

由对称性, 可设各支路电流如图 1, 并列出下列方程:

节点方程,　$I_2 + I_4 - I_1 = 0$;

$I_3 - I_4 - I_5 = 0$;

回路方程,　$I_2 - I_3 - I_4 = 0$;

$I_3 + I_5 - I_4 - I_1 = 0$.

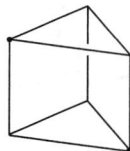

题 3.36 图

解以上四式得

$$I_2 = \frac{5}{6}I_1, \quad I_3 = \frac{2}{3}I_1, \quad I_4 = \frac{1}{6}I_1, \quad I_5 = \frac{1}{2}I_1$$

而 $U_{AE} = I_1 + I_2 = \dfrac{11}{6}I_1$, $I = I_1 + I_2 + I_3 = \dfrac{15}{6}I_1$, 因而 $R_{AE} = \dfrac{U_{AE}}{I} = \dfrac{11}{15}$ (Ω).

解法 2　电流叠加法.

设想有电流 I 从 A 流入、D 流出, 得各支路电流如图 2(a) 所示. 又设想有电流从 D 流入、E 流出, 得各支路电流如图 2(b) 所示. 将以上两种情况叠加,

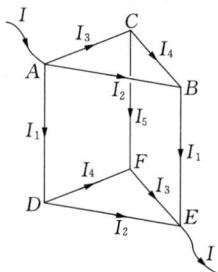

题解 3.36 图 1

即得电流从 A 流入、E 流出的情况. 图 2(c) 画出叠加后两条支路上的电流(其余各条未画出). 由此即可求出

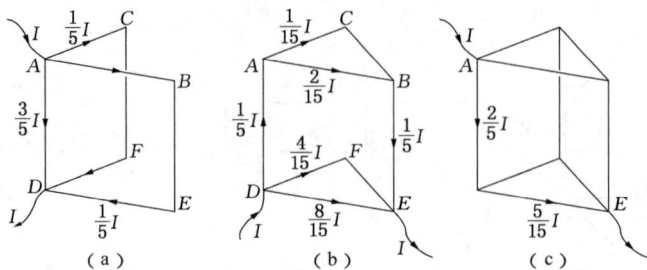

题解 3.36 图 2

$$R_{AE}: U_{AE} = \frac{2}{5}I + \frac{5}{15}I = \frac{11}{15}I$$

所以 $R_{AE} = U_{AE}/I = \frac{11}{15}$ (Ω).

　　解法 3　星角变换法.

　　具体变换过程如图 3 所示. 最后可求得

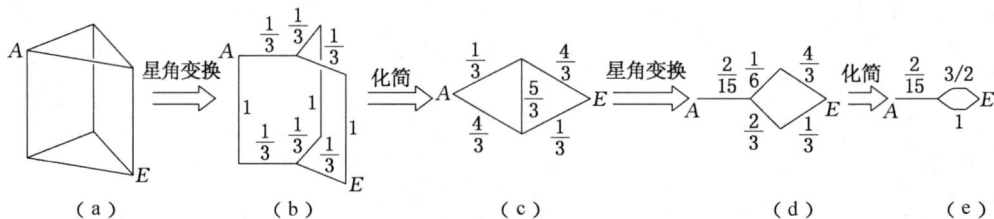

题解 3.36 图 3

$$R_{AE} = \frac{2}{15} + \frac{\frac{3}{2} \cdot 1}{\frac{3}{2} + 1} = \frac{11}{15} \ (\Omega)$$

　　【点评】　本题通过一个不太复杂的实例, 说明在电路求解中常用的 3 种基本方法的主要思路.

　　例题 3.37　如图所示的惠斯通电桥已基本平衡, 其中

$$R_2' = R_2(1 - \delta)$$

式中 δ 为正的常数, 且 $\delta \ll 1$. 设电流计和电源的内阻均可忽略不计, 求流过电流计的电流 I_G 与流过电源的电流 I 之比 I_G/I (结果精确到一级小量).

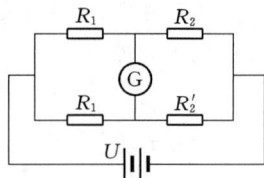

题 3.37 图

　　【提示】　利用戴维宁定理和小量近似.

　　【题解】　根据题意, 可作如图电路. 流过电流计的电流可由戴维宁定理求得(注意计算中略去 δ^2 以上小量). 设想接在电流计两端的是一等效电源, 其电动势

$$\varepsilon_{\text{eff}} = (U_A - U_B)_{A, B\text{开路}} = U\frac{R_2}{R_1 + R_2} - U\frac{R_2(1 - \delta)}{R_1 + R_2 - R_2\delta}$$

$$= U\frac{R_2}{R_1 + R_2} - \frac{UR_2}{R_1 + R_2}\frac{(1 - \delta)}{\left(1 - \delta\frac{R_2}{R_1 + R_2}\right)}$$

$$\approx U\,\frac{R_2}{R_1+R_2}-U\,\frac{R_2}{R_1+R_2}(1-\delta)\Big(1+\delta\,\frac{R_2}{R_1+R_2}\Big)$$

$$\approx \delta U\,\frac{R_1R_2}{(R_1+R_2)^2}$$

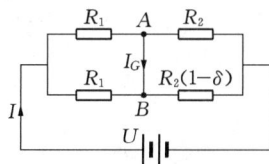

题解 3.37 图

因 $\mathscr{E}_{\text{eff}}$ 已是小量,等效电源的内阻可用电桥平衡时的值代,

$$r_{\text{eff}}=2\,\frac{R_1R_2}{R_1+R_2}$$

$$I_G=\frac{\mathscr{E}_{\text{eff}}}{r_{\text{eff}}}=\frac{\delta U\,\dfrac{R_1R_2}{(R_1+R_2)^2}}{2\,\dfrac{R_1R_2}{R_1+R_2}}=\frac{\delta U}{2(R_1+R_2)}$$

由于 I_G 是一级小量,流过电源的电流可用电桥平衡时的值代入,

$$I=\frac{U}{\dfrac{1}{2}(R_1+R_2)}=\frac{2U}{R_1+R_2}$$

$$I_G/I=\frac{\delta U}{2(R_1+R_2)}\Big/\frac{2U}{R_1+R_2}=\frac{\delta}{4}$$

【点评】　本题是应用戴维宁定理求解电路问题的一个典型例子.计算中请注意小量近似中应注意的细节.

例题 3.38　如图所示电路,求当电键 K 闭合后从 A 流向 B 的电量 q:

(1) A,B 间接有无电阻的导线;

(2) A,B 间接有电阻 R.

【提示】　利用欧姆定律,并注意电量是电流对时间的积分.

【题解】　(1) 设流过 R_1,R_2 和 A,B 间无电阻导线的电流各为 i_1,i_2 和 i,如图(a)所示.设 C_1,C_2 上板的电量各为 Q_1,Q_2,则有

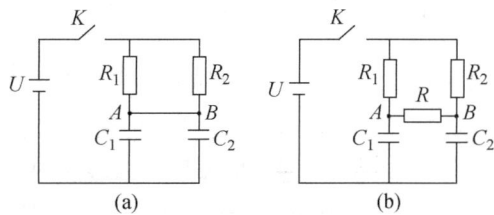

题 3.38 图

$$i_1R_1=i_2R_2 \qquad (1)$$

$$i_1-i=\frac{dQ_1}{dt} \qquad (2)$$

$$i+i_2=\frac{dQ_2}{dt} \qquad (3)$$

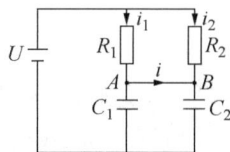

题解 3.38 图(a)

设 $\int i_1\,dt=q_1$,$\int i_2\,dt=q_2$,由题意 $\int i\,dt=q$,则由(1)式有 $q_1R_1=q_2R_2$,由(2)式有 $q_1-q=Q_1=C_1U$,由(3)式有 $q+q_2=Q_2=C_2U$.可解得

$$q=\frac{U}{R_1+R_2}(R_2C_2-R_1C_1)$$

(2)同理,由图(b)可得如下方程:

$$i_1R_1+iR=i_2R_2 \qquad (4)$$

$$i_1-i=\frac{dQ_1}{dt} \qquad (5)$$

$$i+i_2=\frac{dQ_2}{dt} \qquad (6)$$

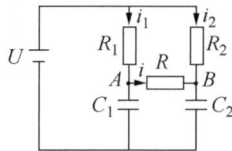

题解 3.38 图(b)

则由(4) 式有 $q_1 R_1 + qR = q_2 R_2$，由(5) 式有 $q_1 - q = C_1 U$，由(6) 式有 $q + q_2 = C_2 U$. 可解得

$$q = \frac{U}{R_1 + R_2 + R}(R_2 C_2 - R_1 C_1)$$

例题 3.39　(1) 如图所示网络中，各电池的电动势依次为 V_1，V_2，$\cdots$，V_n，内阻均不计. 当以 A，B 两端为输出端时，网络可等效为一个有内阻的电源. 求该等效电源的电动势 V 和内阻 r；

(2) 若在 A，B 两端间接入电阻 $2R$，取 $n = 10$，$V_i = (10 + i)$ 伏特($i = 1$，2，$\cdots$，10)，问图中 A_1，A_2，$\cdots$，A_{10} 诸点中，哪一点电势最高?并求出该点电势(以 B 点为电势零点).

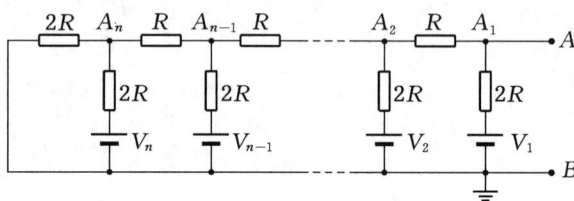

题 3.39 图

【提示】　(1) 自左向右逐级利用戴维宁定理.

(2) 自 A_i 向左看为一等效电源，自 A_{i-1} 向右看也是一等效电源，原电路简化为两个等效电源及 A_i，A_{i-1} 间电阻 R 的串联.

【题解】　(1) 根据戴维宁定理，自 A_n 向左看，可等效为一个电源，电动势为 $V_n/2$，内阻为 R，如图 1 所示. 将此等效电源与下一节相连，又可等效为一个电源，电动势为 $\left(\dfrac{V_{n-1}}{2} + \dfrac{V_n}{4}\right)$，内阻为 R，这也就是自 A_{n-1} 向左看的等效电源. 依此类推，当以 A，B 为输出端时，仍可等效为一个电源，如图 2 所示. 电动势 V 和内阻 r 分别为

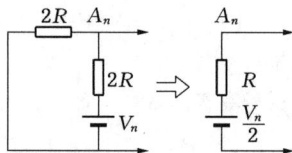

题解 3.39 图 1

$$V = \frac{V_1}{2} + \frac{V_2}{2^2} + \frac{V_3}{2^3} + \cdots + \frac{V_n}{2^n}, \quad r = R$$

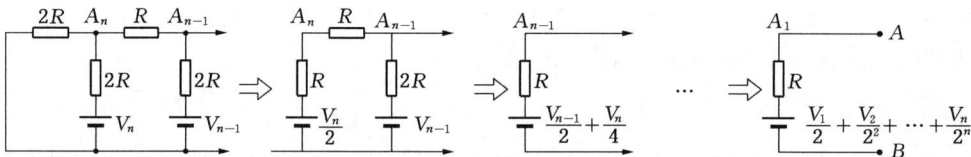

题解 3.39 图 2

(2) 这时，自 A_i 向左看为一等效电源，自 A_{i-1} 向右看也为一等效电源，电动势分别为 $V_左$ 和 $V_右$，如图 3 所示. 于是，A_i 与 A_{i-1} 两点的电势哪点高，就要看 $V_左$ 和 $V_右$ 哪个大. 由(1)部分结果可知，当 $i \leqslant 6$ 时，必有 $V_左 > V_右$，因为左边任一个电池的电动势都比右边电池的高，故电势最高点必在 A_6，A_7，$\cdots$，A_{10} 诸点中. 若能找到序数 i 最小的一点 A_i，使 $V_左 < V_右$，这时的 A_{i-1} 必为电势最高点.

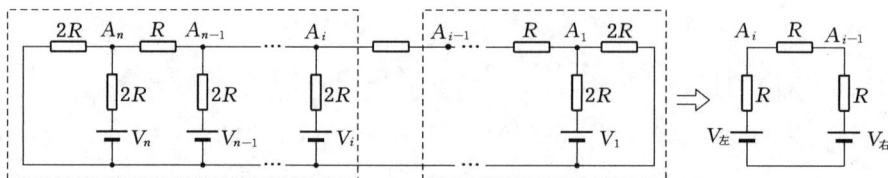

题解 3.39 图 3

不妨先看 $6 \sim 10$ 中的中点 A_8. 这时

$$V_{左} = \frac{18}{2} + \frac{19}{4} + \frac{20}{8}, \quad V_{右} = \frac{17}{2} + \frac{16}{4} + \frac{15}{8} + \frac{14}{16} + \frac{13}{32} + \frac{12}{64} + \frac{11}{128}$$

$$V_{左} - V_{右} = \frac{1}{2} + \frac{3}{4} + \frac{5}{8} - \left(\frac{14}{16} + \frac{13}{32} + \frac{12}{64} + \frac{11}{128}\right) = \frac{41}{128} > 0$$

再看 A_9. 这时

$$V_{左} = \frac{19}{2} + \frac{20}{4}, \quad V_{右} = \frac{18}{2} + \frac{17}{4} + \frac{16}{8} + \frac{15}{16} + \frac{14}{32} + \frac{13}{64} + \frac{12}{128} + \frac{11}{256}$$

$$V_{左} - V_{右} = \frac{1}{2} + \frac{3}{4} - \left(\frac{16}{8} + \frac{15}{16} + \frac{14}{32} + \frac{13}{64} + \frac{12}{128} + \frac{11}{256}\right) = -\frac{631}{256} < 0$$

可见 A_8 电势最高. 其电势 U_8 可由对应的等效电路(图 3 右)求得

$$U_8 = \frac{V_{左} - V_{右}}{3R} \cdot R + V_{右} = \frac{1}{3}V_{左} + \frac{2}{3}V_{右}$$

$$= \frac{1}{3}\left(\frac{19}{2} + \frac{20}{4}\right) + \frac{2}{3}\left(\frac{18}{2} + \frac{17}{4} + \frac{16}{8} + \cdots + \frac{12}{128} + \frac{11}{256}\right) = \frac{6\,199}{384} = 16.14(\text{V})$$

【点评】　本题(1)部分也可用叠加定理求解,即求出每个电池单独存在时流过 V_1 所在支路的电流,叠加后得到实际电流,再求出 A 和 B 间电势,即为 V. 但这样做反而繁杂,可见用何种方法解题要因题而异.

▓▓▓ **例题 3.40**　半径为 b、电阻为 R 的细圆环绕过圆心且垂直于圆面的轴以恒定角速度 ω 旋转,从某一时刻开始,突然使环在短时间内减速为零. 设从开始减速后的整个过程中流过环的电量为 q. 忽略环的自感.

(1) 由此实验能否判定环中载流子带电的正、负?如何判定?

(2) 求载流子的荷质比.

【提示】　(1) 可由环中电流与环的速度两者方向是否相同来判定.

(2) 当环减速转动时,载流子受到一惯性力作用. 可将此惯性力视为非静电起源的力,从而得出等效电动势,利用欧姆定律并将电流对时间积分,即可求得荷质比.

【题解】　(1) 可以判定. 可从环中电流方向与环的速度方向相同还是相反来判定:若相同,带正电;反之带负电. 而电流方向可由其磁效应来判定.

(2) 在环的减速过程中,载流子将受到一惯性力作用,此惯性力可视为一种非静电起源的力. 设环的线速度为 v,与这种非静电起源的力相对应的场的场强为 E,载流子的质量与带电量分别为 m, e,则有 $-m\dfrac{\mathrm{d}v}{\mathrm{d}t} = eE$, $E = -\dfrac{m}{e}\dfrac{\mathrm{d}v}{\mathrm{d}t}$,则等效电动势

$$\mathscr{E} = E \cdot 2\pi b = -\frac{m}{e}\frac{\mathrm{d}v}{\mathrm{d}t} \cdot 2\pi b$$

由欧姆定律 $\mathscr{E} = IR$,即 $-\dfrac{m}{e}\dfrac{\mathrm{d}v}{\mathrm{d}t} \cdot 2\pi b = IR$,两边对 $\mathrm{d}t$ 积分,

$$-\frac{m}{e} \cdot 2\pi b \int_{\omega b}^{0} \mathrm{d}v = R \int_{0}^{\infty} I \mathrm{d}t = Rq$$

可得 $\dfrac{m}{e} \cdot 2\pi b\omega b = Rq$, $\dfrac{e}{m} = \dfrac{2\pi\omega b^2}{Rq}$.

【点评】　惯性力可以看成非静电起源的力而成为电动势的来源,是因为电流只是正、负电荷的相对运动. 载流子相对于非惯性系的运动也是一种电流,其效应与相对惯性系的运动相同.

▓▓▓ **例题 3.41**　截面半径为 b 的圆柱形直长导线内流有稳定电流,电流密度为 j_0,导线材料的电导率为 g,相对介电常数为 1. 在导线内存在一个球形气泡,球半径为 $a(a \ll b)$,球心在轴线上,气泡可视为

绝缘体,其相对介电常数也为 1. 试求:

(1) 气泡内的电场;

(2) 导线内任一点 $P(r, \theta)$ 的电流密度分量 j_r 和 j_θ(坐标如图,原点在球心);

(3) 流过导线中过球心的横截面的电流强度 I(结果精确到一级小量).

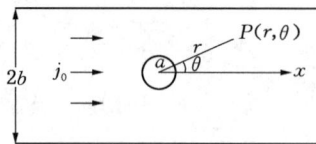

题 3.41 图

【提示】 (1) 气泡表面将积累起电荷,表面电荷分布可由电流及电场的边界条件求得,气泡内电场为导线内原电场与表面电荷产生的电场(均匀场)的叠加.

(2) 导线内任一点 P 的场为原电场与表面电荷产生的电场(偶极子的场)的叠加.

【题解】 由于气泡不导电,电流将在气泡表面积累电荷,如图所示. 设表面电荷密度为 $\sigma = -\sigma_0 \cos\theta$(只有这样才能使表面导线一侧 $E_r = 0$),于是气泡内电场为 $\boldsymbol{E}_{\text{in}} = \left(E_0 + \dfrac{\sigma_0}{3\varepsilon_0} \right)\boldsymbol{i}$(参见题解 3.28). 这里 $\boldsymbol{E}_0$ 是气泡不存在时导线中的电场,即 $\boldsymbol{E}_0 = \dfrac{1}{g}\boldsymbol{j}_0$,其中 g 是电导率. 在气泡外,面电荷产生的场为偶极子场. 偶极矩 $\boldsymbol{p} = \dfrac{4}{3}\pi a^3 \sigma_0 (-\boldsymbol{i})$

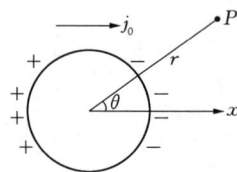

题解 3.41 图

在泡外边界 (a, θ) 处(在导线内),应有 $E_r = 0$,即 $E_0 \cos\theta + \dfrac{2p\cos\theta}{4\pi\varepsilon_0 a^3} = 0$. 以 p 表示式代入,有

$$E_0 \cos\theta - \frac{2\cos\theta}{4\pi\varepsilon_0 a^3} \cdot \frac{4\pi}{3}a^3\sigma_0 = 0, \quad E_0 \cos\theta - \frac{2}{3\varepsilon_0}\sigma_0 \cos\theta = 0$$

由此得

$$\sigma_0 = \frac{3}{2}\varepsilon_0 E_0, \quad \boldsymbol{p} = -2\pi\varepsilon_0 a^3 \boldsymbol{E}_0 = -\frac{2\pi\varepsilon_0 a^3}{g}\boldsymbol{j}_0$$

(1) 气泡内电场

$$\boldsymbol{E}_{\text{in}} = \left(E_0 + \frac{\sigma_0}{3\varepsilon_0} \right)\boldsymbol{i} = \frac{3}{2}\frac{1}{g}\boldsymbol{j}_0$$

(2) P 点的场强为 $\boldsymbol{E}_0$ 和偶极子 $\boldsymbol{p}$ 场的叠加,

$$E_r = E_0 \cos\theta + \frac{2p\cos\theta}{4\pi\varepsilon_0 r^3} = E_0 \cos\theta - \frac{a^3}{r^3}\cos\theta E_0$$

$$E_\theta = -E_0 \sin\theta + \frac{p\sin\theta}{4\pi\varepsilon_0 r^3} = -E_0 \sin\theta - \frac{a^3}{2r^3}\sin\theta E_0$$

注意到 $E_0 = \dfrac{1}{g}j_0$,

$$j_r = gE_r = j_0 \cos\theta - j_0 \left(\frac{a^3}{r^3} \right)\cos\theta = j_0 \left(1 - \frac{a^3}{r^3} \right)\cos\theta$$

$$j_\theta = gE_0 = -j_0 \left(1 + \frac{a^3}{2r^3} \right)\sin\theta$$

(3) $\theta = 90°$ 时,

$$j_r = 0, \quad j_\theta = -j_0 \left(1 + \frac{a^3}{2r^3} \right)$$

$$I = \int_a^b -j_\theta \cdot 2\pi r \mathrm{d}r = \int_a^b j_0 \left(1 + \frac{a^3}{2r^3} \right)2\pi r \mathrm{d}r$$

$$= j_0 \pi (b^2 - a^2) + \int_a^b \pi j_0 a^3 \frac{\mathrm{d}r}{r^2} = j_0 \pi b^2 - j_0 \pi a^2 \frac{a}{b}$$

例题 3.42　地球周围大气层受宇宙线电离而形成非均匀的导电媒质,其电导率可表示为

$$\sigma = \sigma_0 + a(r - R)^2$$

式中 r 为与地心的距离, $\sigma_0 = 3 \times 10^{-14}\,(\Omega \cdot \mathrm{m})^{-1}$, $a = 0.5 \times 10^{-20}\,(\Omega \cdot \mathrm{m}^3)^{-1}$. 晴天时地球表面的电场强度为 $E_0 = 100\,\mathrm{V/m}$,方向垂直指向地面. 大气层中的电流可视为稳定. 已知地球半径 $R = 6.4 \times 10^6\,\mathrm{m}$. 试计算:

(1) 大气层中稳定电流的电场表示式 $E(r)$ 和总电流 I 的数值;

(2) 大气层中的电荷密度分布表示式 $\rho(r)$ 和地球表面的电荷面密度 Σ_0 的数值. 设大气的相对介电常数为 1;

(3) 地球表面的电势表示式及其数值;

(4) 如果地球上电荷得不到补充,试估算经多少时间,地球上电荷将被电流中和?事实上,整个地球上的电量大致保持恒定. 试问,自然界什么现象可使地球上电荷不被电流中和而大致保持恒定?

可能有用的积分公式:令 $X = a + bx + cx^2$, $q = 4ac - b^2$,则有

$$\int \frac{\mathrm{d}x}{X} = \frac{2}{\sqrt{q}} \arctan \frac{2cx + b}{\sqrt{q}}, \quad \int \frac{\mathrm{d}x}{xX} = \frac{1}{2a} \ln \frac{x^2}{X} - \frac{b}{2a} \int \frac{\mathrm{d}x}{X}$$

$$\int \frac{\mathrm{d}x}{x^2 X} = \frac{b}{2a^2} \ln \frac{X}{x^2} - \frac{1}{ax} + \left(\frac{b^2}{2a^2} - \frac{c}{a} \right) \int \frac{\mathrm{d}x}{X}$$

【提示】　(1) 电流视为稳定,电流密度仅与半径有关,根据欧姆定律即得电场.

(2) 利用高斯定律.

(3) 电场对路径积分即得地球表面电势.

(4) 列出电荷与时间关系的微分方程.

【题解】　(1) 电流(强度)可视为稳定,而电流密度 j 可视为仅与 r 有关,于是有

$$4\pi j r^2 = I(\text{常数}) = j_0 \cdot 4\pi R^2 = \sigma_0 E_0 4\pi R^2$$

$$I = \sigma_0 E_0 \cdot 4\pi R^2 = 3 \times 10^{-14} \times 100 \times 4\pi \times (6.4 \times 10^6)^2 = 1.54 \times 10^3\,(\mathrm{A})$$

$$j = \frac{R^2}{r^2} j_0 = \frac{\sigma_0 E_0 R^2}{r^2} = \sigma E$$

$$E(r) = \frac{j}{\sigma} = \frac{\sigma_0 E_0 R^2}{\sigma r^2} = \frac{\sigma_0 E_0 R^2}{r^2 [\sigma_0 + a(r - R)^2]}, \quad \text{方向指向地心}$$

(2) 取半径为 $r—r + \Delta r$ 的薄层,由高斯定律

$$E(r + \Delta r) \cdot 4\pi (r + \Delta r)^2 - E(r) \cdot 4\pi r^2 = -4\pi r^2 \Delta r \rho / \varepsilon_0$$

$$\rho = -\frac{\varepsilon_0}{4\pi r^2} \frac{\mathrm{d}}{\mathrm{d}r}[E(r) \cdot 4\pi r^2] = \frac{2\varepsilon_0 \sigma_0 E_0 R^2 a(r - R)}{r^2 [\sigma_0 + a(r - R)^2]^2}$$

由 $E_0 = -\sum_0 / \varepsilon_0$,得

$$\sum_0 = -\varepsilon_0 E_0 = -\frac{100}{4\pi \times 9 \times 10^9} = -8.85 \times 10^{-10}\,(\mathrm{C/m}^2)$$

(3) 地球表面电势

$$\varphi = \int_R^\infty -E(r)\mathrm{d}r = -\sigma_0 E_0 R^2 \int_R^\infty \frac{\mathrm{d}r}{r^2 [\sigma_0 + a(r - R)^2]}$$

由题中所给积分公式,有

$$\int_R^\infty \frac{\mathrm{d}r}{r^2\left[\sigma_0+a(r-R)^2\right]}=\int_R^\infty \frac{\mathrm{d}r}{ar^2\left[\frac{\sigma_0}{a}+R^2-2Rr+r^2\right]}$$

$$=\frac{1}{a}\left[\frac{-2R}{2\left(\frac{\sigma_0}{a}+R^2\right)^2}\ln\frac{\frac{\sigma_0}{a}+R^2-2Rr+r^2}{r^2}\bigg|_R^\infty-\frac{1}{\left(\frac{\sigma_0}{a}+R^2\right)r}\bigg|_R^\infty\right.$$

$$\left.+\left(\frac{4R^2}{2\left(\frac{\sigma_0}{a}+R^2\right)^2}-\frac{1}{\frac{\sigma_0}{a}+R^2}\right)\frac{2}{2\sqrt{\frac{\sigma_0}{a}}}\tan^{-1}\frac{2(r-R)}{2\sqrt{\frac{\sigma_0}{a}}}\bigg|_R^\infty\right]$$

$$=\frac{1}{a}\left[\frac{R}{\left(\frac{\sigma_0}{a}+R^2\right)^2}\ln\frac{\sigma_0}{aR^2}+\frac{1}{\left(\frac{\sigma_0}{a}+R^2\right)R}+\frac{R^2-\frac{\sigma_0}{a}}{\left(\frac{\sigma_0}{a}+R^2\right)^2}\frac{\frac{\pi}{2}}{\sqrt{\frac{\sigma_0}{a}}}\right]$$

$$=\frac{1}{a\left(\frac{\sigma_0}{a}+R^2\right)^2}\left[R\ln\frac{\sigma_0}{aR^2}+\frac{\frac{\sigma_0}{a}+R^2}{R}+\left(R^2-\frac{\sigma_0}{a}\right)\frac{\pi}{2\sqrt{\frac{\sigma_0}{a}}}\right]$$

代入 φ 表示式得

$$\varphi=-\frac{\sigma_0 E_0 R^2}{a\left(\frac{\sigma_0}{a}+R^2\right)^2}\left[R\ln\frac{\sigma_0}{aR^2}+\frac{\frac{\sigma_0}{a}+R^2}{R}+\left(R^2-\frac{\sigma_0}{a}\right)\frac{\pi}{2\sqrt{\frac{\sigma_0}{a}}}\right]$$

以数据代入,注意到 $\frac{\sigma_0}{a}\ll R^2$,有 $\varphi\approx-3.83\times10^5(\mathrm{V})$.

(4) 设地面总电荷为 q,则 q 的减少由地面电流所引起,有

$$-\frac{\mathrm{d}q}{\mathrm{d}t}=\sigma_0 E_0 4\pi R^2=\sigma_0\,\frac{q}{4\pi\varepsilon_0 R^2}\cdot4\pi R^2=\frac{\sigma_0}{\varepsilon_0}q$$

即 $\frac{\mathrm{d}q}{q}=-\frac{\sigma_0}{\varepsilon_0}\mathrm{d}t$. 积分后得 $q=q_0\mathrm{e}^{-\frac{\sigma_0}{\varepsilon_0}t}=q_0\mathrm{e}^{-t/\tau}$,

$$\tau=\frac{\varepsilon_0}{\sigma_0}\approx294(\mathrm{s})\approx300(\mathrm{s})$$

此即地球上电荷被电流中和所需的大体时间. 使地球上电荷不被中和而大致保持恒定的机制主要是闪电和雷击.

例题 3.43　直流电源以 33kV 的电压用两根相同的平行细导线(电阻不计)作为输电线向远处负载供电,两导线间单位长的电容为 10 pF/m. 问:

(1) 当供电功率为多大时,两导线间无净电磁力作用?

(2) 这时每单位长输电线中储存的电能和磁能各为多少?

【提示】　(1) 利用高斯定律和安培环路定律求出电力和磁力,由题意(电力与磁力相抵消)得出功率.

(2) 单位长输电线的自感 L^* 可由单位长输电线电容 C^* 得出($L^*C^*=\varepsilon_0\mu_0$).

【题解】　(1) 设两导线间距为 d,导线中电流为 I,所带电荷线密度为 λ. 由高斯定律,一导线在另一导线处产生的电场为 $E=\frac{\lambda}{2\pi\varepsilon_0 d}$,单位长导线所受静电(吸引)力为 $F_e=\frac{\lambda^2}{2\pi\varepsilon_0 d}$.

同理,根据安培环路定律,一导线的电流在另一导线处产生的磁场为 $B = \dfrac{\mu_0 I}{2\pi d}$,单位长导线所受磁(斥)力为 $F_m = \dfrac{\mu_0 I^2}{2\pi d}$. 欲无力作用,应有 $F_e = F_m$,即 $\dfrac{\mu_0 I^2}{2\pi d} = \dfrac{\lambda^2}{2\pi \varepsilon_0 d}$,由此得

$$I = \sqrt{\frac{1}{\varepsilon_0 \mu_0}} \lambda = c\lambda$$

其中,$\sqrt{\dfrac{1}{\varepsilon_0 \mu_0}} = c$(光速),但 $\lambda = C^* V$,式中 C^* 为导线间单位长电容,V 为两导线间电压,故所求功率

$$P = IV = cC^* V^2 = 3 \times 10^8 \times 10^{-11} \times (33 \times 10^3)^2 = 3.27 \times 10^6 \,(\text{W})$$

（2）单位长度储存的电能 w_e 和磁能 w_m 分别为

$$w_e = \frac{1}{2} C^* V^2 = \frac{1}{2} \times 10^{-11} \times (33 \times 10^3)^2 = 5.45 \times 10^{-3} \,(\text{J/m})$$

$$w_m = \frac{1}{2} L^* I^2$$

式中单位长自感 L^* 可由 C^* 得出. 设两导线半径为 $a(a \ll d)$,两导线间电压

$$V = \int_a^d E \,\mathrm{d}r = 2 \int_a^d \frac{\lambda}{2\pi \varepsilon_0 r} \mathrm{d}r = \frac{\lambda}{\pi \varepsilon_0} \ln \frac{d}{a}$$

$$C^* = \frac{\lambda}{V} = \frac{\pi \varepsilon_0}{\ln \dfrac{d}{a}}$$

单位长磁感应通量为

$$\Phi = \int_a^d B \,\mathrm{d}r = 2 \int_a^d \frac{\mu_0 I}{2\pi r} \mathrm{d}r = \frac{\mu_0 I}{\pi} \ln \frac{d}{a}$$

$$L^* = \frac{\Phi}{I} = \frac{\mu_0}{\pi} \ln \frac{d}{a}$$

可见 $L^* C^* = \varepsilon_0 \mu_0$,故

$$w_m = \frac{1}{2} L^* I^2 = \frac{1}{2} \frac{\varepsilon_0 \mu_0}{C^*} I^2 = \frac{1}{2} \frac{\varepsilon_0 \mu_0}{C^*} \cdot c^2 \lambda^2 = \frac{1}{2} \frac{1}{C^*} C^{*2} V^2 = \frac{1}{2} C^* V^2$$

$$= w_e = 5.45 \times 10^{-3} \,(\text{J/m})$$

例题 3.44　1917 年,斯泰瓦和托尔曼发现,绕在圆柱上的线圈中,当圆柱加速旋转时,有电流流过. 这就是斯泰瓦·托尔曼效应.

设有许多半径为 r、电阻为 R 的圆环,均匀密绕在中空的长玻璃圆柱上,并用胶固定住,单位长的环匝数为 n,环面与柱的轴垂直. 从某时刻开始,圆柱绕其轴以恒定角加速度 α 旋转,在足够长时间后,求柱中心的磁场的磁感应强度. 已知电子的电量为 e,质量为 m.

【提示】　考察在转动系中的切向惯性力.

【题解】　在相对圆柱静止的加速转动圆环中,质量为 m 的电子受切向惯性力 $f = m\alpha r$ 作用,这种作用与一电场等效. 等效电场强度设为 E^*,则有 $eE^* = m\alpha r$,则 $E^* = m\alpha r / e$.

该电场在圆环中产生的等效电动势 $\varepsilon = E^* \cdot 2\pi r$,故环内产生电流,其强度为

$$I = \frac{\varepsilon}{R} = \frac{2\pi r E^*}{R} = \frac{2\pi m \alpha r^2}{eR}$$

因而该旋转圆柱与一长螺线管等效,其中心的磁感应强度

$$B = \mu_0 nI = \frac{\mu_0 n \cdot 2\pi m\alpha r^2}{eR}$$

例题 3.45 有一长为 L、半径为 R 的螺线管，单位长度线圈匝数为 n、载流为 I.

(1) 求螺线管一端面轴心处的磁感应强度 B;

(2) 设螺线管为半无限长，求螺线管端面上离轴心距离 $\rho(\rho \ll R)$ 处磁感应强度的径向分量 B_ρ 的近似表示式.

【提示】 (1) 可由圆形线圈在轴上产生的磁场叠加（化为积分）而得.

(2) 可利用磁场高斯定律由磁场的轴向变化求得.

【题解】 (1) 长为 dz 的螺线管在 O 点产生的磁场可由圆形线圈的磁场叠加而得. 根据比奥-沙伐尔定律（如图），有

$$dB = \frac{\mu_0}{4\pi} \frac{ndzI \cdot 2\pi R}{r^2} \cdot \frac{R}{r} = \frac{\mu_0 nIR^2}{2} \frac{dz}{r^3}$$

但 $dz\sin\theta = rd\theta$, $r\sin\theta = R$, 上式化为

$$dB = \frac{\mu_0 nI}{2} \frac{r^2 \sin^2\theta r d\theta}{r^2 r\sin\theta} = \frac{\mu_0 nI}{2} \sin\theta d\theta$$

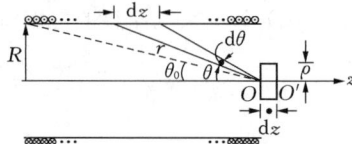

题解 3.45 图

$$B = \int dB = \frac{\mu_0 nI}{2} \int_{\theta_0}^{\pi/2} \sin\theta d\theta = \frac{\mu_0 nI}{2} \frac{L}{\sqrt{R^2 + L^2}} \left(\theta_0 = \arcsin\frac{R}{\sqrt{R^2 + L^2}} \right)$$

(2) 在 O 点附近作高为 dz、半径为 $\rho(\rho \ll R)$ 的圆柱面，如图所示. 根据题意，当 $L \to \infty$ 时，O 点磁场 $B_O = \frac{\mu_0 nI}{2}$，在轴上离 O 点 dz 的 O' 点处，由上面结果可知

$$B_{O'} = \frac{\mu_0 nI}{2} \int_0^\theta \sin\theta d\theta = \frac{\mu_0 nI}{2}(1 - \cos\theta) \approx \frac{\mu_0 nI}{2}\left(1 - \frac{dz}{R}\right)$$

以此圆柱面为高斯面，由磁场高斯定律 $\oint \boldsymbol{B} \cdot d\boldsymbol{s} = 0$，可得 $B_\rho \cdot 2\pi\rho dz + B_{O'}\pi\rho^2 = B_O\pi\rho^2$，即 $B_\rho 2\pi\rho dz = (B_O - B_{O'})\pi\rho^2 = \frac{\mu_0 nI}{2}\frac{dz}{R}\pi\rho^2$，有 $B_\rho = \frac{\mu_0 nI}{4}\frac{\rho}{R}$.

【点评】 本题提出一种利用高斯定律由磁场的轴向变化求磁场径向分量的方法. 此方法也适用于电场.

例题 3.46 一平板电容器两极板间的距离为 d，电容器原未充电，空间存在磁感应强度为 B 的均匀磁场，方向平行于电容器的极板. 当电中性的液体以速度 v 流过两极板之间时，连接到电容器两极板间的电压表的读数是多少? 设液体的相对介电常数为 ε_r.

【提示】 介质在洛仑兹力和自身极化电荷产生的电场共同作用下而极化.

【题解】 介质以速率 v 在磁场中运动时，介质中电荷要受洛仑兹力作用，此作用可等效为一电场 $\boldsymbol{E}^* = \boldsymbol{v} \times \boldsymbol{B}$，在此场作用下介质极化，而极化产生的极化电荷也激发电场，此电场反过来又影响介质的极化，最终介质在这两种场共同作用下而极化. 设介质的极化强度为 P，则极化电荷面密度 $\sigma' = P$，极化电荷产生的电场大小为 $E' = \frac{\sigma'}{\varepsilon_0} = \frac{P}{\varepsilon_0}$，但方向与 $\boldsymbol{p}$ 相反，代入极化强度与电场的关系式有

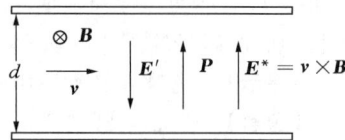

题解 3.46 图

$$P = (\varepsilon_r - 1)\varepsilon_0 \left(vB - \frac{P}{\varepsilon_0} \right)$$

由此解得

$$P = \left(1 - \frac{1}{\varepsilon_r}\right)\varepsilon_0 vB \tag{1}$$

两极电势差由电荷激发的电场所引起,即 $U = E'd = \dfrac{P}{\varepsilon_0}d$. 故

$$U = \left(1 - \frac{1}{\varepsilon_r}\right)vBd \tag{2}$$

在图示情况下,电势上极高、下极低.

【点评】　对介质的极化而言,洛仑兹力与电场力等效,而电势差则由(极化)电荷激发的电场产生.

例题 3.47　一半径为 R、极化率为 χ 的电介质长圆柱体,绕其轴以恒定角速度 ω 旋转,空间存在沿轴线方向的均匀磁场,磁感应强度为 B,求介质圆柱体上极化电荷的分布(忽略边缘效应).

【提示】　同提示 3.46.利用高斯定律求得电荷分布.

【题解】　根据对例题 3.46 的讨论,介质在洛仑兹力和极化电荷激发的场共同作用下而极化.设介质中的电场(此即极化电荷激发的场)为 E,而与洛仑兹力对应的等效电场为 $vB = \omega rB$,则极化强度(注意 $\varepsilon_r = 1 + \chi$)

$$P = (\varepsilon_r - 1)\varepsilon_0(E + \omega rB) = \chi\varepsilon_0(E + \omega rB) \tag{1}$$

这里 P 和 E 均以沿径向向外为正,以与洛仑兹力的等效场方向一致,如图所示.通过与极化电荷的关联,可将 E 和 P 联系起来.作半径为 r 的圆柱面为高斯面,由高斯定律,有

$$E \cdot 2\pi r = \frac{q'}{\varepsilon_0} \tag{2}$$

式中 q' 为圆柱面内的极化电荷.而由极化强度与极化电荷的关系,圆柱面内的极化电荷由下式决定:

$$q' = -\oint \boldsymbol{P} \cdot \boldsymbol{ds} = -P \cdot 2\pi r \tag{3}$$

代入(2)式可得 $E = -\dfrac{P}{\varepsilon_0}$,代入(1)式可得 $P = \chi\varepsilon_0\left(-\dfrac{P}{\varepsilon_0} + \omega rB\right)$,由此解得

$$P(r) = \frac{\chi}{1+\chi}\varepsilon_0\omega rB \tag{4}$$

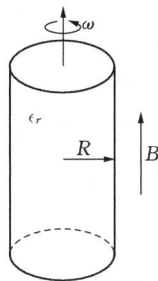

题解 3.47 图

以半径为 r 和 $(r + \Delta r)$ 的 P 值分别代入(3)式,即得极化电荷密度

$$\rho' = \frac{q'(r+\Delta r) - q'(r)}{2\pi r\Delta r} = -2\frac{\chi}{1+\chi}\varepsilon_0\omega B \tag{5}$$

在圆柱体表面则有面分布的极化电荷

$$\sigma' = P(R) = \frac{\chi}{1+\chi}\varepsilon_0\omega RB \tag{6}$$

例题 3.48　半径分别为 a,b、长为 $L(a < b \ll L)$ 的两薄壁金属圆筒同轴放置,其间充以电阻率为 ρ 的均匀媒质,内、外圆筒间加有电压 U.忽略边缘效应.

(1) 求流经内、外圆筒的电流强度 I;

(2) 若沿圆筒的轴线方向加上磁感应强度为 B 的均匀磁场,求此时流经内、外圆筒的电流强度 I'.设媒质相对磁导率为 1,载流子带电量为 e,载流子数密度为 n.忽略电流自身产生的磁场.

【提示】　(1) 略.

(2) 在引起电流方面,洛仑兹力也与电场力等效,内、外圆筒间电流强度由电流密度的径向分量决定,而洛仑兹力的径向分量由载流子漂移速度的横向分量决定,洛仑兹力的横向分量则由漂移速度的径向分量决定,由此即可建立电流密度径向分量与电场及磁场的关系.

【题解】　(1) 设离轴 r 处场强为 E , $E = \dfrac{E_0}{r}$,则

$$U = \int_a^b E\,\mathrm{d}r = E_0 \int_a^b \frac{\mathrm{d}r}{r} = E_0 \ln \frac{b}{a}$$

$$E = \frac{E_0}{r} = \frac{U}{r\ln\dfrac{b}{a}}$$

由欧姆定律有

$$j = \frac{1}{\rho}E = \frac{U}{\rho r \ln\dfrac{b}{a}}$$

$$I = 2\pi r L j = \frac{2\pi L U}{\rho \ln\dfrac{b}{a}}$$

(2) 有磁场时,设载流子漂移速度为 $\boldsymbol{u}$,则

$$\boldsymbol{j} = \frac{1}{\rho}(\boldsymbol{E} + \boldsymbol{u}\times\boldsymbol{B}) = \frac{1}{\rho}\boldsymbol{E} + \frac{1}{\rho n e}\boldsymbol{j}\times\boldsymbol{B}$$

令 $\boldsymbol{j} = j_r\hat{\boldsymbol{r}} + j_\theta\hat{\boldsymbol{\theta}}$, $\boldsymbol{E} = E\hat{\boldsymbol{r}}$, $\boldsymbol{B} = B\hat{\boldsymbol{z}}$,则

$$j_r\hat{\boldsymbol{r}} + j_\theta\hat{\boldsymbol{\theta}} = \frac{1}{\rho}E\hat{\boldsymbol{r}} + \frac{1}{\rho n e}(j_r\hat{\boldsymbol{r}} + j_\theta\hat{\boldsymbol{\theta}})\times B\hat{\boldsymbol{z}} = \left(\frac{1}{\rho}E + \frac{1}{\rho n e}j_\theta B\right)\hat{\boldsymbol{r}} - \frac{1}{\rho n e}j_r B\hat{\boldsymbol{\theta}}$$

由此得

$$j_r = \frac{1}{\rho}E + \frac{1}{\rho n e}j_\theta B, \quad j_\theta = -\frac{1}{\rho n e}j_r B$$

以 j_θ 表示式代入 j_r 表示式,可得

$$j_r = \frac{1}{\rho}E - \left(\frac{B}{\rho n e}\right)^2 j_r$$

解得

$$j_r = \frac{E}{\rho\left[1 + \left(\dfrac{B}{\rho n e}\right)^2\right]}$$

$$I' = 2\pi r L j_r = 2\pi r L \cdot \frac{1}{\rho\left[1 + \left(\dfrac{B}{\rho n e}\right)^2\right]} \frac{U}{r\ln\dfrac{b}{a}} = \frac{2\pi L U}{\rho\ln\dfrac{b}{a}}\frac{1}{1 + \left(\dfrac{B}{\rho n e}\right)^2} = \frac{I}{1 + \left(\dfrac{B}{\rho n e}\right)^2}$$

【点评】　本题中磁场的存在产生洛仑兹力,洛仑兹力的径向分量使电场减弱,从而使电流减小.

例题 3.49　一个半径为 b 的圆形线圈,载有电流 I ,在其中心放一个相对磁导率为 μ_r 、半径为 $a(a \ll b)$ 的顺磁介质小球.

(1) 求小球的磁化强度 M (小球可看成被均匀磁化);

(2) 由于小球的存在,将使线圈的自感增大. 试求此自感的增大量 ΔL .

【提示】　(1) 介质球将在载流线圈中心的磁场中均匀磁化.

(2) 磁化的介质球可看成磁偶极子,它将使线圈的磁通量增大.

【题解】　(1) 由毕奥-萨伐尔定律,载流线圈在其中心产生的磁场为

$$B_0 = \frac{\mu_0}{4\pi}\frac{I \cdot 2\pi b}{b^2} = \frac{\mu_0 I}{2b} \tag{1}$$

由于球很小,介质球将在此磁场作用下均匀磁化.设介质球的磁化强度为 M,则磁化面电流密度 $i_M = M\sin\theta$,θ 的意义见图 1.由毕奥-萨伐尔定律,磁化电流在球心处产生的磁场可由积分而得,

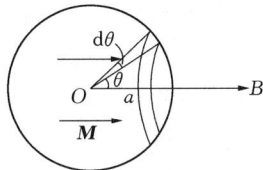

题解 3.49 图 1

$$B' = \frac{\mu_0}{4\pi}\int_0^\pi \frac{i_M \cdot a\mathrm{d}\theta \cdot 2\pi a\sin\theta}{a^2}\sin\theta = \frac{\mu_0 M}{2}\int_0^\pi \sin^3\theta\mathrm{d}\theta = \frac{2}{3}\mu_0 M$$

合场

$$B = B_0 + B' = B_0 + \frac{2}{3}\mu_0 M$$

也就是整个球内的场.将物态方程 $M = (\mu_r - 1)H = (\mu_r - 1)\dfrac{B}{\mu_r\mu_0}$ 代入上式,

$$B = B_0 + \frac{2}{3}\mu_0 \cdot \frac{\mu_r - 1}{\mu_r\mu_0}B = B_0 + \frac{2(\mu_r - 1)}{3\mu_r}B$$

可解得

$$B = \frac{3\mu_r}{\mu_r + 2}B_0 \tag{2}$$

于是

$$M = \frac{\mu_r - 1}{\mu_r\mu_0}B = \frac{3(\mu_r - 1)}{\mu_0(\mu_r + 2)}B_0 = \frac{3(\mu_r - 1)I}{2(\mu_r + 2)b} \tag{3}$$

这里已代入(1) 式 $B_0 = \dfrac{\mu_0 I}{2b}$.

(2) 介质球的存在使通过线圈的磁通增加,故使自感增大.此磁通量的增加来自磁化电流产生的附加磁场.由于此附加磁场产生的磁通在 $r < b$ 范围内有正有负,故磁通净增量等于在 $r > b$ 区域内的通量,如图 2 所示.而在介质外部,磁化电流的场等价于一个磁偶极子的场.所以磁通增量

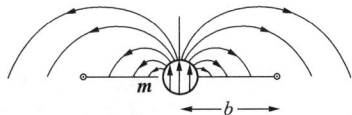

题解 3.49 图 2

$$\Delta\Phi = \int_b^\infty \frac{\mu_0}{4\pi}\frac{m}{r^3} \cdot 2\pi r\mathrm{d}r = \frac{\mu_0}{4\pi} \cdot 2\pi m\int_b^\infty \frac{\mathrm{d}r}{r^2} = \frac{\mu_0 m}{2b}$$

式中 m 即磁化小球的磁矩.以(1) 小题中的(3) 式代入,有

$$m = \frac{4}{3}\pi a^3 M = \frac{4}{3}\pi a^3 \cdot \frac{3(\mu_r - 1)I}{2(\mu_r + 2)b} = \frac{2\pi a^3(\mu_r - 1)I}{(\mu_r + 2)b}$$

代入 $\Delta\Phi$ 表示式

$$\Delta\Phi = \frac{\mu_0}{2b} \cdot \frac{2\pi a^3(\mu_r - 1)I}{(\mu_r + 2)b} = \frac{\pi a^3\mu_0(\mu_r - 1)}{b^2(\mu_r + 2)}I$$

最后可得自感增量

$$\Delta L = \frac{\Delta\Phi}{I} = \frac{\pi a^3\mu_0(\mu_r - 1)}{b^2(\mu_r + 2)}$$

例题 3.50　一圆柱形薄壳长 l,半径为 a,$l \gg a$,壳表面均匀带电,面电荷密度为 σ,薄壳以 $\omega = kt$ 的角速度绕其轴转动,其中 k 为常数.忽略边缘效应,求:

（1）圆柱壳内各点的磁场 B；

（2）圆柱壳内各点的电场 E；

（3）圆柱壳内的总电能 W_E 和总磁能 W_m；

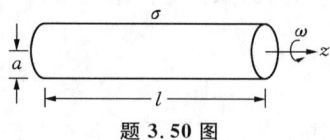

（4）圆柱壳内的玻印廷矢量及其与柱壳内电磁场能量的关系.

【提示】 （1）电荷运动产生电流.

（2）变化的磁场产生电场.

【题解】 （1）壳表面因电荷运动而产生的面电流密度为

$$i = \sigma \omega a = \sigma k t a$$

壳体内磁场均匀,磁感应强度为

$$\boldsymbol{B} = \mu_0 i \hat{z} = \mu_0 \sigma a k t \, \hat{z}$$

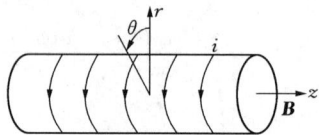

题解 3.50 图

方向沿轴,如图所示.

（2）由于壳体内磁场随时间变化,由法拉第定律,壳内电场 E 满足 $E \cdot 2\pi r = -\dfrac{\mathrm{d}B}{\mathrm{d}t}\pi r^2$,可得电场

$$\boldsymbol{E} = -\frac{r}{2}\frac{\mathrm{d}B}{\mathrm{d}t}\hat{\boldsymbol{\theta}} = -\frac{r}{2}\mu_0 \sigma a k \hat{\boldsymbol{\theta}}$$

（3）
$$W_m = \frac{1}{2\mu_0}B^2 \cdot \pi a^2 l = \frac{1}{2}\mu_0 \sigma^2 a^4 k^2 t^2 \pi l$$

$$W_E = \int \frac{1}{2}\varepsilon_0 E^2 \mathrm{d}\tau = \frac{1}{2}\varepsilon_0 \int_0^a \frac{r^2}{4}\mu_0^2 \sigma^2 a^2 k^2 \cdot l \cdot 2\pi r \mathrm{d}r = \frac{\pi\varepsilon_0}{16}\mu_0^2 \sigma^2 a^6 k^2 l$$

（4）在壳内取半径为 $r(r < a)$ 的圆柱面,面上坡印廷矢量

$$\boldsymbol{S} = \frac{1}{\mu_0}\boldsymbol{E} \times \boldsymbol{B} = \frac{1}{\mu_0}\left(-\frac{r}{2}\mu_0 \sigma a k \hat{\boldsymbol{\theta}}\right) \times \left(\mu_0 \sigma a k t \hat{\boldsymbol{z}}\right) = \frac{\mu_0 r}{2}\sigma^2 a^2 k^2 t(-\hat{\boldsymbol{r}})$$

方向指向柱内.每秒流入柱面内的能量为 $S \cdot 2\pi r l = \mu_0 \pi r^2 \sigma^2 a^2 k^2 t l$,柱面内电场能量不变,而磁场能量与时间有关,

$$W_m(r) = \frac{1}{2\mu_0}B^2 \pi r^2 l = \frac{\mu_0}{2}\pi r^2 l \sigma^2 a^2 k^2 t^2$$

$$\frac{\mathrm{d}W_m(r)}{\mathrm{d}t} = \mu_0 \pi r^2 l \sigma^2 a^2 k^2 t = S \cdot \pi r^2 l$$

即磁场能量的增加率由坡印廷矢量所表示的能流所提供.

例题 3.51 半径为 R 的长棒的轴与 z 轴重合,棒的相对磁导率为 μ_r,空间存在沿 x 正方向的均匀外磁场,磁感应强度为 B_0,求棒内、外任一点的磁感应强度 $\boldsymbol{B}_1$（棒内）和 $\boldsymbol{B}_2$（棒外,表为 r 和 θ 分量）.

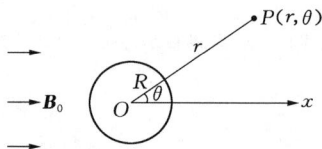

题 3.51 图

【提示】 长棒将沿 x 方向均匀磁化,棒上的磁化电流在棒内产生均匀磁场,在棒外则相当于两条反向电流产生的场.

【题解】 这时长棒将沿 x 方向均匀磁化,因为这样均匀磁化的棒,其上的磁化电流将在棒内产生均匀磁场,此磁场与均匀外场叠加在棒内仍为均匀磁场,与棒的均匀磁化相洽.

设棒沿 x 方向均匀磁化的强度为 M,则棒表面将有沿轴(z)方向的磁化面电流,面电流密度为 $i_M = M\sin\theta$,如图 1(a)所示.此面电流可设想为由两条沿棒方向的反向体电

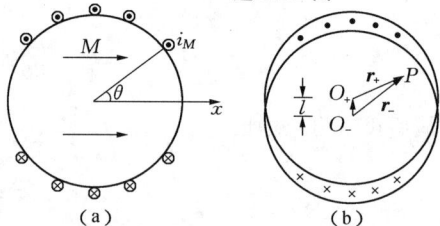

（a）   （b）

题解 3.51 图 1

流互相在垂直于 $\boldsymbol{M}$ 方向有一微小位移而形成,如图 1(b) 所示.设体电流密度为 j,位移为 $l(l \ll R)$,则有 $jl = M$.

　　根据安培环路定律,棒内任一点 P 的磁感应强度由两条互相位移的反向体电流的磁场叠加而成.设由沿 z 正(负)向体电流的轴 O_+ (O_-) 指向 P 点的矢量为 $\boldsymbol{r}_+$ $(\boldsymbol{r}_-)$,则 P 点磁场不难由安培环路定律求出,

$$\boldsymbol{B}'_P = \frac{\mu_0}{2}\boldsymbol{j} \times (\boldsymbol{r}_+ - \boldsymbol{r}_-) = -\frac{\mu_0}{2}\boldsymbol{j} \times \boldsymbol{l}$$

这里 $\boldsymbol{j}$ 沿 z 正方向,$\boldsymbol{l}$ 从 O_- 指向 O_+,因而 $\boldsymbol{j} \times (-\boldsymbol{l}) = \boldsymbol{M}$,$\boldsymbol{B}'_内 = \frac{\mu_0}{2}\boldsymbol{M}$ 为均匀场.棒内合磁场为 $\boldsymbol{B}_1 = \boldsymbol{B}_0 + \boldsymbol{B}'_内$,物态方程写成

$$\boldsymbol{M} = (\mu_r - 1)\frac{1}{\mu_r\mu_0}(\boldsymbol{B}_0 + \boldsymbol{B}'_内) = (\mu_r - 1)\frac{1}{\mu_r\mu_0}\left(\boldsymbol{B}_0 + \frac{\mu_0}{2}\boldsymbol{M}\right)$$

由此解得

$$\boldsymbol{M} = \frac{2(\mu_r - 1)}{\mu_0(\mu_r + 1)}\boldsymbol{B}_0$$

$$\boldsymbol{B}_1 = \boldsymbol{B}_0 + \frac{\mu_0}{2}\boldsymbol{M} = \frac{2\mu_r}{\mu_r + 1}\boldsymbol{B}_0$$

　　在棒外,磁化面电流产生的磁场仍可看成两反向体电流的磁场的叠加.对正向体电流,由安培环路定律有

$$\boldsymbol{B}'_{P+} = \frac{\mu_0}{2}\frac{R^2}{r_+}\boldsymbol{j} \times \hat{\boldsymbol{r}}_+$$

同理,对反向体电流,有

$$\boldsymbol{B}'_{P-} = -\frac{\mu_0}{2}\frac{R^2}{r_-}\boldsymbol{j} \times \hat{\boldsymbol{r}}_-$$

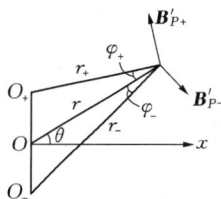

题解 3.51 图 2

这里 r_+,r_- 的意义同前,$\hat{\boldsymbol{r}}_+$,$\hat{\boldsymbol{r}}_-$ 则为 $\boldsymbol{r}_+$,$\boldsymbol{r}_-$ 的单位矢量.以 O_+,O_- 的中点为原点 O,则 $r_+ \approx r - \frac{l}{2}\sin\theta$,$r_- = r + \frac{l}{2}\sin\theta$(图 2),将 $\boldsymbol{B}'_P = \boldsymbol{B}'_{P+} + \boldsymbol{B}'_{P-}$ 分为 r 和 θ 分量,由图 2 不难看出(略去二级小量)

$$B'_r = \frac{\mu_0}{2}\frac{R^2}{r}j(\sin\varphi_+ + \sin\varphi_-) = \frac{\mu_0}{2}\frac{R^2}{r}j\left[\frac{\frac{l}{2}\cos\theta}{r} + \frac{\frac{l}{2}\cos\theta}{r}\right]$$

$$= \frac{\mu_0}{2}\frac{R^2}{r^2}jl\cos\theta = \frac{\mu_0}{2}\frac{R^2}{r^2}M\cos\theta$$

$$B'_\theta = \frac{\mu_0}{2}R^2 j\left(\frac{\cos\varphi_+}{r_+} - \frac{\cos\varphi_-}{r_-}\right) \approx \frac{\mu_0}{2}R^2 j\left(\frac{1}{r_+} - \frac{1}{r_-}\right)$$

$$= \frac{\mu_0 R^2}{2}j\left[\frac{1}{r - \frac{l}{2}\sin\theta} - \frac{1}{r + \frac{l}{2}\sin\theta}\right] = \frac{\mu_0}{2}\frac{R^2}{r}j \cdot \frac{l}{r}\sin\theta = \frac{\mu_0}{2}\frac{R^2}{r^2}M\sin\theta$$

注意到 $M = \frac{2(\mu_r - 1)}{\mu_0(\mu_r + 1)}B_0$,棒外合磁场

$$B_{2r} = B_0\cos\theta + B'_r = B_0\cos\theta\left[\frac{\mu_r - 1}{\mu_r + 1}\frac{R^2}{r^2} + 1\right]$$

$$B_{2\theta} = -B_0\sin\theta + B'_\theta = B_0\sin\theta\left[\frac{\mu_r - 1}{\mu_r + 1}\frac{R^2}{r^2} - 1\right]$$

【点评】　解本题的关键有二：其一，首先判定棒在均匀外磁场中必均匀磁化；其二，用两条有相对位移的反向体电流替代磁化面电流，使棒内外的磁场易于用安培环路定律求解.

■■■ **例题 3.52**　磁控管中电子的运动. 半径分别为 a 和 $b(a<b)$ 的两金属圆筒同轴放置，置于均匀磁场中，磁场方向平行于轴线. 两筒间存在径向电场，方向指向内筒，两筒间电压为 U. 自内筒表面发出的无初速电子，在电场作用下加速，飞向外筒，而磁场则使电子运动方向偏转，甚至有可能使电子又返回内筒. 求刚能使电子达不到外筒的磁感应强度 B.

【提示】　利用角动量定理和能量守恒. 作用在电子上的力矩来自洛仑兹力.

【题解】　建立平面极坐标如图所示，电子必在此垂直于轴的平面内运动. 设内筒电势为零，离轴 r 处电势为 $U(r)$，由于磁场对电子不作功，故电子的能量守恒

$$\frac{1}{2}m(v_r^2+v_\theta^2)=eU(r) \qquad (1)$$

其中 $v_r=\dot{r}$，$v_\theta=r\dot{\theta}$ 分别为电子速度沿径向（$\hat{r}$）和横向（$\hat{\theta}$）的分量. 由于电子受磁场的洛仑兹力作用，电子对轴的角动量不守恒. 电子对轴的角动量

$$\boldsymbol{l}=\boldsymbol{r}\times m\boldsymbol{v}=\boldsymbol{r}\times m(\boldsymbol{v}_r+\boldsymbol{v}_\theta)=m\boldsymbol{r}\times\boldsymbol{v}_\theta=mr^2\dot{\theta}\hat{\boldsymbol{z}} \qquad (2)$$

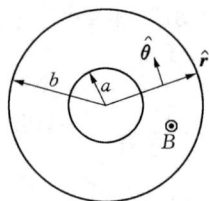
题解 3.52 图

因为 $\hat{\boldsymbol{r}}\times\hat{\boldsymbol{\theta}}=\hat{\boldsymbol{z}}$，电子受洛仑兹力作用的力矩（电场力的力矩显然为零）

$$\boldsymbol{\tau}=\boldsymbol{r}\times(-e\boldsymbol{v}\times\boldsymbol{B})=-\boldsymbol{r}\times e[(\boldsymbol{v}_r+\boldsymbol{v}_\theta)\times\boldsymbol{B}]=eBrv_r\hat{\boldsymbol{z}}=eBr\dot{r}\hat{\boldsymbol{z}} \qquad (3)$$

因为只有速度的 r 分量引起的洛仑兹力才对电子有力矩作用，由角动量定理 $\boldsymbol{\tau}=\mathrm{d}\boldsymbol{l}/\mathrm{d}t$ 可得 $eBr\dot{r}=\frac{\mathrm{d}}{\mathrm{d}t}(mr^2\dot{\theta})$，即

$$eBr\frac{\mathrm{d}r}{\mathrm{d}t}=\frac{\mathrm{d}}{\mathrm{d}t}(mr^2\dot{\theta}) \qquad (4)$$

两边积分，$\displaystyle\int_a^r eBr\mathrm{d}r=\int_0^{\dot{\theta}}\mathrm{d}(mr^2\dot{\theta})$，即

$$\frac{1}{2}eB(r^2-a^2)=mr^2\dot{\theta}$$

为使电子达不到阳极，在临界情况下，应有 $r=b$ 时 $\dot{r}=0$，代入上式得

$$\frac{1}{2}eB(b^2-a^2)=mb^2\dot{\theta}\Big|_{r=b} \qquad (5)$$

$\dot{\theta}\Big|_{r=b}$ 的值可由能量守恒得到. 以 $v_r=\dot{r}=0$ 代入 (1) 式，$\frac{1}{2}mb^2\left(\dot{\theta}\Big|_{r=b}\right)^2=eU$，得

$$\dot{\theta}\Big|_{r=b}=\frac{1}{b}\sqrt{\frac{2eU}{m}} \qquad (6)$$

以 (6) 式代入 (5) 式，即得所求磁感应强度 $B=\dfrac{2b}{b^2-a^2}\sqrt{\dfrac{2mU}{e}}$.

■■■ **例题 3.53**　电流 I 均匀沿轴向流过半径为 R、长为 L 的圆柱体，如图所示. 一束带电量 $+q$、动量 p 的粒子从左面沿圆柱轴线射来，证明粒子束通过圆柱体后将聚焦于一点，犹如平行光经凸透镜聚焦于焦点一样，并计算其焦距 f. 设有 $R\ll L\ll f$，忽略粒子束受圆柱物质的作用所引起的减慢和散射，并忽略从外面流入和流出圆柱的电流产生的磁场.

【提示】　利用安培环路定理和动量定理，并注意薄透镜近似.

【题解】　电流产生的磁场的力线为以圆柱的轴线为轴的一系列同心圆. 在距离圆柱体轴线 r 处

的圆环上应用安培环路定理,有 $B \cdot 2\pi r = \mu_0 \dfrac{r^2}{R^2} I$,由此得该处的磁感应强度 $B = \dfrac{\mu_0}{2\pi} \dfrac{I}{R^2} r$,方向如图所示.考察在离轴 r 处入射的粒子.设粒子的速度为 v,粒子受洛仑兹力

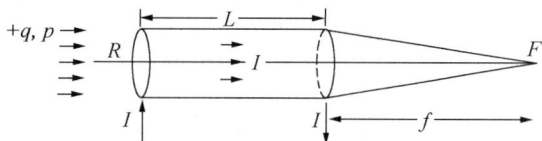

$$F_L = qvB = qv \frac{\mu_0}{2\pi} \frac{I}{R^2} r$$

的作用将向轴心偏转.由于粒子的速度很快,当它从圆柱出射时,偏转的位移可以忽略(此位移与经过圆柱的时间 $\Delta t = L/v$ 的平方成正比),但产生的方向改变不能忽略,该方向改变与动量改变成正比,而动量改变与 Δt 成正比,而有

$$\begin{aligned}
\Delta p &= F_L \Delta t = qv \frac{\mu_0}{2\pi} \frac{I}{R^2} r \cdot \frac{L}{v} \\
&= \frac{q\mu_0 IL}{2\pi R^2} r
\end{aligned}$$

题 3.53 图

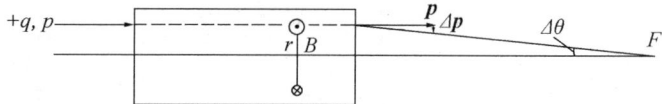

题解 3.53 图

粒子的偏转角 $\Delta\theta$ 为

$$\Delta\theta \approx \frac{\Delta p}{p} = \frac{q\mu_0 IL}{2\pi R^2 p} \cdot r \propto r$$

既然 $\Delta\theta$ 与 r 成正比,在 $\Delta\theta \ll 1$ 的情况下,就证明了出射粒子将聚焦于一点.而 $\Delta\theta = r/f$,于是焦距 f 可求出:

$$f = \frac{r}{\Delta\theta} = \frac{2\pi R^2 p}{q\mu_0 IL}$$

例题 3.54　一个带电量为 $+q$ 质量为 m 的带电粒子,在回旋加速器的水平对称平面内作圆周运动,半径为 R.在该平面内,磁场沿竖直方向(取为 z 方向),磁感应强度为 $B = B_z$.但在粒子所在处,磁感应强度开始沿径向(r 增大方向)逐渐减弱.

(1) 求带电粒子的回旋频率 ω_c;

(2) 求证:当粒子受到竖直方向的微小扰动时,将在竖直方向作简谐振动;

(3) 证明其振动角频率 ω 与粒子的回旋频率 ω_c 成正比,即

$$\omega = \alpha\omega_c$$

并求系数 α.

【提示】　(1) 粒子作圆周运动的向心力为洛仑兹力.

(2) 由于磁感应强度沿径向减小,磁感应线必成桶状弯曲,使磁感应强度在 $z > 0$ 和 $z < 0$ 处出现径向分量,当粒子在竖直方向发生微小偏离时,将受到反向恢复力.

【题解】　(1) 设粒子速度为 v,由 $\dfrac{mv^2}{R} = qvB_z$,得

$$\omega_c = \frac{v}{R} = \frac{qB_z}{m}$$

(2) 在粒子所在处,由于磁场沿径向逐渐减弱,磁感应线必呈桶状弯曲,如图所示.因而在 $z \ne 0$ 处,磁场将出现径向分量.在 $z > 0$ 处,径向分量为负,在 $z < 0$ 处则为正.若粒子带正电,在图示位置处,粒子必从纸面向外运动.故当它向上偏离时,在负的径向磁场分量作用下受向下恢复力;当它向下偏离时,在正的径向磁场分量作用下受向上恢复力.故粒子将在竖直方向作振动.

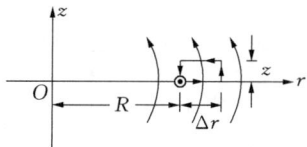

题解 3.54 图

为求磁场的径向分量,作如图所示的矩形回路,边长分别为 Δr 和 z,由 $\oint \boldsymbol{B} \cdot \mathrm{d}\boldsymbol{l} = 0$ 得

$$[B_z(r+\Delta r) - B_z(r)]z - B_r \cdot \Delta r = 0$$

即 $\dfrac{\partial B_z}{\partial r}\Delta r \cdot z - B_r \Delta r = 0$,则 $B_r = \dfrac{\partial B_z}{\partial r} \cdot z$ $\left(\text{注意}\dfrac{\partial B_z}{\partial r} < 0\right)$. 于是,粒子在 z 方向的运动方程为

$$m\ddot{z} = qvB_r = qv\frac{\partial B_z}{\partial r}z$$

由于 $\dfrac{\partial B_z}{\partial r} < 0$,故粒子作简谐振动.

（3）由运动方程,粒子作简谐振动的角频率 $\omega = \sqrt{-\dfrac{q}{m}v\dfrac{\partial B_z}{\partial r}}$,但 $\omega_c = \dfrac{qB_z}{m}$, $mv = qB_z R$,有

$$\omega = \sqrt{-\frac{q}{m}\frac{qB_z R}{m}\frac{\partial B_z}{\partial r}} = \sqrt{-\frac{q^2 B_z^2}{m^2}\frac{R}{B_z}\frac{\partial B_z}{\partial r}} = \omega_c\sqrt{-\frac{R}{B_z}\frac{\partial B_z}{\partial r}}$$

$$\alpha = \sqrt{-\frac{R}{B_z}\frac{\partial B_z}{\partial r}}$$

【点评】 本题所揭示的物理过程是回旋加速器中粒子能作稳定圆周运动的动力学机制. 在粒子所在处磁场沿径向逐渐减弱是这一机制的保证.

例题 3.55 一质量为 m、带电量为 $+q$ 的粒子,在轴对称非均匀磁场中绕磁场的轴线(取为 z 轴)作螺旋运动,从磁感应强度为 B_1 的区域逐渐进入磁场较强的区域,回转半径缓慢减小,最终被反射(磁镜).设粒子在 B_1 区域时,速率为 v_0,速度方向与 z 轴夹角 φ_0,磁场最强处的磁感应强度为 B_2,求粒子能被反射的 φ_0 角的最小值 φ_c.（可作合理近似.）

【提示】 粒子以 z 为轴作螺旋运动时,由于磁场沿 z 方向逐渐增强,磁场将出现径向分量,该径向分量产生的洛仑兹力沿负 z 方向,使粒子最终被反射. 利用牛顿定律和能量守恒,建立 v_z 对 z 的变化率与 B_z 对 z 的变化率的联系方程.

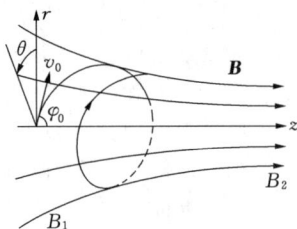

题 3.55 图

【题解】 由如图所示坐标,粒子受力(可认为 $v_r \approx 0$)

$$\boldsymbol{F} = q\boldsymbol{v} \times \boldsymbol{B} = q\begin{vmatrix} \hat{\boldsymbol{r}} & \hat{\boldsymbol{\theta}} & \hat{\boldsymbol{z}} \\ 0 & v_\theta & v_z \\ B_r & 0 & B_z \end{vmatrix}$$

所以

$$F_z = -qv_\theta B_r \tag{1}$$

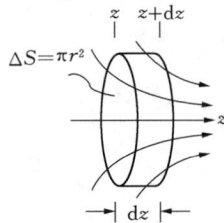

题解 3.55 图

可将 B_r 与 $\dfrac{\partial B_z}{\partial z}$ 联系起来. 由磁场高斯定律,取如图所示的半径为 r、高为 $\mathrm{d}z$ 的圆柱面为高斯面,有

$$B_z(z)\Delta s = B_z(z+\Delta z)\Delta s + B_r \cdot 2\pi r\mathrm{d}z$$

则 $B_r \cdot 2\pi r\mathrm{d}z = -\dfrac{\partial B_z}{\partial z}\mathrm{d}z\Delta s$,有 $B_r = -\dfrac{r}{2}\dfrac{\partial B_z}{\partial z}$. 代入(1)式,并注意 $v_\theta = -v_\perp$,

有 $F_z = -qv_\perp \dfrac{r}{2}\dfrac{\partial B_z}{\partial z}$,但 $r = \dfrac{mv_\perp}{qB_z}$,代入可得

$$F_z = -qv_\perp \cdot \frac{1}{2}\frac{mv_\perp}{qB_z}\frac{\partial B_z}{\partial z} = -\frac{1}{2}\frac{mv_\perp^2}{B_z}\frac{\mathrm{d}B_z}{\mathrm{d}z} \tag{2}$$

而由牛顿定律有

$$F_z = m \frac{\mathrm{d}v_z}{\mathrm{d}t} = m \frac{\mathrm{d}v_z}{\mathrm{d}z} \frac{\mathrm{d}z}{\mathrm{d}t} = mv_z \frac{\mathrm{d}v_z}{\mathrm{d}z} \tag{3}$$

由能量守恒有

$$v_z^2 + v_\perp^2 = v_0^2 \tag{4}$$

将(4)式与(3)式代入(2)式,得

$$mv_z \frac{\mathrm{d}v_z}{\mathrm{d}z} = -\frac{1}{2} m(v_0^2 - v_z^2) \frac{1}{B_z} \frac{\mathrm{d}B_z}{\mathrm{d}z}$$

由于 $v_z \dfrac{\mathrm{d}v_z}{\mathrm{d}z} = \dfrac{1}{2} \dfrac{\mathrm{d}v_z^2}{\mathrm{d}z}$,上式变为 $\dfrac{\mathrm{d}v_z^2}{v_0^2 - v_z^2} = -\dfrac{\mathrm{d}B_z}{B_z}$,即 $\dfrac{\mathrm{d}(v_0^2 - v_z^2)}{v_0^2 - v_z^2} = \dfrac{\mathrm{d}B_z}{B_z}$.两边积分,设粒子在磁场为 B 处

反射,这时有 $v_z = 0$,故有 $\ln(v_0^2 - v_z^2)\Big|_{v_z}^{0} = \ln B_z \Big|_{B_1}^{B}$,即 $\ln \dfrac{v_0^2}{v_0^2 - v_z^2} = \ln \dfrac{B}{B_1}$.注意到 $v_0^2 - v_z^2 = v_\perp^2$,即 $\dfrac{v_0^2}{v_\perp^2}$

$= \dfrac{B}{B_1}$,由于 $v_\perp / v_0 = \sin \varphi_0$,

$$\sin^2 \varphi_0 = \frac{B_1}{B} \geqslant \frac{B_1}{B_2} \quad \text{或} \quad \sin \varphi_0 \geqslant \sqrt{\frac{B_1}{B_2}} = \sin \varphi_c$$

所求的 φ_c 为 $\varphi_c = \arcsin \sqrt{\dfrac{B_1}{B_2}}$.

【点评】　本题的物理过程可视为"磁镜"的物理原理."磁镜"是"磁瓶"的重要组成部分,"磁瓶"是用磁场将高温等离子体限制在一定区域内的一种方法,在受控热核反应中有重要应用.

例题 3.56　质量为 m、宽为 b、长度足够的矩形线圈,在纸面上沿着其长度方向(即 x 方向)以初速 v_0 进入垂直纸面向里、磁感应强度为 B 的均匀磁场,磁场边缘与线圈的一边平行,如图所示.以线圈右边刚进入磁场为时间起点,并设其坐标为 $x = 0$.不考虑重力,在下列两种情况下求线圈以后的运动(即求 x 与时间 t 的关系):

(1) 线圈的电阻为 R,而自感可忽略;

(2) 线圈的自感为 L,而电阻可忽略.

【提示】　在(1)和(2)两种情况下分别列出线圈运动方程和回路方程.

【题解】　取线圈的绕行正方向与磁场方向一致.

(1) 线圈运动方程

$$m \frac{\mathrm{d}v}{\mathrm{d}t} = IBb \tag{1}$$

线圈回路方程

$$IR = -vBb \tag{2}$$

以(2)式代入(1)式得 $m \dfrac{\mathrm{d}v}{\mathrm{d}t} = -\dfrac{B^2 b^2}{R} v$,即 $\dfrac{\mathrm{d}v}{v} = -\dfrac{B^2 b^2}{mR} \mathrm{d}t$.两边积分,有

$$\int_{v_0}^{v} \frac{\mathrm{d}v}{v} = \int_0^t -\frac{B^2 b^2}{mR} \mathrm{d}t \quad \Rightarrow \ln \frac{v}{v_0} = -\frac{B^2 b^2}{mR} t$$

即

$$v = v_0 \mathrm{e}^{-\frac{B^2 b^2}{mR} t} \tag{3}$$

再对时间积分,有

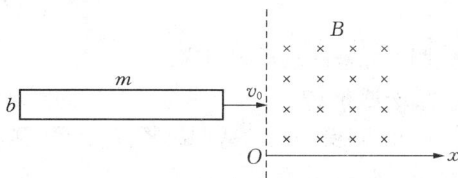

题 3.56 图

$$x = \int_0^t v \mathrm{d}t = \int_0^t v_0 \mathrm{e}^{-\frac{B^2 b^2}{mR}t} \mathrm{d}t = \frac{mR}{B^2 b^2} v_0 \left(1 - \mathrm{e}^{-\frac{B^2 b^2}{mR}t}\right) \tag{4}$$

线圈进入磁场后速度逐渐减慢,直至最后停止.

（2）线圈运动方程同(1).回路方程则为

$$-L\frac{\mathrm{d}I}{\mathrm{d}t} - vBb = 0 \tag{5}$$

对(1)式微分得 $m\frac{\mathrm{d}^2 v}{\mathrm{d}t^2} = Bb\frac{\mathrm{d}I}{\mathrm{d}t}$,以(5)式代入,

$$m\frac{\mathrm{d}^2 v}{\mathrm{d}t^2} = Bb\left(-\frac{Bbv}{L}\right) = -\frac{B^2 b^2}{L}v$$

可见 v 为简谐函数,令

$$v = V\cos(\omega t + \varphi) \tag{6}$$

其中 $\omega = \sqrt{\frac{B^2 b^2}{mL}} = \frac{Bb}{\sqrt{mL}}$,对(6)式积分得

$$x = \int_0^t v \mathrm{d}t = \frac{V}{\omega}\left[\sin(\omega t + \varphi) - \sin\varphi\right]$$

其中 V, φ 可由初条件决定:

$$x_0 = \frac{V}{\omega}(\sin\varphi - \sin\varphi) = 0, \quad v_0 = V\cos\varphi$$

不妨取 $\varphi = 0$,则 $V = v_0$,

$$x = \frac{v_0}{\omega}\sin\omega t \quad \left(t < \frac{\pi}{\omega} = \pi\frac{\sqrt{mL}}{Bb} = \frac{T}{2}\right)$$

$$x = -v_0\left(t - \frac{T}{2}\right) \quad \left(t > \frac{T}{2}\right)$$

线圈犹如被磁场反弹回来.

例题 3.57 一个由金丝弯成的圆环以其边缘为支点直立在水平台面上,空间存在竖直方向的均匀磁场.环受一扰动从偏离竖直面 0.1 弧度位置开始倒下.已知磁场的磁感应强度 $B = 10^4\,\mathrm{Gs}$,环的半径 $r = 1\,\mathrm{cm}$,金丝的截面半径 $r_1 = 1\,\mathrm{mm}$,金的电导率 $\sigma = 4.25 \times 10^7\,1/\Omega \cdot \mathrm{m}$,密度为 $\rho = 19.3\,\mathrm{g/cm^3}$.设环倒下过程中支点不滑动.

（1）环倒下时所释放的重力势能主要是用来增加环的动能,还是变为焦耳热?说明理由(只需作数量级的估计);

（2）忽略次要因素,计算环倒下所花的时间.

积分公式: $\int \frac{\mathrm{d}x}{\sin x} = \ln\tan\frac{x}{2}$.

【提示】 （1）以环倒下所经历时间为参量,得出动能与焦耳热之比.环倒下时间可由无磁场情况估算.

（2）由重力矩时时与安培力矩相抵求出环倒下所花时间.

【题解】 （1）设环倒下所用时间为 T,环对支点的转动惯量为 I,则环倒下时的动能估计值为

$$W_k = \frac{1}{2}I\omega^2 = \frac{1}{2}I\left(\frac{\pi/2}{T}\right)^2 = \frac{1}{2}\left(\frac{1}{2}mr^2 + mr^2\right) \cdot \frac{\pi^2}{4T^2} = \frac{3\pi^2}{16}\frac{mr^2}{T^2}$$

焦耳热的估计值为

$$W_h = i^2 RT = \left(\frac{\varepsilon}{R}\right)^2 RT = \frac{\varepsilon^2}{R}T = \frac{(\Phi/T)^2}{R}T = \frac{\Phi^2}{RT} = \frac{(B \cdot \pi r^2)^2}{RT} = \frac{B^2\pi^2 r^4}{RT}$$

两者之比为

$$\frac{W_k}{W_h} = \frac{3\pi^2 mr^2}{16T^2} \frac{RT}{B^2 \pi^2 r_1^4} = \frac{3mR}{16B^2 Tr^2}$$

以 $m = \rho \cdot 2\pi r \cdot \pi r_1^2$，$R = \frac{1}{\sigma} \frac{2\pi r}{\pi r_1^2} = \frac{1}{\sigma} \frac{2r}{r_1^2}$ 代入上式，

$$\frac{W_k}{W_h} = \frac{3}{16} \frac{\rho \cdot 2\pi^2 r r_1^2}{B^2 Tr^2} \cdot \frac{1}{\sigma} \frac{2r}{r_1^2} = \frac{3\pi^2}{4} \frac{\rho}{\sigma B^2 T}$$

但 $T \geqslant T_0$，这里 T_0 为无磁场时环倒下所用时间. 不难看出

$$T_0 \approx \frac{\pi}{2} \sqrt{\frac{I}{mgr}} = \frac{\pi}{2} \sqrt{\frac{\frac{3}{2} mr^2}{mgr}} = \frac{\pi}{2} \sqrt{\frac{3r}{2g}}$$

$$\frac{W_k}{W_h} = \frac{3\pi^2}{4} \frac{\rho}{\sigma B^2 T} < \frac{3\pi^2}{4} \frac{\rho}{\sigma B^2 T_0} = \frac{3\pi^2}{4} \frac{\rho}{\sigma B^2} \frac{2}{\pi} \sqrt{\frac{2g}{3r}} = \frac{3\pi}{2} \frac{\rho}{\sigma B^2} \sqrt{\frac{2g}{3r}}$$

以数据代入，可得

$$\frac{W_k}{W_h} < \frac{3\pi}{2} \frac{19.3 \times 10^3}{4.25 \times 10^7 \times 1^2} \sqrt{\frac{2 \times 9.8}{3 \times 0.01}} = 5.5 \times 10^{-2}$$

可见释放的势能主要变为焦耳热.

　　(2) 忽略动能，则环倒下过程中安培力矩时时与重力矩相平衡. 在环倒下过程中，当环面与竖直面成 θ 角时，通过环的磁通量 $\Phi = BS\sin\theta$，其中 $S = \pi r^2$，则电动势

$$\varepsilon = \left| \frac{\mathrm{d}\Phi}{\mathrm{d}t} \right| = BS\cos\theta \cdot \dot{\theta}$$

电流

$$i = \frac{\varepsilon}{R} = \frac{BS\cos\theta \cdot \dot{\theta}}{R}$$

安培力矩

$$\tau_B = iSB\cos\theta = \frac{B^2 S^2 \cos^2\theta}{R}\dot{\theta}$$

重力矩

$$\tau_G = mgr\sin\theta$$

令 $\tau_B = \tau_G$，即 $\frac{B^2 S^2 \cos^2\theta}{R} \frac{\mathrm{d}\theta}{\mathrm{d}t} = mgr\sin\theta$，则 $\frac{\mathrm{d}\theta}{\mathrm{d}t} = \frac{mgr\sin\theta R}{B^2 S^2 \cos^2\theta}$，有 $\mathrm{d}t = \frac{B^2 S^2}{mgrR} \frac{\cos^2\theta}{\sin\theta}\mathrm{d}\theta$. 倒下所花时间

$$t = \frac{B^2 S^2}{mgrR} \int_{0.1}^{\frac{\pi}{2}} \frac{\cos^2\theta}{\sin\theta}\mathrm{d}\theta$$

其中

$$\int_{0.1}^{\frac{\pi}{2}} \frac{\cos^2\theta}{\sin\theta}\mathrm{d}\theta = \int_{0.1}^{\frac{\pi}{2}} \frac{\mathrm{d}\theta}{\sin\theta} - \int_{0.1}^{\frac{\pi}{2}} \sin\theta\,\mathrm{d}\theta = \left[\ln\tan\frac{\theta}{2} + \cos\theta \right]_{0.1}^{\frac{\pi}{2}} \approx 2.99 - 0.99 = 2$$

而

$$\frac{B^2 S^2}{mgrR} = \frac{B^2 (\pi r^2)^2}{\rho \cdot 2\pi r \cdot \pi r_1^2 gr \cdot \frac{1}{\sigma} \cdot 2\pi r / \pi r_1^2} = \frac{\sigma B^2 r}{4\rho g} = \frac{4.25 \times 10^7 \times 1^2 \times 0.01}{4 \times 19.3 \times 10^3 \times 9.8} = 0.56(\mathrm{s})$$

代入 t 表示式可得

$$t = 0.56 \times 2 = 1.12(s)$$

例题 3.58 一圆柱形小永久磁棒竖直放置,在其正上方离棒中心 1 m 处的磁感应强度为 B_0. 一超导圆形小线圈自远处移至磁棒正上方,与棒共轴,如图所示. 设线圈的半径为 a,质量为 m,自感为 L,线圈只能上下运动.

(1) 求平衡时线圈离棒中心的高度 z_0(已知 $a \ll z_0$);

(2) 求线圈受小扰动后作上下小振动的周期(用 z_0 表示).

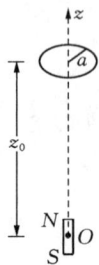

【提示】 (1) 超导线圈中将出现感应电流,以保持线圈中磁通量为零. 此电流在径向磁场作用下将受竖直向上作用力以平衡重力. 而磁场的径向分量则可由磁场 z 分量沿 z 方向的变化率求得.

(2) 由线圈中磁通量为零的条件求出线圈中感应电流随位置的变化,再列出线圈运动方程. 注意小量近似.

题 3.58 图

【题解】 (1) 小磁棒的磁场可看成磁偶极子的磁场. 以棒中心为原点,取磁棒的竖直轴为 z 轴,如图所示. 在轴上,磁感应强度可写为

$$B_z = \frac{B_0}{z^3} \tag{1}$$

因为由题意可知,当 $z = 1$ 时,$B = B_0$. 由于线圈为超导体,电阻 $R = 0$,由电磁感应定律和欧姆定律,对线圈回路有 $-\dfrac{\mathrm{d}\Phi}{\mathrm{d}t} = IR = 0$,积分得

$$\Phi = 常量 = 0 \tag{2}$$

因为当线圈原在远处,$\Phi = 0$. 当线圈平衡于 $z = z_0$ 处时,设线圈中电流为 I_0,则有

$$\frac{B_0}{z_0^3} \pi a^2 - I_0 L = 0 \tag{3}$$

由此得

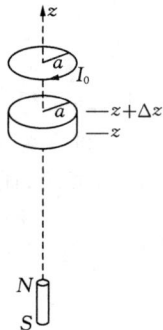

题解 3.58 图

$$I_0 = \frac{B_0 \pi a^2}{L z_0^3} \tag{4}$$

I_0 的方向如图所示.

平衡时线圈重力与安培力相抵,而线圈所受安培力的竖直分量取决于线圈所在处磁场沿线圈半径方向的分量 B_r. 此径向分量可根据磁场高斯定律由 z 分量的变化率求得. 在 z 处作高为 Δz、半径为 a 的圆柱面为高斯面,如图所示. 根据高斯定律,有

$$B_z(z)\pi a^2 = B_z(z + \Delta z)\pi a^2 + B_r \cdot 2\pi a \cdot \Delta z$$

即 $-\dfrac{\partial B_z}{\partial z}\Delta z \cdot \pi a^2 = B_r \cdot 2\pi a \cdot \Delta z$,以(1)式代入,求得

$$B_r = \frac{3}{2} \frac{B_0 a}{z^4} \tag{5}$$

将(4)式、(5)式代入线圈受力平衡方程

$$I_0 B_r(z_0) 2\pi a = mg \tag{6}$$

得 $\dfrac{B_0 \pi a^2}{L z_0^3} \cdot \dfrac{3}{2} \dfrac{B_0 a}{z_0^4} \cdot 2\pi a = mg$,由此求得

$$z_0 = \sqrt[7]{\frac{3 B_0^2 \pi^2 a^4}{Lmg}} \tag{7}$$

（2）当线圈自平衡位置向上移动小量 z' 时，设线圈中电流变为 $I_0 + i$，由（2）式 $\Phi = 0$ 可得

$$\frac{B_0}{(z_0 + z')^3}\pi a^2 - L(I_0 + i) = 0$$

保留一级小量 z'/z_0，上式变为

$$\frac{B_0 \pi a^2}{z_0^3}\left(1 - 3\frac{z'}{z_0}\right) - LI_0 - Li = 0$$

利用（3）式和（4）式，得

$$i = -3\frac{z'}{z_0}\frac{B_0 \pi a^2}{Lz_0^3} = -3I_0\frac{z'}{z_0} \tag{8}$$

此时线圈受力

$$F = (I_0 + i)B_r(z_0 + z')2\pi a - mg$$

由（5）式，有

$$B_r(z_0 + z') = \frac{3}{2}\frac{B_0 a}{(z_0 + z')^4} = \frac{3}{2}B_r(z_0)\left(1 - 4\frac{z'}{z_0}\right)$$

代入上式，

$$F = I_0\left(1 + \frac{i}{I_0}\right)B_r(z_0)\left(1 - 4\frac{z'}{z_0}\right)2\pi a - mg$$

以（8）式代入上式，略去二级以上小量，并利用（6）式，得 $F = -7mg\dfrac{z'}{z_0}$，则线圈运动方程为

$$m\ddot{z}' = F = -7mg\frac{z'}{z_0}$$

可见线圈作简谐振动，角频率为 $\omega = \sqrt{\dfrac{7g}{z_0}}$，周期为 $T = 2\pi\sqrt{\dfrac{z_0}{7g}}$.

例题 3.59　半径为 $r = 0.1\,\text{m}$ 的金属圆环以恒定转速绕其竖直直径转动，一个可以竖直轴自由转动的小磁针放置在圆环中心. 当圆环静止时，磁针指向地磁场的水平分量方向，而当圆环以 $n = 10$ 圈／秒的转速转动时，磁针从它原来的方向偏离了 $2°$，求圆环的电阻 R. 已知当圆环中有电流 I 时，电流在其中心处产生的磁场的磁感应强度为 $\mu_0 I/2r$. $\mu_0/4\pi = 10^{-7}\,\text{N}\cdot\text{A}^{-2}$. 忽略小磁针产生的磁场.

【提示】　注意求交变磁场的时间平均值.

【题解】　取圆环回路正方向与圆面法线方向 s 成右手螺旋.
设 $t = 0$ 时刻圆面 S 方向与地磁场水平分量 B 方向一致，则 t 时刻
通过圆环的磁感应通量为

$$\Phi = BS\cos\omega t = B\pi r^2 \cos\omega t$$

感应电动势

$$\varepsilon = -\frac{d\phi}{dt} = BS\omega\sin\omega t$$

感应电流

$$I = \frac{\varepsilon}{R} = \frac{BS\omega}{R}\sin\omega t = \frac{B\omega\pi r^2}{R}\sin\omega t$$

感应电流产生的磁场

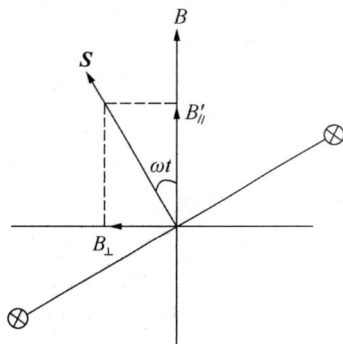

题解 3.59 图

$$B' = \frac{\mu_0 I}{2r} = \frac{\mu_0 B \omega \pi r}{2R} \sin \omega t$$

该磁场的方向与 S 一致,随圆环一起转动. 将其分解为与 B 一致的分量 $B_{/\!/}$ 和与 B 垂直的分量 $B_\perp$ 两部分:

$$B'_{/\!/} = B' \cos \omega t = \frac{\mu_0 B \omega \pi r}{R} \sin \omega t \cos \omega t, \quad B'_\perp = B' \sin \omega t = \frac{\mu_0 B \omega \pi r}{R} \sin^2 \omega t$$

由于圆环在快速旋转,应对 $B'_{/\!/}$ 和 $B'_\perp$ 取时间平均值,不难看出:

$$\overline{B'_{/\!/}} = \frac{\mu_0 B \omega \pi r}{2R} \cdot \frac{1}{2} \overline{\sin 2\omega t} = 0, \quad \overline{B'_\perp} = \frac{\mu_0 B \omega \pi r}{2R} \frac{1}{2} \overline{(1 - \cos 2\omega t)} = \frac{\mu_0 B \omega \pi r}{4R}$$

由题意, $B + B_\perp = B_{合}$ 与 B 成 $\alpha = 2°$,于是有 $\dfrac{B'_\perp}{B} = \dfrac{\mu_0 \omega \pi r}{4R} = \tan 2°$,由此可求出 R:(注意 $\mu_0 = 4\pi \times 10^{-7}$ N·A^{-2})

$$R = \frac{\mu_0 \omega \pi r}{4 \tan 2°} = \frac{\mu_0 2\pi n \pi r}{4 \tan 2°} = \frac{4\pi \times 10^{-7} \times 2\pi \times 10 \times \pi \times 0.1}{4 \tan 2°} = 1.77 \times 10^{-4} (\Omega).$$

以铜为材料,为使其电阻达上述值,铜丝的截面直径约为 9 mm. 读者可自行验证之.

例题 3.60   有一个演示涡流磁效应的实验是这样的:将一个圆柱形磁钢从竖直放置的长金属管口静止释放,如图所示,经短时间加速后,磁钢即以某一恒定速度缓慢下落. 如果将磁钢换成相同形状的铁块,它将加速下落,与自由落体无异(磁钢或铁块在管内的下落情况可从管壁水平开孔中观察到). 试对这一现象作出定量解释.

已知磁钢的直径和高都是 1.5 cm,密度为 7.8 g/cm^3,其端面中心的磁感应强度为 0.3 T,金属(铜)管内径 1.7 cm,外径 2.7 cm,电阻率为 1.67×10^{-8} Ω·m,试由此估算磁钢稳定下落的速度.

积分公式:$\int \sin^n x \, dx = -\dfrac{\sin^{n-1} x \cos x}{n} + \dfrac{n-1}{n} \int \sin^{n-2} x \, dx.$

题 3.60 图

【提示】   将磁钢简化为磁偶极子,金属管简化为一系列共轴排列的圆线圈. 利用能量守恒.

【题解】   当磁钢下落时,由于电磁感应会在金属管中引起感应电流(涡流),根据楞次定律,感应电流形成磁场的极性与磁钢相反,阻碍磁钢下落,使磁钢下落加速度减小,最终使磁钢以某一速度匀速下落. 磁钢的恒定下落速度可由能量关系求得.

为了简化计算,将磁钢看成磁矩为 μ 的磁偶极子,而将金属管设想为一系列共轴(μ 即在轴上)排列的相同圆形线圈. 设每个线圈的半径为 a,电阻为 R,线圈沿轴向的排列密度(即单位长度的匝数)为 n. 不妨设磁偶极子的磁矩 μ 的方向竖直向下. 当 μ 以恒定速度 v 下落的某一瞬时,考察某一线圈中的感应电流. 取金属管的轴为 z 轴,向下为正,原点在 μ 所在处,线圈中心在 μ 的下方 z 处,如图所示. 设线圈导线与 μ 中心(即原点)距离为 r,从原点指向导线的矢量 r 与 z 轴夹角为 θ,则线圈中的感应电动势 $\mathscr{E}$ 等于磁矩 μ 的磁场在周长为 $2\pi a$、宽为 $dz = v dt$ 的环带中的磁通量 $d\Phi$ 与 dt 之比,即

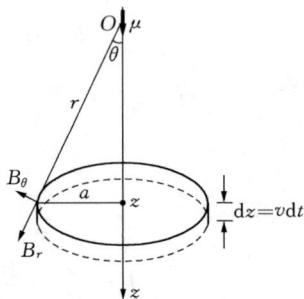

题解 3.60 图

$$|\mathscr{E}| = \frac{d\Phi}{dt} = (B_r \sin \theta + B_\theta \cos \theta) 2\pi a \, dz / dt$$

对磁偶极子的场,有

$$B_r = \frac{\mu_0}{4\pi}\frac{2\mu\cos\theta}{r^3}, \ B_\theta = \frac{\mu_0}{4\pi}\frac{\mu\sin\theta}{r^3}$$

而 $dz/dt = v$,一起代入 $|\mathscr{E}|$ 式,得

$$|\mathscr{E}| = \frac{\mu_0}{4\pi}\Big(\frac{2\mu\cos\theta}{r^3}\sin\theta + \frac{\mu\sin\theta}{r^3}\cos\theta\Big) \cdot 2\pi a v = \frac{3}{2}\mu_0\mu a v\,\frac{\sin\theta\cos\theta}{r^3}$$

则线圈中消耗的焦耳热功率

$$p = I^2R = \varepsilon^2/R = \frac{9\mu_0^2\mu^2 a^2 v^2}{4R}\,\frac{\sin^2\theta\cos^2\theta}{r^6}$$

高为 dz 的区间内共有线圈 $dN = ndz = n\dfrac{r\,d\theta}{\sin\theta}$ 匝,这些线圈消耗的焦耳热功率为

$$dP = p\,dN = pn\,dz = \frac{9\mu_0^2\mu^2 a^2 v^2}{4R}\,\frac{\sin^2\theta\cos^2\theta}{r^6} \cdot n\frac{r\,d\theta}{\sin\theta}$$

$$= \frac{9\mu_0^2\mu^2 a^2 v^2}{4R}\,\frac{\sin\theta\cos^2\theta}{r^5}n\,d\theta = \frac{9\mu_0^2\mu^2 v^2 n}{4Ra^3}\sin^6\theta\cos^2\theta\,d\theta$$

这里利用了 $r = a/\sin\theta$. 所有线圈中消耗的焦耳热功率为对上式的积分. 为了简单起见,可设线圈排列成无限长,故取积分的上、下限分别为 0 与 π,即

$$P = \int dP = \int_0^\pi \frac{9\mu_0^2\mu^2 v^2 n}{4Ra^3}\sin^6\theta\cos^2\theta\,d\theta$$

但

$$\int_0^\pi \sin^6\theta\cos^2\theta\,d\theta = \int_0^\pi \sin^6\theta(1 - \sin^2\theta)\,d\theta = \int_0^\pi (\sin^6\theta - \sin^8\theta)\,d\theta$$

而由题中所给积分公式,有

$$\int_0^\pi \sin^6\theta\,d\theta = -\frac{\sin^5\theta\cos\theta}{6}\Big|_0^\pi + \frac{4}{5}\int_0^\pi \sin^4\theta\,d\theta = \frac{4}{5}\Big[-\frac{\sin^3\theta\cos\theta}{4}\Big|_0^\pi + \frac{3}{4}\int_0^\pi \sin^2\theta\,d\theta\Big]$$

$$= \frac{3}{5}\Big[\frac{1}{2}\theta - \frac{1}{4}\sin 2\theta\Big]_0^\pi = \frac{3\pi}{10}$$

$$\int_0^\pi \sin^8\theta\,d\theta = -\frac{\sin^7\theta\cos\theta}{8}\Big|_0^\pi + \frac{7}{8}\int_0^\pi \sin^6\theta\,d\theta = \frac{7}{8}\cdot\frac{3\pi}{10}$$

$$\int_0^\pi \sin^6\theta\cos^2\theta\,d\theta = \int_0^\pi (\sin^8\theta - \sin^6\theta)\,d\theta = \Big(1 - \frac{7}{8}\Big)\frac{3\pi}{10} = \frac{3\pi}{80}$$

代入 P 表示式,即得所有线圈中消耗的总热功率 $P = \dfrac{9\mu_0^2\mu^2 v^2 n}{4Ra^3}\cdot\dfrac{3\pi}{80}$.

由能量守恒,在磁钢(磁偶极子)稳定下落时,重力对其作功的功率应等于所有线圈中消耗的总热功率,即

$$P = \frac{9\mu_0^2\mu^2 v^2 n}{4Ra^3}\cdot\frac{3\pi}{80} = mgv$$

由此得磁偶极子下落速度 $v = \dfrac{320Ra^3 mg}{27\pi\mu_0^2\mu^2 n}$.

根据题设数据,不难求出

$$m = 7.8 \times \pi \left(\frac{1.5}{2}\right)^2 \times 1.5 = 20.7(\text{g}) = 0.02(\text{kg})$$

$$a = \frac{1}{4}(1.7 + 2.7) = 1.1(\text{cm}) = 0.011(\text{m})$$

金属管厚

$$d = \frac{1}{2}(2.7 - 1.7) = 0.5(\text{cm}) = 0.005(\text{m})$$

将金属管看成一系列并排的线圈，则

$$R/n = \rho \frac{2\pi a}{d} = 1.67 \times 10^{-8} \frac{2\pi \times 0.011}{0.005} = 2.3 \times 10^{-7}(\Omega \cdot \text{m})$$

μ 可由题目所给的磁钢端面磁感应强度求得

$$B_{\text{端}} = \frac{\mu_0}{4\pi} \frac{2\mu}{0.0075^3}, \quad \mu = 0.0075^3 \times 0.3 / 2 \times 10^{-7} = 0.63(\text{J/T})$$

代入 v 表式，得

$$v = \frac{320 \times 2.3 \times 10^{-7} \times 0.011^3 \times 0.02 \times 9.8}{27 \times \pi \times (4\pi \times 10^{-7})^2 \times 0.63^2} = 0.36(\text{m/s})$$

显然，这种估算是十分粗略的.

【点评】　本题是对一个实际问题提出一种简化模型进行理论计算，并对结果作出数值估算. 尽管估算值不一定十分符合实际观测值，但这种方法，尤其是所得结果中 v 对各变量的依赖关系，对实际仍有指导意义.

题 3.61　一平板电容器和一线圈构成振荡电路，线圈的电阻可以忽略，回路中的振荡能量为 W_0. 将电容器的极板缓慢拉开，使回路的振荡频率增大为原来的 η 倍，求在该过程中外力所做的功.

【提示】　当缓慢拉开电容器极板时，外力为交变静电力的时间平均值.

【题解】　电容器两极板带异号电，拉开时外力做正功，同时电容减小，频率增大. 由于拉的过程缓慢，拉力 F 应取时间平均值.

$$F = \frac{\sigma}{2\varepsilon_0} q = \frac{1}{2\varepsilon_0 S} q^2$$

设 $q = q_m \cos\omega t$，$q^2 = q_m^2 \cos^2 \omega t$，则

$$\overline{F} = \frac{1}{2\varepsilon_0 S} \overline{q^2} = \frac{1}{2\varepsilon_0 S} q_m^2 \overline{\cos^2 \omega t} = \frac{1}{4\varepsilon_0 S} q_m^2 \tag{1}$$

因为 $\overline{\cos^2 \omega t} = \frac{1}{2} \overline{(1 - \cos 2\omega t)} = \frac{1}{2}$，上式中 q_m 随着极板逐渐拉开也会逐渐变化. 设两极板间距为 x，则外力的功等于体系能量的增量. 体系能量可用最大电能表示，有

$$W = \frac{1}{2C} q_m^2 \tag{2}$$

因而有

$$\overline{F}\mathrm{d}x = \mathrm{d}W = \frac{1}{2} q_m^2 \mathrm{d}\left(\frac{1}{C}\right) + \frac{1}{C} q_m \mathrm{d}q_m$$

但 $C = \varepsilon_0 \dfrac{S}{x}$，$\dfrac{1}{C} = \dfrac{x}{\varepsilon_0 S}$，这里 S 为极板面积，上式变为

$$\overline{F}\mathrm{d}x = \frac{1}{2}q_m^2\frac{1}{\varepsilon_0 S}\mathrm{d}x + \frac{x}{\varepsilon_0 S}q_m\mathrm{d}q_m \tag{3}$$

以(1) 式代入(3) 式,得

$$\frac{1}{4\varepsilon_0 S}q_m^2\mathrm{d}x + \frac{x}{\varepsilon_0 S}q_m\mathrm{d}q_m = 0$$

消去 $1/\varepsilon_0 S$,得 $\frac{1}{4}q_m^2\mathrm{d}x + xq_m\mathrm{d}q_m = 0$.两边除以 $q_m^2 x$,得 $\frac{1}{4}\frac{\mathrm{d}x}{x} + \frac{\mathrm{d}q_m}{q_m} = 0$.两边积分得

$$\ln x^{\frac{1}{4}} + \ln q_m = 常数 \quad 或 \quad x^{\frac{1}{4}}q_m = 常数 \tag{4}$$

设极板未拉时,其上最大电量为 q_{m0},极板间距为 x_0;拉的过程结束时,极板间距为 x,其上最大电量为 q_m,则由(2) 式有

$$\frac{W}{W_0} = \frac{q_m^2}{2C}\bigg/\frac{q_{m0}^2}{2C_0} = \frac{x}{x_0}\frac{q_m^2}{q_{m0}^2} = \sqrt{\frac{x}{x_0}}\frac{\sqrt{x}}{\sqrt{x_0}}\frac{q_m^2}{q_{m0}^2} \tag{5}$$

但由(4) 式,有 $\sqrt{x}q_m^2 = \sqrt{x_0}q_{m0}^2$,代入(5) 式,得

$$\frac{W}{W_0} = \sqrt{\frac{x}{x_0}} \tag{6}$$

而由题意,$\sqrt{\dfrac{x}{x_0}} = \sqrt{\dfrac{C_0}{C}} = \dfrac{\omega}{\omega_0} = \eta$.因为 $\omega = \sqrt{\dfrac{1}{LC}}$,代入(6) 式,有 $\dfrac{W}{W_0} = \eta$.因而,外力的功

$$A = W - W_0 = (\eta - 1)W_0$$

例题 3.62 已知一电感性用电器在电压 $U = 220\,\text{V}$、频率 $f = 50\,\text{Hz}$ 的电源下消耗功率 $P = 100\,\text{W}$,功率因数 $\cos\varphi = 0.6$.为将功率因数提高到1,问需并联多大的电容?

【提示】　用振幅矢量法.

【题解】　设流过用电器的电流为 I_L,则 I_L 比 U 落后位相 φ.设并联电容为 C,则流过电容的电流 I_C 为 $U/\left(\dfrac{1}{C\omega}\right) = UC\omega$,位相比 U 超前 $\pi/2$. I_L,I_C 和 U 的矢量关系如图所示.为使功率因数提高到1,应使 $\boldsymbol{I} = \boldsymbol{I}_L + \boldsymbol{I}_C$ 与 $\boldsymbol{U}$ 同位相.于是有

$$UC\omega = I_L\sin\varphi$$

由题意有

$$P = I_L U\cos\varphi$$

两式相比即得

$$C = \frac{P\sin\varphi}{\omega U^2\cos\varphi} = \frac{P\sqrt{1-\cos^2\varphi}}{\omega U^2\cos\varphi}$$

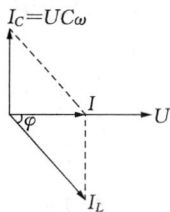

题解 3.62 图

以数据代入有

$$C = \frac{100\sqrt{1-0.6^2}}{100\pi \times 220^2 \times 0.6} = 8.77 \times 10^{-6}\,\text{F} = 8.77(\mu\text{F})$$

例题 3.63 一正四面体各边构成一RLC电路,如图所示.两对边为电阻 R,两对边为电容 C,两对边为电感 L.一幅度为 V_0 的交变电压加在电路的电阻两端.若交变电压的频率为 $\omega = 1/\sqrt{(LC)}$,而电阻 $R = \sqrt{(L/C)}$,求流过电路的总电流.

【提示】　列出基尔霍夫方程(用复数法).

【题解】　设 4 个回路的电流如图所示.既然 $\omega = 1/\sqrt{LC}$,$R = \sqrt{L/C}$,则电

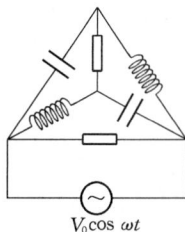

题 3.63 图

阻、电感、电容的复阻抗分别为

$$\widetilde{Z}_R = R$$

$$\widetilde{Z}_L = j\omega L = j\sqrt{L/C} = jR$$

$$\widetilde{Z}_C = 1/j\omega C = -j\sqrt{L/C} = -jR$$

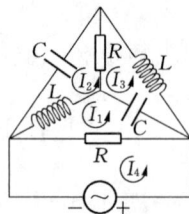

题解 3.63 图

根据基尔霍夫定律,列出回路方程如下:

$$(I_1 - I_4)R + (I_1 - I_2)(jR) + (I_1 - I_3)(-jR) = 0$$

$$I_2(-jR) + (I_2 - I_3)R + (I_2 - I_1)(jR) = 0$$

$$I_3(jR) + (I_3 - I_1)(-jR) + (I_3 - I_2)R = 0$$

$$(I_4 - I_1)R = V_0$$

化简得

$$I_1 - I_4 + j(I_3 - I_2) = 0$$

$$I_2 - I_3 - jI_1 = 0$$

$$I_3 - I_2 + jI_1 = 0$$

$$I_4 - I_1 = V_0/R$$

第二和第三两式实际相同.第二式乘 j 与第一式相加得 $I_1 = I_4/2$,代入第四式即得所求总电流

$$I_4 = 2V_0/R$$

因而电路的等效阻抗为 $R/2$,电路上方的 5 条支路等效为一个电阻 R,并联在底部电阻 R 上.

【点评】 以上 4 个方程只能确定 I_2 与 I_3 之差 $I_2 - I_3$ 为 jV_0/R,但无法确定 I_2 和 I_3 各为何值.只要保持两电流的差为 jV_0/R,I_2 和 I_3 各增加一相同的值不影响结果.这是由于"2"和"3"两回路处于谐振状态(因为 $\omega = 1/\sqrt{LC}$),I_2 和 I_3 的相同增量只增加上方两回路上的电流,而不改变底部电阻两端的电压.

例题 3.64   一个半无限长的网络由电容 C 和电感 L 构成,如图所示.这个网络始于左边的端点 A 和 B,它无限地向右延伸.

(1) 求 A,B 两端的复阻抗;

(2) 一交流电压 $v_0\cos\omega t$ 加于端点 A 和 B 之间而使电流流入,计算由此输入网络的平均功率.

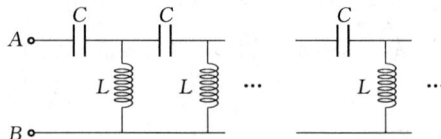

题 3.64 图

【提示】 用复数法并利用无穷边界条件.

【题解】 (1) 等效电路如图所示.其中 $\widetilde{Z}_1 = \dfrac{1}{j\omega C}$,

$\widetilde{Z}_2 = jL\omega$.设 A,B 两端复阻抗为 Z,由题意有

$$\widetilde{Z} = \widetilde{Z}_1 + \frac{\widetilde{Z}\widetilde{Z}_2}{\widetilde{Z} + \widetilde{Z}_2}$$

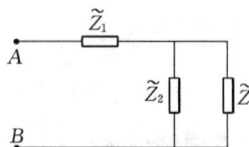

题解 3.64 图

即 $\widetilde{Z}^2 - \widetilde{Z}_1\widetilde{Z} - \widetilde{Z}_1\widetilde{Z}_2 = 0$,解得

$$\widetilde{Z} = \frac{Z_1}{2}\left(1 + \sqrt{1 + 4\frac{\widetilde{Z}_2}{\widetilde{Z}_1}}\right) = \frac{1}{2j\omega C}(1 + \sqrt{1 - 4LC\omega^2})$$

当 $4LC\omega^2 \leqslant 1$,即 $\omega \leqslant \dfrac{1}{2\sqrt{LC}}$ 时,$\widetilde{Z}$ 为纯虚部;当 $4LC\omega^2 > 1$,即 $\omega > \dfrac{1}{2\sqrt{LC}}$ 时,$\widetilde{Z}$ 有虚、实两部.

由于实部不能为负, $\widetilde{Z}$ 表示式根号前只能取"+"号.

（2）平均功率

$$\overline{P} = \frac{1}{2}\mathrm{R_e}[V_0 I_0^*] = \frac{1}{2}|V_0|^2\mathrm{R_e}\left[\frac{1}{\widetilde{Z}}\right]$$

故当 $\omega \leqslant \dfrac{1}{2\sqrt{LC}}$ 时, $\overline{P} = 0$；当 $\omega > \dfrac{1}{2\sqrt{LC}}$ 时, $\overline{P} = \dfrac{1}{2}V_0^2\mathrm{R_e}\left[\dfrac{1}{\widetilde{Z}}\right].$

由(1) 小题可知

$$\frac{1}{\widetilde{Z}} = \frac{2\mathrm{j}\omega C}{1 + \mathrm{j}\sqrt{4LC\omega^2 - 1}} = \frac{2\mathrm{j}\omega C(1 - \mathrm{j}\sqrt{4LC\omega^2 - 1})}{4LC\omega^2}$$

$$\mathrm{R_e}\left[\frac{1}{\widetilde{Z}}\right] = \frac{C\omega}{2LC\omega^2}\sqrt{4LC\omega^2 - 1} = \frac{1}{2L\omega}\sqrt{4LC\omega^2 - 1}$$

$$\overline{P} = \frac{V_0^2}{4L\omega}\sqrt{4LC\omega^2 - 1}$$

例题 3.65　一平板电容器由两块半径为 a 的圆形金属板组成,两板间距为 d. 电容器由沿两板轴线的无电阻长导线供电,两板间电压与时间关系为

$$V(t) = V_0 \sin \omega t$$

设

$$d \ll a \ll c / \omega$$

因而边缘效应可以忽略,推迟效应也可以忽略(即满足似稳条件).

（1）求电容器内电场、磁场与时间的关系；

（2）求由电容器边缘流入电容器的电磁场能流密度和能流；

（3）该能流是否等于电容器内部电磁场能量的时间增长率?说明理由.

【提示】　利用似稳条件,并注意位移电流在激发磁场方面与传导电流等同.

【题解】　（1）由于满足似稳条件,任何时刻两极板上电荷均匀分布. 电场

$$E = \frac{V}{d} = \frac{V_0}{d}\sin \omega t$$

磁场由全电流激发. 由安培环路定律有 $B \cdot 2\pi r = \mu_0\varepsilon_0\dfrac{\partial E}{\partial t}\pi r^2$，将 E 表示式 $\dfrac{\partial E}{\partial t} = \dfrac{V_0\omega}{d}\cos \omega t$ 代入可得

$$B = \frac{\mu_0\varepsilon_0 V_0\omega}{2d}r\cos \omega t$$

（2）在电容器边缘, $r = a$,有 $E = \dfrac{V_0}{d}\sin \omega t$, $B = \dfrac{\mu_0\varepsilon_0 V_0\omega}{2d}a\cos \omega t$,能流密度

$$S = EH = \frac{1}{\mu_0}EB = \frac{\varepsilon_0 V_0^2\omega a}{2d^2}\sin \omega t\cos \omega t$$

由边缘流入电容器的能流

$$I = S \cdot 2\pi ad = \frac{\pi a^2}{d}\varepsilon_0 V_0^2\omega\sin \omega t\cos \omega t$$

（3）极板间电场能量

$$W_e = \int \frac{1}{2}\varepsilon_0 E^2 \, \mathrm{d}\tau = \frac{1}{2}\varepsilon_0 E^2 \cdot \pi a^2 d$$

$$\frac{\mathrm{d}W_e}{\mathrm{d}t} = \varepsilon_0 E \frac{\partial E}{\partial t}\pi a^2 d = \varepsilon_0 \frac{V_0}{d}\sin\omega t \cdot \frac{V_0\omega}{d}\cos\omega t \cdot \pi a^2 d$$

$$= \frac{\pi a^2}{d}\varepsilon_0 V_0^2\omega\sin\omega t\cos\omega t = I$$

而磁场能量

$$W_m = \int \frac{1}{2\mu_0}B^2\,\mathrm{d}\tau = \frac{\mu_0^2\varepsilon_0^2 V_0^2\omega^2}{8\mu_0 d^2}\cos^2\omega t\, r^2 \cdot 2\pi r\mathrm{d}r \cdot d = \frac{\mu_0\varepsilon_0^2 V_0^2\omega^2\pi}{4d}\cos^2\omega t\int_0^a r^3\mathrm{d}r = \frac{\mu_0\varepsilon_0^2 V_0^2\omega^2\pi a^4}{16d}\cos^2\omega t$$

$$\frac{\mathrm{d}W_m}{\mathrm{d}t} = -\frac{\mu_0\varepsilon_0^2 V_0^2\omega^3\pi a^4}{8d}\sin\omega t\cos\omega t$$

根据题设，$a \ll c/\omega$，并注意到 $\varepsilon_0\mu_0 = 1/c^2$，有

$$\left|\frac{\mathrm{d}W_m}{\mathrm{d}t}\Big/\frac{\mathrm{d}W_e}{\mathrm{d}t}\right| = \frac{1}{8}\frac{\omega^2 a^2}{c^2} \ll 1$$

$$\frac{\mathrm{d}W_e}{\mathrm{d}t} + \frac{\mathrm{d}W_m}{\mathrm{d}t} \approx \frac{\mathrm{d}W_e}{\mathrm{d}t} = I$$

可见在似稳条件下，从电容器边缘流入的能量等于两板间电磁场能量的增长率.

例题 3.66　一电路由两个电阻（R_1 和 R_2）、一个电容 C 和交变电压源 V 连接而成，如图所示.

（1）当 $V(t) = V_0\cos\omega t$ 时，求通过 R_1 的电压降 $V_1(t)$ 的振幅和位相；

（2）当 $V(t)$ 为一幅度 U_0 极大、持续时间 Δt 极短的脉冲，即

$$V(t) = \begin{cases} U_0, & 0 < t < \Delta t \\ 0, & t < 0, \ t > \Delta t \end{cases}$$

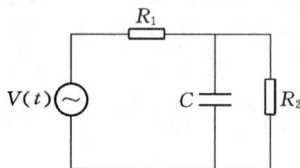

题 3.66 图

而 $U_0\Delta t = A$ 为常量时，试求通过 R_1 的电压降随时间的变化规律.

【提示】　（1）略.

（2）当脉冲加上时，电容可视为短路，而以 U_0/R_1 的电流充电，后以 R_1 与 R_2 的并联电阻放电.

【题解】　（1）用复数求解. 设流过 R_1 的电流为 $\tilde{I}_1$，电路输入阻抗为 $\tilde{Z}$，

$$\tilde{Z} = R_1 + \frac{-\mathrm{j}\frac{1}{\omega C}R_2}{R_2 - \mathrm{j}\frac{1}{\omega C}},\quad \tilde{I}_1 = \frac{\tilde{V}}{\tilde{Z}},\quad \tilde{V}_1 = \tilde{I}_1 R_1 = \frac{R_1}{\tilde{Z}}\tilde{V}$$

$\tilde{V}_1$ 式以 $\tilde{Z}$ 表示式代入，有

$$\tilde{V}_1 = \frac{R_1}{R_1 + \dfrac{-\mathrm{j}\frac{1}{\omega C}R_2}{R_2 - \mathrm{j}\frac{1}{\omega C}}}\tilde{V} = \frac{R_1\left(R_2 - \mathrm{j}\frac{1}{\omega C}\right)}{R_1 R_2 - \mathrm{j}\frac{R_1 + R_2}{\omega C}}\tilde{V}$$

$$= \frac{R_1\sqrt{R_2^2 + \dfrac{1}{\omega^2 C^2}}}{\sqrt{R_1^2 R_2^2 + \left(\dfrac{R_1 + R_2}{\omega C}\right)^2}}\frac{\mathrm{e}^{-\mathrm{j}\varphi_1}}{\mathrm{e}^{-\mathrm{j}\varphi_2}}\tilde{V} = \frac{R_1\sqrt{R_2^2 + \dfrac{1}{\omega^2 C^2}}}{\sqrt{R_1^2 R_2^2 + \left(\dfrac{R_1 + R_2}{\omega C}\right)^2}}\mathrm{e}^{\mathrm{j}(\varphi_2 - \varphi_1)}\tilde{V}$$

$$V_1 = V_0 \frac{R_1 \sqrt{R_2^2 + \dfrac{1}{\omega^2 C^2}}}{\sqrt{R_1^2 R_2^2 + \left(\dfrac{R_1 + R_2}{\omega C}\right)^2}} \cos(\omega t + \varphi)$$

其中

$$\tan \varphi = \tan(\varphi_2 - \varphi_1) = \frac{\tan \varphi_2 - \tan \varphi_1}{1 + \tan \varphi_2 \tan \varphi_1}$$

$$= \frac{\dfrac{R_1 + R_2}{\omega C} \cdot \dfrac{1}{R_1 R_2} - \dfrac{1}{\omega C R_2}}{1 + \dfrac{R_1 + R_2}{\omega C} \cdot \dfrac{1}{R_1 R_2} \cdot \dfrac{1}{\omega C R_2}} = \frac{\omega C R_2^2}{R_1 + R_2 + \omega^2 C^2 R_1 R_2^2}$$

（2）当脉冲刚加上时，C 可视为短路（证明见后），故 C 以 $\dfrac{U_0}{R_1}$ 的电流充电，持续时间 Δt 后，电容两端将积累电荷 $q_0 = \dfrac{U_0}{R_1} \Delta t$ 之后，电容又通过 R_1 和 R_2 并联电阻放电，其上电荷与时间关系为 $q = q_0 \mathrm{e}^{-t' / \frac{R_1 R_2}{R_1 + R_2} C}$，

$$V_1 = \frac{q}{C} = \frac{q_0}{C} \mathrm{e}^{-t' / \frac{R_1 R_2 C}{R_1 + R_2}} = \frac{U_0 \Delta t}{R_1 C} \mathrm{e}^{-t' / \frac{R_1 R_2 C}{R_1 + R_2}}$$

这里 t' 为电容通过 R_1 和 R_2 并联电阻放电时间. 综上结果如下：

$$V_1 = \begin{cases} 0 \ (t < 0) \\ U_0 \ (0 < t < \Delta t) \\ -\dfrac{U_0 \Delta t}{R_1 C} \mathrm{e}^{-(t-\Delta t) / \frac{R_1 R_2 C}{R_1 + R_2}} \ (t > \Delta t) \end{cases}$$

负号表示这时 R_1 右端电势比左端高.

关于当 $V(t)$ 为一短脉冲时，C 可视为短路的证明如下：

当 $V = U_0$（常量）时，如图所示，有

$$\begin{cases} U_0 = i_1 R_1 + i_2 R_2 & (1) \\ i_1 - i_2 = \dfrac{\mathrm{d}q}{\mathrm{d}t} & (2) \\ \dfrac{q}{C} = i_2 R_2 & (3) \end{cases}$$

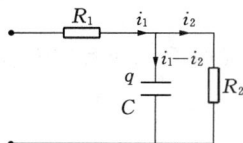

题解 3.66 图

对（3）式求导，代入（2）式得 $i_1 - i_2 = R_2 C \dfrac{\mathrm{d}i_2}{\mathrm{d}t}$，两边乘 R_1 并利用（1）式得

$$U_0 - (R_1 + R_2) i_2 = R_1 R_2 C \frac{\mathrm{d}i_2}{\mathrm{d}t} \tag{4}$$

即为 $\dfrac{\mathrm{d}i_2}{U_0 - (R_1 + R_2) i_2} = \dfrac{\mathrm{d}t}{R_1 R_2 C}$，积分可得

$$i_2 = \frac{U_0}{R_1 + R_2} (1 - \mathrm{e}^{-t/RC}) \tag{5}$$

其中 $R = \dfrac{R_1 R_2}{R_1 + R_2}$. 可见当 $t \to 0$ 时，$i_2 \to 0$. 将（5）式代入（1）式得

$$i_1 = \frac{U_0}{R_1} - \frac{U_0 R_2}{R_1 (R_1 + R_2)} (1 - \mathrm{e}^{-t/RC})$$

可见,当 $t \to 0$ 时,$i_1 \approx \dfrac{U_0}{R_1}$,充电电流

$$i_e = i_1 - i_2 \approx i_1 = \frac{U_0}{R_1}$$

得证.

【点评】 按傅立叶分析,短脉冲相当于一段高频带,而电容的特性是通高频、阻低频,故对短脉冲,电容可视为短路.

例题 3.67 如图所示电路,C_1 上原有电荷 Q_0,C_2 上原不带电.接通电键 K,C_1 将通过电感 L 和电阻 R 放电.调节 R 至某一值 R_0,使放电过程最快且不发生振荡.

(1) 求 R_0 的值;

(2) 在这样的放电过程中,接通 K 后经多少时间,流过电阻 R_0 的电流为最大?并求此最大电流 I_m.

积分公式:$\int x \mathrm{e}^x \mathrm{d}x = x\mathrm{e}^x - \mathrm{e}^x$.

【提示】 (1) 应调节 R 至临界阻尼状态.

(2) 电流最大时,应有 $\mathrm{d}I/\mathrm{d}t = 0$.并利用终态条件.

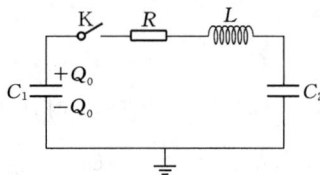

题 3.67 图

【题解】 (1) K 接通后,设电容上电量分别为 Q_1 和 Q_2,流过电阻、电感的电流为 I(见图),则电路方程为

$$IR + L\frac{\mathrm{d}I}{\mathrm{d}t} + \frac{Q_2}{C_2} = \frac{Q_1}{C_1}$$

两边对 t 求导,注意到 $\dfrac{\mathrm{d}Q_2}{\mathrm{d}t} = I$,$-\dfrac{\mathrm{d}Q_1}{\mathrm{d}t} = I$,得

$$L\frac{\mathrm{d}^2 I}{\mathrm{d}t^2} + R\frac{\mathrm{d}I}{\mathrm{d}t} + \left(\frac{1}{C_1} + \frac{1}{C_2}\right)I = 0$$

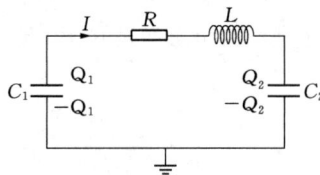

题解 3.67 图

此方程对应的特征方程的根为

$$D = -\frac{R}{2L} \pm \sqrt{\frac{R^2}{4L^2} - \frac{1}{L}\left(\frac{1}{C_1} + \frac{1}{C_2}\right)}$$

根据题意,过程应为临界阻尼状态,故有 $\dfrac{R^2}{4L^2} = \dfrac{1}{L}\left(\dfrac{1}{C_1} + \dfrac{1}{C_2}\right)$,解得

$$R = R_0 = 2\sqrt{L\left(\frac{1}{C_1} + \frac{1}{C_2}\right)}$$

(2) 这时原方程的解为

$$I = (a + bt)\mathrm{e}^{-\frac{R}{2L}t}$$

其中 a,b 由边界条件决定.当 $t = 0$ 时,$I = 0$,故 $a = 0$,有 $I = bt\mathrm{e}^{-\frac{R}{2L}t}$.即为求 I 极大值,令 $\dfrac{\mathrm{d}I}{\mathrm{d}t} = 0$,

$$\frac{\mathrm{d}I}{\mathrm{d}t} = b\mathrm{e}^{-\frac{R}{2L}t} + bt\left(-\frac{R_0}{2L}\right)\mathrm{e}^{-\frac{R}{2L}t} = b\left(1 - \frac{R_0}{2L}t\right)\mathrm{e}^{-\frac{R}{2L}t} = 0$$

得

$$t = \frac{2L}{R_0} = \sqrt{\frac{LC_1C_2}{C_1 + C_2}}$$

当 $t = \dfrac{2L}{R_0}$ 时,

$$\frac{\mathrm{d}^2 I}{\mathrm{d}t^2} = -\frac{R_0 b}{2L}\mathrm{e}^{-\frac{R_0}{2L}t} - \frac{R_0 b}{2L}\mathrm{e}^{-\frac{R_0}{2L}t} + \frac{R_0^2}{4L^2}bt\,\mathrm{e}^{-\frac{R_0}{2L}t} = -\frac{R_0 b}{L}\mathrm{e}^{-\frac{R_0}{2L}t} + \frac{R_0^2}{4L^2}bt\,\mathrm{e}^{-\frac{R_0}{2L}t}$$

以 $t = \dfrac{2L}{R_0}$ 代入上式, 得

$$\frac{\mathrm{d}^2 I}{\mathrm{d}t^2}\Big|_{t=\frac{2L}{R_0}} = \left(-\frac{R_0 b}{L} + \frac{R_0^2}{4L^2}b\frac{2L}{R_0}\right)\mathrm{e}^{-1} = -\frac{R_0 b}{2L}\frac{1}{\mathrm{e}} < 0$$

可见当 $t = \dfrac{2L}{R_0}$ 时 I 有极大值.

为求 I 的极大值 I_{m}, 必须求出 b 值. 可用积分及终态条件得到

$$\int_0^\infty I\mathrm{d}t = \int_0^\infty bt\,\mathrm{e}^{-\frac{R_0}{2L}t}\mathrm{d}t = b\left(-\frac{2L}{R_0}\right)^2\int\left(-\frac{R_0}{2L}t\right)\mathrm{e}^{-\frac{R_0}{2L}t}\mathrm{d}\left(-\frac{R_0}{2L}t\right)$$

$$= b\frac{4L^2}{R_0^2}\left[-\frac{R_0}{2L}t\,\mathrm{e}^{-\frac{R_0}{2L}t} - \mathrm{e}^{-\frac{R_0}{2L}t}\right]_0^\infty = b\frac{4L^2}{R_0^2}$$

而 $\displaystyle\int_0^\infty I\mathrm{d}t = Q_2 = Q_0\frac{C_2}{C_1 + C_2}$, 则 $Q_0\dfrac{C_2}{C_1 + C_2} = b\dfrac{4L^2}{R_0^2}$, 以 R_0 表示式代入得

$$b = Q_0\frac{C_2}{C_1 + C_2}\frac{R_0^2}{4L^2} = \frac{Q_0}{LC_1}$$

代入 I 表示式得 $I = \dfrac{Q_0}{LC_1}t\,\mathrm{e}^{-\frac{R_0}{2L}t}$, 以 $t = \dfrac{2L}{R_0}$ 代入, 并代入 R_0 表示式, 即得电流最大值

$$I_{\mathrm{m}} = \frac{Q_0}{LC_1}\frac{2L}{R_0}\cdot\frac{1}{\mathrm{e}} = \frac{2Q_0}{\mathrm{e}R_0 C_1} = \frac{Q_0}{\mathrm{e}C_1\sqrt{L\left(\dfrac{1}{C_1} + \dfrac{1}{C_2}\right)}}$$

例题 3.68 (1) 图 1 表示 LC 滤波电路, 输入端接频率为 ω 的交变信号, 其输出电压 U_{out} 与输入电压 U_{in} 之比称为传播因数, 用 α 表示:

$$\alpha = U_{\mathrm{out}}/U_{\mathrm{in}}$$

求 α. 当 ω 为何值时, $|\alpha| < 1$?

(2) 图 2 表示 LC 无穷梯形网络, 求其输入(复)阻抗 Z_0;

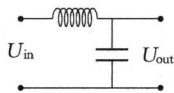   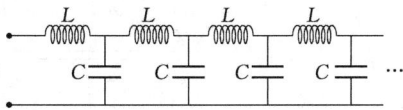

题 3.68 图 1   题 3.68 图 2

(3) 对 LC 无穷梯形网络, 存在一特征频率 ω_c, 当 $\omega < \omega_c$ 时, 输入交变信号将无衰减地通过网络, ω_c 称为截止频率. 求此截止频率 ω_c;

(4) 当 $\omega < \omega_c$ 时, 交变信号将无衰减地通过网络, 但有位相逐级落后, 于是交变信号犹如波动沿网络传播. 设 $\omega \ll \omega_c$, 每节 LC 网络的长度为 Δr, 求信号沿网络的传播速度 v.

【提示】 (1) 用复数表示传播因数, 再用 $|\alpha| < 1$ 的条件求 ω.

(2) 利用无穷边界条件.

(3) 考察相邻两节之间的传播因数 $\alpha_n = U_{n+1}/U_n$ (n 为序数), 并令 $|\alpha_n| = 1$.

(4) 在 $\omega \ll \omega_c$ 条件下求出相邻两节间的位相差 δ, 则信号沿网络传播速度 $v = \Delta r/(\delta/\omega)$.

【题解】 (1) 显然, 传播因数

$$\alpha = \frac{\dfrac{1}{j\omega C}}{j\omega L + \dfrac{1}{j\omega C}} = \frac{1}{1 - LC\omega^2}$$

欲使 $|\alpha| < 1$，应有 $LC\omega^2 > 2$，即 $\omega > \sqrt{\dfrac{2}{LC}}$.

（2）由题意，应有 $jL\omega + \dfrac{1}{j\omega C + \dfrac{1}{\widetilde{Z}_0}} = \widetilde{Z}_0$，即

$$\widetilde{Z}_0^2 - jL\omega\, \widetilde{Z}_0 - \frac{L}{C} = 0$$

解得

$$\widetilde{Z}_0 = \frac{1}{2}jL\omega + \sqrt{\frac{L}{C} - \frac{\omega^2 L^2}{4}}$$

当 $\dfrac{L}{C} > \dfrac{\omega^2 L^2}{4}$ 时，根号项为实部. 由于实部不能为负，故根号前只能取"+"号.

（3）考察相邻两节之间的传播因数 $\alpha_n = \dfrac{U_{n+1}}{U_n}$（$n$ 为自左向右的序号）. 显然，

$$\alpha_n = \frac{U_{n+1}}{U_n} = \frac{\widetilde{Z}_0 - jL\omega}{\widetilde{Z}_0}$$

以 $\widetilde{Z}_0$ 表示式代入，有

$$\alpha_n = \frac{\sqrt{\dfrac{L}{C} - \dfrac{\omega^2 L^2}{4}} - \dfrac{1}{2}jL\omega}{\sqrt{\dfrac{L}{C} - \dfrac{\omega^2 L^2}{4}} + \dfrac{1}{2}jL\omega}$$

当 $\dfrac{L}{C} > \dfrac{\omega^2 L^2}{4}$，即 $\omega < \dfrac{2}{\sqrt{LC}}$ 时，$|\alpha_n| = 1$，电磁扰动将无衰减地通过梯形网络. $\omega_c = \dfrac{2}{\sqrt{LC}}$.

（4）当 $\omega < \omega_c$ 时，有

$$\alpha_n = \frac{\sqrt{\dfrac{L}{C} - \dfrac{\omega^2 L^2}{4} + \dfrac{\omega^2 L^2}{4}}\, e^{-j\delta_1}}{\sqrt{\dfrac{L}{C} - \dfrac{\omega^2 L^2}{4} + \dfrac{\omega^2 L^2}{4}}\, e^{j\delta_1}} = e^{-j2\delta_1} = e^{-j\delta}$$

其中 $\tan\delta_1 = \dfrac{\dfrac{1}{2}L\omega}{\sqrt{\dfrac{L}{C} - \dfrac{\omega^2 L^2}{4}}}$，$\delta = 2\delta_1$，故

$$\tan\delta = \frac{2\tan\delta_1}{1 - \tan^2\delta_1} = \frac{\dfrac{L\omega}{\sqrt{\dfrac{L}{C} - \dfrac{\omega^2 L^2}{4}}}}{1 - \dfrac{\dfrac{1}{4}\omega^2 L^2}{\dfrac{L}{C} - \dfrac{\omega^2 L^2}{4}}} = \frac{L\omega\sqrt{\dfrac{L}{C} - \dfrac{\omega^2 L^2}{4}}}{\dfrac{L}{C} - \dfrac{1}{2}\omega^2 L^2}$$

当 $\omega \ll \omega_c$ 时，$\dfrac{\omega^2 L^2}{4} \ll \dfrac{L}{C}$，有

$$\tan\delta \approx \frac{L\omega\sqrt{\dfrac{L}{C}}}{\dfrac{L}{C}} = \omega\sqrt{LC} \ll 1,\ \delta \approx \omega\sqrt{LC}$$

扰动从一节传播到下节所需时间 $\Delta t = \dfrac{\delta}{\omega} = \sqrt{LC}$，所以信号沿网络的传播速度 $v = \dfrac{\Delta r}{\Delta t} = \dfrac{\Delta r}{\sqrt{LC}}$.

【点评】　本题中的 LC 无穷梯形网络与力学中的质点-弹簧无穷长链模型互成对应,显示扰动(力学扰动或电磁扰动)的逐节传播,传播速度与弹性(力学中的弹簧劲度系数 k,电学中的电容的倒数 $1/C$)和惯性(力学中的质点质量 m,电学中的自感系数 L)有关. 它们分别是弹性棒和传输线的一种集中参量模型(见图). 当它们还原为分布参数的弹性棒和传输线时,传播速度分别为 $\sqrt{Y/\rho}$(Y 为杨氏模量,ρ 为密度)和 $1/\sqrt{L^* C^*} = c$(L^* 和 C^* 分别为单位长传输线的自感和电容,c 为光速). 当空间充满相对介电常数为 ε_r、相对磁导率为 μ_r 的介质时,则有 $\sqrt{L^* C^*} = \dfrac{c}{\varepsilon_r \mu_r}$. 此结果显然适用于截面为任何形状的平行传输线.

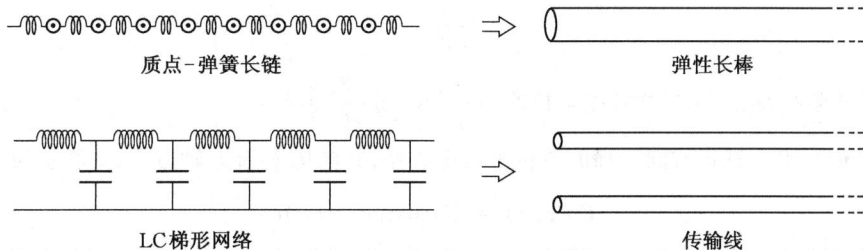

质点-弹簧长链　　　　　　　　　弹性长棒

LC梯形网络　　　　　　　　　　传输线

题解 3.68 图

例题 3.69　　如图所示双 T 交流电路,当 C' 为某一定值时,在一定频率下可使输出电压 U_{out} 为零. 求此 C' 值,并求当 C' 取该值时 U_{out} 为零的频率.

【提示】　利用复阻抗的星角变换.

【题解】　利用 Y-Δ 变换,可将原电路变为如图 1 所示的电路,其中不带撇的是原电路中下部 T 形电路(两个 C 与一个 $R/2$)的变换复阻抗,带撇的是原电路中上部 T 形电路(两个 R 与一个 C')的变换复阻抗. 由对称性可知,$\widetilde{Z}_2 = \widetilde{Z}_3$,$\widetilde{Z}_2' = \widetilde{Z}_3'$. 而 $\widetilde{Z}_2$ 与 $\widetilde{Z}_2'$ 并联后不能为零(否则输入短路),故要使输出电压 U_{out} 为零,只能是使 $\widetilde{Z}_1$ 与 $\widetilde{Z}_1'$ 并联阻抗为无穷大. 而 $\widetilde{Z}_1$ 与 $\widetilde{Z}_1'$ 的并联阻抗为

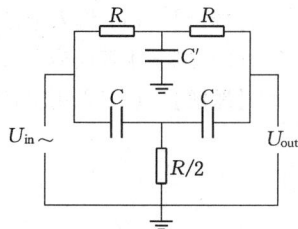

题解 3.69 图

$$\widetilde{Z} = \frac{\widetilde{Z}_1 \widetilde{Z}_1'}{\widetilde{Z}_1 + \widetilde{Z}_1'}$$

欲 $\widetilde{Z} \to \infty$,只能是使 $\widetilde{Z}_1 + \widetilde{Z}_1' = 0$.

与直流的 Y-Δ 变换对应(见图 2),有

$$\widetilde{Z}_1 = \frac{\widetilde{z}_1 \widetilde{z}_2 + \widetilde{z}_2 \widetilde{z}_3 + \widetilde{z}_3 \widetilde{z}_1}{\widetilde{z}_1} = \widetilde{z}_2 + \widetilde{z}_3 + \frac{\widetilde{z}_2 \widetilde{z}_3}{\widetilde{z}_1}$$

$$= \frac{1}{j\omega C} + \frac{1}{j\omega C} + \frac{\dfrac{1}{j\omega C} \cdot \dfrac{1}{j\omega C}}{R/2} = -j\frac{2}{\omega C} - \frac{2}{R\omega^2 C^2}$$

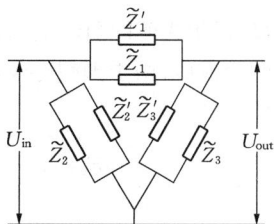

题解 3.69 图 1

同理，

$$\widetilde{Z}_1' = R + R + \frac{R^2}{\dfrac{1}{j\omega C'}} = 2R + jR^2\omega C'$$

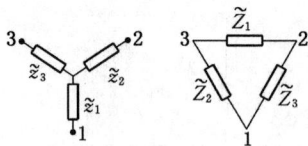
题解 3.69 图 2

欲 $\widetilde{Z}_1 + \widetilde{Z}_1' = 0$，有 $\begin{cases} 2R = \dfrac{2}{R\omega^2 C^2} \\ R^2\omega C' = \dfrac{2}{\omega C} \end{cases}$，由此解得 $\begin{cases} \omega = \dfrac{1}{RC} \\ C' = 2C \end{cases}$. 而这时，

$$\widetilde{Z}_2 = \frac{\widetilde{z}_1\widetilde{z}_2 + \widetilde{z}_2\widetilde{z}_3 + \widetilde{z}_3\widetilde{z}_1}{\widetilde{z}_2} = \widetilde{z}_1 + \widetilde{z}_3 + \frac{\widetilde{z}_1\widetilde{z}_3}{\widetilde{z}_2} = \frac{R}{2} + \frac{1}{j\omega C} + \frac{\dfrac{R}{2}\cdot\dfrac{1}{j\omega C}}{\dfrac{1}{j\omega C}} = R - j\frac{1}{\omega C} = \widetilde{Z}_3$$

同理，

$$\widetilde{Z}_2' = \frac{1}{j\omega C'} + R + \frac{\dfrac{1}{j\omega C'}\cdot R}{\dfrac{1}{j\omega C'}} = R - j\frac{2}{\omega C'} = \widetilde{Z}_3'$$

$\widetilde{Z}_2$ 与 $\widetilde{Z}_2'$ 的并联阻抗及 $\widetilde{Z}_3$ 与 $\widetilde{Z}_3'$ 的并联阻抗均为 $\dfrac{1}{2}\left(R - j\dfrac{2}{\omega C'}\right) \neq 0$.

例题 3.70　沿 z 轴正方向传播的单色平面电磁波，其电场 E 沿 x 轴方向，并表示为

$$E_i(z, t) = E_{i0}\cos(\omega t - kz)\mathbf{i}$$

这电磁波从真空中入射到一无限大的理想导体表面上，设该表面为 $z = 0$ 平面. 试由边界条件和理想导体性质（其内 $E = 0$，$H = 0$），求：

（1）导体外的电磁场表示式；

（2）导体表面的面电流 $\mathbf{i}_C$，并由此求导体表面单位面积上所受的力 $\mathbf{f}$.

【提示】　（1）将入射波与反射波叠加，利用理想导体内 $E = 0$ 及电、磁场边界条件.

（2）在导体表面应用安培环路定律求出面电流，再由安培定律求出导体表面所受的力.

【题解】　（1）入射波的磁场必沿 y 方向，磁场强度可表示为

$$H_i(z, t) = \sqrt{\frac{\varepsilon_0}{\mu_0}}E_{i0}\cos(\omega t - kz)\mathbf{j}$$

这里利用了 $H = \dfrac{1}{\mu_0}B = \dfrac{1}{\mu_0 c}E = \sqrt{\dfrac{\varepsilon_0}{\mu_0}}E$. 反射波必沿 z 轴负方向传播，并可表示为

$$E_r(z, t) = E_{r0}\cos(\omega t + kz)\mathbf{i}$$

$$H_r(z, t) = -H_{r0}\cos(\omega t + kz)\mathbf{j}$$

H_r 表示式前的负号是因为反射波的坡印廷矢量 $\mathbf{S}_r = \mathbf{E}_r \times \mathbf{H}_r$ 要沿负 z 方向. 入射波与反射波在导体表面合成后，由于理想导体内 $E = 0$，而电场切向要连续，故可得 $E_{i0} + E_{r0} = 0$，即 $E_{r0} = -E_{i0}$. 于是导体外总电场为

$$E_x(z, t) = E_i(z, t) + E_r(z, t) = E_{oi}\cos(\omega t - kz) + E_{ro}\cos(\omega t + kz)$$

$$= E_{oi}\cos(\omega t - kz) - E_{oi}\cos(\omega t + kz)$$

$$= E_{oi}[(\cos\omega t\cos kz + \sin\omega t\sin kz) - (\cos\omega t\cos kz - \sin\omega t\sin kz)]$$

$$= 2E_{oi}\sin kz \sin \omega t$$

导体外总磁场则为

$$H_y(z,\ t) = H_i(z,\ t) + H_r(z,\ t) = H_{io}\cos(\omega t - kz) - H_{ro}\cos(\omega t + kz)$$

$$= \sqrt{\frac{\varepsilon_0}{\mu_0}}E_{io}\cos(\omega t - kz) - \sqrt{\frac{\varepsilon_0}{\mu_0}}E_{ro}\cos(\omega t + kz)$$

$$= \sqrt{\frac{\varepsilon_0}{\mu_0}}E_{io}\cos(\omega t - kz) + \sqrt{\frac{\varepsilon_0}{\mu_0}}E_{io}\cos(\omega t + kz)$$

$$= \sqrt{\frac{\varepsilon_0}{\mu_0}}E_{io}[(\cos \omega t\cos kz + \sin \omega t\sin kz) + (\cos \omega t\cos kz - \sin \omega t\sin kz)]$$

$$= 2\sqrt{\frac{\varepsilon_0}{\mu_0}}E_{io}\cos kz\cos \omega t$$

(2) 在导体表面两边 H 不连续,说明导体表面有面电流.对图中的回路 $abcda$ 应用安培环路定律,有

$$\oint \boldsymbol{H} \cdot \boldsymbol{dl} = H \cdot \overline{ab} = 2\sqrt{\frac{\varepsilon_0}{\mu_0}}E_{io}\cos \omega t \cdot \overline{ab} = i_c \cdot \overline{ab}$$

故 $\boldsymbol{i}_c = 2\sqrt{\dfrac{\varepsilon_0}{\mu_0}}E_{io}\cos \omega t \boldsymbol{i}$,方向沿 x 轴.导体表面单位面积上所受的力

$$\boldsymbol{f} = \boldsymbol{i}_c \times \overline{\boldsymbol{B}} = \boldsymbol{i}_c \times \mu_0\overline{\boldsymbol{H}} = \frac{1}{2}\boldsymbol{i}_c \times \mu_0\boldsymbol{H}_{\text{表面}}$$

$$= \frac{1}{2} \cdot 2\sqrt{\frac{\varepsilon_0}{\mu_0}}E_{io}\cos \omega t \boldsymbol{i} \times \mu_0 \cdot 2\sqrt{\frac{\varepsilon_0}{\mu_0}}E_{io}\cos \omega t \boldsymbol{j}$$

$$= 2\varepsilon_0 E_{oi}^2\cos^2 \omega t \boldsymbol{k}$$

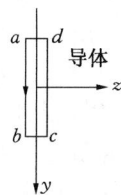

题解 3.70 图

因为作用在电流上的平均磁场应为导体表面磁场的一半,故 $\boldsymbol{f}$ 表示式中前面多了个因子 "$\dfrac{1}{2}$".由于 $\cos^2 \omega t$ 对时间的平均值等于 $1/2$,因此 $\boldsymbol{f}$ 的平均值

$$\overline{\boldsymbol{f}} = 2\varepsilon_0 E_{oi}^2\ \overline{\cos^2 \omega t}\ \boldsymbol{k} = \varepsilon_0 E_{oi}^2\boldsymbol{k}$$

【点评】　本题中由于电磁波被金属表面完全反射,导体表面单位面积上所受的力等于电磁场平均动量密度 G 与光速 c 乘积的两倍,即 $\overline{f} = 2Gc$,又等于坡印廷矢量与光速之比的两倍,即 $\overline{f} = 2S/c$,在数值上恰等于电磁场平均能量密度的两倍.

第 4 章 光 学

例题 4.01 一足够大的圆锥面的内表面为镜面,其内充满一以锥顶为球心、r 为半径的球冠,球冠的外表面涂黑,能完全吸收射于其上的光. 锥内一点光源 S 位于圆锥的轴上,与锥顶的距离为 $d(d > r)$,S 向外均匀发光. 求从 S 发出的光被涂黑面吸收的比例.

【提示】 注意被锥面反射的光也可能被涂黑面吸收.

【题解】 如图所示,自 S 发出的光可直接射到涂黑的球冠上,如图中的光线 SA;也可经锥面内表面(镜面)反射而射到球冠上,如图中的光线 SB_1B;还可经锥面二次或多次反射而到达球冠上(图中未画出). 但经反射而到达球冠上某点(如 B)的光,其对应的自 S 发出的光的延长线仍射向球壳上该点(B)的镜像(B'),由于这些镜像(包括多次反射的镜像)与锥顶 O 的距离与球壳上的对应点相同,故这些像点都在以 O 为球心、r 为半径的球面上,如图所示(图上锥外部分球面用虚线表示). 因而自 S 点发出而到达涂黑面的光,等效于自 S 发出而射向该球面的光,于是自 S 发出而到达球冠的光的最大张角由 S 至该球的切线 SD 决定. 由图可知,SD 与轴 SO 的夹角 θ 满足 $\sin\theta = \dfrac{r}{d}$.

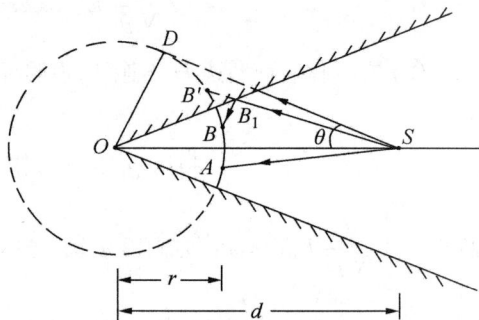

题解 4.01 图

对发光均匀的情况,光的通量与立体角成正比,而半顶角为 θ 的锥所包围的立体角为 $2\pi(1-\cos\theta)$,因而本题所求 S 所发的光被涂黑面吸收的比例为

$$\eta = \frac{2\pi(1-\cos\theta)}{4\pi} = \frac{1}{2}\left[1 - \sqrt{1-\sin^2\theta}\right] = \frac{1}{2}\left[1 - \sqrt{1-\frac{r^2}{d^2}}\right]$$

例题 4.02 光从顶角为 A 的棱镜的主截面内入射,入射角为 i,经两次折射后出射,如图所示. 棱镜材料的折射率为 n.

(1) 求出射光与入射光的偏向角 δ;

(2) 在什么情况下偏向角 δ 最小?并求此最小偏向角 δ_m.

【提示】 (1) 将偏向角 δ 表为 $\delta = i + r' - A$(r' 为出射角),利用折射定律将 δ 表为入射角 i 的函数.

(2) 令 $\mathrm{d}\delta/\mathrm{d}i = 0$,最后得出结果.

【题解】 (1) δ 应为光在两次折射中偏向角之和. 由图 1 可知

$$\delta = i - r + r' - i'$$

由几何关系,有

$$r + i' = A \tag{1}$$

于是

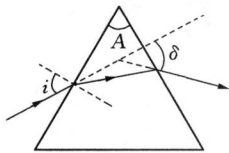

题 4.02 图

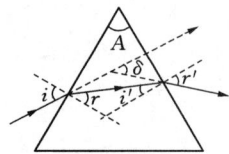

题解 4.02 图 1

$$\delta = i + r' - A \tag{2}$$

由折射定律,有

$$\sin i = n\sin r \tag{3}$$

$$\sin r' = n\sin i' \tag{4}$$

由(1)式得 $i' = A - r$,代入(4)式并利用(3)式,有

$$\sin r' = n\sin(A - r) = n(\sin A\cos r - \cos A\sin r) = \sin A\sqrt{n^2 - \sin^2 i} - \cos A\sin i$$

代入(2)式得

$$\delta = i + \arcsin(\sin A\sqrt{n^2 - \sin^2 i} - \cos A\sin i) - A$$

(2) 为使 δ 为极小,应有 $\dfrac{\mathrm{d}\delta}{\mathrm{d}i} = 0$. 对(2)式求导,并令其等于零,$\dfrac{\mathrm{d}\delta}{\mathrm{d}i} = 1 + \dfrac{\mathrm{d}r'}{\mathrm{d}i} = 0$,得

$$\frac{\mathrm{d}r'}{\mathrm{d}i} = -1 \tag{5}$$

对(3)式、(4)式微分,

$$\cos i\,\mathrm{d}i = n\cos r\,\mathrm{d}r$$

$$\cos r'\,\mathrm{d}r' = n\cos i'\,\mathrm{d}i'$$

两式相比,利用(1)式微分结果 $\mathrm{d}r = -\mathrm{d}i'$ 及(5)式可得 $\dfrac{\cos i}{\cos r'} = \dfrac{\cos r}{\cos i'}$,再以(3)式、(4)式代入得

$$\frac{1 - \sin^2 i}{1 - \sin^2 r'} = \frac{n^2 - \sin^2 i}{n^2 - \sin^2 r'}$$

由于 $n \neq 1$,欲上式成立,应有 $i = r'$,由此有 $r = i'$. 可见,当入射光与出射光对称时,偏向角 δ 取极值 δ_m. 进一步检验证明,这时 δ 取极小值,即 $\delta_m = \delta_{\min}$.

在 $\delta = \delta_m$ 情况下,由(1)式、(2)式有

$$r = i' = A/2$$

$$i = r' = (\delta_m + A)/2$$

代入(3)式得

$$n = \frac{\sin(\delta_m + A)/2}{\sin A/2} \quad 或 \quad \delta_m = 2\arcsin(n\sin A/2) - A \tag{6}$$

【点评】　实验中最小偏向角易于精确测得,故常利用(6)式测定棱镜材料的折射率.

若只要论证光路对称时偏向角取极值,还可用更简洁的方法,现简述如下:

设对称光路为 1—1′,如图 2 所示,这时入射角与出射角相等 ($i = r$),偏向角设为 δ. 现让光线以略大的入射角入射,则其出射角略小,这时光路记为 2—2′,设此光路的偏向角为 $\delta' \neq \delta$. 由光路可逆性原理,光也可逆向、沿 2′—2 的路径行进. 这相当于光线的入射角比光路对称时减小了(出射角增大了),但 2′—2 的偏向角仍为 δ. 既然不论入射角比对称光路时的值增大还是减小,偏向角相同,可见对称光路时的偏向角必取极值.

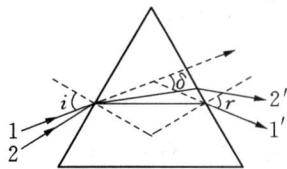

题解 4.02 图 2

例题 4.03　(1) 阿米西棱镜由两块直角棱镜和一块等腰棱镜拼接而成,如图所示. 两种棱镜材料的折射率分别为 n_1 和 n_2. 适当选取等腰棱镜的顶角 α,可使在主截面内平行底面入射的光线不发生任何偏折地出射,而成直视棱镜. 求 α;

（2）设直角棱镜和等腰棱镜分别由冕牌玻璃和火石玻璃制成,试对光线 $F(\lambda = 4\ 861\ \text{Å})$ 计算 α 值. 并算出 $C(\lambda = 6\ 563\ \text{Å})$ 和 $G(\lambda = 4\ 341\ \text{Å})$ 这两种光线之间的色散角. 冕牌玻璃和火石玻璃对 $D(\lambda = 5\ 893\ \text{Å})$, F, C, G 光线的折射率如下表所示.

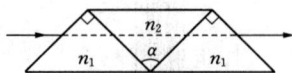
题 4.03 图

折射率表

名 称	n_D	$n_F - n_C$	$n_F - n_D$	$n_G - n_F$
冕牌玻璃	1.510 0	0.008 05	0.005 65	0.004 51
火石玻璃	1.755 0	0.027 43	0.019 75	0.017 30

【提示】 （1）利用光路对称性和折射定律.
（2）用计算器逐一计算.

【题解】 （1）由对称性可知,光线在等腰棱镜中行进时必平行于底面,如图 1 所示. 在界面 1 和界面 2 上应用折射定律,有

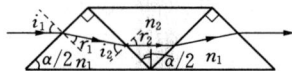
题解 4.03 图 1

$$\sin i_1 = n_1 \sin r_1 \tag{1}$$

$$n_1 \sin i_2 = n_2 \sin r_2 \tag{2}$$

由几何关系,有

$$i_1 = \frac{\pi}{2} - \frac{\alpha}{2}, \quad i_2 = \frac{\pi}{2} - r_1, \quad r_2 = \frac{\alpha}{2}$$

代入（1）式、（2）式得

$$\cos \frac{\alpha}{2} = n_1 \sin r_1$$

$$n_1 \cos r_1 = n_2 \sin \frac{\alpha}{2}$$

由以上二式即可解得

$$\sin \frac{\alpha}{2} = \sqrt{\frac{n_1^2 - 1}{n_2^2 - 1}}$$

$$\alpha = 2\arcsin \sqrt{\frac{n_1^2 - 1}{n_2^2 - 1}} \tag{3}$$

（2）对 F 线有

$$n_1^F = 1.515\ 65, \quad n_2^F = 1.774\ 75$$

代入（3）式得

$$\alpha = 2\arcsin \sqrt{\frac{1.515\ 65^2 - 1}{1.774\ 75^2 - 1}} = 101.94°$$

对 C 线和 G 线,有

$$n_1^C = 1.507\ 60, \quad n_2^C = 1.747\ 32$$

$$n_1^G = 1.520\ 16, \quad n_2^G = 1.792\ 05$$

根据图 2 标记,依次算得各折射角如下表所示. 最后一列为出射光对入射光的偏向角 δ,以逆时针为正,

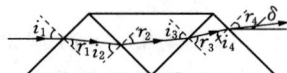
题解 4.03 图 2

$$\delta = -(i_1 - r_1) + (i_2 - r_2) + (r_3 - i_3) - (r_4 - i_4)$$

题解 4.03 表

角度 光线	i_1	r_1	i_2	r_2	i_3	r_3	i_4	r_4	δ
F 线	39.03	24.55	65.45	50.97	50.97	65.44	24.55	39.03	0
C 线	39.03	24.69	65.31	51.62	50.31	63.12	26.88	42.98	-3.94
G 线	39.03	24.47	65.53	50.54	51.40	67.11	22.89	36.25	$+2.78$

故 C 线和 F 线的色散角为

$$\Delta = \delta_G - \delta_C = 6.72°$$

例题 4.04 　微小平行差的测量. 一平板玻璃前后两平面不严格平行,有微小夹角 θ(约 $10'' \approx 5 \times 10^{-5}$ rad). 为测量此微小夹角,用激光点光源 S 照射平板,利用激光的高单色性,S 在前后两表面反射(及折射) 所形成的像 S_1, S_2 将发生干涉,并在过 S 的屏上形成干涉条纹,如图所示. 试问:

(1) 干涉条纹的形状如何?

(2) 已知干涉条纹中心 C 与 S 点的距离为 b,S 与平板前表面相距 D,平板厚度为 d,$D \gg d$,玻璃折射率为 n,求 θ.

(3) 实验测得 $b = 3.2$ cm,$D = 1.0$ m,$d = 1.0$ cm,$n = 1.5$,求 θ 值.

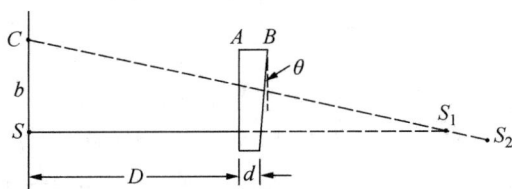

题 4.04 图

【**提示**】 　先利用反射、折射定律和几何关系求出像 S_1, S_2 的位置.

【**题解**】 　取 S 垂直射入 A 表面的光线为 x 轴,该光线与 A 表面的交点为坐标原点,取 y 轴向下,如图所示,则 S 的坐标为 $(-D, 0)$,经 A 面反射得像 $S_1(D, 0)$,S 经 A 面折射后成虚像 $S'(-nD, 0)$,S' 经 B 面反射成虚像 $S''[nD + 2d, 2(nD + d)\theta]$,$S''$ 再经 A 面折射成虚像 $S_2\left[D + \dfrac{2d}{n}, 2(nD + d)\theta\right]$.

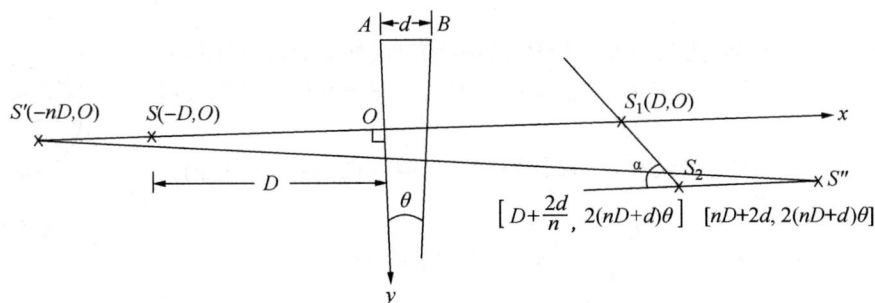

题解 4.04 图

(1) S_1, S_2 即为两相干光源,其干涉条纹(在过 S 的垂直屏上) 为同心圆,圆心为 $\overline{S_1 S_2}$ 延长线与屏的交点 C.

(2) 由图中几何关系,有

$$\tan\alpha \approx \alpha = \frac{y_{s_2} - y_{s_1}}{x_{s_2} - x_{s_1}} = \frac{2(nD + d)\theta}{2d/n} = \frac{n(nD + d)\theta}{d}$$

而由实验测量值有 $\tan\alpha = \dfrac{b}{2D}$,由以上两式得 $\dfrac{n(nD + d)\theta}{d} = \dfrac{b}{2D}$,由此即得

$$\theta = \frac{bd}{2nD(nD+d)} \text{（当 } d \ll D \text{ 时，} \theta \approx \frac{bd}{2n^2 D^2}\text{）}$$

（3）以数据代入可得

$$\theta = \frac{3.2 \times 1.0}{2 \times 1.5^2 \times 100^2} = 7.1 \times 10^{-5} (\text{rad}) = 14.6''$$

例题 4.05 将折射率为 n 和 n' 的两种均匀介质隔开的旋转曲面具有如下特性：由旋转轴上某定点 P 发出的光经曲面折射后无像差地会聚到同轴上另一点 P'. 这个表面称为笛卡儿卵形面. 用通过轴的平面去截这个曲面，求截线方程. 研究在什么情况下，这个曲线变为二次曲线.

【提示】 取截面为 xy 平面，旋转轴为 x 轴，利用物像等光程性列出截线方程，再化简、讨论.

【题解】 取截面为 xy 平面、直线 PP'（即旋转轴）为 x 轴，笛卡儿卵形线与 x 轴的交点为坐标原点. 用 q 和 q' 表示点 P 和 P' 的 x 坐标. 由于笛卡儿卵形面为消像差表面，根据物、像等光程性（即费马原理），截线方程为

$$n\sqrt{(x-q)^2 + y^2} + n'\sqrt{(x-q')^2 + y^2} = n'q' - nq$$

去根号后，上式变为

$$(n^2 - n'^2)^2 (x^2+y^2)^2 + 4(n^2-n'^2)(n'^2 q' - n^2 q)(x^2+y^2)x + 4nn'(nq-n'q')(nq-n'q)(x^2+y^2) + 4(n^2 q - n'^2 q')^2 x^2 + 8nn'(n'-n)(nq-n'q')qq'x = 0 \tag{1}$$

（1）式为四次方程，若使之成为二次方程有 3 种情况：

（1）若 $n^2 - n'^2 = 0$，此式有意义的是 $n + n' = 0$（即面镜）的情况. 这时上式变为

$$4qq'x^2 + (q+q')^2 y^2 - 4qq'(q+q')x = 0 \tag{2}$$

即

$$\frac{\left(x - \frac{q+q'}{2}\right)^2}{\left(\frac{q+q'}{2}\right)^2} + \frac{y^2}{qq'} = 1 \tag{3}$$

当 $qq' > 0$ 时，(3) 式是焦点为共轭点 P 和 P' 的椭圆方程(椭圆面镜，见图1)；当 $qq' < 0$ 时，(3) 式是焦点为 P 和 P' 的双曲线方程(双曲面镜，见图2，此时 P' 为虚像.)

2）若 $q = \infty$，即 P 点在无穷远. 仅保留 (1) 式中 q 的高次项，并消去 $4q^2 n^2$，得到

$$(n'^2 - n^2)x^2 + n'^2 y^2 - 2n'(n'-n)q'x = 0 \tag{4}$$

当 $n' > n$ 时，(4) 式为椭圆方程，其半轴为

$$a = \frac{n'}{n'+n}q', \quad b = q'\sqrt{\frac{n'-n}{n'+n}}$$

偏心率为

$$e = \frac{\sqrt{a^2 - b^2}}{a} = \frac{n}{n'} < 1$$

（见图 3）. 当 $n' < n$ 时，(4) 式为双曲线方程，其半轴为

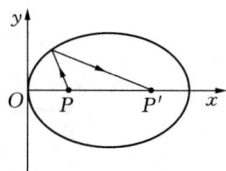

题解 4.05 图 1

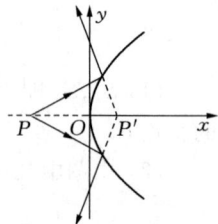

题解 4.05 图 2

$$a = \frac{n'}{n'+n}q', \quad b = q'\sqrt{\frac{n-n'}{n+n'}}$$

偏心率为

$$e = \frac{\sqrt{a^2+b^2}}{a} = \frac{n}{n'} > 1$$

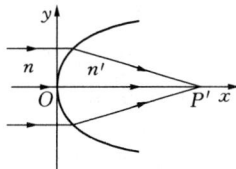

题解 4.05 图 3

此时,P' 为虚像(见图 4).

（3）当 $qn = q'n'$ 时,(1) 式变为

$$[(n+n')(x^2+y^2) - 2qnx]^2 = 0 \tag{5}$$

这是两个重叠的圆方程.在此情况下,消像差表面是半径为 R 的球面,

$$R = \frac{qn}{n+n'} = \frac{q'n'}{n+n'} \tag{6}$$

可参见题 4.11.

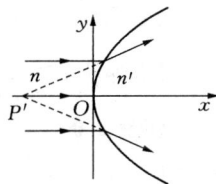

题解 4.05 图 4

　　【点评】　无像差折射面一般为四次曲面,而且一对共轭点对应一个曲面,因而有实用价值、物理上又易于实现的折射成像方法只有近轴球面折射.只有一对共轭点(称为齐明点)所对应的折射曲面为球面.我们将在题 4.15 中更详细地讨论这种情况及其应用.

　　例题 4.06　　根据笛卡儿理论,虹是由太阳光线经水滴的折射和反射而形成的.虹的角半径可由入射光线在水滴内反射一次再折射后出射时获得最大强度的要求来确定.将水滴看成球形,折射率为 n,求虹的角半径 α.已知水对红光和紫光的折射率分别为 $n_{红} = 1.329, n_{紫} = 1.343$,试求虹对红光和紫光的角半径 $\alpha_{红}$ 和 $\alpha_{紫}$ 的值.

　　【提示】　先利用折射定律和几何关系将偏向角 δ 的补角 α 表为入射角 i 与折射角 r 的函数(见图),由 $\frac{\mathrm{d}\alpha}{\mathrm{d}i} = 0$ 决定 α,因为在该方向上光线最集中,α 即虹的角半径.

　　【题解】　当入射角为 i 时,设折射角为 r,则出射光对入射光的偏向角为 $\delta = \pi - \alpha$,如图所示,且有

$$\frac{\alpha}{2} = r - (i-r) = 2r - i \tag{1}$$

对不同位置的水滴,入射角 i 不同.当 $\frac{\mathrm{d}\alpha}{\mathrm{d}i} = 0$ 时,i 的变化引起 α 的变化最小,故出射光有最大强度.于是虹的角半径 α 可由 $\frac{\mathrm{d}\alpha}{\mathrm{d}i} = 0$ 求出.对(1)式求导,并令其等于零,

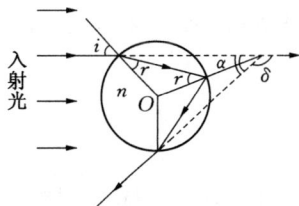

题解 4.06 图

$$\frac{1}{2}\frac{\mathrm{d}\alpha}{\mathrm{d}i} = 2\frac{\mathrm{d}r}{\mathrm{d}i} - 1 = 0$$

得 $\frac{\mathrm{d}r}{\mathrm{d}i} = \frac{1}{2}$.由折射定律

$$\sin i = n\sin r$$

对上式求导,并以 $\frac{\mathrm{d}r}{\mathrm{d}i} = \frac{1}{2}$ 代入,可得

$$\cos i = \frac{1}{2}n\cos r$$

由上式并应用折射定律,得

$$\cos i = \frac{1}{2}n\sqrt{1 - \sin^2 r} = \frac{1}{2}\sqrt{n^2 - \sin^2 i}$$

由此解得

$$\cos i = \sqrt{\frac{n^2-1}{3}}, \ \sin i = \sqrt{\frac{4-n^2}{3}}, \ \sin r = \sqrt{\frac{4-n^2}{3n^2}}$$

代入(1)式,得

$$\alpha = 4r - 2i = 4\arcsin\sqrt{\frac{4-n^2}{3n^2}} - 2\arcsin\sqrt{\frac{4-n^2}{3}} \tag{2}$$

以相应折射率 $n_{红} = 1.329$, $n_{紫} = 1.343$ 代入(2)式,得 $\alpha_{红} = 42°40'$, $\alpha_{紫} = 40°39'$. 因而通常在雨后见到的彩虹,外圈呈红色,内圈呈紫色.

【点评】　解本题的关键是由 $\dfrac{\mathrm{d}\alpha}{\mathrm{d}i} = 0$ 确定 α.

例题 4.07　一人站在直长跑道上,由于温差的原因,跑道上方的空气折射率随高度线性变化,即 $n = n_0(1+\alpha y)$,其中 $|\alpha| = 1.5 \times 10^{-6}$ m^{-1},结果他无法看清距离 d 远处的跑道($y=0$). 若他的眼睛离地面高 1.7 m,求 d 值. 另外,温度将随高度如何变化?

【提示】　利用折射定律和小量近似($\alpha \ll 1$,光线弯曲很小),积分即得.

【题解】　取跑道为 x 轴,y 轴竖直向上. 由题意,可设光线自原点(地面)沿 x 正向发出,逐渐向上弯曲,故 n 应随高度而增大,即 $\alpha > 0$. 由折射定律,在任一高度处有 $n\sin\theta = C$,即 $n\cos\varphi = C$,θ,φ 的意义如图所示. 常数 C 可由地面处的值求得,$C = n_0\cos 0° = n_0$,原式变为

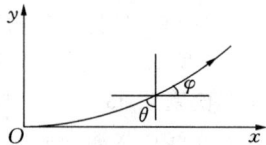
题解 4.07 图

$$n\cos\varphi = n_0 \tag{1}$$

可将 φ 与光线的斜率联系起来,

$$\cos\varphi = \frac{1}{\sqrt{1+\tan^2\varphi}} = \frac{1}{\sqrt{1+\left(\dfrac{\mathrm{d}y}{\mathrm{d}x}\right)^2}}$$

代入(1)式,并将 n 与 y 的关系代入,得

$$n_0(1+\alpha y)\frac{1}{\sqrt{1+\left(\dfrac{\mathrm{d}y}{\mathrm{d}x}\right)^2}} = n_0$$

即 $1+\alpha y = \sqrt{1+\left(\dfrac{\mathrm{d}y}{\mathrm{d}x}\right)^2}$. 由于 $\alpha \ll 1$,$\sqrt{1+\left(\dfrac{\mathrm{d}y}{\mathrm{d}x}\right)^2} \approx 1 + \dfrac{1}{2}\left(\dfrac{\mathrm{d}y}{\mathrm{d}x}\right)^2$,代入得 $\dfrac{\mathrm{d}y}{\mathrm{d}x} = \sqrt{2\alpha y}$ 或 $\dfrac{\mathrm{d}y}{\sqrt{y}} = \sqrt{2\alpha}\,\mathrm{d}x$. 两边积分得 $2\sqrt{y}\,\big|_0^{1.7} = \sqrt{2\alpha}\,d$,由此解得

$$d = \frac{2\sqrt{1.7}}{\sqrt{2\alpha}} = 1.5 \times 10^3 \, (\text{m})$$

由于折射率随空气密度增大而增大,而由公式 $p = nkT$,在压强一定情况下,$n \propto T^{-1}$,现 n 随高度增大,可见温度随高度降低. 沙漠上常出现这种情况. 再将光线按此规律逆向延伸,此人就能向下看到天光.

【点评】　光线通过折射率连续变化介质的弯曲现象是海市蜃楼现象的物理基础. 海市蜃楼现象常出现在沙漠或海上,这是因为在这些地方温度随高度变化较明显、空间又比较开阔、易于观察的缘故. 因海面温度通常比其上空低,折射率随高度减小,光线弯曲方向与本题相反,因而沙漠上应易见"湖泊"(其实是天光)、海面上空易见"楼阁"(陆上景观).

例题 4.08　天文折射是指星体的方位角 α(星体的方向与地面法线的夹角)因大气的折射而发生的改变. 设星体的表观方位角为 α_0,地面处的折射率为 n_0.

(1) 忽略地球表面的弯曲,证明天文折射与空气折射率随高度变化的规律无关,而仅与 n_0 和 α_0 的

值有关. 并求天文折射 $\alpha - \alpha_0$ 的近似表示式(此公式在 $\alpha < 75°$ 时成立).

(2) 若考虑到地球表面的弯曲,则天文折射与空气折射率随高度变化的规律有关. 设空气是折射率为 n、高度为 h 的均匀透明层,试求天文折射 $\alpha - \alpha_0$ 的表示式.

(3) 设 $n = 1.00028$, $h = 4.0$ km,地球半径 $R = 6370$ km, $\alpha_0 = 90°$,求天文折射 $\alpha - \alpha_0$ 的值.

【提示】 (1) 利用折射定律和小角近似 $[(\alpha - \alpha_0)$ 为一小角]. (2) 略.

【题解】 (1) 由折射定律 $n_0 \sin \alpha_0 = \sin \alpha$,这里 α 为大气层以外的光线与地面法线的夹角,而在大气层以外, $n = 1$. 由于 $\alpha - \alpha_0$ 为一小量,可设其为 $\Delta \alpha$,则 $\alpha = \alpha_0 + \Delta \alpha$,代入上式,有

$$n_0 \sin \alpha_0 = \sin(\alpha_0 + \Delta \alpha) \approx \sin \alpha_0 + \cos \alpha_0 \Delta \alpha$$

由此得

$$\alpha - \alpha_0 = \Delta \alpha \approx (n_0 - 1) \tan \alpha_0 \tag{1}$$

(2) 当表观方位角为 α_0 时,实际方位角 α 可由光线在空气与真空交界面上的折射求得. 如图所示,设在该交界面处光线的入射角与折射角分别为 α_1 和 α_2,由折射定律有

$$\sin \alpha_1 = n \sin \alpha_2 \tag{2}$$

由几何关系不难看出 $\alpha_1 - \alpha_2 = \alpha - \alpha_0 = \Delta \alpha$ 即为天文折射. 由于 $\Delta \alpha \ll 1$,

$$\sin \alpha_1 = \sin(\alpha_2 + \Delta \alpha) = \sin \alpha_2 \cos \Delta \alpha + \cos \alpha_2 \sin \Delta \alpha \approx \sin \alpha_2 + \cos \alpha_2 \Delta \alpha$$

以(2)式代入即得

$$\Delta \alpha = (n - 1) \tan \alpha_2 \tag{3}$$

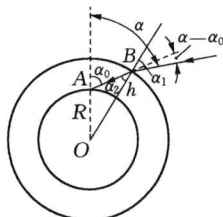

题解 4.08 图

不难将 α_2 与 α_0, R, h 联系起来. 如图所示,在 $\triangle OAB$ 中应用正弦定理,有 $\sin \alpha_2 = \dfrac{R}{R+h} \sin \alpha_0$,代入(3)式即可求得天文折射

$$\alpha - \alpha_0 = \Delta \alpha = (n-1) \frac{R \sin \alpha_0}{\sqrt{(R+h)^2 - R^2 \sin^2 \alpha_0}} \tag{4}$$

(3) 以相关数据代入(4)式,即得 $\alpha_0 = 90°$ 时的天文折射

$$\alpha - \alpha_0 = (1.00028 - 1) \frac{6370 \sin 90°}{\sqrt{6374^2 - 6370^2 \sin^2 90°}} = 7.90 \times 10^{-3} (\text{rad}) = 27'09''$$

【点评】 由于天文观测对精度要求很高,天文折射的值在天文观测中具有重要意义. 若已知折射率随高度变化的规律,天文折射可由积分求得.

例题 4.09 试考虑一行星,其平均密度与地球相同,其表面大气压与地球表面大气压相同,设其大气温度与高度无关,且等于地球表面温度,并设其大气成分也与地球大气成分相同.

为使其表面光线能绕行星环行一周,该行星半径应为多少?已知折射率与大气密度 ρ 呈线性关系,即 $n(\rho) = 1 + \varepsilon \rho$,其中 ε 为给定常量. 答案请用下列量表示: R_E,地球半径; g_E,地球表面重力加速度; p_E,地球表面大气压; ρ_E,地球表面大气密度. 并用已知 ε 数据(见附录)给出数值解,已知地球表面大气折射率 $n = 1.000293$.

【提示】 利用费马原理、理想气体状态方程及静力平衡,求出密度与高度的关系.

【题解】 设行星大气中一点离行星中心距离为 z,则光线绕行星一周的光程为 $2\pi nz$. 由费马原理,应有 $nz = $ 常量,两边对 z 求导,得 $n + z \dfrac{dn}{dz} = 0$,即 $z = -\dfrac{n}{dn/dz}$,这里 z 即行星半径. 以 $n = 1 + \varepsilon \rho$ 代入上式,得行星半径 R 为

$$R = z = -\frac{n}{\varepsilon\, \mathrm{d}\rho/\mathrm{d}z} \tag{1}$$

式中 $\mathrm{d}\rho/\mathrm{d}z$ 的值可由理想气体状态方程及静力平衡得到. 将行星表面大气视为理想气体,由理想气体状态方程,有

$$p = \frac{\rho}{\mu}RT \tag{2}$$

由于温度为常量,由上式,

$$\frac{\mathrm{d}\rho}{\mathrm{d}z} = \frac{\mu}{RT}\frac{\mathrm{d}p}{\mathrm{d}z} \tag{3}$$

$\dfrac{\mathrm{d}p}{\mathrm{d}z}$ 可由静力平衡得到. 取高度为 z 到 $z+\Delta z$、面积为 S 的一层大气,设大气压为 p,由静力平衡,有 $p(z)S = p(z+\Delta z)S + \rho S\Delta z g$,即得

$$\frac{\mathrm{d}p}{\mathrm{d}z} = -\rho g \tag{4}$$

这里的 g 应为行星表面的重力加速度. 由于行星的密度均匀,并与地球相同,其表面重力加速度与半径成正比,故有

$$g = \frac{R}{R_\mathrm{E}}g_\mathrm{E} \tag{5}$$

以(3)式、(4)式、(5)式代入(1)式,并利用(2)式,得

$$R = -\frac{n}{\varepsilon\dfrac{\mu}{RT}\left(1 - \rho_\mathrm{E}\dfrac{R}{R_\mathrm{E}}g_\mathrm{E}\right)} = \frac{np_\mathrm{E}R_\mathrm{E}}{\varepsilon\rho_\mathrm{E}^2 R g_\mathrm{E}}$$

整理得

$$R = \sqrt{\frac{nR_\mathrm{E}p_\mathrm{E}}{\varepsilon\rho_\mathrm{E}^2 g_\mathrm{E}}} \tag{6}$$

由 $n = 1 + \varepsilon\rho$ 得 $\varepsilon = (n-1)/\rho_\mathrm{E}$. 以 $n = 1.000\,293, \rho_\mathrm{E} = 1.29\,\mathrm{kg/m^3}$,可得 $\varepsilon = 2.27\times10^{-4}$. 再以 $R_\mathrm{E} = 6.4\times10^6\,\mathrm{m}, p_\mathrm{E} = 1.01\times10^5\,\mathrm{Pa}, g_\mathrm{E} = 9.8\,\mathrm{m/s^2}$ 代入(6)式,可得

$$R = 1.32\times10^7\,\mathrm{m} \approx 2R_\mathrm{E}$$

例题 4.10 一直径为 $2a$、凸面曲率半径为 R 的平凸透镜水平放置,受到竖直向上的激光束照射,如图所示. 为使它能悬在空中而不下落,激光的功率 P 与强度 I 应为多少?已知透镜材料的折射率为 n,密度为 ρ. 设激光束充满透镜,并均视为近轴光.

设 $n = 1.50, R = 5\,\mathrm{mm}, a = 1\,\mathrm{mm}, \rho = 2.5\,\mathrm{g\cdot cm^{-3}}, g = 9.8\,\mathrm{m\cdot s^{-2}}$,求出 P 与 I 的值.

【提示】 将激光束看成一束光子,光子经透镜的偏折引起的动量改变即产生对透镜的作用力.

【题解】 不难求出透镜焦距 $f = \dfrac{R}{n-1}$,离轴 r 处入射的光子经透镜折射后

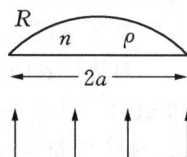

题 4.10 图

偏折 θ 角,$\tan\theta = r/f$,如图所示. 一个光子作用于透镜的向上动量

$$p_y = p(1-\cos\theta) = \frac{h\nu}{c}\left[1 - \frac{1}{\sqrt{1 + \dfrac{r^2}{f^2}}}\right]$$

式中 h 为普朗克常量, $h\nu/c = p$ 为光子的动量. 设入射光中单位面积、单位时间有 N 个光子,则在面元 $2\pi r\mathrm{d}r$ 中有 $N\cdot 2\pi r\mathrm{d}r$ 个光子,这些光子对透镜的向上作用力

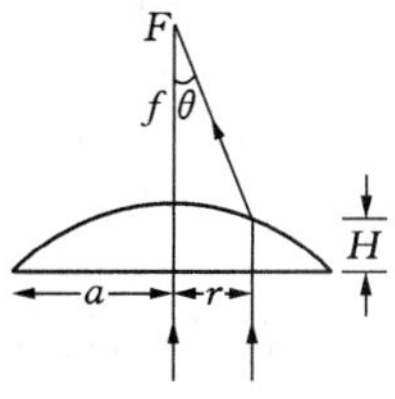

$$\mathrm{d}F = N\cdot 2\pi r\mathrm{d}r\frac{h\nu}{c}\left(1-\frac{1}{\sqrt{1+\frac{r^2}{f^2}}}\right)$$

题解 4.10 图

总作用力是上式的积分,

$$F = \frac{Nh\nu}{c}\int_0^a\left(1-\frac{1}{\sqrt{1+r^2/f^2}}\right)2\pi r\mathrm{d}r = \frac{\pi Nh\nu}{c}\left[a^2-2f^2\left(\sqrt{1+\frac{a^2}{f^2}}-1\right)\right]$$

透镜体积 V 可由球冠体积公式求得, $V = \frac{\pi}{3}H^2(3R-H)$,其中 $H = R-\sqrt{R^2-a^2}$ 为透镜中央厚度. 由力平衡,有

$$\frac{\pi Nh\nu}{c}\left[a^2-2f^2\left(\sqrt{1+\frac{a^2}{f^2}}-1\right)\right] = \frac{\pi}{3}H^2(3R-H)\rho g$$

由此得激光功率

$$P = \pi a^2 Nh\nu = \frac{\pi cH^2(3R-H)\rho g}{3\left[1-2\frac{f^2}{a^2}\left(\sqrt{1+\frac{a^2}{f^2}}-1\right)\right]}$$

激光强度

$$I = \frac{P}{\pi a^2} = \frac{cH^2(3R-H)\rho g}{3\left[a^2-2f^2\left(\sqrt{1+a^2/f^2}-1\right)\right]}$$

将相关数据代入,可得 $H = 1.01\times10^{-4}$ m, $f = 0.01$ m,从而有 $P = 4.70\times10^5$ W, $I = 1.50\times10^{11}$ W /m².

例题 4.11　一折射率为 n、曲率半径为 R_1 和 R_2 的薄双凸透镜,放在折射率为 n_1 和 n_2 的介质之间,如图所示,求透镜的焦距和物像公式.

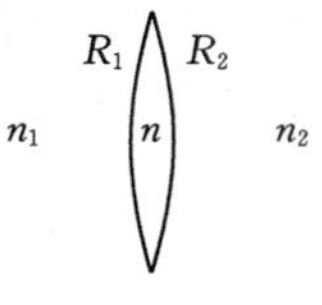

【提示】　将薄凸透镜看成两个单球面的组合.

【题解】　将薄透镜看成两个单球面的组合. 设位于主光轴上的物点 S 在透镜左方距透镜 u 处,经左球面折射后成像于 S''. 由单球面物像公式有

$$\frac{n_1}{u}+\frac{n}{v'} = \frac{n-n_1}{R_1} \tag{1}$$

题 4.11 图

其中 v' 为 S'' 与透镜的距离. 这里设 S'' 在透镜右方,如图所示. S'' 在成像前又被右球面折射,对右球面而言, S'' 为虚物,代入单球面物像公式时,其物距应为 $-v'$. 另外,由于右球面的球心在左方,其半径也应取负值. 设 S'' 经右球面折射后成像于 S',对右球面应用物像公式,有

$$\frac{n}{-v'}+\frac{n_2}{v} = \frac{n_2-n}{-R_2} \tag{2}$$

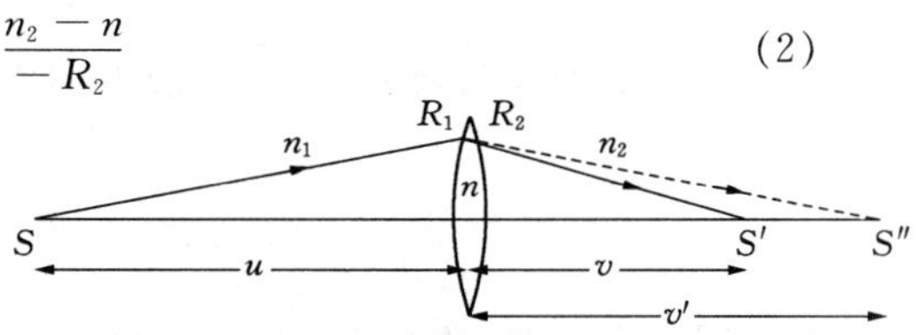

式中 v 为 S' 与透镜的距离.(1)式、(2)式相加,得

$$\frac{n_1}{u}+\frac{n_2}{v} = \frac{n-n_1}{R_1}+\frac{n-n_2}{R_2} \tag{3}$$

题解 4.11 图

此即透镜物像公式, u 为物距, v 为像距. 物方焦距

f_1 和像方焦距 f_2 分别为

$$f_1 = u \mid_{v \to \infty} = \frac{n_1}{\dfrac{n-n_1}{R_1} + \dfrac{n-n_2}{R_2}}, \quad f_2 = v \mid_{u \to \infty} = \frac{n_2}{\dfrac{n-n_1}{R_1} + \dfrac{n-n_2}{R_2}}$$

用焦距表示,物像公式可写为 $\dfrac{f_1}{u} + \dfrac{f_2}{v} = 1$.

例题 4.12　焦距各为 f 和 $-f$ 的透镜 L_1,L_2 共轴放置,相距 f,在它们的正中间放有一不透光屏 P,其上开有直径为 d 的小孔,小孔的圆心在轴上. 在 L_2 的右方距离 f 处放有光屏 Q. 为使 L_1 左方主轴上发光点 S 在 Q 上所成光斑直径不大于 $0.4d$,求发光点 S 位置的范围(用与 L_1 的距离 u 表示).

【提示】　屏 Q 上光斑的直径由像点位置和出射光束的孔径角决定,而出射光束的孔径角由屏 P 上的开孔大小决定,更确切地说,由开孔经透镜 L_2 所成的像的大小决定.

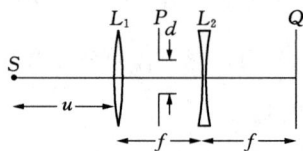
题 4.12 图

【题解】　屏 Q 上光斑的大小取决于发光点 S 的像的位置和像光束的孔径角,像点离屏 Q 越远、像光束孔径角越大,则屏 Q 上的光斑越大. 而像光束孔径角取决于屏 P 上开孔的直径. 如图所示,若像点的最左位置在 S_1' 处,则其最大孔径角由 S_1' 对屏 Q 上 C,D 两点的张角决定,C,D 位于屏 Q 中心 Q_0 的上、下对称位置,且 $\overline{CD} = 0.4d$. 光线 $S_1'C$ 和 $S_1'D$ 经透镜 L_2 折射后应通过屏 P 上开孔的边缘 B 和 A;由物、像对应关系,光线 $S_1'C$ 和 $S_1'D$ 的延长线则应通过 B 和 A 经 L_2 所成的像 B' 和 A'. 于是 S_1' 的位置可由 A' 点和 D 点连线(或 B' 点和 C 点连线)与光轴的交点决定. 同理,A' 点和 C 点连线(或 B' 点和 D 点连线)与光轴的交点 S_2' 则决定像点的最右位置. 与 S_1' 和 S_2' 共轭的物点 S_1 和 S_2 则决定发光点 S 位置的范围.

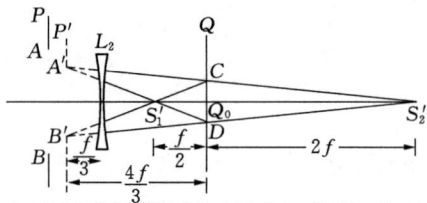
题解 4.12 图

不难求出 $A'B'$ 的位置和大小. 以屏 P 与 L_2 距离 $f/2$ 作为物距代入透镜 L_2 物像公式,即可求得像距为 $-f/3$,放大率为 $2/3$,可知 $A'B'$ 在 L_2 左方 $f/3$ 处,且 $\overline{A'B'} = \dfrac{2}{3}d$,$A'B'$ 与 Q 屏的距离则为 $f/3 + f = 4f/3$. 由比例关系不难求得 $S_1'Q_0 = f/2$,$S_2'Q_0 = 2f$. 于是,S_1' 和 S_2' 对 L_2 的像距分别为 $f/2$ 和 $3f$. 设 S_1' 和 S_2' 的共轭点 S_1 和 S_2 对透镜 L_1 的物距分别为 u_1 和 u_2. 以 u_1 代入 L_1 的物像公式

$$\frac{1}{u_1} + \frac{1}{v_1} = \frac{1}{f}$$

得 $v_1 = u_1 f/(u_1 - f)$. 此像对 L_2 则为物,物距为 $f - v_1 = f - \dfrac{u_1 f}{u_1 - f}$,而像距为 $f/2$,代入 L_2 的物像公式

$$\frac{1}{f - \dfrac{u_1 f}{u_1 - f}} + \frac{1}{f/2} = -\frac{1}{f}$$

解得 $u_1 = 4f$. 同理可解得 $u_2 = \dfrac{7}{3}f$,故 S 的位置范围为

$$\frac{7}{3}f \leqslant u \leqslant 4f$$

【点评】　物与像、物光线与像光线的对应关系是透镜成像问题的精髓. 本题即遵循这一思想,以开孔 AB 的像 $A'B'$ 对 S 像点的张角为像光束孔径角,由此确定 S 像点的位置,从而确定 S 点的位置.

本题的物理原理是照相机景深概念的物理基础.

例题 4.13　物 O 置于凸透镜 L 的焦点前方,经透镜和置于透镜后方的凹面镜 M 成像,如图所示.

(1) 证明:在物与透镜位置不变的情况下,存在两个凹面镜的位置,使物体最终的像的放大率为 $+1$;

(2) 设 $u = 10\ \mathrm{cm}$,凹面镜半径 $R = 7\ \mathrm{cm}$,使像的放大率为 $+1$ 的两个凹面镜位置相距 $l = 2\ \mathrm{cm}$,求透镜的焦距 f.

【提示】　(1) 由物像对应关系,当凹面镜位于物 O 经透镜所成的像位置处时,最终的像将与原物重合.另一凹面镜位置可从由物 O 发出、平行于光轴的光最终沿原路返回的要求得到.当然,凹面镜的两位置也可由放大率为 $+1$ 的条件列方程求得.

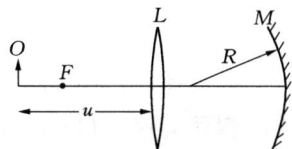

题 4.13 图

(2) 略.

【题解】　(1) **证法 1**　显然,当 M 置于物经透镜所成的实像处时,光线经 M 反射,又经 L 折射成与原物重合的像,从而使放大率为 $+1$.

当 M 的球心 C 与 L 的后焦点重合时,从物 O 发出的平行于光轴的光经 L 折射、M 反射后沿原路返回,像(必在返回的平行于光轴的光线上)的放大率必为 $+1$.

证法 2　设物与 L 距离 u,经 L 成像后的像距为 $v_1 = uf/(u-f)$,放大率

$$k_1 = -\frac{v_1}{u} = -\frac{f}{u-f}$$

物 O 经 M 反射成像:设 M 与 L 距离 x,则物距 $u_2 = x - v_1 = x - \dfrac{uf}{u-f}$,得像距 $v_2 = \dfrac{u_2 \cdot R/2}{u_2 - R/2}$,放大率

$$k_2 = -\frac{v_2}{u_2} = -\frac{R/2}{u_2 - R/2} = -\frac{R/2}{x - \dfrac{uf}{u-f} - R/2}$$

再经 L 成像:物距 $u_3 = x - v_2$,像距 $v_3 = \dfrac{u_3 f}{u_3 - f}$,放大率

$$k_3 = -\frac{v_3}{u_3} = -\frac{f}{u_3 - f} = -\frac{f}{x - v_2 - f} = -\frac{f}{x - \dfrac{\left(x - \dfrac{uf}{u-f}\right)\dfrac{R}{2}}{x - \dfrac{uf}{u-f} - \dfrac{R}{2}} - f}$$

总放大率 $k = k_1 \cdot k_2 \cdot k_3$,令 $k = 1$,即

$$-\frac{f}{u-f} \cdot \frac{R/2}{x - \dfrac{uf}{u-f} - \dfrac{R}{2}} \cdot \frac{f}{x - \dfrac{\left(x - \dfrac{uf}{u-f}\right)\dfrac{R}{2}}{x - \dfrac{uf}{u-f} - \dfrac{R}{2}} - f} = 1$$

经化简,可得方程

$$(u-f)x^2 + (f^2 - 2uf + Rf - Ru)x + uf(f+R) = 0$$

由此可解得

$$x_1 = \frac{uf}{u-f}, \quad x_2 = f + R$$

(2) 由题意,$|x_1 - x_2| = l$,有 $x_1 - x_2 = \pm l$,即 $\dfrac{uf}{u-f} - f - R = \pm l$,化简为 $uf - uf + f^2 = (R \pm l)(u-f)$,即

$$f^2 + (R \pm l)f - (R \pm l)u = 0$$

将数据 $u = 10 \text{ cm}$, $R = 7 \text{ cm}$, $l = 2 \text{ cm}$ 代入上式,分别得

$$f^2 + 9f - 90 = 0 \text{ 和 } f^2 + 5f - 50 = 0$$

由第一式解得 $f_1 = 6 \text{ cm}$ （$f = -15 \text{ cm}$ 舍去）,由第二式解得 $f_2 = 5 \text{ cm}$ （$f = -10 \text{ cm}$ 舍去）.

例题 4.14 （1）证明薄凸透镜对远处物所成像的大小与透镜的焦距成正比.

（2）摄远镜头可在基本不增大相机长度的情况下增大像的大小. 某摄远镜头由一个焦距为 f_1 的会聚透镜与一个放在其后距离为 $d(d < f_1)$、焦距为 f_2 的发散透镜构成,求此系统的焦点与会聚透镜的距离 L 及焦距 f.

（3）若 $f_1 = 76 \text{ mm}$, $f_2 = 25 \text{ mm}$, $d = 60 \text{ mm}$,求出数值结果.

由此系统对远物所摄之像比仅用会聚透镜所摄之像增大多少？

【提示】 先求出系统对远处物的放大率,再利用(1)小题的结果求出焦距 f.

【题解】 （1）对焦距为 f 的凸透镜,当物距为 u 时,像距为 $v = \dfrac{uf}{u - f}$,放大率为

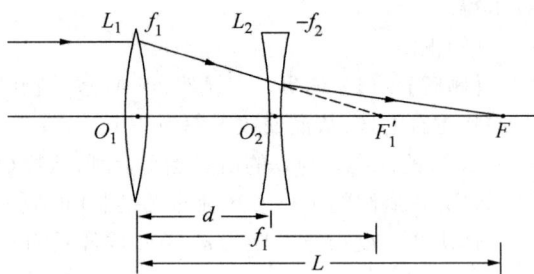

题解 4.14 图

$$|k| = \frac{v}{u} = \frac{f}{u - f}, \qquad |k| \approx \frac{f}{u} \propto f \text{（当 } u \gg f \text{ 时）} \tag{1}$$

（2）考察平行主轴的入射光,其像点即为焦点. 此入射光经 L_1 折射后将交于主轴上的 F_1' 点,有 $\overline{O_1 F_1'} = f_1$,如图所示.

F_1' 对 L_2 为虚物,物距为 $-(f_1 - d)$,代入 L_2 的物像公式 $\dfrac{1}{-(f_1 - d)} + \dfrac{1}{v} = -\dfrac{1}{f_2}$,解得

$$v = \frac{(f_1 - d)f_2}{d - f_1 + f_2} \tag{2}$$

于是像点(即焦点) F 与 L_1 的距离

$$L = d + v = d + \frac{f_2(f_1 - d)}{d - f_1 + f_2} = \frac{f_1 f_2 + d^2 - df_1}{d - f_1 + f_2} \tag{3}$$

总放大率

$$|k| = \frac{f_1}{u} \frac{v}{f_1 - d} = \frac{f_1 f_2 (f_1 - d)}{u(d - f_1 + f_2)(f_1 - d)} = \frac{f_1 f_2}{u(d - f_1 + f_2)} \tag{4}$$

与(1)式比较,即得系统焦距

$$f = \frac{f_1 f_2}{d - f_1 + f_2} \tag{5}$$

（3）以 $f_1 = 76 \text{ mm}$, $f_2 = 25 \text{ mm}$, $d = 60 \text{ mm}$ 代入(3)式、(5)式,分别得

$$L = \frac{76 \times 25 + 60^2 - 60 \times 76}{60 - 76 + 25} = 104.4 \text{(mm)}, \quad f = \frac{76 \times 25}{60 - 76 + 25} = 211.1 \text{(mm)}$$

像的大小的增大倍数为

$$\eta = \frac{f}{f_1} = \frac{211.1}{76} = 2.78$$

■■■ **例题 4.15**　（1）半径为 R 的透明球体,折射率为 n, P 为主轴上一点,位于球心左方 R/n 处,如图所示.证明:从 P 点向右发出的任一条光线(不限于近轴光)经球面折射后,将聚焦于一点.并求出该点 Q 的位置;

（2） P, Q 称为齐明点,齐明点概念常用于显微镜的物镜中,以增大显微镜入射光的孔径角.设某显微镜的接物镜是折射率为 n_1、半径为 R_1 的半球,其平底面与物同浸在折射率与物镜材料相同的油中,物即位于一个齐明点上.

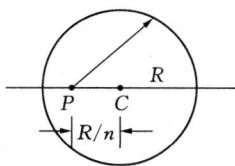
题 4.15 图

（i）试设计物镜组第二个透镜的两球面的半径 R_2 和 R_3 及其构形,使其物、像也是齐明点.已知该透镜材料的折射率为 n_2,透镜前球面与第一个透镜后球面的间距为 d_1,透镜中央厚度为 d_2;

（ii）估算从第二个透镜出射的光的孔径角 β;

（iii）求经两个透镜成像后的放大率 k;

（iv）设 $n_1 = 1.5$, $n_2 = 1.6$, $R_1 = 3$ mm, $d_1 = 2.0$ mm, $d_2 = 1.5$ mm,求 R_2, R_3, β, k 的数值.

【提示】　（1）利用折射定律和三角形正弦定律,也可先由近轴光求出像的位置.

（2）（i）由（1）部分所得的齐明点位置及题设条件即可求得 R_2, R_3(第二个透镜为凹凸形的).(ii),(iii),(iv)略.

【题解】　（1）考察自 P 发出的任一光线 PA,设其与主轴夹角为 θ,如图 1 所示.设光线在球面上入射角为 i,折射角为 r,由折射定律

$$\frac{\sin i}{\sin r} = \frac{1}{n} \qquad (1)$$

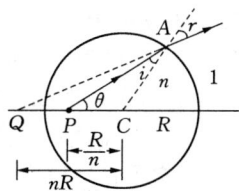
题解 4.15 图 1

在 $\triangle PCA$ 中应用正弦定律,有

$$\frac{\sin i}{R/n} = \frac{\sin\theta}{R} \quad 或 \quad \frac{\sin i}{\sin\theta} = \frac{1}{n} \qquad (2)$$

比较（1）和（2）两式,在 θ 为锐角的情况下（r 必为锐角）,有 $\theta = r$,而 $r = \angle QAC$, Q 为折射光的反向延长线与主轴交点,于是 $\triangle QAC \backsim \triangle APC$,及 $\overline{QC}/R = R/R/n = n$,即 $\overline{QC} = nR$,与 θ 角无关,得证.

（2）两透镜的几何位形如图 2 所示.

设 C_1 为接物镜（L_1）的球心,从 S(物)发出的光经 L_1 折射后成像于 S'. 由本题（1）部分可知, $\overline{S'C_1} = n_1 R_1$,则 $\overline{S'O_1} = n_1 R_1 + R_1 = (n_1+1)R_1$. 应使 S' 发出的光无折射地进入第二个透镜（L_2）的前球面,故 S' 为前球面中心,且前球面半径

$$R_2 = \overline{S'O_2} = \overline{S'O_1} + d_1 = (n_1+1)R_1 + d_1$$

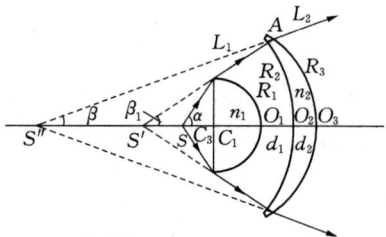
题解 4.15 图 2

为使 S' 位于 L_2 的齐明点,又使 L_2 的中央厚度为 d_2,应有

$$\overline{S'O_3} = R_3 + \frac{R_3}{n_2} \quad 及 \quad \overline{S'O_3} = R_2 + d_2 = (n_1+1)R_1 + d_1 + d_2$$

可解得后球面半径

$$R_3 = \frac{(n_1+1)R_1 + d_1 + d_2}{1 + \dfrac{1}{n_2}}$$

图 2 中 S'' 为 S' 经 L_2 后所成的像[$\overline{S''O_3} = (n_2+1)R_3$], C_3 为后球面的球心.

S 发出的光的孔径角 α 满足

$$\tan \alpha = \frac{R_1}{R_1 / n_1} = n_1$$

S 经 L_1 所成像 S' 的孔径角设为 β_1，则

$$\tan \beta_1 = \frac{R_1}{n_1 R_1} = \frac{1}{n_1}$$

β_1 又是 L_2 的物点的孔径角，β 则为最后的像 S'' 的孔径角. 由图 2 不难看出，

$$\tan \beta = \frac{\overline{S'A} \sin \beta_1}{\overline{S'A} \cos \beta_1 + \overline{S''S'}} \approx \frac{R_2 \sin \beta_1}{R_2 \cos \beta_1 + \overline{S''S'}} \quad \text{（忽略透镜边缘厚度）}$$

而 $\overline{S''S'} = n_2 R_3 - \frac{1}{n_2} R_3$，则 $\tan \beta = \dfrac{R_2 \sin \beta_1}{R_2 \cos \beta_1 + \left(n_2 - \dfrac{1}{n_2}\right) R_3}$.

$$k = k_1 \cdot k_2 = \frac{n_1 R_1}{R_1 / n_1} \cdot \frac{n_2 R_2}{R_2 / n_2} = n_1^2 \cdot n_2^2$$

以数据代入，得 $R_2 = 9.5 \text{ mm}$，$R_3 = 6.77 \text{ mm}$，$\beta = 20.0°$，$k = 5.76$.

【点评】　本题是齐明点概念在显微镜物镜中的应用，这种物镜称为油浸物镜，是显微镜物镜的重要形式之一.

例题 4.16　（1）菲涅耳双棱镜的折射率为 n，折射棱角为 $\alpha (\alpha \ll 1)$，位于对称轴上的单色光缝 S（波长为 λ）与棱镜相距 a，观察屏与棱镜相距 b，求干涉图形中心到第 m 级亮条纹的距离 x 的表达式；

（2）若狭缝光源 S 沿垂直主轴方向稍许上移距离 h，那么零级条纹将向哪个方向移动？移动的距离 y 是多少？

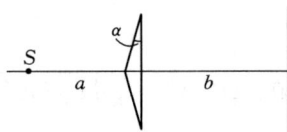

【提示】　（1）利用小角近似求出 S 经上、下棱镜折射所成的像（注意从 S 射向棱镜的光线的入射角和折射角也都是小角）.

（2）求出当 S 上移后通过上、下棱镜两光路的光程差.

题 4.16 图

【题解】　（1）由图 1 可知，自 S 发出的光经棱镜两次折射的偏向角为

$$\delta = i - r + r' - i' = i + r' - (r + i') \quad (1)$$

但

$$r + i' = \alpha \quad (2)$$

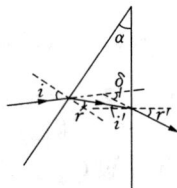

题解 4.16 图 1

由题意知 i 为小角，从而 r，i'，r' 也是小角. 故由折射定律，有 $i = nr$，$r' = ni'$，代入 (1) 式并利用 (2) 式，得

$$\delta = nr + ni' - (r + i') = (n-1)\alpha \quad (3)$$

既然 δ 与入射角无关，由 S 发出的任两条夹角为 $\Delta\theta$ 的光 SA，SB 经上半棱镜折射后的反向延长线 S_1A 和 S_1B 的夹角仍为 $\Delta\theta$（见图 2），而它们所夹的弧同为 AB，故 S_1（即 S 的像）与棱镜的距离也是 a. 同理，S 经下半棱镜折射所成的像 S_2 与棱镜的距离也是 a. 于是，利用 (3) 式可得出两相干光源的距离

$$\overline{S_1 S_2} = 2a\delta = 2a(n-1)\alpha$$

不难看出，S_1 和 S_2 至 P 点（P 与中心点 O 的距离为 x）的光程差

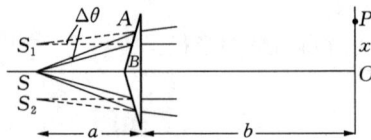

题解 4.16 图 2

$$\Delta = \overline{S_1 S_2} \cdot x / (a+b) = 2a(n-1)\alpha x / (a+b) \quad (4)$$

令 $\Delta = m\lambda$,即得 m 级亮条纹距离

$$x = m\lambda(a+b)/2a(n-1)\alpha$$

(2) 当 S 上移至 S' 时,设想双棱镜沿虚线切去厚为 d 的薄片,则零级条纹将上移至 O' (见图3).厚为 d 的薄片的存在,使 S' 在下半棱镜中产生附加光程差 $(n-1)d$,从而使零级条纹从 O' 下移距离 y' ,而有[参见(4)式]

$$2a(n-1)\alpha y'/(a+b) = (n-1)d$$

而由几何关系 $d = (h/\cos\alpha)\cdot\sin 2\alpha \approx 2h\alpha$,代入上式得 $y' = (a+b)h/a$,因而 S 上移至 S' 最终使零级条纹自 O 点下移距离

$$y = y' - h = \frac{b}{a}h$$

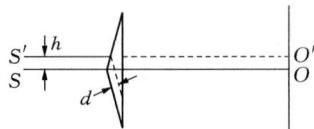

题解 **4.16 图 3**

【点评】　本题求解有 3 个关键:首先论证自光源 S 发出的光经棱镜折射后偏向一小角 $(n-1)\alpha$;其次说明 S 经棱镜折射所成的像与棱镜距离仍为 α ,从而得出两相干光源的距离;最后通过设想在棱镜上切去一薄片的方法,求出光源上移使零级条纹下移的距离.

例题 4.17　图示是一种用比累对切透镜观察干涉条纹的装置简图.焦距为 f 的透镜被切成相等的 L_1 和 L_2 两半,彼此沿着主轴方向移动距离 f .波长为 λ 的单色点光源 S 置于 L_1 左方光轴上,与 L_1 距离为 f .在 L_2 右方 $3f$ 处放一光屏观察干涉条纹.

(1) 描述条纹形状,条纹中心是暗的还是亮的?

(2) 计算第 m 级亮纹离轴的距离 x .

【提示】　(1) 注意光经过会聚点的位相突变.

(2) 略.

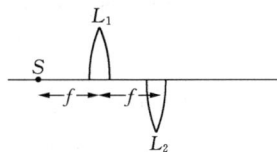

题 **4.17 图**

【题解】　(1) 由题意可得几何光路如图1所示.在屏 M 上,得到 S 经 L_1 折射后的平行光束1和 S 经 L_2 折射成像再从像点 S' 发出的发散光束2的干涉条纹,且干涉只发生在光轴以上区域,故条纹为以光轴为中心的同心半圆,如图1右侧所示.在中心 O ,两光束的光程差本为零,但由于会聚光束2经聚焦点 S' 时发生 π 位相突变,使中心 O 处两光束的光程差为 $\lambda/2$,故为暗的.

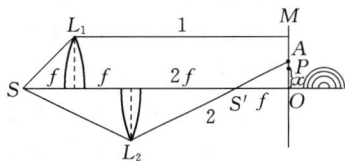

题解 **4.17 图 1**

会聚光束经聚焦点发生 π 位相突变可说明如下:对于从 S 点发出的发散光波(见图2),为了用费涅耳半波带法得到到达 P 点的波扰动的正确位相,必须认为波阵面 Σ 上发出的任一子波的位相比从 S 到达 Σ 的位相超前 $\frac{\pi}{2}$.对于聚焦于 S' 的会聚光波 Σ' ,当观察点 P 在 Σ' 和 S' 之间时(见图3(a)),只要认定 Σ' 上的子波位相比 Σ' 上的波位相超前 $\frac{\pi}{2}$,仍能得出 P 点的正确波扰动位相,因为 Σ' 上的诸半波带到 P 点的距离仍是逐渐增大.但当 P 点位于 Σ' 和 S' 以外时(见图3(b)),由于从第一个半波带算起,以后各半波带到 P 点的距离逐个减少,位相则逐个超前,加上 Σ' 上子波原来超前的 $\frac{\pi}{2}$, P 点的波扰动位相将比从 Σ' 加上光程所得的位相相差 π .此即 π 位相突变的原因.

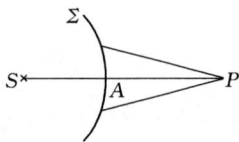

题解 4.17 图 2

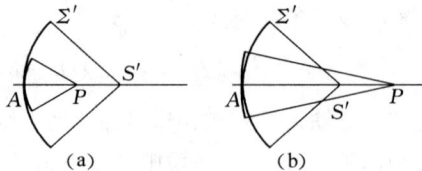

题解 4.17 图 3

(2) 两光束在 S' 处为等光程的,而在屏 M 上距 O 点 x 的 P 点,光束 1 又经历光程 $\overline{S'O}$,光束 2 则经历 $\overline{S'P}$,再考虑到光束 2 经 S' 处的 π 位相突变,在 P 点两光束的光程差为

$$\Delta = \overline{S'P} + \frac{\lambda}{2} - \overline{S'O} = \sqrt{f^2 + x^2} + \frac{\lambda}{2} - f$$

令 $\Delta = m\lambda$,即得 m 级亮纹位置

$$x = \sqrt{\left(m - \frac{1}{2}\right)^2 \lambda^2 + 2\left(m - \frac{1}{2}\right)\lambda f}$$

可见干涉条纹越往外越密.

【点评】　光通过聚焦发生 π 位相突变,这一点易被忽视,应特别引起注意.

例题 4.18　(1) 一平面电磁波垂直入射到分别用 1 和 2 标志的两介质的分界面上,从介质 1 入射到介质 2 中的波,其振幅的反射系数和透射系数分别是 r 和 t,而从介质 2 入射到介质 1 中的波,其振幅的反射系数和透射系数分别是 r' 和 t'.利用叠加原理和时间反演不变性,导出斯塔克关系式:

$$r^2 + tt' = 1, \quad r = -r'$$

(2) 一平面电磁波由真空垂直入射到厚度为 d 的覆盖半无限大电介质的薄膜上,设两介质的 $\mu_r = 1$,薄膜和衬底的折射率为 n_1 和 n_2,试用 n_1,n_2 和真空波长 λ 表示反射到真空的波的表示式.在什么条件下,反射波为零?

【提示】　(1) 利用时间反演不变性(即光路可逆性)和叠加原理.

(2) 将诸反射波的复振幅叠加并利用(1) 部分的结果.

【题解】　(1) 若入射、反射和透射波的振幅如图 1(a) 所示(已设入射波的振幅为 1),则时间反演不变性要求图 1(b) 的情况也是可能的.而叠加原理则允许把图 1(b) 看作是图 1(c) 和图 1(d) 的和.使这个和的入射波和出射波与图 1(b) 的入射波和出射波相等,即给出斯塔克关系

$$r^2 + tt' = 1, \quad r' + r = 0$$

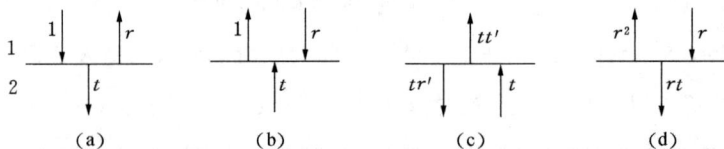

题解 4.18 图 1

(2) 若用 A 表示入射波 I 的振幅,r_1,r'_1,t,t' 分别表示第一个交界面上的(振幅) 反射系数和透射系数,r_2 表示第二个交界面上的反射系数,则各反射波 R_0, R_1, R_2, R_3…(为了看起来清楚些,图 2 中画成倾斜入射) 的振幅如下所示:

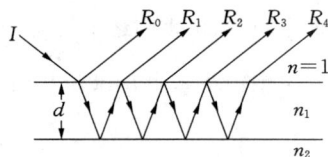

题解 4.18 图 2

R_0	R_1	R_2	R_3	R_4	…
Ar_1	$Att'r_2$	$Att'r_2r'_1r_2$	$Att'r_2(r'_1r_2)^2$	$Att'r_2(r'_1r_2)^3$	…

考虑到各反射波的位相改变,反射到真空中的波的总振幅为

$$A_R = A r_1 + A t t' r_2 e^{-2ikd}\left[1 + r'_1 r_2 e^{-2ikd} + (r'_1 r_2)^2 e^{-4ikd} + \cdots\right] = A r_1 + \frac{A t t' r_2 e^{-2ikd}}{1 - r'_1 r_2 e^{-2ikd}}$$

$$= \frac{A(r_1 - r_1 r'_1 r_2 e^{-2ikd} + t t' r_2 e^{-2ikd})}{1 - r'_1 r_2 e^{-2ikd}} = \frac{A[r_1 + r_2 e^{-2ikd}(t t' - r_1 r'_1)]}{1 - r'_1 r_2 e^{-2ikd}}$$

式中 $k = 2\pi n_1/\lambda$,λ 是在真空中波长.因子 e^{-2ikd} 即波在折射率为 n_1 的介质中通过 $2d$ 距离后的位相改变.利用(1)部分中导出的斯塔克关系,可得

$$\frac{A_R}{A} = \frac{r_1 + r_2 e^{-2ikd}}{1 + r_1 r_2 e^{-2ikd}}$$

由上式,反射波为零的条件是

$$\begin{cases} r_1 = -r_2 \\ e^{-2ikd} = 1 \end{cases} \quad \text{或} \quad \begin{cases} r_1 = r_2 \\ e^{-2ikd} = -1 \end{cases}$$

将系数 r_1,r_2 与折射率联系起来.由菲涅耳公式

$$r_1 = \frac{1 - n_1}{1 + n_1}, \quad r_2 = \frac{n_1 - n_2}{n_1 + n_2}$$

用折射率表示,反射波为零的条件变为

$$\begin{cases} n_2 = 1 \\ \dfrac{n_1 d}{\lambda} = \dfrac{p}{2} \end{cases} \quad \text{或} \quad \begin{cases} n_2 = n_1^2 \\ \dfrac{n_1 d}{\lambda} = \dfrac{2p - 1}{4} \end{cases}$$

其中 p 为正整数.以上条件的物理意义是明显的.

【点评】　本题即增透膜的物理原理.本题结果与只考虑上、下表面两个反射波的干涉一致.这是由于在正入射情况下反射系数很小,除最初这两个反射波较强外、其余反射波都很弱的缘故.

例题 4.19　根据几何光学,光学显微镜的放大倍数(放大率)不受限制.但由于衍射,过大的放大率并不能提高像的清晰度.由此估算光学显微镜的最大有效放大率.设可见光的平均波长 $\lambda = 550\,\text{nm}$,显微镜的物镜是油浸物镜,油的折射率 $n = 1.75$,物置于齐明点上.

【提示】　先利用圆孔衍射和油浸物镜及齐明点条件求出物的最小分辨距离,再利用肉眼的分辨率求出有效放大率.

【题解】　显微镜的成像过程是将微小的物先由物镜放大为实像,再由目镜将该实像放大为明视距处更大的虚像.由于衍射,物的最小分辨距离是某一定值,只要将此最小分辨距离放大为人眼能分辨的距离即可,由此就可求出显微镜的放大率.所以,我们首先要求出物的最小分辨距离.

为使物镜放大倍数尽量大,物通常放在物镜的焦点附近.为使入射的光尽量多,应使物在齐明点上,这样就能使入射光线不限于近轴光,从而使入射光束的孔径角足够大.为便于实现齐明点条件,物与物镜前表面间常充满油(故称油浸物镜).由于物镜的像距很大,两像点可分辨的条件可用瑞利判据.设恰能分辨的两像点距离为 $\delta y'$,像距为 l,则有 $\delta y' = l\Delta\theta$,其中 $\Delta\theta = 1.22\dfrac{\lambda}{n'D}$,即为圆孔衍射爱黑斑的角半径,式中 λ

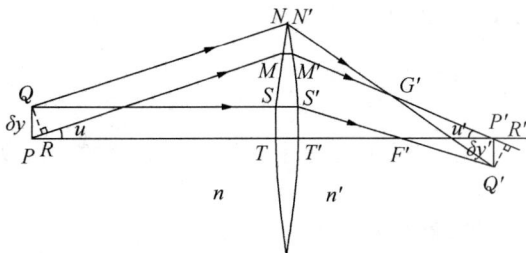

题解 4.19 图 1

为光的波长，D 为物镜的直径，n' 为像所在空间的媒质的折射率（通常 $n' = 1$）. 为求对应的物上恰能分辨的两点距离 δy，可利用阿贝正弦条件：

$$n\delta y \sin u = n'\delta y' \sin u'$$

这是傍轴小物以大孔径的光束成清晰像的必要条件. 阿贝正弦条件可用薄凸透镜情况简单说明如下.

如图 1 所示，设轴上物点 P 和傍轴物 Q 分别成像于 P'，Q'，光线 QS 与光轴平行，其像光线过焦点 F'，光线 PM 与 QN 平行，它们与光轴的倾角为 u，像光线 $N'Q'$ 与 $M'P'$ 交于某点 G'. 作 $QR \perp PM$，$Q'R' \perp M'P'$，在傍轴小物条件下，有光程

$$(F'P') \approx (F'Q'), \quad (G'R') \approx (G'Q')$$

按物像等光程性原理，有

$$(PMM'P') = (PTT'P'), \quad (QNN'Q') = (QSS'Q')$$

而

$$(QSS'F') = (PTT'F'), \quad (QNN'G') = (RMM'G')$$

由以上各等式不难看出，从 P 点到 P' 点的光程与从 Q 点到 Q' 点的光程也相等，即 $(QNN'Q') = (PMM'P')$，于是 $(PR) = (P'R')$. 令 $PQ = \delta y$，$P'Q' = \delta y'$，代入即得 $n\delta y \sin u = n'\delta y' \sin u'$. 这就是阿贝正弦条件，尽管是在薄透镜情况下得出的，但实际上它对任何成像系统（包括多透镜系统）都成立.

由阿贝正弦条件可得由衍射决定的物上最小可分辨距离为 $\delta y = \dfrac{n' \sin u'}{n \sin u} \delta y'$.

在我们所讨论的显微镜情况下，$n' = 1$，$\sin u' \approx (D/2)/l$. 对常用的油浸物镜，n 即油的折射率，第一个物镜为直径为 D 的半球，物在距球心 $R/n = D/2n$ 处，并浸在折射率与半球物镜材料相同的油中，如图 2 所示，因而有

$$\sin u = \frac{R}{\sqrt{R^2 + \left(\dfrac{R}{n}\right)^2}} = \frac{n}{\sqrt{1 + n^2}}$$

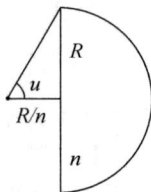
题解 4.19 图 2

将以上结果代入 δy 表示式可得

$$\delta_y = \frac{(D/2)}{l} \frac{\sqrt{1 + n^2}}{n^2} l \cdot 1.22 \frac{\lambda}{D} = 0.61\lambda \frac{\sqrt{1 + n^2}}{n^2}$$

以 $n = 1.75$，$\lambda = 550\,\text{nm} = 5.5 \times 10^{-7}\,\text{m}$ 代入，可得 $\delta y = 2.2 \times 10^{-7}\,\text{m}$.

在明视距 $s = 25\,\text{cm}$ 处，肉眼的最小分辨距离 δy_e. 由肉眼的最小分辨角 $\Delta\theta_e \approx 1' \approx 3.0 \times 10^{-4}$ 决定：

$$\delta y_e = s \Delta\theta_e = 25 \times 10^{-2} \times 3 \times 10^{-4} = 7.5 \times 10^{-5}\,(\text{m})$$

于是显微镜的有效放大率

$$V_m = \frac{\delta y_e}{\delta_y} = \frac{7.5 \times 10^{-5}}{2.2 \times 10^{-7}} = 340$$

为了使眼睛看起来舒服些，显微镜放大倍数可比 340 更大些（如 500 倍），但这并不会增加像的清晰度.

例题 4.20 波长为 λ 的单色缝光源 S 位于透镜 L_1 的焦平面上，经透镜分为两束平行光，经两个盛有液体的细管道后，又经透镜 L_2 聚焦于焦平面 S' 观察干涉条纹，如图所示. 两个管道中的液体的折射率均为 n，上管道中的液体以速度 u 运动，下管道中的液体则静止不动. 两管道的长度均为 L. 试问，

当 u 至少为何值时, S' 处发生相消干涉?

【提示】　利用相对论速度叠加公式.

【题解】　光在下管道中的行进速度为 c/n,由相对论速度相加公式,光在上管道中的行进速度(相对实验室参照系)为

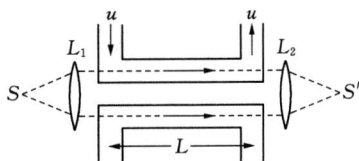

题 4.20 图

$$v' = \frac{\frac{c}{n} + u}{1 + \frac{1}{c^2}\frac{c}{n}u} = \frac{\frac{c}{n} + u}{1 + \frac{u}{c}\cdot\frac{1}{n}}$$

由此,上管道的等效折射率

$$n' = \frac{c}{v'} = \frac{c}{\frac{c}{n} + u}\left(1 + \frac{u}{c}\frac{1}{n}\right) = \frac{n}{1 + \frac{nu}{c}}\left(1 + \frac{u}{cn}\right) \approx n\left(1 + \frac{u}{c}\frac{1}{n}\right)\left(1 - \frac{u}{c}n\right) \approx n - \frac{u}{c}(n^2 - 1)$$

因此,光在上、下两管道中的光程差

$$\Delta = L(n - n') = \frac{u}{c}(n^2 - 1)L$$

当 $\Delta = (2p - 1)\dfrac{\lambda}{2}$($p$ 为正整数)时, S' 处发生相消干涉.

令 $p = 1$,即得 u 的最小值

$$u_{\min} = \frac{1}{2}\frac{\lambda}{L}\frac{c}{n^2 - 1}$$

例题 4.21　沙克那旋转干涉仪. 如图所示,一束光自 P 点进入一半径为 R 的圆环形光纤,此光纤置于一沿顺时针方向作等角速度 ω 转动的平台上. 光在 P 点被分成两束,在圆环中反向行进,其中一束沿顺时针方向,另一束沿逆时针方向,光纤材料的折射率为 n. 求:

(1)用 P 点的钟计算,两束光绕行一圈的时间差 $\Delta t = t^+ - t^-$,这里 t^+ 和 t^- 分别代表光沿顺时针方向和逆时针方向绕行一圈(从 P 点回到 P 点)的时间.

(2)两束光绕行一圈的光程差 ΔL.

(3)对于 $R = 1.0\,\text{m}$, $n = 1.5$ 的环形光纤,求其在北极随地球一起自转的最大光程差 ΔL_{m}.

(4)当光纤有 N 匝时两束光的位相差 δ,设光的波长为 λ.

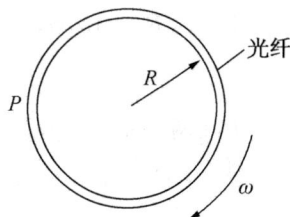

题 4.21 图

【提示】　将圆环上任一点的运动视为匀速运动,由相对论速度相加求出地面系中两反向行进光到达 P 点的时间差,再由时间膨胀求出由 P 点的钟量出的该时间差 Δt.

【题解】　(1)将圆环上任一点的随环运动视为局部匀速直线运动,光在该点上相对环的速度为 c/n,由相对论速度叠加,顺(逆)时针行进的光相对地面的速度分别为

$$c^+ = \frac{\frac{c}{n} + \omega R}{1 + \frac{c/n}{c^2}\omega R} = \frac{\frac{c}{n} + \omega R}{1 + \frac{\omega R}{cn}}, \quad c^- = \frac{\frac{c}{n} - \omega R}{1 - \frac{\omega R}{cn}}$$

用地球上的时间测量,光顺(逆)时针绕环一周(从 P 点回到 P 点)的时间 $t^{+'}(t^{-'})$ 可计算如下:

由 $c^+ t^{+'} = 2\pi R\sqrt{1 - \omega^2 R^2/c^2} + \omega R t^{+'}$ 可得

$$t^{+\prime} = \frac{2\pi R \sqrt{1 - \omega^2 R^2 / c^2}}{c^+ - \omega R} = \frac{2\pi R \sqrt{1 - \omega^2 R^2 / c^2}}{\dfrac{\dfrac{c}{n} + \omega R}{1 + \dfrac{\omega R}{cn}} - \omega R}$$

$$= 2\pi R \sqrt{1 - \omega^2 R^2 / c^2} \bigg/ \left(\frac{\dfrac{c}{n} + \omega R - \omega R - \omega^2 R^2 / cn}{1 + \dfrac{\omega R}{cn}} \right)$$

$$= 2\pi R \sqrt{1 - \omega^2 R^2 / c^2} \bigg/ \left[\frac{c}{n} \left(1 - \frac{\omega^2 R^2}{c^2} \right) \bigg/ \left(1 + \frac{\omega R}{cn} \right) \right]$$

$$= 2\pi R \left(1 + \frac{\omega R}{cn} \right) \bigg/ \left(\frac{c}{n} \sqrt{1 - \frac{\omega^2 R^2}{c^2}} \right)$$

化为用 P 点的钟测量,有

$$t^+ = t^{+\prime} \sqrt{1 - \frac{\omega^2 R^2}{c^2}} = 2\pi R \frac{n}{c} \left(1 + \frac{\omega R}{cn} \right)$$

同理,有

$$t^- = 2\pi R \frac{n}{c} \left(1 - \frac{\omega R}{cn} \right)$$

于是两束光绕行一圈的时间差 Δt 为

$$\Delta t = t^+ - t^- = 2\pi R \frac{n}{c} \left[\left(1 + \frac{\omega R}{cn} \right) - \left(1 - \frac{\omega R}{cn} \right) \right] = 2\pi R \frac{n}{c} \cdot 2 \frac{\omega R}{cn} = 4\pi R^2 \omega / c^2$$

(2) 两束光绕行一圈的光程差 ΔL 为 $\Delta L = c\Delta t = 4\pi R^2 \omega / c$.

(3) 以 $R = 1.0m, \omega = 2\pi/86\,400, c = 3 \times 10^8$ 代入上式,得

$$\Delta L_m = 4\pi \times 1^2 \times 2\pi/(86\,400 \times 3 \times 10^8) = 3.0 \times 10^{-12}(\mathrm{m})$$

(4) 两束光的位相差 δ 为

$$\delta = \frac{\Delta L}{\lambda} \cdot 2\pi = N \cdot 8\pi^2 R^2 \omega / c\lambda$$

例题 4.22   考虑一块反射光栅,它的槽是等间距的,间距为 d,但有交替的反射本领,如 $(1+\alpha)$, $(1-\alpha)$, $(1+\alpha)$, $(1-\alpha)$,等等,α 为比 1 小得多的常量.试讨论衍射强度的角分布.在什么情况下,α 的影响最显著?

【提示】   将反射本领 $(1\pm\alpha)$ 中的系数 1 和系数 α 的复振幅分别求和.

【题解】   令 $\delta = \dfrac{2\pi}{\lambda} d \sin\theta$ 是 θ 方向从相邻两狭缝发出的光线间的位相差,并令 a 是该方向来自单狭缝的光振幅,则总的振幅是

$$A = a \left[(1+\alpha) + (1-\alpha)\mathrm{e}^{\mathrm{i}\delta} + (1+\alpha)\mathrm{e}^{\mathrm{i}2\delta} + (1-\alpha)\mathrm{e}^{\mathrm{i}3\delta} + \cdots + (1-\alpha)\mathrm{e}^{\mathrm{i}(N-1)\delta} \right]$$

这里取 N 为偶数.经重新整理,有

$$A = a \left[\sum_{n=0}^{N-1} \mathrm{e}^{\mathrm{i}n\delta} + \alpha \sum_{n=0}^{N-1} (-1)^n \mathrm{e}^{\mathrm{i}n\delta} \right] = a \left[\frac{1 - \mathrm{e}^{\mathrm{i}N\delta}}{1 - \mathrm{e}^{\mathrm{i}\delta}} + \alpha \frac{1 - \mathrm{e}^{\mathrm{i}N\delta}}{1 + \mathrm{e}^{\mathrm{i}\delta}} \right]$$

$$= a \frac{\mathrm{e}^{\mathrm{i}N\delta/2}}{\mathrm{e}^{\mathrm{i}\delta/2}} \left[\frac{\mathrm{e}^{-\mathrm{i}N\delta/2} - \mathrm{e}^{\mathrm{i}N\delta/2}}{\mathrm{e}^{-\mathrm{i}\delta/2} - \mathrm{e}^{\mathrm{i}\delta/2}} + \alpha \frac{\mathrm{e}^{-\mathrm{i}N\delta/2} - \mathrm{e}^{\mathrm{i}N\delta/2}}{\mathrm{e}^{-\mathrm{i}\delta/2} + \mathrm{e}^{\mathrm{i}\delta/2}} \right] = a\mathrm{e}^{\mathrm{i}(N-1)\delta/2} \left[\frac{\sin(N\delta/2)}{\sin(\delta/2)} - \mathrm{i}\alpha \frac{\sin(N\delta/2)}{\cos(\delta/2)} \right]$$

强度正比于

$$AA^* = a^2 \left[\frac{\sin^2(N\delta/2)}{\sin^2(\delta/2)} + \alpha^2 \frac{\sin^2(N\delta/2)}{\cos^2(\delta/2)} \right]$$

注意到 $I_0 \propto N^2 a^2$ 为中央极大,上式又可写成

$$I = I_0 \frac{\sin^2(N\delta/2)}{N^2 \sin^2(\delta/2)} [1 + \alpha^2 \tan^2(\delta/2)]$$

当 $\delta \approx (2p+1)\pi(p$ 为整数) 时,α 的效应最容易探测到.

例题 4.23　有一个水手喝醉了酒从酒店出来,跟跟跄跄地走了许多步,每一步的长度都是 L,但是每一步的方向是随意的.经过一段较长的时间行走 N 步后,就平均而言,他离酒店多远?

【提示】　将水手的每一步看成矢量,问题归结为求大量等幅、方向无规变化的矢量和(合矢量)的模.

【题解】　可用矢量 $\boldsymbol{L}_i$ 来表示醉汉行走的第 i 步的位移. 经一段时间后,自酒店指向醉汉的矢量 $\boldsymbol{R}$ 是许多方向各异的矢量 $\boldsymbol{L}_i$ 之和,$\boldsymbol{R} = \sum_{i=1}^{N} \boldsymbol{L}_i$,$N$ 就是在这段时间内醉汉所走的步数,是一个大数. 我们要求的实际上是矢量 $\boldsymbol{R}$ 的模. 以酒店为原点,任取 xy 坐标,则

$$\boldsymbol{L}_i = L\cos\alpha_i \hat{\boldsymbol{x}} + L\sin\alpha_i \hat{\boldsymbol{y}}$$

其中 α_i 为 $\boldsymbol{L}_i$ 与 x 轴的夹角,如图所示. 于是

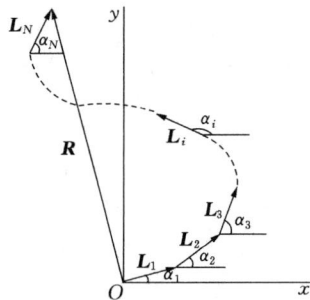

题解 4.23 图

$$R^2 = R_x^2 + R_y^2 = \left(\sum_{i=1}^{N} L\cos\alpha_i \right)^2 + \left(\sum_{i=1}^{N} L\sin\alpha_i \right)^2$$

$$= \sum_{i=1}^{N} L^2\cos^2\alpha_i + \sum_{i\neq j} L^2\cos\alpha_i\cos\alpha_j + \sum_{i=1}^{N} L^2\sin^2\alpha_i + \sum_{i\neq j} L^2\sin\alpha_i\sin\alpha_j$$

$$= L^2 \sum_{i=1}^{N} (\cos^2\alpha_i + \sin^2\alpha_i) + L^2 \sum_{i\neq j} (\cos\alpha_i\cos\alpha_j + \sin\alpha_i\sin\alpha_j)$$

由于 α_i 和 α_j 的随意性,N 又非常大,上式第二项显然因正、负相抵而为零,而第一项显然为 NL^2,即 $R^2 = NL^2$,则 $R = \sqrt{N}L$.

若设醉汉每走一步的时间相同,则 $N \propto t$,于是 $R \propto \sqrt{t}L$,即醉汉与酒店的距离正比于时间的平方根.

【点评】　本题的物理思想与处理方法在物理学的多个领域均有体现. 在光学中,它相当于 N 个位相无规则变化的光的叠加,结果无干涉现象;在分子物理中,它是布朗运动的物理基础.

例题 4.24　透镜的光阑为正方形,边长为 D,单色点光源置于透镜的主光轴上. 在过其几何像点且垂直于主光轴的平面上,求几何像点附近由于光阑边缘的衍射所得到的光强分布.

【提示】　将观察屏上几何像点附近任一点的光扰动看成由正方形光阑形成的几何波阵面上所有面元在该点产生的光扰动的叠加(积分).

【题解】　设 O 是光线的几何聚焦点,如图所示. M 是过 O 且垂直于透镜主光轴的平面,r_0 是从透镜到 O 点的最短距离. 以 O 为球心,画一半径为 r_0 的球面 S,其边缘由光阑规定. 当计算 S 面上的光场时,可近似应用几何光学. 这样,S 上的光场可写成复数形式:

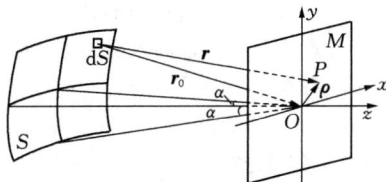

题解 4.24 图

$$E_S = \frac{1}{r_0} e^{i(\omega t + k r_0)}$$

设 P 是平面 M 上的观察点，dS 是 S 上的面积元，r 是 dS 与 P 之间的距离. 根据惠更斯原理，可按下面的公式求出 P 点的光场：

$$E_P = \int_S \frac{1}{r_0 r} e^{i[\omega t - k(r-r_0)]} dS \tag{1}$$

令 $\boldsymbol{OP} = \boldsymbol{\rho}$，则 $\boldsymbol{r} = \boldsymbol{r}_0 + \boldsymbol{\rho}$，$r^2 = r_0^2 + \rho^2 + 2\boldsymbol{\rho} \cdot \boldsymbol{r}_0$，$r = r_0 \sqrt{1 + \frac{\rho^2}{r_0^2} + \frac{2\boldsymbol{\rho} \cdot \boldsymbol{r}_0}{r_0^2}}$. 因 ρ 为一小量，适用牛顿二项式公式，精确到 ρ^2 项，有

$$r - r_0 = \boldsymbol{\rho} \cdot \hat{\boldsymbol{r}}_0 + \frac{\rho^2}{2r_0} - \frac{1}{2} \frac{(\boldsymbol{\rho} \cdot \boldsymbol{r}_0)^2}{r_0^3} \tag{2}$$

当 $\rho \ll r$，r_0 时，在一级近似下，有

$$r - r_0 = \boldsymbol{\rho} \cdot \hat{\boldsymbol{r}}_0$$

其中 $\hat{\boldsymbol{r}}_0$ 是 $\boldsymbol{r}_0$ 方向上的单位矢量. 计算 $(r-r_0)$ 时所允许的误差应远小于波长，而由（2）式，$r - r_0 - \boldsymbol{\rho} \cdot \boldsymbol{r}_0 \approx \rho^2 / r_0$，因此计算 $(r-r_0)$ 时应满足下面的条件：

$$\rho^2 / r_0 \ll \lambda \tag{3}$$

我们就在满足条件（3）的情况下计算 O 点周围的光场. 在观察平面上引入直角坐标系，原点在 O 点，坐标轴 x，y 分别平行于正方形光阑的相邻侧边，光轴即为 z 轴. 用 x 和 y 表示 P 点的坐标，单位矢量 $\hat{\boldsymbol{r}}_0$ 的方向可用角 φ 和 ψ 来表示，φ 和 ψ 分别是 $\boldsymbol{r}_0$ 与 yz 平面和 xz 平面的夹角. 这样，

$$r - r_0 = \boldsymbol{\rho} \cdot \hat{\boldsymbol{r}}_0 = x\sin\varphi + y\sin\psi \approx x\varphi + y\psi, \quad dS = r_0^2 d\varphi d\psi$$

设正方形光阑的一半对 O 点的张角 $\alpha = \arctan \frac{D}{2r_0}$ 很小，因而 $\sin\varphi$ 和 $\sin\psi$ 可用 φ 和 ψ 代替. 除此之外，由于 $\rho \ll r$，r_0，在（1）式的分母中，r 可近似地用 r_0 代替，最后得到

$$E_P = e^{i\omega t} \int_{-a}^{+a} \int_{-a}^{+a} e^{-ik(x\varphi + y\psi)} d\varphi d\psi$$

对上式积分，若取 O 点处的振幅作为单位，并注意 $k = \frac{2\pi}{\lambda}$，则 P 点的振幅和强度分别为

$$A_P = \frac{\sin\frac{2\pi x}{\lambda}\alpha}{\frac{2\pi x}{\lambda}\alpha} \cdot \frac{\sin\frac{2\pi y}{\lambda}\alpha}{\frac{2\pi y}{\lambda}\alpha}, \quad I_P = \left(\frac{\sin\frac{2\pi x}{\lambda}\alpha}{\frac{2\pi x}{\lambda}\alpha}\right)^2 \left(\frac{\sin\frac{2\pi y}{\lambda}\alpha}{\frac{2\pi y}{\lambda}\alpha}\right)^2$$

所得到的衍射图像与正方形孔的夫琅和费衍射图像一样. 中央极大的中点到第一极小的距离以及两相邻极小值之间的距离都等于

$$\Delta x = \Delta y = \frac{\lambda}{2} / \alpha$$

还要检查是否满足条件（3）. 因为可觉察的强度的范围为 Δx，所以可取 $\rho \approx \lambda/\alpha$，代入（3）式，使条件变为 $\alpha \gg \sqrt{\lambda/r_0}$，在所有由透镜或平面镜构成的光学仪器中该条件都得到满足.

【点评】 本题涉及计算衍射光场的基本方法. 结果表明，不一定要在严格满足夫琅和费衍射条件（光源和像场都在无穷远，或都在透镜焦平面上）的情况下，才能观察到夫琅和费衍射图像. 只要成像的几何条件得到满足，观察区域又在几何像点附近，在光源的几何像平面上也能观察到.

例题 4.25 一束单色部分椭圆偏振光沿 z 方向传播，通过一个线起偏器. 当起偏器透射轴沿 x 方向时，透射强度最大，其值为 $1.5I_0$. 当透射轴沿 y 方向时，透射强度最小，其值为 I_0.

（1）当透射轴与 x 轴成 θ 角时，透射强度是多少？你的答案与光束中的非偏振部分有关吗？

（2）使原来的光束先通过一个 1/4 波片,然后通过线起偏器,1/4 波片的轴沿 x 轴或 y 轴.现在发现当起偏器透射轴沿与 x 轴成 30° 角时,透射强度最大.求该最大光强,并求非偏振成分在入射光中的百分比.

【提示】　（1）入射光可看成非偏振光和椭圆偏振光两部分的叠加,x 轴和 y 轴即为椭圆的主轴,椭圆偏振光的光振动沿这两个轴的分量的位相差为 90°.

（2）椭圆偏振光通过 1/4 波片后成为线偏振光.

【题解】　（1）设椭圆偏振部分沿 x, y 轴的强度分别为 I_{ex}, I_{ey};非偏振成分沿 x, y 轴的强度相同,设为 I_u.由题意,有

$$I_u + I_{ex} = 1.5 I_0 \tag{1}$$

$$I_u + I_{ey} = 1.0 I_0 \tag{2}$$

当起偏器透光轴与 x 轴成 θ 角时,通过起偏器的非偏振成分仍为 I_u,而通过的椭圆偏振成分的振幅为

$$E_\theta = E_x \cos \theta + E_y \sin \theta$$

由于 x, y 是椭圆的主轴,E_x 和 E_y 的位相差就是 90°,因而 $E_\theta^2 = E_x^2 \cos^2\theta + E_y^2 \sin^2\theta$,于是

$$I_\theta = I_{ex}\cos^2\theta + I_{ey}\sin^2\theta + I_u = (I_u + I_{ex})\cos^2\theta + (I_u + I_{ey})\sin^2\theta = 1.5 I_0 \cos^2\theta + 1.0 I_0 \sin^2\theta$$

结果与非偏振成分无关.

（2）通过 1/4 波片后,使 E_x 和 E_y 位相差改变 90° 而成同位相.既然当起偏器与 x 轴成 30° 时透过的光强最大,可见 $\dfrac{E_x}{E_y} = \cot 30° = \sqrt{3}$,即 $\dfrac{I_{ex}}{I_{ey}} = 3$.代入（1）式,可解得

$$I_{ex} = 0.75 I_0, \quad I_{ey} = 0.25 I_0, \quad I_u = 0.75 I_0$$

于是在 $\theta = 30°$ 处的最大光强

$$I = I_{ex} + I_{ey} + I_u = 1.75 I_0$$

非偏振成分在入射总光强中的百分比为

$$\frac{2 I_u}{2 I_u + I_{ex} + I_{ey}} = \frac{2 \times 0.75 I_0}{2 \times 0.75 I_0 + 0.75 I_0 + 0.25 I_0} = 60\%$$

例题 4.26　为了观察太阳的单色光,法国天文学家瑞特(B. Lyot)发明了由一组双折射晶体(C)组成的双折射滤光器.从第一个晶体(厚度为 d)起,后面一个晶体的厚度是前面一个晶体厚度的两倍.偏振膜(P)放在晶体之间和始末两端(见图 1).所有晶体的光轴都放置得彼此平行,并与光的传播方向垂直.偏振膜的偏振轴也都平行,但与光轴的方向成 45° 角(见图 2).仅有某些光带能够通过滤光器.对于由 s 个晶体组成的滤光器,试计算作为波长 λ 的函数的传输系数,并求出能通过滤光器的带宽 $\Delta\lambda$.

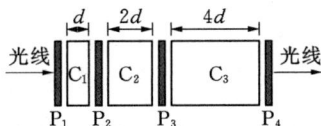
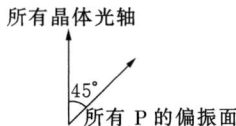

题 4.26 图 1　　　　　　　题 4.26 图 2

【提示】　在双折射晶体中,平行和垂直于光轴偏振的光以不同的相速度行进,通过一定厚度的晶体后,这两个偏振成分产生与晶体厚度成正比的位相差,当它们通过后面的起偏器后又叠加成线偏振光.

【题解】　在双折射晶体中,平行和垂直光轴偏振的光波以不同的相速度行进,于是从偏振膜出来

的直线偏振波 $E_0(\hat{x} + \hat{y})/\sqrt{2}$ 在进入晶体行进 z 距离后成为

$$E = \frac{E_0}{\sqrt{2}}(\hat{x}e^{in_+ kz} + \hat{y}e^{in_- kz})e^{-i\omega t}$$

其中 $\hat{y}$ 方向选得与光轴平行，$\hat{x}$ 方向垂直于 $\hat{y}$ 方向和光传播方向 $\hat{z}$，取 x 方向偏振波的相速度为 c/n_+，而取 y 方向偏振波的相速度为 c/n_-，偏振器的平面则平行于 $l = (\hat{x} + \hat{y})/\sqrt{2}$. 在行进晶体全长 $2^N d$ 后，通过偏振器的透射波的振幅是 $E \cdot l$，为 $E \cdot l = \frac{E_0}{2}(e^{in_+ k2^N d} + e^{in_- k2^N d})$. 以 $n_+ = \frac{1}{2}[(n_+ + n_-) + (n_+ - n_-)]$，$n_- = \frac{1}{2}[(n_+ + n_-) - (n_+ - n_-)]$

代入可得

$$E \cdot l = \frac{E_0}{2}\{e^{ik2^{N-1}d[(n_+ + n_-) + (n_+ - n_-)]} + e^{ik2^{N-1}d[(n_+ + n_-) - (n_+ - n_-)]}\} = \frac{E_0}{2}e^{ik2^{N-1}d(n_+ + n_-)}[e^{ik2^{N-1}d(n_+ - n_-)} + e^{-ik2^{N-1}d(n_+ - n_-)}]$$

$$= \frac{E_0}{2}e^{ik2^{N-1}d(n_+ + n_-)}[e^{ik2^N d(n_+ - n_-)/2} + e^{-ik2^N d(n_+ - n_-)/2}] = E_0 e^{ik2^{N-1}d(n_+ + n_-)}\cos(2^N\phi)$$

其中 $\phi \equiv (n_+ - n_-)kd/2$. 所以通过厚度逐个加倍的 S 个晶体后，强度减弱一个因子，传输系数 T 为

$$T = [\cos(\phi) \cdot \cos(2\phi) \cdot \cos(4\phi) \cdots \cos(2^{s-1}\phi)]^2$$

重复利用恒等式，$\cos\theta = \sin 2\theta/2\sin\theta$，求得传输系数 $T = \left[\dfrac{\sin(2^s\phi)}{2^s\sin\phi}\right]^2$.

    检验证明 $T(\phi) = T(\phi + \pi)$，透光最大首先发生于 $\phi = p\pi$ 处，其中 p 为整数. 带宽 $\Delta\phi$ 由 $(2^s\Delta\phi) = 2\pi$ 决定，于是 $\Delta\phi = 2\pi/2^s$. 从波长来看，由 ϕ 的定义式可知，透光发生在 $\lambda = \dfrac{(n_+ - n_-)d}{p}$ 处，且宽度为 $\Delta\lambda = \lambda/p2^{s-1}$ 的波段.

第 5 章　原子物理学

例题 5.01　以 $\lambda = 200\,\text{nm}$ 的紫外光照射一清洁的金属表面,测得光电子的遏止电压是2.6 V. 试问这种金属的功函数是多少?当改用 $\lambda = 300\,\text{nm}$ 的紫外光照射时,遏止电压是多少?若用可见光照射,情况又将如何?$(hc = 1\,240\,\text{eV} \cdot \text{nm})$

【提示】　利用爱因斯坦光电效应方程.

【题解】　根据爱因斯坦光电效应方程,光电子的最大动能 E_{kmax} 为

$$E_{\text{kmax}} = h\nu - \phi_0$$

其中,$h\nu$ 为入射光子的能量,ϕ_0 是金属的功函数. 设遏止电压为 V_s,则 $eV_s = E_{\text{kmax}}$,代入上式,求得该金属的功函数 ϕ_0 为

$$\phi_0 = h\nu - eV_s = (1\,240\,/200) - 2.6 = 3.6(\text{eV})$$

当改用 $\lambda = 300\,\text{nm}$ 的紫外光照射时,遏止电压 V_s 为

$$V_s = (hc\,/\lambda - \phi_0)\,/e = 1\,240\,/300 - 3.6 = 0.53(\text{V})$$

若用可见光照射该金属表面,由于可见光的波长小于 400 nm,能量小于 3.1 eV,而电子逸出该金属所必须的最小功为 $\phi_0 = 3.6\,\text{eV}$,故不能产生光电效应.

例题 5.02　为了判断一种穿透力很强的粒子是不是 γ 光子,科学家们作了如下工作:

(a) 测量该"光子"在铅中穿透时的衰减,估计出它的能量约为 15 MeV;

(b) 将此粒子束轰击石蜡(CH_4),产生出大量质子,质子的最大反冲能为 5.7 MeV.

试由上述两个实验结果,通过计算判断该粒子究竟是不是 γ 光子. (电子静能 $m_e c^2 = 0.511\,\text{MeV}$, $hc = 12\,400\,\text{eV} \cdot \text{Å}$)

【提示】　若该粒子是 γ 光子,那么(b) 中的现象就是质子的康普顿效应;比较(a) 和(b) 的实验结果可以看到,只有放弃能量和动量的守恒才能支持粒子是 γ 光子的假设.

【题解】　**解法1**　对于工作(b),若把大量质子的产生看作 γ 光子撞击石蜡中氢离子的结果(这一现象通常被称为质子的康普顿效应),则类似于康普顿效应,可以把这个过程看作能量为 $h\nu$ 的 γ 光子与初始时静止的自由质子的弹性碰撞. 由于涉及光子,且质子的反冲速度可能接近光速,故用相对论表示式.

由质能守恒定律得

$$\frac{hc}{\lambda} + M_p c^2 = \frac{hc}{\lambda'} + \sqrt{(pc)^2 + (M_p c^2)^2}$$

由动量守恒定律得

$$p^2 = \left(\frac{h}{\lambda}\right)^2 + \left(\frac{h}{\lambda'}\right)^2 - 2\frac{h^2}{\lambda\lambda'}\cos\theta$$

式中,λ 和 λ' 依次为 γ 光子碰撞前和碰撞后的波长;$M_p c^2$ 为质子的静能,$M_p c^2 = 0.511 \times 1\,836 = 938(\text{MeV})$,$p$ 为质子的反冲动量,θ 为光子的散射角. 将上述两个方程式联立,消去 p,可得

$$\Delta\lambda = \lambda' - \lambda = \frac{hc}{M_p c^2}(1 - \cos\theta)$$

当 $\theta = \pi$ 时,质子的反冲能最大,为

$$E_k = \left(\frac{hc}{\lambda}\right) - \left(\frac{hc}{\lambda'}\right) = \left(\frac{hc}{\lambda}\right) - \frac{hc}{\lambda + \frac{2hc}{M_p c^2}} = 5.7 (\text{MeV})$$

由上式可解得入射光子的能量 $h\nu$

$$h\nu = \frac{hc}{\lambda} = \frac{1}{2}(E_k + \sqrt{E_k^2 + 2E_k M_p c^2}) = \frac{1}{2} \times (5.7 + \sqrt{5.7^2 + 2 \times 5.7 \times 938}) = 55 (\text{MeV})$$

即散射后要产生最大反冲能为 5.7 MeV 的质子,入射 γ 光子的能量应为 55 MeV,该结果与工作(a)的结果不符,因此该粒子不是 γ 光子,除非放弃能量守恒与动量守恒.

解法 2　类似于解法 1 可得

$$\Delta\lambda = \lambda' - \lambda = \frac{hc}{M_p c^2}(1 - \cos\theta)$$

当 $\theta = \pi$ 时,质子的反冲能最大,为

$$E_k = \left(\frac{hc}{\lambda}\right) - \left(\frac{hc}{\lambda'}\right) = \left(\frac{hc}{\lambda}\right) - \frac{hc}{\lambda + \frac{2hc}{M_p c^2}} = h\nu - \frac{h\nu}{1 + \frac{2h\nu}{M_p c^2}}$$

由工作(a)可知 $h\nu = 15$ MeV,代入上式得

$$E_k = 15 - 15/(1 + 2 \times 15/938) = 0.46 (\text{MeV})$$

该结果与工作(b)的结果不符,因此该粒子不是 γ 光子,除非放弃能量守恒与动量守恒.

【点评】　本题是根据与中子发现有关的一些实验而编写的. 1920 年,卢瑟福在经过再三思考后提出了著名的中子假说[①]:他认为有可能存在一种新的中性原子,也许它是由一个电子与氢核更加紧密结合而成的双子. 他设想这个原子有许多新颖的特性,这些特性是解释重元素核的组成所必须的.

　　为了检验卢瑟福的假说,科学家们做了大量的实验工作. 1930 年德国人玻特和他的学生贝克尔率先发表了用放射性钋产生的 α 粒子轰击铍的实验结果:当用 α 粒子轰击铍时,会使铍发射当时认为是穿透率更强的 γ 射线. 1932 年约里奥-居里夫妇用很强的钋 α 源重复了这些实验,并测量了这种未知辐射对铅的穿透率. 他们发现从铍发射的这种辐射的强度在穿过 4.7 cm 厚的铅时仅减弱 1/2. 假如这种辐射是 γ 射线,那么它的能量约为 15 MeV. 这个数值大大高于天然放射性物质所发射的 γ 射线的能量. 他们还发现这种未知辐射入射到含氢的石蜡上会产生许多速度很高的质子. 遗憾的是,他们没有认真核算,按照动量守恒和能量守恒,靠能量为 15 MeV 的 γ 粒子撞击氢离子,能产生如此高速的质子流吗?和玻特一样,他们把铍发射的这种辐射看成 γ 射线,认为质子流的产生是 γ 粒子撞击氢离子的结果,是类似于康普顿效应的某种特殊现象. 就这样,玻特和约里奥-居里夫妇都错过了发现中子的机会.

　　卢瑟福的早年学生和得力助手查德威克从 1921 年开始就一直在从事探索中子的实验. 当 1932 年他读到约里奥-居里夫妇关于铍辐射惊人特性的报道后,就把约里奥-居里夫妇的看法告诉了卢瑟福. 卢瑟福不相信这是康普顿效应,认为很可能这里出现了多年寻找的中子.

　　查德威克很快就复核了玻特和约里奥-居里夫妇的实验结果,通过测量这些质子在空气中的射程,发现质子的能量是 5.7 MeV. 他还将这个实验扩展,用铍辐射去照射其他许多物质,其中包括氢、氦、氮和氩等气体,通过测定由此产生的反冲原子的能量,推算出入射 γ 射线的能量. 查德威克发现,这个结果和所使用的气体有关. 例如,反冲氮原子的能量为 1.4 MeV,入射 γ 射线的能量应为 90 MeV,而产生能量为 5.7 MeV 反冲质子,γ 射线的能量应为 55 MeV. 假如铍辐射是由质量近似等于质子质量

---

①　E. Rutherford, *Proc. Roy. Soc.* A97(1920) p. 374.

的中性粒子组成的,当这些粒子(仿照卢瑟福,查德威克把它称为中子)与气体的原子作正碰时,将出现最大的反冲能.就反冲质子而言,由于它和中子的质量相等,正碰过程中质子将获得中子的全部动能,因此,铍中发射出来的中子的能量就等于质子的最大反冲能 5.7 MeV.这种能量的中子入射到氮气上,可产生能量为 1.4 MeV 的反冲氮原子.

同年,查德威克发表了题为《中子的存在》[①] 一文,详细介绍了他的实验结果及理论分析.他在文章中指出,只有放弃能量和动量的守恒,才能支持铍辐射是 γ 射线的假设.而中子的假设对实验事实能给予直接而简明的解释.它能自圆其说,并对原子核的结构问题提出新的见解.应用核反应为 $^4\text{He} + ^{11}\text{B} \longrightarrow ^{14}\text{N} + \text{n}$,查德威克断定中子的质量大概在 1.005 和 1.008 之间.

例题 5.03　(1) 设光子投射到初始静止的自由电子上,试求下列两种情况下的康普顿移动 $\Delta\lambda$.

(i) 若散射后电子沿着光子入射方向运动;

(ii) 若光子仍沿原入射方向运动;

(2) 光子和高能的相对论性电子碰撞,光子以 60° 角散射,而电子则静止下来.

(i) 试求入射光子(波长为 λ)与出射光子(波长为 λ')的波长差 $\Delta\lambda = \lambda - \lambda'$;

(ii) 若入射光子的能量等于电子的静能,试求散射光子的能量及碰撞前电子的动能.

【提示】　康普顿效应及逆康普顿效应.

【题解】　(1) 由康普顿移动公式 $\Delta\lambda = \lambda_c(1 - \cos\theta)$ 求解,式中电子的康普顿波长 $\lambda_c = h/m_e c = 0.024\ 3$ Å(公式推导参考题解 5.02).

(i) 若散射后电子沿着光子入射方运动,则 $\theta = \pi$,$\Delta\lambda = 2\lambda_c = 0.004\ 86$ nm.

(ii) 若光子仍沿原入射方向运动,则 $\theta = 0$,$\Delta\lambda = 0$.

(2) (i) 由质能守恒定律得

$$\frac{hc}{\lambda} + \sqrt{p_e^2 c^2 + E_0^2} = \frac{hc}{\lambda'} + E_0$$

由动量守恒定律得

$$p_e^2 = \left(\frac{h}{\lambda}\right)^2 + \left(\frac{h}{\lambda'}\right)^2 - 2\frac{h^2}{\lambda\lambda'}\cos\theta$$

式中,λ 和 λ' 依次为光子碰撞前后的波长;E_0 为电子的静能,$\boldsymbol{p}_e$ 为电子的初始动量,θ 为光子的散射角(如图所示).联立上述方程消去 p_e,可得

$$\Delta\lambda = \lambda - \lambda' = \lambda_c(1 - \cos\theta) = \lambda_c(1 - \cos 60°) = 0.001\ 2\text{(nm)}$$

(ii) 已知入射光子的能量等于电子的静能,则入射光子的波长 $\lambda = \lambda_c$,由(i)求得 $\Delta\lambda = \lambda_c/2$.将 λ 和 $\Delta\lambda$ 代入下式,可得散射光子的能量 $h\nu'$

$$h\nu' = \frac{hc}{\lambda'} = \frac{hc}{\lambda - \Delta\lambda} = 2E_0 = 1.02\text{(MeV)}$$

由能量守恒可求得碰撞前电子的动能 E_k 为

$$E_k = \left(\frac{hc}{\lambda}\right) - \left(\frac{hc}{\lambda'}\right) = E_0 = 0.511\text{(MeV)}$$

题解 5.03 图

【点评】　本题中的(1)小题讨论的是康普顿效应,高频 γ 光子与近似于静止的自由电子发生弹性碰撞,光子把一部分能量转移给电子,成为电子的反冲动能,而散射光子的波长变长.(2)小题讨论的是康普顿效应的逆过程,高能相对论性电子与低频光子的碰撞,散射光子能量(频率)变大,波长变短,所以称作逆康普顿效应.逆康普顿效应是产生 γ 射线的一种重要的非热辐射机制.

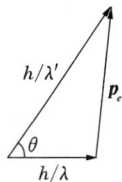

[①]　J. Chadwick, *Proc. Roy. Soc.*, A136(1932):692.

康普顿效应是由康普顿于 1923 年发现并给出理论解释的,继光电效应后它对辐射的粒子性提供了进一步的确证,因此,无论从理论或实验上都具有极其深远的意义.康普顿由于他对康普顿效应的一系列实验及理论解释,而与英国的威尔逊一起分享了 1927 年度诺贝尔物理学奖[①]. 在 1930—1940 年的这 10 年中,康普顿致力于宇宙线的研究,发现了逆康普顿效应.康普顿效应和逆康普顿效应在天文物理学中有着重要意义,这是因为宇宙射线中 γ 光子和电子的相互作用是康普顿效应的一个重要方面;而相对论性电子的逆康普顿效应,则是当代天文物理学的重要课题.例如,1991 年 4 月,美国宇航局继哈勃望远镜之后发射了第二座巨型空间天文台 —— 康普顿 γ 射线空间天文台,该天文台可以对宇宙 γ 射线源及其背景进行成像、能谱测量和时间测量.它所配备的康普顿成像望远镜就是利用康普顿效应来探测宇宙中能量为 1 ~ 30 MeV 的 γ 射线的.又如,存在于星系团电离气体中的大量高温电子会对宇宙微波背景的光子产生逆康普顿散射,引起所谓的 Sunyaev-Zel'dovich(SZ) 效应. SZ 效应是研究星系团的一种非常有效的手段,特别是 SZ 效应只与星系团的内禀性质有关,而与所处的位置无关,这将有利于发现高红移的星系团,因此对研究星系团的演化有着极其重要的意义.利用 SZ 效应制造的天文望远镜将帮助宇宙学家们找到对其他方法来说太远或太暗而无法发现的星系星团.这些观察结果反过来有助于宇宙学家发现星团是如何演化的,而且有可能发现宇宙中暗物质的位置.正在建造中的 SZ 星系团巡天望远镜将利用 SZ 效应,为确定宇宙参数提供一条全新的有效途径.

例题 5.04　　SLAC(Stanford Linear Accelerator Center) 曾用以下的方案产生高能单色光子:激光的低能光子束(可见光区)与 20 GeV 的电子束对头碰.

(1) 设散射光子束与入射电子束的夹角为 θ,试求散射光子的能量与 θ 的函数关系;

(2) 给出散射光子的最大能量近似值(用 GeV 表示).

【提示】　动量、能量守恒及动量-能量关系的相对论性表示.

【题解】　(1) 如图 1 所示,碰撞前,电子的能量为 E,动量为 $p_x = p$, $p_y = 0$;光子的能量为 $h\nu$,动量为 $p_x = -\dfrac{h\nu}{c}$, $p_y = 0$.如图 2 所示,碰撞后,电子的动量为 p',偏离 x 方向一个角度;光子的能量为 $h\nu'$,动量为 $\dfrac{h\nu'}{c}$,与 x 方向成 θ 角.

题解 5.04 图 1　电子和光子的初态(E, p_x, p_y)　　　　　题解 5.04 图 2

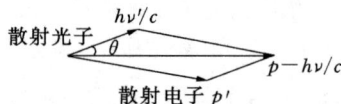

由能量守恒得

$$E + h\nu = \sqrt{p'^2 c^2 + E_0^2} + h\nu' \tag{1}$$

式中 E_0 为电子的静能.由动量守恒得

$$p'^2 c^2 = (h\nu')^2 + (pc - h\nu)^2 - 2(h\nu')(pc - h\nu)\cos\theta \tag{2}$$

将(2) 式代入(1) 式,可解得

$$h\nu' = \frac{(E + pc)h\nu}{E + h\nu + h\nu\cos\theta - pc\cos\theta}$$

因为

$$E = \sqrt{p^2 c^2 + E_0^2} = 20\,\text{GeV} \gg E_0$$

[①]　我国物理学家吴有训曾为康普顿散射实验做出了杰出贡献.参见管惟炎,吴有训教授事略,物理,11(1982):457.

所以 $E \cong pc$, 于是

$$h\nu' \cong \frac{2h\nu E}{h\nu(1+\cos\theta) + E - pc\cos\theta}$$

（2）当 $\theta = 0$ 时, 散射光子能量最大, 其值为

$$(h\nu')_{\max} = \frac{2h\nu E}{2h\nu + E - pc}$$

在极端相对论情况下,

$$E = \sqrt{p^2 c^2 + E_0^2} \cong pc + \frac{E_0^2}{2pc}$$

$$E - pc \cong \frac{E_0^2}{2E} \approx \frac{(0.5 \times 10^6)^2}{2 \times 2 \times 10^{10}} \approx 6(\text{eV})$$

对于典型的可见光子,

$$h\nu = \frac{hc}{\lambda} \approx \frac{12\,400}{5\,000} \approx 2.5(\text{eV})$$

由此技术可得到的最大光子能量为

$$(h\nu')_{\max} = \frac{2 \times 2.5 \times 20}{2 \times 2.5 + 6} = 9(\text{GeV})$$

例题 5.05　　一个 1 MeV 的电子在云室中的径迹是一串小水滴, 水滴的线度约为 10^{-5} m. 试问电子的径迹会不会与直线有明显的差别? 为什么? (电子静能 $m_e c^2 = 0.511$ MeV, $hc = 12\,400$ eV·Å)

【提示】　利用不确定关系估算. 由于电子的动能与静能相当, 对电子应采用相对论动量-能量关系.

【题解】　设电子沿 y 方向运动, 动量为 p_y, 由相对论动量-能量关系得

$$c p_y = \sqrt{E^2 - E_0^2}$$

题解 5.05 图

式中, c 为光速, E 为电子的能量, $E = 1$ MeV, E_0 为电子的静能, $E_0 = 0.511$ MeV.

当高速运动的电子在云室中行进时, 沿其路径所产生的离子形成凝结中心, 使水蒸气凝结成小水滴. 水滴的线度约为 10^{-5} m, 所以在这种情形下, $\Delta x = 10^{-5}$ m. 由不确定关系可以假定, 电子在 x 方向的动量不确定量约为 $\Delta p_x = \hbar/\Delta x$, 式中 $\hbar = h/2\pi = 1\,973$ eV·Å.

因此电子的运动将偏离 y 方向一个角度 θ, 角度的不确定度 $\Delta\theta$ 约为

$$\Delta\theta = \frac{\Delta p_x}{p_y} = \frac{\hbar c}{\Delta x \sqrt{E^2 - E_0^2}} = \frac{1\,973}{10^{-5} \times 10^{10} \times \sqrt{10^{12} - (0.511 \times 10^6)^2}} = 2.3 \times 10^{-8}(\text{rad})$$

由此可见电子的径迹不会与直线有明显的差别.

【点评】　（1）解题中对 Δp_x 的估算显然可以应用于各个方向的动量分量, 这里为了估算电子径迹与直线的最大偏离, 故仅考虑横向的动量不确定量.

（2）自然界中存在的粒子具有波动性, 当粒子以确定动量 p 运动时, 其波长为 $\lambda = h/p$. 这个波长和动量的关系对于所有的真实粒子都成立. 在一定的条件下, 我们仍然可以把粒子看作经典粒子, 不确定关系可以帮助我们去估计经典的粒子描述所适用的范围. 例如, 在本题的条件下, 电子的能量很高、受限制的空间范围较大, 以致 $\Delta p/p \ll 1$, 因此可以把电子看作一个沿直线轨道运动的经典粒子. 这时电子的德布罗意波长很短, $\lambda = h/p = 1.4 \times 10^{-12}$ m $\ll 10^{-5}$ m, 这和光学中使几何光学有效的条件相类似. 若把动能为几个电子伏特的电子禁锢在原子大小的空间内, 在这种情况下, 电子的 $\Delta p \sim p$, 电子没

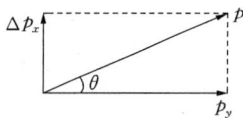

有确定的轨道,粒子的经典描述不再适用.

(3) 上述公式中的 p 和 E 都是相对论性的,这也说明量子论和相对论之间有着密切的关系.仅当粒子的动能 $E_k \ll$ 粒子的静能 E_0 时,才能采用非相对论性的动量-能量关系式 $pc = \sqrt{2E_0 E_k}$.

例题 5.06 一离子的核电荷数为 z,核外只有一个静止质量为 m 的电子.试利用不确定关系 $\Delta x \Delta p \geqslant \hbar$ 估算下面两种情况中该类氢离子的基态能量.

(1) 在非相对论情况下,电子离核距离为 r,动量为 p,离子能量为

$$E = \frac{p^2}{2m} - \frac{ze^2}{4\pi\varepsilon_0 r}$$

(2) 在相对论情况下,离子能量为

$$E = \sqrt{p^2 c^2 + m^2 c^4} - \frac{ze^2}{4\pi\varepsilon_0 r}$$

(3) 试问(1)和(2)的结果有什么联系?

【提示】 利用不确定关系 $\Delta x \Delta p \geqslant \hbar$,消去能量表达式中的 r 或 p.

【题解】 设电子离核的距离为 r,取位置不确定量的数量级为 $\Delta x = r$,由不确定关系 $\Delta x \Delta p \geqslant \hbar$,有 $(\Delta p)^2 = \overline{p^2} \geqslant \hbar^2/r^2$.

(1)
$$E = \frac{\hbar^2}{2mr^2} - \frac{Ze^2}{4\pi\varepsilon_0 r}$$

E 取最小值时类氢离子处于基态,设其半径为 r_0、能量为 E_1. 由 $\left(\frac{dE}{dr}\right)_{r=r_0} = 0$,求出 r_0 和 E_1 分别为

$$r_0 = \frac{4\pi\varepsilon_0 \hbar^2}{Ze^2 m}, \quad E_1 = -\frac{mZ^2 e^4}{2(4\pi\varepsilon_0 \hbar)^2}$$

(2)
$$E = \sqrt{p^2 c^2 + m^2 c^4} - \frac{Ze^2 p}{4\pi\varepsilon_0 \hbar}$$

设类氢离子处于基态时电子的动量为 p_0,能量为 E_1'. 由 $(dE/dp)_{p=p_0} = 0$,求出 p_0 和 E_1' 分别为

$$p_0 = \frac{mcZe^2}{\sqrt{(4\pi\varepsilon_0 \hbar c)^2 - (Ze^2)^2}}, \quad E_1' = mc^2 \sqrt{1 - \left(\frac{Ze^2}{4\pi\varepsilon_0 \hbar c}\right)^2}$$

(3) 当 $\left(\frac{Ze^2}{4\pi\varepsilon_0 \hbar c}\right) \ll 1$,即 $Z \ll \alpha^{-1} = 137$ 时,对 E_1' 右边作级数展开,并略去高阶无穷小量,便可写为

$$E_1' = mc^2 \left[1 - \frac{1}{2}\left(\frac{Ze^2}{4\pi\varepsilon_0 \hbar c}\right)^2\right] = E_1 + mc^2$$

E_1 和 E_1' 相差一个常数 mc^2,这是因为两者的能量零点不同所致.所以,E_1 是 E_1' 的经典极限.在 Z 小的时候可用非相对论近似.

【点评】 (1)(1)小题求得的 r_0 和 E_1 正好与玻尔理论的结果一致,这是由于明智地选择了 $\Delta x = r$,而不是 $2r$ 或 $r/2$,如此选择正好是合理的.当然,对于 Δx 的任何合理选择,都会给出原子尺度和原子能量的正确数量级.

(2) 在(3)小题中,若将 E_1' 的级数展开式再多保留一项,可得

$$E_1' = mc^2 \left[1 - \frac{1}{2}\left(\frac{Ze^2}{4\pi\varepsilon_0 \hbar c}\right)^2 - \frac{1}{8}\left(\frac{Ze^2}{4\pi\varepsilon_0 \hbar c}\right)^4\right]$$

为了使能量的零点与非相对论情况一致,从上式中减去 mc^2,故有

$$E_1' = -mc^2 \left[\frac{1}{2}\left(\frac{Ze^2}{4\pi\varepsilon_0 \hbar c}\right)^2 + \frac{1}{8}\left(\frac{Ze^2}{4\pi\varepsilon_0 \hbar c}\right)^4\right] = E_1 - \frac{mc^2}{8}\left(\frac{Ze^2}{4\pi\varepsilon_0 \hbar c}\right)^4$$

式中的 $-\dfrac{mc^2}{8}\left(\dfrac{Ze^2}{4\pi\varepsilon_0\hbar c}\right)^4 = -|E_1|\dfrac{Z^2\alpha^2}{4} = \Delta E_r$,为类氢离子基态动能的相对论性修正项,量子力学严格导出的该项结果是

$$\Delta E_r = -|E_1|\frac{5Z^2\alpha^2}{4}$$

对于氢原子,$Z=1$,$\Delta E_r = -6.66\times10^{-5}|E_1|\ll|E_1|$,故称为能级的精细结构修正.但对于 $Z=50$ 的类氢离子来说,该项修正已大于 16%.

例题 5.07　试计算:

(1) 氢原子第 n 个轨道的周长与在该轨道上运动的电子的德布罗意波长之比值;

(2) 氢原子在 $n=1$ 轨道上运动的电子的德布罗意波长.

【提示】　利用电子角动量量子化条件.

【题解】　(1) 氢原子第 n 个轨道的周长 S_n 及在该轨道上运动的电子的德布罗意波长 λ_n 分别为

$$S_n = 2\pi r_n, \quad \lambda_n = \frac{h}{mv_n}$$

式中 r_n 和 v_n 分别为电子的第 n 个轨道半径和轨道速度,m 为电子的质量.由电子角动量量子化条件 $mv_n r_n = n\hbar$,得

$$\frac{\hbar}{\lambda_n}\cdot 2\pi r_n = n\hbar$$

最后有

$$\frac{S_n}{\lambda_n} = n$$

(2) 将 $n=1$ 代入上式,

$$\lambda_1 = S_1/1 = 2\pi a_0$$

式中 $a_0 = 0.0529$ nm 为玻尔半径,代入上式得 $\lambda_1 = 0.332$ nm.

【点评】　(1) 小题的解答表明,在氢原子中,只有那些周长等于电子的德布罗意波长整数倍的轨道才是容许的.就像两端固定的弦上形成驻波那样,可以设想这时电子的德布罗意波为圆周上的驻波.而玻尔关于角动量的量子化条件就是形成驻波的必要条件.1924 年,德布罗意曾给玻尔的角动量量子化条件作出物理解释,他指出玻尔关于角动量的量子化条件与驻波的条件是等效的.

根据测不准原理,电子的轨道实际上是无法精确确定的;而且氢原子的最低能态的轨道角动量为零,而不是玻尔所预示的值 $\hbar$.玻尔的氢原子模型后来为量子力学的氢原子理论所替代.尽管如此,在量子力学中轨道角动量仍旧是量子化的.

例题 5.08　由于氢气中混有氦气,因而在拍摄的氢原子光谱中混入了氦离子(He^+)的谱线.请给出在不测量谱线波长的情况下,直接从照片上判断哪些是氢光谱,哪些是 He^+ 光谱?并请简要说明判断依据.

【提示】　类氢离子光谱,考虑有限核质量修正.

【题解】　氢原子和氦离子光谱各谱线的波数分别由以下公式表示:

$$\widetilde{\nu}_H = R_H\left(\frac{1}{m^2} - \frac{1}{n^2}\right) \tag{1}$$

$$\widetilde{\nu}_{He} = R_{He}Z^2\left(\frac{1}{m^2} - \frac{1}{n^2}\right) = R_{He}\left[\frac{1}{(m/2)^2} - \frac{1}{(n/2)^2}\right] \tag{2}$$

式中 $m=1,2,3,\cdots$;$n=m+1,m+2,m+3,\cdots$;对氦离子 $Z=2$.由于氦核的质量大于氢核的质量,因此里德伯常量 $R_H \cong R_{He}$,但 R_{He} 略大于 R_H.

对比（1）和（2）两式可知，当氦离子的量子数 m 和 n 与氢原子的量子数满足 $(m/2)_{He} = (m)_H$ 和 $(n/2)_{He} = (n)_H$ 的条件时，$\tilde{\nu}_H \cong \tilde{\nu}_{He}$，但 $\tilde{\nu}_H$ 略小于 $\tilde{\nu}_{He}$. 因此在该光谱照片中会出现一些几乎重合的双线，双线中波数略小的那条是由氢原子发出的谱线；除此之外其余的谱线均为氦离子光谱. 因为光谱线的强度和间隔都向着波数大的方向递减，所以由它们的变化趋势可以判别波数的大小.

【点评】 1897 年，天文学家毕克林在船樯座 ξ 星的光谱中发现了一个很像氢原子巴耳末线系的光谱线系，称为毕克林线系. 右图给出毕克林线系和氢原子巴耳末线系的前 5 条谱线（H_α，H_β，H_γ，H_δ 和 H_ε）. 从图中可以看出，毕克林线系中每隔一条谱线即和巴耳末线系的谱线几乎重合，但两者的波长仍略有差异；毕克林线系中另有一些谱线位于巴耳末线系的相邻两谱线之间. 里德伯指出毕克林线系可用下式表示：

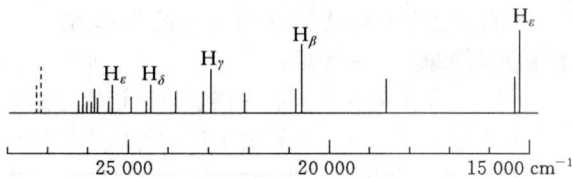

题解 5.08 图

$$\tilde{\nu}_p = R\left(\frac{1}{2^2} - \frac{1}{k}\right) \quad (k = 2.5,\ 3,\ 3.5,\ 4,\ 4.5,\ \cdots)$$

式中 $\tilde{\nu}_p$ 为谱线的波数. 毕克林线系在地球上的氢中是观察不到的，起先人们还以为这是由天体中一种特殊的氢所发出的，后来发现在氢中掺入一些氦就会出现毕克林线系，这才弄清毕克林线系是由氦离子 He^+ 所发出的. 在本题的解答中，只需令（2）式中的 $m = 4$，$n = 5,\ 6,\ 7,\ \cdots$，就可得出毕克林线系的表达式.

例题 5.09 μ^- 介子带有 $-e$ 电荷，质量为 $m_\mu = 106$ MeV$/c^2$；π^+ 介子带有 $+e$ 电荷，质量为 $m_\pi = 140$ MeV$/c^2$. 若在这两个介子组成的"奇特原子"中，两个粒子均可视为点粒子，试求：

（1）原子的最低能量；

（2）基态时两介子之间的距离；

（3）略去原子的整体运动，基态时 μ^- 介子的运动速率.

【提示】 考虑有限核质量修正.

【题解】 （1）由于 μ^- 介子和 π^+ 介子的质量为同一量级，因此两介子都在对方的库仑力作用下绕着两者的质心运动. 引入约化质量 $\mu = \dfrac{m_\mu m_\pi}{m_\mu + m_\pi}$，则原子的最低能量 E_1 为 $E_1 = -\dfrac{1}{2}\mu(\alpha c)^2$，式中 α 为精细结构常数，c 为光速. 将 m_μ 和 m_π 代入可得

$$E_1 = -\frac{1}{2}(\alpha c)^2 m_e \times \frac{106 \times 140}{0.511 \times (106 + 140)} = -13.6 \times 118(\text{eV}) = -1.60(\text{KeV})$$

（2）基态时两介子之间的距离 r_1 为

$$r_1 = \frac{a_0 m_e}{\mu} = \frac{0.529}{118} = 4.48 \times 10^{-4}(\text{nm})$$

（3）基态时两介子的相对运动速率为 $v_1 = \alpha c$. 略去原子的整体运动，则

$$m_\pi v_\pi = m_\mu v_\mu, \quad v_1 = v_\pi + v_\mu$$

由此解得 μ^- 介子的运动速率

$$v_\mu = \frac{\alpha c m_\pi}{m_\mu + m_\pi} = \frac{3 \times 10^8 \times 140}{137 \times (106 + 140)} = 1.25 \times 10^6(\text{m/s})$$

【点评】 通常原子是由电子、质子与中子所构成的. 所谓奇特原子（exotic atom），是由 $\mu^\pm$ 子、$\tau^\pm$ 子、$\pi^\pm$ 介子、$K^\pm$ 介子、正电子、反质子、$\Sigma^\pm$ 超子和 Ω^- 超子等粒子分别取代普通原子中的电子、原子核

或取代两者,通过电磁作用形成的类原子系统. 例如, 由 μ^- 子取代原子中的电子形成 μ^- 子原子, 由正电子取代原子核形成电子偶素, 等等. 奇特原子的平均寿命不长, 但在取代粒子本身衰变之前有足够的时间形成奇特原子, 并可被检测. 其中最为大家所熟知的就是由反质子与正电子组成的反氢 —— 人类第一个获得的反原子. 反氢的 $1s-2s$ 激光光谱被用来检验物理学中 CPT 守恒假设的正确性. 奇特原子可以让物理学家改变原本在一般原子中无法改变的物理量, 比方说组成粒子的质量, 因此也就增加了一个检验理论计算的自由度.

奇特原子的性质与取代粒子的性质有着密切的关系, 例如, 它们的质量与电子或原子核的质量不同, 因而相应的里德伯常量不同, 原子的能级也不同; 另外, 取代粒子有不同的自旋, 因而形成的原子能级和发射的光谱有不同的精细结构. 测定奇特原子发出的光谱结构, 可以确定取代粒子的基本性质. 奇特原子是原子物理和粒子物理共同感兴趣的研究对象.

例题 5.10 一个 μ^- 子被铅核(^{208}Pb, $z=82$)所俘获, 形成铅 μ^- 子原子. μ^- 子除了质量不同外, 与电子是同一的东西, 已知 μ^- 子的质量是电子质量的 207 倍. 设核电荷均匀分布于半径为 $R=7.7$ fm 的球体内, μ^- 子可以进入此球内运动. 试按玻尔理论求出:

(1) μ^- 子的头两个玻尔轨道半径;

(2) 铅 μ^- 子原子的头两个能级的能量;

(3) 铅 μ^- 子原子的赖曼线系第一条谱线的波长;

(4) 在第(3)小题中, 若将铅核视为点电荷, 结果又如何?

【提示】 核的有限大小对奇特原子能级及光谱的影响.

【题解】 根据静电学中的高斯定律, 可以证明半径为 R、总电荷为 Ze 的均匀带电球体的电势 $V(r)$ 为

$$V(r) = \begin{cases} \dfrac{Ze}{4\pi\varepsilon_0 r} & (r \geqslant R) \\[3mm] \dfrac{Ze}{4\pi\varepsilon_0 R}\left(\dfrac{3}{2} - \dfrac{r^2}{2R^2}\right) & (r \leqslant R) \end{cases}$$

由于铅核的质量 $M_{\text{pb}} \cong \dfrac{208 \times 1\,836 m_e}{207 m_e} = 1.8 \times 10^3 m_\mu$, 故可略去铅核的运动. 当 $r > R$ 时, μ^- 子的玻尔轨道半径表达式为

$$r_n = \frac{m_e a_0}{m_\mu}\frac{n^2}{Z} = \frac{0.529}{207 \times 82}n^2 = 3.12 n^2 \,(\text{fm}) \tag{1}$$

能级表达式为

$$E_n = -\frac{1}{2}m_\mu(\alpha c)^2 \frac{Z^2}{n^2} = -\frac{13.6 \times 207 \times 82^2}{n^2} = -18.93\frac{1}{n^2}\,(\text{MeV}) \tag{2}$$

当 $r < R$ 时, μ^- 子在核内作圆运动, 由向心力公式

$$m_\mu \frac{v^2}{r} = -e\frac{\mathrm{d}V(r)}{\mathrm{d}r} = \frac{Ze^2}{4\pi\varepsilon_0 R^3}r \tag{3}$$

可得 μ^- 子的动能为

$$\frac{1}{2}m_\mu v^2 = \frac{Ze^2 r^2}{4\pi\varepsilon_0 2R^3}$$

核内 μ^- 子的势能为

$$-eV(r) = -\frac{Ze^2}{4\pi\varepsilon_0 R}\left(\frac{3}{2} - \frac{r^2}{2R^2}\right)$$

于是铅 μ^- 子原子的总能量为

$$E = \frac{1}{2}m_\mu v^2 - eV(r) = \frac{Ze^2}{4\pi\varepsilon_0 R}\left(\frac{r^2}{R^2} - \frac{3}{2}\right) \tag{4}$$

由角动量量子化条件 $m_\mu vr = n\hbar$，$n = 1, 2, 3, \cdots$ 与(3)式联立，解得 μ^- 子在核内的玻尔轨道半径表达式为

$$r_n = \left(\frac{4\pi\varepsilon_0 R^3 \hbar^2}{Ze^2 m_\mu} n^2 \right)^{\frac{1}{4}} = \left(\frac{137 \times 7.7^3 \times 197.3}{82 \times 207 \times 0.511} n^2 \right)^{\frac{1}{4}} = 6.14 \sqrt{n}\,(\text{fm}) \tag{5}$$

代入(4)式可得能级表达式为

$$E_n = \frac{Ze^2}{4\pi\varepsilon_0 R} \left(n\hbar \sqrt{\frac{4\pi\varepsilon_0}{Ze^2 m_\mu R}} - \frac{3}{2} \right) = \frac{82 \times 197.3}{137 \times 7.7} \left(\frac{6.14^2}{7.7^2} n - \frac{3}{2} \right)$$

$$= (9.75n - 23.00)(\text{MeV}) \tag{6}$$

(1) 由(5)式及(1)式分别求得 μ^- 子的头两个玻尔轨道半径依次为

$$r_1 = 6.14 \text{ fm}(\text{核内}), \quad r_2 = 12.48 \text{ fm}(\text{核外})$$

(2) 由(6)式及(2)式分别求得铅 μ^- 子原子的头两个能级的能量依次为

$$E_1 = -13.25 \text{ MeV}, \quad E_2 = -\frac{18.93}{4} = -4.73(\text{MeV})$$

(3) 铅 μ^- 子原子的赖曼线系第一条谱线的波长为

$$\lambda = \frac{hc}{E_2 - E_1} = \frac{1\,240 \times 10^{-6}}{13.25 - 4.73} = 1.46 \times 10^{-4}(\text{nm})$$

(4) 若将铅核视为点电荷，由(2)式求得铅 μ^- 子原子的头两个能级的能量分别为

$$E_1' = -18.93 \text{ MeV}, \quad E_2 = -\frac{18.93}{4} = -4.73(\text{MeV})$$

由此得到在点核模型下，铅 μ^- 子原子的赖曼线系第一条谱线的波长为

$$\lambda' = \frac{hc}{E_2 - E_1'} = \frac{12\,400 \times 10^{-6}}{18.93 - 4.73} = 8.73 \times 10^{-5}(\text{nm})$$

【点评】 (1) 在利用玻尔理论计算原子(或离子)的能级时，通常把原子核看成点电荷. 其实原子核都具有有限的大小，只有在核的表面处或核外，核的电势才是点电荷的电势. 本题利用玻尔的圆轨道模型来估算核的有限大小对奇特原子能级及光谱的影响. 从(3)和(4)小题的结果可以看到，由于在基态时 μ^- 子进入核内，使它受到的有效核电荷 $Z^* e < Ze$，基态能级升高，所以 $\lambda > \lambda'$. 原子基态能量的修正约为30%；赖曼线系第一条谱线波长的修正约为67%. 实际上虽然 $R > r_1$，μ^- 子并非一直逗留在核内，因此按本题的方法求得的修正值偏大.

(2) 当原子核半径 $R < r_1$ 时，按照本题的方法，上述修正为零. 按量子力学理论，即使 $R < r_1$，电子仍有一定的机会进入核内，原子核有限大小对原子基态能级的修正不为零. 量子力学利用微扰理论得到这项影响对单电子原子(或离子)基态能量的修正为

$$\delta E = \frac{4}{5} \left(\frac{ZR}{a_0} \right)^2 \frac{Z^2 e^2}{4\pi\varepsilon_0 \cdot 2a_0} = \frac{4}{5} \left(\frac{ZR}{a_0} \right)^2 |E_1'|$$

式中 E_1' 为点核模型时的基态能量，而核半径 $R = 1.3 \times A^{1/3}$ fm，玻尔半径 $a_0 = 0.052\,9$ nm.

对于氖离子(Ne^{9+})($Z = 10, A = 20$)，有 $\delta E = 3.6 \times 10^{-7} |E_1'|$；对于铅离子($Pb^{81+}$)($Z = 82, A = 208$)，有 $\delta E = 1.1 \times 10^{-4} |E_1'|$. 由此可见，对于轻元素来说，这种效应完全可以忽略不计；对于重元素来说，这种效应虽然很小，却可以探测得到. 对氖 μ^- 子原子，由于 μ^- 子的质量是电子质量的207倍，因此 $\delta E = 0.015 |E_1'|$，比氖离子的大 $(207)^2$ 倍. 以上3个原子(离子)的核半径 R 均小于 r_1.

(3) 由点评(2)中的数据可以看到，由于 μ^- 子的质量是电子质量的207倍，μ^- 子将会非常接近原

子核. 这样就可以把 μ^- 子当成一个探测原子核的探测器. 有关原子核大小所产生的所谓有限大小效应, 就更加明显地表现在这种奇特原子的能级结构上. 所以若对 μ^- 子原子的能级加以测量, 就可以反推出核中电荷分布和核的大小. 例如, 对 μ^- 子氢原子, 只要得知其能级大小至某种精确度, 就可以精确地推算出质子的大小. 而过去测量质子大小的方法是利用电子散射的方法, 通过分析散射角度而得到.

质子作为物质组成的重要成分, 它的大小在物理上十分重要. 只有对质子大小的独立测量才能真正利用氢原子光谱对量子电动力学作进一步的检测, 也可以在未来对晶格量子色动力学理论计算进行检验.

例题 5.11　钠原子($z = 11$)核外有 11 个电子, 其中 10 个电子与原子核结合较为紧密, 构成原子实, 而最外层那个价电子与原子实结合则较为松散. 在由钠原子的价电子跃迁而发射的光谱中, 与氢赖曼系相似的一个光谱系由公式

$$\frac{1}{\lambda} = 0.378R - \frac{R}{m^2}$$

描述, 其中 R 是里德伯常量, m 是整数.

(1) 公式只在一定范围内成立, 试用原子结构来说明该公式成立的条件;

(2) 试用该公式计算钠的电离能(即价电子电离所需能量).

【提示】　钠原子的原子实可以看成一个有效的原子核, 价电子处于不同的状态所受到的有效核电荷不同.

【题解】　(1) 公式右边的第一项对应于钠原子的基态, 第二项对应于钠原子的激发态, m 越大, 激发态越高. 钠原子的原子实可以看成一个有效的原子核, 当钠原子处于高激发态 m 时, 价电子远离原子核和其余 10 个内层电子, 它所受到的是被内层电子完全屏蔽了的原子核的库仑作用, 有效核电荷数可视为 1. 这样, 公式右边的第二项才会具有与氢光谱项完全相同的形式, 所以公式只在 m 大的时候成立.

(2) 钠的电离能 E_∞ 为

$$E_\infty = 0.378Rhc = 0.378 \times 13.6 = 5.14 \, (\text{eV})$$

【点评】　现在利用钠的电离能 E_∞ 来计算钠原子处于基态时价电子感受到的有效核电荷数 Z^*. 类似于氢原子, 对钠原子有 $E_\infty = \dfrac{Z^{*2}Rhc}{n^2}$, 式中 $n = 3$, 为钠原子处于基态时价电子的主量子数. 由此求得

$$Z^* = \sqrt{\frac{n^2}{Rhc}E_\infty} = \sqrt{\frac{3^2}{13.6} \times 5.14} = 1.84$$

原子核的库仑势场被屏蔽的程度(或者说原子实对价电子起作用的有效核电荷数)与价电子所处的状态有关. 不同的状态, 价电子在空间各处出现的概率不同. 随着 n 的增加, 价电子离核的距离也增加, 而价电子进入原子实的概率将变小, 这样内层电子对原子核库仑势场的屏蔽程度将越来越高, 价电子感受到的有效核电荷也就越来越小. 由上面的计算可知, 基态钠原子的价电子(处在 $3s$ 态), 有较大的概率出现在原子核的附近, 因此感受到的有效核电荷数较大($Z^* = 1.84$).

例题 5.12　设玻尔的氢原子理论对以下各小题适用, 并略去氢核的运动.

(1) 试求氦离子(He^+)的基态能量及电子的第一玻尔轨道半径;

(2) μ^- 子的质量约为电子质量的 200 倍, 除质量不同外, 其余均与电子相同. 设一氦核俘获一个 μ^- 子后形成一类氢离子. 试求该体系的基态能量及 μ^- 子的第一玻尔轨道半径;

(3) 设氦原子中的一个电子被 μ^- 子取代后形成的原子处于基态;

(i) 试估算电子的第一玻尔轨道半径;

(ii) 试估算该体系的能量;

(iii) 该原子的化学性质最类似于哪种化学元素,为什么?

(本题中的数值计算结果仅需两位有效数字,其中能量以 eV 为单位,半径以 nm 为单位.)

【提示】 (1)和(2)的答案有助于(3)的解答.

【题解】 (1)氦离子(He$^+$)的基态能量及电子的第一玻尔轨道半径为

$$E_1(e) = -\frac{1}{2}m(\alpha c)^2 Z^2 = -13.6 \times 4 = -54.4(\text{eV})$$

$$a_1(e) = \frac{4\pi\varepsilon_0 \hbar^2}{me^2 Z} = \frac{0.0529}{2} = 0.026(\text{nm})$$

(2) 类似于氦离子,可得 μ^- 子氦离子的基态能量及 μ^- 子的第一玻尔轨道半径为

$$E_1(\mu) = -\frac{1}{2}m_\mu(\alpha c)^2 Z^2 = -13.6 \times 4 \times 200 = -1.1 \times 10^4(\text{eV})$$

$$a_1(\mu) = \frac{4\pi\varepsilon_0 \hbar^2}{m_\mu e^2 Z} = \frac{0.0529}{200 \times 2} = 1.3 \times 10^{-4}(\text{nm})$$

(3) 在基态 μ^- 子氦原子中,μ^- 子和电子都处于 $n = 1$ 的状态,由于 μ^- 子出现在氦核附近的概率远比电子大,可以近似地说,电子受到的是一个完全被 μ^- 子屏蔽的核的作用,即 $Z^*(e) \cong 1$;μ^- 子受到的则是一个完全未被屏蔽的核的作用,即 $Z^*(\mu) \cong 2$. 故有下面的 3 种情况:

(i) $Z^*(e) \cong 1$,电子的第一玻尔轨道半径为

$$a_1(e) = \frac{4\pi\varepsilon_0 \hbar^2}{me^2 Z^*(e)} = a_0 = 0.053(\text{nm})$$

(ii) μ^- 子氦原子的基态能量为

$$E = E_1(\mu) + E_1(e) = -1.1 \times 10^4 - 13.6 = -1.1 \times 10^4(\text{eV})$$

(iii) 该原子的化学性质最类似于氢元素. 因为 μ^- 子离核很近,与氦核结合紧密且不易被激发,像一个有效的原子核,其有效核电荷数 $Z^* \cong 1$. 有效核外有一个电子,而原子的化学性质由其外层的电子数目决定,所以 μ 子氦原子类似于氢元素而不是氦元素.

【点评】 μ^- 子原子是一种奇特原子,与其他奇特原子相比,μ^- 子原子的寿命比较长. 它是由我国著名的高能物理学家、中国科学院学部委员(院士)张文裕于 20 世纪 40 年代后期发现的,所以它又被誉为"张原子"和"张辐射". μ^- 子原子突破了卢瑟福 - 波尔原子模型,开拓了奇特原子研究的新领域.

例题 5.13 用粒子轰击氢原子使氢原子激发. 在下列各情况中欲使氢原子发出 H_α 谱线,粒子的最小动能应为多大?

(1) 电子与室温下的氢原子相碰撞;

(2) 质子轰击原先静止的基态氢原子;

(3) 质子与基态氢原子以相等速率相互趋近而发生对心碰撞.

【提示】 夫兰克-赫兹实验.

【题解】 设粒子的质量为 m,氢原子的质量为 M,碰撞前和碰撞后粒子与氢原子的相对运动速率依次为 $v_{相对}$ 和 $v'_{相对}$. 由于体系的动量守恒,质心的速度始终不变,则由能量守恒可得

$$\frac{1}{2}\mu v_{相对}^2 = \frac{1}{2}\mu v'^2_{相对} + \Delta E$$

式中 μ 为约化质量,$\mu = \dfrac{mM}{m+M}$;ΔE 为氢原子获得的激发能. 当 $v'_{相对} = 0$ 时,碰撞后氢原子获得的激发能最大,由上式得

$$\Delta E = (\Delta E)_{\text{max}} = \frac{1}{2}\mu v^2_{\text{相对}} \tag{1}$$

(1) 氢原子的第一激发能约为 10 eV,而室温下氢原子热运动的平均动能约为 1/25 eV,所以碰撞前室温下的氢原子处于基态. Hα 谱线是氢原子由 $n = 3$ 的状态向 $n = 2$ 的状态跃迁时发射的.根据以上分析,欲使氢原子发出 Hα 谱线,需将氢原子由基态($n = 1$)激发至 $n = 3$ 的状态.所以,碰撞后氢原子获得的激发能必须满足$(\Delta E)_{\text{max}} \geqslant E_3 - E_1$.由(1)式可知该条件即为

$$\frac{1}{2}\mu v^2_{\text{相对}} \geqslant E_3 - E_1 \tag{2}$$

设碰撞前电子的速率为 v,与 v 相比,碰撞前室温下的氢原子可视为静止,故 $v_{\text{相对}} = v$,又因 $m \ll M$,所以 $\mu \cong m$,碰撞前电子的动能应满足

$$\frac{1}{2}mv^2 \geqslant E_3 - E_1 = -\frac{13.6}{9} + 13.6 = 12.09(\text{eV})$$

即电子的最小动能应为 12.09 eV.

(2) 因质子的质量 m 与氢原子的质量 M 可视为相等,故 $\mu = \dfrac{m}{2}$.由(2)式得

$$\frac{1}{2}\mu v^2_{\text{相对}} = \frac{1}{4}mv^2 \geqslant E_3 - E_1$$

因此质子的最小动能 E_k 应为

$$E_k = \frac{1}{2}mv^2 = 2(E_3 - E_1) = 24.18(\text{eV})$$

(3) 按题意 $\mu = \dfrac{m}{2}$, $v_{\text{相对}} = 2v$.代入(2)式,得

$$\frac{1}{2}\mu v^2_{\text{相对}} = mv^2 \geqslant E_3 - E_1$$

因此质子的最小动能 E_k 应为

$$E_k = \frac{1}{2}mv^2 = \frac{1}{2}(E_3 - E_1) = 6.05(\text{eV})$$

【点评】　本题涉及的一个重要物理概念是在上述非弹性碰撞过程中,该粒子体系究竟有多少动能能够通过碰撞转换为原子的激发能?根据柯尼希定理,质点系动能等于质心动能和体系相对质心系的动能之和.由于该体系不受外力,体系的动量守恒,在整个过程中质心速度和质心动能均不会改变.所以只有体系相对质心系的动能才有可能通过碰撞转换为原子的激发能.

例题 5.14　氦原子是一个最简单的多电子原子.

(1) 如果电子间无相互作用,氦原子的基态能量为多大?

(2) 利用一粗糙模型,估计考虑电子间库仑相互作用后氦原子基态的能量;

(3) 若氦原子的一个电子被激发至 4f 态,另一电子仍处于 1s 态,试问这时氦原子的能量又为多大?

【提示】　利用波尔氢原子模型估计氦原子(双电子原子)的某些状态的能量.

【题解】　(1) 如果电子间无相互作用,氦原子的基态能量为

$$E_1 = -2R_{\text{He}}hc\frac{Z^2}{n^2} = -2 \times 13.6 \times \frac{2^2}{1} = -108.8(\text{eV})$$

(2) 略去电子间相互作用以及氦核的运动,基态时电子的轨道半径为

$$r_1 = a_0\frac{n^2}{Z} = \frac{a_0}{2}$$

式中 a_0 为波尔半径. 设两电子由于静电排斥而趋于远离, 间距为 $2r_1$. 因此电子间库仑相互作用能为

$$E_c = \frac{e^2}{4\pi\varepsilon_0 2r_1} = \frac{14.4}{0.53} = 27.2(\text{eV})$$

考虑电子间库仑相互作用后, 氦原子基态的能量为

$$E_1' = E_1 + E_c = -108.8 + 27.2 = -81.6(\text{eV})$$

(3) 由于 $4f$ 电子远离核, 而 $1s$ 电子靠近核, 因此 $4f$ 电子处在完全屏蔽的原子核的库仑势场中, 有效核电荷数 $Z^* \cong 1$; 而 $1s$ 电子处在无屏蔽的原子核的库仑势场中, 有效核电荷数 $Z^* \cong 2$. 利用氢原子能级公式, 氦原子的能量为

$$E_{1s4f} = -13.6 \times \frac{2^2}{1^2} - 13.6 \times \frac{1^2}{4^2} = -55.25(\text{eV})$$

【点评】　实验测得氦原子基态的能量约为 $-79\,\text{eV}$, 与(1)和(2)两小题的答案比较后可知, 在讨论多电子原子的能级结构时, 除了要考虑电子与核的库仑作用外, 还必须计入电子之间的库仑相互作用. 显然氦原子能级与氢原子能级并不相同, 但当氦原子的一个电子因被激发而处于远离原子核的状态(n, l 大的状态, 如 $4f$ 态)时, 其能级与氢原子的相应能级(如 $4f$ 能级)一致, 只相差一个常数($-54.4\,\text{eV}$).

例题 5.15　天然放射性系铀系是从半衰期最长的铀($^{238}_{92}\text{U}$)开始, 经过一系列的 α 和 β 衰变最后到稳定核 $^{206}_{82}\text{Pb}$. 现在从铀矿中测得 ^{238}U 和 ^{206}Pb 核素数目的相对比值为 $\frac{N(^{238}\text{U})}{N(^{206}\text{Pb})} = 2.785$, 试推算地球的年龄. (已知: ^{238}U 的半衰期是 $T_{1/2} = 4.468 \times 10^9$ 年, 其子核中 ^{234}U 的半衰期最长为 $T_{1/2} = 2.45 \times 10^5$ 年.)

【提示】　本题主要是利用铀系在经过一定时间后将达到久期平衡, 即母体和所有子体的活度相等, 以及可假定铀矿形成年代近似为地球的年龄.

【题解】　由于母核的半衰期 $T_{\frac{1}{2}}(^{238}\text{U})$ 比所有子核都大得多, 且子核中有最大半衰期的是核 ^{234}U, $T_{\frac{1}{2}}(^{234}\text{U}) = 2.45 \times 10^5$ 年, 所以经过约 $5 \times T_{\frac{1}{2}}(^{234}\text{U}) \approx 1.2 \times 10^6$ 年后, 整个衰变系列达到久期平衡, 即母体和所有子体的放射性活度都相等, 即有 $\lambda_1 N_1 = \lambda_2 N_2 = \cdots$. 在这以后, 最后到达的稳定核素不断增加, 但其他子体核数之和保持不变.

假定现时刻为 t_1, 初始时刻为 t_0, 则 t_1 时刻的剩余母体核素 $N_P(t_1)$、稳定核素 $N_D(t_1)$ 和各代子体的总核素 $\sum_i N_i(t_1)$ 之和等于初始时刻的母体核素 $N_P(t_0)$, 即有

$$N_D(t_1) + N_P(t_1) + \sum_i N_i(t_1) = N_P(t_0)$$

由于 $N_P(t_1) = N_P(t_0)e^{-\lambda(t_1-t_0)}$, 即上式中 $N_P(t_0) = N_P(t_1)e^{\lambda(t_1-t_0)}$. 另外, 考虑到地质年代非常久远, 达到久期平衡的时间比它小得多, 久期平衡后子体核素之和保持不变, 所以近似有 $N_D(t_1) \gg \sum_i N_i(t_1)$. 于是可得

$$N_D(t_1) = N_P(t_1)[e^{\lambda(t_1-t_0)} - 1]$$

即有

$$\Delta t = t_1 - t_0 = \frac{1}{\lambda}\ln\left[1 + \frac{N_D(t_1)}{N_P(t_1)}\right]$$

代入已知量, 地球年龄估计为

$$\Delta t = \frac{4.468 \times 10^9}{0.693}\ln\left[1 + \frac{1}{2.785}\right] = 1.98 \times 10^9(\text{y})$$

【点评】 通过本题可对放射性衰变规律、放射性系的久期平衡特征以及它们的实际应用有一个很好的了解.

例题 5.16 已知大气中 $^{14}C / ^{12}C$ 的浓度比 $\eta = 1.2 \times 10^{-12}$，$^{14}C$ 的半衰期 $T_{1/2} = 5\,730y$. 由于活的生物体必定要通过呼吸或光合作用与大气进行碳交换，因此活体内 ^{14}C 和 ^{12}C 的含量比与大气中相同.

(1) 试计算大气中碳的比放射性，即 1g 碳每分钟的衰变次数；

(2) 一古生物样品中 ^{14}C 的含量是活生物样品的 $1/1.831$，试估算该古生物样品的年代；

(3) 已知放射性计数 N 的相对统计误差的定义为 $\delta = 1 / \sqrt{N}$. 为了使测量的统计误差 $\delta = 1\%$，则需要多少克上述古生物样品才可使 1h 的计数满足上述对 δ 的要求？并估计在此 δ 下所测得年代的精度是正负多少年？(假定探测器的效率是 100%.)

【提示】 利用活度随时间的指数变化规律可确定古生物样品年代.

【题解】 (1) 每分钟 1g 碳的衰变来自其中的 ^{14}C，设放射性活度为 A'，则有

$$A' = \lambda N(^{14}C) = \lambda \cdot \eta \cdot \frac{1}{12} N_A = \frac{0.693}{5\,730 \times 365 \times 24 \times 60} \times 1.2$$

$$\times 10^{-12} \times \frac{1}{12} \times 6.02 \times 10^{23} = 14 \text{ 次 /(克 · 分)}$$

式中 N_A 为阿弗加德罗常数.

(2) $A(t) = A(0) \mathrm{e}^{-\lambda t}$，现 $A(0) = A' = 14$ 次 /(克 · 分)，$\dfrac{A(t)}{A(0)} = \dfrac{1}{1.831}$，则古生物样品年代为

$$t = \frac{1}{\lambda} \ln \frac{A(0)}{A(t)} = \frac{5\,730}{0.693} \ln 1.831 \approx 5\,000 (\mathrm{y})$$

(3) $\delta = 1\%$ 要求计数 $N = 10\,000$. 设 m 为所要求样品克数，现要求 1h 古生物样品的计数为 $10\,000$，则有 $14 \times 60 \times m \cdot \dfrac{1}{1.831} = 10\,000$，由此可得

$$m = \frac{10\,000}{459} = 22 (\mathrm{g})$$

设在此误差下所测年代误差为 Δt，则由公式 $t = \dfrac{1}{\lambda} \ln \dfrac{A(0)}{A(t)}$ 可得

$$\Delta t = \frac{1}{\lambda} \frac{\Delta A(t)}{A(t)} = \frac{5\,730}{0.693} \times \frac{1}{100} = 83 (\mathrm{y})$$

【点评】 这是一道用 ^{14}C 考古的题目，具有实际意义.

例题 5.17 如图所示，$^{16}O^*$ 表示 ^{16}O 的某一激发态，n' 和 n 分别表示由 $^{17}O^*$ 衰变到此激发态和基态所放中子.

(1) 写出 β^- 衰变的表示式，以及它的衰变能的计算公式(要求用原子质量来表示衰变能计算公式)；

(2) 由图可见，^{17}N 以电子最大动能 3.72 MeV 通过 β^- 衰变到 ^{17}O 的一个激发态($^{17}O^*$)，从此激发态又通过发射中子而衰变到 ^{16}O 的基态或激发态. 已知 ^{16}O 有 3.05，6.13，6.90 MeV 等若干激发态($^{16}O^*$)(已设 ^{16}O 基态能量为 0). 试回答出射中子动能可能有几种？并求出相应动能的大小. 在计算中要考虑中子发射时 ^{16}O 核的反冲.

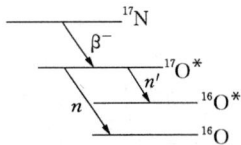

题 5.17 图

已知：原子质量 $M(^{17}N) = 17.008\,449\ u$，$M(^{16}O) = 15.994\,915\ u$，中子质量 $m_n = 1.008\,665\ u$，$1uc^2 = 931.5\ \mathrm{MeV}$，其中 u 为原子质量单位.

【提示】　关键是写出激发态 $^{17}O^*$ 能发射中子并到达 ^{16}O（可以是基态，也可以是激发态）的能量要求.

【题解】　(1) β^- 衰变如下：

$$_z^A X \rightarrow _{z+1}^A Y + e^- + \overline{\nu}_e$$

衰变能为衰变过程中可放出的能量（即发射电子的最大动能），用 m 表示核质量，则有衰变能

$$E_d(\beta^-) = [m_X - (m_Y + m_e)]c^2$$

考虑到实际知道的是原子质量，则在忽略母体（X）和子体（Y）两原子的电子结合能之差的情况下，有

$$E_d(\beta^-) = [M(X) - M(Y)]c^2$$

其中 M 表示原子质量.

(2) 在本题中，

$$E_d(\beta^-) = [M(^{17}N) - M(^{17}O^*)]c^2 = 3.72(\text{MeV})$$

即有 $M(^{17}O^*)c^2 = M(^{17}N)c^2 - 3.72(\text{MeV})$.

假如 $^{17}O^*$ 能够发射中子到达激发态 $^{16}O^*$，则在能量上要求满足下面的不等式：

$$M(^{17}O^*)c^2 - [M(^{16}O)c^2 + E^*(^{16}O)] - m_n c^2 > 0$$

式中 $E^*(^{16}O)$ 是 ^{16}O 的激发态能量. 将 $M(^{17}O^*)c^2$ 的表示式代入上式，可得

$$[M(^{17}N) - M(^{16}O) - m_n]c^2 - 3.72 \text{ MeV} - E^*(^{16}O)$$
$$= (17.008\,449 - 15.994\,915 - 1.008\,665)uc^2 - 3.72 \text{ MeV} - E^*(^{16}O)$$
$$= 0.82 \text{ MeV} - E^*(^{16}O) > 0$$

由于激发态能量 $E^*(^{16}O)$ 都大于 0.82 MeV，故在本题中 $^{17}O^*$ 只能有一种情况放出中子，即衰变到 ^{16}O 的基态.

设在考虑 ^{16}O 的反冲下，所放出中子能量为 E_n，则有

$$E_n + E_n \cdot \frac{m_n}{M(^{16}O)} = 0.82(\text{MeV})$$

于是可得

$$E_n \approx 0.82 \times \frac{16}{17} \text{ MeV} = 0.77(\text{MeV})$$

【点评】　衰变能是核衰变中的重要物理量. 本题涉及如何利用能量关系来判别某种特定核反应能否发生的问题.

例题 5.18　(1) 写出在液滴模型下核的结合能半经验公式，并指出各项的物理意义以及哪些项来自量子效应；

(2) 已知一对镜核（即两个核的质量数 A 相同，但质子数和中子数正好是互换）硼和碳的原子质量分别为 $M(_5^{11}B_6) = 11.009\,31$ u，$M(_6^{11}C_5) = 11.011\,43$ u，试用结合能半经验公式求相应的核半径公式 $R = r_0 A^{1/3}$ 中的常数 r_0 的大小.

（已知：氢原子质量 $M(^1H) = 1.007\,825$ u，中子质量 $m_n = 1.008\,665$ u，

组合常数 $e^2/4\pi\varepsilon_0 = 1.44 \text{ MeV} \cdot \text{fm}$，$1uc^2 = 931.5 \text{ MeV}$.）

【提示】　利用相同的质量数 A 以及与半径 R 直接有关的库仑能公式：$B_c = \frac{3}{5} \frac{z(z-1)e^2}{4\pi\varepsilon_0 R}$，可求得相应的核半径常数（注意对轻核和重核的核半径常数实际有些差异）.

【题解】　(1) Z 个质子、N 个中子 ($A = Z + N$) 的原子核结合能的半经验公式(著名的魏扎克公式) 是

$$B(Z, A) = a_V A - a_s A^{2/3} - a_c \frac{Z^2}{A^{1/3}} - a_a \frac{(N-Z)^2}{A} + B_P$$

其中 a_V, a_s, a_c, a_a 为可调参量(常数),$a_V A$ 为体积能,$a_s A^{2/3}$ 为表面能,$a_c \frac{Z^2}{A^{1/3}}$ 为库仑能,$a_a \frac{(N-Z)^2}{A}$ 为对称能,B_P 为对能. B_P 的经验公式为 $B_P = \delta a_P A^{-1/2}$,其中 a_P 为常数,

$$\delta = \begin{cases} 1 & \text{(偶偶核)} \\ 0 & \text{(奇偶核)} \\ -1 & \text{(奇奇核)} \end{cases}$$

公式中后两项是来自量子效应,经典无对应.

(2) 为了利用半经验公式计算核半径常数,则对其中的库仑能项应改用包含核半径 R 的较精确的库仑能计算公式,即

$$B_c = \frac{3}{5} \frac{Z(Z-1)e^2}{4\pi\varepsilon_0 R}$$

此式中 $R = \gamma_0 A^{1/3}$,其中 γ_0 为核半径常数,利用镜核质量差可以给定相应的 γ_0 值.

知道了核的结合能,就可得到相应的原子质量的半经验公式为

$$M(Z, A) = ZM(^1\text{H}) + Nm_n - \frac{B(Z, A)}{c^2}$$

于是对镜核 $^{11}_5\text{B}_6$ 和 $^{11}_6\text{C}_5$,分别有

$$M(^{11}_5\text{B}_6) = 5M(^1\text{H}) + 6m_n - B(^{11}_5\text{B}_6)/c^2, \quad M(^{11}_6\text{C}_5) = 6M(^1\text{H}) + 5m_n - B(^{11}_6\text{C}_5)/c^2$$

即有

$$M(^{11}_6\text{C}_5) - M(^{11}_5\text{B}_6) = M(^1\text{H}) - m_n + B(^{11}_5\text{B}_6)/c^2 - B(^{11}_6\text{C}_5)/c^2$$

由于两镜核的 A 相同,$(N-Z)^2$ 相同,因此有

$$[M(^{11}_6\text{C}_5) - M(^{11}_5\text{B}_6)]c^2 = [M(^1\text{H}) - m_n]c^2 - \frac{3}{5}(5\times4)\frac{e^2}{4\pi\varepsilon_0 r_0 A^{1/3}} + \frac{3}{5}(6\times5)\frac{e^2}{4\pi\varepsilon_0 r_0 A^{1/3}}$$

即有

$$\frac{6e^2}{4\pi\varepsilon_0 r_0 A^{1/3}} = [M(^{11}_6\text{C}_5) - M(^{11}_5\text{B}_6) - M(^1\text{H}) + m_n]c^2 = 2.76(\text{MeV})$$

$$r_0 = \frac{6\times1.44 \text{ MeV}\cdot\text{fm}}{2.76 \text{ MeV}\times11^{1/3}} = 1.41(\text{fm})$$

【点评】　在核物理中原子核的液滴模型描述很重要. 通过本题要求熟悉结合能的半经验公式表示及简单应用.

例题 5.19　在卢瑟福弹性散射实验中,入射粒子散射和靶核反冲是伴随发生的. 如图所示,氦核 (^4_2He) 与氢核发生弹性散射,C 为两核的质心. 图中 θ_L 和 φ_L 分别表示实验室系中入射粒子的散射角和靶核的反冲角,θ_C 和 φ_C 分别表示相应的质心系中的角度. 假定入射粒子是动能为 2 MeV 的氦核 (^4_2He),轰击靶中静止的氢核 (^1H),作下述计算:

(1) 在实验室系中沿 $\varphi_L = 30°$ 方向反冲氢核动能多大?

(2) 在实验室系中 $\varphi_L = 30°$ 时的反冲氢核的卢瑟福散射微分截面为多大?

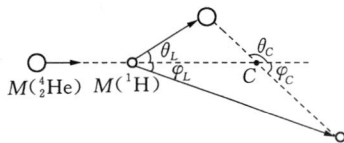

题 5.19 图

已知:在质心系中,出射粒子卢瑟福散射微分截面为

$$\sigma_C(\theta_C) = \left(\frac{a}{4}\right)^2 \frac{1}{\sin^4(\theta_C/2)}$$

其中库仑散射因子 $a = \dfrac{z_1 z_2 e^2}{4\pi\varepsilon_0 E_C}$,式中 z_1,z_2 分别为入射粒子和靶核的电荷数,E_C 是入射粒子的质心系能量,组合常数 $\dfrac{e^2}{4\pi\varepsilon_0} = 1.44\ \mathrm{eV\cdot nm}$.

【提示】   本题可利用弹性碰撞在质心系中的特点,以及利用在质心系中的微分截面和实验室系中的微分截面间的转换关系.

【题解】   本题可引入质心系中物理量的表示,结合质心系和实验室系可以使讨论更为方便和清晰.如图所示,入射粒子 M_1 为 $M(^4_2\mathrm{He})$,靶核 M_2 为 $M(^1\mathrm{H})$.入射粒子速度大小为 v_1,假定靶核静止.出射粒子在 L 系中的速度大小为 v'_1,在质心系中为 V_1;靶核在 L 系中的反冲速度大小为 v'_2,在质心系中为 V_2.

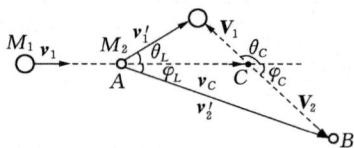

题解 5.19 图

(1) 在碰撞前,质心速度大小为 $v_C = v_1 \dfrac{M_1}{M_1 + M_2}$,其方向与 $\boldsymbol{v}_1$ 相同.靶核速度大小也为 v_C,但方向与 $\boldsymbol{v}_1$ 相反.

由于在弹性散射过程中,两碰撞粒子的质心系速度大小保持不变,因此反冲靶核的速度大小 $V_2 = v_C$,于是由图可见三角形 ABC 是等腰三角形.因为反冲靶核在实验室系中的速度 $\boldsymbol{v}'_2 = \boldsymbol{v}_C + \boldsymbol{V}_2$,所以可得 $\boldsymbol{v}'_2$ 的大小为

$$v'_2 = 2v_C \cos\varphi_L$$

相应反冲氢核的动能为

$$E_{\text{反冲}} = \frac{1}{2}M_2 v'^2_2 = \frac{1}{2}M_2(2v_C\cos\varphi_L)^2 = \frac{1}{2}M(^1\mathrm{H})\left[\frac{2M(^4_2\mathrm{He})v_1}{M(^1\mathrm{H})+M(^4_2\mathrm{He})}\right]^2 \cos^2 30°$$

$$= \frac{4M(^1\mathrm{H})M(^4_2\mathrm{He})}{[M(^1\mathrm{H})+M(^4_2\mathrm{He})]^2}E(^4_2\mathrm{He})\cos^2 30° \approx \frac{4\times1\times4}{(1+4)^2}\cdot 2\,\mathrm{MeV}\cdot\left(\frac{\sqrt{3}}{2}\right)^2 = 0.96(\mathrm{MeV})$$

(2) 第一步先求出反冲粒子在质心系中的微分截面表示式 $\sigma_C(\varphi_C)$.利用

$$\sigma_C(\varphi_C)\mathrm{d}\Omega(\varphi_C) = -\sigma_C(\theta_C)\mathrm{d}\Omega(\theta_C)$$

(负号来自 $\mathrm{d}\Omega(\varphi_C)$ 增加时,相应 $\mathrm{d}\Omega(\theta_C)$ 减小),可得

$$\sigma_C(\varphi_C) = -\frac{\sin\theta_C\,\mathrm{d}\theta_C}{\sin\varphi_C\,\mathrm{d}\varphi_C}\sigma_C(\theta_C)$$

因为 $\theta_C = \pi - \varphi_C$,所以 $\mathrm{d}\theta_C = -\mathrm{d}\varphi_C$,$\sin\theta_C = \sin\varphi_C$,于是有

$$\sigma_C(\varphi_C) = \left(\frac{a}{4}\right)^2 \frac{1}{\sin^4\left(\dfrac{\pi-\varphi_C}{2}\right)} = \left(\frac{a}{4}\right)^2 \frac{1}{\cos^4\left(\dfrac{\varphi_C}{2}\right)}$$

第二步再求反冲粒子在实验室系中的微分截面 $\sigma_L(\varphi_L)$ 的表示式.利用

$$\sigma_L(\varphi_L)\mathrm{d}\Omega(\varphi_L) = \sigma_C(\varphi_C)\mathrm{d}\Omega(\varphi_C)$$

可得

$$\sigma_L(\varphi_L) = \frac{\sin\varphi_C\,\mathrm{d}\varphi_C}{\sin\varphi_L\,\mathrm{d}\varphi_L}\sigma_C(\varphi_C)$$

因为 $\varphi_C = 2\varphi_L$，所以 $\sin \varphi_C \mathrm{d}\varphi_C = 4\sin \varphi_L \cos \varphi_L \mathrm{d}\varphi_L$，于是

$$\sigma_L(\varphi_L) = 4\cos \varphi_L \sigma_C(\varphi_C) = 4\cos \varphi_L \left(\frac{a}{4}\right)^2 \frac{1}{\cos^4 \varphi_L} = \left(\frac{a}{4}\right)^2 \frac{4}{\cos^3 \varphi_L}$$

利用入射粒子质心系能量 $E_C = \dfrac{M_2}{M_1 + M_2} E_L$，有

$$a = \frac{Z_1 Z_2 e^2}{4\pi\varepsilon_0 E_C} = \frac{2 \times 1 \times 1.44 \text{ eV} \cdot \text{nm}}{2 \times 10^6 \text{ eV} \cdot \dfrac{1}{1+4}} = 7.2 \times 10^{-15} \text{ (m)}$$

$$\sigma_L(\varphi_L) = \left(\frac{7.2 \times 10^{-15}}{4}\right)^2 \cdot \frac{4}{\left(\dfrac{\sqrt{3}}{2}\right)^3} \text{(m}^2/\text{sr)} = 0.20 \text{ b/sr} \quad (\text{其中 } 1 \text{ b(靶)} = 10^{-28} \text{ (m}^2))$$

【点评】　本题涉及两粒子弹性散射的运动学和动力学的综合计算，并涉及质心系和实验室系中微分截面的转换.

实验篇

SHI YAN PIAN

第 6 章　力学实验和热学实验

例题 6.01　根据阿基米德原理测量石蜡的密度.

【可供仪器和用具】　物理天平、温度计、玻璃烧杯、细线、铜块、石蜡块、水等.

【要求】　简要写出实验原理、实验步骤、记录数据及处理.(已知水的密度为 $1.000\ \text{g/cm}^3$.)

【题解】　对于密度小于水的石蜡,若浸入水中将有一部分浮出水面.
为了测量这种物体的体积,可以在待测物下面悬挂重物铜块,如图所示.其
测量原理及操作步骤如下:先将铜块浸没于水中,使石蜡块全部露出水面,
将整个烧杯、铜块、石蜡等放在物理天平"专用托架"上(注意不能放在天平
的托盘上).挂石蜡、铜块的线与天平臂端点的挂钩相连.当天平平衡时,读
出其砝码质量 M_1,如图(a)所示.再使铜块和石蜡块一起浸入水中,当天平
平衡时,读出相应砝码质量 M_2,如图(b)所示.待测物石蜡块受的浮力 $F =$
$(M_1 - M_2)g$,式中,g 为重力加速度.若石蜡块的体积为 V,水的密度为 ρ_0,由阿基米德原理有 $(M_1 -$
$M_2)g = \rho_0 V g$.若事先称出石蜡块在空气中的质量 M,那么石蜡的密度 ρ 为

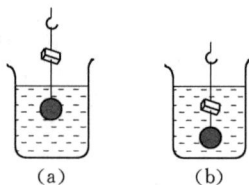

题解 6.01 图

$$\rho = \frac{M}{M_1 - M_2} \cdot \rho_0$$

例题 6.02　用比重瓶测量焊锡丝的密度.

【可供仪器和用具】　物理天平、比重瓶、焊锡丝一小卷、剪刀、水、烧杯、抹布等.

【要求】

(1) 观察比重瓶结构,简述比重瓶中毛细管作用;

(2) 阐述用比重瓶测量固体密度的原理,并写出计算公式,公式中各符号的含义需作说明;

(3) 测量某焊锡丝的密度 ρ,实验用水的密度 $\rho_0 = 1.000\ \text{g/cm}^3$;

(4) 测量天平在空载时的感量(或分度值),写出计算公式和结果.

【题解】　(1) 观察和分析比重瓶的结构特点,其结构如图所示.比重瓶塞子是中间有毛细管的磨
口塞子.当使用时注入液体到比重瓶瓶口位置,用塞子塞紧,多余液体就会从毛细管中流出来,这样可
保持容器所盛液体容积是固定的.

(2) 设待测焊锡丝的质量为 m_x,密度为 ρ_x,体积为 V_x,则有关系式 $m_x = \rho_x \cdot V_x$,其中 m_x 可用天
平称衡.又设比重瓶的质量为 M,注满纯水后比重瓶的质量为 m_0,比重瓶的容积为 V_0,水的体积就是
比重瓶的容积(实验时务必经常注意水柱在毛细管中的高度).又有关系式 $m_0 = V_0 \rho_0 + M$,其中 $\rho_0 =$
$1\ 000\ \text{kg/m}^3$,m_0 值可用天平称衡.

将 m_x 质量焊锡尽可能多的浸入比重瓶,部分纯水被溢出,保持水柱在毛
细管中的原高度,则总质量

$$m_1 = \rho_x \cdot V_x + \rho_0 (V_0 - V_x) + M$$

m_1 可用天平称衡,根据 m_x,m_0 和 m_1 的 3 个方程,化简后得

$$\rho_x = \rho_0 \cdot m_x / (m_x + m_0 - m_1)$$

毛细管
磨口瓶塞
比重瓶

题解 6.02 图

(3) 进行数据测量与计算:

$$m_x = 93.50 \times 10^{-3} \text{ kg}, \quad m_0 = 38.55 \times 10^{-3} \text{ kg}, \quad m_1 = 118.80 \times 10^{-3} \text{ kg}$$

则

$$\rho_x = (1.000 \times 10^3 \times 93.50)/(93.50 + 38.55 - 118.80) = 7.060 \times 10^3 \, (\text{kg/m}^3)$$

(4) 天平感量即天平分度值,它表示指示器指示的相邻两刻线所代表质量之差,感量为 $\Delta m/\Delta L$,其中 ΔL 为被观测变量位移增量,Δm 为被测质量增量,而 $\dfrac{\Delta L}{\Delta m}$ 称为天平的灵敏度.

若天平空载达平衡,增加质量 $\Delta m = 0.020$ g,指针左右摆动两边偏格差 $\Delta L = 5.0 - 3.0 = 2.0$ 分度,则空载时该天平感量 $= 0.020$ g/2.0 分度 $= 0.010$ g/分度.

例题 6.03 测量混合物中物体与所含某单一杂质体积之比.有两个带有悬线的体积相同的圆柱体,其中一个用蜡制成,另一个也用蜡制成,但含有重金属杂质.已知该重金属杂质的密度为 $\rho_{\text{金}} = 7.67$ g/cm^3,求混合物圆柱体中所含重金属杂质和蜡的体积比 n.

【可供仪器和用具】 蜡质圆柱体、含有重金属杂质的蜡圆柱体、物理天平和砝码、盛有水的烧杯(水的密度为 1.000 g/cm^3).

【要求】

(1) 写出原理和测量公式.

(2) 测量并记录数据,写出实验结果.

【题解】 设混合物圆柱体中,石蜡部分体积为 V_1,石蜡密度为 ρ_1,重金属部分体积为 V_2,重金属密度为 $\rho_2 = \rho_{\text{金}} = 7.67$ g/cm^3.那么,下述两个等式成立:

$$\begin{cases} V_1\rho_1 + V_2\rho_2 = M_2 \\ V\rho_1 = V_1\rho_1 + V_2\rho_1 = M_1 \end{cases} \tag{1}$$

(1)式中,V 为待测圆柱体的体积,M_2 为待测混合物圆柱体的质量,M_1 为纯石蜡圆柱体的质量.解此方程式可得

$$n = \frac{V_2}{V_1} = \frac{(M_2 - M_1)\rho_1}{M_1\rho_2 - M_2\rho_1} \tag{2}$$

(2)式中,M_1 和 M_2 都可以用物理天平称得.其中,石蜡的密度可用例题 6.01 中所述石蜡密度测量方法测得,实验时可用混合物圆柱体做重物.

例题 6.04 使用所提供的仪器和材料,用两种方法测盐水的密度.

【可供仪器和材料】 物理天平和砝码、500 mL 烧杯 2 只、底部有孔的塑料圆筒、钢球若干、尼龙线、纯水、比重瓶、温度计、纱布、待测盐水、水在不同温度下的密度表.

【要求】

(1) 写出两种测量盐水密度的方法和公式,说明公式中各量的含义.

(2) 测量结果要求有四位有效数字.

【题解】 两种不同的方法分别是:用阿基米德原理采用静力称衡法测液体密度、用比重瓶的方法测液体的密度.

1. 用静力称衡法测量未知液体的密度

实验原理和方法如下:在小塑料圆筒中加入一定量小钢珠,并用尼龙线将塑料筒吊起来,挂在天平载物盘上面钩子上.称出"圆筒"物体的质量为 M,然后将盛有纯水的烧杯放在物理天平专用的托架上.使"圆筒"物体全部浸没在纯水中,用物理天平称出"圆筒"的视质量为 M_1,设"圆筒"物体的体积为 V,纯水的密度为 ρ_0,那么

$$M - M_1 = V\rho_0 \tag{1}$$

同样,将烧杯的纯水换为盐水,当"圆筒"物体全部浸没在盐水中时,用物理天平称得此时的视质量为 M_2,设待测盐水的密度为 ρ_x,那么

$$M - M_2 = V\rho_x \tag{2}$$

将(2)式与(1)式等式两边相除得

$$\rho_x = \frac{M - M_2}{M - M_1}\rho_0 \tag{3}$$

若已知 M, M_2, M_1, ρ_0 这 4 个量,便可以求得 ρ_x 值.为了保证实验结果为四位有效数字,必须满足:① $M-M_2$ 值、$M-M_1$ 值、ρ_0 值均要在四位有效数字以上.所以,小塑料筒中钢珠的数量应多一些,即体积 V 大些,以保证 $M-M_1$ 和 $M-M_2$ 都为四位有效数字.同时还要测出水温,查表得到 ρ_0 值为四位有效数字,这样 ρ_x 值才能保证四位有效数字.②在换水或者盐水测量时,必须将重物(塑料筒和钢珠)及烧杯用抹布擦净,不应在实验中改变待测盐水的浓度.

2. 用比重瓶法测量盐水的密度

设比重瓶的质量为 M,比重瓶装满纯水后用物理天平称衡的质量为 m_1.纯水的密度为 ρ_0,由温度计测量水温后,查表得到.比重瓶内水倒净,用待测盐水装满后,用物理天平称衡的质量为 m_2.那么

$$m_2 - M = V \cdot \rho_x \tag{1}$$
$$m_1 - M = V \cdot \rho_0 \tag{2}$$

上式中,V 为比重瓶的容积,解(1)式和(2)式可得

$$\rho_x = \frac{m_2 - M}{m_1 - M} \cdot \rho_0 \tag{3}$$

在用比重瓶法测量盐水密度实验中,要使 ρ_x 的结果为四位有效数字必须做到:① m_2-M,m_1-M 和 ρ_0 均达到四位有效数字,所以采用适当大的比重瓶是必须的.②将比重瓶中纯水换成盐水测量时,纯水必须倒净再换成盐水非常重要.

例题 6.05　空气密度的测量.环境条件下的空气被橡皮塞密封于玻璃瓶容器(小针剂药瓶)中,可利用医用针筒抽吸出容器中的空气,随抽吸次数的增加,瓶中压强将逐渐降低.若忽略针筒抽吸过程中及抽吸后橡皮塞的漏气,试拟订一个测量方案,测出环境条件下密封于容器中空气的密度,并要求测量的系统误差(不确定度)控制在 3% 以内.

【可供仪器和用具】　橡皮塞密封的玻璃容器(其体积 $V_0 = 312 \text{ cm}^3$)、医用针筒(30 cm^3)、物理天平及砝码、密封用粘胶带、$20 \text{ cm} \times 25 \text{ cm}$ 作图纸.

【要求】

(1) 写出测量原理和所依据的测量公式.

(2) 记录测量数据,求出测量结果.

(3) 阐明系统误差(不确定度)小于 3% 的理由.

【题解】　1. 测量原理和公式

设容器的体积为 V_0,容器内空气压强为 p_0,室温为 T_0(T_0 为热力学温度),容器中空气质量为 M_0,则

$$p_0 V_0 = \frac{M_0}{\mu}RT_0 \tag{1}$$

(1)式中,R 为理想气体普适常数.

插入针筒第一次抽气,体积和压强变为 $V_0 + V_c$ 和 p_1,其中 V_c 为针筒抽气容积,$V_c = 30.0 \text{ cm}^3$.达到平衡时,有 $\frac{p_1}{p_0} = \frac{V_0}{V_0 + V_c}$.同理,$n$ 次抽气后,气体压强为 p_n,有

$$\frac{p_n}{p_0} = \left(\frac{V_0}{V_0 + V_c}\right)^n \tag{2}$$

n 次抽气后残留瓶内的空气质量为 M_n，则 $p_n V_0 = \frac{M_n}{\mu} R T_0$，即

$$\frac{p_n}{p_0} = \frac{M_n}{M_0} = \frac{M_0 - \Delta M_n}{M_0} \tag{3}$$

(3)式中，ΔM_n 为 n 次抽气所减少的空气质量. 由(2)式及(3)式得

$$\Delta M_n = M_0 \left[1 - \left(\frac{V_0}{V_0 + V_c}\right)^n \right] \tag{4}$$

(4)式表明 ΔM_n 随 $\left[1 - \left(\frac{V_0}{V_0 + V_c}\right)^n \right]$ 作线性变化，斜率为 M_0，分别测得抽 5 次、10 次、15 次、20 次所相应的 ΔM_5，ΔM_{10}，ΔM_{15}，ΔM_{20}，用直线回归法或作图法求得 M_0，则

$$\rho_0 = \frac{M_0}{V_0} \tag{5}$$

2. 测量数据和结果

测量数据可见下表.

题解 6.05 表

n	$1 - \left(\dfrac{V_0}{V_0 + V_c}\right)^n$	$\Delta M_n / g$
5	0.368 3	115×10^{-3}
10	0.462	152×10^{-3}
15	0.606	195×10^{-3}
20	0.711	243×10^{-3}

已知 $V_0 = 312 \text{ cm}^3$，$V_c = 30.0 \text{ cm}^3$，将 ΔM_n 与 $1 - \left(\dfrac{V_0}{V_0 + V_c}\right)^n$ 进行直线拟合可得：斜率 $M_0 = 363 \times 10^{-3} \text{ g}$，相关系数 $r = 0.997$，环境空气的密度 $\rho = \dfrac{363 \times 10^{-3}}{312} = 1.16 \times 10^{-3} \ (\text{g/cm}^3)$.

【点评】 因采用直线拟合求斜率的方法来求 M_0，这样消除了瓶内抽 20 次后剩余少量气体的系统误差影响，使测量结果较准确.

例题 6.06 测量一块长方形薄板的体积，使测量结果的准确度尽可能高.

【可供仪器和量具】 米尺、千分尺、游标卡尺、待测薄板.

【要求】

(1) 正确选用量具测量物体长、宽、高，使实验结果为四位有效数字，长、宽、高只需要测一次.

(2) 计算薄板的体积 V，并估算实验测量结果的不确定度 $U(V)$.

(3) 测量结果用不确定度表达.

【题解】 薄板长度 x 用分度值为 1 mm 的米尺测量，测得 $x = 14.01$ cm；宽度 y 用分度值为 0.02 mm 的游标尺测量，测得 $y = 4.998$ cm；厚度 z 用分度值 0.01 mm 的千分尺测量，测得 $z = 0.249 1$ cm. 则薄板体积

$$V = x \cdot y \cdot z = 14.01 \times 4.998 \times 0.249 1 = 17.44 (\text{cm}^3)$$

测量长 x 的不确定度为 $U(x)$，测量宽 y 的不确定度为 $U(y)$，测量高 z 的不确定度为 $U(z)$，那么薄板体积 V 的不确定度 $U(V)$ 为

$$\frac{U(V)}{V} = \sqrt{\left(\frac{U(x)}{x}\right)^2 + \left(\frac{U(y)}{y}\right)^2 + \left(\frac{U(z)}{z}\right)^2}$$

由于 x, y, z 均为单次测量,不确定度属 B 类不确定度. $U(x) = \sqrt{U_{b1}^2(x) + U_{b2}^2(x)}$,其中 $U_{b1}(x)$ 为米尺测量时因估读引起的不确定度, $U_{b1}(x) = 0.1 \text{ mm}$; $U_{b2}(x)$ 为仪器误差引起的不确定度,它的数值为 $U_{b2}(x) = \frac{1}{\sqrt{3}} \times 1 \text{ mm} = 0.58 \text{ mm}$. 则

$$U(x) = \sqrt{U_{b1}^2(x) + U_{b2}^2(x)} = \sqrt{(0.1)^2 + (0.58)^2} = 0.58(\text{mm})$$

这里, $U_{b2}(x) > 5U_{b1}(x)$,在计算合成标准不确定度时 $U_{b1}(x)$ 可忽略. 同样可以估算 $U(y)$ 和 $U(z)$ 的值.

　　游标卡尺的长度为 $0\sim150$ mm,分度值为 0.02 mm,其估读不确定度为 ±0.02 mm(估计哪一条游标刻度与主尺刻度对齐的估计误差),仪器不确定度限值为 ±0.02 mm. 所以, $U_{b2}(y) = \frac{1}{\sqrt{3}} \times 0.02 = 0.012(\text{mm})$. 则

$$U(y) = \sqrt{U_{b1}^2(y) + U_{b2}^2(y)} = \sqrt{(0.02)^2 + (0.012)^2} = 0.023(\text{mm})$$

　　对厚度 z 用量程 $0\sim25$ mm 的千分尺测量,测量时估读不确定度 $U_{b1}(z) = 0.001$ mm,仪器不确定度限值为 ±0.004 mm, $U_{b2}(z) = \frac{1}{\sqrt{3}} \times 0.004 \text{ mm} = 0.0023 \text{ mm}$. 则

$$U(z) = \sqrt{U_{b1}^2(z) + U_{b2}^2(z)} = \sqrt{(0.001)^2 + (0.0023)^2} = 0.0025(\text{mm})$$

测量结果体积 V 的不确定度(标准不确定度)为

$$U(V) = V \cdot \sqrt{\left(\frac{U(x)}{x}\right)^2 + \left(\frac{U(y)}{y}\right)^2 + \left(\frac{U(z)}{z}\right)^2} = 17.44 \times \sqrt{\left(\frac{0.58}{140.1}\right)^2 + \left(\frac{0.023}{49.98}\right)^2 + \left(\frac{0.0025}{2.491}\right)^2}$$

$$\approx 17.44 \times \frac{0.0025}{2.491} = 0.018(\text{cm}^3) \approx 0.02(\text{cm}^3)$$

所以薄板的体积为

$$V = (17.44 \pm 0.02)\text{cm}^3$$

例题 6.07　用读数显微镜测量毛细管直径.

【可供仪器和材料】　DM 型读数显微镜、夹子、铁架、毛细管.

【要求】

(1) 分析读数显微镜测量长度时可能有哪些误差?

(2) 如何消除及减小实验误差.

(3) 测量玻璃毛细管的内径.

【题解】　使用读数显微镜测量长度或位移的主要误差是视差和螺距误差.

　　消除视差的方法是应使物体的像与读数显微镜标尺(刻在分划板上)在同一平面. 具体操作时,应先调节目镜使分划板清晰,即分划板处于目镜焦平面上. 然后,调节物距使待测物体的像也成在分划板上,这时分划板也很清晰,这样可消除标尺与像因不在同一平面上而产生视差.

　　消除螺距误差的方法是读数显微镜上的千分螺杆移动时,两次(左和右)位置测量都应使准丝向一个方向移动,并达到与圆相切时的读数,如图所示,这样可避免螺距误差.

题解 6.07 表　　毛细管直径测量数据

毛细管端面	ϕ_1 /mm	ϕ_2 /mm	直径 d /mm
A 端	6.280	5.496	0.784
	6.196	5.390	0.806
	6.496	5.711	0.785
	6.457	5.652	0.805
	6.162	5.354	0.808
B 端	3.098	2.303	0.795
	4.168	3.354	0.814
	4.440	3.644	0.796
	4.486	3.701	0.785
	3.344	2.560	0.784

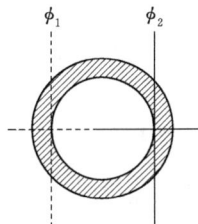

题解 6.07 图

直径 $\overline{d} = 7.96 \times 10^{-2}$ cm

例题 6.08　用光杠杆测量薄板厚度.

【可供仪器和材料】　光杠杆、支架、铅垂线、待测薄板.

【要求】

(1) 正确调节光杠杆,使标尺与反射镜镜面平行、望远镜主轴与标尺垂直.

(2) 望远镜调焦正确.

(3) 测量薄板厚度 h.

【题解】　光杠杆是由底座有 3 个支点的反射镜 M、基座板、标尺、望远镜 T、铅垂线和铁架组成,如图所示.

调节方法是借助铅垂线,用眼睛目测对准,使标尺铅直及望远镜水平.然后调节望远镜目镜使准丝清晰,再调节物距,使从望远镜目镜观察到标尺通过反射镜的像清晰.此时,准丝和标尺的像都在目镜的焦平面上.若望远镜与标尺是垂直的,可调节反射镜角度,使望远镜主轴所对应标尺刻线的值与标尺通过反射镜从望远镜上看到的数值相同,说明镜面与标尺平行,也处于铅直位置.此时,H_1 和 H_2 脚

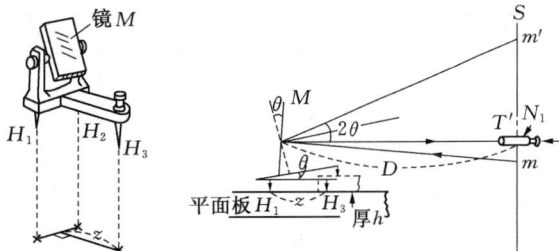

题解 6.08 图

不动,将 H_3 提起,使待测薄板填于 H_3 脚下,H_3 脚支撑点被升高 h 高度,则

$$\frac{h}{z} = \tan\theta \qquad (1)$$

(1)式中,z 为 H_3 脚支撑点至 H_1 和 H_2 连接线之间距离;θ 为 H_3 脚支撑点升高 h 值后,反射镜底座转动角度.而

$$\tan(2\theta) = \frac{\Delta m}{D} \qquad (2)$$

(2)式中,D 为标尺与反射镜之间距离;Δm 为反射镜转动 θ 角度后,望远镜看到标尺位置 m' 与望远镜原读数 m 之间距离.由于 θ 比较小,故

$$\arctan\theta = \theta\left(1 - \frac{1}{3}\theta^2 + \frac{1}{5}\theta^4 - \cdots\right) \approx \theta\left(1 - \frac{1}{3}\theta^2\right)$$

$$h = \frac{z \cdot \Delta m}{2D} \cdot \left[1 - \frac{1}{3}\left(\frac{\Delta m}{D}\right)^2\right] \qquad (3)$$

(3)式中，Δm 为望远镜中看到标尺像 H_3 因位置改变而产生的读数差值.

题解 6.08 表

次数	原读数 m /mm	后读数 m' /mm	D /cm	z /cm
1	70.2	71.9	173.5	5.03
2	70.3	72.0	173.0	5.03
3	70.4	71.8	173.3	5.02

$$\Delta \overline{m} = 71.9 - 70.3 = 1.6 \text{(mm)}$$

薄板厚度 h 为

$$h = \frac{\overline{z} \cdot \Delta \overline{m}}{2\overline{D}} = \frac{5.03 \times 1.6}{2 \times 173.3} = 0.023 \text{(mm)}$$

例题 6.09　测量薄板受拉力时，中心位置的位移量及薄板的尺寸，计算薄板材料的杨氏模量.

【可供仪器和用具】　FD-HY-1 型霍耳位置传感器法杨氏模量测定仪(型号中"FD"表示复旦天欣科教仪器公司生产)、砝码 10.00 g、游标卡尺、千分尺、黄铜和铸铁样品各 1 块.

【要求】

(1) 用读数显微镜测量黄铜样品在受力时中心位置的位移量，测量样品的尺寸，计算黄铜的杨氏模量.

(2) 对霍耳位置传感器定标，求得其灵敏度.

(3) 用霍耳位置传感器测铸铁的杨氏模量.

【题解】　用霍耳位置传感器测杨氏模量实验装置如图 1 所示，在横梁弯曲情况下，杨氏模量 E 用下式表示：

$$E = \frac{d^3 mg}{4a^3 b \Delta z} \qquad (4)$$

式中，d 为两刀口间的距离，a 为梁的厚度，b 为梁的宽度，m 为加挂砝码的质量，Δz 为梁中心由于外力作用而下降的距离，g 为重力加速度.

霍耳位置传感器的结构如图 2 所示. 它采用两块相同的磁铁，并使 N 极与 N 极相对放置，两块磁铁严格平行，霍耳元件平行于磁铁放在磁铁间隙的中轴上.

由霍耳效应可知，霍耳电势差 U_H 为

$$U_H = KIB \qquad (5)$$

式中，K 为霍耳元件的灵敏度，I 为通过霍耳元件的电流，B 为磁感应强度. 若电流 I 为恒定值，磁铁产生磁场在间隙中心部位的区域内属均匀梯度场，即 $\dfrac{dB}{dz}$ 为常量，那么

$$\Delta U_H = KI \frac{dB}{dz} \cdot \Delta z \qquad (6)$$

式中 Δz 为位移量，在均匀梯度场中，ΔU_H 与 Δz 成正比.

实验步骤如下：

(1) 调节磁铁盒水平；

(2) 调节磁铁盒下立柱，移动磁铁与霍耳元件相对位置，使数字电压表显示霍耳元件输出电压 $U_H = 0$ V；

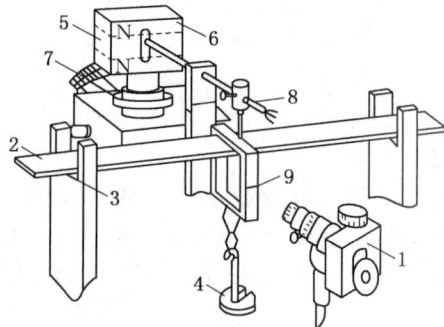

题解 6.09 图 1

1. 读数显微镜；2. 横梁；3. 刀口；4. 砝码；5. 磁铁盒；6. 磁铁(两块 N 极相对放置)；7. 三维调节架；8. 铜杠杆(顶端贴有 95A 型集成霍耳传感器，并伸入磁铁盒内)；9. 铜挂件(上有刻度线)；10. 集成霍耳传感器的引线.

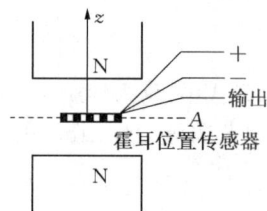

题解 6.09 图 2

（3）调节读数显微镜目镜和物距,使铜刀口槽上刻线清晰成像在分划板上;

（4）每加 10.00 g 砝码,读出刻线位置及数字电压表相应读数;

（5）用米尺测架横梁的两刀口的间距 d,用游标尺测量横梁宽度 b,用千分尺测量横梁厚度 a;

（6）计算实验结果.实验结果如表 1 和表 2 所示.

题解 6.09 表 1 受力后位移量及传感器输出量

序号 i	1	2	3	4	5	6	7	8
Mi /g	20.00	30.00	40.00	50.00	60.00	70.00	80.00	90.00
Ui /mV	0	25	52	78	103	131	157	183
z_i /mm	2.297	2.396	2.523	2.653	2.778	2.895	3.004	3.129

题解 6.09 表 2 黄铜样品的尺寸测量值

											平均值
a' /mm	0.997	1.010	1.007	1.011	1.011	1.011	1.008	1.003	1.000	0.995	
a /mm	0.993	1.006	1.003	1.007	1.007	1.007	1.004	0.999	0.996	0.991	1.001
b /cm	2.302	2.298	2.296	2.300	2.296	2.298	2.300	2.300	2.298	2.300	2.299

千分尺零点 $a_0 = 0.004$ (mm), $a = a' - a_0$; $d = 23.10$ (cm); $\Delta z_1 = z_8 - z_4 = 0.476$ (mm), $\Delta z_2 = z_7 - z_3 = 0.481$ (mm), $\Delta z_3 = z_6 - z_2 = 0.499$ (mm), $\Delta z_4 = z_5 - z_1 = 0.481$ (mm),故 $\Delta \bar{z} = 0.484$ mm. 上海重力加速度 $g = 9.794$ m/s², $E = \dfrac{d^3 Mg}{4a^3 b \Delta z} = \dfrac{(23.10 \times 10^{-2})^3 \times 40.00 \times 10^{-3} \times 9.794}{4 \times (1.001 \times 10^{-3})^3 \times 2.299 \times 10^{-2} \times 0.484 \times 10^{-3}} = 10.8 \times 10^{10}$ (N/m²).

该黄铜材料杨氏模量公认值为 10.55×10^{10} N/m²,两者的百分差为 2.4%.

霍耳位置传感器的灵敏度 $\dfrac{\Delta U}{\Delta z}$ 计算,可将 $U \sim z$ 进行最小二乘法直线拟合求得:斜率 $\dfrac{\Delta U}{\Delta z} = 218$ mV/mm;相关系数 $r = 0.9996$,该位置传感器灵敏度为 218 mV/mm.

若将黄铜样品换成铸铁样品,在霍耳位置传感器保持原来方向直线移动情况下,只要加 90.00 g 砝码,即可读出相应电压量 ΔU,可由传感器的灵敏度求得位移量 Δz.用上述测黄铜样品相似的方法测铸铁样品的尺寸,也可计算出铸铁的杨氏模量.

例题 6.10 用焦利秤测定某固体的体积.

【可供仪器和材料】 FD-GLB-2 型新型焦利秤实验仪、烧杯、温度计、水和待测有机玻璃块,水密度随温度关系表.

【要求】

（1）写出用新型焦利秤测量弹簧劲度系数实验步骤.

（2）测量弹簧劲度系数.

（3）测量有机玻璃块的体积.

【题解】 新型焦利秤及计数计时仪如图所示,图(a)为焦利秤,图(b)为小磁钢及霍耳开关传感器,图(c)为计数计时仪.在本题只需要用焦利秤、不用计时仪,即可测量弹簧劲度系数.

用焦利秤测定弹簧劲度系数 k 的实验步骤如下:

（1）调节底板的水平螺丝,使焦利秤立柱垂直.

（2）在主尺顶部挂入吊钩,再安装弹簧和配重圆柱体(两个圆柱体),使小指针被夹在两个配重圆柱体中间,配重圆柱体下端通过吊钩钩住砝码盘,这时弹簧已被拉伸一段距离.

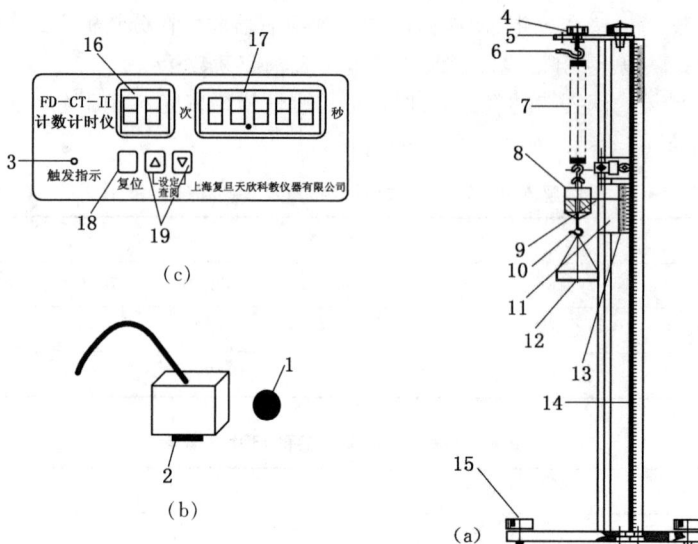

题解 6.10 图　焦利秤及计数计时仪

1. 小磁钢；2. 霍耳开关；3. 触发指示；4—15. 焦利秤；16—19. 计数计时仪.

（3）调整小游标的高度，使小游标左侧的基线刻线大致对准指针. 锁紧固定小游标的锁紧螺丝，调节微调螺丝使指针与镜子边框的刻线重合，当镜子边框上刻线、指针和像重合时，观察者方能通过主尺和游标尺读出指针位置读数.

（4）先在砝码托盘中放入 1 g 砝码，按步骤（3）读出指针所在位置，然后再加 1 g 砝码，读出指针新位置，直至 10 g 砝码全部放在托盘上，读出相应指针位置.

（5）根据每次放入或取下砝码时对应砝码质量 M_i 和相应指针位置值 Y_i，用逐差法或作图法，求得弹簧的劲度系数.

实验结果见下表. 上海地区重力加速度 $g = 9.794 \ \mathrm{m/s^2}$.

题解 6.10 表　M 与 y 关系数据

M /g	增加砝码 y /mm	减少砝码 y' /mm	$\bar{y}$ /mm
1.000	211.98	212.36	212.17
2.000	214.22	214.62	214.42
3.000	216.42	216.84	216.63
4.000	218.46	218.96	218.71
5.000	220.52	221.12	220.77
6.000	222.92	223.14	223.03
7.000	224.98	225.24	225.11
8.000	227.16	227.56	227.36
9.000	229.36	229.56	229.46
10.000	231.64	231.64	231.64

用逐差法处理数据，可得盘中每增加 5.000 g 砝码，弹簧平均伸长 $\Delta \bar{y} = 10.780 \ \mathrm{mm}$. 由胡克定律

$$\Delta M \cdot g = k \cdot \Delta y \tag{1}$$

将 $\Delta M = 5.000 \ \mathrm{g}$，$\Delta \bar{y}$ 和 g 代入（1）式，得弹簧劲度系数 $k = 4.543 \ \mathrm{N/m}$. 测出弹簧劲度系数，利用弹簧下挂 1 个待测物体，测弹簧伸长量 Δy 值，便可计算出物体所受重力或物体的质量. 根据阿基米德原理采用浮力称衡法，求得待测有机玻璃块的体积，原理及实验方法可参见例题 6.01 相关内容.

【点评】　长度和体积测量实验有两个关键点：

（1）对一般物体长度测量通常用米尺；对短一些物体长度测量，为了估读精确也常用游标卡尺；但对 1 mm 左右或小于 1 mm 的长度测量,常用千分尺、读数显微镜、光杠杆等.对游标尺、千分尺、读数显微镜、光杠杆等,必须掌握其工作原理和操作方法,并了解其量程和分度值,以便正确选用仪器和读数.

（2）对金属丝、金属板等规则物体,虽然其直径或长、宽、高等基本相等,但作为物性测量中的一部分(如杨氏模量测量),它们的测量准确度对实验结果影响很大.所以,对钢丝直径或薄板厚度等均需要在不同位置进行多次测量求平均值.

下面一些试题与例题 6.08 测量微小位移实验方法相似,你能解答吗?

例题 6.11 利用光杠杆测量细钢丝的杨氏模量.

【可供仪器和用具】 杨氏模量测定仪(望远镜、直尺、光杠杆、砝码等)、螺旋测微计、卷尺、三角板、细钢丝.

【要求】

（1）画出各测量量的表格.

（2）调整测定仪的状态.

（3）正确选用测量量具,并将测量数据填入表中.

（4）计算杨氏模量的平均值及相对误差(ΔN 用逐差法).

【题解】 （1）设金属丝原长为 L,受力作用后伸长量为 ΔL,其相对伸长 $\dfrac{\Delta L}{L}$ 称为胁变.按胡克定律,在弹性限度内,胁变与胁强(金属丝单位横截面上所受的力)成正比.

设金属丝的横截面积为 S,在力 F 的作用下产生的胁变为 $\dfrac{\Delta L}{L}$,则 $\dfrac{F}{S} \propto \dfrac{\Delta L}{L}$,写成等式为 $\dfrac{F}{S} = E\dfrac{\Delta L}{L}$,式中 E 为杨氏模量.可得 $E = \dfrac{FL}{S \cdot \Delta L}$, $S = \pi\left(\dfrac{d}{2}\right)^2$,其中,$d$ 为金属丝的直径.

题解 6.11 图

（2）光杠杆各量标注如图所示,其关系式为 $\Delta L = \dfrac{k\Delta N}{2D}$,其中,$\Delta N$ 为逐差后所挂砝码前后标尺读数的差值;k 为光杠杆后足尖至两前足尖连线的垂直距离;D 为镜面至标尺的距离.

（3）杨氏模量测量公式为 $E = \dfrac{8FLD}{\pi d^2 k\Delta N}$,式中,$F$ 为逐差后加于钢丝上的力.

（4）测量 ΔN 时,需用加重法和减重法.

例题 6.12 空气中声速的测量.

【可供仪器和用具】 示波器、低频信号发生器、超声波声速测量仪、三通接头(电分配器)、同轴电缆数根.

【要求】

（1）写出有关公式.

（2）写出简要的实验步骤.

（3）多次测量求平均值.

【说明】 给压电换能器加一交变电压,换能器产生机械振动,将同频声波辐射出去.声波在空气中传播一定距离后,由接收器接收转换成同频信号输出.输出信号与输入信号相比有一相应延迟 $\Delta\varphi$.此相位差与声波波速、频率及传播距离有关.测出有关参量,就可以得到声波的波速.

接收器在接收到声波的同时,将部分声波反射回去.当两换能器间距为某一特定距离时,接收器收到的信号达到极大(小)值.当距离变化半个声波长时,接收器又接收到另一极大(小)值信号.随着接收器与发射器间距离的变化,接收器接收到的信号幅度呈周期性变化.

【题解】 实验装置如图所示.在游标卡尺的量爪上,相向安置两个固有频率相同的换能器.移动游标及微动装置,可精密地调节两换能器之间距离.

(1) 共振干涉法:若保持频率 f 不变,通过测量相邻两次接收信号达到极大值时接收面之间距离($\lambda/2$),λ 为声波波长,就可以用速度 $v = f \cdot \lambda$ 计算声速.

(2) 相位比较法:利用同一时刻,发射处的波与接收处的波相位不同,利用李萨如图形观察,相位 φ 与圆频率的传播时间 t 之间有如下关系:$\varphi = \omega t$ 或 $\varphi = 2\pi l/\lambda$,式中,l 为接收器与发射器之间间距.当 $l = n\left(\dfrac{\lambda}{2}\right)$ ($n = 1$,

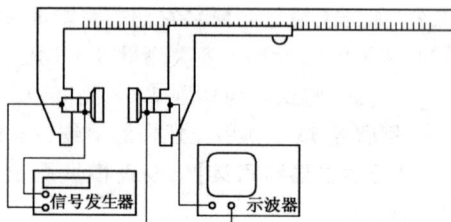
题解 6.12 图

2,3,…)时,得 $\varphi = n\pi$.当相位差改变 π 时,相应距离 l 的改变量即为半个波长.已知 f 和 λ,便可利用 $v = f \cdot \lambda$ 求出声速.

实验步骤如下:

(1) 调节测试系统的共振频率.

(2) 用共振法和相位法测量半波长 $\lambda/2$,需要多测些数据.

(3) 用逐差法处理数据求出当时的声速,并记录当时空气的温度.

实验数据见表 1 和表 2 所示.

题解 6.12 表 1   共振干涉法测量数据

序号	f/Hz	s_n/cm	$\Delta s = s_{n+5} - s_n$/cm
1	35 676	5.688	2.400
2	35 669	6.172	2.406
3	35 670	6.654	2.391
4	35 662	7.136	2.401
5	35 672	7.615	2.393
6	35 668	8.088	
7	35 671	8.578	
8	35 671	9.045	
9	35 663	9.537	
10	35 672	10.008	

由表 1 可求得平均值 $\bar{f} = 35\,667.4\,\text{Hz}$,$\Delta s = 2.397\,7\,\text{cm}$.因 $\dfrac{\bar{\lambda}}{2} = \dfrac{\Delta \bar{s}}{5}$,波长 $\bar{\lambda} = 0.959\,1\,\text{cm}$,$v_1 = \bar{f} \cdot \bar{\lambda} = 35\,669.4 \times 0.959\,1 = 342.1\,(\text{m/s})$.

题解 6.12 表 2   相位法测量数据

序号	s_n/cm	$\Delta s = s_{n+5} - s_n$/cm	序号	s_n/cm	$\Delta s = s_{n+5} - s_n$/cm
1	9.500	2.411	6	11.911	
2	9.984	2.404	7	12.388	
3	10.464	2.405	8	12.869	
4	10.950	2.387	9	13.337	
5	11.425	2.401	10	13.826	

由表 2 可求知 $f = 35\,669\,\text{Hz}$;因 $\dfrac{\bar{\lambda}}{2} = \dfrac{\Delta \bar{s}}{5}$,波长平均值 $\bar{\lambda} = 0.960\,8\,\text{cm}$.所以 **声速** $v = \bar{f} \cdot \bar{\lambda} =$

$35\,669 \times 0.960\,8 = 342.7\,(\text{m/s})$. 由于温度 $\theta = 14.8\,℃$, 天晴而不考虑水蒸气影响, 声速的公认值为

$$v = 331.45 \sqrt{1 + \frac{\theta}{\theta_0}} = 331.45 \times \sqrt{1 + \frac{14.8}{273.15}} = 340.31(\text{m/s})$$

两种方法测量声速与公认值的不确定度小于 1%.

例题 6.13　测量滑块在倾斜气垫导轨上滑行时的速度和加速度:在调成一定倾斜度的气垫导轨上,用平板挡光片测量滑块自静止开始自由下滑至 $50.0\,\text{cm}$ 处的速度和滑块下滑时的加速度.

【可供仪器和用具】　已调成倾斜并已接通压缩空气的气轨(气轨一侧贴有米尺)、滑块、平板挡光片、光电门 2 只、光电计时器、游标卡尺.

【要求】

(1) 写出实验原理公式.

(2) 写出实验设计思路.

(3) 列出原始数据表.

(4) 用作图法求实验结果.

【提示】　(1) 平板形挡光片已固定在滑块上,实验中不必调整.

　　　　　(2) 两个光电门中的 1 只在实验过程中不必移动.

【说明】　光电计时器使用说明如下:

(1) 光电门:由 1 只发光管和 1 只光电二极管组成,并用支架固定在气轨上(由两只螺丝固定,移动支架时需将螺丝松开,用双手握住支架底座去移动).

(2) 计时器:插上电源插头,光电门的发光管被点亮,计时器的显示屏上显示"0". 当使平板形挡光片通过光电门挡光一次时,计时器显示屏上显示"1",同时计时器开始计时;若挡光片第二次通过光电门,计时器显示"2",同时计时器停止计时,稍后便显示数字,此数字就是挡光片两次经过光电门之间(即第一次到第二次挡光之间)的时间间隔,计时器的显示屏上显示的小数点前数字的单位为"秒".

若要重新计数时,请用"清零"键,即将计时器原有数据记录清除,显示屏上重新显示"0".

【题解】　(1) 若一物体沿平直光滑斜面向下滑动时,如果空气阻力和斜面摩擦力可以忽略,则该物体在恒力(重力沿着斜面的分力)作用下作匀加速直线运动,其运动规律满足

$$v^2 = v_0^2 + 2as \tag{1}$$

式中, v_0 和 v 分别为物体在 $t = 0$ 和 $t = t$ 时刻的瞬时速度, s 为时间间隔 t 中物体滑行的距离, a 为物体运动的加速度. 实验装置如图 1 所示.

把处于水平位置的气垫导轨的一端用高为 h 的金属块垫高, 设气垫导轨两端底脚螺丝间的距离为 L,则物体在倾斜气垫导轨上向下滑动时的加速度 a 为

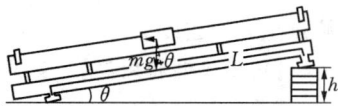

题解 6.13 图 1　气垫导轨简图

$$a = g\sin\theta = g\frac{h}{L} \tag{2}$$

式中 g 为重力加速度, θ 为导轨面对水平面的倾角.

若物体从气垫导轨顶端静止下滑,用光电计时法依次测出物体在不同位置 A_1, A_2, $\cdots$, A_7 的速度 v_1, v_2, $\cdots$, v_7,如图 2 所示,并记下相应滑行的距离 s_1, s_2, $\cdots$, s_7. 在直角坐标纸上,作 $v^2\text{-}s$ 关系图. 如果得到一直线,说明物体受恒力作用作匀加速运动,图中的斜率即为 $2a$. 在求得加速度 a 以后,只要测得 h 和 L 值,也可求得重力加速度 g.

通常滑块上挡光板的长度为 Δl,数字式计时仪显示的挡光时间为 Δt,则可求得滑块经过光电门时的平均速度为 $v = \dfrac{\Delta l}{\Delta t}$. 如果适当地减小挡光板的长度 Δl,以致挡光板通过光电门的时间非常短,则

上述平均速度就近似为瞬时速度.

（2）实验数据分析. 测定 v^2-s 关系时, 挡光板长 $\Delta l = 1.000\text{ cm}$,

滑块滑行速度 $v = \dfrac{\Delta l}{\Delta t}$, Δt 为滑块挡光时间, A_o 点为固定光电门位置,

在气垫导轨标尺上的读数为 130.00 cm, A_i 为依次安放在各观测点

光电门的位置. A_i 和 A_o 之间的距离 $s_i = A_o - A_i$, 垫块高 $h = 4.26\text{ mm}$. 测量数据见下表.

题解 6.13 图 2

题解 6.13 表

序号	A_i/cm	s/cm	$\Delta t/10^{-4}$ s	v/cm·s^{-1}	v^2/cm^2·s^{-2}
1	40.00	90.00	123.2	81.17	6 589
2	50.00	80.00	129.0	77.52	6 009
3	60.00	70.00	136.4	73.31	5 375
4	70.00	60.00	143.2	69.83	4 877
5	80.00	50.00	153.6	65.10	4 239

作 v^2-s 图如图 3 所示, 可得一直线. 也可由最小二乘法求出直线斜率 k.

用最小二乘法, 可得斜率 $k = 58.32\text{ cm}^2/\text{s}^3$, 截距 $b = 1\ 335.4\text{ cm}^2/\text{s}^2$, 由此得加速度 $a = 29.16\text{ cm/s}^2$, 相关系数 $r = 0.999\ 43$. 实验的直线性较好, 即物体受恒力作用时将作匀加速直线运动. 由直线方程 $v^2 = k \cdot s + b$, 可求得 $v = 0$ 时, $s_i = -\dfrac{b}{k} = -22.89\ (\text{cm})$, 即滑块速度为 0 处的 $s_i = A_o - A_i = -22.89\ (\text{cm})$（其中 $A_i = 152.89\text{ cm}$）. 物体从静止下滑 50.00 cm 处的速度为

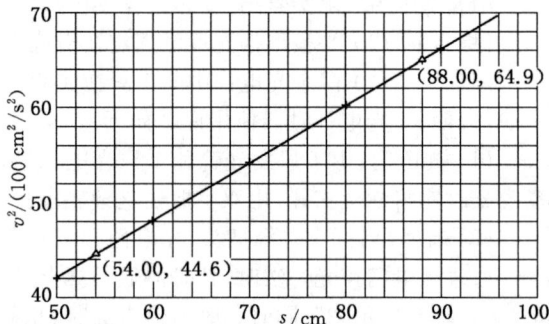
题解 6.13 图 3

$$v = \sqrt{k \cdot s' + b} = \sqrt{58.32 \times [130.00 - (152.89 - 50.00)] + 1\ 335.4} = 54.00\ (\text{cm/s})$$

例题 6.14 单摆的振动周期 $T = 2\pi\sqrt{\dfrac{l}{g}}$, 其中摆长 l 为悬点到摆球重心的距离, 试用下列器具测量重力加速度 g.

【可供仪器和用具】 支架台、不规则球体、米尺、秒表、细线.

【要求】

（1）导出测定重力加速度 g 的公式.

（2）简要写出实验步骤.

（3）记录测量数据, 得出实验结果.

题解 由单摆振动周期公式可得

$$T^2 = \frac{4\pi^2}{g}(l_1 + r) \tag{1}$$

（1）式中, l_1 为单摆悬线上支点与球连接点的线长, 而 r 为连接点至不规则球体重心的距离, $l = l_1 + r$. 若改变 l_1 长度为 6 个不同的值, 便可测得相应周期 6 个值. 以 l_1 为自变量, 周期 T 为因变量, 在作图纸上作一直线, 由直线斜率得 $\dfrac{4\pi^2}{g}$, 此值倒数乘 $4\pi^2$ 可得重力加速度. 除用作图法处理数据外, 还可以用逐差法处理数据, 即分别测出对应悬线 l_1, l_2, $\cdots$, l_6 的长度, 用秒表测出相应的周期 T_1,

T_2，$\cdots$，T_6. 用逐差法计算，

$$T_6^2 - T_3^2 = \frac{4\pi^2}{g}(l_6 - l_3)$$

$$T_5^2 - T_2^2 = \frac{4\pi^2}{g}(l_5 - l_2)$$

$$T_4^2 - T_1^2 = \frac{4\pi^2}{g}(l_4 - l_1)$$

$$g = 4\pi^2 \left[\frac{l_6 + l_5 + l_4 - l_3 - l_2 - l_1}{T_6^2 + T_5^2 + T_4^2 - T_3^2 - T_2^2 - T_1^2} \right]$$

实验步骤如下：

(1) 用细线将不规则球体挂在支架支撑夹具上，使悬点与球体之间距离 l_1 尽可能长些，例如 100.0 cm.

(2) 采用不规则小球经过悬线铅直位置作为计时的起点和终点，用秒表记录 50 次周期振动时间，除以 50 次得单摆振动周期 T_6，摆角小于 5°.

(3) 逐次改变悬线长度为 90.0 cm，80.0 cm，70.0 cm，60.0 cm，50.0 cm，分别测出单摆作振动的周期 T_5，T_4，T_3，T_2，T_1.

(4) 用逐差法处理数据，求出重力加速度 g.

例题 6.15　用单摆精确测量重力加速度.

【可供仪器和用具】　可调节摆长单摆实验仪(其中单摆上有米尺、小磁钢、霍耳开关传感器及计数计时仪，由复旦天欣公司生产)、作图纸 1 张、直尺 1 把、游标卡尺 1 把.

【要求】

(1) 用霍耳开关和计时仪测量单摆振动周期.

(2) 已知单摆振动周期 T 与摆角 θ 有关，$T = 2\pi \sqrt{\dfrac{L}{g}} \left[1 + \dfrac{1}{4}\sin^2\left(\dfrac{\theta}{2}\right) \right]$. 设计一种实验方法，能精确测量本地区的重力加速度 g.

【题解】　当周期可以精确地用霍耳开关传感器配计时仪测量时，必须考虑摆角 θ 对周期 T 的影响，即二级近似 $\dfrac{1}{4}\sin^2\left(\dfrac{\theta}{2}\right)$ 不可忽略，且还需要考虑空气阻尼对振动周期衰减的影响，振动次数不宜太多. 在本实验中，测出不同的摆幅 θ_m 所对应的二倍周期 $2T$，并作 $2T$-$\sin^2\left(\dfrac{\theta_m}{2}\right)$ 图，将此直线外推，求出 $\theta_m = 0$ 时的截距($2T_0$ 值)，求得周期 T_0，从而得到重力加速度 g 的正确值. 实验装置如图所示.

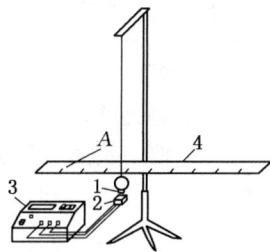

题解 6.15 图

1. 小磁钢；2. 霍耳开关；
3. 计数计时仪；4. 水平直尺.

实验方法如下：

(1) 调节摆长，使静止时小铁球下端钕铁硼磁钢产生磁场正好对准霍耳开关位置，能使霍耳开关导通(两者距离约 0.8~1 cm).

(2) 记下摆线悬点至小球重心之间距离 L. 调节计时仪，预置开与关计数不宜大. 本实验中可采用计数 4 次，即测得 2 个周期.

(3) 将小球从中间位置拉至 A 点位置，用调节好的水平直尺测量 A 点位置，可利用三角函数计算摆角.

实验结果见下表.

题解 6.15 表 **2T 测量数据**

x /cm	$\sin^2\left(\dfrac{\theta}{2}\right)$	2T /s					
		1	2	3	4	5	平均值
15.00	0.018 14	3.052	3.052	3.051	3.052	3.053	3.052 4
20.00	0.032 73	3.064	3.064	3.064	3.063	3.063	3.063 6
25.00	0.052 19	3.077	3.077	3.076	3.077	3.077	3.076 8
30.00	0.077 20	3.097	3.096	3.096	3.096	3.096	3.096 2
35.00	0.108 80	3.122	3.122	3.123	3.123	3.123	3.122 6
40.00	0.148 78	3.156	3.156	3.154	3.156	3.156	3.155 6

摆线长 $L_1 = (56.20 \pm 0.05)$cm，摆球半径 $r = (1.000 \pm 0.002)$cm，摆长 $L = L_1 + r = (57.20 \pm 0.05)$cm，$x$ 为小球水平离开中心位置距离.

对表中数据 $2T$-$\sin^2\left(\dfrac{\theta}{2}\right)$ 进行直线拟合，得相关系数 $r = 0.999\,5$，斜率$=(0.790\pm0.013)$s，截距 $=(3.036\,9\pm0.001\,1)$s，即 $T_0 = 1.518\,5$ s. 将此值代入 $T_0 = 2\pi\sqrt{\dfrac{L}{g}}$，得重力加速度 $g = 9.794$ m/s². 此值与上海地区重力加速度 $g = 9.794\,07$ m/s² 相比误差极小.

实验中必须注意下列两个问题：

(1) 小球必须在 1 个平面内运动，这可用每次小球经过平衡位置时，计时仪的指示灯是否突然发亮来检验.

(2) 霍耳开关离磁铁太近也会产生计时误差，太远可能出现漏计，霍耳开关与磁铁间距应放在导通(发光二极管发亮)临界距离为宜.

【点评】 本实验采用伽利略外推法研究物理规律的实验思想，通过测量周期和摆角的关系，用外推法求得极小摆角时的振动周期，从而精确求得重力加速度. 这种重要的物理实验设计思想在物理实验教学中经常会用到.

除上述可用气垫导轨、单摆等测定重力加速度外，弹簧振子也可以测量重力加速度，下述试题可供参考.

例题 6.16 用弹簧振子测定重力加速度.

【可供仪器和用具】 焦利秤(弹簧、砝码盘、可调支架、游标尺、砝码、小磁钢)、开关型霍耳传感器及计数计时仪等.

【要求】

(1) 通过测定弹簧振子振动周期的方法，确定弹簧的劲度系数 k，并写出相应的计算公式.

(2) 测弹簧振子周期 T 时，要求测量的相对不确定度≤0.5%. 设霍耳开关和计时仪配合，每次测量周期，启动和制动的操作总不确定度≤±0.02 s.

(3) 弹簧本身质量 $m_0 = 14.79$ g，应将其三分之一计入振子有效质量 pm_0 $\left(p \approx \dfrac{1}{3}\right)$，砝码加磁钢总质量为 20.80 g.

(4) 写出用此弹簧测定重力加速度的公式，并进行测量. 将测量结果与上海地区重力加速度进行比较.

【题解】 (1) 将弹簧一端固定在支架上端支点，弹簧下端挂 1 个 20.00 g 的砝码(铁质)，下端吸一块钕铁硼小磁钢. 小磁钢下面固定 1 个霍耳开关，它们间距约 1 cm. 砝码用手向下拉，使其离开平衡位置少许，然后释放，则物体在平衡点附近作简谐振动，其周期为

$$T = 2\pi\sqrt{\frac{m + pm_0}{k}} \tag{1}$$

式中 p 是待定系数,它的值近似为 $1/3$,m_0 为弹簧本身质量,pm_0 为弹簧的有效质量,k 为弹簧劲度系数.轻轻拉动弹簧使其振动,即可测得 50 次振动时间,重复测 3 次,50 个周期平均值为 43.54 s,于是得弹簧振动周期 $\overline{T} = 0.870\,8$ s,显然此周期值不确定度小于 0.5%.将 $m = 20.80$ g,$m_0 = 14.79$ g,$p = \dfrac{1}{3}$ 及 $T = 0.870\,8$ s 代入,得劲度系数 $k = 1.340$ N/m.

(2) 弹簧在外力作用下将产生形变(伸长或缩短).在弹性限度内,由胡克定律可知:外力 F 和它的形变量 Δy 成正比,即

$$F = k \cdot \Delta y \tag{2}$$

式中,k 为弹簧劲度系数.在游标卡尺可移动爪上贴有小平面镜,使小镜上刻线对准砝码盘底盘,记录砝码质量 m_i 和卡尺上读数 r_i.每增加 1 g(或减少 1 g)砝码,记录 m-y 关系数据,实验数据见下表.

题解 6.16 表

m_i /g	增加砝码 y_i /mm	减少砝码 y_i' /mm	$\overline{y}_i$ /mm
11.00	19.80	19.88	19.84
12.00	26.96	26.80	26.88
13.00	34.36	34.28	34.32
14.00	41.56	41.70	41.63
15.00	48.80	49.12	48.96
16.00	56.34	56.30	56.32
17.00	63.22	63.80	63.51
18.00	70.88	71.00	70.94
19.00	77.96	78.04	78.00
20.00	85.50	85.50	85.50

用逐差法处理后,可知盘中每增加 5.00 g 砝码,弹簧平均伸长 $\Delta \overline{y} = 36.528$ mm.由 $m_i g = k \cdot \Delta y_i$,其中 g 为重力加速度,将 $\Delta \overline{y}$ 和 $m_i = 5.00$ g 代入,得 $g/k = \dfrac{36.528}{5.000} = 7.306$ (m/kg),将 $k = 1.340$ N/m 代入得

$$g = k \cdot 7.306 = 9.789\,5\,(\text{m/s}^2) \approx 9.790\,(\text{m/s}^2)$$

与上海地区的重力加速度 $g = 9.794\,07$ m/s² 相比,百分不确定度小于 0.1%.

例题 6.17 测定油的密度(第一届亚洲物理奥林匹克竞赛力学实验试题).

【可供仪器和用具】 试管(除两端外中间大部分截面均匀)、盛水大容器、尺、滴管、作图用坐标纸、吸水棉、吸水纸、用作固定位置标记的橡皮筋、蒸馏水(密度为 1.00 g·cm⁻¹)、油(装在塑料杯内).

【要求】 实验中,要在不测量试管尺寸的情况下测定油的密度,且不能将油和水同时放入试管中.在实验报告中,应包括下列内容:

(1) 实验分析的理论基础(写出有关公式);
(2) 简述实验的方法和步骤;
(3) 油密度值的最后结果;
(4) 误差及其来源.

【题解】 1. 实验方法

本实验是阿基米德定律的一个应用.实验装置如图 1 所示.图中假定试管是直立的(即垂直于水面),且在测量水及油的水平位置时用了同一个参考点.图 1 中 l_z 为水面至参考点的距离,l_c 为待测液体液面至参考点的距离.为了在实验中正确地应用阿基米德定律,需要准确地表达出管内液体占据的体积和被试管排出的水的体积,所以图 2 更详细地标出了关于试管尺寸的参量.

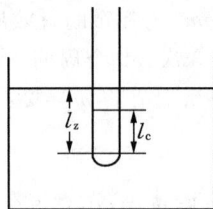

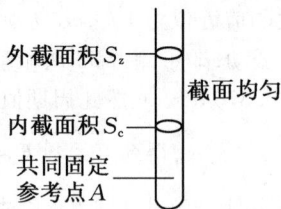

题解 6.17 图 1　　　　　　　　　　　题解 6.17 图 2

2. 理论推导

理论推导中需要用到的所有物理量及其相应定义如下：

S_c 为在 A 点上的试管内截面积，S_z 为在 A 点上的试管外截面积；V_o 为在 A 点下的试管内部体积，V_e 为在 A 点下的试管外部体积（V_o 加上在 A 点下的玻璃的体积）.

l_z 为 A 点与试管外液面的距离，l_c 为 A 点与试管内液面的距离；ρ_c 为试管内液体的密度，ρ_w 为水的密度，ρ_o 为油的密度；M 为空试管的质量.

当平衡时，阿基米德浮力 F_A 与试管及其内部液体的总重力 W 是相等的. 根据图 1 和图 2，以及上面给出的物理量，可以得出如下表达式：

$$F_A = (V_e + S_z l_z)\rho_w g \tag{1}$$

$$W = (M + V_o\rho_c + S_c l_c\rho_c)g \tag{2}$$

由平衡条件得出

$$(V_e + S_z l_z)\rho_w = M + (V_o + S_c l_c)\rho_c$$

此等式可以看作如下形式：

$$l_z = C + Dl_c \tag{3}$$

在（3）式中，

$$C = \frac{M + V_o\rho_c - V_e\rho_w}{\rho_w S_z}, \quad D = \frac{\rho_c S_c}{\rho_w S_z}$$

由上面的方程可知，（3）式中系数 D 依赖于 l_c 和 l_z 有共同零点，所以参考点 A 可以在横截面积均匀的试管中选一个方便的任意点.

测量时，在试管中先加一定量水，用米尺测出 l_c 和 l_z，可测得一组数据；再加一些水，可测得另一组实验数据 l_c' 和 l_z'，测 5 个点作图可得到 D_1 值，即

$$D_1 = S_c/S_z \tag{4}$$

然后，把试管中的水倒掉，并用吸水棉和吸水纸将水擦干，在试管中滴油. 重复上述步骤，可得到 D_2，即

$$D_2 = \rho_o S_c/\rho_w S_z \tag{5}$$

这时，由（4）式和（5）式解得

$$\rho_o = (D_2/D_1)\rho_w \tag{6}$$

3. 实验结果

实验测得数据如下表所示，由表中数据作图 3 和图 4.

题解 6.17 表　实验测量数据

管中加水		管中加油		管中加水		管中加油	
l_c /cm	l_z /cm	l_c /cm	l_z /cm	l_c /cm	l_z /cm	l_c /cm	l_z /cm
3.70	11.70	5.70	12.50	5.20	12.90	6.40	13.00
4.50	12.30	6.00	12.60	5.30	13.00	6.80	13.30
4.90	12.60	6.00	12.80	5.70	13.30	7.20	13.50

由图 3 直线求斜率得 $D_1 = 0.809$，由图 4 直线求斜率得 $D_2 = 0.686$，最后得油的密度为 $\rho_o = 0.848 \, \text{g} \cdot \text{cm}^{-3}$.

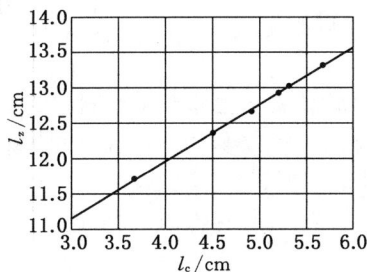

试管中加水时的 l_z-l_c 关系曲线

题解 6.17 图 3

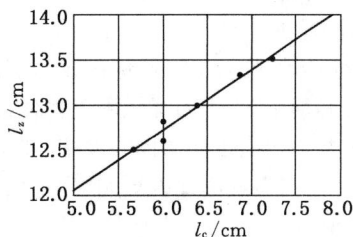

试管中加油时的 l_z-l_c 关系曲线

题解 6.17 图 4

本实验的误差来源主要有两点：

(1) 在实验中试管并未始终保持竖直状态.

(2) 由于液体的表面张力等作用，导致液体表面为微小弧形，从而影响读数.

本实验的注意事项如下：

(1) 对一个典型的试管，S_c/S_z 的比值是 0.8 而不是 1.

(2) 被测量的水及油的液面必须在试管横截面积均匀的部分.

(3) 为了解得 D_1 和 D_2 的值，至少需要测 5 个点以上才能作一条很适合的直线. 实验需在 2~2.5 cm 范围内测出数据.

【点评】　本题要求考生运用阿基米德定律解决实际问题，建立正确数学模型，并有一定理论推导能力. 如何建立一个线性方程，并通过求斜率求得待测量与已知量关系，最后测得油的密度. 本题的设计思想及实验操作要求均很突出，中国的 5 名参赛选手由于注重实验能力训练，此题得分均较高.

例题 6.18　音叉振动频率与对称双臂质量关系的研究（第三届亚洲物理奥林匹克竞赛力学实验试题）.

【目的】　研究 1 个音叉的振动频率如何随附在音叉双臂一定位置上相同物块的质量而变化，并由此测定 1 对附在音叉上的物块 X 的未知质量.

【基本概念与知识】

1. 频闪仪

本实验将使用 1 台频闪仪，它是有 1 个放电灯的简单电子设备，该放电灯可以在均匀的时间间隔内短时间闪出强光. 使用频闪仪可以在不直接接触运动物体的情况下，测量物体的转动或振动频率.

频闪仪使用的注意事项如下：

(1) 频闪仪有一定寿命（即最多闪烁次数），不用时应关闭.

(2) 考虑由频闪仪照亮作圆周运动的质点，如果闪烁频率是质点运动频率的几倍或几分之一，那么这个质点看上去将固定不动. 因此，质点圆周运动的周期可以通过调节闪烁光的频率来测定.

假如某一质点作转动运动,其频率为 x Hz,频率仪的闪烁频率为 y Hz,于是,在相继 2 次闪烁的时间间隔 $1/y$ s 内,这一物体将转过 $2\pi x/y$ rad.

如果 x/y 是无理数,那么它将无法表示为 2 个整数的比值,这时这个质点不是固定不动,而是看上去慢慢地向前或向后转动,向前或向后取决于 x/y 的比值要比相近的某个有理数较小些或较大些.

如果 $y/x = q/p$,其中 p 和 q 是整数,那么频闪仪将在每 p 个整周期内闪烁 q 次.进一步地,如果 p 和 q 之间无公约数(假定整个实验中),那么每次闪烁将照耀出物体的不同位置,这样物体在闪烁光下将呈现 q 个不同固定位置.如果 q 变得很大,很难数出转动物体所呈现固定不动位置的数目.

上述关于转动物体的理论可同样运用于作简谐振动的音叉,因为我们可以将振动看作圆周运动在给定的某个直径上的投影.但是在这种情况下,振动物体每经半个周期将沿相同路径反向回来,此时存在一种巧合(虽然很难),使半个周期内的图像与下半个周期相同,这时将导致只记下 1 个,而不是 2 个图形(但强度仍为 2 倍).这种巧合在实验观察中应予以避免.

2. 基本同步的确定

当物体每转动或振动 1 周,频闪仪恰好闪烁 1 次.此时物体看上去停在 1 个固定的位置,此即两者同步.可是必须指出,当闪烁频率为物体运动频率的几分之一时,类似的不可区分的结果也将发生.这样,如果完全不知道运动物体的频率,要调整到基本同步,一种保险的步骤是从某一高的频率开始,当看到多个像后再慢慢降低闪烁频率,直到第一次出现单个像.在所有的测量中,这个步骤被用来检验是否基本同步.

3. 复频

当频闪仪的闪烁频率高于观察物体的振动频率时,这种闪烁频率称为物体振动频率的复频.其相反情况是指闪烁频率比运动物体的频率小的时候,称为亚频.

如果频闪仪的闪烁频率为转动物体频率的 q 倍时,多个像被观察到.在这种情况下,1 个转动质点看上去为绕圆周等距分布的几个固定不动的像.如果是 2 倍频率,$q/p = 2$,将产生 2 个有 π 角度距离的像.对 3 倍频率,$q/p = 3$,将在 $2\pi/3$ 角距离处产生 3 个像,依此类推.质点转动的频率即等于闪烁频率除以所观察到像的数目.就普遍而言,如果 $q > p > 1$,则频闪仪在质点运动 p 圈、闪烁 q 次,这样将仍然出现 q 个固定不动的位置.

4. 亚频

这里 q/p 小于 1.如果频闪仪的闪烁频率正好是物体运动频率的 $1/p$,则 $p > 1$,那么物体在每个闪烁间隔中运动了 p 周,而物体只呈现 1 个像.如果 $p > q > 1$,则频闪仪闪烁 q 次而物体运动了 p 个完整周,看到的固定像数目将是 q 个.

5. 可调频音叉

1 个可调频音叉(相当于普通音叉)一旦起振,它将以某一基频振动而无谐频振动,音叉的两臂从每个面看都是对称的,以致两臂的运动完全相反,从而在任一瞬时对中心杆有等值反向的作用力.中心杆的净受力为 0 而不振动,紧紧握住它也不会引起不希望有的振动衰减.同样道理,音叉的两臂不能同相振动,因为同相振动将对中心杆产生有限振荡力,这个力将使得这种振动很快衰减掉.

可以通过将相同质量的物块对称地加在两臂上来减小音叉的基频(音叉两臂所载的物块必须对称).对于这种加载的音叉的振动周期 T,可由下式给出:$T^2 = A(m + B)$,其中,A 为常数,它依赖于音叉材料的力学性质、大小及形状,B 为与每个振动臂的有效质量有关的常数,m 为加载物的质量(包括夹子的质量).

【可供仪器和用具】

(1) 带有数字显示频率的频闪仪.

(2) 小型手电筒.

(3) 音叉,每个臂上对称地载有 31.6 g 印有数字和线条的物块,物块的质心与 P 点重合(P 点很清楚地标注在每个臂上,但被这个物块遮盖住).

（4）2 个带有可拆卸手柄的夹子,手柄只在需要打开夹子时使用,实验时卸下.

（5）1 对相同未知质量的物块.

（6）具有下列已知质量的物块(成对):5 g,10 g,15 g,20 g,25 g 的物块.

（7）标准作图纸 5 张.

【题解】　实验步骤及实验结果如下:

（1）基本同步和复频测量.使频闪仪的闪烁和两臂载有 31.6 g 物块的音叉振动达到基本同步,暂时将此对物块从臂上卸下,检查确认物块质心落在 P 点,再装上进行测量.记录同步时频闪仪的闪烁频率.将闪烁频率保持比音叉频率大,找出尽可能多的闪烁频率,便可观察到固定不动像(臂上画的箭头).确定它们对应的 q/p 的值,$q \geqslant p$ 时的 f-q/p 关系如表 1 和图 1 所示.

题解 6.18 表 1

频闪仪频率 f/Hz	静止像数目	q/p
64.5	1	1
86.3	4	4/3
96.9	3	3/2
129.4	2	2
193.9	3	3
258.3	4	4

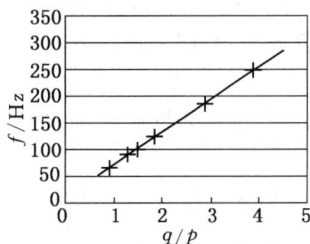

题解 6.18 图 1

（2）测量亚频.将闪光频率保持低于音叉基频(音叉两臂载有 31.6 g 物块),找到所有可观察到的闪烁频率,使之产生稳定不动的像.将读数列表(以 q/p 减小的次序),画出所有观察到的闪烁对 q/p(音叉两臂载有 31.6 g 物块)的直线关系图.$q \leqslant p$ 时的 f-q/p 图如表 2 和图 2 所示.

题解 6.18 表 2

频闪仪频率 f/Hz	静止像数目	q/p
64.5	1	1
48.5	3	3/4
43.1	2	2/3
38.8	3	3/5
32.2	1	1/2
21.5	1	1/3

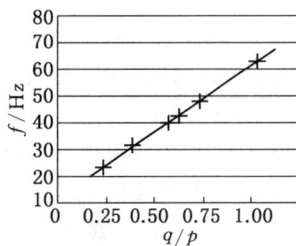

题解 6.18 图 2

（3）测定一对未知物块 x 的质量.将重 31.6 g 的物块从音叉两臂上卸下,测出音叉两臂无物块时的振动频率,分别测出音叉两臂上均带有已知质量为 5.0 g,10.0 g,15.0 g,20.0 g,25.0 g 物块时的音叉振动频率.注意物块上所标的质量为包括夹物块的夹子和物块的总质量.最后用未知物块替代已知质量物块,测量出此时音叉的振动频率,求出 x 质量.注意 x 的质量包括夹子的质量(此时夹子手柄已卸下).实验结果如表 3 和图 3 所示.

题解 6.18 表 3

m/g	5.0	10.0	15.0	20.0	25.0
f/Hz	106.9	92.0	82.8	75.6	70.6
T^2/s^2	8.75×10^{-5}	1.18×10^{-4}	1.46×10^{-4}	1.75×10^{-4}	2.01×10^{-4}

将表 3 数据代入公式 $T^2 = A(m + B)$ 进行直线拟合，得 $A = 5.85 \times 10^{-6}\ \mathrm{s^2/g}$，$B = 9.85\ \mathrm{g}$，相关系数 $r = 0.9997$；从 T^2-m 图中斜率 $A = 5.85 \times 10^{-6}\ \mathrm{s^2/g}$，$x$ 轴上截距 $-B = -9.85\ \mathrm{g}$；对 x 质量待测物，$f = 85.6\ \mathrm{Hz}$，$T^2 = f^{-2} = 13.6 \times 10^{-4}\ \mathrm{s^2}$，代入公式 $T^2 = 5.85 \times 10^{-6}(m + 9.85)$，可得待测物 $m_x = 13.4\ \mathrm{g}$。

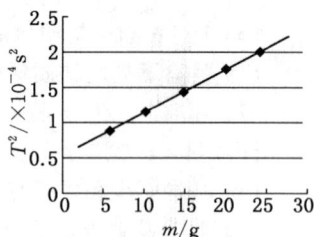
题解 6.18 图 3

【点评】 本实验中对基频必须准确测量、反复确认，才能将实验做好。个别学生将 2 倍复频频率当基频处理数据，易造成测量结果错误。由于在中学和大学基础物理课中没有学过复频、亚频概念，学生需要当场看懂资料进行研究、做完设计性实验，这能够反映学生的分析与实验能力。

例题 6.19 用拉脱法测量水的表面张力系数。

【可供仪器和用具】 液体表面张力系数测量仪（复旦天欣公司生产）、砝码、水、玻璃皿、拉环、温度计、清洁纸。

【要求】 用液体表面张力测定仪采用拉脱法测量室温下的液体表面张力系数。

【说明】

(1) 本实验采用拉脱法是基于液体和固体之间的润湿现象。将 1 个外径 D_1 和内径 D_2 的金属环自水中徐徐拉起，水膜将布满环的四周并被带起。考虑到拉起的水膜是与环接触的双面膜，脱离力为表面张力系数乘以脱离液体表面的周长，即 $F = \alpha \cdot \pi(D_1 + D_2)$，其中 F 为表面张力，α 为表面张力系数。

(2) 实验时必须保持环和水的清洁。

(3) 水的表面张力与温度有关；上海地区重力加速度为 $g = 9.794\ \mathrm{m/s^2}$。

【题解】 实验仪器如图所示。用硅压阻式力敏传感器表面张力测量仪测量液体与金属相接触的表面张力，采用薄金属环作接触体，使传感器与数字电压表相接。若已知传感器灵敏度，可由数字电压表读数计算表面张力。

在洁净的培养皿中注入水，然后把表面清洁的金属环浸入液体，保持金属环与液面垂直，由升降台控制液面使其缓慢下降。这时，金属环和液面间形成一环形液膜，在即将脱离时，液膜中间部位变得越来越薄，最后液膜被拉断。

由于整个过程升降台是缓慢下降的，可以认为是匀速运动。金属环处于平衡状态，临脱离液面时金属环的重力 mg、拉力 F、液体的表面张力 f 有如下关系：

$$F = mg + f\cos\theta \qquad (1)$$

其中，m 为环质量，g 为重力加速度。金属环临脱离液面时，$\theta \approx 0$，即 $\cos\theta \approx 1$，$F = F_1$，这时近似得到

$$f = F_1 - mg = \alpha[\pi(D_1 + D_2)]$$

式中，D_1 为金属环外径，D_2 为金属环内径。当金属环拉脱水面后，$F = F_2$，$f = 0$，则 $F_2 = mg$。

由于拉力作用于硅压阻式力敏传感器所接触的弹性梁上，液膜拉断前瞬间数字电压表读数 $U_1 = kF_1$，液膜拉断后瞬间（f 消失）数字电压表读数 $U_2 = kF_2$，它们之间的差值为

$$\Delta U = U_1 - U_2 = kf \quad \text{或} \quad \alpha = \frac{\Delta U}{k\pi(D_1 + D_2)} \qquad (2)$$

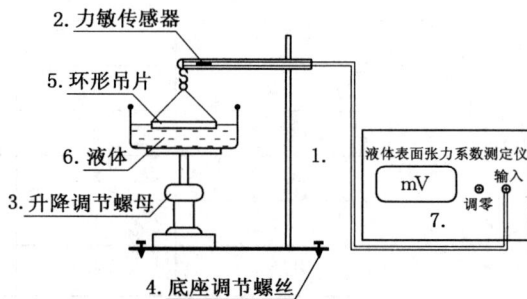
题解 6.19 图　实验装置
1. 立柱；2. 力敏传感器；3. 升降台；4. 底座；5. 金属圆环；6. 大号培养皿；7. 数字电压表。

式中 k 为测力计的灵敏度,单位为 mV /N.

实验结果如表 1 和表 2 所示.

题解 6.19 表 1　力敏传感器定标数据

m /g	U /mV
0.500	14.7
1.000	29.5
1.500	44.3
2.000	59.0
2.500	74.7
3.000	88.4
3.500	100.3

题解 6.19 表 2　5.0 ℃时纯水测量数据

ΔU /mV	α /(10^{-3} N · m^{-1})
48.6	75.5
48.6	75.5
48.1	74.8
48.1	74.8
48.7	75.7
47.9	74.5
48.2	74.9

力敏传感器定标数据见表 1,上海地区重力加速度 $g = 9.794$ m/s^2. 经直线拟合得测力计灵敏度 $k = 3\,007$ mV /N,拟合的相关系数 $r = 0.999\,998$. 测量得 $\overline{D_1} = 3.316$ cm,$\overline{D_2} = 3.491$ cm. 温度 $\theta = 5.0$ ℃.

由表 2 得纯水在 5.0 ℃时的表面张力系数 $\bar{\alpha} = 75.10 \times 10^{-3}$ N/m. 查基本物理常数手册,水在 5.0 ℃时表面张力系数为 74.9×10^{-3} N/m,两者百分差为 0.27%.

例题 6.20　用落球法测量液体黏滞系数. 当 1 个小球在液体中下落时,小球受到力的作用,黏滞力是其中之一. 如果小球的运动满足下列条件:①在液体中下落时速度很小;②球的体积很小,这时的黏滞力为 $f = 6\pi\eta v \cdot r$,式中,η 为液体的黏滞系数,v 为小球的下落速度,r 为小球半径. 需要注意的是温度对液体黏滞系数影响很大.

【可供仪器和用具】　米尺、千分尺、秒表、装有蓖麻油的量筒、温度计、橡皮筋、小钢珠.

【要求】

(1) 试通过小球下落时的受力分析,导出液体黏滞系数的测量公式. (提示:在小球下落过程中,当小球所受合力为零时,小球开始做匀速运动.)

(2) 试选择适当的测量仪器,测出公式中各物理量. 已知小球的密度 $\rho = 7.90$ g·cm^{-3},待测液体密度 $\rho_o = 0.961$ g·cm^{-3}.

(3) 计算液体的黏滞系数.

【题解】　半径为 r 的小圆球在无限宽广的黏性液体中下落并在无旋涡产生时,小球所受的竖直方向的力有 3 个:重力 mg,液体作用于小球的浮力 $\frac{4}{3}\pi r^3 \rho g$ 和黏滞阻力 $6\pi r\eta v$. 刚开始下落时速度小,黏滞力小,因此小球加速直至某一速度时 3 个力平衡,小球匀速下落,即 $mg = \frac{4}{3}\pi r^3 \rho g + 6\pi r\eta v$,所以

$$\eta = \frac{m - \frac{4}{3}\pi r^3 \rho}{6\pi r v} \cdot g \tag{1}$$

式中,η 为待测液体黏滞系数,m 为小球质量,r 为小球半径,ρ 为待测液体的密度,v 为小球下落速度,g 为重力加速度.

用千分尺测量小球直径,用米尺测量量筒直径和小球下落距离,用温度计测温度.

油温 $\theta = 15.90$ ℃,油密度 $\rho_o = 0.961$ g/cm^3,量筒直径 $D = 6.72$ cm,半程距离 $s_1 = 10.70$ cm,全程距离 $s_2 = 20.12$ cm. 其他测量数据见表 1.

题解 6.20 表 1

小球直径 $2r$ /mm	半程时间 t_1 /s	全程时间 t_2 /s
0.993	39.76	74.14

半程平均速度 $v_1 = 0.269\,\mathrm{cm/s}$，全程平均速度 $v_2 = 0.271\,\mathrm{cm/s}$. 两者平均速度差距很小（小于 1.6%）. 由于实验并不是在无限宽广的情况下进行，需要对速度测量数据进行修正. 量筒内径 $D = 6.72\,\mathrm{cm}$，高 $h = 53.40\,\mathrm{cm}$，$d = 0.993\,\mathrm{mm}$. 对速度的修正公式为 $v = v_0(1 + 2.4d/D)(1 + 3.3d/2h)$. 代入公式(1)，计算得 $\eta = 1.331\,\mathrm{Pa \cdot s}$. 考虑到 $\theta = 15.90\,℃$ 时，蓖麻油黏滞系数 $\eta_{公认值} = 1.370\,\mathrm{Pa \cdot s}$，两者的百分差为 2.8%.

例题 6.21 测量固体的热膨胀系数.

【可供仪器和用具】 线膨胀仪、蒸气发生器、金属试棒、千分尺、米尺、光杠杆、温度计等.

【要求】

(1) 写出测量金属热膨胀系数原理及公式.

(2) 写出实验方法.

(3) 测量黄铜材料在室温至 100 ℃ 时的线膨胀系数.

【题解】 (1) 固态物质当温度改变 1 ℃ 时，其长度变化和它在 0 ℃ 时长度的比值，为该物质的线膨胀系数. 如果一根金属棒在 0 ℃ 时长为 L_0，在温度为 t_1 ℃ 时的长度为 L_i，那么

$$L_i = L_0(1 + \alpha t_1) \tag{1}$$

实际上，金属线膨胀系数 α 不是一个常数，只是在某一温度区域内可近似认为是常数. 若金属棒在 t_1，t_2 $(t_2 > t_1)$ 两个不同温度时的长度为 L_1 和 L_2，那么由(1)式可得

$$\begin{cases} L_1 = L_o(1 + \alpha t_1) \\ L_2 = L_o(1 + \alpha t_2) \end{cases} \tag{2}$$

$$\frac{L_2}{L_1} = \frac{1 + \alpha t_2}{1 + \alpha t_1} \approx (1 + \alpha t_2)(1 - \alpha t_1) \approx 1 + \alpha(t_2 - t_1) - \alpha^2 t_1 t_2$$

此式中第三项 $\alpha^2 t_1 t_2$ 相对前两项可忽略，所以

$$\alpha = \frac{L_2 - L_1}{L_1(t_2 - t_1)} = \frac{\Delta L}{L_1(t_2 - t_1)} \tag{3}$$

(3)式中 $\Delta L = L_2 - L_1$ 为金属棒受热长度变化量.

(2) 金属线膨胀系数测量仪如图所示.

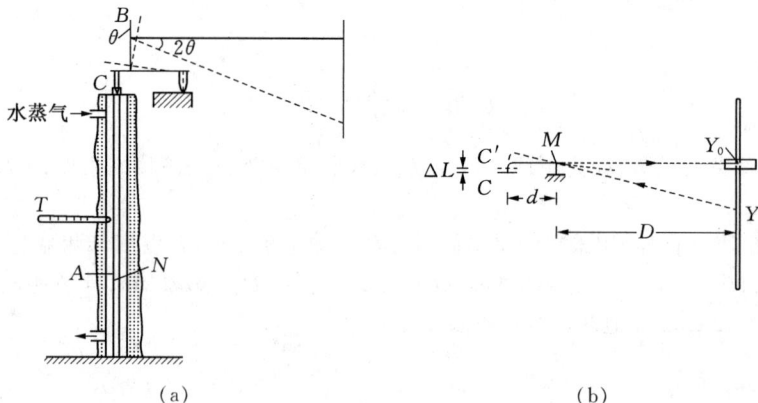

(a)　　　　　　　　　　　　(b)

题解 6.21 图

图(a)为光杠杆测量的立式线膨胀仪,图(b)为光杠杆的反射镜.光杠杆的反射镜由平面镜和带有 3 个足尖的底座组成.底座的一端有两个足尖 H_1 和 H_2,上面装有平面镜 M,另一端底座下有一个足尖 H_3,足尖构成一个等腰三角形.一个标尺 S 和望远镜被放置在距镜面距离为 D 的位置.实验时,先调节光杠杆三足尖 H_1,H_2,H_3 水平,并转动平面镜 M 及标尺 S,使它们分别处于竖直位置,使望远镜水平地对准平面镜.然后,调节望远镜的目镜和物镜,分别使叉丝清晰、目标尺 S 成的像清晰,这样标尺 S 通过物镜所成的像与叉丝处在同一个平面上,从而消除了视差.调整光杠杆和镜尺组,使落在叉丝上的标尺刻度像与望远镜主轴在同一高度.

若金属棒长为 L,当金属棒温度从 t_1 ℃升高到 t_2 ℃时,它的长度增加 ΔL,而光杠杆底座后足尖 H_3 与前足尖 H_1,H_2 连线之间的垂直距离为 b,那么镜子倾斜 $\dfrac{\Delta L}{b}$ 角度.这时通过望远镜目镜观测到叉丝上标尺刻度像的偏位值 d,因而原与镜面垂直的光束偏转角度 $\dfrac{d}{D}$ 是镜子倾斜角的两倍,即 $\dfrac{d}{D} = 2\dfrac{\Delta L}{b}$.将 $\Delta L = \dfrac{bd}{2D}$ 代入(3)式可得该金属线膨胀系数为

$$\alpha = \frac{bd}{2DL(t_2 - t_1)} \tag{4}$$

实验中,金属试验棒长度 L、标尺与镜面垂直距离 D 用米尺测量,温度用水银温度计测量.温度计储液泡应插在金属试验棒的中间部位,金属棒一端固定,另一端可伸缩.

(3) 用光杠杆测量金属棒受热伸长量 ΔL.被测材质黄铜成棒状.水银温度计的量程为 0~100 ℃,分度值 1 ℃.实验数据及计算如下:

棒长 $L = 49.80$ cm;棒的初温 $t_1 = 26.2$ ℃,通水蒸气并达到热平衡时,棒的末温平均值 $\bar{t}_2 = 98.6$ ℃,测末温时,温度 t_2 有微小起伏,所以 t_2 取读数值平均值.

题解 6.21 表

次　数	叉丝对准位置 /cm	
	x_1	x_2
1		+1.88
2		+1.89
3	+0.05	+1.88
4		+1.90
5		+1.90
平　均	+0.05	+1.89

$\Delta t = 98.6 - 26.2 = 72.4$ ℃;$d = 1.89 - 0.05 = 1.84$ cm;$D = 103.3$ cm;$b = 7.40$ cm,$\alpha = \dfrac{bd}{2DL(t_2 - t_1)} = \dfrac{7.40 \times 1.84}{2 \times 103.3 \times 49.80 \times 72.4} = 1.83 \times 10^{-5}$ (℃)$^{-1}$,即在温度 26.2 ℃~98.6 ℃之间黄铜平均热膨胀系数为 1.83×10^{-5} (℃)$^{-1}$.

例题 6.22 液体体膨胀系数的测量

【可供仪器和用具】 比重瓶、盛室温水的烧杯、铁支架、石棉网、煤气灯(炉)1 只、分析天平、玻璃水银温度计(0~100 ℃)、搅拌器、细线等.

【要求】

(1) 写出用比重瓶测量液体体热膨胀系数的原理和公式.

(2) 写出实验的步骤.

(3) 测量并记录实验数据,写出实验结果.

【题解】　(1) 将待测液体装满比重瓶,用金属丝将瓶悬住浸入盛有该液体的烧杯中,灌液体时注意不能让空气泡进入液体中.记录室温时烧杯中液体的温度,接着小心取出比重瓶,将瓶外部擦干,这时用分析天平称衡比重瓶加液体的总质量 M_1.此后将比重瓶放入烧杯中.

(2) 将烧杯中液体温度升高到某一温度.将煤气灯关闭,不断搅拌烧杯内待测液体,约过 10～15 min,记录烧杯中液体的温度 θ_2.接着取出比重瓶,擦干瓶外的液体,用分析天平称衡比重瓶和液体的总质量 M_2.然后将测量结果代入公式,即可求得液体的体膨胀系数.

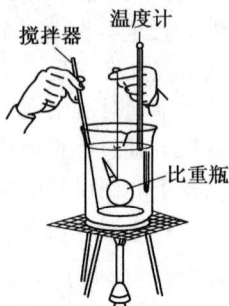
题解 6.22 图

(3) 实验原理如下:若玻璃制比重瓶的质量为 M,在温度处于 θ_1 和 θ_2 时 ($\theta_2 > \theta_1$),比重瓶的容积分别为 V_1 和 V_2,这时比重瓶的总质量分别为 M_1 和 M_2,那么

$$M_1 - M = \rho_1 V_1 = \frac{\rho_0}{1+\beta\theta_1} \cdot V_0(1+3\alpha\theta_1) \tag{1}$$

$$M_2 - M = \rho_2 V_2 = \frac{\rho_0}{1+\beta\theta_2} \cdot V_0(1+3\alpha\theta_2) \tag{2}$$

此二式中,ρ_0,ρ_1,ρ_2 分别为液体在 0 ℃,θ_1 ℃,θ_2 ℃时的液体密度,α 为玻璃线膨胀系数,那么玻璃体膨胀系数为 3α(固体材料体膨胀系数约为线膨胀系数的 3 倍).

$$\frac{M_1 - M}{M_2 - M} = \frac{1+\beta\theta_2}{1+\beta\theta_1} \cdot \left(\frac{1+3\alpha\theta_1}{1+3\alpha\theta_2}\right) \approx \frac{1+\beta(\theta_2-\theta_1)}{1+3\alpha(\theta_2-\theta_1)} \approx 1+(\beta-3\alpha)(\theta_2-\theta_1)$$

$$\beta - 3\alpha = \frac{M_1 - M_2}{(M_2 - M)(\theta_2 - \theta_1)} \tag{3}$$

(3)式中,$\beta' = \beta - 3\alpha$ 值为液体在玻璃容器中的体膨胀系数.

(4) 记录实验数据并进行计算:

空瓶质量 $M = 7.6797$ g,玻璃的线膨胀率 $\alpha = 3.9 \times 10^{-6}$ (℃)$^{-1}$;

温度 $\theta_1 = 21.70$ ℃ 时,瓶和水的总质量 $M_1 = 17.8298$ g;

温度 $\theta_2 = 40.79$ ℃ 时,瓶和水的总质量 $M_2 = 17.7716$ g;

故水在 21.70～40.79 ℃ 间的平均体膨胀系数为

$$\beta = 3\alpha + \frac{M_1 - M_2}{(M_2 - M)(\theta_2 - \theta_1)} = 3 \times 3.9 \times 10^{-6} + \frac{17.8298 - 17.7716}{(17.7716 - 7.6797) \times (40.79 - 21.70)}$$

$$= 0.314 \times 10^{-3} (℃)^{-1}$$

【点评】　液体热膨胀系数不仅与材料有关,而且在不同温度区间其值也不相同.实验时必须注明测量结果是在什么温度区间内的平均热膨胀系数.

例题 6.23　用混合法测量冰的比熔解热.

【可供仪器和用具】　量热器、水银温度计、物理天平、纯冰、水、铁架和夹子等.

【要求】

(1) 写出混合法测量冰熔解热公式.

(2) 选择最佳实验参数,尽可能减少实验系统误差.

(3) 测量冰的比熔解热.

【题解】　(1) 将质量为 m 的 0 ℃冰块放入盛在量热器内筒的质量为 M、温度为 θ_1 ℃的水中,设冰全部熔解后,水温降为 θ_2 ℃.这块冰被熔化为水并升温到 θ_2 ℃时,所吸收的总热量为 $m\lambda + mc\theta_2$,此式中 c 为水的比热容,λ 为冰的比熔解热.若量热器内筒及搅拌器的材料相同,它们的总质量为 M_1,比热

容为 c_1 ,则在实验中,量热器、搅拌器和水所放出的热量为 $(Mc + M_1 c_1)(\theta_1 - \theta_2)$. 假设在混合过程中量热器与周围空间无热量交换,则有 $(Mc + M_1 c_1)(\theta_1 - \theta_2) = m\lambda + mc\theta_2$,则

$$\lambda = \frac{Mc + M_1 c_1}{m}(\theta_1 - \theta_2) - c\theta_2 \tag{1}$$

(2) 操作要点如下:用冰箱制冰,将盛冰盒从冰箱中取出,应在室温中放置一段时间,取出冰后用干纱布揩干其表面水.量热器内筒、搅拌器质量用天平称出.冰的质量待实验最后冰全部熔化,称量量热器内筒总质量减去其他部分质量的差值得出.对纯冰的质量和水的初温、水的质量的选择,应使水的初温比室温高.当水中投入冰块并全部熔解后,水的终温应比室温低,并使初温与室温的差值和室温与终温的差值大致相等,这样可以有效地减小系统与外界的热交换对实验的影响.还要注意水的终温不能低于当时的露点,否则周围的水蒸气会凝结在量热器内筒外壁上,并向系统释放热量,实验中还要测定环境的露点.

(3) 实验结果如下:

室温 23.8 ℃ ,露点 19.5 ℃ ;

量热器内筒和搅拌器的总质量(均用铜制)为 $M_1 = 144.160$ g;

水的质量 $M = $ 盛有水的容器的质量 $-$ 容器质量 $= 345.400 - 144.160 = 201.240$ (g).

量热器内水温随时间变化的测定如下表所示.

题解 6.23 表

放冰前

时间 /min	0	0.50	1.00	1.50	2.00	2.50	3.00	3.50	4.00	4.50
温度 /℃	31.75	31.70	31.66	31.62	31.60	31.57	31.52	31.50	31.48	31.46

放冰后

时间 /min	5.00	5.50	6.00	6.50	7.00	7.50	8.00	8.50	9.00	9.50
温度 /℃	25.70	22.20	20.80	20.00	19.80	19.80	19.80	19.85	19.85	19.88

用 20 cm × 25 cm 坐标纸作量热器内温度随时间变化关系图,可得 $\theta_1 = 31.39$ ℃ , $\theta_2 = 19.77$ ℃ ,如图所示.

冰的质量 $m = 370.800 - 345.400 = 25.400$ (g). 已知 20 ℃ 时铜的比热容 $c_1 = 385$ J/(kg · K),20 ℃ 水的比热容 $c = 4.180 \times 10^3$ J/(kg · K),所以冰的比熔解热

$$\begin{aligned}\lambda &= \frac{(Mc + M_1 c_1)(\theta_1 - \theta_2)}{m} - c\theta_2 \\ &= [(201.240 \times 4.180 + 144.160 \times 0.385) \times \\ &\quad (31.39 - 19.77)/25.400 - 4.180 \times 19.77] \times 10^3 \\ &= 327.9 \times 10^3 (\text{J/kg})\end{aligned}$$

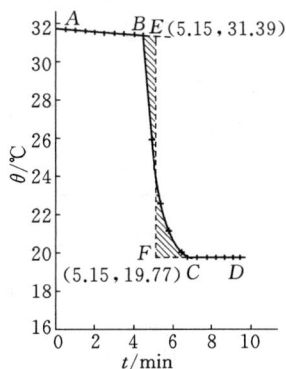

题解 6.23 图

冰的比熔解热的标准值 $\lambda = 332.9 \times 10^3$ J/kg. 可见本实验测量结果与标准值相比误差较小. 由于本实验中使用的冰有小孔,无法避免少量水被带入,实验结果偏小是正常的.

【点评】 用作图法将实验系统与外界的热交换引入的系统误差进行温度修正的方法,在热学实验中经常会用到.

例题 6.24 用实验求空气自然对流和强迫对流条件下,热量传递符合的函数式.

在强迫对流或自然对流的条件下,热量传递满足下列函数关系:

$$\frac{\Delta Q}{\Delta t} = E(\theta - \theta_0)^m \tag{1}$$

式中,$\frac{\Delta Q}{\Delta t}$ 为单位时间内物体散失的热量,θ 为发热体表面温度,θ_0 为周围流体的温度(一般为室温),E 是与 $(\theta - \theta_0)$ 无关的常数. 当 $m = 1$ 时,(1)式称为牛顿冷却定律.

【可供仪器和用具】 水银温度计、小管状电炉(可用 25 W 线绕电阻替代)、调压变压器、秒表、铁架和夹子等.

【要求】

(1) 写出实验测量公式.

(2) 简述实验方法.

(3) 测量并计算数据,求牛顿自然冷却及强迫对流条件下的经验公式.

【题解】 (1)由量热学可知,对一定的物体,单位时间损失的热量与单位时间温度的下降值成正比,即

$$\frac{\Delta Q}{\Delta t} = Mc \frac{\Delta \theta}{\Delta t} \tag{2}$$

式中 M 为物体的质量,c 为物体的比热容.将(2)式代入(1)式得 $\frac{\Delta \theta}{\Delta t} = \frac{E}{Mc}(\theta - \theta_0)^m$,设 $k = E/Mc$,则可写成

$$\frac{\Delta \theta}{\Delta t} = k(\theta - \theta_0)^m \tag{3}$$

(3)式两边取对数得

$$\ln\left(\frac{\Delta \theta}{\Delta t}\right) = m\ln(\theta - \theta_0) + \ln k$$

测量 $\theta \sim t$ 关系及 θ_0 的值,利用上式即可进行直线拟合,斜率可得 m,截距可得 $\ln k$.

(2) 自然对流实验:用 0~100 ℃(量程)、分度值为 1 ℃的水银温度计做实验.将调压变压器与管状电炉相接,接通电源,电炉两端加适当电压,使电炉的输入电功率 $\leqslant 25$ W.先用水银温度计测出室温 $\theta_0 = 10.0$ ℃,然后将该水银温度计在管状电炉中均匀加热至 85.0 ℃,最后将水银温度计取出在空气中自然冷却.每隔 10 s 读一次数,温度计读数 θ(单位:℃)如表 1 所示.

题解 6.24 表 1

t/s	0	10.0	20.0	30.0	40.0	50.0	60.0	70.0	80.0
θ/℃	85.0	79.1	73.8	69.0	64.6	60.6	57.0	53.7	50.7

把表 1 数据代入(3)式,用计算器进行曲线拟合得

$$m = 1.25, \quad 相关系数 r = 0.9998, \quad k = 0.0027$$

在自然冷却条件下,实验得到的冷却公式为 $\frac{\Delta \theta}{\Delta t} = 0.0027(\theta - \theta_0)^{1.25}$.

(3) 强迫对流实验时开启小风扇.室温 $\theta_0 = 14.8$ ℃,把该水银温度计在管状电炉中均匀加热至 100.0 ℃.然后从电炉中取出,在小风扇强迫对流下冷却,每隔 10 s 记下温度计读数,实验数据如表 2 所示.

题解 6.24 表 2

t/s	0	10.0	20.0	30.0	40.0	50.0	60.0	70.0	80.0
$\theta/℃$	100.0	79.0	63.9	52.0	43.5	36.9	31.8	28.0	24.9

把表 2 数据代入(3)式,用计算器进行曲线拟合,计算得

$$m = 1.05, \quad 相关系数\ r = 0.999\,8, \quad k = 0.023$$

在强迫冷却的条件下,冷却规律为 $\dfrac{\Delta\theta}{\Delta t} = 0.023(\theta - \theta_0)^{1.05}$.

例题 6.25　用冷却法测量金属比热容.

【可供仪器和用具】　铜、铁、铝样品(直径 5 mm、长 30 mm 的小圆柱金属样品,其底部钻一深孔)、铜-康铜热电偶、加热电炉及电炉升降支架、防风隔离金属筒、冰水混合物及保温瓶、物理天平、数字电压表、秒表等.

【要求】

(1) 写出冷却法测量金属比热容的原理及实验公式.

(2) 已知铜在 100 ℃时的比热容 $c_1 = 0.392\,9 \times 10^3$ J/kg·℃,测量铁和铝在 100 ℃时的比热容.

【题解】　(1) 如果金属样品为小圆柱形,其直径和长度很小,而且导热性能很好,可以近似认为样品各处的温度相同,于是有关系式

$$\frac{\Delta Q}{\Delta t} = c_1 M_1 \frac{\Delta\theta_1}{\Delta t} \tag{1}$$

式中 c_1 为该金属样品在温度 θ_1 时的比热容,$\dfrac{\Delta\theta_1}{\Delta t}$ 为金属样品在 θ_1 时温度下降速率,$\dfrac{\Delta Q}{\Delta t}$ 为单位时间散失的热量. 由冷却定律有

$$\frac{\Delta Q}{\Delta t} = \alpha_1 S_1 (\theta_1 - \theta_0)^m \tag{2}$$

式中 α_1 为热交换系数,S_1 为该样品外表面的面积,m 为常数,θ_1 为金属样品的温度,θ_0 为周围介质的温度. 由(1)式和(2)式可得

$$c_1 M_1 \frac{\Delta\theta_1}{\Delta t} = \alpha_1 S_1 (\theta_1 - \theta_0)^m \tag{3}$$

同理,对质量为 M_2 和比热容为 c_2 的另一种金属样品,有同样的表达式

$$c_2 M_2 \frac{\Delta\theta_2}{\Delta t} = \alpha_2 S_2 (\theta_2 - \theta_0)^m \tag{4}$$

如果两个样品的形状及尺寸都相同,即 $S_1 = S_2$;两样品表面状况也相同(涂层、色泽等),周围介质性质不变,则有 $\alpha_1 = \alpha_2$;如果周围介质温度 θ_0 恒定,两样品又处于相同温度 $\theta_1 = \theta_2$,那么由(3)式和(4)式可得

$$c_2 = c_1 \frac{M_1 \left(\dfrac{\Delta\theta}{\Delta t}\right)_1}{M_2 \left(\dfrac{\Delta\theta}{\Delta t}\right)_2} \tag{5}$$

如果已知标准样品比热容 c_1 和质量 M_1,并测得待测样品的质量 M_2 及两样品在温度 θ 时的冷却速率之比,就可求得待测金属的比热容 c_2.

(2) 实验装置如图所示. 用物理天平分别测出铜、铁、铝 3 种不同样品的质量,由于样品外面镀一层金属膜,需要根据 $M_{\text{Cu}} > M_{\text{Fe}} > M_{\text{Al}}$ 将它们

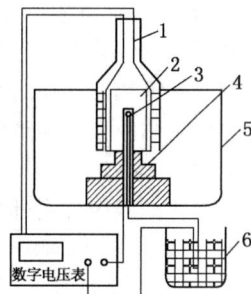

题解 6.25 图

1. 加热炉; 2. 待加热样品;
3. 热电偶; 4. 支撑物;
5. 防风罩; 6. 冰水混合物.

区分开来. 热电偶测温端固定,在金属防风筒的中央,样品孔插入热电偶测温端.利用升降支架将加热炉 A 下降并用炉套住待加热样品.当样品加热到所需温度时,把电炉升起,将防风筒的金属盖盖好.然后样品自然冷却,测量样品由 102 ℃ 下降至 98 ℃ 所需要的时间 Δt:实验数据如表 1 所示.

样品质量 $M_1 = 4.830\,\mathrm{g}$, $M_2 = 4.280\,\mathrm{g}$, $M_3 = 1.500\,\mathrm{g}$,由于样品外形、尺寸相同,根据质量大小可知 M_1 为铜样品、M_2 为铁样品、M_3 为铝样品.样品由 102 ℃ 下降至 98 ℃ 所需时间见表 1.

题解 6.25 表 1

样品 ＼ 次数	1	2	3	4	5	$\overline{\Delta t}$
铜 Δt_1 /s	8.11	8.36	8.50	8.33	8.60	8.38
铁 Δt_2 /s	8.86	8.99	8.94	8.58	9.09	8.89
铝 Δt_3 /s	6.26	6.22	6.35	6.29	6.44	6.31

以铜的比热容为标准: $c_1 = 0.3929 \times 10^3\,\mathrm{J/kg \cdot ℃}$ (100 ℃),铁在 100 ℃ 的比热容

$$c_2 = c_1 \frac{M_1 \cdot \Delta t_2}{M_2 \cdot \Delta t_1} = 0.3929 \times 10^3 \times \frac{4.830 \times 8.89}{4.280 \times 8.38} = 0.470 \times 10^3 (\mathrm{J/kg \cdot ℃})$$

铝在 100 ℃ 的比热容

$$c_3 = c_1 \frac{M_1 \cdot \Delta t_3}{M_3 \cdot \Delta t_1} = 0.3929 \times 10^3 \times \frac{4.830 \times 6.31}{1.500 \times 8.38} = 0.953 \times 10^3 (\mathrm{J/kg \cdot ℃})$$

例题 6.26 用实验的方法测量室温下浓度为 10% 的食盐水溶液的比热容.

【可供仪器和用具】 物理天平、量热器、温度计、保温瓶、玻璃小烧杯 2 只、足量的水、冰、食盐和纱布.

【要求】

(1) 写出实验原理及步骤.

(2) 测量并求得盐水溶液的比热容.

【说明】

(1) 量热器内筒、搅拌器均为铜制,比热容 $c_铜 = 0.3929 \times 10^3\,\mathrm{J/kg \cdot ℃}$.

(2) 水的比热容在 20 ℃ 时为 4180 $\mathrm{J/kg \cdot ℃}$;材料比热容与温度有关,在温度变化不超过 20 ℃ 时将比热容近似看作常数.

【题解】 将量热器内杯和绝热架取出,用物理天平称出量热器内杯及搅拌器的质量,并用天平在烧杯内配制 10% 盐水溶液.用量热内杯盛已配制好的 10% 盐水溶液,并通过绝热架放在保温瓶的冰块上.量热内杯上放搅拌器、温度计,再将保温瓶盖盖好.其中量热器和纯水的温度须约高于冰点温度 20 ℃ 以上,所以量热器系统在保温瓶内将作自然冷却.作均匀不断和缓慢的搅拌,令其均匀冷却,测出盛盐水量热器冷却曲线 θ_2 与 t 的关系. θ_2 为盐水和量热器系统的温度;t 为时刻,用秒表测.然后在量热器内杯内换入初温相同、容量相同的纯水,接着同样不断进行均匀和缓慢的搅拌,求出另一条冷却曲线 θ_1 与 t 的关系.

由冷却规律公式可知,量热器在第一次冷却时散失的热量为

$$\frac{\Delta Q_2}{\Delta t} = -\alpha S (\theta_2 - \theta_0)^m \tag{1}$$

式中,θ_2 为量热器表面温度,S 为量热器的表面积,α 为与量热器表面情况有关的系数,m 为与周围介质状况有关的系数.由比热容的定义可知

$$\frac{\Delta Q_2}{\Delta t} = (m_2 c_2 + q) \frac{\Delta \theta_2}{\Delta t} \tag{2}$$

式中,q 为量热器内杯、搅拌器、温度计的水当量,将(1)式和(2)式进行合并得

$$(m_2 c_2 + q) \frac{\Delta \theta_2}{\Delta t} = - \alpha S (\theta_2 - \theta_0)^m \qquad (3)$$

同理,当量热器内换入同容积纯水后,同样可得下式:

$$(m_1 c_1 + q) \frac{\Delta \theta_1}{\Delta t} = - \alpha S (\theta_1 - \theta_0)^m \qquad (4)$$

由(3)式和(4)式可得

$$(m_1 c_1 + q) \frac{\Delta \theta_1}{\Delta t} \bigg|_{\theta = \theta_3} = (m_2 c_2 + q) \frac{\Delta \theta_2}{\Delta t} \bigg|_{\theta = \theta_3}$$

式中,$\theta = \theta_3$ 表示要求得到 θ_3 ℃ 温度时待测液体的比热容. 其中,m_1 和 m_2 可由天平称出,c_1 为已知值,$\dfrac{\Delta \theta_1}{\Delta t} \Big|_{\theta = \theta_3}$ 和 $\dfrac{\Delta \theta_2}{\Delta t} \Big|_{\theta = \theta_3}$ 可由冷却曲线上求出,q 也可以由实验求出. 这样待测液体比热容值就可以确定了. 将上式移项、合并得

$$c_2 = \frac{c_1 m_1 \left(\dfrac{\Delta \theta_1}{\Delta t} \right)_{\theta = \theta_3}}{m_2 \left(\dfrac{\Delta \theta_2}{\Delta t} \right)_{\theta = \theta_3}} - \frac{q}{m_2} \left(1 - \frac{\Delta \theta_1}{\Delta t} \Big/ \frac{\Delta \theta_2}{\Delta t} \right) \qquad (5)$$

利用(5)式即可求得待测液体在温度为 θ_3 温度时的比热容.

例题 6.27　混合法测定液体的比汽化热.

【可供仪器和用具】　水蒸气锅、煤气炉(或电炉)、量热器(含搅拌器)、物理天平、数字式温度计等.

【要求】

(1) 写出测量水的比汽化热的原理和计算公式.

(2) 写出实验方法.

(3) 测量并计算水在 100 ℃时的比汽化热.

【题解】　1. 实验方法

测定水的比汽化热的常用方法是将水蒸气锅中接近 100 ℃ 的水蒸气由橡皮管通到量热器中. 如果量热器和其中的水的初温为 θ_1 ℃,而质量为 M 的水蒸气进入量热器的水中,被凝结成水,当水与量热器内杯为均一温度时,其温度为 θ_2 ℃. 那么,水的比汽化热可由下式得到:

$$ML + Mc_w (\theta_3 - \theta_2) = (mc_w + m_1 c_c)(\theta_2 - \theta_1) \qquad (1)$$

式中,c_w 为水的比热容;m 为原先在量热器中水的质量;c_c 为铜的比热容;m_1 为铜量热器内杯和搅拌器的质量;θ_3 为水蒸气的温度;L 为水的比汽化热. 由(1)式,只需测出 m_1,m,θ_2,θ_1 及 M 等,便可求得水的比汽化热 L 值.

2. 实验装置

测量水的比汽化热的装置如图所示.

3. 实验步骤

具体测量方法和步骤如下:

(1) 把烧瓶放在煤气炉(或电炉)上,瓶内放一定量水. 用物理天平称衡铜量热器内杯加铜搅拌器的质量 m_1,然后在量热器内杯中灌一定量的

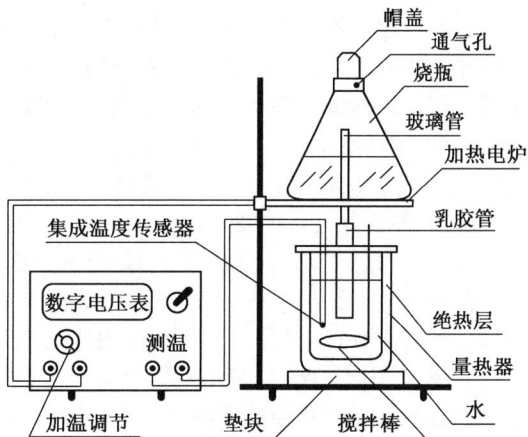

帽盖
通气孔
烧瓶
玻璃管
加热电炉
集成温度传感器
乳胶管
数字电压表
测温
绝热层
量热器
加温调节
垫块
搅拌棒
水

题解 6.27 图

水，可以通过称衡盛有水的量热器内杯和搅拌器的总质量减去 m_1 后得到水的质量 m.

（2）测量前先将量热器的内杯及水放在冰块上预冷却到室温下较低的温度. 但此温度须大于当时天气的露点，因为露点可能在量热器内杯外壁凝结上薄水层，影响实验测量. 将预冷过的量热器放在水蒸气锅下，使蒸气锅的通气管插入水中 1 cm 深.

（3）加热水蒸气锅，将蒸气锅上盖通气，使低于 100 ℃ 水蒸气从颈口逸出. 当蒸气锅中水沸腾时，不断轻轻地搅拌量热器中的水，并读取温度计的示值 θ_1，然后关闭水蒸气锅盖上的通气孔，水蒸气通向量热器内杯，通气过程中须持续搅拌. 通气时间长短以尽可能使量热器中水的末温 θ_2 与室温的温差同室温与初温 θ_1 的温差相近，这样可使实验过程中量热器内杯与外界热交换得到抵消.

（4）打开蒸气锅盖上的放气孔，停止向量热器进气，继续搅拌量热器中的水，读出水和内杯温度开始均匀相等时的末温 θ_2. 并通过称衡量热器内杯和其中水的质量，可计算出进入量热器的水的质量 M.

（5）将各值代入（1）式，计算水在 100 ℃ 时的比汽化热.

4. 实验数据及计算

记录实验数据并进行计算：

量热器和搅拌器的质量（铜制）$m_1 = 143.965\,\text{g}$，量热器、搅拌器和水的质量 $m_1 + m = 406.060\,\text{g}$，所以水的质量 $m = 262.095\,\text{g}$.

量热器、搅拌器、原有水和水蒸气总质量 $m_1 + m + M = 415.480\,\text{g}$，所以水蒸气的质量 $M = 9.420\,\text{g}$. 铜的比热容 $c_c = 0.387\,\text{J/g}\cdot\text{℃}$，水的比汽化热 $c_w = 4.188\,\text{J/g}\cdot\text{℃}$（约 13 ℃ 时值），初温 $\theta_1 = 2.91\,\text{℃}$，末温 $\theta_2 = 23.88\,\text{℃}$，将上述数据代入（1）式得

$$L = \frac{(mc_w + m_1 c_c)}{M}(\theta_2 - \theta_1) - c_w(\theta_3 - \theta_2) = \frac{(4.188 \times 262.095 + 0.387 \times 143.965)}{9.420}$$

$$\times (23.88 - 2.91) - 4.188 \times (100.0 - 23.88) = 2\,248\,(\text{J/g}) = 2.248 \times 10^6\,(\text{J/kg})$$

水的比汽化热在 100 ℃ 时的标准值 $L_{标} = 2.257 \times 10^6$ J/kg，实验结果在误差范围内.

例题 6.28　测量液氮的比汽化热.

【可供仪器和用具】　物理天平、量热器、秒钟（或秒表）、水银温度计（0～50 ℃，分度值 0.1 ℃）、铜样品（小棒状）、水杜瓦瓶（外壳用聚苯乙烯泡沫塑料绝热）、液氮及保温瓶等，其中小杜瓦瓶可用保暖杯胆.

【要求】

（1）写出实验原理及公式.

（2）写出实验方法.

（3）测量并计算液氮的比汽化热值.

【题解】　1. 实验原理

盛有一定质量液氮的小保温瓶的瓶盖上开 1 个小孔，液氮将吸收周围大气中的热量而逐渐汽化，并从小孔中逸出. 单位时间内汽化的液氮的质量可用物理天平称量. 如果将已知质量的铜样品从孔中放入液氮中，由于液氮温度很低，铜样品将放出热量使汽化过程加快，直至铜样品温度与液氮温度相等，它们之间的热交换才停止. 用物理天平称衡盛有液氮的杜瓦瓶的质量，它随时间变化关系如图 1 所示. 图 1 中，t 为时间，M 为铜样品、液氮和杜瓦瓶三者的总质量. 连接 bc，将直线 ab 和直线 cd 延长，经过直线 bc 的中点 e 作 1 条平行于 M 轴的直线，它与 ab，dc 直线延长线分别交于 f，g 点，

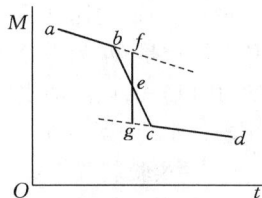

题解 6.28 图 1

则 f，g 在 M 轴上的数值差，即为室温铜样品放入液氮中瞬间释放热量使液氮汽化的质量 m_N.

设液氮的比汽化热为 L，质量为 m_N 的液氮汽化吸收的热量 $Q = m_N L$. 这些热量可以将液氮温度的铜样品放入量热器中进行测量. 若室温为 θ_1，水和量热器的初温为 θ_2，处于液氮沸点温度的铜样品放入水中，它与量热器内杯、搅拌棒、水达到平衡时的温度为 θ_3，其中液氮沸点温度的铜样品将吸收热

量 Q_1,而铜样品从 θ_3 温度升至室温所吸收热量为 Q_2.由能量守恒定律可知 $Q = Q_1 + Q_2$,由混合法测热量交换原理,则

$$Q_1 = (m_w c_w + m_c c_c + h_t)(\theta_2 - \theta_3)$$

其中,m_w,c_w 为水的质量及比热容;m_c,c_c 为量热器加搅拌器的质量与它们的比热容;h_t 为温度计浸入部分热容量.而

$$Q_2 = m_b c_b(\theta_1 - \theta_3)$$

式中,m_b 为铜样品质量,c_b 为样品材料比热容.由此可得

$$m_N \cdot L = (m_w c_w + m_c c_c + h_t)(\theta_2 - \theta_3) + m_b c_b(\theta_1 - \theta_3)$$

所以液氮在沸点时比汽化热

$$L = \frac{1}{m_N}[(m_w c_w + m_c c_c + h_t)(\theta_2 - \theta_3) + m_b c_b(\theta_1 - \theta_3)] \tag{1}$$

2. 实验方法

(1) 测量室温下铜样品放入液氮中放出的质量 m_N.

用物理天平测量"液氮＋容器＋铜样品"的总质量 M 随时间 t 减少的关系曲线.测量 ab 直线段时铜样品在室温秤盘上;到达时间 t_b 时,迅速将铜样品放入液氮瓶中,这时液氮迅速汽化逸出.只需记录铜投入液氮中的时刻 t_b,及与液氮处于热平衡的时刻 t_c,再测量 cd 直线.最后作 M—t 图,并取 bc 直线中点作 fg 直线与直线 ab 和 cd 延长线交于 f 和 g 点.由 fg 直线查得质量 m_N 值.

(2) 用量热器测量铜样品从室温降低至液氮温度时释放的热量.

用物理天平称衡量热器中金属内杯加搅拌器质量,再称水加量热器内杯等质量,求得杯内水的质量.用温度计量出环境温度 θ_1、水和内杯温度 θ_2.再测出铜样品从液氮中取出并迅速地投入量热器中,当达到热平衡时的温度 θ_3,并将测量结果代入(1)式求得液氮比汽化热.

3. 实验数据及计算

铜样品 $m_b = 12.530$ g,量热内杯(铝)质量 $m_a = 27.870$ g,黄铜搅拌棒质量 $m_c = 6.510$ g.黄铜比热容 $c_c = 0.384$ J/(g·℃),铝的比热容 $c_a = 0.900$ J/(g·℃).

$M \sim t$ 关系数据见下表.

题解 6.28 表

t/s	0	49	109	166	224	327	391	518	580
M/g	227.00	226.50	226.00	225.50	225.00	220.00	219.50	218.50	218.00

上表中,224 s 时投放铜样品,327 s 时铜样品达到液氮沸点温度.

室温 $\theta_1 = 16.05$ ℃,水的初温 $\theta_2 = 15.10$ ℃,铜样品从液氮沸点温度投入量热器中当达到热平衡时温度 $\theta_3 = 12.35$ ℃.温度计浸入部分热容量 $h_t = 1.7$ J/℃(需事先测).用作图纸作 $M \sim t$ 的关系图(见图2),从图2可得

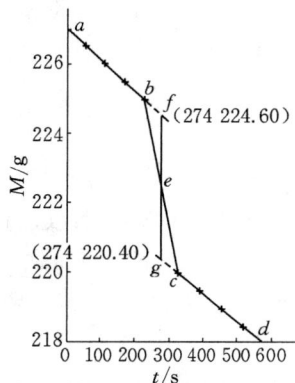
题解 6.28 图 2

$$m_N = 224.60 - 220.40 = 4.20 (\text{g})$$

已知水的比热容 $c_w = 4.188$ J/(g·℃),将上述测量数据代入(1)式得

$$L = \frac{1}{m_N}[(m_w c_w + m_a c_a + m_c c_c + h_t)(\theta_2 - \theta_3) + m_b c_b(\theta_1 - \theta_3)]$$

$$= \frac{1}{4.20}[(63.64 \times 4.188 + 27.87 \times 0.900 + 6.51 \times 0.384 + 1.7)$$

$$\times (15.10 - 12.35) + 12.53 \times 0.384 \times (16.05 - 12.35)] = 197.9 \times 10^3 (\text{J/kg})$$

1 个大气压下液氮的比汽化热标准值为 199.6×10^3 J/kg，二者的百分误差为 0.9%．

【点评】　有小孔的液氮瓶在大气环境中会自然汽化、减少质量，实验中这一部分汽化引起液氮的消耗不可避免．在用热传递方法测量铜样品放热时汽化的液氮量，需消除"自然吸热汽化的液氮量"．本实验用作图法消除此项系统误差，在其他热学实验中也是值得借鉴的．

例题 6.29　热辐射与斯忒藩-玻尔兹曼常数测量（第一届亚洲物理奥林匹克竞赛热学实验试题）：用提供的器材测量斯忒藩-玻尔兹曼常量．

【可供仪器和用具】　直流稳压电源、固定在陶瓷基板上的加热器、数字式电压表、数字式电流表、数字式毫伏表（用于测铁-康铜热电偶的电势差）、铁-康铜热电偶的电势差与温度关系表、导线若干、蜡烛与火柴（用于熏黑铝圆柱套筒的外表面）．

【要求】

(1) 叙述实验原理及有关公式．

(2) 简述实验方法和步骤．

(3) 测量斯忒藩-玻尔兹曼常量 σ 值．

(4) 分析误差及其来源．

【题解】　1. 实验原理

由斯忒藩-玻尔兹曼原理，对于表面积为 S 的物体，当它与周围环境达到稳定的热平衡时，设其热力学温度为 T，则其有效热辐射功率为

$$P = e\sigma S(T^4 - T_0^4) \tag{1}$$

式中，σ 是斯忒藩-玻尔兹曼常量，T_0 是周围环境温度，e 是一个系数．对理想黑体，$e = 1$；对理想反射体，$e = 0$．

根据固体电磁辐射理论，抛光的铝质圆筒可以看作一个理想反射物，不吸收热量，也没有任何热辐射，即 $e = 0$．而同样的圆筒被均匀熏上一层薄黑烟后可视作一个理想黑体，能吸收全部加于其上的热辐射，同时又是一个理想的热辐射体，即 $e = 1$．所以，在理想情况下，一个抛光圆筒加热后可视作通过非辐射过程来损失热量（如热传导或空气对流），而熏黑的热圆筒将同时又通过热辐射过程来损失热量，这一过程遵循斯忒藩-玻尔兹曼原理．

测量斯忒藩-玻尔兹曼常数有 3 种不同方法：

(1) 同温测量法．假设圆筒在熏黑或没有被熏黑两种情况下都被加热到相同的温度，用于达到热平衡所消耗的电能必须和通过辐射过程所造成的能量损失相当，即 $P_r = P_t(T) - P_n(T)$，其中 P_r 为热辐射所造成的熏黑圆筒的能量损失，$P_t(T)$ 为 T 温度下熏黑圆筒的所有能量损失，而 $P_n(T)$ 为 T 温度下光滑圆筒通过非热辐射过程所引起的能量损失．假设上述两个过程中 $P_n(T)$ 值相等，则有

$$\sigma = \frac{P_t(T) - P_n(T)}{S(T^4 - T_0^4)}$$

其中，T_0 为室温．假设 $P_n(T)$ 与 $(T - T_0)$ 近似成正比，即 $P_n = k(T - T_0)$，这里 k 是与 T 无关的常量．基于这一关系，可以建立以下两种 σ 的测量方法（下述两种方法不如第一种方法精确）．

(2) 恒定能量测量法．在此方法中，理想黑体和理想反射体加热所需的能量 P 保持不变，达到平衡时其温度分别记为 T_b 和 T_p．于是，

$$P = k(T_p - T_0), P = k(T_b - T_0) + P_r(T_b)$$

消去 k，得 $P_r(T_b) = \dfrac{(T_p - T_b)P}{(T_p - T_0)}$，此式代入 (1) 式得

$$\sigma = \frac{(T_p - T_b)P}{S(T_b^4 - T_0^4)(T_p - T_0)}$$

（3）在两种不同温度下进行测量的方法。在此方法中,只用熏黑圆筒进行测量,并且在两个平衡温度 T_1 和 T_2 下进行.加热至 T_1 和 T_2 所需热能分别记为 P_1 和 P_2,则

$$P_1 = k(T_1 - T_0) + \sigma S(T_1^4 - T_0^4), P_2 = k(T_2 - T_0) + \sigma S(T_2^4 - T_0^4)$$

消去 k,得

$$\sigma = \frac{(T_2 - T_0)P_1 - (T_1 - T_0)P_2}{S[(T_1^4 - T_0^4)(T_2 - T_0) - (T_2^4 - T_0^4)(T_1 - T_0)]}$$

2. 实验方法

实验装置如图所示.加热器置于瓷质基座上,与电源和电表相连.在测量过程中,加热器完全封闭在一中空的圆筒中(圆筒也置于瓷质基座上).铁-康铜热电偶与圆筒相连,同时又与数字式毫伏表相连,通过查表得到温度.用游标卡尺测量圆筒长为 60.00 mm,外直径为 12.50 mm,筒的表面积 $S = 24.80\ \text{cm}^2$;筒壁厚 1.0 mm,底面厚 3.0 mm.数字式毫伏表用数字式万用表替代.读取加热器电压 U 和电流 I 时,要求圆筒和外界达到热平衡,达到热平衡一般耗时 25～30 min.

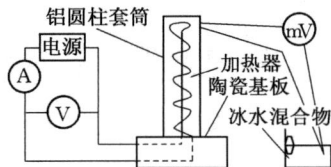
题解 6.29 图

3. 实验数据及计算

在室温为 298.3 K 下进行实验,其实验数据见表 1,实验结果见表 2.铁-康铜的电势差与温度关系表略.

题解 6.29 表 1

数据编号	圆筒表面性质	U/V	I/A	T/K
A	抛光	9.80	1.50	485.5
B	熏黑	9.80	1.50	433.5
C	熏黑	11.90	1.82	485.5

题解 6.29 表 2 3 种不同方法下的 σ_{ex} 的值

使用方法	使用数	σ_{ex}/W·m^{-2}·K^{-4}	σ_{ex}/σ
T 不变	$A+C$	5.945×10^{-8}	1.05
P 不变	$A+B$	6.087×10^{-8}	1.07
不同温度下	$B+C$	5.386×10^{-8}	0.95

表 2 中的 σ_{ex} 为实验测量值, $\sigma = 5.669 \times 10^{-8}$ W·m^{-2}·K^{-4} 为公认值.

影响实验结果准确性的主要因素如下:

（1）表面光滑的圆筒并非是一个理想的反射体,被熏黑后也并非是一个理想黑体.前者吸收系数大于 0,后者吸收系数小于 1,两者都将使 σ 值减小.

（2）经由瓷质基座流失的热量是无法计算的,忽略这项损失将会导致 σ 与真实值之间有所偏差.

（3）忽略导线电阻会使 σ 的测量值变大.

（4）认为光滑圆筒和熏黑圆筒具有相同的非辐射能量损失只是一个近似.例如,当黑烟灰和铝之间热传导的不同被忽略后,会使 σ 减小.经由瓷质基座所流失的能量是无法控制的,这也会使非辐射能量损失没有计算在内,从而影响实验结果.

例题 6.30 测量盐水溶液的比热容:用量热器测量室温时 10％食盐水溶液的比热容.

【可供仪器和用具】　电子天平、量热器、温度计 1 支、大口保温瓶、玻璃烧杯 2 只、足量的水、冰和食盐.

【要求】

（1）写出用冷却法测量液体比热容的计算公式，公式中每个符号的含义均需说明.

（2）根据实验原理，写出实验步骤.

（3）测量并记录实验数据，计算实验结果.

【说明】

（1）水在 20℃时的比热容为 4.18×10^3 J/(kg·℃).

（2）材料的比热容与温度有关，在温度变化不超过 20℃时，比热容可看作常数.

【题解】　1. 冷却法测量液体比热容

环境温度为 θ，物体温度为 $T(T>\theta)$，根据牛顿冷却定律，有

$$\frac{\Delta q}{\Delta t}=k(T-\theta) \tag{1}$$

即散热速度 $\Delta q/\Delta t$ 与温差 $(T-\theta)$ 成正比，当物体温度变化是准静态过程时，上式可改写为

$$\frac{\Delta T}{\Delta t}=\frac{k}{c_s}(T-\theta) \tag{2}$$

式中 $\Delta T/\Delta t$ 为冷却速率，c_s 为物质的热容，k 为散热常数. 若实验中使 θ 保持恒定，对(2)式进行数学处理，可得

$$\ln(T-\theta)=\frac{k}{c_s}t+b \tag{3}$$

系统盛纯净水冷却时有

$$\ln(T-\theta)_\omega=\frac{k'}{c_s'}t+b' \tag{4}$$

系统盛食盐水冷却时有

$$\ln(T-\theta)_s=\frac{k''}{c_s''}t+b'' \tag{5}$$

c_s' 和 c_s'' 分别是系统盛水和盐水时的热容.

若实验中使用同一容器，并保持在这两种情况下系统的初始温度、表面积和环境温度等基本相同，则 $k'=k''=k$. 令 s' 和 s'' 分别代表由(4)式、(5)式画出的两条直线的斜率，即 $s'=\frac{k}{c_s'}$，$s''=\frac{k}{c_s''}$，可得 $s'c_s'=s''c_s''$. 热容 c_s'，c_s'' 分别为

$$c_s'=m_水\ c_水+m_1c_1+\delta c'，\quad c_s''=m_{盐水}c_x+m_1c_1+\delta c''$$

式中 m_1 为量热器内筒与搅拌器的质量；c_1 为它们的比热容；$\delta c'$ 和 $\delta c''$ 分别为温度计浸入水中和盐水中部分的等效热容，相对于系统来说很小，可忽略不计. 于是可得

$$c_x=\frac{1}{m_{盐水}}\left(\frac{s'c_s'}{s''}-m_1c_1\right)=\frac{1}{m_{盐水}}\left(\frac{s'(m_水\ c_水+m_1c_1)}{s''}-m_1c_1\right) \tag{6}$$

式中，$c_水=4.18\times10^3$ J/(kg·K)，$c_1=0.389\times10^3$ J/(kg·K).

2. 实验步骤

（1）用天平称出量热器内筒与搅拌器质量 m_1，装入温水后的质量 $m_1+m_水$.

（2）取水的初温比环境温度 θ 高约 15℃，每分钟记录一次 T 和 θ，测 20 点.

（3）倒掉水后擦干,盛入相同体积、相同初温的食盐水,用天平称出质量 $m_1 + m_{盐水}$.

（4）每分钟记录一次 T 和 θ,共测 20 点.

3. 数据记录与处理

$m_1 = 63.10 \text{ g}, m_1 + m_{水} = 95.41 \text{ g}, m_{水} = 32.31 \text{ g}, m_1 + m_{盐水} = 98.85 \text{ g}, m_{盐水} = 35.75 \text{ g}.$

题解 6.30 表 1　数据记录与处理

t/min	纯净水			盐水		
	T/℃	θ/℃	$\ln(T-\theta)$	T/℃	θ/℃	$\ln(T-\theta)$
1.00	38.3	24.1	2.653	38.7	24.2	2.674
2.00	37.6	24.1	2.603	38.1	24.2	2.632
3.00	37.1	24.1	2.565	37.5	24.2	2.588
4.00	36.5	24.1	2.518	37.0	24.2	2.549
5.00	35.9	24.1	2.468	36.4	24.2	2.501
6.00	35.4	24.1	2.425	35.9	24.2	2.460
7.00	34.9	24.1	2.380	35.5	24.2	2.425
8.00	34.5	24.1	2.342	35.0	24.2	2.380
9.00	34.0	24.1	2.293	34.5	24.2	2.332
10.00	33.6	24.1	2.251	34.1	24.2	2.293
11.00	33.2	24.1	2.208	33.8	24.3	2.251
12.00	32.8	24.2	2.152	33.3	24.3	2.197
13.00	32.5	24.2	2.116	33.0	24.3	2.163
14.00	32.2	24.2	2.079	32.7	24.3	2.128
15.00	31.9	24.2	2.041	32.3	24.3	2.079
16.00	31.6	24.2	2.001	32.0	24.3	2.041
17.00	31.3	24.2	1.960	31.8	24.3	2.015
18.00	31.0	24.2	1.917	31.5	24.3	1.974
19.00	30.7	24.2	1.872	31.2	24.3	1.932
20.00	30.5	24.2	1.841	31.0	24.3	1.902

对水和盐水的 $\ln(T-\theta)$,t 分别用最小二乘法作直线拟合,可得下列结果:

水:拟合直线的斜率 $s' = -0.042\,95 \text{ min}^{-1}$,相关系数 $r = -0.999\,6$;

盐水:拟合直线的斜率 $s'' = -0.041\,22 \text{ min}^{-1}$,相关系数 $r = -0.999\,5$;

$$c_x = \frac{1}{m_{盐水}}\left[\frac{s'(m_{水}\,c_{水} + m_1 c_1)}{s''} - m_1 c_1\right]$$

$$= \frac{1}{35.75 \times 10^{-3}}\left[\frac{-0.042\,95(32.31 \times 10^{-3} \times 4.18 \times 10^3 + 63.10 \times 10^{-3} \times 0.389 \times 10^3)}{-0.041\,22} - 63.10 \times 10^{-3} \times 0.389 \times 10^3\right]$$

$$= 3.97 \times 10^3 \text{ J/(kg} \cdot \text{K)}$$

第7章 电磁学实验

例题 7.01　用两种不同的方法测量 1 个中值电阻的阻值,并进行比较.

【可供仪器和用具】　1.5 V 干电池(甲种干电池)3 节、电流表 0～500 μA(分度值 10 μA/分度)、电压表 0～1 V(0.02 V/分度)、电阻箱、单刀开关 3 只、待测电阻 R_x 1 只、检流计 1 只、滑线变阻器 1 只、导线若干.

【题解】　1. 用伏安法测电阻

用指针式电压表和电流表法测量中值电阻是测量电阻常用的方法. 但是由于实际指针式电压表内阻 R_V 并非无穷大,而电流表内阻 R_A 也不为零,而且测量电阻时电流表的内接还是外接,对未知电阻测量结果影响较大. 测量电路如图 1 所示. 将单刀双向开关的闸刀分别打向 1 或 2,即分别代表电流表内接或外接. 在电流表内接时,测得的电压是待测电阻 R_x 和电流表内阻上电压之和;在电流表外接时,电流表测得电流为通过待测电阻 R_x 和电压表的电流总和. 如果电压表内阻 R_V 已知,或者电流表内阻 R_A 已知,那么可以估算出测量结果的误差大小,并进行修正.

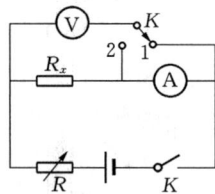

题解 7.01 图 1

按图 1 接线,实验结果如表 1 所示.

在表 1 中,由直线斜率算得 K 键在位置 1 的表观电阻 $(R_x)_1 = 3.70$ kΩ, K 键在位置 2 的表观电阻 $(R_x)_2 = 2.09$ kΩ. 可见,对几千欧待测电阻 R_x,因电流表内阻不可忽略(0～500 μA 直流电表内阻约有 200 Ω 左右)或电压表内阻不够大(MF30 型万用表 0～1 V 档内阻为 20 000 Ω),所以用伏安法测电阻将引入较大的误差.

题解 7.01 表 1

$I/\mu A$	U /V		$I/\mu A$	U /V	
	K 键在位置 1	K 键在位置 2		K 键在位置 1	K 键在位置 2
50	0.180	0.102	250	0.920	0.516
100	0.362	0.204	300	>1	0.628
150	0.542	0.305	400	>1	0.836
200	0.740	0.414			

2. 用补偿法测电压、电流表测电流,求未知电阻 R_x 值

补偿法测电压的基本原理如图 2 所示. 当两直流电源的同极性端相连接,而且其电动势大小恰恰相等时,灵敏电流计 G 的指示数为零,回路中无电流流过,这时电路达到平衡. 因此,可利用此种性质的电路(称为外补偿电路),由已知电压或电动势来测量未知电压或电动势. 它的优点是测电压时无须从待测电路分出电流,从而避免了由于电流流经电压表而引入的系统误差.

利用补偿法测量电压的电路如图 3 所示. 虚线框内电路代替了图 1 中的电压表,其中 ε_1 为补偿电源,R_0 为分压器(滑线变阻器),调节滑动端 C 的位置,可得到不同的电压 U_{BC},并由伏特表 V 测得. 实验时应调节 C 点位置,使检流计 G 的指示为 0,则 U_{BC} 必与 R_x 两端电压 U_x 相补偿,电压表 V 的读数即为 U_x. 达到平衡的可靠标志是闭合和断开开关 K 时,检流计指针不显示任何微小颤动. 用补偿法测

量 R_x 电阻两端的电压降,用电流表测通过 R_x 的电流,所得数据如表 2 所示.

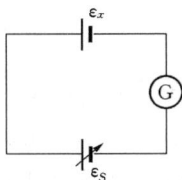

题解 7.01 图 2

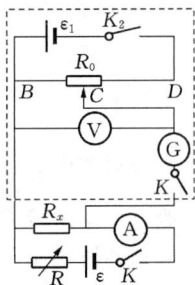

题解 7.01 图 3

题解 7.02 表 2

$I/\mu A$	50	100	200	300	390
U/V	0.117	0.234	0.466	0.700	0.912

由 I-U 图线斜率(见图 4)得 $R_x = 2.33\,\text{k}\Omega$. 从图 4 中可知,$K$ 键在位置 1,I-U 直线斜率小,测得电阻偏大;而 K 键在位置 2,测得电阻偏小.采用补偿法测量电压,求得的电阻值能真实反映该电阻的阻值.

例题 7.02　用惠斯通电桥测量中值电阻阻值.

【可供仪器和用具】　甲种干电池 2 节、电阻箱 3 只、检流计 1 只、待测电阻 1 只、导线若干等.

【要求】

(1) 画出直流电桥电路,写出直流电桥工作原理.

(2) 用直流电桥测量未知电阻的阻值.

(3) 分析实验误差,并估算直流电桥测量电阻的标准不确定度.

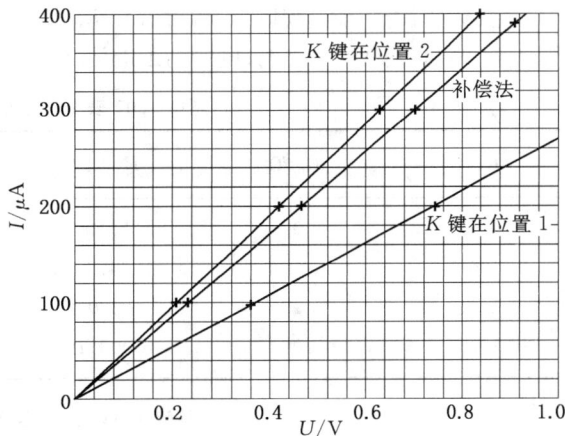

题解 7.01 图 4

【题解】　1. 惠斯通电桥

惠斯通电桥又称直流电桥,其工作原理如图所示.R_A, R_B, R_x, R_S 为 4 个电阻,每一边称为电桥的一个臂;对角 1 和 3 与直流电源相连,而在对角 2 和 4 之间连接一检流计,用来检测其间有无电流.当 2,4 两点电位相等时,检流计中无电流流过,就称之为电桥平衡,即 $i_{AB}R_A = i_{xS}R_x$;同理,$i_{AB}R_B = i_{xS}R_S$,于是有

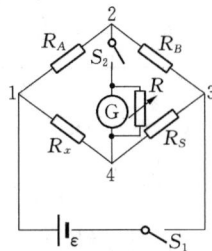

题解 7.02 图

$$\frac{R_A}{R_B} = \frac{R_x}{R_S} \tag{1}$$

这就是电桥的平衡方程.由 R_A, R_B 和 R_S 值,可根据(1)式算出待测电阻 R_x.

2. 电桥的测量误差

(1) 由于电桥灵敏度而引入的误差.当电桥的不平衡情况不能被检流计检测到时,测量结果 R_x 将有相应的不确定性.在(1)式中,R_A, R_B 为固定值,若 $R_S = 1\,000\,\Omega$ 时达到平衡,而调节 $R_S =$

1 010 Ω 时,检流计偏离 1 分度.因此,由于调节而引起的 R_s 测量误差为 1 Ω(假定 1/10 分度为随机误差),那么,R_s 调节的不确定度为 U_s,由(1)式可得

$$\frac{U_{R_x}}{R_x} = \frac{U_{R_s}}{R_s}$$

由此,可求得由于电桥灵敏度而引入的不确定度 $U_{R_x} = \frac{R_x}{R_s} \cdot U_{R_s}$.对电桥而言,提高灵敏度、减小误差的方法如下:①一般说 4 个桥臂 R_A,R_B,R_s,R_x 近似相等时,测量误差最小;②电源电压大些,测量误差小,但必须考虑到各桥臂元件的允许功率;③选择灵敏度稍高的检流计,当然也不能灵敏度过高,以免造成操作麻烦.

(2) 不等桥臂阻值引入误差.若桥臂 R_A,R_B 标称值相等,即可将两者互易以消除一些误差,即分别测出互易前、后电桥平衡时桥臂 R_s 的示值 R_{S1} 和 R_{S2},那么由(1)式可得到

$$R_x = \sqrt{R_{S1} \cdot R_{S2}} \approx \frac{R_{S1} + R_{S2}}{2}$$

由此,可以消除由于 R_A,R_B 的标称值与实际值之间的偏差而引入的系统误差.

待测电阻为一金属膜电阻,桥臂 R_A,R_B 均采用规格为 0.1 级、0~9 999 Ω 的电阻箱,R_s 为 0.1 级、0~99 999.9 Ω 的电阻箱,电源为干电池.检流计灵敏度为 5 μA/分度,测量结果见表 1.

题解 7.02 表 1　电桥不同桥臂比测量结果

R_A/Ω	R_B/Ω	R_s/Ω	$\frac{\Delta R_s}{\Delta \theta}$/(Ω/分度)	R_x/Ω	U_{B1}/Ω
1 000	1 000	355.0	12	355.0	1.2
100.0	100.0	354.9	11	354.9	1.1
100.0	1 000	3 530	340	353.0	3.4
10.00	1 000	3 500×10	2 000×10	3.5×10²	0.2×10²

题解 7.02 表 2　互易桥臂后得到的结果

	R_A/Ω	R_B/Ω	R_s/Ω	R_A/Ω	R_B/Ω	R_s/Ω
互易前	1 000	1 000	354.8	100.0	100.0	356.0
互易后	1 000	1 000	354.6	100.0	100.0	353.4
$R_s = \frac{R_{S1}+R_{S2}}{2}$			354.7			354.7

对不确定度计算如下:上例中误差是由电桥灵敏度而引入的,故 $\frac{U_{B1}(R_x)}{R_x} = \frac{U_{B1}(R_s)}{R_s}$;而由桥臂元件级别引入的最大可能不确定度为

$$\frac{U_{B2}(R_x)}{R_x} = \sqrt{\left[\frac{U_{B2}(R_A)}{R_A}\right]^2 + \left[\frac{U_{B2}(R_B)}{R_B}\right]^2 + \left[\frac{U_{B2}(R_s)}{R_s}\right]^2} = \sqrt{\left(\frac{0.1}{100}\right)^2 \times 3} = 0.17\%$$

总的不确定度

$$U(R_x) = \sqrt{[U_{B1}(R_x)]^2 + [U_{B2}(R_x)]^2} = \sqrt{(1.2)^2 + (0.6)^2} = 1.4(\Omega)$$

所以,用电桥测得电阻值为 $R_x = (354.7 \pm 1.4)\Omega$.

【点评】　平衡电桥是一种利用比较法精确测量电阻的方法,应用很广泛.除电源电压、检流计灵敏度对电桥灵敏度有影响外,桥臂阻值的比例对灵敏度影响也很大.所以通常用电桥先粗测待测电阻

阻值,然后将其余 3 个桥臂阻值都取与待测电阻相近的阻值,以减小测量误差.近年来非平衡电桥在电子线路及传感器设计中应用非常普遍,本实验关于提高电桥灵敏度的一些要素,对非平衡电桥设计也是非常有用的.

例题 7.03　用补偿法测量低电阻.

【可供仪器和用具】　直流稳流电源 1 台、甲电池 1 节(电动势已准确给出,当外阻为几千欧以上时,内阻不计)、电阻箱 2 个、检流计 1 台、开关 1 个、导线、待测低电阻(数量级为 $10^{-2}\ \Omega$).

【注意事项】

(1) 当电源的外电阻很小时,电源显示不出输出电压,可把直流稳流电源选择为电流输出,通过调节电流旋钮则显示出电流输出值.电流选择小于 2 A.

(2) 待测低电阻为 4 个接头,J 端表示电流接头,P 端表示电压接头,要求测量 $P \sim P$ 间电阻.

【题解】　补偿法测电压的原理及方法见例题 7.01,测量线路也相似.所不同的是待测低电阻必须具备 4 个接头,称谓四端电阻.在使用标准电阻或低值电阻时,应再添加两个接端,四端电阻的结构如图 1 所示.当一电阻 R_{AB} 接入线路时,不可避免地会引进引线电阻和接触电阻,在图 1 中以虚线标出,这些附加电阻的阻值大约为 0.001 Ω 或更大.在大多数情况中,这样小的附加电阻对测试影响不大,如果这一电阻是标准电阻或电阻阻值很小,就应考虑如何避免这项因素的作用.设一低值电阻阻值为 0.01 Ω,则由于附加电阻存在,至少引入 10%

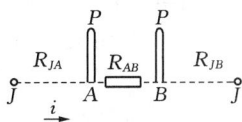
题解 7.03 图 1

的误差,因此对标准电阻和低阻值电阻须用 4 个接线端.在图 2 中,J 和 J 为两个电流引入端,R_{AB} 代表标准电阻(合金丝构成)或待测低值电阻本身,P 和 P 则为添加的两个电位引出端,可供测量电压用.当通以电流 i 时,P 和 P 之间的电压为 iR_{AB},与附加电阻 R_{JA} 和 R_{JB} 上的电压无关.在本实验中,当两个电压达到补偿时,PA 与 PB 均无电流流过,即电位引线电阻上无电压,因而测出电压应为待测电阻或标准电阻本身的电压.若通过该低值待测电阻电流 i 已知,就能由测得电压算出此低阻数值.

本实验接线图如图 2 所示.当检流计的示值为 0 时,所调节分压器两端电压与 A,B 两端电压相等(补偿),由此用分压原理计算出 A,B 两端电压 U_{AB},通过低电阻电流 i 可由直流稳流源上电表直接读得,那么 $R_{AB} = \dfrac{U_{AB}}{i}$.

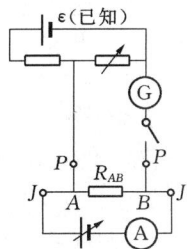
题解 7.03 图 2

例题 7.04　用放电法测量高值电阻的阻值.

【可供仪器和用具】　直流电源、电容(235 μF/10 V 无极性电容,它由两只 470 μF/10 V 电解电容极性相反串联而成)、指针式万用表、秒表、开关、导线等.

【要求】

(1) 写出测量高值电阻阻值的测量公式,公式中各符号的意义及实验电路图.

(2) 测量指针式万用表直流电压 5 V 档的内电阻.

(3) 分析实验误差.

【题解】　实验电路如图所示.将开关打向 1,接通直流电源 5 V,当指针式万用表 5 V 档指示为 5 V 电压时,断开直流电源,开关接通 2,同时按下秒表计时,当指针式万用表电压指示 F 降至 2.5 V 时,即按秒表按钮,停止计时.记下电容 C 从 5 V 电压减少到 2.5 V 时相应的半衰期 $T_{1/2}$.电容充电后,电容放电的规律为 $U = U_0 e^{-\frac{t}{RC}}$,式中,$U_0$ 为开始时电容器的电压,U 为从放电开始 t 时刻电容器的电压,R 为电容器两极间放电电阻(即 5 V 档的内阻),C 为电容器电容量.当 $\dfrac{U}{U_0} = \dfrac{1}{2}$ 时,$T_{1/2}/RC = \ln 2$,所以 $RC = \dfrac{T_{1/2}}{\ln 2} = T_{1/2}/0.693$,若已知电容 C 的值,便可利用此式,求得指针式万用表 5 V 档的内电阻 R.

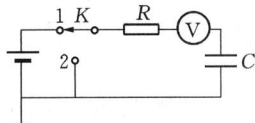
题解 7.04 图

实验数据举例：测量半衰期共测 5 次，取平均值 $\overline{T}_{1/2} = 19.5$ s，已知 $C = 235 \times 10^{-6}$ F，则

$$R = \frac{T_{1/2}}{0.693C} = \frac{19.5}{0.693 \times 235 \times 10^{-6}} = 120 \times 10^3 (\Omega)$$

在本实验中主要误差来自两只串联电解电容的电容量准确度和按秒表计时可能引起的误差．电解电容标称值的误差约有 5%，而按秒表的误差可达 0.2 s．这两项将对测量结果的准确度产生影响．

在本实验中，采用两只 470 μF/10 V 电解电容，负极与负极连在一起，由两正极引出电极，构成 1 个无极性电容，其电容量为 235 μF/10 V．

例题 7.05　非线性电阻的伏安特性曲线的测量．测量通过一只 2 CW 型硅稳压二极管的电流 I 与管两端电压 U 的关系，并给出此曲线图．

【可供仪器和用具】　多量程电压表、多量程电流表、检流计、直流稳压电源、电阻箱 3 只、滑线变阻器、待测二极管、开关、作图纸、导线．

【要求】

(1) 画出最佳测量线路图．

(2) 测量通过该二极管正反向电流值及对应电压值（电流测量范围不超过 ± 10 mA）．

(3) 在作图纸上描绘 I-U 曲线．

(4) 分段说明该特性曲线的特点．

【题解】　用补偿法测量 2 CW 型二极管正向和反向电压，测量不确定度比伏安法小．具体测量线路如图所示．注意电压表不直接与二极管相接，当 K_1 和 K_2 接通时，调节 R_3，使检流计 G 的电流为 0 时，这时电压表指示电压值就是二极管两端的电压．由于这种方法的优点是不取用二极管的电流使电表偏转，因此测量准确度高．

实验数据如表 1 和表 2 所示．上述 I-U 曲线略．从数据表中可知，当二极管正向通以电流，其端

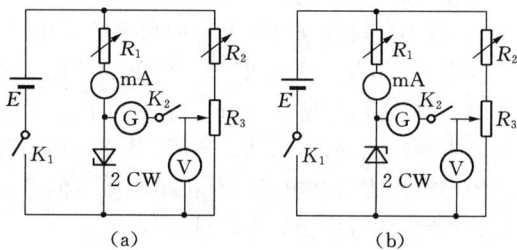

题解 7.05 图

电压小于 0.7 V 时，电流随电压缓慢增加，一旦电压约大于 0.7 V 时，电流骤增；当二极管反向通以电流，其两端电压小于 3.2 V 时，电流随电压缓慢增加，一旦电压大于 3.2 V 时，电流骤增．这就是稳压二极管的反向特性，即稳压特性．

题解 7.05 表 1　待测二极管正向特性 I-U 数据

I/mA	0.050	0.100	0.200	0.500	1.00	2.00	3.00	4.00	7.00	10.00
U/V	0.545	0.575	0.600	0.625	0.650	0.675	0.680	0.690	0.700	0.710

题解 7.05 表 2　待测二极管反向特性 I-U 数据

I/mA	0.100	0.300	0.500	1.00	2.00	3.00	4.00	6.00	8.00	10.00
U/V	1.65	2.08	2.30	2.55	2.90	3.05	3.20	3.45	3.55	3.70

例题 7.06　太阳能电池的基本特性测量．太阳能电池能吸收光能（电磁波），将吸收的光子能量转换为电能，它是太空飞船、人造卫星及各种环保型仪器、机械的重要能量转换器．本实验要求准确测量太阳能电池的一些特性参数，以便更高效率地利用太阳能．

【基本名词介绍】

(1) 短路电流 I_{sc}. 当外部电路短路, 即负载电阻为 0 时, 太阳能电池的输出电流.

(2) 开路电压 U_{OC}. 当外部电路断路, 即负载电阻为无穷大时, 太阳能电池的输出电压.

(3) 太阳能电池的最大输出功率 P_m.

(4) 填充因子 FF 定义为 $P_m/(I_{sc} \cdot U_{OC})$, 是代表太阳能电池优劣的一个重要参数.

【可供仪器和用具】　60 W 钨丝灯 1 只、万用电表 2 只、滑线变阻器 1 只、光具座 1 台、太阳能电池及电池盒 1 只 (包括引线)、导线若干、作图纸 2 张、稳压直流电源等.

【要求】

(1) 测量太阳能电池在全暗条件时正向偏压下的 I-U 特性, 并画出测量线路图.

(2) 测量太阳能电池在恒定光照下的 I-U 特性, 并画出测量电路图.

(3) 求太阳能电池的短路电流 I_{sc}、开路电压 U_{OC} 和太阳能电池最大输出功率 P_m.

(4) 计算太阳能电池的填充因子.

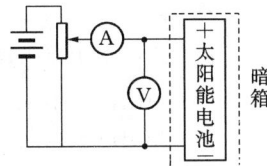

题解 **7.06 图 1**

【题解】　(1) 将太阳能电池放在暗盒中, 将直流电源、滑线变阻器、电压表、电流表和太阳能电池按图 1 接线, 测量太阳能电池在正向偏压下的 I-U 曲线.

(2) 将太阳能电池作为一电源连入电路, 如图 2 所示. 太阳能电池置于恒定光强照射下 (本实验使用 60 W 的白炽灯泡照明), 测量不同负载电阻时, 流过负载电阻的电流 I 和输出电压 U. 计算其在不同负载下的输出功率 P, 由此确定最大输出功率 P_m 时的负载电阻 R_m; 从 I-U 图上得到 $U = 0$ 时的短路电流 I_{sc} 和 $I = 0$ 时的开路电压 U_{OC}, 计算填充因子 FF.

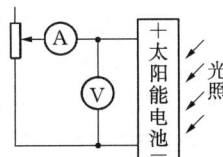

题解 **7.06 图 2**

(3) 实验结果如下:

在全暗条件下, 测量太阳能电池在正向偏压时流过太阳能电池的电流 I 和太阳能电池两端电压 U, 得图 3 所示的 I-U 图. 从图 3 中可知, 在 4 V 以下的区域为非线性区, I-U 关系用曲线拟合满足指数关系. 电压再大时, 由于其他因素的影响, I 和 U 基本上呈线性关系.

在不加偏压下, 太阳能电池置于恒定光强照射下. 将太阳能电池放置在与 60 W 白炽灯距离为 20 cm 处, 太阳能电池在不同负载电阻 R 下, 输出功率 P 和负载电阻 R 的关系如图 4

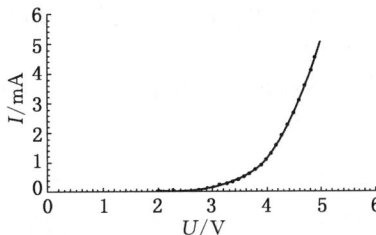

全暗时太阳能电池 I-U 特性曲线

题解 **7.06 图 3**

所示. 太阳能电池输出电流 I 与输出电压 U 之间的关系如图 5 所示. 由图 5 可知, 短路电流 $I_{sc} = 1.85$ mA, 开路电压 $U_{OC} = 3.60$ V. 由图 4 可知, 负载电阻 $R = 1.8$ kΩ 时, 太阳能电池最大输出功率 $P_m = 4.37$ mW. 最后计算填充因子 FF=65.6%.

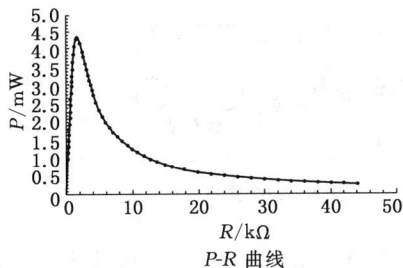

P-R 曲线

题解 **7.06 图 4**

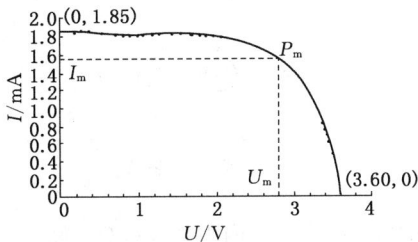

题解 **7.06 图 5**

【点评】 在晶体管器件(如PN结、太阳能电池等)伏安特性曲线测量时,若用指针式电压表和电流表测量,为消除指针式电压表内阻不够大引入的误差,最佳电路采用补偿法测电压.但用数字式电压表测量非线性电阻伏安特性曲线时,由于数字电压表内阻大多在 $10^6 \sim 10^8 \ \Omega$ 之间,可不必用补偿法,而是在电路中串接1个适当阻值的取样电阻.数字电压表可直接测出非线性电阻上的电压,同时也可测出取样电阻上的电压,若取样电阻阻值已知,便可求得非线性电阻的伏安特性.

例题 7.07 用直流桥路测量微安表内阻,并改装成电压表.

【可供仪器和用具】 电阻箱3个、量程为 $100 \ \mu A$ 直流电流表1个、可变电阻器 $(0 \sim 22 \ k\Omega)$1个、0.5级标准电压表(量程 $0 \sim 3 \ V$)1个、开关2个、甲电池2节、导线若干.

【要求】

(1) 画出用直流电桥测量电表内阻的电路图.

(2) 写出注意事项、测量步骤和计算公式.

(3) 测出电表内阻.

(4) 将量程为 $100 \ \mu A$ 的微安表改装为3 V的电压表.

(5) 求改装电表读数为2.40 V时的百分误差.

【题解】 电表内阻测量电路如图1所示.可变电阻器与1节甲电池相接构成限流电路,输出电流可连续变化,3个电阻箱、待测电流表与开关用导线连接成电桥电路.开始时,调节可变电阻使输出电流小些,电桥臂阻值取 $2 \sim 3 \ k\Omega$. 将 S_1 合上和切断,观测电表指针是否偏动.若有偏动,则调节 R_4 使电表指针在 S_1 接通和断开时指针不动,这说明电桥 a 端和 b 端电位相等.然后将电源的输出电流调大些,继续上述过程.观察 S_1 通和断时,电桥中电表是否不动?若指针不动,说明电桥已平衡.

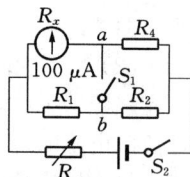
题解 7.07 图 1

这时,R_1,R_2,R_x 和 R_4 满足 $\dfrac{R_1}{R_2} = \dfrac{R_x}{R_4}$,所以,$R_x = \dfrac{R_1 \cdot R_4}{R_2}$. 此电桥通常称为汤姆逊直流电桥.

实验结果如下:当电桥平衡时,$R_1 = 2\,000 \ \Omega$,$R_2 = 2\,000 \ \Omega$,$R_4 = 1\,950 \ \Omega$,那么,电表内阻 $R_x = 1\,950 \ \Omega$.

将已知内阻为 R_g、量程为 $100 \ \mu A$ 的电流表串联一附加电阻 R_M 就构成电压表,其量程为 U,则

$$\frac{U}{R_M + R_g} = \frac{U_g}{R_g}$$

已知设计要求 $U = 3.000 \ V$,$R_g = R_x = 1950 \ \Omega$,$U_g / R_g = 100 \ \mu A$,那么

$$R_M = \frac{U}{100 \times 10^{-6}} - R_g = \frac{3.000}{100 \times 10^{-6}} - 1\,950 = 28.1 \times 10^3 (\Omega)$$

将 R_M 电阻按图2串联,便构成1个量程为3 V的电压表.将可变电阻和2节甲电池、标准电压表和自己改装的电压表接成如图3所示的电路.调节分压电路中可变电阻器,当标准电压表读数值为2.450 V时,自装电压表读数为2.40 V,则自装表与标准表示值百分差为2%.

题解 7.07 图 2

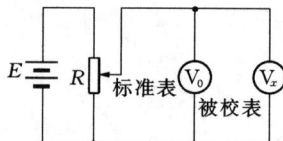
题解 7.07 图 3

例题 7.08 试将一只内阻为 $360 \ \Omega$、量程为 $500 \ \mu A$ 的表头,改装成多量程电流表,电流档量程分别为 $I_1 = 100 \ mA$,$I_2 = 10 \ mA$,$I_3 = 1 \ mA$.

【可供仪器和用具】　直流电流表(量程 $0 \sim 500\ \mu\text{A}$,内阻 $R_g = 360\ \Omega$)1 只、电阻箱 3 只、导线若干、万用电表 1 只(作标准表用).

【要求】

(1) 画出改装后多量程电流表电路图.

(2) 计算各分流电阻 R_1,R_2,R_3 的值.

(3) 用导线将 $500\ \mu\text{A}$ 表头、分流电阻连接,组成 1 个多量程电流表.

(4) 用万用表 1 mA 档作标准值,对改装电流表 1 mA 档进行校准.

【题解】　1. 电流档的设计与分流电阻计算

在电流表上并联 1 个分流电阻 R_s,可以使量程 I_g 扩大为 I,即 $(I - I_g) \cdot R_s = I_g \cdot R_g$,则

$$I = I_g \frac{R_g + R_s}{R_s} = N I_g$$

所以,电流表并联上分流电阻 R_s 后,电流量程扩大了 $N = \dfrac{R_g + R_s}{R_s}$ 倍. 反之,如果已知扩大后的量程 I,可以算出所需分流电阻 R_s 的值,由上式可得

$$R_s = \frac{I_g R_g}{I - I_g} = \frac{R_g}{N - 1}$$

万用电表电流档一般都有几个量程,通常采用图 1 所示的所谓闭合式分流线路. 图 1 中电阻 R_1,R_2,R_3 彼此串联后,再与表头并联,I_1,I_2,I_3 为 3 个不同的扩程量限,其中 I_3 量程电流最小.

2. 各分流电阻的计算

(1) 按最小电流档的量程 I_3,先计算各分流器的总电阻 R_s. 因为 $R_s(I_3 - I_g) = R_g I_g$,所以

$$R_s = \frac{R_g I_g}{I_3 - I_g}$$

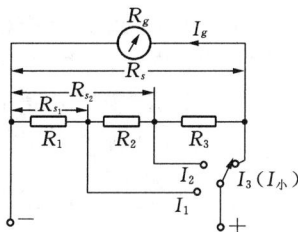

题解 7.08 图 1

(2) 计算各分流器电阻值. 对量程 I_1 档,其分流电阻为 R_{s1},而 R_{s1} 与 $(R_g + R_s - R_{s1})$ 相并联,所以 $R_{s1}(I_1 - I_g) = (R_g + R_s - R_{s1}) I_g$,因而有

$$R_{s1} = \frac{I_g(R_g + R_s)}{I_1}$$

由 R_s 的表达式又有 $I_g(R_g + R_s) = R_s I_3$,所以,R_{s1} 可表示为更简单的计算公式 $R_{s1} = \dfrac{R_s I_3}{I_1}$. 同理,对量程 I_2 档的分流电阻 R_{s2},可得 $R_{s2} = \dfrac{R_s I_3}{I_2}$.

(3) 对于各元件数值的计算如下:由图 1 可知

$$R_1 = R_{s1}, \quad R_2 = R_{s2} - R_{s1}, \quad R_3 = R_s - R_{s2}$$

已知 $R_g = 360\ \Omega$,$I_g = 500\ \mu\text{A}$,$I_3 = 1\ \text{mA}$,$I_2 = 10\ \text{mA}$,$I_1 = 100\ \text{mA}$,则

$$R_s = \frac{I_g R_g}{I_3 - I_g} = \frac{360 \times 0.5}{1 - 0.5} = 360\ (\Omega)$$

$$R_1 = \frac{R_s I_3}{I_1} = \frac{360 \times 1}{100} = 3.6\ (\Omega)$$

$$R_2 = \frac{R_s I_3}{I_2} - R_1 = \frac{360 \times 1}{10} - 3.6 = 32.4\ (\Omega)$$

$$R_3 = \frac{R_s I_3}{I_3} - (R_1 + R_2) = \frac{360 \times 1}{1} - (3.6 + 32.4) = 324(\Omega)$$

（4）改装好量程为 1 mA 的电流表与标准表(万用表 1 mA 档)串联成图 2 所示的线路. 量程1 mA 档要校验 6～7 个点, 其中一定要包括 0 和满度两点. 校验时调节回路电流使被校表的读数为整数, 同时记录标准表的读数, 最后求得被校表的校准值.

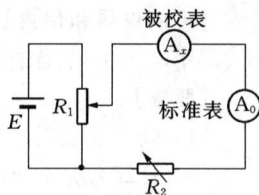

标准表读数－待校表读数＝校准值

题解 7.08 图 2

例题 7.09　试将一只 $200\ \mu A$ 的微安表改装成中值电阻为$1\ 500\ \Omega$的欧姆表.

【可供仪器和用具】　量程 $200\ \mu A$ 直流电流表 1 只(内阻未知)、电源 1.5 V(直流)、电阻箱 3 只、单刀开关 2 个、导线若干、直角坐标纸 1 张.

【要求】

（1）测出微安表的内阻 R_g.

（2）绘出欧姆表的电路图, 要求改装的欧姆表在电源电动势下降 20％时引起的误差不大于 5％.

（3）改装欧姆表, 并作校正曲线.

【题解】　1. 测出微安表内阻 R_g

由给定的实验条件可知, 测量 $200\ \mu A$ 的电流表内阻用图 1 所示的线路, 采用电桥法测量电流表内阻, 测量过程略. 实验结果 $I'_g = 200\ \mu A$, 电流表内阻为 $R'_g = 975\ \Omega$.

2. 绘出欧姆表电路图

中值电阻是欧姆表指针指到表头刻度中心时所测电阻的数值, 即等于欧姆表的总内值, 此时欧姆表测量误差最小.

题解 7.09 图 1

本题要求欧姆表中值电阻为 $1\ 500\ \Omega$(即待测电阻 $R_x = 0$ 时)两表棒短路, 表头指针有满刻度偏转, 此时电路中电流

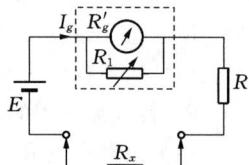

$$I_g = \frac{E}{1\ 500} = \frac{1.50}{1\ 500} = 1.00(\text{mA})$$

所以, 先要将 $200\ \mu A$ 表头改装成量程为 1.00 mA 的电流表.

改装成量程为 1 mA 的电流表线路如图 1 中虚线框内所示. 由欧姆定律有 $(I_g - I'_g) \cdot R_1 = I'_g \cdot R'_g$, 电表 I'_g 的改装并联电阻 R_1 为

$$R_1 = \frac{I'_g \cdot R'_g}{I_g - I'_g} = \frac{200 \times 10^{-6} \times 975}{800 \times 10^{-6}} = 243.8(\Omega)$$

设 R'_g 与 R_1 并联后的电阻为 R_T, 那么 R_T 为

$$R_T = \frac{I'_g \cdot R'_g}{I_g} = \frac{200 \times 10^{-6} \times 975}{1\ 000 \times 10^{-6}} = 195(\Omega)$$

所以, 串联电阻

$$R = 1\ 500 - R_T = 1\ 500 - 195 = 1\ 305(\Omega)$$

若直流电源电压降至 1.2 V, 欧姆表表棒短路, 电流表示值也下降 20％, 此时若将 R_1 电阻箱阻值增加至R'_1, 还是可以使电流表 I'_g 的电流示值为满度. 以下计算R'_1值, 并计算欧姆表调零后的中值电阻.

电流表I'_g满度时, 电压

$$U_{ab} = I'_g \cdot R'_g = 200 \times 10^{-6} \times 975 = 0.195(\text{V})$$

此时通过电阻 R 的电流

$$I' = \frac{E - U_{ab}}{R} = \frac{1.2 - 0.195}{1\,305} = 0.770(\text{mA})$$

可计算并联电阻 R_1' 的值为

$$R_1' = \frac{U_{ab}}{I' - I_g'} = \frac{0.195}{(0.770 - 0.200) \times 10^{-3}} = 342(\Omega)$$

R_1' 和 R_g' 的并联电阻为

$$\frac{U_{ab}}{I'} = \frac{0.195}{0.770 \times 10^{-3}} = 253.2(\Omega)$$

所以,当电源电压降至 1.2 V,经短路调零(电流表满度示值).这时,欧姆表中值电阻为 $1\,305 +$ $253.2 = 1\,558.2(\Omega)$,此值与原来 1.5 V 电源的中值电阻 1 500 Ω 相比,百分差为 3.9%,要小于 5%.

3. 欧姆表校准

用图 2 的线路校准自装欧姆表.自装欧姆表的表头面板可按照电源电压 1.5 V 和中值电阻 1 500 Ω,标出面板电流值和相应电阻值的关系(用欧姆定律计算),这样就组装为 1 只欧姆表.用电阻箱改变待测电阻值,求欧姆表指示值和标准值(电阻箱示值)的关系来校准自装欧姆表.要求测 10~12 个数据点,其中必须包括电阻为 0 和中值电阻两个点.在直角坐标纸上作校正曲线,即欧姆表指示值为自变量、校正值 ΔR 为因变量的校正曲线.

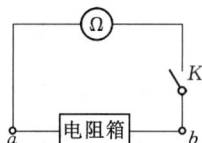

题解 7.09 图 2

例题 7.10　用两种电桥平衡法准确测出直流微安表的内阻.

【可供仪器和用具】　有一定误差的 3 只电阻箱 R_1,R_3,R_4(都不能当作准确电阻用)、1 只阻值准确的电阻箱 R_2、稳压电源 1.5 V、2 只单刀开关、1 只内阻在 2 000 Ω 左右且量限为 100 μA 的直流电流表、1 只滑线变阻器.

【要求】

(1) 写出实验方法和计算公式.

(2) 画出实验电路图.

(3) 测出实验结果(电表内阻 R_g).

【题解】　方法 1　(1) 用例题 7.07 的汤姆逊电桥法测量微安表内阻 R_g,电路图如图 1 所示,即电桥的一个臂接微安表,其余 3 个臂分别接 R_1,R_3,R_4,对角线接一个开关,调节电桥平衡.由于不知道 R_1,R_3,R_4 的准确电阻值,因此无法计算出 R_g.

(2) 再用替代法准确测出 R_g.因电阻箱 R_2 阻值准确,用它替代微安表.微安表作电桥的零示器,如图 2 所示.R_1,R_3,R_4 均保持不变,调节 R_2 使微安表指零,此时 R_2 的值即为微安表内阻 R_g.

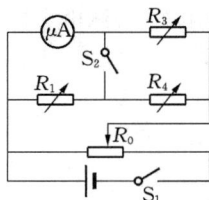
题解 7.10 图 1

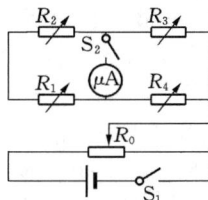
题解 7.10 图 2

方法 2　用汤姆逊电桥法测 R_g,如图 1 所示.调节电桥平衡后,用 R_2 分别代替 R_1,R_3,R_4,调平衡得出其准确值 R_1',R_3',R_4'.然后由公式 $\dfrac{R_g}{R_1'} = \dfrac{R_3'}{R_4'}$ 求得 $R_g = \dfrac{R_3'}{R_4'} \cdot R_1'$.实验数据略.

例题 7.11　研究半波整流的特性.

【可供仪器和用具】　信号发生器、双踪示波器、整流二极管、万用电表、导线若干.

【要求】

(1) 画出半波整流电路图.

(2) 用示波器观察输入电压和负载上电压波形,画出波形图,计算出频率与电压幅值.

(3) 用万用表测出负载上电压,并与示波器测得的电压值进行比较,说明它们之间的关系.

【题解】　(1) 半波整流电路图如图1所示.图中 CH_1 为示波器 Y_1 轴输入(1通道),CH_2 为示波器 Y_2 轴输入(2通道).

(2) 用 CH_1 观察输入电压波,观测到如图2(a)所示正弦波形,用 CH_2 观察负载上的电压波形,观察到如图2(b)所示半波波形.

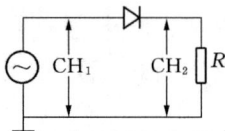

题解 7.11 图 1

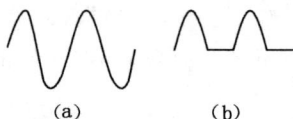

(a)　　　　(b)

题解 7.11 图 2

用示波器测量未知正弦波的频率 f. 若在示波器屏上观测到 l (单位:cm)长度有 n 个周期正弦波,示波器扫描档为 m (单位:ms/cm),那么,待测正弦波周期 T 为 $T = \dfrac{l \cdot m}{n}$,待测正弦波频率为 $f = \dfrac{1}{T} = \dfrac{n}{l \cdot m}$.

例如,$n = 4$ 个周期性正弦波,$l = 8.00$ cm,$m = 10.0$ ms/cm,则

$$f = \frac{n}{l \cdot m} = \frac{4}{8.00 \times 10.0}(\text{kHz}) = 50.0(\text{Hz})$$

用示波器测量正弦波的幅值方法如下:在示波器屏上读出正弦波的峰-峰值 $l_{峰-峰}$ 及 y 轴的分度值(单位:V/cm),那么正弦波的幅值 $(U_峰 = U_{峰-峰}/2)$ 为 $U_峰 =$ 分度值 $\times (l_{峰-峰}/2)$.

【注意】　读示波器扫描档分度值及读 Y 轴的分度值时,均需将微调旋钮调节至最大.

(3) 用示波器测得负载上半波整流电压的幅值 $U_峰$,用万用表交流档测得的为半波整流电压的有效值 $U_{有效}$,$U_{有效} = U_峰/2\sqrt{2}$.

【点评】　示波器可正确显示交流电的波形.在实验中,应掌握示波器扫描同步的原理、示波器的使用及读数方法.例如,怎样显示1个稳定的交流电波形,用示波器测量待测波形的周期(或频率),测量交流电波形的幅值等,这些都属示波器基本用途及实验方法,在学习时要掌握这些要点.

例题 7.12　测量一给定电容器的电容值.

【可供仪器和用具】　示波器、信号发生器(使用方波)、电阻箱、待测电容器、坐标纸、直尺、开关及导线等.

【要求】

(1) 简述测量原理,并绘出测量电路图.

(2) 调节示波器至使用状态,观察波形使之稳定地显示在屏上.

(3) 给出实验数据.

(4) 通过作图法求出待测电容值.

【题解】　(1) 已知电容 C 通过一与其相串联的电阻 R 放电,电容上的电压与放电时间 t 有如下关系:$U_C = U_0 e^{-t/RC}$,式中 U_0 为时间 $t = 0$ 时电容上的电压.将此函数等式两边取对数,可得 $\ln U_C(t) = \ln U_0 - \dfrac{t}{RC}$.测量 $U_C(t)$-t 关系,作 $\ln U_C(t)$-t 直线,可得斜率 k,那么 $C = -\dfrac{1}{R \cdot k}$.

(2) 测量电路图如图1所示.

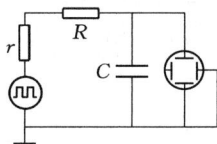

题解 7.12 图 1

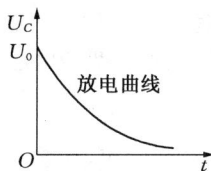

题解 7.12 图 2

（3）$U_C(t)$ 波形如图 2 所示.

（4）测量 $U_C(t)$-t 关系数据,至少测量 6 点,$U_C(t)$ 和 t 读数值的记录方法见例题 7.11 所述 Y 轴电压值及 X 轴时间值的读数方法.

（5）作 $\ln U_C(t)$-t 直线图,求出斜率 k,进而由已知电阻 R 值求得电容 C 的值.

【点评】　用放电法测量 $U_C(t)$ 与 t 关系,从 $\ln U_C$-t 的直线图中,由计算直线斜率方法求得 RC 值（或 C 值）,这是一种常用的实验方法.但此实验中必须满足输入方波的周期 $T \geqslant 10RC$,即 $\dfrac{T}{2} \geqslant 5RC$,这时放电才是充分的.也就是 $t = 0$ 时,$U_C(t) = U_0$;而 $t = \dfrac{T}{2}$ 时,$U_C(t) = 0$.如果题目指明只要测一次,那么也可以直接测量放电曲线中的半衰期 $T_{1/2}$,由 $RC = \dfrac{T_{1/2}}{\ln 2} = \dfrac{T_{1/2}}{0.693}$ 得到 RC 值（或 C 值）.

例题 7.13　用两种不同的方法测量一给定电感器的电感值.

【可供仪器和用具】　示波器、信号发生器（使用正弦波）、电阻箱、电容箱、待测电感、导线等.

【要求】

（1）画出两种不同方法测量电感的电路图.

（2）写出实验方法和计算公式.

（3）测出待测电感器的电感值及其损耗电阻.

【题解】　（1）用 RLC 串联谐振法测量未知电感器电感量的实验电路,如图 1 所示;用矢量合成法（即交流伏安法）测量未知电感器电感量的电路,如图 2 所示.

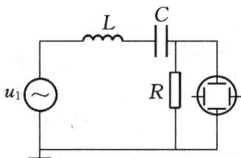

题解 7.13 图 1

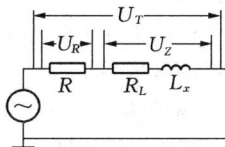

题解 7.13 图 2

（2）用串联谐振的方法测电感量和损耗电阻.

在图 1 中,示波器的地线必须与信号发生器的地线连接在一起,以防元件或电源短路.实验时,电容箱的电容量可取 $0.1 \sim 0.5\ \mu\mathrm{F}$,电阻 R 的值一般取 $10 \sim 30\ \Omega$,以保证串联电路的 Q 值较大、实验误差较小.改变信号发生器的输出频率 f,使电阻 R 上的电压 U_R 达到最大,此时电路达到谐振.有 $f_0 = \dfrac{1}{2\pi\sqrt{LC}}$,已知电容 C 值和谐振频率 f_0,可求得未知电感值 $L = \dfrac{1}{4\pi^2 f_0^2 C}$.

电感上的损耗电阻 R_L 可由以下方法求得:在 RLC 串联电路达到谐振时,测量信号发生器的输出电压 U 和电阻两端电压 U_R,由于此时电路为纯电阻性,满足 $\dfrac{U_R}{R} = \dfrac{U}{R + R_L}$,所以,$R_L = \dfrac{U}{U_R} \cdot R - R$,这时求得的 R_L 值为频率为 f_0 时电感的损耗电阻 R_L.

（3）用交流伏安法测量电感量和损耗电阻.

用交流伏安法测量线圈电感量的电路见图 2.将电阻 R 及待测电感 L 串联在交流电路中,其中电

阻 R 阻值已知. 实际电感可看成理想电感 L_x 及损耗电阻 R_L 的串联. 用示波器分别测出电阻 R、待测电感 L 两端电压 U_R,U_Z 及总电压 U_T,利用图 3(矢量合成图),可得

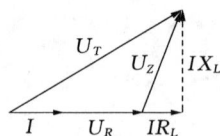

题解 7.13 图 3

$$(U_R + IR_L)^2 + (IX_L)^2 = U_T^2 \qquad (1)$$

$$(IR_L)^2 + (IX_L)^2 = U_Z^2 \qquad (2)$$

式中,I 为电流,X_L 为感抗,R_L 为电感的损耗电阻. 注意在测量 U_R 时,须将电阻与电感互换,防止短路.(1)式和(2)式消去 IX_L,得 $R_L = \dfrac{U_T^2 - U_R^2 - U_Z^2}{2U_R I}$,将 R_L 代入(1)式、(2)式得

$$X_L = \frac{\sqrt{[U_T^2 - (U_R - U_Z)^2][(U_R + U_Z)^2 - U_T^2]}}{2U_R I} \qquad (3)$$

其中 I 可由 $\dfrac{U_R}{R}$ 算出. 再由 X_L 值和交流电压频率 f 可计算电感的电感量,即

$$L = \frac{X_L}{2\pi f} \qquad (4)$$

【点评】 用串联谐振法及交流伏安法测量线圈的电感值是测量电感量基本方法中的两种. 谐振法测量电感量必须注意电路的 Q 值,Q 值太小,将引入较大的测量误差,因而串联电阻 R 不宜取得太大;而用交流伏安法测电感量必须选择合适的正弦波频率,以使 U_Z 和 U_R 值近似相等(若频率不变,改变电阻 R 值也一样),实验时 U_T 尽可能为交流电压表满量程,这样才能使测量电感量及损耗电阻有较高的准确度. 上述两种测量线圈电感量及损耗电阻的方法在物理竞赛中常会用到.

例题 7.14 设计一个电路,测出某电感器的直流电阻和通以正弦电流时的交流阻抗及电感量.

【可供仪器与用具】 低频信号发生器、干电池、电阻箱、MF30 型万用电表 2 只(内无电池电源)、待测电感器(以陶瓷为介质)、导线、开关等.

【要求】

(1)画出实验线路图,并测出电感器直流电阻 R_L.

(2)测量电感器通以频率 $f = 50.0$ Hz 正弦电流时的交流阻抗 Z.

(3)计算该电感器的电感量 L.

【题解】 测量直流电阻 R_L(电感损耗电阻)的电路如图 1 所示,实验时万用电表应拨至直流电压档. 测量电感器的交流阻抗 Z 采用图 2 所示电路,但测量前必须把万用电表拨至交流电压档.

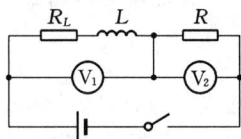

题解 7.14 图 1

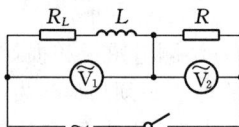

题解 7.14 图 2

(1)测量直流电阻 R_L。R 取 35.00 Ω,测得 $U_1 = 0.705$ V,$U_2 = 0.680$ V,则

$$R_L = \frac{U_1}{I} = \frac{U_1}{U_2} \cdot R = \frac{0.705}{0.680} \cdot 35.00 = 36.3(\Omega)$$

(2)测量电感器的交流阻抗 Z。正弦交流电频率 $f = 50.00$ Hz,$R = 50.00\,\Omega$,测得 $U_1 = 9.00$ V,$U_2 = 9.35$ V,则

$$Z = \frac{U_1}{I} = \frac{U_1}{U_2} \cdot R = 50.00 \times \frac{9.00}{9.35} = 48.1(\Omega)$$

(3) 因为 $U^2 = U_{R_L}^2 + U_L^2$，则 $Z^2 = R_L^2 + (\omega L)^2$. 在低频 $f = 50.0$ Hz 时，电感的损耗电阻 R_L 与直流情况损耗电阻近似相等. 所以，

$$L = \frac{\sqrt{Z^2 - R_L^2}}{\omega} = \frac{\sqrt{48.1^2 - 36.3^2}}{2\pi \cdot 50.00} = 0.100 (\text{H})$$

(4) 由图 3 可以得出当电感器通过正弦交流电时，电感器两端电压与通过它的电流之间的相位角 α 为

$$\cos\alpha = \frac{R_L}{Z} = \frac{36.3}{48.1} = 0.7547, \quad \alpha = 41.0°$$

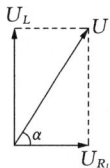

题解 7.14 图 3

例题 7.15　测定同轴电缆线两导线间绝缘介质的相对介电常量 ε_r. 同轴电缆线是工业和科研实验室中常用的输电线，同轴电缆线中的导线(由一根硬导线和铜网线构成)间介质的相对介电常量的大小，将影响两导线构成的电容值. 现要求用实验的方法检测该电缆线的相对介电常量 ε_r.

【可供仪器和用具】　低频信号发生器、示波器、电阻箱、标准电感、一段被检测的电缆线(约 1 m 长，可根据需要剪断)、剪刀、直尺、螺旋测微计、导线、作图纸 2 张等.

【要求】

(1) 写出测试方案或实验步骤.

(2) 画出实验线路图.

(3) 测出必要的数据(要求多次测量).

(4) 数据处理.

(5) 计算出绝缘介质的相对介电常量 ε_r 的值.

【提示】　(1) 材料的相对介电常量 $\varepsilon_r = C_x/C_0$，其中 C_x 为充满某种介质时电容的电容量，C_0 为真空时电容的电容量.

(2) 被检测的同轴电缆在忽略两端边际效应的情况下，可用下列公式计算介质为真空时的电容 C_0：

$$C_0 = \frac{2\pi\varepsilon_0 l}{\ln\frac{b}{a}}$$

式中，a 为电缆线的内半径，b 为电缆线的外半径. 电缆线的结构如图所示. 真空相对介电常量 $\varepsilon_0 = 8.90 \times 10^{-12}$ $c^2/(\text{N} \cdot \text{m}^3)$.

(3) 实验时，由于引线间分布电容和标准电感中的分布电容等构成一个本底电容 C'，该值在导线间相对位置、形状等不变时是一个恒值. 实验中需消除该值对测量结果的影响.

提示 7.15 图

【题解】　1. 测试方案及实验步骤

(1) 该实验的关键是要测出 C_x 的结果，测量方法可用 RLC 串联谐振法. 用剪刀拨出电缆线的中心导线和外层屏蔽线，然后与 R，L 串联后接到低频信号发生器的输出端，通过改变频率，测出该串联电路的谐振频率 f_0 值.

(2) 在电缆线的另一端分别剪去 5~10 cm，测出不同长度电缆线所对应的谐振频率.

(3) 根据公式 $f_0 = 1/(2\pi\sqrt{LC})$，分别求出相应的电容 C 值.

(4) 作出 C-l 的直线图，由此得到 $l = 0$ 时的 C'(截距)，C' 为本底电容值.

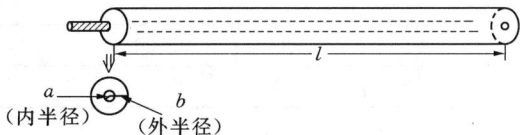

（5）$C_x = C - C'$，即为不同长度电缆线的电容量.

（6）用螺旋测微计测出电缆线的 a, b 值，用直尺测出电缆线的 l 值，根据同轴电容的计算公式得到 C_0 值.

（7）根据不同长度电缆线所测出的 C_x 和 C_0 值，即可算出 ε_r 的结果.

2. 实验电路

实验电路如图所示.

题解 7.15 图

3. 实验数据

测出的实验数据如下：$l = 1.000\,\text{m}$，$a = 0.740\,\text{mm}$，$b = 2.200\,\text{mm}$；数据记录见表 1.

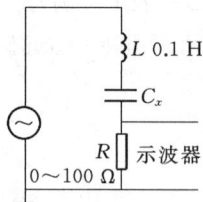

题解 7.15 表 1

f_0 /Hz		1.000	0.900	0.800	0.700	0.600	0.500
	f_{01} /Hz	30 430	30 970	31 660	32 370	33 080	33 880
	f_{02} /Hz	30 440	30 940	31 640	32 380	33 050	33 840
	f_{03} /Hz	30 450	30 950	31 640	32 300	33 100	33 900
	$\overline{f_0}$ /Hz	30 440	30 953	31 647	32 350	33 080	33 873

4. 数据处理

（1）作图法得到截距 C' 值，$C' = 166.0\,\text{pf}$. $C\text{-}l$ 关系图略.

（2）计算出不同长度 l 时的 C_0 值，如表 2 所示.

题解 7.15 表 2

l /m	1.000	0.900	0.800	0.700	0.600	0.500
C_0 /10^{-12} F	51.3	46.2	41.0	35.9	30.8	25.6

（3）以 l 为 1.000，0.900，0.800，0.700，0.600，0.500 m 时，测出的电容值 C 值减去 C' 值，然后得到 C_x 值，如表 3 所示.

题解 7.15 表 3

l /m	1.000	0.900	0.800	0.700	0.600	0.500
C /10^{-12} F	276.7	264.7	253.2	242.3	231.8	221.0
C_x /10^{-12} F	110.7	98.7	87.2	76.3	65.8	55.0

（4）计算所得结果见表 4.

题解 7.15 表 4

l /m	1.000	0.900	0.800	0.900	0.700	0.600	0.500
ε_r	2.16	2.14	2.13	2.13	2.13	2.14	2.15

$\varepsilon_r = C_x / C_0$；$\overline{\varepsilon_r} = 2.14$.

【点评】　本实验学习内容相当丰富，它包含了一些重要的实验内容：

（1）用谐振法测电容. 若待测对象为小电容（指 $1\times10^2\,\text{pF} \sim 1\times10^3\,\text{pF}$ 电容值）时，这时谐振频率可能大于 $1\times10^4\,\text{Hz}$. 若实验者有一个正确的分析和估计，就能较快地找到谐振点.

（2）电感的分布电容是指实际线圈一匝和另一匝之间因电位差存在构成的电容，所以实际线圈可看作纯电感和分布电容的并联. 当谐振频率大于 $1\times10^4\,\text{Hz}$ 时，电感分布电容作用是不可忽略的. 本实验用外推法测量电感的分布电容值（含导线分布电容）是一种重要的实验方法.

（3）本实验也是测量固体介电常数的一种方法.

例题 7.16　热敏电阻阻值 R 与温度 t 关系特性测量.

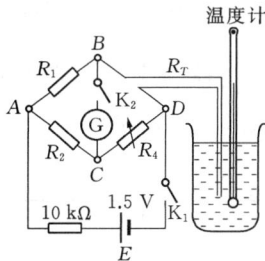

题解 7.16 图

【可供仪器和用具】　电阻箱 3 只、甲电池 1 节、检流计、热敏电阻(室温时电阻约为 10 kΩ,实验时通过电流要小于 500 μA)、保温杯、热水、冷水、开关、导线、温度计、搅拌器、作图纸等.

【要求】

(1) 画出实验电路图.

(2) 测量热敏电阻阻值 R 与温度 t 关系的数据.

(3) 求热敏电阻阻值与热力学温度 T 关系的经验公式.

【题解】　(1) 热敏电阻阻值 $R_T = Ae^{B/T}$,式中,T 为热力学温度,A 和 B 为待定常数,$T = 273.15 + t$.

实验电路如图所示.

(2) 实验数据见表 1.

题解 7.16 表 1

R_T/Ω	$t/℃$	$\ln R_T$	T/K	$\dfrac{1}{T}/10^{-3} \cdot K^{-1}$
1 630	94.71	7.396 3	367.86	2.718 4
2 136	82.57	7.666 7	355.72	2.811 2
2 565	75.11	7.849 7	348.26	2.871 4
3 747	62.29	8.228 7	335.44	2.981 2
5 184	50.25	8.553 3	323.40	3.092 1
7 324	38.70	8.898 9	311.85	3.206 7
9 486	30.43	9.157 6	303.58	3.294 0
6.163×10^4	24.50	9.361 3	297.65	3.359 7

$R_1 = 1\,000\ \Omega$,$R_2 = 1\,000\ \Omega$,$R_T = \dfrac{R_1}{R_2} \cdot R_4$.作 $\ln R_T$ 与 $\dfrac{1}{T}$ 关系直线图,得 $B = 3.05 \times 10^3$ K,$\ln A = -0.888$,$A = 0.411\ \Omega$,$R_T = 0.411e^{3.05 \times 10^3/T}\ \Omega$.

若用该热敏电阻测量某温度,只需测得此时的阻值,即能可算得温度 T.

【点评】　本实验中,恒温器内用热水和冷水混合得到所需温度,温度计与热敏电阻尽可能将传感部位放在相邻位置并不断搅拌,才能得到准确的温度.而数据处理时,将曲线方程变为线性方程,然后直线拟合求得待定常数.这种方法在物理实验中也经常用到.

例题 7.17　新型二端式集成电路温度传感器特性测量.本题提供的集成温度传感器在温度恒定时,输出电流为恒定值.工作电压范围为 U_r 至 20 V,U_r 为最小工作电压.请测量该传感器在恒定温度时的伏安特性及恒定工作电压时的温度特性.

【可供仪器和用具】　直流稳压电源、数字式直流电压表(自动转换量程)、电阻箱 3 只、集成温度传感器 1 个、0~50 ℃温度计 1 支、烧杯 1 只(盛室温水)、保暖杯 2 只(盛冰水混合物和热水)、作图纸 2 张、开关、搅拌棒、导线等.

【要求】

(1) 测量在 0 ℃时,集成温度传感器输出电流 I 和加在传感器两端电压 U,作 I-U 图,并求得 0 ℃时电流为恒定值的最小电压值 U_r.

(2) 在室温至 50 ℃温度范围内,测量电流 I 与温度 θ 的关系,并求得经验公式,叙述经验公式中各常量的含义.

(3) 用 12 V 直流电源、数字式直流电压表等组装 1 支摄氏温度计,使满足数字电压表读数为 0 mV 时,传感器温度为 0 ℃;而读数为 50 mV 时,传感器温度为 50 ℃.并用自己组装的摄氏温度计测量室温时水的温度,并与水银温度

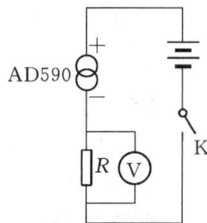

题解 7.17 图 1

计测量值进行比较. 画出设计电路图.

【题解】　（1）测量集成温度传感器 AD590 的电路如图 1 所示. 电阻 $R = 1\,000\,\Omega$, $I = \dfrac{U_s}{R}$. 实验数据如表 1 所示.

题解 7.17 表 1　　　　　　　　　　　（温度 $\theta = 3.0\ ℃$）

U_x /V	1.326	1.589	1.736	2.065	2.342	2.456	2.533	2.680	2.713	2.880	3.010	3.252	3.643
U_s /V	0.200	0.777	1.130	1.795	2.306	2.495	2.616	2.770	2.775	2.760	2.759	2.759	2.760
I /μA	20.0	77.7	113.0	179.5	230.6	249.5	261.6	277.0	276.0	275.9	275.9	275.9	276.0

I-U_x 关系见图 2. 最小工作电压 $U_r = 2.68\ \text{V}$.

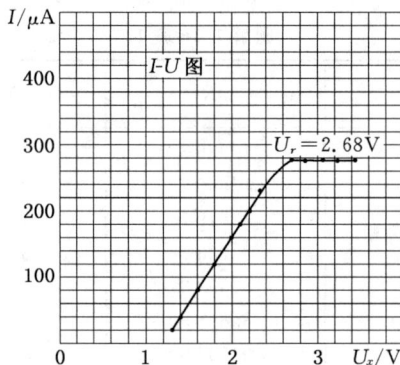

题解 7.17 图 2

（2）求经验公式及其常量.

题解 7.17 表 2

θ /℃	29.0	34.2	37.0	40.0	42.8	45.8	49.2
U_s /V	3.036	3.086	3.112	3.143	3.168	3.196	3.239
I /μA	303.6	308.6	311.2	314.3	316.8	319.6	323.9

由表 2 中 I-θ 关系数据进行直线拟合, 求经验公式. 由最小二乘法得: 相关系数 $r = 0.999$, 斜率 $B = 0.987\,3\ \mu\text{A}/℃$, 截距 $B = 274.8\ \mu\text{A}$, 所以 $I = 0.987\,3\theta + 274.8$. 该传感器的电流温度灵敏度近似 $1\ \mu\text{A}/℃$, 截距的数值近似为 $273\ \mu\text{A}$.

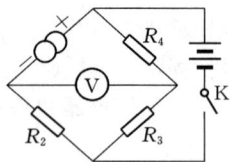

题解 7.17 图 3

（3）制作摄氏温度计, 采用图 3 的补偿电路. 其中, R_4 和 R_3 组成一个分压器, $R_2 = 1\,000.9\ \Omega$, $R_3 = 1\,000\ \Omega$, 电源电压 12 V. 自装摄氏温度传感器 AD590 放在冰水混合物中, $\theta = 1.2\ ℃$, 电压表读数 1.2 mV.

当传感器 AD590 放在室温水中时, 温度计读数为 28.8 mV（可认为是 28.8 ℃）, 水银温度计测得温度为 28.7 ℃.

【点评】　本实验的两个内容是在实验中经常用到的: 一是直线拟合求经验公式, 对这类实验测量数据至少要多于 6 个数据点, 数据点太少, 则拟合的误差较大; 许多传感器在待测量为 0 时, 其输出电压不为 0, 这时可以用补偿法使其达到 0, 这也是一种常用的实验方法.

▨▨▨**例题 7.18**　用直流电表检测电磁学黑盒子实验. 在一个有 3 个接线端 1, 2, 3 的黑盒子里连接着 3 个彼此性质不同的电子元件. 它们中的一个或许是电池; 或许是大于 100 Ω 的电阻; 或许是大于 1 μF

的电容;或许是正向电阻可忽略的二极管;或许是其他什么电子元件.黑盒子里面的元件接线如图所示.

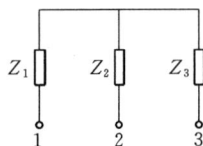
题 7.18 图

【可供仪器和用具】　万用电表的直流电压档 0~6 V(120 kΩ 内阻)及电流档 0~30 mA(10 Ω 内阻)、直流稳压电源 1 台、黑盒子 1 只、电阻箱 1 只、秒表 1 只、导线若干等.

【要求】

(1) 如果盒内有 1 个电池,测定其电动势大小,并画出测量电路图.

(2) 如果盒内有 1 个电阻,测定其阻值,并画出测量电路图.

(3) 如果盒内有 1 个电容,测定其电容值,并画出测量电路图.

(4) 如果盒内有 1 个二极管,标出它的极性,并测出它的正向阈值电压,二极管正向电阻较小,可以忽略.

(5) 画出盒内有关电子元件的分布图,并标明它们的极性.

【题解】　1. 检查有无电池

用电压表测量各端口,检查有无电池存在,检查结果均无.

2. 确定内部结构

确定和画出内部结构,待检查电路如图 1 所示.

(1) 1,3 端出现单向持续导电,说明盒内为二极管与电阻串联.

(2) 1,2 端出现脉冲单向导电,说明二极管在 1 端.

(3) 2,3 端出现脉冲双向导电,说明电容在 2 端.(注意:检测前须用导线先短路,将电容器电量放完,再检测.)

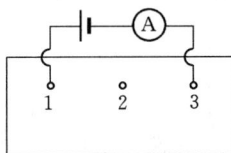
题解 7.18 图 1

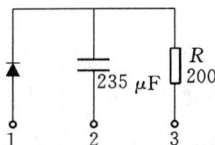
题解 7.18 图 2

通过以上检测及判断,可知 3 个不同元件分别为二极管、电容、电阻,它们的接线如图 2 所示.

3. 用伏安法测量电阻和二极管阈值电压

实验电路如图 3 所示.测量待测二极管与电阻串联组合的伏安特性曲线(I-U 曲线),从 I-U 曲线阈值电压以上的某点电压 U_1 作切线,求切线斜率 $\dfrac{\Delta I}{\Delta U}$ 的倒数,便是电阻 R 的值,$R = \dfrac{\Delta U}{\Delta I}$. 当将电流 I 外推至 $I = 0$ 时,即可得二极管的阈值电压 U_0 值(见图 4).

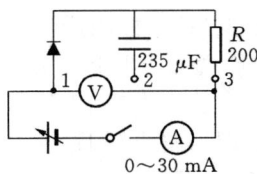
题解 7.18 图 3

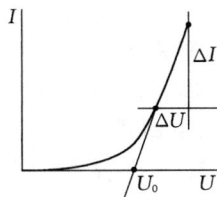
题解 7.18 图 4

4. 用放电法测电容

接线如图 5(a)或(b)所示,通过测放电时间常数,在已知电阻 R' 的情况下,求得未知电容 C 的值.在图 5(a)中 $R' = 120.2$ kΩ;在图 5(b)中 $R' = 99.2$ kΩ.

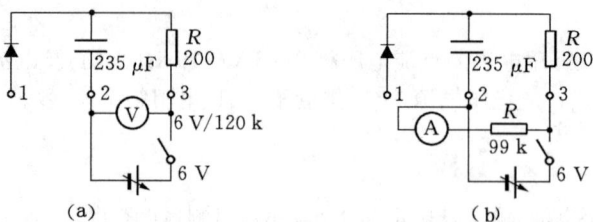

题解 7.18 图 5

图 2 中的电容 $C = 235\ \mu F$ 为无极性电容，它由 2 只 $470\ \mu F$ 电解电容极性相反串联而成.

【点评】　用电压表(或电流表)、电源、电阻箱等器具,检测黑盒元件及参数,这在科学研究中常会用到.要正确判断元件及参数,需要对基本元件及电学电路特性有正确理解,熟悉基本电学电路性质.所以,黑盒子探索实验是一种综合性电学实验.

例题 7.19　用示波器检测电磁学黑盒子实验Ⅰ.一个黑盒子上面板有 8 个接线柱,其中接线柱上分别接有音频变压器、电感、二极管、电容 4 个元件.请用实验方法测出这 4 个元件各接在哪些接线柱上,并测出有关参数.

【可供仪器和用具】　黑盒子 1 个(其中含音频变压器、电感、二极管和电容,各元件的输入输出端均接到黑盒子的面板上,各元件之间连接不构成闭合回路)、双踪示波器 1 台、信号发生器 1 台、电阻箱 1 只、导线若干、作图纸 1 张.

【要求】

(1) 判断变压器的输入输出端分别接在哪几个接线柱上,测量变压器次级与初级线圈的匝数之比.(假定匝数少的为初级.)

(2) 判断二极管的正负极分别接在几号接线柱上.

(3) 判断电容器接在哪两个接线柱上,测量其电容值.

(4) 判断电感器接在哪两个接线柱上、是空心电感还是磁介质电感,并测量其电感值和损耗电阻.

(5) 画出黑盒子内各元件的整体接线图.

(6) 若某个元件表征元件量值的参数值明显随另一个物理量而变化,测量它们的关系,并在作图纸上画出其变化的曲线图.

【题解】　黑盒子接线柱分为两排:上排编号自左至右为 1, 2, 3, 4;下排编号自左至右为 5, 6, 7, 8,共 8 个接线柱.

1. 判断各接线柱之间的元件

实验电路如图 1 所示.图 1 中虚线框内的 i, j 表示黑盒子面板上的接线柱.采用正弦波信号发生器作为电压输入,电阻箱随情况取适当的值,双踪示波器 CH1 端测量电阻箱两端电压,CH2 端监测信号发生器输出电压,调节信号发生器输出频率时保持输出电压不变.图 1 中黑盒子面板上的 j 接线柱对应信号发生器输出红端.

每次 i, j 接不同的接线柱,观测电阻箱两端的电压,即示波器 CH1 档显示图形.整理可得表 1.(表 1 中不予列出的对应电阻箱上电压为 0 的 i, j 端,表示该 i, j 端之间断开.)

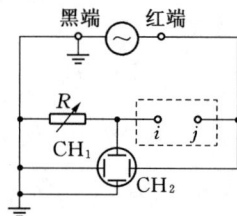

题解 7.19 图 1

题解 7.19 表 1

信号发生器红端 j	i	信号发生器频率增大时电阻箱上电压变化	判断 i, j 间的元件	备　注
2	3	不变	二极管	见图 2 及判断
4	8	减小	电感	
7	8	变大	电容	
1	5	减小	电感	
2	6	减小	电感	

利用图 2 所示的示波器波形,当 2 接信号发生器红端时,正弦波的下半部分被削平,可见 2,3 号接线柱间为一个二极管,且 2 号接线柱接二极管正极,3 号接线柱接负极.

当 1,5 端接信号发生器、2,6 端接示波器时,发现 2,6 端电压明显随 1,5 端电压变化而变化.反之,当 2,6 端输入信号,1,5 端观测信号也一样,可以判定 1,5 和 2,6 构成变压器.

至此,可以画出黑盒子内各元件位置如图 3 所示.

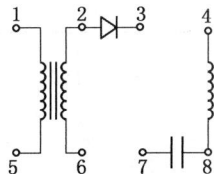

题解 7.19 图 2　　　　　　题解 7.19 图 3

2. 变压器参数的测定

信号发生器两端接 1,5;输入端 CH1 两端接 1,5;输入端 CH2 两端接 2,6,得数据如表 2 所示.在表 2 中,U 为峰-峰值.测量结果显示 1,5 为变压器初级;2,6 为变压器次级.CH1 和 CH2 电压档微调旋钮均调至最大.匝数比

$$n = \frac{U_{CH2}}{U_{CH1}} = \frac{12.00}{6.00} = 2.00$$

题解 7.19 表 2

输入	峰-峰值 /cm	电压档 /V·cm^{-1}	电压 U /V
CH1	6.00	1	6.00
CH2	6.00	2	12.00

3. 电容参数的测定

假定电容的损耗电阻忽略.采用图 1,其中 i, j 接 7, 8,CH1 取 1 V/cm 档,CH2 取 2 V/cm 档.取电阻箱某值,调节信号发生器输出频率和输出电压,使 CH1 和 CH2 波形都达到屏幕刻度满量程.此时,$\dfrac{U_{CH1}}{U_{CH2}} = \cos 60.0° = 0.500$,即 $\dfrac{R}{\dfrac{1}{\omega C}} = \tan 30.0°$,所以 $C = \dfrac{1}{2\sqrt{3}\pi fR}$.测量数据见表 3.$U_R$ 和 U_C 合成矢量见图 4.由此得 $C = 0.215\ \mu F$.

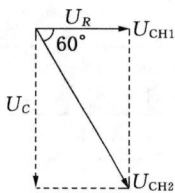

题解 7.19 图 4

题解 7.19 表 3

R/Ω	f/kHz	$C/\mu\mathrm{F}$
500.0	0.855	0.215

4. 电感参数的测定

实验电路如图 1 所示，其中 i，j 接 4，7 接线柱.利用 RLC 串联谐振测量电感值 $L = \dfrac{1}{4\pi^2 f_0^2 C}$，其中 f_0 为谐振频率.以 U_R 和 U_0 表示电阻 R 两端电压和信号发生器输出电压，则谐振时电感损耗电阻 $R_L = \left(\dfrac{U_0}{U_R} - 1\right) \cdot R$，实验数据如表 4 所示.

题解 7.19 表 4

R/Ω	U_R/V	U_0/V	I/mA	f_0/kHz	L/mH	R_L/Ω
100.0	12.0	16.0	42.4	1.995	29.6	33.3

改变信号发生器的输出电压可得表 5.

$$I_{有效} = \frac{1}{2\sqrt{2}} I_{峰-峰} = \frac{1}{2\sqrt{2}} \cdot \frac{U_R}{R}$$

题解 7.19 表 5

R/Ω	U_R/V(峰-峰)	$I_{有效}/\mathrm{mA}$	f_0/kHz	L/mH
100.0	4.00	14.1	2.038	28.3

从表 4 和表 5 中可见电感 L 随电流 I 变化，故该电感不是空心电感，电感器内有铁磁质.电感值 L 随电流 I 变化数据如表 6 所示.表 6 图略.

题解 7.19 表 6

U_R/V	12.0	10.0	8.00	6.00	4.00	2.00
$I_{有效}/\mathrm{mA}$	42.4	35.3	28.3	21.2	14.1	7.07
f_0/kHz	1.995	1.980	1.982	2.000	2.038	2.110
L/mH	29.6	30.1	30.0	29.5	28.3	26.5

【点评】 本实验题有几个重要特点

(1) 用示波器通过观察元件或部分电路的波形，来分析元件性质与好坏，这在科学实验中非常有用，本题联系实际比较密切.

(2) 实验带有综合性.虽然测量电容和电感有多种方法，但要在有限时间内选用准确度高、简便快捷的方法，这也反映出学生的知识深度和动手能力强弱.

例题 7.20 用示波器检测电磁学黑盒子 Ⅱ.给定一个黑盒子，其内含有 3 个电磁学元件(电阻 R、电容 C 和电感 L)，组成三角形连接方式，3 个元件分别连接黑盒子面板上 1，2，3 号，其中接线柱 1，2 间元件为 Z_1；2，3 间元件为 Z_2；1，3 间元件为 Z_3，如图所示，要求使用现有仪器进行判断和测量.

【可供仪器和用具】 黑盒子 1 个、双踪示波器 1 台、低频信号发生器 1 台、电阻箱 1 只、单刀双向开关 1 只、电容箱 1 只、作图纸等.

【要求】

(1) 确定黑盒子内 3 个元件是何种元件,它们分别连接在哪两个接线柱 t,画出它们连接的电路图,并且简述判断方法.

(2) 测量此 3 个元件的数值.

(3) 如果电学元件的数值与某一物理量有关,测出它们的关系.

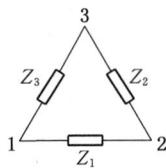
题 7.20 图

【题解】 1. 确定黑盒子内元件类别

检测 1 用导线连接接线柱 1,2,将电阻 R 串接到接线柱 2 上. 电路简化为图 1(a)所示. 保持电源输出电压不变,改变信号源输出频率 f,观测 R 两端电压 U_R 的变化.

检测 2 使接线柱 2,3 间短路,把电阻 R 串接到接线柱 3 上,电路简化为图 1(b)所示. 保持电源输出电压不变,改变信号源输出频率 f,观测 R 两端电压 U_R 变化.

检测 3 使接线柱 1,3 间短路,将电阻 R 串接到接线柱 3 上,电路简化为图 1(c)所示. 保持电源输出电压不变,改变信号源输出频率 f,观测 R 两端电压 U_R 变化.

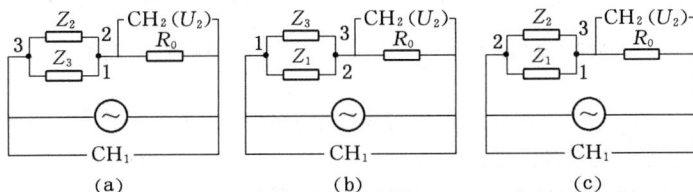

题解 7.20 图 1

题解 7.20 表

	检测 1	检测 2	检测 3
观测有无谐振现象	有	无	无
频率 f 增大,U_R 值变化	在谐振频率,U_R 最小值	U_R 值减小	U_R 值增大
分析可能性	Z_2 和 Z_3 中有电感和电容	Z_1 和 Z_3 中有电感和电阻	Z_1 和 Z_2 中有电容和电阻

综合以上测量,可以总结出如图 2 所示的线路及相关电学元件,即:接线柱 1,2 间接电阻 R;接线柱 2,3 间接电容 C;接线柱 1,3 间接电感 L.

2. 测量电阻 R 和电容 C 的方法

将 1,3 接线柱用导线短路,将黑盒子、电阻箱、示波器、信号发生器接成图 3 所示的电路. 当取信号源频率 f 较小(如 $f = 20\ \text{Hz}$)时,可以近似为 $\dfrac{1}{\omega C} \gg R$;调节电阻箱值 R_0,使 $U_2 = \dfrac{1}{2} U_1$(CH$_2$ 测得电压为 U_2,CH$_1$ 测得电压为 U_1),那么 $U_{R_0} = U_R$. 由此得 $R = R_0 = 204\ \Omega$.

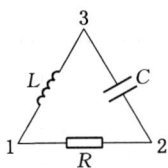
题解 7.20 图 2

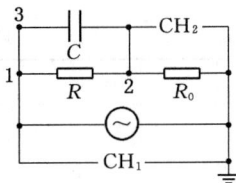
题解 7.20 图 3

在测出电阻 R 值以后,再将黑盒子、低频信号发生器、示波器、电容箱连接成图 4 所示的电路. 调

节电阻箱 $R_0 = R = 204\ \Omega$,取频率 $f = 1\,000\ \text{Hz}$,调节外接电容箱的值 C_0,使其达到 $U_2 = \dfrac{1}{2}U_1$,这时电桥平衡,电容 C 和电容箱 C_0 的电压降相等,因而 $C = C_0 = 0.100\ \mu\text{F}$.

3. 测量电感 L 值及特性

将黑盒子、低频信号发生器、示波器接成图 5 所示的电路.调节信号发生器频率 f,当 LC 电路达到谐振时,电容 C 上测到电压 U_C 为最大值.由 $\omega^2 = \dfrac{1}{LC}$,$C = 0.100\ \mu\text{F}$,谐振频率 $f_0 = 3.30\ \text{kHz}$,得电感 $L = 23.3\ \text{mH}$(电感通过电流 $I = 8.29\ \text{mA}$).

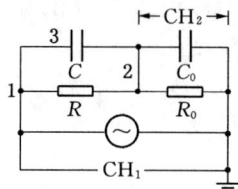 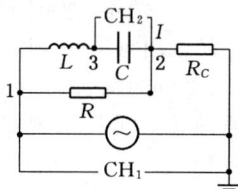

题解 7.20 图 4　　　　　　　　题解 7.20 图 5

由于该电感为铁氧体芯线圈,磁介质的磁导率与通过线圈的电流值有关,因而电感值随电流增加而变化.电感值与电流关系数据及图略.

【点评】　1 个实际电路常常是几个元件的串联或并联,电路较复杂.为了检测某电子元件性质、量值及特性完好程度,一种简单的方法是将部分电子元件短路,使 1 个复杂电路改变为简单电路,然后用示波器及电阻等进行电路检测,得出所需要的检测结果.本实验方法在物理实验及电子电路检测中很有用.

例题 7.21　一个黑盒子盖上有 4 个接线柱,编号标明在盒盖上.盒内有 3 个元件按一定的方式连接,两接线柱间最多只有一个元件,可能没有,也可能短路.盒内 3 个元件有可能是电池、电阻、电容(电容值较大)、电感或半导体二极管,试用万用电表检查并确定 3 个元件的名称及连接图.

【可供仪器和用具】　被检黑盒子、万用电表、低频信号发生器、导线等;被检黑盒子面板上接线柱编号,如图所示.

【要求】
(1) 确定黑盒子内 3 个元件名称,绘出它们的连接图.
(2) 说明判定方法.

1○　　　○2

【题解】(1) 判别盒内有无电池.用万用电表电压档检查,盒内无电池.

4○　　　○3

题 7.21 图

(2) 检查有无二极管.用万用电表欧姆档分别测两接线柱间的电阻,且将测试表棒正负交换位置,若正反电阻相差极大,说明有二极管存在.对本黑盒子各接线柱用万用电表欧姆档检测,结果均无此现象,说明盒内无二极管.

(3) 判定盒内有几个电容和电阻等.用万用电表电阻档"$\times 100\ \Omega$"及"$1\ \text{k}\Omega$"档进行测试,测量结果如下表所示.

题解 7.21 表

接线柱号码	1, 2	1, 3	1, 4	2, 3	2, 4	3, 4
充放电现象	无	有	无	有	无	有
接线柱间电阻	R_{12}	R_{13}	R_{14}	R_{23}	R_{24}	R_{34}
测示电阻值 /Ω	180	∞	200	∞	20	∞

从上表中可知,接线柱 1 和 2、接线柱 1 和 4、接线柱 2 和 4 之间存在电阻,且 $R_{14} = R_{12} + R_{24}$. 根

据上述测量结果,有可能出现如图 1(a),(b),(c)所示的 3 种情况.

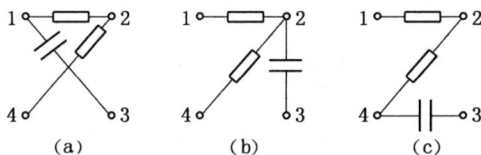

题解 7.21 图 1

把信号发生器输出端加于接线柱 3 和 4 间,测量接线柱 1 和 2 间有无电压,结论是在 1 和 2 端之间有电压,可以确定电容位于接线柱 1 和 3 之间.

(4) 判定 1 和 2 端及 2 和 4 端间是电阻还是电感.将低频信号发生器(产生正弦波)、万用电表交流电流档与面板上 1,2 端的元件用导线串联.在保持正弦波输出电压不变情况下,观测此串联电路中电流是否变化,实验电路如图 2 所示.若信号发生器输出正弦波频率变小时,交流电流示值有明显增加,说明 1 和 2 端间是电感元件;如果电流不随频率变化,则是电阻元件.同理,也可鉴别 2 和 4 端间是电阻还是电感元件.

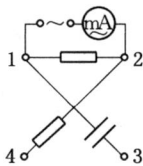

题解 7.21 图 2

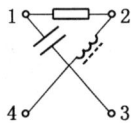

题解 7.21 图 3

本实验最后检测结果如下:黑盒子内 3 个元件为一个电阻、一个电感、一个电容,连接电路如图 3 所示.

例题 7.22　用交流电桥测量电容和电感.

【可供仪器和用具】　低频信号发生器、电阻箱 3 只、标准电容 0.200 μF、晶体管电压表(交流用)、待测电容、待测电感、导线等.

【要求】

(1) 写出测量未知电容和未知电感的实验原理和公式.

(2) 写出实验方法.

(3) 测量数据,计算实验结果.

【题解】　1. 交流电桥电路

交流电桥电路如图 1 所示,其中桥臂 Z_1,Z_2,Z_3,Z_4 为复阻抗,用交流正弦波电源,用晶体管交流电压表检测电桥是否平衡.当交流电桥平衡时,平衡方程为

$$\frac{Z_1}{Z_4} = \frac{Z_2}{Z_3} \tag{1}$$

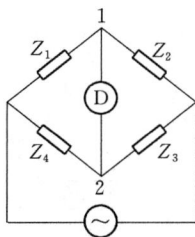

题解 7.22 图 1

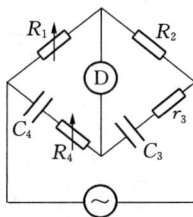

题解 7.22 图 2

　　测量未知电容时,电路接成如图 2 所示的电容电桥,其中未知电容包括电容 C_3 和损耗电阻 r_3. 当交流电桥平衡时,

$$R_1\left(r_3 - \mathrm{i}\,\frac{1}{\omega C_3}\right) = R_2\left(R_4 - \mathrm{i}\,\frac{1}{\omega C_4}\right)$$

式中 ω 是交流电的圆频率,$\mathrm{i} = \sqrt{-1}$ 是虚数符号,由实部和虚部分别相等,有

$$C_3 = \frac{R_1}{R_2}\cdot C_4 \tag{2}$$

$$r_3 = \frac{R_2}{R_1}\cdot R_4 \tag{3}$$

　　测量未知电感(空心线圈)时,电路如图 3 所示,其中 L_3 和 r_3 分别为待测电感量及损耗电阻,C_1 为标准电容. 该交流电桥平衡方程为

$$r_3 + \mathrm{i}\omega L_3 = \left(\frac{1}{R_1} + \mathrm{i}\omega C_1\right)R_2 R_4$$

由实部和虚部分别相等,得

$$L_3 = C_1 R_2 R_4 \tag{4}$$

$$r_3 = \frac{R_2}{R_1}\cdot R_4 \tag{5}$$

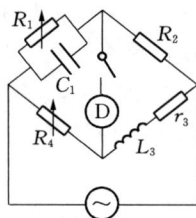

题解 7.22 图 3

　　2. 测量未知电容量和损耗电阻

　　(1) 将电阻箱、标准电容、待测电容、低频信号发生器、晶体管交流电压表,接成如图 2 所示电路.

　　(2) 低频信号发生器输出信号频率为 1 000 Hz. 取合适的电阻值作桥臂,反复调节桥臂阻值,最终使晶体管交流电压表指示值最小.

　　(3) 在电桥达到平衡时,记下各桥臂的读数值,求得待测电容的电容量和损耗电阻.

　　(4) 在交流电桥平衡后,略微改变调节元件的阻值,使交流检测仪偏离平衡位置一个小量,以测量交流电桥调节灵敏度,求出待测电容的测量不确定度.

　　测量一个非磁介质作支架的电感器的电感量和损耗电阻的方法,与测量电容的调节方法相似. 只是 R_4 的值应取得极小. 但在图 3 中,与标准电容并联电阻 R_1 的值应取得大些,这样电桥才能平衡.

　　3. 实验数据及计算

　　(1) 电容电桥测电容量:电源频率 $f = 1\,000$ Hz, 输出电压有效值 $U = 3$ V, 标准电容 $C_4 = 0.200\ \mu\mathrm{F}$, $R_1 = 1\,000\ \Omega$. 调节 R_2 和 R_4, 在电桥平衡时, $R_2 = 370.2\ \Omega$, $R_4 = 3.7\ \Omega$. 此时,R_2 改变 0.4 Ω, R_4 改变 0.6 Ω,检测器示值变化均为 1 分度.

$$C_3 = \frac{R_1}{R_2}\cdot C_4 = \frac{1\,000}{370.2}\cdot 0.200 = 0.540(\mu\mathrm{F}), \quad r_3 = \frac{R_2}{R_1}\cdot R_4 = \frac{370.2}{1\,000}\times 3.7 = 1.37(\Omega)$$

　　由调节灵敏度引起的电容测量误差

$$\frac{\Delta C_3}{C_3} = \frac{0.04}{370.2} = 0.011\%$$

损耗电阻的测量误差

$$\frac{\Delta r_3}{r_3} = \sqrt{\left(\frac{\Delta R_1}{R_1}\right)^2 + \left(\frac{\Delta R_4}{R_4}\right)^2} = \sqrt{(0.011\%)^2 + \left(\frac{0.06}{3.7}\right)^2} = 1.6\%$$

$$\Delta C_3 = C_3\cdot 0.011\% = 0.540\times 0.011\% = 0.6\times 10^{-4}(\mu\mathrm{F})$$

电阻箱的等级为 0.1 级(0.1%),所以,调节灵敏度引起的测量误差远小于电阻箱引入的系统误差,此电桥的平衡状况符合实验要求.

(2) 电感电桥测电感量:电源频率 $f = 1\,000$ Hz,输出电压有效值 $U = 3$ V,标准电容 $C_1 = 0.200\,\mu$F,$R_2 = 1\,000\,\Omega$. 电桥平衡时,$R_1 = 14\,500\,\Omega$(调节灵敏度 0.9 分度/100 Ω),$R_4 = 1\,683.0\,\Omega$(调节灵敏度 1 分度/Ω). 由(3)式和(4)式得

$$L_3 = C_1 R_2 R_4 = 0.200 \times 10^{-6} \times 1\,000 \times 1\,683 = 336.6(\text{mH})$$

C_1 为 0.05 级,R_2 和 R_4 为 0.1 级,由此导致的 L_3 相对误差 $\dfrac{\Delta L_3}{L_3}$ 约为 0.7%;而 ΔL_3 太小,仅约 0.02 mH. 此电桥平衡符合测量误差(调节灵敏度误差)仅为总误差 1/10 的要求,说明电桥平衡较好.

$$r_3 = \frac{R_2 R_4}{R_1} = 116.1\,(\Omega).$$

例题 7.23　InSb 磁阻器件的特性及其经验公式. InSb 磁阻器件是一种新型的半导体磁阻传感器,它的电阻值随外界磁场增加而增加. 当外界磁场为 0 时(除地磁场外),它的电阻值为 R_0. 如果将该磁阻传感器放在电磁铁的间隙中,且使它的感应面与间隙中的磁场方向垂直. 若通过电磁铁的电流逐渐由小增大,那么,该磁阻传感器的电阻值 R 也将增大,其电阻值的变化量 $\Delta R = R - R_0$,该磁阻传感器的电阻相对变化量 $\dfrac{\Delta R}{R_0}$ 满足

$$\frac{\Delta R}{R_0} = aB^n \tag{1}$$

式中,B 为间隙中与磁极面垂直的磁感应强度,其值由数字式毫特仪进行测量;a 为常数;n 为指数量.

【可供仪器和用具】　带间隙的电磁铁、恒流源(直流)、数字式毫特仪、滑线电阻 1 只、电压表 1 只、电流表 1 只、磁阻传感器(带引线)、甲电池 1 节、限流电阻 400 Ω 1 个、导线若干.

【要求】

(1) 由于电磁铁的铁芯为模具钢材料,可能带有剩磁. 在实验时必须先退磁,退磁方法如图所示. 退磁后,记下退磁后的 B_0 值.

(2) 测量电磁铁间隙中磁感应强度 $B = 0$ 时,磁阻传感器的电阻值 R_0.

(3) 测量磁阻传感器电阻 $R \sim B$ 关系,将数据填入表格中. 注意通过磁阻传感器的电流始终小于 3 mA.

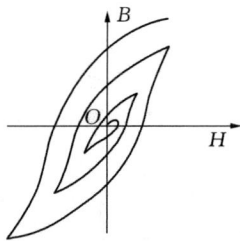
题 7.23 图

(4) 将 $\dfrac{\Delta R}{R}$ 与 B 关系数据填入表格,作 $\dfrac{\Delta R}{R} \sim B$ 关系图,求出该曲线转变点的磁感应强度 B_r 值,并根据曲线趋势求最佳经验公式.

(5) 若把信号发生器输出端与电磁铁相连,输出信号频率 f 在 10.0～100 Hz 范围. 将通电电磁铁两端电压输入示波器 x 轴,而通电磁阻传感器两端电压输入示波器 y 轴,观测并记录当间隙中间磁感应强度 B 较小时,$B < B_r$,两个正弦电压合成李萨如图形,解释此现象产生的原因.

【题解】　(1) 测量前先对电磁铁材料进行退磁处理. 例如,通过电磁铁线圈电流值由 0 增加至 600 mA,再减小至 0,然后由双刀开关换向,电流由 0 增加至 500 mA,再由 500 mA 减小至 0. 这样磁化电流不断反向,最大电流每次减小 100 mA. 当剩磁较小时,每次减小电流可小些,最后将消除剩磁,$B_0 = 0$.

(2) 测量磁阻效应的装置如图 1 所示. 通过调节励磁电流产生不同磁场,分别读取通过磁阻传感器的电流 I 和两端电压 U,以及相应电磁铁间隙中磁感应强度 B,实验数据如表 1 所示. 以恒压电源供电,$U = 0.400$ V.

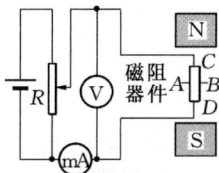
题解 7.23 图 1

题解 7.23 表 1 $\dfrac{\Delta R}{R(0)}$ 与 B 的关系

I/mA	1.09	1.07	1.05	1.02	0.97	0.95	0.93	0.89	0.86	0.83	0.80	0.76	0.71	0.66	0.62
B/mT	0	16	25	34	46	51	58	67	79	98	125	185	252	327	406
R/Ω	367	374	381	392	412	421	430	449	465	482	500	526	563	606	645
$\Delta R/R(0)$	0.00	0.02	0.04	0.07	0.12	0.15	0.17	0.22	0.27	0.31	0.36	0.43	0.54	0.65	0.76

将(1)式两边取对数，得

$$\ln\frac{\Delta R}{R}=n\ln B+\ln a \tag{2}$$

在 0.06 T 以下，对 $\ln\dfrac{\Delta R}{R}\sim\ln B$ 作直线拟合得：相关系数 $r=0.9990$，$n=1.724$，$\ln a=-8.725$. 不同元件大量测量数据中，n 的值在 1.7~2.2 之间. 在 0.12 T 以上，对 $\dfrac{\Delta R}{R}\sim B$ 作直线拟合得：相关系数 $r=0.9992$，即 $n=1$，$a=1.45\times10^{-3}$.

从上述数据可知，InSb 磁阻传感器在磁感器强度 $B<0.06$ T 时，$\dfrac{\Delta R}{R(0)}$ 与 B 关系为近似二次方关系，而当 $B>0.12$ T 时，$\dfrac{\Delta R}{R(0)}$ 与 B 的关系为线性关系.

(3) 将电磁铁接成图 2 所示电路，其中磁铁采用交流正弦磁场，磁场频率为 10~100 Hz，且 $|B|<0.05$ T 时，可在示波器上显示磁阻上分压和电磁铁输入信号构成的李萨如图形，如图 3 所示. 这就是弱磁场时的交流倍频效应.

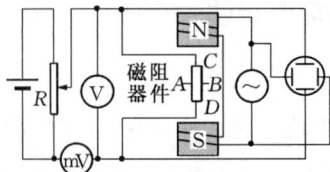

题解 7.23 图 2

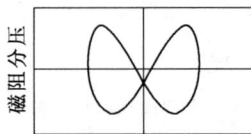

磁阻上分压与电磁铁分压的李萨如图
题解 7.23 图 3

关于交流电倍频效应，由于磁阻器件处于弱交流磁场中时，$\dfrac{\Delta R}{R(0)}$ 近似正比于 B^2，磁场中电阻 R 也随时间周期性变化，进而引起 R 上的分压变化. 设通过磁阻元件的电流 I 恒定，令 $B=B_0\cos\omega t$，由 $\dfrac{\Delta R}{R(0)}=aB^2$（其中 a 为常数），于是有

$$R(B)=R(0)+\Delta R=R(0)+R(0)\times\frac{\Delta R}{R(0)}=R(0)+R(0)aB_0^2\cos^2\omega t$$

$$=R(0)+\frac{1}{2}R(0)aB_0^2+\frac{1}{2}R(0)aB_0^2\cos 2\omega t$$

R 上的电压

$$U(B)=I_0R(B)=I_0\left[R(0)+\frac{1}{2}R(0)aB_0^2\right]+\frac{1}{2}I_0R(0)aB_0^2\cos 2\omega t=U(0)+\widetilde{U}\cos 2\omega t$$

所以，虽然电磁铁的工作电流的圆频率为 ω，但磁阻传感器上输出的交流电信号的圆频率为 2ω.

例题 7.24　测量地磁场. 地球本身具有磁性，所以地球及近地空间存在磁场，叫做地磁场. 地磁场的强度和方向随地点（甚至随时间）而异. 地磁场强度矢量 B 在水平面上的投影称为地磁场水平分

量 B_1. 若给出亥姆霍兹线圈、罗盘(指南针)、直流电源、直流电流表等,可测量地磁场的水平分量 B_1.

【可供仪器和用具】 亥姆霍兹线圈(匝数每个 $N = 310$ 匝;线圈的直径 $R = 16.2$ cm)、直流稳压电源、直流电流表、带有角度刻度的罗盘、水平尺、导线等,如图所示.

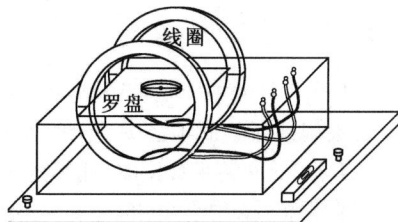

【要求】

(1) 叙述实验原理和实验公式.

(2) 简述实验方法.

(3) 测量并计算结果.

【题解】 亥姆霍兹线圈公共轴线中点的磁场为

题 7.24 图

$$B' = \frac{\mu_0 NI}{\overline{R}} \cdot \frac{8}{5^{3/2}}$$

式中,N 为线圈的匝数,I 为流经线圈的电流强度,$\overline{R}$ 为亥姆霍兹线圈的平均半径,μ_0 为真空磁导率,$\mu_0 = 4\pi \times 10^{-7}$ T·m/A.

1. 实验原理

将亥姆霍兹线圈底板调节水平,并在线圈轴线中央放置一罗盘,如题 7.24 图所示.先使未通电流的线圈平面与罗盘的磁针的指向平行.然后将直流电源、电流表与亥姆霍兹线圈串联,当亥姆霍兹线圈中通以电流时,轴线上的磁感应强度 B' 必与地磁场水平分量 B_1 垂直,如图 1 所示.而罗盘中的磁针就在 B_1 和 B' 两磁场所产生的磁力矩同时作用下,偏离地磁场的水平分量,并与之成一定的角度 θ,由图 1 可知

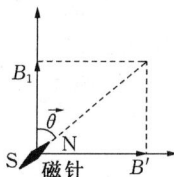

$$\frac{B'}{B_1} = \tan\theta \tag{1}$$

题解 7.24 图 1

将(1)式与亥姆霍兹线圈轴线上的磁场 B' 公式联系起来得 $B_1 = \frac{8\mu_0}{5^{3/2}} \cdot \frac{NI}{\overline{R}\tan\theta}$,即

$$I = \frac{5^{3/2}\overline{R}B_1}{8\mu_0 N}\tan\theta = C\tan\theta \tag{2}$$

(2)式中,$C = \frac{5^{3/2}\overline{R}}{8\mu_0 N} \cdot B_1$. 在同一地点,$B_1$ 为定值,$\overline{R}$ 和 N 值也为定值,所以 C 是一常数. 由(2)式可知,流过电流计的电流强度 I 与磁针偏角 θ 的正切成正比,有人也称此方法为正切电流计.只需测出 I-$\tan\theta$ 关系,从斜率求得 C,便可利用 C 的公式求得地磁场水平分量 B_1.

2. 实验方法

实验电路如图 2 所示.图中 G 为正切电流计(实为正切电流计中的亥姆霍兹线圈),K 为换向开关,$\mathscr{E}$ 为直流稳压电源.实验步骤如下:

(1) 按图 2 连接电路.

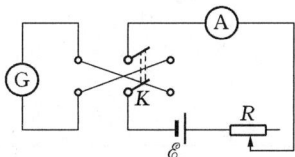

题解 7.24 图 2

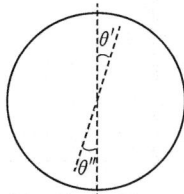

题解 7.24 图 3

(2) 调节正切电流计底座的底脚螺丝,使水准尺中间水泡在中央.将罗盘放在线圈公共轴线中点处,使线圈平面和磁针指向平行,同时磁针与刻度盘"0"线重合.

(3) 接通电源,逐次增加正切电流计的输入电流强度 I,得到一系列相应的磁针偏角 θ. 对于每个偏角 θ,从罗盘上可同时获得两个读数 θ' 和 θ'',如图 3 所示. 并利用换向开关改变电流 I 的方向,测得换向前、后的偏角值 $\theta_{左}$ 和 $\theta_{右}$,于是,$\theta = \dfrac{1}{4}(\theta'_{左} + \theta'_{右} + \theta''_{左} + \theta''_{右})$.

(4) 作 $I\text{-}\tan\theta$ 图,再由直线斜率计算 B_1 值.

亥姆霍兹线圈半径 $\overline{R} = 16.2$ cm,匝数 $N = 310$ 匝.

I 和 $\tan\theta$ 关系数据略. 测得的地磁场水平分量 $B_1 = 2.91 \times 10^{-5}$ T,这个数值与上海楼外空旷处测得数据相比,约小 20%,这是大楼钢材料屏蔽作用所引起的.

例题 7.25　用霍耳传感器测量铁磁材料磁化曲线和磁滞回线.

【可供仪器和用具】　直流稳流源、多量程电流表、数字式特斯拉计（探头接有刻度的移动装置）、环形待测磁性材料（开有 0.2 cm 间隙;样品上绕有 2 000 匝线圈,样品截面为 2.00 cm × 2.00 cm）、双刀双掷开关、尺、导线等.

【要求】

(1) 测量样品间隙中剩余磁感应强度 B 与位置 x 的关系,求磁场均匀区范围.

(2) 测量样品的起始磁化曲线,测量前对样品进行退磁.

(3) 测量模具钢样品磁滞回线,测量前对样品进行磁锻炼.

(4) 测量样品平均磁路长度 $\bar{l}$ 和间隙宽度 l_g,对矫顽力 H_c 和饱和时磁场强度 H_m 进行修正,并求饱和磁感应强度 B_m 值.

【题解】　(1) 仪器接线如图 1 所示.

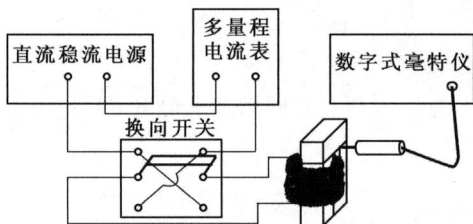

题解 7.25 图 1

用特斯拉计测量 $B\text{-}x$ 关系,数据见下表. 从表中数据可知,由 $x_1 = -4.0$ mm 至 $x_2 = 5.0$ mm,在 $\Delta x = 0.9$ cm 范围内磁感应强度为均匀区. 测量时特斯拉计探头敏感元件应在此均匀区内,感应面与 B 方向垂直.

题解 7.25 表

x /mm	B /mT	x /mm	B /mT	x /mm	B /mT	x /mm	B /mT
−10.0	130.7	−4.0	168.1	1.0	168.4	6.0	167.4
−9.0	165.3	−3.0	168.3	2.0	168.4	7.0	166.8
−8.0	166.1	−2.0	168.4	3.0	168.4	8.0	165.3
−7.0	167.0	−1.0	168.4	4.0	168.4	9.0	160.6
−6.0	167.4	0.0	168.4	5.0	168.0	10.0	123.1

(2) 测量样品的起始磁化曲线,测量前先对样品进行退磁处理. 若使磁化电流不断反向,且幅值由最大值逐渐减小直至 0,最终使样品剩磁 B 为 0. 然后测量 $B\text{-}H$ 关系曲线.

(3) 测量模具钢的磁滞回线前的磁锻炼. 由初始磁化曲线知 B 增加得十分缓慢时,磁化线圈通过电流值 I_m. 然后保持此电流 I_m 不变,把双刀换向开关来回拨动 50 次,进行磁锻炼. 开关拉动时,应使触点从接触到断开时间长些,这样可避免跳火花.磁锻炼可使磁滞回线对称.

（4）测量模具钢样品平均磁路长度 $\bar{l}$ 和间隙宽度 l_g,用(1)式对 H 进行修正.样品如图 2 所示.

若铁芯磁路中有 1 个小间隙 l_g,铁芯中平均磁路长度为 $\bar{l}$,而铁芯线圈匝数为 N,通过电流为 I,那么由安培回路定律有

$$H\bar{l} + H_g l_g = NI \tag{1}$$

题解 7.25 图 2

(1)式中, H_g 为间隙中的磁场强度,一般就是铁芯中的磁感应强度.但是在缝很窄的情况下,即:长方形铁芯截面的长和宽 $\gg l_g$,且铁芯平均磁路长度 $l \gg l_g$ 的情况下,此时

$$B_g \cdot S_g = B \cdot S \tag{2}$$

(2)式中, S_g 是缝隙中磁路截面, S 为铁芯中磁路截面.在上述条件下, $S_g \approx S$,所以 $B = B_g$. B_g 为待测铁芯中间部位磁感应强度 B.又在间隙中,

$$B_g = \mu_0 \mu_r H_g \tag{3}$$

(3)式中, μ_0 为真空磁导率, μ_r 为相对磁导率,在间隙中 $\mu_r = 1$.所以, $H_g = B/\mu_0$.(1)式可写为

$$H\bar{l} + \frac{1}{\mu_0} B l_g = NI \tag{4}$$

$$H = \left(NI - \frac{1}{\mu_0} \cdot B l_g \right) / \bar{l} \tag{5}$$

样品可用米尺测量: $a = 10.00$ cm, $b = 6.00$ cm, $c = d = 2.00$ cm; $\bar{l} = 10.00 \times 2 + 6.00 \times 2 - 2.00 \times 4 - 0.20 = 23.8$(cm); $l_g = 0.20$ cm.在(5)式中, B 为直接测得, N 已知, I 由电流表读得, μ_0 为常数.未经修正的 B-H 曲线如图 3 所示.将 $N = 2\,000$ 匝, I, $\bar{l}$, l_g 和 B 代入(5)式可得相应的 H,此时得到的 B-H 曲线才是真正的模具钢材料的静态磁化曲线.修正后的 B-H 曲线略.

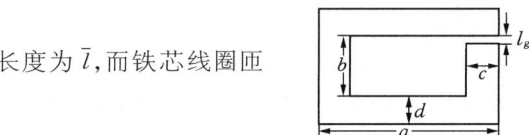

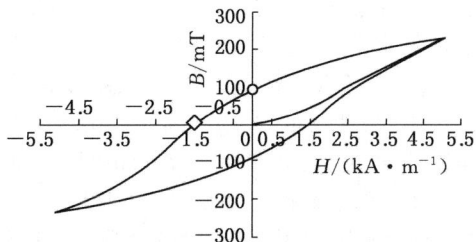

"○"表示剩磁:93.8 mT；"◇"表示矫顽力:−1410 A/m.

题解 7.25 图 3

例题 7.26　直流电源特性的研究.直流待测电源 E_X,开路电压小于 2 V.

（1）利用所给仪器自组电压表,并测量待测电源 E_X 的开路电压;

（2）利用所给仪器,测量待测电源 E_X 的短路电流.

【可供仪器和用具】　直流待测电源 E_X、六位电阻箱 2 台、标称值为 350 Ω 的滑线变阻器 1 台、标称值为 3 V 的直流电源 E 1 台、准确度等级为 0.5 级的指针式 100 μA 直流电流表 A_1 1 台、准确度等级为 0.5 级的指针式多量程直流电流表 A_2 1 台、准确度等级为 1.5 级的指针式检流计 G 1 台、开关、导线若干.

【说明】

(1) 待测电源 E_X 具有非线性内阻,不适合用 U-I 曲线外推法测量.

(2) 测量中需要的电压表用 100 μA 指针式直流电流表 A_1 和电阻箱自组.

(3) 标称值为 3 V 的直流电源 E 由两节 1 号干电池、15 Ω 保护电阻串联构成.

(4) 所画测量电路中的待测电源 E_X、3 V 直流电源 E、电流表 A_1、电流表 A_2 需用"+"和"−"标明其正负极性.

(5) 检流计 G 两接线端子上并联两个保护二极管,作为平衡指示器使用时,可以不使用串联保护

电阻.如果测试中需要用检流计 G 判断电流是否为 0 时,应说明检流计 G 指示为 0 的判断方法或者判断过程.

【要求】

(1)利用所给器材,测量 100 μA 电流表内阻,并将 100 μA 电流表改装成 2.00 V 量程的电压表.要求画出测量内阻的电路图,简述测量原理,给出测量结果;画出自组电压表的示意图,并标明元件的数值.

(2)画出测量待测电源 E_X 开路电压的电路图,简述测量待测电源 E_X 开路电压的原理和步骤.

(3)连接电路、测量并记录必要的数据,标明待测电源 E_X 开路电压的测量值.

(4)画出测量待测电源 E_X 短路电流的电路图,并简述测量待测电源 E_X 短路电流的原理和步骤.

(5)连接电路,测量并记录必要的数据,写出待测电源 E_X 短路电流的测量值.

【题解】

利用 100 μA 电流表和电阻箱改装成 2.00 V 量程的电压表,利用所给元件设计该电压表的检验电路.给出测量内阻的电路图、测量原理和结果,以及自组电压表的示意图和元件的数值.实验步骤如下:

(1)内阻测量采用电流半偏转法,电路如图 1 所示,R_1 和 R_2 为电阻箱,先把 R_1 调为 30 kΩ,闭合 S_1,断开 S_2,调节电阻箱 R_1 使得 100 μA 电流表满偏.然后闭合 S_2,调节 R_2 使得 100 μA 电流表半偏转,此时 R_2 的阻值即为电流表的内阻值 R_g.实测值电流表半偏时,$R_2=2\,500\ \Omega$.

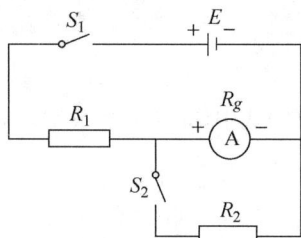

题解 7.26 图 1

(2)严格地说,当 S_2 闭合后,回路总电阻会降低,当 $R_2=R_g$ 时,回路总电阻减少了 $0.5\,R_g$,回路总电阻应该加上补偿,即在 R_1 上增加 $0.5\,R_g$,所以在闭合 S_2、调节 R_2 使电流表半偏的过程中,在电阻箱 R_1 上增加 $0.5\,R_2$.此方法称为回路总电阻补偿的电流半偏法.回路总电阻补偿的电流半偏法实测值 $R_2=2\,700\ \Omega$.

(3)改装后的电压表电路如图 2 所示(电流表内阻以实际为准).

(4)内阻测量结果为 $(270\pm10)\times10\ \Omega$.

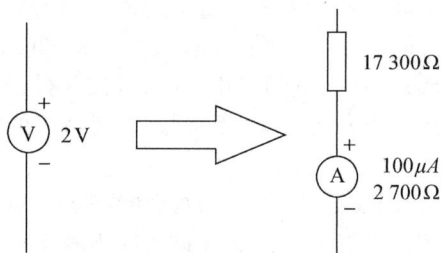

题解 7.26 图 2

画出测量待测电源 E_X 开路电压的电路图,简述测量待测电源 E_X 开路电压的原理和步骤如下:

调节滑线变阻器 W,当开关 S_1 闭合、断开时,检流计 G 指计不动时(检流计指示为 0),电压表的示值即为待测电源 E_X 的开路电压值.

(1)测量 E_X 开路电压的合理、正确的电路图.如图 3 所示.注意避免使用误差大的方法,例如,利用滑线变阻器比例进行计算,利用 E=3 V 标称值计算.

(2)说明补偿原理.

(3)标明两个电源极性,如图 3 所示.

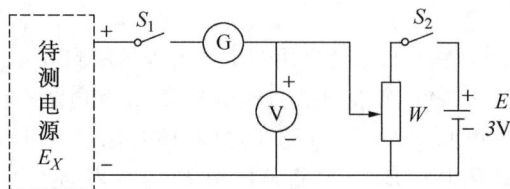

题解 7.26 图 3

（4）开路电压测量结果为 1.62 ± 0.04 V.

画出测量电源 E_x 短路电流的电路图,简述测量电源 E_x 短路电流的原理和步骤如下:

（1）电路图如图 4 所示.

（2）闭合开关 S_1 和 S_2,调节滑线变阻器 R,使通过检流计 G 的电流为 0,说明此时待测电源两端电压为 0.电流计 A 指示电流值应为短路电流 I_{sc}.

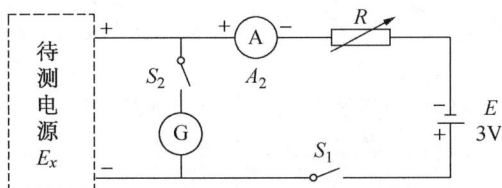

题解 7.26 图 4

待测电源 E_x 及标称值为 3 V 的直流电源 E 的结构图分别如图 5 和图 6 所示.

（1）待测电源 E_x 为非线性内阻电源,测量 E_x 短路电流如图 5 所示.

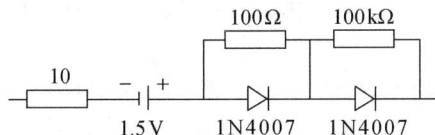

题解 7.26 图 5

（2）标称值为 3 V 的直流电源 E 的结构如图 6 所示.

题解 7.26 图 6

第8章 光学实验

例题 8.01 用 3 种不同方法测量凸透镜焦距.

【可供仪器和用具】 白炽灯、光具座、物屏（箭头孔板）、薄凸透镜、像屏、反射镜、小电珠等.

【要求】

(1) 写出 3 种测量凸薄透镜焦距原理和公式,画出光路图.

(2) 分析这几种测量方法的特点及估计测量误差的大小.

【题解】 透镜在近轴条件下的成像公式是

$$\frac{1}{u} + \frac{1}{v} = \frac{1}{f} \tag{1}$$

式中, u 为物距, v 为像距, f 为透镜焦距. 这就是高斯公式.

由于凸透镜可以成实像,只要直接测出物距 u 和像距 v 后,代入(1)式,即可算出凸透镜焦距 f.

1. 粗测法

找一"无穷远"处的物体(如较远的窗户或窗外建筑物等),以墙作为成像屏,当物距 u 趋向无穷大时,由(1)式可得 $f \approx v$,即:无穷远的物体经透镜成像后,像平面重合在透镜焦平面上. 这种方法的测量误差约为 10% 左右,多用作粗略估计(如挑选透镜等).

2. 自准直法

当箭头光源 S_o 置于透镜 L 的焦平面上时,光线经透镜 L 后成为一束平行于主轴的平行光,如图 1 所示. 若在透镜后面放一块与透镜主光轴垂直的平面反射镜 M ,将这束光束反射回去. 根据光路可逆性原理, S_o 必然成像于透镜的焦平面. S_o 的像与 S_o 等大、倒立、左右反转. 透镜光心 O 与光源 S_o 之间的距离便是所测透镜的焦距 f .

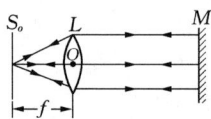

题解 8.01 图 1

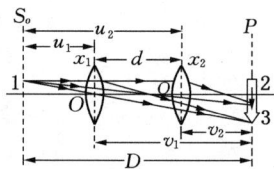

题解 8.01 图 2

3. 利用二次成像法测凸透镜焦距

二次成像法又称共轭法. 由凸透镜成像规律可知,如果物体与像屏间相对距离 D 保持不变,而且 $D > 4f$,当凸透镜在物体与像屏之间移动时,可实现两次成像,如图 2 所示. S_o 为物屏, P 为像屏,1 表示物,2 表示小像,3 表示大像. 透镜在位置 x_1 时,成倒立、放大的实像;透镜在位置 x_2 时,成倒立、缩小的实像. 假设此两位置间的距离绝对值为 d ,位置 x_2 与像屏之间的距离为 v_2 . 由图 2 可知,对于位置 x_1 ,有

$$u_1 = D - d - v_2 , \quad v_1 = d + v_2$$

对于位置 x_2 ,有 $u_2 = D - v_2$,利用透镜成像公式(1)可以证明透镜焦距 f 为

$$f = \frac{D^2 - d^2}{4D} \tag{2}$$

(2)式中,必须满足 $D > 4f$ 的实验条件.

通常在凸透镜焦距测量中把物、透镜架、屏放在光具座上,但由于透镜光心与透镜底座架上的读数刻线有可能不共面,从而存在一定的不确定度.采用二次成像法后, $d = |x_2 - x_1|$,可以消除透镜光心与透镜底座架上的读数刻线有可能不共面引入的系统误差.当然,光源、屏不在底座刻线位置时,距离 D 的值还必须修正.

例题 8.02　用两种不同的方法测量凹透镜的焦距.

【可供仪器和用具】　光具座、凸透镜、凹透镜、物屏、像屏、平面镜等.

【要求】

(1)写出用两种不同方法测量凹透镜焦距的原理和公式.

(2)画出实验光路图.

(3)测量并计算凹透镜焦距.

【题解】　1. 物距像距测量法测凹透镜焦距

先用凸透镜 L_1 使物体 AB 成缩小、倒立的实像 $A'B'$,然后把待测凹透镜 L_2 置于凸透镜 L_1 与像 $A'B'$ 之间,如图 1 所示.如果 $\overline{O'A'} < |f_凹|$ ($f_凹$ 为凹透镜焦距),则通过 L_1 的光束经 L_2 折射后,仍然成一实像 $A''B''$.要注意对 L_2 而言, $A'B'$ 为虚物, $A''B''$ 为其实像,则 $u_2 = -\overline{O'A'}$, $v_2 = \overline{O'A''}$.把 u_2 和 v_2 代入透镜焦距公式 $\dfrac{1}{f} = \dfrac{1}{u} + \dfrac{1}{v}$,即能计算出透镜焦距 $f_凹$. $f_凹$ 的值为负值.

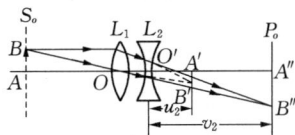

题解 8.02 图 1

测量凹透镜焦距时需要注意:

(1)实验时应先通过调节,使凸透镜与凹透镜共轴,并使其主光轴与光具座刻度尺平行.

(2)注意使虚物距与所成实像像距两者的差不能太小,以免有效数字位数太少.

(3)注意透镜光心和屏是否在底座刻线上,用转 180°检验并重新调整清晰像的办法,来消除和减小此项误差.

2. 自准直法测凹透镜焦距

凹透镜是发散透镜.如果要用凹透镜获得一束平行光,必须借助于一凸透镜才能实现.先由凸透镜 L_1 将位于 S_o 处的光点成像 S'_o 处.记录 S'_o 位置,在光具座标尺上读数值,如图 2 所示.若 L_1 的光心 O 到 S'_o 之间的距离 $\overline{OS'_o} > |f_凹|$,则将待测凹透镜 L_2 和平面镜 M 置于 L_1 和 S'_o 之间.当移动 L_2 使 L_2 的光心 O' 到 S'_o 间距离为 $\overline{O'S'_o} = |f_凹|$ 时,由 S_o 处光点发出的光束经过 L_1 和 L_2 后成平行光,通过平面镜 M 的反射,又在 S_o 处成一清晰的实像.确定了 S'_o 和 L_2 的位置 O' ,就能测出凹透镜焦距 $f_凹$.

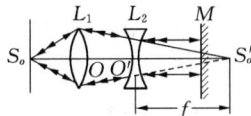

题解 8.02 图 2

例题 8.03　用望远镜法测量凹透镜焦距.

【可供仪器和用具】　光具座、光源、毛玻璃、凸透镜、凹透镜、开普勒望远镜(需自行调节)、物与像屏等.

【要求】

(1)画出光路图.

(2)写出实验方法和实验步骤.

(3)测出实验结果.

【题解】　实验光路如图所示.由于望远镜通常观测远处物体产生的近似平行光,因此,凸透镜成的实像为凹透镜的虚物.若此凹透镜的虚物处于凹透镜焦点位置,出射的将为平行光,由此可求出凹透镜焦距 $f_凹$.

实验方法及步骤如下:

（1）调节光路，使光源、物、凸透镜、凹透镜、望远镜等等高共轴，光路如图所示.

（2）先用凸透镜使物成像，记下像在光具座面上的读数.反转透镜，再成清晰像，读两次读数取平均值.

（3）望远镜对窗外物体使清晰，即调焦无穷远，要清除视差.

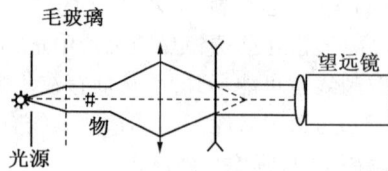

题解 8.03 图

（4）在凸透镜与望远镜之间加待测凹透镜.移动凹透镜，改变距离直到从望远镜中看到清晰物像，记下凹透镜位置.也需反转，重复此操作并读数.取两次读数平均值.

（5）凸透镜成像位置与凹透镜光心的读数位置之差便为凹透镜的焦距.因为望远镜只有平行光成像，说明物像在凹透镜焦平面处.

实验数据略.

例题 8.04　测量分光计上望远镜的物镜焦距和平行光管上的透镜焦距.

【可供仪器和用具】　分光计、光源、平面反射镜、直尺.

【要求】

（1）分光计上望远镜的光轴和平行光管的光轴已调至与仪器的转轴垂直，且二者共轴，不要再进行该项调节.

（2）画出测试的光路图.为简单起见，物可用点物表示.

（3）简述实验操作步骤.

（4）给出测试结果.

【题解】　1. 测望远镜物镜焦距

（1）实验光路如图 1 所示.

（2）操作步骤如下：

（i）调节目镜，使准丝清晰，即叉丝在目镜焦平面上.

（ii）调节物镜及平台，使"＋"字亮线通过平面镜的光清晰地成像在叉丝所在分划板上.（"＋"字亮线物分光计望远镜上自带.）

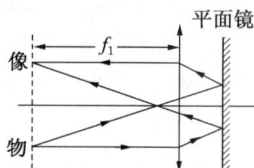

题解 8.04 图 1

（iii）用直尺测量望远镜物镜至分划板距离，多测几次求平均值，该距离为望远镜物镜焦距 f_1.

2. 测平行光管透镜焦距

（1）狭缝光成像于望远镜分划板的光路图如图 2 所示.望远镜事先已调焦至无穷远.

（2）操作步骤如下：

调平行光管狭缝与透镜的距离，使狭缝的像从望远镜上观测最为清晰.此时，狭缝在平行光管的焦平面上，用直尺测量狭缝至平行光管透镜的距离，多测几次求平均值，此值为平行光管透镜焦距 f_2.

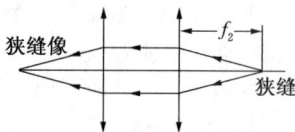

题解 8.04 图 2

例题 8.05　测量凹面镜的焦距，测量凸面镜和凹面镜的曲率半径.

【可供仪器和用具】　光具座、"1"字屏、箭头（大头针）、凸透镜、凸面镜、凹面镜、灯等.

【要求】

（1）测量凹面镜的焦距，画出光路图，写出测量公式.

（2）测量凹面镜的曲率半径，画出光路图，写出测量公式.

（3）测量凸面镜的曲率半径.

【题解】　1. 用物距-像距法测量凹面镜的焦距

实验光路如图 1 所示.光源为一白炽灯，物屏是白色屏幕上挖 1 个空心"1"字形箭头，箭头在光轴上面，另用 1 块白色半屏幕，把它放在光轴下面.在物距 S 一定的情况下，移动白色半屏幕，就可以观

察到倒立的实像,这时白色半屏幕到球面镜的距离就是像距 S'. 利用球面

镜成像公式: $\dfrac{1}{S} + \dfrac{1}{S'} = \dfrac{1}{f}$,可以求得凹面镜焦距 f.

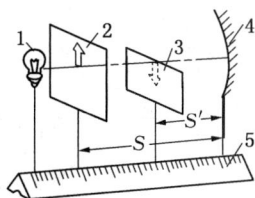

题解 8.05 图 1

2. 用视差法测量凹面镜的曲率半径

物屏用一只大头针和待测球面镜垂直放置在光具座上,如图 2 所示. 用一只小电珠从侧面照射大头针,实验者沿着光具座床面(光具座刻度斜面)观察物和大头针经凹面镜反射所成的实像. 当移动凹面镜,人眼观察到由镜面反射所成倒立的实像位置与原物重合时,用光具座上刻度可读出大头针与凹面镜距离,即凹面镜的曲率半径.

3. 凸面镜的曲率半径的测定

凸面镜使光束发散,所以上述视差法不适用于凸面镜. 应采用会聚光束照射到凸面镜上. 光源(物屏)、凸透镜、凸面镜组成的光路如图 3 所示. 移动凸面镜使凸面镜的曲率中心正好在原会聚光点的会聚点上,则会聚光束经凸面镜反射后仍按原路返回,在物屏位置成一个实像. 再移动凸面镜,使镜面的中心正好是会聚光束的会聚点,则光线经凸面镜反射后仍在原物屏位置成像,这样凸面镜移动的距离 r' 加一负号,就是凸面镜的曲率半径 $r = -r'$.

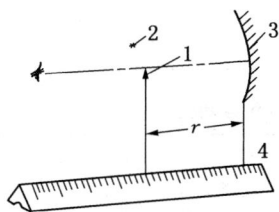

题解 8.05 图 2

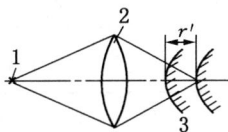

题解 8.05 图 3

例题 8.06　测量凸透镜组的焦距.

【可供仪器和用具】　凸透镜 1 块、凸透镜组 1 个、毫米尺、物屏、像屏、光源.

【要求】　利用放大率公式 $V = \dfrac{f}{x}$ 测量凸透镜组焦距 f. 其中 V 为凸透镜组的横向放大率,x 为物到凸透镜组物方焦点的距离,f 为凸透镜组的焦距.

(1) 写出测量方法及步骤.

(2) 画出实验测量仪器位置示意图.

(3) 记录原始数据,测量 3 次.

【题解】　1. 测量原理及步骤

首先利用位移法测量单透镜 L 的焦距,然后使单透镜与物屏的距离等于透镜焦距. 在其后放置待测透镜组,用像屏找到成像位置,即像方焦点位置. 移去单透镜,重新找到成像位置,测量像和物的大小,得到横向放大率 V. 两次成像的位置差为 x',代入测量公式,可计算出焦距 f.

测量公式 $V = \dfrac{f}{x}$,其中 V 为凸透镜组横向放大率,x 为物到凸透镜组物方焦点的距离. $f = Vx$ $= \dfrac{y'}{y}x'$,y' 为像的大小,y 为物的大小,$V = \dfrac{y'}{y}$,x' 为两次成像的位置差,测量 x' 值较方便.

2. 测量光路装置图

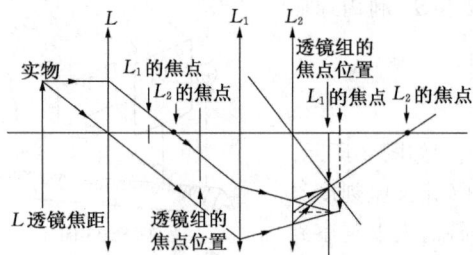

题解 8.06 图 1

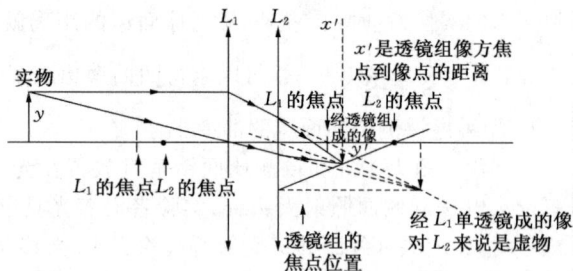

题解 8.06 图 2

3. 实验数据举例

题解 8.06 表 1　二次成像法测凸透镜焦距

次数	物屏、像屏距离 D /cm	位移量 d /cm	焦距 /cm
1	52.36	23.29	10.51
2	52.35	23.56	10.48
3	52.36	22.88	10.59
平均值	52.36	23.24	10.52

题解 8.06 表 2　透镜组焦距测量

次数	物高 y /cm	像高 y' /cm	倍率 V	位移量 x' /cm	焦距 f /cm
1	1.62	0.83	1.952	3.70	7.22
2	1.63	0.80	2.038	3.68	7.50
3	1.62	0.78	2.077	3.57	7.42
平均值	1.623	0.803	2.022	3.65	7.38

由表 1 和表 2 所给数据,可知结果为凸透镜组焦距 $f = 7.38$ cm.

【点评】　本题用放大率公式测量透镜组焦距,这在透镜组焦距测量中是较典型的方法.

例题 8.07　测凸透镜焦距.

【可供仪器和用具】　光具座(只有靠近光源附近有一小段标尺,其余部分无标尺)、光源、物屏、像屏(上有刻线标尺)、待测凸透镜.

【要求】

(1) 画出光路图,简要写出测量原理及公式.

(2) 测出凸透镜焦距.

【题解】　1. 实验原理

由于光具座只有靠近物屏一段有刻度及像屏上有刻度,因此只能利用像屏上的大像和小像读数,以及透镜移动量在光具座导轨上的一段读数,来计算出凸透镜焦距.

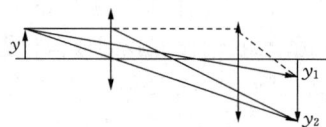

题解 8.07 图 1

2. 实验方法

(1) 用共轭法求物高 y, $y = \sqrt{y_1 y_2}$,式中,y_1,y_2 分别为共轭法成像时的像高.

(2) 第一次成像如图 2(a)所示,有 $\triangle OCF \backsim \triangle A'B'F$,所以

$$\frac{x}{f} = \frac{A'B'}{AB} = \frac{A'B'}{y} \tag{1}$$

式中,x 为 FA' 长度.

(3) 第二次成像如图 2(b)所示,有 $\triangle OCF \backsim \triangle A''B''F$,所以

$$\frac{x+b}{f} = \frac{A''B''}{AB} = \frac{A''B''}{y} \tag{2}$$

式中,b 为二次成像中凸透镜位移量.由(1)式、(2)式,得

$$\frac{A'B'}{y} - \frac{A''B''}{y} = \frac{x}{f} - \frac{x+b}{f}$$

所以 $f = \dfrac{by}{A''B'' - A'B'}$.

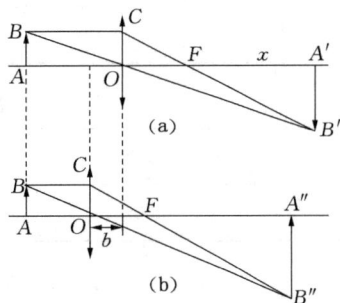

题解 8.07 图 2

【点评】 透镜是组成各种光学仪器的基本元件,掌握透镜成像规律,学会光路的分析和调节技术,这对于了解光学仪器的构造和正确使用是有益的.焦距是透镜的一个重要特性参量,不同场合要选择焦距合适的透镜,所以透镜焦距测定很重要.

例题 8.08 测量薄对称双凹透镜的焦距 f 和曲率半径 R,由此计算出折射率 n.

【可供仪器和用具】 光具座、光源、小孔物屏、像屏、薄凸透镜、两面曲率半径相同的待测薄对称双凹透镜、细丝 1 根、白纸、黏胶带、剪刀等.

【要求】

(1) 简述测量方法,写出测量公式.

(2) 测量薄双凹透镜的焦距 f.

(3) 测量薄双凹透镜的曲率半径 R.

(4) 根据薄双凹透镜的焦距 f 和曲率半径 R,求得折射率 n 值.

【题解】 本实验先用二次成像法测量凸透镜焦距 f_1,光路图如题解 8.01 图 2 所示.然后,将凹透镜置于凸透镜与像之间.凸透镜的像为凹透镜虚物,用物距-像距法测出凹透镜焦距 f_2.双凹透镜的曲率半径 R_1 和 R_2 可用题解 8.05 图 2 方法测量.应用薄透镜焦距公式

$$\frac{1}{f} = (n-1)\left(\frac{1}{R_1} - \frac{1}{R_2}\right)$$

$$n = 1 + \frac{1}{f\left(\dfrac{1}{R_1} - \dfrac{1}{R_2}\right)}$$

实验结果记录于表 1 至表 3 中.

题解 8.08 表 1　凸透镜焦距测量

次数	物与屏距离 D/cm	位移量 d/cm	焦距 f_1/cm
1	40.00	10.39	
2	40.00	10.42	
3	40.00	10.36	
平均	40.00	10.39	9.33

题解 8.08 表 2　凹透镜焦距

物距 /cm			像距 /cm			焦距 /cm
S_4	S_3	$S_4 - S_3$	S_5	S_3	$S_5 - S_3$	f /cm
42.50	35.00	7.50	47.40	35.00	12.40	-18.98

题解 8.08 表 3　凹透镜曲率半径测量（视差法）

凹透镜位置 /cm	左凹面成像位置 /cm	右凹面成像位置 /cm
5.00	27.76	28.89

$$R_1 = -(27.76 - 5.00) = -22.76(\text{cm}), \quad R_2 = 28.89 - 5.00 = 23.89(\text{cm})$$

玻璃折射率

$$n = 1 + \cfrac{1}{f\left(\cfrac{1}{R_1} - \cfrac{1}{R_2}\right)} = 1 + \cfrac{1}{(-18.98) \cdot \left(-\cfrac{1}{22.76} - \cfrac{1}{23.89}\right)} = 1.614$$

　　凹面镜的曲率半径 R 为 2 倍的焦距. 所以, 也可以用平行光管法或其他方法测出凹面镜焦距, 乘 2 倍即得曲率半径的大小.

　　【点评】　本题所述方法可以测量凹面镜材料的折射率. 换一种思考方式, 若已知玻璃折射率, 也可以用上述方法测量双凹透镜焦距.

　　例题 8.09　测量液体折射率.

　　【可供仪器和用具】　不透明方形盒、直尺、三角尺、待测液体（用烧杯盛）.

　　【要求】

　　(1) 画出光路图, 推出测量公式.

　　(2) 计算结果.

　　【题解】　**解法 1**　光路如图 1 所示. 在方形盒底边作一标记（如放硬币等）, 用眼睛观测, 沿着方盒的上边看标记. 在无水时（待测液体）α 角为 $\sin \alpha = \dfrac{d}{\sqrt{h^2 + d^2}}$；而有待测液体时, β 角为 $\sin \beta =$

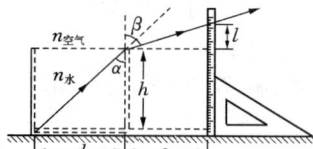

题解 8.09 图 1

$\dfrac{s}{\sqrt{s^2 + l^2}}$. 由折射公式

$$n_{水} \cdot \sin \alpha = n_{空气} \cdot \sin \beta \tag{1}$$

(1) 式中, $\sin \alpha = \dfrac{d}{\sqrt{h^2 + d^2}}$, $\sin \beta = \dfrac{s}{\sqrt{s^2 + l^2}}$, 而 $n_{空气} = 1$, 所以折射率

$$n_{水} = \frac{\sin \beta}{\sin \alpha} = \frac{s}{\sqrt{s^2 + l^2}} \cdot \frac{\sqrt{h^2 + d^2}}{d} \tag{2}$$

　　解法 2　第二种方法是将直尺在方形盒对面内壁靠紧贴住, 将盒放于支架或三角尺边某一位置. 眼睛靠近支架或三角尺观测. 在盒中有水时, 眼睛观测盒底边 A 点, 光路为 CBA 直线. 接着将盒中水倒尽, 从原来 C 点位置用眼观察, 光路为 CBA' 直线. 由图 2 可知

$$n_{水} = \frac{\sin i}{\sin \alpha} = \frac{D/A'B}{D/AB} = \frac{AB}{A'B} = \frac{\sqrt{D^2 + h^2}}{\sqrt{D^2 + (h - h')^2}} \tag{3}$$

(3)式中, $h' = AA'$ 高度.

实验数据略.

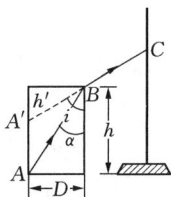

例题 8.10　测定工艺玻璃球的折射率.

【可供仪器和用具】　光具座、小灯泡 1 个(12 V)、电源 1 台、物屏、像屏、载物台、钢卷尺、游标卡尺、待测玻璃球、毛玻璃等.

【要求】

(1) 写出实验方法,推导测量公式.

(2) 简述实验步骤.

(3) 记录实验数据,计算实验结果.

(4) 说明实验误差的主要来源.

题解 8.09 图 2

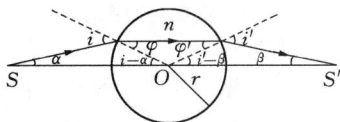

题解 8.10 图

【题解】　1. 实验方法及推导测量公式

根据提供的仪器,可让物成像在屏上,分别测量物距、像距和球的直径,代入测量公式即可求解. 实验光路如图所示.

设 $SO=u$, $OS'=v$,由折射定律、正弦定理和几何关系分别有以下 3 式:

$$n = \frac{\sin i}{\sin \varphi} = \frac{\sin i'}{\sin \varphi'} \tag{1}$$

$$\frac{u}{\sin i} = \frac{r}{\sin \alpha}, \quad \frac{v}{\sin i'} = \frac{r}{\sin \beta}$$

$$\varphi + \varphi' = (i - \alpha) + (i' - \beta) \tag{2}$$

在近轴光条件下,角 α, β, i, i', φ, φ' 均很小,所以有

$$n = \frac{i}{\varphi}, \quad n = \frac{i'}{\varphi'}, \quad \frac{i}{\alpha} = \frac{u}{r}, \quad \frac{i'}{\beta} = \frac{v}{r} \tag{3}$$

将(3)式代入(2)式得

$$n = \frac{\alpha u v}{\alpha u v - r(u + v)} \tag{4}$$

2. 实验步骤

在光具座上调整装置,使光源、物屏、工艺玻璃球、像屏等高共轴. 并使物屏发的光经玻璃球(透镜)成像在像屏上且清晰. 测量物距 u 和像距 v,用游标卡尺测量玻璃球的直径 $2r$.

实验数据略. 实验的主要误差来源于像平面确定的不准确.

例题 8.11　利用分光计测量满足三棱镜最小偏向角条件时,光线入射到三棱镜的入射角和三棱镜出射光线的折射角,并测量出最小偏向角.

【可供仪器和用具】　分光计、三棱镜、钠光灯.

【要求】

(1) 测量出三棱镜最小偏向角 δ_0 和相应的入射角和出射角.

(2) 简要说明测量的方法,并画出简明的示意图.

(3) 给出测量结果.

【说明】　分光计已调节好,可直接进行测量. 切勿调节望远镜、平行光管和载物平台的水平调节螺钉,以免破坏测量条件.

【题解】　(1) 测量三棱镜的入射角为 $55°30'0''$,折射角 $55°30'0''$,最小偏向角为 $51°0'0''$.

(2) 实验光路如图所示.

(3) 最小偏向角:将三棱镜放在载物台上,找到谱线,转动载物台改变入射角,同时望远镜跟随出

射谱线移动,若朝偏向角减小的方向移动,则载物台转动方向正确;当转到某一位置时,谱线不再向前移动,并开始向相反的方向移动,此转折位置即为最小偏向角位置.测出其方位角,再测得入射光方位角,两者相减即得到最小偏向角.

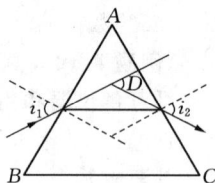

题解 8.11 图

入射角:测得入射光和棱镜对应平面法线的方位角,相减得到其夹角,此夹角的补角即是入射角.

折射角:测得三棱镜出射光线和对应法线的方位角,相减得到其夹角即为折射角.

例题 8.12　测量三棱镜材料的折射率.

【可供仪器和用具】　三棱镜、三角尺、白纸等.

【要求】

(1) 不可将光学平面直接与纸接触测量,不要用手接触光学平面.

(2) 画出测量光路图,写出测量公式.

(3) 测量并计算结果.

【题解】　(1) 光路如图所示.

(2) 实验方法如下:棱镜顶角 O 处于直线 DE 上,将棱镜绕 O 点转动,从 D 点方向观察,直至另一顶角 S 与 DO 直线重合(在同一直线上).取 $OA = OB$,那么,棱镜材料的折射率

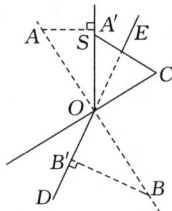

题解 8.12 图

$$n = \frac{\sin r}{\sin i} = \frac{BB'}{AA'}$$

式中,BB' 为 B 点至 OD 直线垂线的长短,AA' 为 A 点至 OS 直线垂线的长短.用上述作图法,可求得棱镜材料的折射率 n.实验数据略.

例题 8.13　测三棱镜折射率(最小偏向角法).

【可供仪器和用具】　分光仪、汞灯、三棱镜.

【要求】

(1) 测出三棱镜的最小偏向角 δ_{min}.

(2) 测出三棱镜顶角.

(3) 计算出三棱镜对钠光的折射率.

【说明】　分光计已调节好,可直接进行测量.

【题解】　(1) 实验光路如题解 8.11 图所示.

(2) 分光计的分度值为 $1'$,待测棱镜为 7 号.用分光计测得棱镜的顶角 $A = 60°1.8'$.

(3) δ_{min} 为最小偏向角,对正三棱镜而言,δ_{min} 是当入射角与出射角相等时,入射光线与出射光线之夹角.三棱镜对钠光的折射率为

$$n = \frac{\sin \dfrac{\delta_{min} + A}{2}}{\sin \dfrac{A}{2}}$$

式中,A 为三棱镜顶角.

测量三棱镜对 $\lambda = 577.0 \text{ nm}$(黄光)的最小偏向角,数据见下表.

题解 8.13 表

序数	入射光位置		折射光位置	
	φ_0'	φ_0''	φ_1'	φ_1''
1	163°58′	344°0′	225°9′	45°7′
2	163°57′	343°59′	225°8′	45°8′
3	163°58′	344°0′	225°9′	45°8′
4	163°57′	344°0′	225°9′	45°7′
5	163°58′	343°59′	225°8′	45°8′
平均值	163°57.6′	343°59.6′	225°8.6′	45°7.6′

由表中数据计算最小偏向角 $\delta_{\min}$

$$\delta_{\min} = \frac{(\overline{\varphi}_1' - \overline{\varphi}_0') + (\overline{\varphi}_1'' - \overline{\varphi}_0'')}{2} = \frac{61°11′ + 61°8′}{2} = 61°9.5′$$

三棱镜材料的折射率 n

$$n = \frac{\sin\dfrac{A + \delta_{\min}}{2}}{\sin\dfrac{A}{2}} = \sin\frac{60°1.8′ + 61°9.5′}{2} \Big/ \sin\frac{60°1.8′}{2} = 1.741\,5 \qquad (\lambda = 577.0 \text{ nm})$$

例题 8.14　掠入射法测量三棱镜材料的折射率. 原理公式为折射率

$$n = \sqrt{1 + \left(\frac{\cos A + \sin\varphi}{\sin A}\right)^2}$$

式中, A 为顶角, φ 为最小出射角.

【可供仪器和用具】　分光计、待测棱镜、毛玻璃.

【要求】

(1) 解释测量原理.

(2) 画出光路图.

(3) 测出棱镜折射率.

【题解】　(1) 掠入射法测介质折射率的原理如图所示.

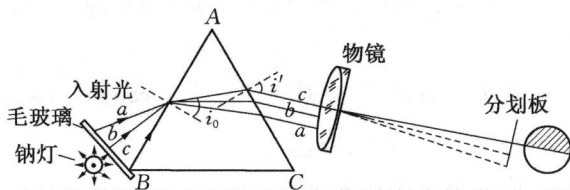

题解 8.14 图

将待测介质加工成三棱镜,用扩展光源(钠灯照明的大块毛玻璃)照明该棱镜的折射面 AB,用望远镜对准棱镜的另一折射面 AC 进行观测. 在 AB 界面上,图中光线 a, b, c 的入射角依次增大,而 c 光线为掠入线(入射角为 90°),因此相应的折射角为临界角 i_c. 在棱镜中不可能有折射角大于 i_c 的光线. 在 AC 界面上,出射光线 a, b, c 的出射角则依次逐渐减小,其中以 c 光线的出射角 i' 为最小. 因此,用望远镜观察到的视场是半明半暗的,中间有明显的明暗分界线. 该分界线与出射角为 i' 的光线 c

相对应.可以证明,棱镜的折射率 n 与棱镜角 A、最小出射角 i' 有如下关系:

$$n = \sqrt{1 + \left(\frac{\sin i' + \cos A}{\sin A}\right)^2}$$

用分光计分别测出棱镜的顶角 A 和明暗分界线对应的出射角 i',利用上式即可求得棱镜材料的折射率.

（2）钠光波长 $\lambda = 589.3$ nm. 分光计分度值为 $30''$. 用分光计测得三棱镜的顶角 $A = 60°11'8''$,而出射角（最小）$i' = 47°34'14''$. 代入公式得 $n = 1.7399$（对波长 589.3 nm 而言）. 顶角 A 和最小出射角 i' 均以多次测量求平均值得到.

例题 8.15   测量激光的波长.

【可供仪器和用具】   半导体激光器 1 个、卷尺、钢板尺（有 0.5 mm 刻度线）、铁架台、光凳、白纸屏.

【要求】

（1）简述实验步骤,推导公式.

（2）记录实验数据,计算激光的波长.

【说明】   用激光束斜入射到钢尺的刻线上,可产生衍射. 入射激光束与钢尺表面的夹角为 θ_0,第 K 级衍射光线与钢尺的夹角为 θ_K,则衍射光斑满足如下关系:

$$d(\cos\beta_0 - \cos\beta_K) = K\lambda$$

式中,λ 为激光波长,d 为光栅常数,即钢尺相邻刻线间的距离.

【题解】   把一束激光照到钢尺的端部,其中一部分激光从钢尺上方直接照到观察屏上一 S_0 点,其余激光从钢尺表面反射到屏上. 在屏上除了与一 S_0 对称的 S_0 点有反射亮斑外,还可看到一系列亮斑 S_1、S_2、S_3、S_4、…. 这是因为尺上有刻痕（刻痕的间距是 $d = 0.5$ mm）,光在两刻痕间的许多光滑面上反射,这些反射光如果相位相同（即波峰与波峰相遇,波谷与波谷相遇）,则它们会相互叠加而加强,形成亮斑,否则会相互抵消而减弱. 如图 1 所示,激光入射在钢尺端面上,反射形成的衍射图像.

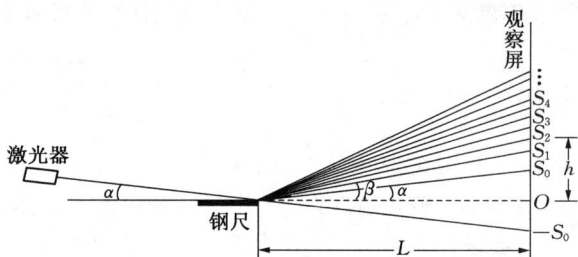

题解 8.15 图 1

由图 2 可知,从光源某一点 A 发出而在相邻光滑面 B,B' 反射的光,到达屏上 C 点时所经历过的路程差（称光程差）为

$$\Delta = AB'C - ABC = DB' - BD' = d(\cos\alpha - \cos\beta) \tag{1}$$

若 Δ 恰好等于零或等于波长 λ 的整数倍,则这些反射光的相位就相同,屏上 C 点就会出现亮斑. 显然,在 $\beta = \alpha$ 处,$\Delta = 0$,这就是在 S_0 处的亮斑. 在 S_1、S_2、S_3、S_4……处,必有 $\Delta_1 = \lambda$,$\Delta_2 = 2\lambda$,$\Delta_3 = 3\lambda$,$\Delta_4 = 4\lambda$…,因此,由(1)式可知

$$d(\cos\alpha - \cos\beta_1) = \lambda \tag{2}$$

$$d(\cos\alpha - \cos\beta_2) = 2\lambda \tag{3}$$

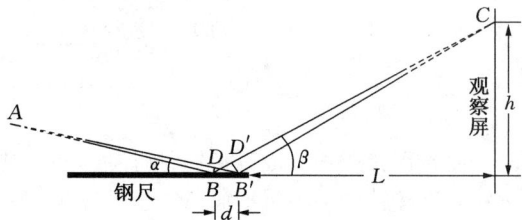

题解 8.15 图 2

$$d(\cos\alpha - \cos\beta_3) = 3\lambda \tag{4}$$

$$d(\cos\alpha - \cos\beta_4) = 4\lambda \tag{5}$$

其中, $d = 0.500\,\mathrm{mm}$ 是已知的, 因此, 只要测出 α 和 β_1, β_2, β_3, β_4, $\cdots$, 就能从各式计算出波长 λ. 实验中, 使尺与屏垂直, 则

$$\tan\beta = h/L \tag{6}$$

其中, L 是尺端到屏的距离, h 是各亮斑到 O 点的距离, 而 O 点位于 S_0 点和 $-S_0$ 点的中心, 量出各亮斑点的距离, 即可求得各 β_K 值, 而对亮斑点 S_0 的 β 就是 α.

实验步骤如下:

(1) 将钢直尺放在光凳上, 水平放置. 激光器放在铁架台上, 半导体激光器与光凳面成 2° 倾角入射在钢尺端面上. 白屏离钢尺约 $2\,m$ 的距离. 尺与屏垂直. (屏也可用墙替代.)

(2) 在屏(或墙)上贴一张白纸条, 在纸条上用笔记下 $-S_0$, S_0, S_1, S_2, S_3, S_4 等亮斑的位置. (注意: 必须正确判别 S_0 的位置, 切勿搞错; 可让激光照在钢尺无刻痕部位, 以判别 S_0 点.)

3. 用卷尺量出从钢尺前端至墙的距离 L.

4. 从墙上取下纸条, 取 $-S_0$ 与 S_0 的中点为 O 点, 量出 S_0, S_1, S_2, S_3, $S_4\cdots$各点与 O 点的距离 (即各 h 值). 由(6)式算出 α 和 β (S_0 对应的 β 即为 α), 再由(2)式至(5)式的各式算出 λ 值取平均, 求得半导体激光的波长值.

【点评】 本实验以钢尺刻度作为"光栅", 属反射光栅衍射实验.

例题 8.16 制作双缝并测量其干涉条纹, 求出双缝间隔 d.

【可供仪器和用具】 氦氖激光器($\lambda = 633\,\mathrm{nm}$)1 台、光屏、支架、卷尺、坐标纸、硬纸、双面刮胡刀 2 片.

【要求】

(1) 制作适当双缝, 并写出制作过程.

(2) 画出装置图及光路图, 写出相关公式.

(3) 做实验求出双缝之间距离 d.

【题解】 把两片刮胡刀片中间隔一张纸或两张纸叠在一起, 轻轻地在所给硬纸上划一下, 做出一个宽 d 约为 $0.3\sim0.5\,\mathrm{mm}$ 的双缝.

实验装置如图 1 所示. 按图 1 要求将激光器、双缝及光屏放在桌面上, 细的激光光束正好照射在双缝上, 光屏上出现适当的干涉条纹.

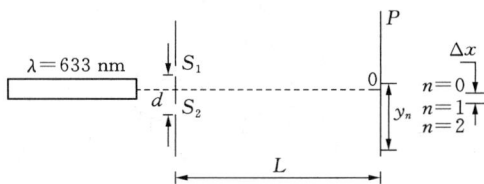

题解 8.16 图 1

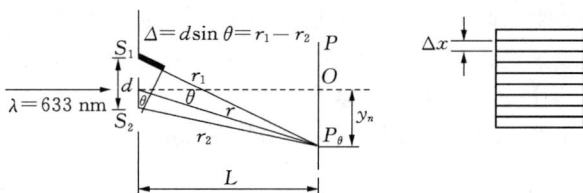

题解 8.16 图 2

双缝干涉实验中缝间距为

$$d = \frac{\lambda L}{\Delta x} \tag{1}$$

式中,Δx 为干涉条纹宽度,L 为缝至屏的距离,λ 为激光波长.一般地说,测量亮纹(或暗纹)间距离 y_n 长度尽可能大些,测量误差小.所以,明条纹位置

$$d = \frac{n\lambda L}{y_n} \quad n = 0,1,2,3,\cdots \tag{2}$$

或暗条纹位置

$$d = \frac{\left(n+\frac{1}{2}\right)\lambda L}{y_n} \tag{3}$$

实验时,可测量零级至 n 级亮纹 y_n 的距离,代入(2)式,求得双缝的距离 d.一般 n 应大于等于 10,且须多次测量求平均值.

例题 8.17　用干涉法测细丝直径.

【可供仪器和用具】　读数显微镜、平板玻璃 2 块、钠光灯(钠光波长 589.3 nm)、待测细丝、胶带纸.

【要求】

(1) 简述实验原理,写出计算公式.

(2) 写出主要实验步骤.

(3) 测量数据,得出细丝直径.

【题解】　如图所示,两片叠在一起的玻璃,在它们的一端夹一直径待测的细丝,于是两玻璃片之间形成一空气劈尖.当用单色光垂直照射时,会产生干涉现象.因为光程差相等的地方是平行于两玻璃片交线的直线,所以等厚干涉条纹是一组明暗相间、平行于交线的直线.由于干涉是单色光垂直照下来时,从空气层上下两个表面反射光束 1 和光束 2 在上表面相遇产生干涉,那么,第 m 级暗纹处空气劈尖的厚度为

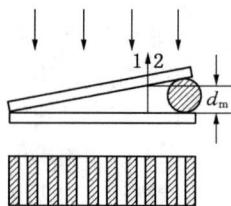

题解 8.17 图

$$d = m\frac{\lambda}{2}$$

由公式可知,$m=0$ 时,$d=0$,即在两玻璃片交线处为零级暗条纹.如果在细丝处呈现 $m=N$ 级条纹,则待测细丝直径 $d = N\frac{\lambda}{2}$.

实验步骤如下:

(1) 将两片玻璃片叠在一起,它们的一端夹一细丝,使两玻璃片之间形成一空气劈尖.将玻璃劈尖放在读数显微镜玻璃观测台上.

(2) 调节读数显微镜下方玻璃反射片的角度,使通过显微镜目镜观察时视场最亮.

(3) 调节目镜,看清目镜视场的"十"字叉丝后,使显微镜筒下降到接近玻璃样品,然后缓缓上升,直到观察到干涉条纹,再微调显微镜下方玻璃反射片的角度,使条纹更清晰.

(4) 读出在细丝处呈现条纹数 N,代入(1)式,其中波长 $\lambda = 589.3$ nm,便可得到细丝直径 d.

例题 8.18　用牛顿环测量球面的曲率半径.

【可供仪器和用具】　读数显微镜、钠光灯($\lambda = 589.3$ nm)、玻璃片、平凸透镜与平玻璃(待测样品).

【要求】

(1) 写出用牛顿环测量凹透镜曲率半径公式.

(2) 简述实验步骤.

(3) 测量并计算凸透镜曲率半径.

【题解】　一块平面玻璃上放一块焦距很大的平凸(或平凹)透镜,使凸面与平面相接触,在接触点附近形成一层空气层.用单色光从正面入射到空气薄层上,由于入射光在该薄层上下表面反射,形成固定光程差的两束相干光,产生等厚干涉,形成以接触点为中心的一组明暗相间的圆环,即牛顿环,如图所示.

牛顿环 k 级暗环的直径 d_k 与平凸透镜凸面的曲率半径 R 及光波波长 λ 之间有如下关系:

$$d_k = \sqrt{4kR\lambda} \tag{1}$$

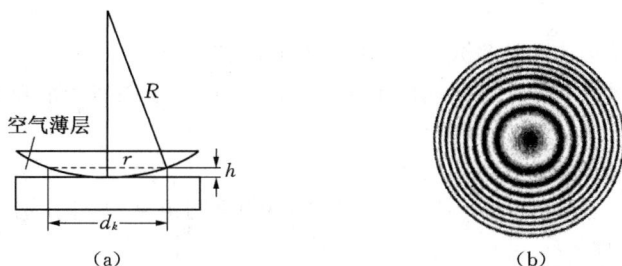

题解 8.18 图

若已知 λ,测出 d_k 值及读出级数 k,即可求得曲率半径 R.

由于凸透镜与平面玻璃接触引起玻璃形变等,环中心不一定是暗点,使级数 k 较难正确得到.实际上常测相邻两暗环的直径 d_k 和 d_{k+1},由(1)式可知

$$\Delta(d^2) = d_{k+1}^2 - d_k^2 = 4R\lambda \tag{2}$$

为了减少测量误差,使 $\Delta(d^2)$ 值大些是很必要的.一般用相距 m 环的两暗纹直径平方差进行计算,

$$\Delta(d^2)_m = d_{k+m}^2 - d_k^2 = -4mR\lambda \tag{3}$$

这里加负号表示外环级数小于内环级数(平凸透镜与平面镜气隙)所致.

实验数据如表所示.

题解 8.18 表

环序	$x_左$ /mm	$x_右$ /mm	d /mm	d^2 /(mm)^2	$\Delta(d^2)_{20}$ /(mm)^2
30	8.840	27.360	18.520	342.99	
29	9.004	27.192	18.188	330.80	
28	9.178	27.038	17.860	318.98	
27	9.330	26.868	17.538	307.58	
26	9.500	26.702	17.202	295.91	
10	12.848	23.352	10.504	110.33	232.66
9	13.128	23.062	9.934	98.68	232.12
8	13.430	22.750	9.320	86.86	232.12
7	13.756	22.442	8.686	75.44	232.14
6	14.110	22.084	7.974	63.58	232.33

由上表可知平均值 $\overline{\Delta(d^2)} = 2.323 \times 10^{-4}$ m^2,所以 $R = 4.927$ m.

测量时须注意以下 5 个问题：

（1）干涉条纹的环数(序数)不能数错；

（2）测量过程中,要防止实验台的震动引起干涉环的变化；

（3）测量时,应用"+"字准丝对准牛顿环的暗条纹中心位置；

（4）要消除读数显微镜的螺距误差；

（5）实验时可用弦长的测量来替代直径的测量.

【点评】 本实验可使学生从实验观测了解等厚干涉原理以及定域干涉的概念,学会读数显微镜使用及逐差法处理数据,以减小测量误差.

例题 8.19 用双棱镜测量光波波长.

【可供仪器和用具】 光具座、钠光灯、可调光缝(下面支架可平移,缝也可转动)、双棱镜及支架、凸透镜、测微目镜等.

【要求】

（1）写出双棱镜做干涉实验测量光波长的原理和计算公式.

（2）在光具座上组装好光学元件后调出干涉条纹,经测微目镜能看到清晰的干涉条纹,测量干涉条纹的间距 x.

（3）用二次成像法测出两虚光源的间距 d.

（4）测量两虚光源所在平面至屏(测微目镜的分划板)之间距离 D,计算钠光的波长.

【题解】 1. 实验原理

菲涅耳双棱镜是一块玻璃薄板,将其上表面加工成两块楔形板,楔角很小,棱边与端面垂直,如图 1 所示.利用双棱镜做干涉实验的原理如图 2 所示.用钠灯照亮狭缝 s(与双棱镜的棱边平行).由缝射出的光波通过双棱镜 P 后,其波前便分割为两部分,各自向不同方向传播.可以把它们等价地看成由两个符合相干条件的虚光源 s_1 和 s_2 所发出的柱面波,若在两光波叠加区域中任意位置放置观察屏,即可看到明暗相间的干涉条纹,条纹的取向与狭缝平行.若已知 s_1 和 s_2 之间距离 d, s_1 和 s_2 所在平面与观察屏之间的距离 D,以及干涉条纹的宽度 x,则光源光波长 λ 可由下式表示：

$$\lambda = x \frac{d}{D}$$

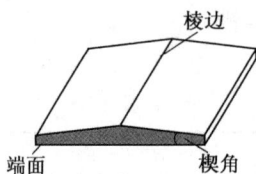

题解 8.19 图 1

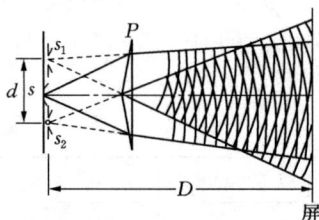

题解 8.19 图 2

通常,D 约为几百毫米,d 约为 $1\sim2$ mm,x 约为十分之几毫米.可借助米尺测 D,用凸透镜二次成像法加测微目镜测 d,用测微目镜可测得 x,从而可求得单色光的波长 λ.

2. 实验方法

（1）调整光路.将钠灯 N、狭缝 s、双棱镜 P 和测微目镜 E 置于光具座上且同轴,如图 3 所示.先将狭缝 s 开得稍大些,调节狭缝和目镜的左右位置,使两虚光源产生的光波交叠区域位于测微目镜的通光孔内.然后,再调节钠灯位置,使交叠区域两旁光照度相等.若欲在目镜的视场内出现干涉条纹,必须先使狭缝的宽度尽量狭窄,以不关闭缝为限;同时慢慢旋转狭缝的取向,当它与双棱镜的棱边平行时,即能

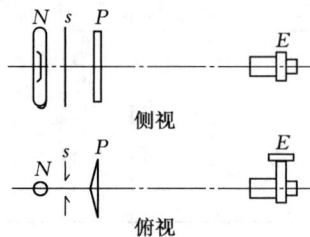

题解 8.19 图 3

看到清晰的干涉条纹.

（2）用测微目镜测量干涉条纹的宽度 x. 测量彼此相邻的 10 条（或 20 条）干涉条纹的总宽度,取平均值得 x.

（3）测量狭缝与测微目镜中分划板之间距离 D. 注意缝与分划板均不与各自相应滑座读数标记在同一平面, D 值应作修正.

（4）利用二次成像法测量两个虚光源之间距离 d, 使测微目镜分划板与狭缝之间距离略大于 $4f$, f 为凸透镜焦距. 二次成像, 一次是放大像 d_1, 另一次是缩小像 d_2, 重复 5 次取平均, 则两虚光源 s_1 和 s_2 间距为 $d = \sqrt{d_1 d_2}$.

3. 实验数据及计算

题解 8.19 表 1　干涉条纹宽度 x 的测量

序数	读数 1 /mm	序数	读数 2 /mm	20 个条纹宽度 $20x$ /mm
k_1	1.658	k_1+20	6.182	4.524
k_2	1.908	k_2+20	6.400	4.492
k_3	2.118	k_3+20	6.642	4.524
k_4	2.340	k_4+20	6.878	4.538
k_5	2.570	k_5+20	7.084	4.514

$20\overline{x} = 4.518$ mm, $\overline{x} = 0.2259$ mm.

实验数据记录于表 1 和表 2. 可变狭缝的滑座上指示读数为 1 240.0 mm（实际上狭缝的位置为 1 240.0 mm＋修正量 42.5 mm）; 测微目镜的滑座上读数为 634.0 mm（实际上测微目镜内准丝位置为 634.0 mm＋修正量 −27.0 mm）. 所以, $D = 1\,240.0 - 634.0 + 42.5 + 27.0 \approx 676.0$(mm).

题解 8.19 表 2　二次成像法测虚光源间距

序数	放大像 /mm			缩小像 /mm		
	读数 1 /mm	读数 2 /mm	d_1 /mm	读数 1 /mm	读数 2 /mm	d_2 /mm
1	7.358	5.190		6.370	4.950	
2	7.376	5.210		6.398	4.954	
3	7.348	5.174		6.400	4.960	
4	7.362	5.188		6.430	4.970	
5	7.326	5.180		6.412	4.972	
平均	7.354	5.188	2.166	6.402	4.961	1.437

$d_1 = 2.166$ mm, $d_2 = 1.437$ mm.

计算可得钠光波长

$$\lambda = \frac{x\sqrt{d_1 d_2}}{D} = 5\,896(\text{Å}) = 589.6(\text{nm})$$

例题 8.20　利用多缝衍射原理测量光栅常数.

【可供仪器和用具】　分光计、光栅、汞灯等.

【要求】

（1）调节分光计, 写出分光计调整要求.

（2）调节平台螺丝, 使光栅的刻痕与分光计轴平行.

（3）测量数据, 计算光栅的光栅常数.

【题解】　将平面光栅垂直放置在载物平台上, 并使光栅面与平台调节螺丝 b, c 连线的中垂线尽量一致.利用光栅衬底玻璃的反射作用调整分光计,使望远镜聚焦于无穷远,并使望远镜的光轴与分光计转轴垂直,光栅面与分光计转轴平行.用已调整好的望远镜来调整平行光管,使它发射平行光,并使它的光轴与望远镜光轴平行.

调节平台螺丝 a,使光栅的刻痕与分光计转轴平行.螺丝 a,b,c 在平台上分布如图所示.这时,从望远镜中看到的各谱线应在同一高度上.最后稍微旋转平行光管的入射缝,直到谱线与望远镜竖直准丝平行为止.

分光计调整后,测量相应于 $m=\pm1$ 的 3 条光谱线亮条纹所对应的衍射角 φ,重复测 5 次取平均.代入公式

$$d\sin\varphi = m\lambda \qquad (m=0,\pm1,\pm2,\cdots) \qquad (1)$$

题解 8.20 图

式中 d 为光栅常数,λ 为光波长,m 为光谱线级次.

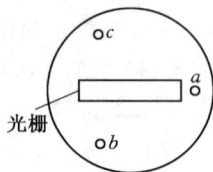

题解 8.20 表 1　零级及±1 级衍射光位置

λ/nm	零级读数		+1 级读数		−1 级读数	
	"1"窗口	"2"窗口	"2"窗口	"1"窗口	"1"窗口	"2"窗口
546.07 绿线	223°13′	43°13.5′	215°22′	35°23′	231°4.5′	51°5.5′
	223°13.5′	43°14.5′	215°22′	35°23′	231°4.5′	51°5.5′
	223°13′	43°13.5′	215°22′	35°22.5′	231°5′	51°6′
	223°12.5′	43°13.5′	215°22.5′	35°22.5′	231°4.5′	51°5.5′
	223°12.5′	43°13.5′	215°22.5′	35°23′	231°5′	51°5.5′
576.96 黄线			214°55′	34°55.5′	231°31′	51°32′
			214°54.5′	34°55.5′	231°31′	51°31.5′
			214°54.5′	34°55′	231°31.5′	51°32′
			214°54.5′	34°55′	231°31′	51°32′
			214°55′	34°55.5′	231°31.5′	51°32.5′

题解 8.20 表 2　数据及计算结果

λ/nm	φ	d/nm
546.07	7°51.3′	3 996
576.96	8°18.3′	3 994

$\lambda=576.96$ nm 为黄双线中 1 条波长长的谱线;光栅常数 $\bar{d}=3\,995$ nm.

例题 8.21　观察单缝和单丝衍射现象,测量缝宽和丝的直径.

【可供仪器和用具】　光具座、滑块、单缝及支架、单细丝及支架、白屏、直尺和半导体激光器.

【要求】

(1) 简述单缝衍射原理,写出单缝衍射公式.

(2) 测量单缝的缝宽和细丝的直径.

【题解】　1. 实验原理

由夫琅和费衍射,光源发出的平行光垂直照射在单缝(或单丝)上.根据惠更斯–菲涅耳原理,单缝上每一点都可以看成是向各个方向发射球面子波的新波源,波在接收屏上叠加形成一组平行于单缝的明暗相间的条纹.实验上用光源处于无穷远或者光源借助于两个凸透镜来实现平行光,而使用激光器作光源时,由于激光的准直性,可以将两个透镜省略.实验光路如图所示.

当单缝至屏距离 $Z\gg a$ 时,a 为缝宽,θ 角很小,此时 $\sin\theta\approx\tan\theta=\dfrac{x_k}{Z}$,各级暗条纹衍射角有

$$\sin \theta = \frac{K\lambda}{a} \approx \frac{x_k}{Z} \quad (K = 0, 1, 2, 3, \cdots) \quad (1)$$

所以单缝的宽度为

$$a = \frac{K\lambda Z}{x_k} \quad (2)$$

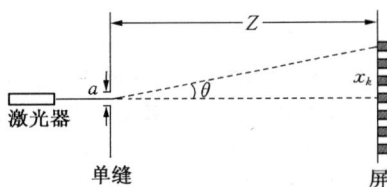

题解 8.21 图

式中 K 是暗条纹级数，Z 为单缝至屏之间的距离，x_k 为第 K 级暗条纹距中央主极大中心位置距离.

将单丝代替单缝，公式(1)和(2)仍然成立.

2. 实验测量数据

单缝测量数据见表 1，半导体激光的波长 $\lambda = 650.0$ nm. 用 JCD3 型读数显微镜测得缝宽 $\bar{a} = 0.324$ mm，两者相当接近.

题解 8.21 表 1

K	Z/cm	$\overline{x}_k$/cm	a/mm
4	102.0	0.82	0.323

单丝直径测量见表 2. 用读数显微镜测得单丝直径平均值 $\bar{a} = 0.167$ mm，两者百分差 1.8%.

题解 8.21 表 2

K	Z/cm	$\overline{x}_k$/cm	a/mm
5	102.0	1.95	0.170
10	102.0	3.92	0.169

例题 8.22 望远镜的组装与放大率的测定.

【可供仪器和用具】 光具座、凸透镜两块(一块焦距为 $200 \sim 250$ mm，另一块焦距为 $20 \sim 25$ mm)、米尺 1 把.

【要求】

(1) 画出测量光路图，组装一台开普勒望远镜.

(2) 写出测量方法和实验步骤.

(3) 测量自组望远镜的放大率.

【题解】 用一块焦距为 $200 \sim 250$ mm 的会聚透镜作为物镜，另一块焦距为 $20 \sim 25$ mm 的会聚透镜作为目镜，按如图所示光路安置在一台光具座上. 使物镜和目镜之间的距离为两个焦距之和，并且经过调整使它们达到共轴，这样就组成了一台开普勒望远镜.

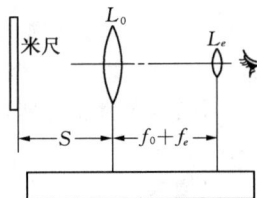

题解 8.22 图

在远处(大于 2 m)与光轴垂直的平面上放置一根米尺. 实验者用一只眼睛通过自组望远镜观察米尺，另一只眼睛直接观察远处的米尺，此时人的视觉系统把两眼观察到的图像重叠起来. 略微调节物镜和目镜距离，使二者不存在视差. 望远镜放大后米尺像上的固定刻度值(如 1 cm 刻度值的像)对人眼直接观察到的米尺刻度值之比的倒数，就是自组望远的放大率 M.

测量误差主要来源是由于米尺并没有放到无限远处，而是放在离望远镜物镜的有限距离 S 处. 若已知物镜焦距 f_0，目镜的焦距 f_e，则望远镜调焦到无限远处的放大率 $M = \dfrac{f_0}{f_e}$. 若调焦到有限距离 S 处，其放大率 M' 应作如下修正：

$$M' = M\frac{S}{S + f_0}$$

例题 8.23 组装显微镜并测量其放大率.

【可供仪器和用具】 光具座、电珠、毛玻璃、刻在透明板上毫米分度尺、凸透镜（焦距 40～50 mm）、凸透镜（焦距25 mm）、半透半反反射镜、米尺、透镜夹、支架、照明灯等.

【要求】

(1) 用提供器材组装一台显微镜.

(2) 测量组装显微镜的放大率 M.

【题解】 以焦距为 40～50 mm 的凸透镜作为物镜,以焦距为 25 mm 的凸透镜作为目镜,光学间隔为 170 mm（光学间隔是指物镜的第二焦点至目镜的第一焦点之间的距离）,放置在光具座上组成一个显微镜,如图所示.

从左至右将小电珠、毛玻璃、透明板（上有毫米刻度尺）放在物镜前面.目镜之后放置一块半透半反反射镜（在一块平面玻璃上镀一层铬膜）,其反射率为 50%,与主光轴成 45°.在垂

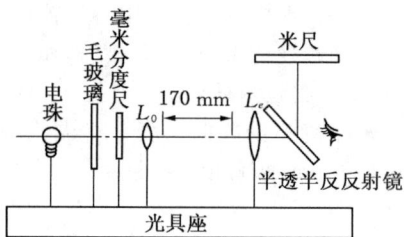

题解 8.23 图

直于光轴离开半透半反反射镜约 250 mm 的地方放置一根米尺,用光源（照明灯）照亮,如图所示.当光源通过毛玻璃照亮毫米分度尺时,实验者可以用眼睛同时观察到毫米分度尺通过组装的显微镜所成的虚像和经过半透半反反射镜所成米尺的虚像.当调节到两个像不存在视差,从它们大小之比的比值可以求得组装显微镜的放大率 M.

例题 8.24 "偏振光光强调节器"出射光 I 与转角 θ 关系的测量.

光是电磁波,它的电场和磁场矢量相互垂直,又垂直于光的传播方向.通常用电矢量代表光矢量.在与光的传播方向垂直的平面内,光矢量可能有各种各样的振动状态,被称为光的偏振态.若光矢量的方向是任意的,且各方向上光矢量大小的平均值相等,这种光称为自然光.若光矢量的方向始终不变,只是它的振幅随相位改变,光矢量的末端轨迹是一条直线,则称其为线偏振光或平面偏振光.能使自然光变成偏振光的装置称为起偏器;用来检验是否为偏振光的装置称为检偏器,起偏器和检偏器统称为偏振片.现有一束自然光经两块成一定角度 θ 的偏振片后,出射光强与角度 θ 存在以下关系:

$$I = DI_0\cos^n\theta$$

式中,I_0 为入射至检偏器偏振光的光强,仪器确定时其为确定值,D 为检偏器的光透射系数,n 为待定系数.要求用提供器材测量 I 与 θ 的关系,并通过曲线拟合求上述关系式.

【可供器材和用具】 带刻盘的两块偏振片、光具座、激光器及电源 1 台、带硅光电池的光功率计、作图纸等.

【要求】

(1) 偏振片的光轴方向不一定在转盘 0°位置,两块偏振片的光轴方向需自行测量.（半导体激光器发出的激光为部分偏振光.）

(2) 画出实验装置图,并测量 $I\sim\theta$ 关系数据.

(3) 用作图法求出待定系数 n.

(4) 写出 $I\sim\theta$ 的函数关系式.

【题解】 让激光器发出光束与起偏器、检偏器的中心位置垂直,并垂直入射至光功率计探测器硅光电池上.用光功率计测出其光强 I,从检偏器上转盘读出其 θ 角度,测出 I 与 θ 的关系.

细细转动检偏器转盘,即改变检偏器光轴位置.当达到光功率计示值最小或为 0 时,说明检偏器的光轴与起偏器光轴垂直.由 $I = DI_0\cos^n\theta$ 公式,两边取对数得

$$\ln I = \ln DI_0 + n\ln\cos\theta$$

求 $\ln I \sim \ln \cos \theta$ 关系,其直线的斜率即为待定系数 n.

3. 实验数据

题解 8.24 表 1

$\theta/(°)$	4.5	15.5	24.5	35.5	44.5	55.5
I/mW	1.710	1.587	1.431	1.129	0.870	0.550

题解 8.24 表 2

$\ln\cos\theta$	-3.09×10^{-3}	-0.0370	-0.0944	-0.206	-0.338	-0.568
$\ln I$	0.536	0.462	0.358	0.121	-0.139	-0.598

实验数据记录于表 1 和表 2. 将表 2 数据线性回归得斜率 $n = 2.007$,相关系数 $r = 0.99994$. 用作图法得直线斜率 $n = 2.01$,所以 $n \approx 2$ (图略). 拟合经验公式为

$$I = 1.710\cos^2\theta \quad (\text{单位:mW})$$

实验装置图略.

【点评】 本实验的测量结果验证了马吕斯定理. 该定理说明检偏器可以用作输入偏振光的光强大小的调节装置. 另外,利用马吕斯定理还可以检测硅光电池输出工作状态与光强是否为线性.

例题 8.25 用外推法测量半导体硅的折射率.(第三届亚洲物理奥林匹克竞赛光学实验试题)

【原理简介】

当光照到半导体表面时,将部分反射、部分吸收、部分透射. 反射光功率 I_r 与入射光功率 I_i 之比 R,称为反射系数,即

$$R = \frac{I_r}{I_i} \tag{1}$$

入射光可分解为两个偏振分量,一个与入射面平行的偏振分量 P,另一个与入射面垂直的偏振分量 S. 本实验用的是 650 nm 波长半导体激光,它在硅表面的吸收可忽略不计. 在此条件下,对于自空气入射到材料表面的反射系数 R_P 和 R_S,由菲涅耳公式给出

$$\pm\sqrt{R_P} = \frac{n\cos\theta_i - \cos\theta_t}{\cos\theta_t + n\cos\theta_i} \tag{2}$$

$$-\sqrt{R_S} = \frac{\cos\theta_i - n\cos\theta_t}{\cos\theta_i + n\cos\theta_t} \tag{3}$$

式中,n 是材料的折射率,θ_i 为入射角,θ_r 为反射角,θ_t 为折射角,如图 1 所示.

在 $\theta_i = 0$ 时,直接测量 R_P 和 R_S 实际上并不可行. 而菲涅耳公式允许由任意入射角下得到的 R_P 和 R_S 值计算出 n.

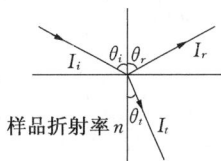

样品折射率 n

题解 8.25 图 1

【可供仪器和用具】 实验装置如图 2 所示.

(1) 1 个固定在转台上的半导体激光器及电源,激光波长 650 nm.

(2) 1 个固定在转台上直径为 20 mm 的线偏振片. 注意:转台上的 0 读数位置不一定是偏振片的偏振轴所指方向.

(3) 1 片玻璃片(对波长 650 nm 光的折射率为 1.57),1 片半导体硅薄片(样品),分别固定在一矩形金属砖(样品砖)的相对两侧面.

(4) 能固定样品砖的光学转台.

(5) 1 个数字显示激光功率表,与固定在支架上的光探测器相接,该支架可绕样品转动.

(6) 1 个光具座、遮光罩及作图纸、手电筒和软尺等.

【要求】

（1）确定入射激光的偏振面．实验时，偏振片的偏振轴应与激光最强的线偏振方向一致．

（2）测量半导体硅薄片的反射系数 R_P 和 R_S．

（3）计算半导体硅材料的折射率 n．

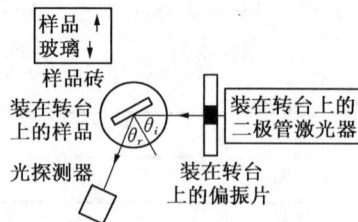

题解 8.25 图 2

【题解】 在本实验中，首先必须确定入射激光的偏振面．值得注意的是，半导体激光器发出的激光为部分偏振光．为了在实验中获得最好的结果，偏振片的偏振轴与激光的最强分量一致．

激光器、偏振片和探测器放在一条直线上．固定激光器和偏振片中任一个，旋转另一个．观测激光探测器所测得的光强，直至光强达到最大值．在以后的测量中，将偏振片和激光器当作一个系统，需要时一起转动．

由玻璃的折射率，根据公式

$$\theta_i = \arctan n \tag{4}$$

计算出玻璃的布儒斯特角，并按此位置把玻璃样品固定在转台上．旋转偏振系统，测量不同偏振角度下反射激光的功率．实验结果如图 3 所示，由此可得出反射激光功率最小时偏振片相对于入射玻璃样品的角度．根据布儒斯特原理，可以确定此时激光的偏振面与样品的入射面平行．

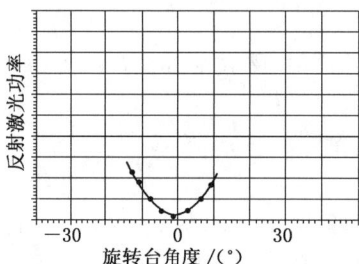

题解 8.25 图 3

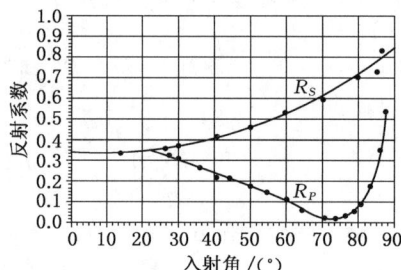

题解 8.25 图 4

由上述确定的激光偏振面的方向，使其分别垂直和平行于半导体硅的入射面，在不同角度下测得反射激光功率，如图 4 所示．此图中将 $R_P \sim \theta_i$ 和 $R_S \sim \theta_i$ 关系外推至入射角 θ_i 为 0 时的反射系数，应归于一点．在作图时，须注意在极小值处应多测几点，以保证图像的光滑性和正确性．

折射率 n 的几个测量结果平均值如下表所示．

题解 8.25 表

$\theta_i / (°)$	R_P	R_S	n	$\bar{n}$
20.0	0.341	0.366	3.93	
30.0	0.293	0.382	3.82	
40.0	0.248	0.435	3.81	
50.0	0.187	0.497	3.82	3.81
60.0	0.115	0.576	3.85	
80.0	0.037	0.812	3.61	

【点评】 本实验要求学生深入掌握偏振光的理论及实验调节等操作技能，另外测量中在极值点附近应多测几个点，才能把本考题做得很好．

例题 8.26 用测量布儒斯特角的方法测量玻璃的折射率．

【可供仪器和用具】 分光计、具有偏振的氦氖激光器、带角度转盘的偏振片、待测三棱镜、白屏等.

【要求】

(1) 写出实验原理和实验公式.

(2) 画出实验简图.

(3) 测量实验数据,计算结果.

(4) 估算实验误差.

【题解】　一束波长为 λ、电矢量平行入射面的平面偏振光(简称 TM 波),由空气以布儒斯特角 i_B 入射到折射率为 n 的介质表面上,则在该界面上 TM 波的反射系数为 0,入射光将全部进入介质内. 根据布儒斯特定律,这时入射角 i_B 的正切等于介质对应该波长 λ 的折射率 n,即

$$\tan i_B = n \tag{1}$$

由此可见,若改变 TM 波的入射角,当反射光的光强为 0 时,即可以确定布儒斯特角,并由(1)式求得待测光学介质的折射率.

如图所示,三棱镜垂直置于分光计的小平台上,事先调节好的激光偏振光,即电矢量某一角度入射的偏振光,通过玻璃表面反射,用检偏器跟踪反射光,可在白屏上观测到反射光的强弱. 实验时,需要不断转动检偏器,来观察反射偏振情况. 若转动分光计的转盘来改变激光的入射角,细细调节检偏器和转盘,当反射光透过检偏器在白屏上的光强为 0 时,即可从分光计上读数,确定布儒斯特角 i_B.

实验结果与误差计算如下:实验测得布儒斯特角 $i_B = 57°0'$,则折射率 $n = \tan 57°0' = 1.54$. 由 $n = \tan i_B$ 可知,Δi_B 估计为 $0.5°$,即 $\Delta i_B = \dfrac{\pi}{360} = 0.09$,

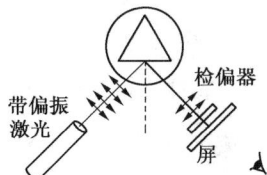
题解 8.26 图

$$\Delta n = \Delta(\tan i_B) = \frac{\Delta i_B}{(\cos i_B)^2} = \frac{0.09}{(\cos 57°0')^2} = \frac{0.09}{0.297} = 0.03$$

所以,该玻璃折射率为 $n = 1.54 \pm 0.03$.

例题 8.27　用衍射光栅测量钠光灯发出钠光的波长,并测纤维布在 x 方向每厘米纤维条数.

【可供仪器和用具】　平面透射光栅(50 条/mm,光栅常数 $d = 20.00\ \mu m$)、待测纤维布(贴在薄玻璃上)、钠光灯及电源、分光计、反射镜、作图纸.

【要求】

(1) 写出分光计的调节步骤,调整好分光计.

(2) 平行钠光垂直入射光栅,测量光栅衍射角 φ_K 与级数 K 的关系数据,取 $K = 0,1,2,3,4,5$;计算 $\sin\varphi_K$ 5 个数据.

(3) 作 $\sin\varphi_K$-K 关系图,由直线斜率求得钠光的波长.

(4) 利用 $d\sin\varphi = K\lambda$ 关系,用钠光垂直入射至纤维布光栅,测量纤维布在 x 方向每厘米纤维条数. (实验结果:纤维布约50 条/cm.)

【题解】

平台上正确放置光栅,用目测法调节光栅面大致垂直、望远镜大致水平,再依次调节望远镜目镜、物镜,使分划线和"+"字反射像清晰;用各半调节法使光栅面与望远镜光轴垂直;调整平行光管发出平行光,且与望远镜同光轴.

转动小平台,使光栅面仍与望远镜光轴垂直,此时平行光垂直入射光栅,满足光栅方程 $d\sin\varphi = K\lambda (K = 0,\pm 1,\pm 2,\cdots)$,可见零级谱线. 转动望远镜可见其他各级谱线. 进行测量,并将数据列入表 1.

题解 8.27 表 1

K	$\theta_{K左}$	$\theta_{K右}$	$\varphi_K = \dfrac{1}{2}\left[(\theta_{K左}-\theta_{0左})+(\theta_{K右}-\theta_{0右})\right]$	$\sin\varphi_K$
0				
1				
2				
3				
4				
5				

作 $\sin\varphi_K$-K 关系图,由图求出直线斜率 B. 由公式 $\sin\varphi_K = \dfrac{\lambda}{d}K$ 可知,$\sin\varphi_K$-K 关系直线的斜率 $B = \dfrac{\lambda}{d}$. 所以钠光波长 $\lambda = Bd$,公认值 $\lambda_0 = 589.3$ nm.

将纤维布光栅替换掉玻璃光栅,并调整小平台使其满足光栅方程,可见零级和 ± 1 级光谱线. 进行测量,并将数据列入表 2. 则纤维布光栅常数为 $d'\dfrac{kn}{\sin\varphi}$,数据略.

题解 8.27 表 2

$\theta_{-1左}$	$\theta_{-1右}$	$\theta_{+1左}$	$\theta_{+1右}$	$\varphi = \dfrac{1}{4}\left[(\theta_{-1左}-\theta_{+1左})+(\theta_{-1右}-\theta_{+1右})\right]$	$\sin\varphi$

例题 8.28 发光二极管的特性测量. 本实验要求测量发光二极管的正向伏安特性曲线及发光二极管发光的光谱特性,求出 LED 的光谱范围和峰值发光波长.

【可供仪器和用具】

(1) 发光二极管(LED)1 只(为避免 LED 自身发热对实验的影响,流过 LED 的电流不能超过 20 mA).

(2) 直流电源(干电池 1.5 V)2 节、导线若干、25 cm×20 cm 作图纸 1 张.

(3) 3 位半数字万用表 2 只,用电压档测量.

(4) 电阻箱 1 只,0~100 Ω 范围可调多圈电位器 1 只.

(5) 分光计 1 台、光栅 1 块(光栅常数 $d = 1.67 \times 10^{-6}$ m).

【要求】

(1) 测量发光二极管的伏安特性曲线.

(i) 设计实验方案,画出实验电路图,标明各元件符号.

(ii) 数据记录,并绘出发光二极管的伏安特性曲线.

(iii) 由伏安特性曲线得发光二极管正向阈值电压,并估算发光波长.

(2) 用发光二极管作光源,使用分光计和光栅测量发光二极管 ± 1 级各位置示数,记录 ± 1 级峰值波长位置及 ± 1 级光谱内、外边界的位置.

(3) 根据发光二极管 ± 1 级峰值及 ± 1 级内外边界的衍射角位置,计算出发光二极管的光谱范围和峰值发光波长.

（4）定性说明光谱测量实验结果的误差来源.

【注意】　实验前需正确调节分光计,并在答题纸上写出分光计调节步骤.

【题解】

（1）测量电路图如图 1 所示.

（2）发光二极管正向伏安特性测量数据列入表 1$(R_0 = 50.9\ \Omega, I = U_{R_0}/R_0)$. 由表 1 数据所绘发光二极管正向伏安特性曲线如图 2 所示.

题解 8.28 表 1

U/V	U_{R_0}/mV	I/mA
1.64	2.1	0.04
1.69	6.9	0.14
1.75	13.1	0.26
1.80	36.2	0.71
1.84	80.3	1.58
1.88	132	2.60
1.91	197	3.88
1.93	263	5.17
1.95	336	6.60
1.97	401	7.88
1.99	515	10.1
2.01	611	12.0
2.03	728	14.3
2.05	871	17.1
2.07	1 026	20.2

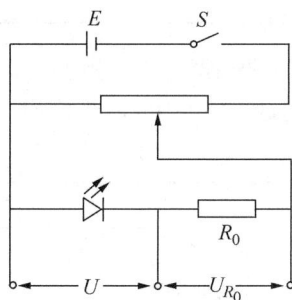

题解 8.28 图 1

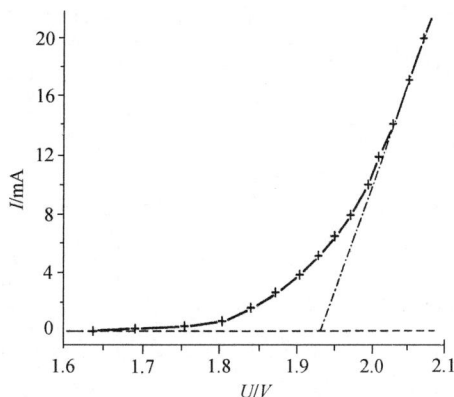

题解 8.28 图 2

（3）由伏安特性曲线可得发光二极管正向阈值电压 U_D 约为 1.93 V,发光波长估算值 $\lambda = 1\ 240/(eU_D) = 642$ nm.

（4）分光计及光栅调节的具体要求如下:

（i）分划板叉丝通过目镜成清晰虚像,望远镜聚焦于无穷远.

（ii）平行光管发射平行光,狭缝宽度较小.

（iii）平行光管及望远镜的光轴等高、共轴,并与仪器转轴垂直.

（iv）光栅置于载物台中心,其刻线平行于仪器转轴;平行光束垂直入射光栅平面,衍射条纹与分光计转轴平行.

（5）数据记录与处理如下:

零级条纹位置的示数为左游标 $\theta_{左} = 27°0'$,右游标 $\theta_{左} = 207°1'$;± 1 级条纹位置示数列入表 1 中.

题解 8.28 表 2

测量序号	−1 级光谱外边界		−1 级峰值波长位置		−1 级光谱内边界		+1 级光谱内边界		+1 级峰值波长位置		+1 级光谱外边界	
	$\theta_左$	$\theta_右$	$\theta_左$	$\theta_右$	$\theta_左$	$\theta_右$	$\theta_左$	$\theta_右$	$\theta_左$	$\theta_右$	$\theta_左$	$\theta_右$
1	4°12′	184°11′	4°30′	184°33′	5°20′	185°20′	48°26′	228°25′	49°11′	229°11′	49°34′	229°33′
2	4°13′	184°13′	4°34′	184°33′	5°23′	185°23′	48°26′	228°28′	49°8′	229°12′	49°31′	229°33′
3	4°14′	184°13′	4°33′	184°32′	5°22′	185°21′	48°24′	228°26′	49°9′	229°10′	49°31′	229°31′

    将表 1 数据计算整理后列入表 2. 由光栅方程 $d\sin\phi=K\lambda$，计算波长 λ. 本实验中 $K=1$，并已知光栅常数 $d=1.67\times10^{-6}$ m. 因此，LED 光谱范围为 613～643 nm，峰值发光波长为 634 nm.

题解 8.28 表 3

	夹角平均值 2φ	衍射角 φ	波长 λ /nm
±1 级条纹外边界	45°19′30″	22°39′45″	643
±1 级条纹峰值位置	44°37′40″	22°18′50″	634
±1 级条纹内边界	43°4′20″	21°32′10″	613

    (6) 定性说明实验结果误差的主要来源：系统误差主要是与分光计和光栅调节要求有偏差，如入射光束不是理想平行光、入射光束没有严格垂直于光栅平面等；随机误差是测量时条纹左右边界线的界定有偏差.

附 录

FU LU

国际物理奥林匹克竞赛大纲

总　纲

（1985 年在南斯拉夫 Portoroz 通过.）

（a）解理论题和实验题时，均不应要求用复数或解微分方程及大量运用微分和积分.

（b）题目可以有大纲中没有的概念和现象，但题文中必须给出足够的信息，以使对这些问题缺乏知识的参赛者不会处于不利地位.

（c）参赛者可能不熟悉的复杂的实验仪器不应在题目中占主要地位. 如果要用这类设备，必须给应试者以仔细的指导.

（d）参赛者应知道本国所用的单位制（竞赛题的原稿采用国际单位制）.

（e）参赛者应熟悉过去国际物理奥林匹克竞赛题目涉及的内容.

A. 理 论 部 分

（1985 年 6 月在南斯拉夫 Portoroz 通过，1989 年 7 月在波兰 Warsaw 修改，1990 年 7 月在荷兰 Groningen 讨论并通过.）

左栏是主要条目，右栏是必要时的说明和提请注意的内容.

1. 力　学

（a）质点运动学基础	质点位置的矢量描述，速度和加速度是矢量
（b）牛顿定律，惯性系	可出变质量的题目
（c）封闭系统和开放系统，动量和动能，功，功率	
（d）能量守恒，线动量守恒，冲量	
（e）弹性力，摩擦力，引力定律，重力场中势能和功	胡克定律，摩擦系数（$F/R=$ 常数），静摩擦力和动摩擦力，势能零点的选择
（f）向心加速度，开普勒定律	

2. 刚 体 力 学

（a）静力学，质量中心，转矩	力偶，物体平衡的条件
（b）刚体运动，平移，转动，角速度，角加速度，角动量守恒	只要求绕固定轴的角动量守恒
（c）外力和内力，绕固定轴刚体运动方程，转动惯量，转动物体的动能	平行轴定理（Steiner 定理），转动惯量的相加性
（d）加速参考系，惯性力	不要求知道科里奥利力公式

3．流　体　力　学

没有专对这部分的问题,但希望学生知道压强、浮力和连续性定理的基本概念.

4．热力学和分子物理学

(a) 内能,功和热,热力学第一、第二定律 ｜ 热平衡,与状态有关的物理量和与过程有关的物理量

(b) 理想气体模型,压强和分子动能,阿伏伽德罗数,理想气体状态方程,绝对温度 ｜ 也用分子观点讨论液体和固体中简单现象,如沸腾、熔解等

(c) 等温过程和绝热过程中气体膨胀所作的功 ｜ 不要求证明绝热过程方程式

(d) 卡诺循环,热力学效率,可逆与不可逆过程,熵(统计观点),玻耳兹曼因子 ｜ 熵是与路径无关的函数,熵的改变和可逆性,准静态过程

5．振　动　与　波

(a) 谐振动,谐振动方程 ｜ 谐振动方程的解,衰减与共振(定性的)

(b) 谐波,波的传播,横波与纵波,线偏振,经典多普勒效应,声波 ｜ 行波中的位移和波的图示法的理解,声速与光速的测量,只要求一维多普勒效应,波在均匀和各向同性介质中的传播,反射和折射,费马原理

(c) 谐波的叠加,相干波,干涉,拍,驻波 ｜ 知道波强与振幅平方成正比,不要求傅立叶分析,但参赛者要知道复杂的波可由不同频率的简谐波合成,薄膜干涉及其他简单干涉系统(不要求最后的公式),次级子波的叠加(衍射)

6．电　荷　和　电　场

(a) 电荷守恒,库仑定律

(b) 电场,电势,高斯定理 ｜ 高斯定理限于简单对称系统(如球、圆柱、平板),电偶极矩

(c) 电容器,电容,介电常量,电场的能量密度

7．电　流　和　磁　场

(a) 电流,电阻,电源的内阻,欧姆定律,基尔霍夫定律,直流和交流功率,焦耳定律 ｜ 简单含有已知其伏安特性的非欧姆器件的电路

(b) 电流的磁场(B),磁场中的电流,洛仑兹力 ｜ 磁场中的粒子,简单应用(如回旋加速器),磁偶极矩

(c) 安培力 ｜ 简单对称系统的磁场(如直长导线、圆环和长螺线管)

(d) 电磁感应定律,磁通量,楞次定律,自感,电感,磁导率,磁场的能量密度

(e) 交流电,交流电路中的电阻器,电感器和电容器,电压共振与电流共振(并联、串联) ｜ 简单交流电路,时间常数,对具体共振电路参量的最后公式不作要求

8. 电 磁 波

(a) 振荡电路,振荡频率,由反馈和共振产生振荡
(b) 波动光学,单缝和双缝衍射,衍射光栅,光栅的分辨本领,布拉格反射
(c) 色散和衍射谱,气体线状谱
(d) 电磁波是横波,反射产生偏振,偏振器　　　偏振光的叠加
(e) 成像系统的分辨本领
(f) 黑体,斯特藩–玻耳兹曼定律　　　普朗克定律不要求

9. 量 子 物 理

(a) 光电效应,光子的能量和冲量　　　要求爱因斯坦公式
(b) 德布罗意波长,海森伯不确定原理

10. 相 对 论

(a) 相对论原理,速度的相加,相对论性多普勒效应
(b) 相对论性运动方程,动量,能量,质能关系,能量守恒和动量守恒

11. 物 质

(a) 布拉格公式的简单应用
(b) 原子和分子的能级(定性),发射、吸收类氢原子的光谱
(c) 核能级(定性),α,β,γ 衰变,辐射的吸收,半衰期和指数衰减,核组成,质量亏损,核反应

B. 实 验 部 分

(1986 年 7 月在英国 London-Harrow 通过.)

大纲的理论部分为所有实验题目提供了基础.在实验竞赛中实验题应有测量.

其他要求:

(1) 参赛者必须认识到仪器会影响测量.

(2) 具有 A 部分中各物理量最普通的实验测量技术的知识.

(3) 具有通用实验室仪器和元件的知识,如测径器、温度计、简单伏特计、欧姆计和安培计、电位计、二极管、晶体管、简单光学器件,等等.

(4) 借助适当的指导书能使用一些复杂的仪器和器件,如双踪示波器、计数器、速率计、信号和函数发生器、与计算机相连的模数转换器、放大器、积分器、微分器、电源、多用电表(伏特、欧姆和安培表,模拟的和数字的仪表).

(5) 恰当地找出误差来源和估计它们对最后结果的影响.

(6) 绝对误差和相对误差,测量仪器的精度,单次测量的误差,一系列测量的误差,物理量为一些

被测量函数时的误差.

（7）适当选取变量,使其依赖关系转换成线性形式,并在图上以直线拟合诸实验点.

（8）恰当地选取不同标度的作图纸(如极坐标纸、对数坐标纸).

（9）在表达最后结果时,有效数字的位数是正确的;能正确地删去不要的数字.

（10）知道实验室工作的一般安全知识.（当实验装置安全有危险时,应在题目中给以适当的警告.）

第31届国际物理奥林匹克竞赛试题与解答

复旦大学　郑永令　蒋最敏　陆申龙　译编

·理论试题与解答·

试题 1

A部分　蹦迪运动员

某蹦迪运动员系在一根长弹性绳子的一端,绳的另一端固定在一座高桥上.他自静止离桥向下面的河流下落,未与水面相触.他的质量为 m,绳子的自然长度为 L,绳子的力常数(使绳子伸长 1 m 所需的力)为 k,重力场强度为 g.求出下面各量的表达式:

(a) 运动员在第一次达到瞬时静止前所落下的距离 y.

(b) 他在下落过程中所达到的最大速率 v.

(c) 他在第一次达到瞬时静止前的下落过程所经历的时间 t.

设运动员可以视为系于绳子一端的质点,与 m 相比,绳子的质量可忽略不计.当绳子在伸长时服从胡克定律,在整个下落过程中空气的阻力可忽略不计.

B部分　热机

一热机工作于两个相同材料的物体之间,两物体的温度分别为 T_A 和 T_B($T_A > T_B$),每个物体的质量为 m,比热恒定,均为 s.设两个物体的压强保持不变,且不发生相变.

(a) 假定热机能从系统获得理论上允许的最大机械能,求出两物体 A 和 B 最终达到的温度 T_0 的表达式,给出解题全部过程.

(b) 由此得出允许获得的最大功的表达式.

(c) 假定热机工作于两箱水之间,每箱水的体积为 2.50 m³,一箱水的温度为 350 K,另一箱水的温度为 300 K.计算可获得的最大机械能.

已知水的比热容 $= 4.19 \times 10^3$ J·kg^{-1}·K^{-1},水的密度 $= 1.00 \times 10^3$ kg·m^{-3}.

C部分　放射性与地球年龄

假定地球形成时同位素 ^{238}U 和 ^{235}U 已经存在,但不存在它们的衰变产物.^{238}U 和 ^{235}U 的衰变被用来确定地球的年龄 T.

(a) 同位素 ^{238}U 以 4.50×10^9 y 为半衰期衰变,衰变过程中其余放射性衰变产物的半衰期比这都短得多,作为一级近似,可忽略这些衰变产物的存在.衰变过程终止于铅的同位素 ^{206}Pb.用 ^{238}U 的半衰期、现在 ^{238}U 的数目 ^{238}N 表示出由放射衰变产生的 ^{206}Pb 原子的数目 ^{206}n(运算中以 10^9 y 为单位为宜).

(b) 类似地,^{235}U 在通过一系列较短半衰期产物后,以 0.710×10^9 y 为半衰期衰变,终止于稳定的同位素 ^{207}Pb.写出 ^{207}n 与 ^{235}N 和 ^{235}U 半衰期的关系式.

(c) 用质谱仪对一种铅和铀的混合矿石进行分析,测得这种矿石中铅同位素 ^{204}Pb,^{206}Pb 和 ^{207}Pb 的相对浓度比为 $1.00:29.6:22.6$.由于同位素 ^{204}Pb 不是放射性的,可以用作分析时的参考.分析一种纯铅矿石,给出这 3 种同位素的相对浓度之比为 $1.00:17.9:15.5$.已知比值 $^{238}N:^{235}N$ 为 $137:1$,试导出包含 T 的关系式.

(d) 假定地球的年龄 T 比这两种铀的半衰期都大得多,由此求出 T 的近似值.

(e) 显然上述近似值并不明显大于铀同位素中较长的半衰期,但用这个近似值可以获得精确度更高的 T 值.由此在精度 2% 以内估算地球的年龄 T.

D部分　球状电荷

真空中电荷 Q 均匀分布在半径为 R 的球体内.

(a) 对 $r \leqslant R$ 和 $r > R$ 两种情况,导出距球心 r 处的电场强度.

(b) 导出与这一电荷分布相联系的总电能表示式.

E 部分　旋转铜环

用细铜丝构成的圆环在地磁场中绕其竖直直径转动. 铜环处的地磁场的磁感强度为 $44.5\ \mu\text{T}$, 其方向与水平方向向下成 $64°$ 角. 已知铜的密度为 $8.90\times10^3\ \text{kg}\cdot\text{m}^{-3}$, 电阻率为 $1.70\times10^{-8}\ \Omega\cdot\text{m}$, 计算其角速度从初始值降到其一半所需的时间, 此时间比转动一次的时间长得多. 写出演算步骤. 设空气和轴承处的摩擦忽略不计, 并忽略自感效应(尽管这些效应本不应忽略).

【试题 1 解答】

A 部分　蹦迪运动员

(a) 由能量守恒 $mgy=\dfrac{1}{2}k(y-L)^2$, 解得

$$y=\frac{kL+mg+\sqrt{2mgkL+m^2g^2}}{k}\ (根号前应取正号)$$

(b) 最大速率发生于加速度为 0(即受力平衡)时. 设其时绳伸长 x, 则有 $mg=kx$. 由动能定理 $\dfrac{1}{2}mv_\text{m}^2=mg(L+x)-\dfrac{1}{2}kx^2$, 解以上二式得

$$v_\text{m}=\sqrt{2gL+mg^2/k}$$

(c) 下落过程时间 t 为自由下落时间 t_f 与弹性绳做简谐振动至最大伸长时间 t_s 之和, 即 $t=t_f+t_s$. 其中, $t_f=\sqrt{\dfrac{2L}{g}}$. 运动员以自由下落末速度 $v_\tau=gt_f=\sqrt{2gL}$ 进入简谐振动, 其速度可表示为 $v=v_\text{m}\sin\omega t$, 其中 $\omega=\dfrac{2\pi}{T}=\sqrt{\dfrac{k}{m}}$, 而 $v_\tau=v_\text{m}\sin\omega\tau$, 故

$$\tau=\frac{1}{\omega}\arcsin\frac{v_\tau}{v_\text{m}}=\frac{1}{\omega}\arcsin\frac{\sqrt{2gL}}{v_\text{m}}$$

$$t_s=\frac{T}{2}-\tau=\pi\sqrt{\frac{m}{k}}-\tau$$

于是

$$t=t_f+t_s=\sqrt{\frac{2L}{g}}+\pi\sqrt{\frac{m}{k}}-\frac{1}{\omega}\arcsin\frac{\sqrt{2gL}}{v_\text{m}}=\sqrt{\frac{2L}{g}}+\sqrt{\frac{m}{k}}\left[\pi-\arcsin\frac{\sqrt{2gL}}{\sqrt{2gL+mg^2/k}}\right]$$

也可表示为与此式相当的其他形式.

B 部分　热机

在计算可获得之功时, 忽略热机工作时的摩擦损耗. 设 ΔQ_1 为从物体 A 吸收的热量, ΔQ_2 为释放给物体 B 的热量, 则

$$\Delta Q_1=-ms\Delta T_1\ (\Delta T_1<0),\quad \Delta Q_2=ms\Delta T_2\ (\Delta T_2>0)$$

(a) 为获得最大机械能, 设热机为卡诺机. 由热力学第二定律, 在工作全过程中有 $\dfrac{\Delta Q_1}{T_1}=\dfrac{\Delta Q_2}{T_2}$, 即 $-ms\displaystyle\int_{T_A}^{T_0}\frac{\mathrm{d}T_1}{T_1}=ms\int_{T_B}^{T_0}\frac{\mathrm{d}T_2}{T_2}$, $\ln\dfrac{T_A}{T_0}=\ln\dfrac{T_0}{T_B}$, 解得 $T_0=\sqrt{T_AT_B}$.

(b) $W=Q_1-Q_2=ms(T_A-T_0)-ms(T_0-T_B)=ms(T_A+T_B-2\sqrt{T_AT_B})=ms(\sqrt{T_A}-\sqrt{T_B})^2$

(c) 数值结果为

$$W = 2.50 \times 1.00 \times 10^3 \times 4.19 \times 10^3 \times [350 + 300 - 2\sqrt{350 \times 300}]\,(\mathrm{J}) = 2.0 \times 10^7\,(\mathrm{J}) = 20\,(\mathrm{MJ})$$

C 部分　放射性与地球年龄

(a) $N = N_0 2^{-t/\tau}$，其中 N_0 为原始原子数，τ 为半衰期.

$$n = N_0 - N_0 2^{-t/\tau} = N_0(1 - 2^{-t/\tau})$$

用现在原子数 N 表示，则为 $n = N(2^{t/\tau} - 1)$，所以 $^{206}n = {}^{238}N(2^{t/4.50} - 1)$，其中 t 以 10^9 年为单位.

(b) 同理可得 $^{207}n = {}^{235}N(2^{t/0.710} - 1)$.

(c)
$$\frac{^{206}n}{^{207}n} = \frac{^{238}N}{^{235}N} \cdot \frac{2^{t/4.50} - 1}{2^{t/0.710} - 1}$$

由上式可得 $\dfrac{29.6 - 17.9}{22.6 - 15.5} = 137\dfrac{2^{T/4.50} - 1}{2^{T/0.710} - 1}$ 或 $0.012\,0(2^{T/0.710} - 1) = (2^{T/4.50} - 1)$.

(d) 既设 $T \gg 4.50$，在上式中可略去 1，而有 $0.012\,0 \cdot 2^{T/0.710} = 2^{T/4.50}$，即 $0.012\,0 = 2^{T(1/4.50 - 1/0.710)}$，故

$$T = \frac{\log 0.012\,0}{\log 2 \cdot \left(\dfrac{1}{4.50} - \dfrac{1}{0.71}\right)} = 5.38$$

所以，地球的年龄 $T = 5.38 \times 10^9\,\mathrm{y}$.

(e) T 并非 $\gg 4.5 \times 10^9\,\mathrm{y}$，但 $T > 0.710 \times 10^9\,\mathrm{y}$. 可以把 T 的近似值(称为 $T^* = 5.38 \times 10^9\,\mathrm{y}$)代入(c)中未略去 1 的方程的 $2^{T/4.50}$ 项中，计算 $2^{T/0.71}$ 项中的 T 以得到 T 的较好近似值，再重复以上运算，得出更好的 T 近似值. 有 $0.012\,0(2^{T/0.71} - 1) = 2^{T^*/4.50} - 1$，$2^{T/0.71} - 1 = \dfrac{2^{5.38/4.50} - 1}{0.012\,0} = 107.5$，得 $T = 0.71\dfrac{\log 92.2}{\log 2} = 4.80$. 再取 $T^* = 4.80$，$2^{T/0.71} - 1 = \dfrac{2^{4.80/4.50} - 1}{0.012\,0} = 91.2$，解得

$$T = 0.71\frac{\log 92.2}{\log 2} = 4.63$$

再作一次运算得 $T = 4.58$. 故 T 的更精确答案在 $4.5 \times 10^9\,\mathrm{y}$ 到 $4.6 \times 10^9\,\mathrm{y}$ 范围内(两个值都算对).

D 部分　球状电荷

(a) 电荷密度 $\rho = \dfrac{Q}{(4/3)\pi R^3} = \dfrac{3Q}{4\pi R^3}$，由高斯定律可得

$$E = \frac{Qr}{4\pi\varepsilon_0 R^3}\ (r \leqslant R)\,,\quad E = \frac{Q}{4\pi\varepsilon_0 r^2}\ (r > R)$$

(b) 能量密度为 $(1/2)\varepsilon_0 E^2$. 对 $r \leqslant R$，半径为 r、厚为 $\mathrm{d}r$ 球壳内的能量为

$$\mathrm{d}E = \frac{1}{2}\varepsilon_0 E^2 4\pi r^2 \mathrm{d}r = \frac{1}{2}\frac{Q^2}{4\pi\varepsilon_0 R^6}r^4 \mathrm{d}r$$

储存在球体内的能量

$$E_{\mathrm{in}} = \frac{1}{2}\frac{Q^2}{4\pi\varepsilon_0 R^6}\int_0^R r^4 \mathrm{d}r = \frac{1}{40}\frac{Q^2}{\pi\varepsilon_0 R}$$

对 $r > R$，球壳内能量

$$\mathrm{d}E = \frac{1}{2}\frac{Q^2}{4\pi\varepsilon_0 r^4}r^2 \mathrm{d}r$$

在 $r > R$ 区域内能量

$$E_{\text{out}} = \frac{1}{2}\frac{Q^2}{4\pi\varepsilon_0}\int_R^\infty \frac{1}{r^2}\mathrm{d}r = \frac{1}{8}\frac{Q^2}{4\pi\varepsilon_0 R}$$

故与电荷相联系的总能量为

$$E = E_{\text{in}} + E_{\text{out}} = \frac{3}{20}\frac{Q^2}{4\pi\varepsilon_0 R}$$

也可用电荷累加做功的办法求解,此处略.

E 部分　旋转铜环

环的转动动能因感应电流的热损耗而逐渐减少. 在环中产生感应电流的地磁场的水平分量 $B = 44.5\times10^{-6}\cos60°$ T. 当环面与地磁场水平分量成 $\theta = \omega t$ 角时,通过环的磁感应通量 $\varPhi = B\pi a^2\sin\omega t$, 其中 a 为环半径. 则瞬时感应电动势 $\dfrac{\mathrm{d}\varPhi}{\mathrm{d}t} = B\pi a^2\omega\cos\omega t$, 旋转一周在环的电阻 R 上消耗的平均热功率 $P = \dfrac{B^2\pi^2 a^4\omega^2}{2R}$.

环的转动惯量 $I = (1/2)ma^2$, 其中 m 为环的质量,转动动能则为

$$W = \frac{1}{2}I\omega^2 = \frac{1}{4}ma^2\omega^2$$

故有能量方程 $\dfrac{\mathrm{d}W}{\mathrm{d}t} = -P$,即

$$\frac{1}{2}ma^2\omega\frac{\mathrm{d}\omega}{\mathrm{d}t} = -\frac{B^2\pi^2 a^4\omega^2}{2R}\text{ 或 }\frac{\mathrm{d}\omega}{\omega} = -\frac{B^2\pi^2 a^2}{mR}\mathrm{d}t$$

若 T 为角速度降到一半所需时间,则有

$$\int_\omega^{\omega/2}\frac{\mathrm{d}\omega}{\omega} = -\int_0^T\frac{B\pi^2 a^2}{mR}\mathrm{d}t$$

即 $\ln 2 = \dfrac{B^2\pi^2 a^2}{mR}T$. 但 $R = 2\pi a\rho/A$, $m = 2\pi aAd$, 其中 A 为铜丝截面积,d 为铜的密度,ρ 为铜的电阻率,代入上式得 $T = \dfrac{4\rho d\ln 2}{B^2}$. 代入数据得

$$T = 1.10\times10^6\,(\text{s}) = 306\,(\text{h}) = 12\,(\text{d})\,18\,(\text{h})$$

本小题也可用动力学方法求解,这里从略.

试题 2

(a) 一阴极射线管由一个电子枪和一个荧屏组成,放在磁感强度为 B 的均匀恒定磁场中,如图 1 所示,磁场方向平行于电子枪的电子束的轴. 电子束从电子枪的阳极沿轴射出,但有与轴至多成 5° 的发散角,如图 2 所示. 通常电子束将在荧光屏上呈现一个弥散的斑点,但对一定大小的磁场则可得到聚焦得很好的光点. 考察某个电子,离开电子枪时以角度 $\beta(0<\beta<5°)$ 偏离轴运动,并考虑其垂直于轴和平行于轴的两个分量,用下列参量导出电子的荷质比 e/m 的表达式:使电子束聚焦成一点的最小磁感强度;电子枪加速电势差 V(注意 $V<2$ kV);从阳极到荧屏的距离 D.

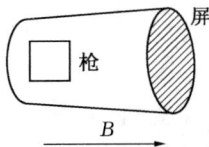

题 2 图 1

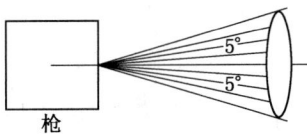

题 2 图 2

（b）考虑另一种测量电子荷质比的方法.图 3 为其实验装置的侧视图和俯视图,图中还画出磁场 B 的方向.在这一均匀磁场中放入两块相隔很小的距离为 t 的铜圆盘,圆盘的半径为 ρ.两盘间保持电势差 V.两圆盘平行、同轴,而且它们的轴垂直于磁场.一照相底片同轴覆盖在半径为 $\rho+s$ 的圆柱体的内侧面,换句话说,底片离圆盘边缘的径向距离为 s.整个装置放在真空中.注意 t 远小于 s 和 ρ.

一点状 β 粒子源放置于两圆盘的圆心之间,沿各个方向均匀发射 β 粒子,粒子的速率分布在一定的范围内.同一底片在下列不同的实验条件下曝光:

情况 1　$B=0$, $V=0$;

情况 2　$B=B_0$, $V=V_0$;

情况 3　$B=-B_0$, $V=-V_0$.

这里 V_0 和 B_0 为正的常数.注意,当 $V>0$ 时上面一块圆盘带正电(当 $V<0$ 时上盘带负电).当 $B>0$ 时,磁场方向规定为如图 3 所示的方向(当 $B<0$ 时磁场沿相反的方向).解这个小题时,两圆盘的间隔可以忽略不计.

在图 3 中,底片的两个区域分别用 A 和 B 标出.底片曝光并冲洗后,两个区域中某个区域的底片展开后显示的 β 粒子曝光线条如图 4 所示.这部分底片取自什么区域(A 还是 B)? 通过指出作用在电子上的力的方向来论证你的答案.

（c）曝光并冲洗后,底片的展开图如图 4 所示.利用显微镜测量两条最外面的轨迹的间距[在某一特定角度下的间距(y)已在图 4 中标出].此测量结果由下表给出.角度 φ 定义为磁场方向与底片上某点和圆盘中心连线间的夹角,如图 3 所示.

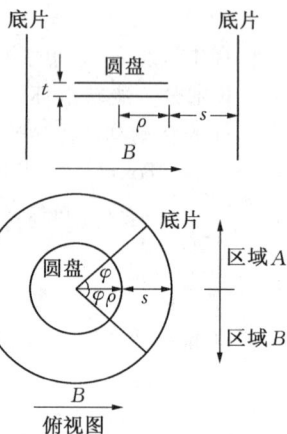
题 2 图 3

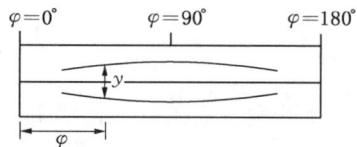
题 2 图 4

题 2 表

与磁场夹角 /°	φ	90	60	50	40	30	23
间隔 /mm	y	17.4	12.7	9.7	6.4	3.3	轨迹终端

测量系统参数的数值如下:

$$B_0=6.91\,\mathrm{mT},\quad V_0=580\,\mathrm{V},\quad t=0.80\,\mathrm{mm},\quad s=41.0\,\mathrm{mm}$$

另外,真空中光速可取为 $3.00\times10^8\,\mathrm{m\cdot s^{-1}}$,电子的静止质量为 $9.11\times10^{-31}\,\mathrm{kg}$.计算出观测到的 β 粒子的最大动能(以 eV 为单位).

（d）利用上面(c)小题给出的信息,求出电子的电荷与静质量的比值.这应通过在所给的坐标纸上画一合适的图求出.写出所画图的横轴和纵轴所代表的量的代数表达式.并写出电子荷质比的量值.注意:由于观察的系统误差,你所得到的答案可能与公认的标准值不同.

【试题 2 解答】

（a）由题意,当电子回旋一周恰到达屏时,将在屏上清晰聚焦.

回旋角速度 $\omega=eB/m$,回旋一周时间 $T=2\pi m/eB$.

电子速率 $u=\sqrt{2eV/m}$.（因 $V<2\,\mathrm{kV}$,不难算得 $u<2.65\times10^7\,\mathrm{m\cdot s^{-1}}$,不必考虑相对论效应.）

电子行进距离

$$D=Tu\cos\beta\approx Tu=(2\pi m/eB)\sqrt{2eV/m}$$

故电子荷质比 $e/m=8\pi^2 V/B^2 D^2$.

（b）考虑情况 2.电子受电场力的方向向上.

在区域 A,电子受磁场力的方向也向上,故电子打在盘上,不能到达底片.

在区域 B,电子受磁场力的方向向下.若磁力与电力相等,电子将不受净力,而从盘间射出,使底片曝光.

情况 3 相仿.故底片取自区域 B.

（c）从盘间出射的电子受力平衡.电子受电力 eV/t,受磁力 $euB\sin\varphi$,由 $eV/t = euB\sin\varphi$ 得电子速率 $u = V/Bt\sin\varphi$.最大速率 u_m 对应于最小 φ 角(为 23°),由此得

$$u_m = \frac{V_0}{B_0 t\sin 23°} = \frac{580}{6.91\times 10^{-3}\times 0.80\times 10^{-3}\times \sin 23°}(\text{m}\cdot\text{s}^{-1}) = 2.685\times 10^8 (\text{m}\cdot\text{s}^{-1}) = 0.895c$$

为相对论性的,故电子最大动能

$$E_m = (\gamma - 1)mc^2 = \left(\frac{1}{\sqrt{1 - u^2/c^2}} - 1\right)mc^2 = 1.02\times 10^{-13}(\text{J}) = 637(\text{keV})$$

（d）从盘间出射的电子仅受磁力作用,此力近似在竖直方向,是因为电子运动速度与水平方向夹角始终很小.

由磁力引起的加速度 $a = Beu\sin\varphi/\gamma m$,电子水平初速度为 u,电子从盘间出射到达底片需时 $t = s/u$,在此时间内竖直方向的位移为 $y/2 = (1/2)a(s/u)^2$,即

$$y = \frac{Bes^2\sin\varphi}{\gamma mu}$$

由（c）部分可知对从盘间出射的电子应有 $u = \dfrac{V}{Bt\sin\varphi}$,代入上式消去 u(注意 $\gamma = 1/\sqrt{1 - u^2/c^2}$) 得

$$y^2 = \left(\frac{eBs\sin\varphi}{m}\right)^2\left[\left(\frac{Bst\sin\varphi}{V}\right)^2 - \left(\frac{s}{c}\right)^2\right]$$

以 $(y/Bs\sin\varphi)^2$ 为纵轴、$(Bst\sin\varphi/V)^2$ 为横轴作图,所得直线的斜率为 $(e/m)^2$,在纵轴上截距为 $-(es/mc)^2$.

从所作图上(图略)读得截距为 $-537.7(\text{Cs/kg})^2$,可得 $e/m = 1.70\times 10^{11}$ C/kg;读得斜率为 $2.826\times 10^{22}(\text{C/kg})^2$,可得 $e/m = 1.68\times 10^{11}$ C/kg.

试题 3　**引力波和引力对光所产生的效应**

A 部分

这部分涉及探测天文事件所产生的引力波的困难.已知远距离的超新星爆炸可能对地球表面的引力场强度产生大约 10^{-19} N·kg^{-1} 的扰动.一种引力波探测器的模型(见图1)由两根各 1 m 长的金属棒组成,两棒互成直角.每根棒的一头都抛光成光学平面,另一头刚性地固定住.调节其中一根棒的位置,使从光电管所接收到的信号最小,如图 1 所示.

用压电器件在棒中产生一个非常短的纵向脉冲,结果棒的自由端产生纵向位移 Δx_1 的振动

$$\Delta x_1 = ae^{-\mu t}\cos(\omega t + \varphi)$$

其中 a,μ,ω 和 φ 为常数.

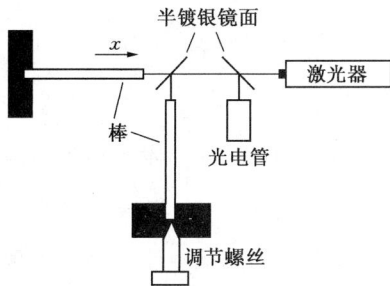
题 3 图 1

（a）如果 50s 的时间间隔内位移的振幅减小 20%，求 μ 的值.

（b）设两棒都由铝制成，其密度 ρ 为 $2\,700\ \mathrm{kg \cdot m^{-3}}$，杨氏模量 E 为 $7.1 \times 10^{10}\ \mathrm{Pa}$. 已知纵波的速度 $v = \sqrt{E/\rho}$，试求 ω 的最小值.

（c）一般不可能使得这两根棒具有完全相同的长度，因此光电管信号出现 $0.005\ \mathrm{Hz}$ 的拍频，问两棒的长度差为多少？

（d）对于长为 l 的棒，导出由于引力场强度 g 的变化 Δg 所引起的长度变化 Δl 的代数表达式，用 l 和棒材料的其他常数表示. 设探测器对引力场强度变化的响应只发生在一根棒的轴向上.

（e）某激光器产生波长为 $656\ \mathrm{nm}$ 的单色光. 如果可以测出的最小条纹移动量为激光波长的 10^{-4}，要使这个系统能够测出 g 的变化量为 $10^{-19}\ \mathrm{N \cdot kg^{-1}}$，棒的最小 l 值为多少？

B 部分

这部分考察引力场对光在空间的传播所产生的效应.

（a）一个从太阳（质量 M、半径 R）表面发生的光子将被红移. 假定光子的质量等价于光子的能量，利用牛顿引力理论证明无穷远处光子的有效（或测量到的）频率以因子 $(1-GM/Rc^2)$ 的倍率减小（即红移）.

（b）光子频率的减小等价于时间周期的增加. 当利用光子作为标准钟时，则等价于时间的膨胀. 另外，时间的膨胀总是伴随着同一因子的长度收缩.

现在我们试图研究这一效应对在太阳边上传播的光的影响. 首先定义离太阳中心 r 处的等效折射率 $n_r = c/c_r'$，其中 c 为在远离太阳引力影响（$r \rightarrow \infty$）的坐标系中测到的光的速度，c_r' 为在距离太阳中心 r 处的坐标系中测到的光速.

当 GM/rc^2 很小时，证明 n_r 可近似表示为

$$n_r = 1 + aGM/rc^2$$

其中 a 为常数，请确定该常数.

（c）利用上述 n_r 表达式，计算当光通过太阳边缘时偏离直线路径的角度（以弧度为单位）.

数据如下：万有引力常数 $G = 6.67 \times 10^{-11}\ \mathrm{N \cdot m^2 \cdot kg^{-2}}$，太阳质量 $M = 1.99 \times 10^{30}\ \mathrm{kg}$，太阳半径 $R = 6.95 \times 10^8\ \mathrm{m}$，光速 $c = 3.00 \times 10^8\ \mathrm{m \cdot s^{-1}}$.

你可能需要下列积分：$\displaystyle\int_{-\infty}^{+\infty} \frac{\mathrm{d}x}{(x^2 + a^2)^{3/2}} = \frac{2}{a}$.

【试题 3 解答】

A 部分

（a）由 $\Delta x_1 = a\mathrm{e}^{-\mu t}\cos(\omega t + \varphi)$，$0.8 = \mathrm{e}^{-50\mu}$，可得 $\mu = -\dfrac{\ln 0.8}{50} = 4.5 \times 10^{-3}\ (\mathrm{s^{-1}})$.

（b）$v = (E/\rho)^{1/2} = (7.1 \times 10^{10}/2\,700)^{1/2} = 5.1 \times 10^3\ (\mathrm{m \cdot s^{-1}})$.

基频振动时，$\lambda = 4l = 4(\mathrm{m})$. 由 $v = \lambda f$，$f = v/\lambda$，有

$$\omega = 2\pi f = 2\pi v/\lambda = 8.06 \times 10^3\ (\mathrm{rad \cdot s^{-1}})$$

（c）由于 $f = v/\lambda = v/4l$，$|\Delta f| = v\Delta l/4l^2$，则

$$\Delta l = 4l^2\Delta f/v = 4 \times 1^2 \times 0.05/5.1 \times 10^3 = 3.9 \times 10^{-6}\ (\mathrm{m})$$

（d）离自由端 x 处，因引力场强度的改变，棒所受的附加引力为 $m\Delta g = \rho x A\Delta g$，式中 A 为棒的截面积. 相应的附加应力为 $m\Delta g/A = \rho x\Delta g$，由此产生的附加应变为 $\dfrac{\delta(\mathrm{d}x)}{\mathrm{d}x} = \rho x\Delta g/E$，因而棒的附加形变为

$$\Delta l = \sum \delta(\mathrm{d}x) = \int_0^l \frac{\rho \Delta g}{E} x \, \mathrm{d}x = \frac{\rho \Delta g}{2E} l^2$$

(e) 当一根棒因引力场强度改变产生形变 Δl 时,分别从两棒自由端反射的激光的光程差改变 $2\Delta l$. 由题意,$2\Delta l = 10^{-4}\lambda$,代入(d)中 Δl 表示式,有 $10^{-4}\lambda = (\rho \Delta g /E)l^2$,由此得

$$l = \sqrt{\frac{10^{-4}\lambda E}{\rho \Delta g}} = \sqrt{\frac{10^{-4} \times 656 \times 10^{-9} \times 7.1 \times 10^{10}}{2\,700 \times 10^{-19}}} = 1.31 \times 10^8 (\mathrm{m})$$

B 部分

(a) $mc^2 = hf$,$m = hf/c^2$.

设光子在太阳表面处频率为 f_R,在无穷远处频率为 f,由能量守恒

$$hf = hf_R - GMm/R = hf_R - GMhf_R/Rc^2 = hf_R(1 - GM/Rc^2)$$

故 $f = f_R(1 - GM/Rc^2)$.

(b) 设离太阳中心 r 处光子频率为 f_r,同理有 $f = f_r(1 - GM/rc^2)$.

上式表明离太阳无穷远处的光子频率比离太阳中心 r 处的光子频率低一个因子,周期则长同一因子.换句话说,离太阳中心 r 处的光子频率比离太阳无穷远处的光的频率高一个因子,周期则短同一因子.当以光子为标准钟时,同一过程在离太阳中心 r 处的时间读数将比无穷远处的时间读数增大一个因子,长度读数则减小同一因子.因此,在离太阳中心 r 处测得的光速比无穷远处测得的光速小该因子的平方,即

$$c'_r = c(1 - GM/rc^2)^2$$

所以,当 $GM/rc^2 \ll 1$ 时,有

$$n_r = c/c'_r = (1 - GM/rc^2)^{-2} \approx 1 + 2GM/rc^2$$

故 $a = 2$.

(c) 既然折射率随离太阳中心的距离 r 而减小,由于折射,光经过太阳边缘时,将向太阳中心偏折(见图 2).由斯耐尔定律

$$n(r + \delta r)\sin(\theta + \delta\theta) = n(r)\sin\theta$$

$$\left[n(r) + \frac{\mathrm{d}n}{\mathrm{d}r}\delta r\right](\sin\theta + \cos\theta \cdot \delta\theta) = n(r)\sin\theta$$

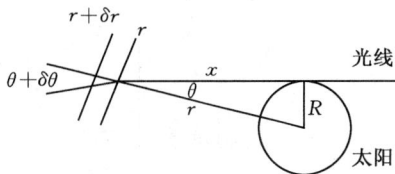

题 3 图 2

可得

$$\sin\theta \frac{\mathrm{d}n}{\mathrm{d}r}\delta r + n(r)\cos\theta \cdot \delta\theta = 0,\quad \delta\theta = -\tan\theta \cdot \frac{1}{n(r)} \cdot \frac{\mathrm{d}n}{\mathrm{d}r}\delta r$$

但 $n(r) = 1 + 2GM/rc^2 \approx 1$,$\dfrac{\mathrm{d}n}{\mathrm{d}r} = -2GM/r^2c^2$,代入上式,得

$$\delta\theta = \tan\theta(2GM/r^2c^2)\delta r$$

由图 2 可知,$r^2 = x^2 + R^2$,$r\mathrm{d}r = x\mathrm{d}x$,$\tan\theta = R/x$,所以偏转角

$$\Delta\theta = \int \delta\theta = \frac{2GM}{c^2}\int \frac{\tan\theta \mathrm{d}r}{r^2} = \frac{2GM}{c^2}\int \frac{R}{x} \frac{x\mathrm{d}x}{r^3} = \frac{2GMR}{c^2}\int_{-\infty}^{+\infty} \frac{\mathrm{d}x}{(x^2 + R^2)^{3/2}} = \frac{2GMR}{c^2} \cdot \frac{2}{R^2} = \frac{4GM}{Rc^2}$$

以数据代入得

$$\Delta\theta = \frac{4 \times 6.67 \times 10^{-11} \times 1.99 \times 10^{30}}{6.95 \times 10^{8} \times (3 \times 10^{8})^{2}} = 8.5 \times 10^{-6} (\text{rad})$$

・实验试题与解答・

试题 4　CDROM 光谱仪

本实验旨在作图表示在可见光谱范围内光敏电阻的电导* 如何随波长而变. 不要求你指出测量的不确定度.

＊ 电导 $G = 1/$ 电阻［单位：西门子（Siemens），$1\,\text{S} = 1\,\Omega^{-1}$］.

【实验内容】　本实验包括 5 个部分的内容：

(1) 用凹形反射光栅（用一片 CDROM 做成）产生一由灯泡 A（12 V, 50 W 钨丝灯泡）发出的聚焦的一级光谱.

(2) 测量并作图表示在该一级光谱范围内光敏电阻的电导与波长的关系.

(3) 证明灯泡 A 灯丝的发光行为近似于理想黑体.

(4) 求出灯泡的灯丝与 12 V 电源相连时的温度.

(5) 计算灯泡 A 所发光谱的能量分布后, 对电导与波长的关系曲线作出修正.

【注意】

(1) 当心烫伤.

(2) 灯泡 B 不能接到任何超过 2.0 V 的电势差上.

(3) 不能将万用表的电阻档在通电电路上使用.

【实验步骤】

(a) 安装好图 1 所示仪器, 使灯泡 A 的光正入射在光栅上, 光敏电阻则置于一级光谱的焦平面上. 将光敏电阻在一级光谱上移动, 观察其电阻（用万用表 X 测量）如何随位置变化.

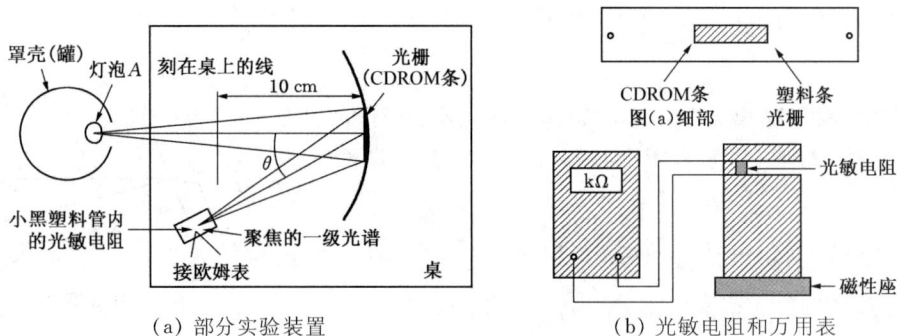

(a) 部分实验装置　　　　　　　　(b) 光敏电阻和万用表

题 4 图 1

(b)(1) 测量并记录光敏电阻在一级光谱不同位置处的电阻 R. 将数据记录在发给你的空白表格上.

(2) 用所发作图纸作光敏电阻的电导 G 与波长 λ 的关系图.

【注意】　一级光谱中波长为 λ 的光的方向与白光从光栅上反射方向间的夹角 θ 可由下式给出：$\sin\theta = \dfrac{\lambda}{d}$, 其中 d 是光栅的刻线间隔. 此光栅每毫米有 620 条刻线.

由于没有考虑灯泡的发射特性, (b)部分(2)小题中所画图线不能正确表示光敏电阻的电导与不同波长的关系. 这些特性将在(c)和(d)部分中研究, 从而在(e)部分中得出经过修正的曲线.

【注意】　在(c)部分中 3 个万用表用作电流表, 别去调节或移动这些表. 用第四个万用表（用 X 标记）测量所有电压.

(c) 若 50 W 灯泡的灯丝作黑体辐射,则可证明加于其两端的电压 V 与通过电流 I 的关系可表示为 $V^3 = CI^5$,其中 C 为常量.测量灯泡 A(在罐中)相应的 V 和 I 的值.电流表已接好,不要去调节它.

(1) 将数据和计算值记录在答题纸的表格中.

(2) 在所发图纸上作适当的图证明灯丝作黑体辐射.

(d) 为修正(b)部分(2)小题中的图线,我们需要知道灯泡 A 的钨丝的工作温度.这可从灯丝电阻随温度的变化中求得.

【提供曲线】 提供给你一张钨的电阻率(单位:$\mu\Omega \cdot cm$)与温度(K)的关系曲线(见图 2).

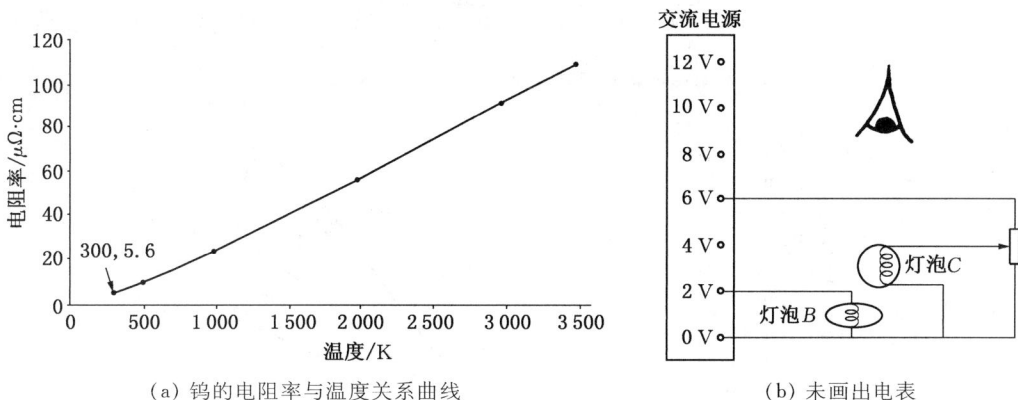

(a) 钨的电阻率与温度关系曲线　　　　　(b) 未画出电表

题 4 图 2

如果能求得灯泡 A 在某一已知温度下的电阻,则其在 12 V 电源下工作时的温度可从该工作电压下的电阻求得.可惜它在室温下的电阻太小,用这一装置无法精确测量.但已提供你另一个更小的灯泡 C,它在室温下具有更大的可以测量的电阻.根据下述步骤,灯泡 C 可用作中介物.提供给你另一只与灯泡 A 相同的 12 V,50 W 灯泡 B.灯泡 B 和 C 安装在一块板上,并如图 2 所示连接起来.

(1) 在室温下未点亮时测量灯泡 C 的电阻(用万用表 X 测量,并取室温为 300 K).将此电阻 R_{C1} 记录在答题纸上.

(2) 用图 2 所示线路比较灯泡 B 和 C 的灯丝.用可变电阻改变通过灯泡 C 的电流,直到你看见两交叠的灯丝处于同一温度.如果小灯丝比大灯丝温度低,它看起来像一个细黑圈.当达到温度相同时,测量灯泡 B 和 C 的电阻,将它们的值 R_B 和 R_{C2} 记录在答题纸上.记住电流表已连接好.

(3) 用提供的电阻-温度曲线找出灯泡 B 和 C 亮度相同时的温度.将此温度 T_{2V} 记录在答题纸上.

(4) 测量灯泡 A(在罐内)接在 12 V 交流电源上时的电阻.再次提醒你电流表已接好,不要去调节它.将此 R_{12V} 记录在答题纸的表格中.

(5) 用灯泡 A(在罐内)在 2 V 和 12 V 时的电阻和 2 V 时的温度,找出它在 12 V 电源下工作时的温度.将此温度 T_{12V} 记录在答题纸的表格中.

【提供曲线】 提供给你黑体辐射体在 2 000 K, 2 250 K, 2 500 K, 2 750 K, 3 000 K, 3 250 K 等温度时的相对辐射强度曲线(普朗克曲线),如图 3 所示.

(e) 用这些图和(d)部分(5)小题中的结果,在发给你的图纸上画一经修正的光敏电阻的电导(任意单位)与波长的关系曲线.假定光敏电阻在任一波长处的电导正比于在该波长处的辐射强度(此假定在本实验落在光敏电阻上的辐射强度较低的情况下是合理的),并假定光栅在一级光谱范围内均匀衍射.

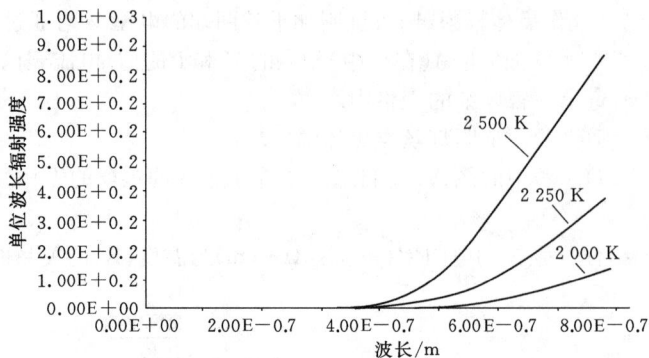

（a）普朗克黑体辐射曲线（2 000 K，2 250 K，2 500 K）

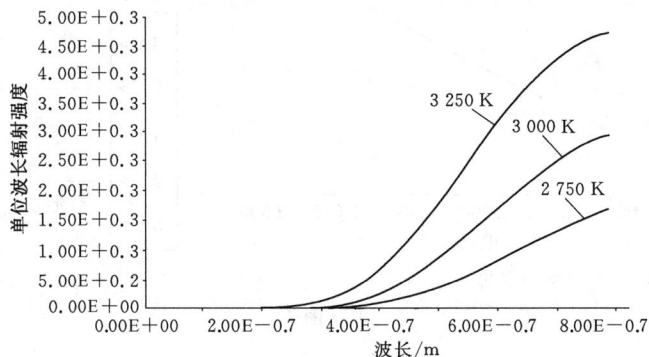

（b）普朗克黑体辐射曲线（2 750 K，3 000 K，3 250 K）

题 4 图 3

【试题 4 解答】

（a）把实验装置和仪器按图 1 中要求接好．使 A 灯泡产生的白光垂直入射到凹形反射光栅上，观测不同波长的衍射光．

（b）移动光敏电阻的位置，测量光栅衍射一级光谱的光的波长 λ（单位：nm）与光敏电阻的阻值 R 的关系，并将电阻 R 转化为电导 $G = 1/R$ 填入表格中．

光的波长由公式 $\sin\theta = \lambda/d$ 求得，θ 角可用提供的纸、直尺在底板上测量长度、经计算得到．光敏电阻阻值用 X 标记的数字万用表欧姆档测得．实验测量光波范围为 $400\sim700$ nm 的可见光．数据点应在 9 点以上，注意在曲线的顶峰附近，数据点应密些．用作图纸画出光敏电阻的电导 G 与波长 λ 的关系曲线（图略），得该曲线峰值在（580 ± 20）nm 范围内．

（c）将数字式万用表电流档串接于灯泡 A 的电路中，用 X 标记的万用表电压档测 A 灯泡两端电压．测量 A 灯泡发光时，灯泡两端电压 V 和电流 I 的关系，取 V^3-I^5 作图得一直线，说明灯泡 A 灯丝作黑体辐射．

（d）测量室温 300 K 时未接通电源的灯泡 C 的灯丝电阻 R_{C1}，得 $R_{C1} = 13.5$ Ω；再记录与灯泡 B 同样亮时灯泡 C 的电阻 R_{C2}，得 $R_{C2} = 75.0$ Ω（伏安法测），由此，可在测出 B 灯泡两端电压的同时，求得 B 灯泡发同样光强时的电阻 $R_B = 1.20$ Ω．通过查图 2(a)，即钨的电阻率与温度 T 的关系数据，经计算得灯泡 C 和灯泡 B 相同亮度时的灯丝温度 $T_{2v} = 2\,130$ K．

用伏安法测出与 12 V 交流电源相连时，灯泡 A 的电阻 $R_{12v} = 2.85$ Ω．同样，查图 2(a) 钨的电阻率与温度 T 的关系曲线，由 R_B，T_{2v} 和 R_{12v} 可得 A 灯泡与 12 V 交流电源相连时灯丝温度 $T_{12v} = 2\,940$ K，接近 3 000 K．

（e）根据假定，光敏电阻在任一波长处的电导正比于在该波长处的辐射强度．查图 3(b) 普朗克黑体辐射曲线(单位波长辐射强度与波长关系曲线)中的 3 000 K 温度曲线,把已测得的光敏电阻的电导 G 进行修正,求出经修正后正确的电导 G',作 G'-λ 关系图(图略).

试题 5　磁性滑块

在本实验中,测量数据、实验结果都要注明不确定度,图中数据点也要标明不确定度.

【目的】　研究滑块在斜面上滑下时作用在滑块上的力.

【注意】　不要直接用手碰滑块的圆面和滑轨斜面上的纸面.请用提供的手套操作.为了方便起见,圆滑块的两面已用不同颜色的纸黏贴上.

【计时】　滑动轨道的斜面下面有两个磁敏传感器,用于触发桌上"时间测量盒"的电路.当滑块滑动在两个磁敏传感器之间时,盒上的绿色发光二极管将点亮.万用表用于测量电容器两端的电势差,当绿色发光二极管亮时,电容器与一个恒流电源接通充电(其充电电流恒定,正比于电池两端的电势差),因此万用表显示的所充电压的读数可以用作测量滑块在两个磁敏传感器之间的时间.这个读数可以代表某种单位下滑块在两个传感器之间的滑动速率.

【计时器的使用操作】

(1) 当压住时间测量盒侧面的黑色按钮时,本测量盒的电路被开启,可以用来进行时间测量.

(2) 此时如果绿灯亮,请将滑块的淡色面朝上(本实验始终将滑块淡色面朝上),并将它放在两个传感器之间,让它沿斜面滑过下面那个传感器,此时绿灯应熄灭.

(3) 释放滑块前,电容器两端的电势差可以通过按住计时器盒上的红色按钮(至少 $10s$)放电降为零.

(4) 可用万用表连接到标有电池符号的两端测量电池电压.

【定义】

(1) 在斜面上向下滑落的运动物体将受到一个沿斜面方向的阻力 F 和正压力 N,定义 $\xi = \dfrac{F}{N}$.

(2) 当阻力仅来自摩擦力时,ξ 将等于 μ_s,并称作表面的动摩擦系数,它与速度无关.

(3) 当蓝色(深色)面与斜面接触时,定义 $\xi_d = \dfrac{F_d}{N}$,这里沿斜面的力 F_d 部分来自表面摩擦,部分来自磁性效应.

(4) 定义只有磁性效应时的变量 $\xi_{ds} = \xi_d - \mu_s$.

【重要的提示和建议】

(1) 刚开始时首先定性研究滑块滑动的行为是很有用的.

(2) 定量测量之前,思考其基本物理内容.记住尽可能利用图表示结果.

(3) 除非你有足够的时间,否则不要读取太多实验数据.

(4) 实验中你测量的是电解电容两端的电势差,它不像简单的空气电容器,很慢的漏电是正常的,电势差也将不能保持完全稳定.

(5) 提供给你一个滑块和一个 9.0 V 的电池,请省电使用.电容器充电的恒定电流正比于电池两端的电势差,注意测量电池两端的电势差,并记下结果.如果电池两端的电势差下降到低于 8.4 V 时,传感器工作可能不可靠,此时应更换电池.

(6) 你的答题袋中只包括 4 张作图纸,不再提供其他作图纸.实验后你可以拿走这个滑块.

(7) 如果不能使用计时器时,请监考员帮助解决.

【数据】　滑块重量 $= 5.84 \times 10^{-2}(\mathrm{N})$;电压表的读数表示滑块在两个传感器之间滑动的时间,1 V 对应 0.213 s(当电池的电势差为 9 V 时);两个传感器之间的距离 $= 0.294(\mathrm{m})$.

【实验内容】

(1) 仅利用提供的设备研究 ξ_{ds} 如何依赖与水平成 θ 角的倾斜滑轨上滑块的速度 v_θ.

（2）在答题纸上叙述用于分析实验结果和作图时用到的代数方程或者关系式.

（3）提出一个定量模型解释实验结果,并利用采集的数据论证此模型.

【试题 5 解答】

当磁性滑块在铝质斜面上自上而下以均匀速度 v 下滑时,因感应电动势（从而感应电流）与速度 v 成正比,可以认为磁阻尼力 $F = Kv$,其中 K 为常数.此磁阻尼力也可以用 $\xi_{ds}W\cos\theta$ 来表示,其中 W 为滑块重量,ξ_{ds} 可看作"磁"摩擦系数,θ 是斜面与水平面的夹角.

当滑块沿斜面匀速下滑时,它受到平行于斜面的作用力的合力为 0,而有

$$W\sin\theta = Kv + \mu W\cos\theta$$

式中,μ 为滑块与斜面间的动摩擦系数.若将此方程两边除以 $W\cos\theta$,可得方程

$$\tan\theta = \frac{Kv}{W\cos\theta} + \mu$$

作 $\tan\theta$-$v/\cos\theta$ 的直线图,可得斜率 K/W 和截距 μ,由此可以求得磁摩擦系数 ξ_{ds},它与速度 v、倾角 θ 的关系式为

$$\xi_{ds} = 斜率 \cdot \frac{v}{\cos\theta}$$

这里,斜率的值由作图求得.

【注意】 计时器的原始读数是电压 V（用数字式万用表读出电压）,V 可转换为时间 t,转换关系式为 $t = 0.213\,V$,由此可求得滑块速度 $v = 0.294/t$,即滑块运动速度 $v = 1.380/V$（其中 V 即为电容器两端电压）.

本题是一个设计性和研究性竞赛题,操作、测量与分析应包括下述内容:

（1）用数字式万用表电压档测量叠层电池两端电压,然后对计时器中电容器两端电压进行校准.

$$V_{正确值} = V_{读数值} \cdot (9.00/电池电压)$$

（2）实验采用斜面倾角 θ 范围为 $\theta_{\max} > \theta > \theta_{\min}$,证明在此范围内滑块在两传感器间作匀速运动,可以用在不同高度下滑时记录计时器测到的时间相同来证明.记录这些数据.

（3）在不同倾角 θ 时让滑块匀速下滑,记录计时器测量的时间 t,求得滑块通过两个集成霍耳传感器之间的速度 v.改变倾角 θ 做实验至少 5 点以上,作 $\tan\theta$-$v/\cos\theta$ 直线图,由直线斜率乘 $v/\cos\theta$ 得 ξ_{ds},截距即为动摩擦系数 μ,结果是 μ 应在 0.2～0.4 范围内.铝斜面和滑块表面都贴有一层纸,请勿用手摸.

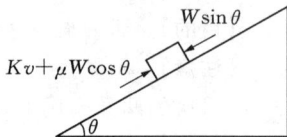

第 32 届国际物理奥林匹克竞赛试题与解答

复旦大学　郑永令　蒋最敏　陆申龙　译编

·理论试题与解答·

试题 **1**

A 部分　速调管

速调管用于甚高频信号的放大. 它主要由两个相距为 b 的腔组成, 每个腔有一对平行板, 如图 1 所示.

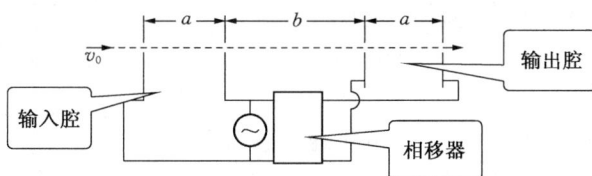

题 1 图 1

初始速度为 v_0 的一束电子通过板上的小孔横穿整个系统. 要放大的高频信号以一定的相位差 (一个周期对应于 2π 相位) 分别加在两对电极板上, 从而在每个腔中产生交变水平电场. 当输入腔中的电场方向向右时, 进入腔中的电子被减速; 反之, 电场方向向左时, 电子被加速. 这样, 从输入腔中射出的电子经过一定的距离后将叠加成短电子束. 如果输出腔位于该短电子束形成处, 那么, 只要加于其上的电压相位选择恰当, 输出腔中的电场将从电子束中吸收能量. 设电压信号为周期 $T = 1.0 \times 10^{-9}$ s, 电压 $V = \pm 0.5$ V 的方波. 电子束的初始速度 $v_0 = 2.0 \times 10^6$ m/s, 电子荷质比 $e/m = 1.76 \times 10^{11}$ C/kg. 假定间距 a 很小, 电子渡越腔的时间可忽略不计. 保留四位有效数字, 计算:

(a) 使电子能叠加成短电子束的距离 b. 将你的结果写在答案纸上. (1.5 分)

(b) 由相移器提供的所需输出腔与输入腔之间的相位差. 将结果写到答案纸上. (1.0 分)

B 部分　分子间距

用 d_L 和 d_V 分别代表液相和气相水分子的平均间距. 假定两个相均在 100 ℃ 和一个大气压下, 并且气相水可以看作理想气体. 利用下列数据计算 d_V/d_L 的比值:

液相时水的密度: $\rho_L = 1.0 \times 10^3$ kg/m^3; 水的摩尔质量: $M = 1.8 \times 10^{-2}$ kg/mol; 1 个大气压: $p_a = 1.0 \times 10^5$ N/m^2; 气体常量: $R = 8.3$ J/(mol·K); 阿伏伽德罗常量: $N_A = 6.0 \times 10^{23}$/mol.

将你的数据填到答案纸上. (2.5 分)

C 部分　一个简单锯齿形信号发生器

一个锯齿形电压波形 V_0 可以由图 2 中电容 C 两端输出得到. 图 2 中 R 是一个可变电阻, V_i 是一个理想电池. SG 为一个火花隙, 它由两个极板组成, 两个极板间距可调. 当 SG 两极电压超过击穿电压 V_f 时, 两极之间的空气被击穿, 此时火花隙变为短路, 并保持短路直到两极电压很小.

(a) 当开关合上后, 画出电压 V_0 随时间变化的波形图. (0.5 分)

(b) 满足什么条件时可以得到几乎线性的锯齿形电压波形 V_0? 将结果填在答案纸上. (0.2 分)

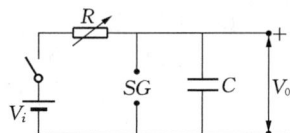

题 1 图 2

(c) 假定上述条件满足, 导出这个波形周期 T 的简单表示式. 将结果填在答案纸上. (0.4 分)

(d) 如果只改变周期, 你应该改变什么 (只改变 R, 或只改变 SG, 或同时改变 R 和 SG)? 将结果填在答案纸上. (0.2 分)

(e) 如果只改变幅度, 你应该改变什么 (只改变 R, 或只改变 SG, 或同时改变 R 和 SG)? 将结果填

在答案纸上.(0.2 分)

(f) 提供给你另外一个可变的电源,设计并画出一个新的电路.并指出两个端点,从这两个端点输出可以得到如图 3 所示的电压波形 V_0'.(1.0 分)

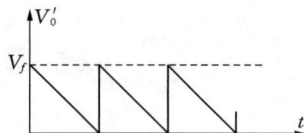
题 1 图 3

D 部分　原子束

在图 4 中,将炉子中的一群原子加热到某一温度 T,并让这些原子沿水平方向通过炉子侧面上一个直径为 D 的小孔射出(D 的尺寸与原子尺度相当),从而形成一束原子束.当这束原子行经水平长度为 L 的距离时,估算这束原子束的直径.设原子的质量为 M.将你的结果填入答案纸中.(2.5 分)

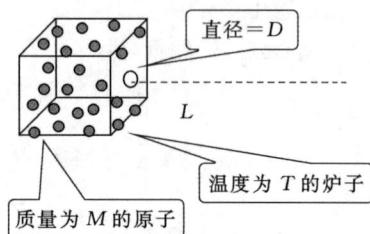
题 1 图 4

【试题 1 解答】

A 部分　速调管

(a) 电子在前半周中速度被减慢,后半周中速度被加快.设减慢后的速度为 v_{ret},加快后的速度为 v_{acc},则

$$v_{\text{ret}} = \sqrt{[v_0^2 - 2(e/m)V]} = 1.956 \times 10^6 \, (\text{m/s})$$

$$v_{\text{acc}} = \sqrt{[v_0^2 + 2(e/m)V]} = 2.044 \times 10^6 \, (\text{m/s})$$

经时间 t 后两种电子各行进距离

$$x_{\text{ret}} = v_{\text{ret}}t, \quad x_{\text{acc}} = v_{\text{acc}}(t - T/2)$$

令 $x_{\text{ret}} = x_{\text{acc}}$,得叠加成短电子束的时间

$$t_b = v_{\text{acc}}T/2(v_{\text{acc}} - v_{\text{ret}}) = 11.61T$$

由此得

$$b = v_{\text{ret}}t_b = 2.272 \times 10^{-2} \, (\text{m})$$

(b) 相移

$$\Delta\varphi = \pm(t_b/T - n)2\pi = \pm 0.61 \times 2\pi = \pm 220° \text{ 或 } \Delta\varphi = \pm 140°$$

B 部分　分子间距

将气相水看成理想气体,则其密度 $\rho_V = Mp_a/RT$,由此得

$$d_V/d_L = (\rho_L/\rho_V)^{1/3} = (RT\rho_L/Mp_a)^{1/3} \approx 12$$

C 部分　一个简单锯齿形信号发生器

(a) 电压 V_0 随时间变化的波形图如图 5 所示.

(b) 需满足条件 $V_i \gg V_f$.

(c) 开关合上后,输出电压与时间关系为

$$V = V_i(1 - e^{-t/RC})$$

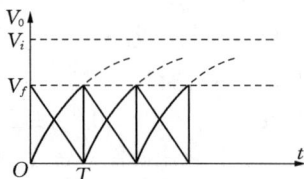
题 1 图 5

令 $V = V_f$,由于 $V_f \ll V_i$,必有 $t = T \ll RC$, $e^{-T/RC} \approx 1 - (T/RC)$,则

$$V_f \approx V_i[1 - (1 - T/RC)] = V_iT/RC$$

即 $T = RC(V_f/V_i)$.

(d) 只改变 R.

(e) 同时改变 R 和 SG,使 $RV_f =$ 常量.

(f) 如图 6(a)和(b)均可.

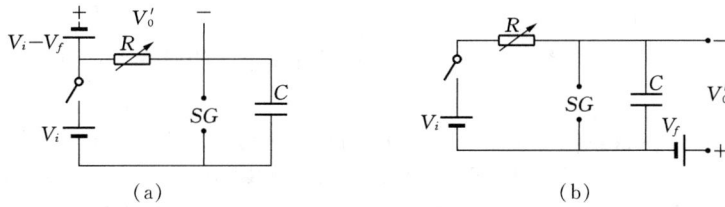

题 1 图 6

D 部分　原子束

当原子束通过直径为 D 的孔时,由量子力学不确定关系,其动量的 y 分量

$$\Delta p_y \approx \hbar /D, \ h /D, \ \hbar /2D$$

相应的速度分量

$$\Delta v_y \approx \hbar /MD, \ h /MD, \ \hbar /2MD$$

原子束的直径增大了量值 $\Delta D = 2\Delta v_y t$,其中 t 为行进时间.

当炉温为 T 时,原子离孔时的动能和速度分别为

$$E_k = (1 /2)Mv^2 = (3 /2)kT, \ kT, \ (1 /2)kT$$

$$v = \sqrt{3kT /M}, \ \sqrt{2kT /M}, \ \sqrt{kT /M}$$

原子束以速度 v 行进距离 L,需时 $t = L /v$,故

$$\Delta D = 2\Delta v_y t \approx 2(L /v)(\hbar /MD) = 2L\hbar /MD \sqrt{3kT /M} = 2L\hbar /D\sqrt{3MkT}$$

或以上述相应其他量代入的表示式. 因而原子束行进距离 L 后的新直径为

$$D_{new} = D + 2L\hbar /D\sqrt{3MkT}$$

或以上述其他量代入的表示式.

试题 2　双星系统

(a) 众所周知,大部分恒星构成双星系统. 有一种双星系统由一个质量为 m_0、半径为 R 的寻常星和一个更大质量 M 的致密中子星相互围绕对方旋转组成. 在下面的所有内容中,忽略地球的运动. 对这个双星系统的观察得到下列信息:

(1) 寻常星的最大角位移为 $\Delta\theta$,同时中子星的最大角位移为 $\Delta\varphi$(见图 1).

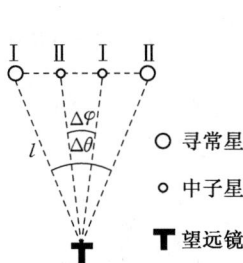

题 2 图 1

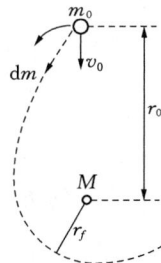

题 2 图 2

(2) 从图 1 中一个最大位移状态(Ⅰ)变到另一个最大位移状态(Ⅱ)所需时间为 τ.

(3) 寻常星的辐射特性表明,其表面温度为 T,单位时间辐射到地球表面单位面积的能量为 P.

(4) 由于寻常星的引力场作用,这一辐射中的钙谱线与正常的波长 λ_0 相差 $\Delta\lambda$[在这个计算中可认为波长为 λ 的光子的质量为 $h/(c\lambda)$].

求从地球到这个双星系统距离 l 的表达式,只能用所观察到的量和普适常量表示. 将你的结果填在答案纸上.(7.0 分)

(b) 假定 $M \gg m_0$,寻常星基本上在半径为 r_0 的圆形轨道上绕中子星转动. 假定寻常星开始以速度 v_0(相对寻常星)向中子星发射气体(见图 2). 假定在此问题中,只考虑中子星的引力作用,并忽略寻常星的轨道变化,求气体与中子星的最近距离 r_f. 将结果填写在答案纸上.(3.0 分)

【试题 2 解答】

(a) 双星系统的质心可视为不动. 设寻常星与质心距离为 r_1,中子星与质心距离为 r_2,由图 1,有

$$r_1 = l(\Delta\theta/2), \quad r_2 = l(\Delta\varphi/2) \tag{1}$$

$$l = 2(r_1 + r_2)/(\Delta\theta + \Delta\varphi) \tag{2}$$

可见 l 的值有赖于 $r_1 + r_2$. 由牛顿运动定律,并注意到双星转动角速度 ω 与观察量 τ 的关系 $\omega = 2\pi/2\tau = \pi/\tau$,有

$$GMm_0/(r_1 + r_2)^2 = m_0(\pi/\tau)^2 r_1, \quad GMm_0/(r_1 + r_2)^2 = M(\pi/\tau)^2 r_2$$

由以上两式得 $r_1/r_2 = M/m_0$ 及

$$Gm_0 = (\pi/\tau)^2 r_2(r_1 + r_2)^2 \tag{3}$$

可见,$r_1 + r_2$ 的值依赖于 m_0. 而 m_0 可由光谱的引力红移求得. 由能量守恒,并注意到光子质量与波长关系,有 $hc/\lambda_0 - (Gm_0/R)(h/c\lambda_0) = hc/(\lambda_0 + \Delta\lambda)$,由此可得

$$R = Gm_0(\lambda_0 + \Delta\lambda)/c^2\Delta\lambda \tag{4}$$

于是,m_0 又与 R 联系起来. 但 R 可与观察量 P 相联系,

$$P = \sigma T^4 4\pi R^2/4\pi l^2 = \sigma T^4 R^2/l^2 \tag{5}$$

由(1),(2),(3),(4),(5)式即可求得由观察量表示的 l 值为

$$l = [2\tau c/\pi(\Delta\theta + \Delta\varphi)][2\Delta\lambda(P/\sigma T^4)^{1/2}/\Delta\varphi(\lambda_0 + \Delta\lambda)]^{1/2} \tag{6}$$

(b) 气体质元 $\mathrm{d}m$ 的角动量守恒

$$r_0^2\omega_0\mathrm{d}m = r_f^2\omega_f\mathrm{d}m \tag{7}$$

则 $\omega_f = \omega_0 r_0^2/r_f^2$,其中 ω_f 为质元与中子星最靠近时的角速度. ω_0 则由原状态的动力学关系决定,

$$\omega_0^2 = GM/r_0^3 \tag{8}$$

质元的能量守恒,即有

$$(1/2)\mathrm{d}m(v_0^2 + r_0^2\omega_0^2) - GM\mathrm{d}m/r_0 = (1/2)\mathrm{d}mr_f^2\omega_f^2 - GM\mathrm{d}m/r_f \tag{9}$$

联立(7),(8),(9)式得

$$v_0^2 - GM/r_0 = GMr_0/r_f^2 - 2GM/r_f$$

即 $(v_0^2 - GM/r_0)r_f^2 + 2GMr_f - GMr_0 = 0$,解 r_f 的二次方程,得

$$r_f = \{[v_0\sqrt{GMr_0} - GM]/(v_0^2 r_0 - GM)\}r_0 \tag{10}$$

试题 3　磁流体动力发电机

一个水平放置的上下、前后封闭的矩形塑料管,其宽度为 w,高度为 h,其内充满电阻率为 ρ 的水银,由涡轮机产生的压强差 p 使得这个流体具有恒定的流速 v_0.管道的前后两个侧面上各有长为 L 的由铜组成的面,如图所示.实际流体的运动非常复杂,为了简化起见,作如下假定:

(1) 尽管流体有黏滞性,但整个横截面上的速度均匀.

(2) 流体的速度总是与作用于其上的净外力成正比.

(3) 流体不可压缩.

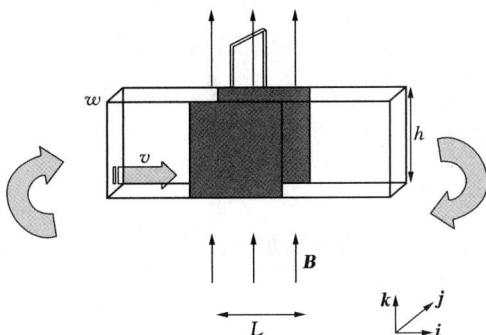

题 3 图

由铜组成的两个前后侧面外部短路,一个均匀竖直向上的磁场 $\boldsymbol{B}$ 只加在两个铜侧面之间的区域,装置如图所示,图中还标出用于答题的单位矢量 $\boldsymbol{i}$, $\boldsymbol{j}$, $\boldsymbol{k}$.

(a) 求磁场作用在流体上的力(用 L, B, h, w, ρ 和加磁场后新的稳定速度 v 表示).将结果填写在答案纸上.(2.0 分)

(b) 导出加磁场后流体新的稳定速度 v 的表示式(用 v_0, p, L, B 和 ρ 表示).将结果填写在答案纸上.(3.0 分)

(c) 为了使速度增加到原来的值 v_0,涡轮机的功率必须增加,导出所增加功率的表示式.将结果填写在答案纸上.(2.0 分)

(d) 现撤去磁场,并以流速为 v_0 的水代替水银.沿水的流动方向发送单一频率 f 的电磁波.设水的折射率为 n,且 $v_0 \ll c$,导出由于流体运动造成的进入长为 L 的两侧面间区域至离开此区域的电磁波的附加相位差的表示式.将结果填写在答案纸上.(3.0 分)

【试题 3 解答】

(a) 由 $\mathscr{E} = vBw$, $I = vBw/(\rho w/Lh) = vBLh/\rho$,可得

$$F = IBw = vB^2 Lhw/\rho$$

力的方向沿 x 轴负方向,即与流速反向.

(b) $$v/v_0 = (phw - F)/phw = 1 - F/phw$$

以 F 表式代入,即可得

$$v = v_0[1 + v_0 B^2 L/p\rho]^{-1} \text{ 或 } v = v_0 p\rho/(p\rho + v_0 B^2 L)$$

(c) 为使速度增加到原来的值 v_0,泵必须增加压强 Δp 以克服磁场对电流的力(与压力反向),$\Delta phw = F$,其中 F 为速度 $v = v_0$ 时的 F 值.功率增加量 $\Delta P = \Delta phwv_0 = Fv_0$,以 $v = v_0$ 时的 F 值代入,即得

$$\Delta P = v_0^2 B^2 Lhw/\rho$$

（d）光在静止的水中的速度 $u = c/n$，根据相对论速度加法，在流速为 v 的水中的速度为

$$u' = (c/n + v)/(1 + cv/nc^2) = (c/n + v)/(1 + v/nc)$$

对低流速 $v(v \ll c)$，在 $(1 + v/nc)^{-1}$ 项中略去 v^2/c^2 以上小量，得

$$u' = (c/n + v)/(1 + v/nc) \approx (c/n + v)(1 - v/nc) \approx c/n + v(1 - 1/n^2)$$

$$\Delta u = u' - u = v(1 - 1/n^2)，\quad \Delta \varphi = 2\pi f \Delta T$$

由 $T = L/u$，$\Delta T = \Delta uL/u^2 \approx (Lv/c^2)(n^2 - 1)$，而 $v = v_0$，故

$$\Delta \varphi = 2\pi f(L/c^2)(n^2 - 1)v_0$$

· 实验试题与解答 ·

试题 4　旋转液体

本实验包括 3 个主要部分：

（1）研究旋转液体表面的形状，并测定重力加速度．

（2）将旋转液体作为光学系统进行研究．

（3）测定液体的折射率．

当一个盛有液体的圆柱形容器绕着过其中心的竖直轴以角速度 ω 匀速旋转时，液体的表面将变为抛物面（见图 1）．平衡时，设液体表面上某点 $P(x, y)$ 的切面与水平面夹角为 θ，则

$$\tan \theta = \omega^2 x/g \qquad （对 |x| \leqslant R） \tag{1}$$

其中 R 为容器的半径，g 为重力加速度．

进一步可以证明，对 $\omega < \omega_{\max}$（其中 $\omega_{\max}$ 为当旋转液体表面中心与容器底面接触时的角速度），当 $x = x_0 = R/\sqrt{2}$ 时，

$$y(x_0) = h_0 \tag{2}$$

即该处旋转液体的高度与不旋转时的高度相同．

旋转液体表面的形状为由下列方程给定的抛物面：

$$y = y_0 + x^2/4C \tag{3}$$

抛物面的顶点在 $V(0, y_0)$，焦点在 $F(0, y_0 + C)$．当平行于对称轴（光轴）的光线在此抛物面上反射时，它们将都交于焦点 F，如图 1 所示．

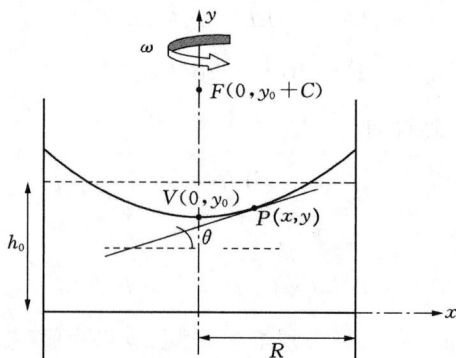

原深 h_0、半径为 R 的水桶绕 y 轴以恒定角速度 ω 旋转时产生的抛物形表面上一点 $P(x, y)$ 处的倾角 θ，表面顶点 V 和焦点 F 的定义．

题 4 图 1

【实验器材】

(1) 1 个盛有液体甘油的圆柱形刚性塑料杯,在杯的底部和侧壁贴有毫米刻度尺.

(2) 由小型直流马达驱动的转台,马达由一个电压可调的直流电源供电,用它可控制转台转动的角速度.

(3) 1 块水平放置的透明屏,其上可放透明或半透明坐标纸.屏的位置可沿竖直或水平方向调节.

(4) 固定在支架上的激光笔,激光笔位置可以调节,头部的帽盖可调换的.

(5) 1 个供替换的激光笔帽盖.

(6) 1 把尺.

(7) 1 支记号笔.

(8) 1 只秒表.按其左边按钮为复位,按中间按钮为选择工作模式,按右边按钮为开始或停止计时.

(9) 标有 500 或 1 000 线/mm 的光栅.

(10) 水平尺.

(11) 护目镜.

【注意】

(1) 不要直视激光束,注意从准镜面反射的激光束也很危险.为了安全,请务必使用护目镜.

(2) 在整个实验过程中,挪动盛有甘油的杯子时要小心.

(3) 转台预先已调整水平.气泡水平尺仅用来调节透明屏的水平状态.

(4) 整个实验中将在屏幕上观察到几个斑点,它们分别由空气、液体、屏和杯子等之间的界面反射或折射束形成.注意确保你的测量对象是实验所要求的光束.

(5) 必须缓慢地改变转动速度,并等候足够长时间使得液体达到平衡,然后再进行测量.

【实验内容】

第一部分　利用旋转液体测定重力加速度(7.5 分)

(1) 导出公式(1).

(2) 测量容器中液体的高度 h_0 和容器的内直径 $2R$.

(3) 在光源与容器之间插入光屏.测量转台与光屏间的距离 H(见图 2).

(4) 调节激光笔使光束竖直向下,并使其通过离容器中心水平距离 $x_0 = R/\sqrt{2}$ 处的液体表面.

(5) 缓慢地转动转台.注意不要让旋转液体表面中心接触容器底面.

(6) 已知在 $x_0 = R/\sqrt{2}$ 处,无论角速度 ω 大小如何,该处液面高度与不转时相同.利用这一点,测量不同角速度 ω 下 x_0 处液体表面的切面倾角 θ,通过实验测定重力加速度 g.

(7) 将每个 ω 下的各测量值和计算值列成表.

(8) 作图以计算重力加速度 g.

(9) 计算 g 的值及其实验误差.

(10) 将 $2R$,x_0,h_0,H 和实验测得的 g 值及其误差填写到答案纸上.

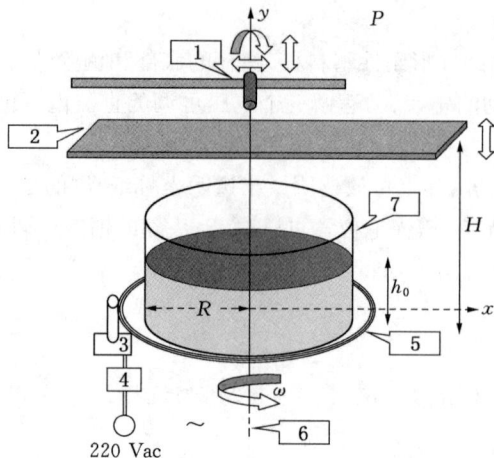

1. 架上的激光笔；2. 透光屏；3. 马达；4. 马达控制器；5. 转台；6. 转轴；7. 圆柱形容器.

题 4 图 2

第二部分　利用光学系统测焦距及像分析

在这部分实验中旋转液体被看作一个成像光学系统. 由于液体表面的曲率随旋转角速度变化，因此这个光学系统的焦距依赖于 ω.

（a）焦距的研究.（5.5 分）

（1）调节激光笔使得激光束竖直向下射到杯子底面的中心. 将这时光束与屏相交处标为 P 点，杯子底面的中心与这点的连线就是这个系统的光轴（见图 2）.

（2）由于液体的表面像一个抛物面镜子，任何平行于光轴的光束经这个抛物面反射后将通过光轴上的焦点 F.

（3）调节转动速度，使焦点落在屏上. 测量角速度和屏与转台间的距离 H.

（4）对不同 H 值，重复上述步骤.

（5）在答案纸上填入 $2R$，h_0 的测量值和每个 H 值所对应的 ω 的测量值.

（6）利用你的测量数据作图，找出焦距与角速度之间的关系. 为了简单起见，你可近似取 $H - h_0$ 作为焦距. 将你的结果填到答案纸上.

（b）"像"（即你在屏幕上所看到的）的分析.（3.5 分）

在这部分实验中，你将分析由这个光学系统产生的"像". 为此，按下列步骤进行：

（1）逆时针旋转取下激光笔的帽盖.

（2）顺时针旋转装上激光笔的新帽盖（放在封袋中）. 现在你的激光笔能形成清晰的图形，而不再是一束细光束.

（3）调节激光笔位置，使激光束近乎竖直地射到杯子中心附近.

（4）在靠近杯子的水平屏上放一张半透明坐标纸，使入射激光束碰不到半透明纸，而反射激光束能射到半透明纸.

（5）当不转动时，观察由出射激光束形成"像"的大小和取向，以及由反射激光束形成的"像"的大小和取向.

（6）开始转动液体，逐渐增加转动速度到仪器可达到的最大值，同时观察屏上"像"的变化. 当 ω 增大时，你会看到几个不同频率区域，在这些不同频率区域中"像"的性质完全不同. 为了描述这些观察结果，在答案纸的表中加行，每一行填上上述所观察到的频率范围，并用所给的符号完成此表. 这些符号的含义在该答案纸上有说明.

第三部分 测量折射率(3.5 分)

在这部分实验中我们将利用光栅来测定所给液体的折射率. 当一束波长为 λ 的单色光垂直入射到衍射光栅上时,将在 α_m 处观察到衍射花样的极大值,α_m 满足下列方程:

$$m\lambda = d\sin\alpha_m \qquad (4)$$

其中 m 为衍射级数,d 为光栅常量. 在这部分实验中,利用一衍射光栅来测定激光的波长和液体的折射率. 图 3 为液体中的光栅实验俯视图.

(1)利用光栅测量激光笔的激光波长,并将你的结果填写在答案纸上.

(2)将光栅垂直浸入液体中,并使其处于杯子的中心.

(3)调节激光束使其由杯壁进入液体并垂直入射到光栅上.

(4)在贴于杯子对面侧壁的毫米刻度尺上观察衍射花样,并作必要的测量.

(5)利用你的测量计算液体的折射率(忽略塑料杯子对光程的影响).

(6)将你的实验结果填写在答案纸上.

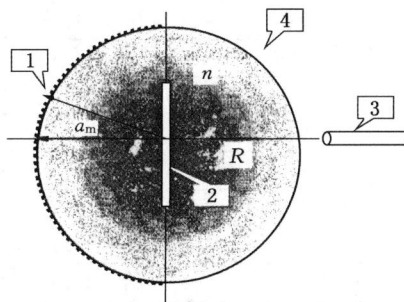

1. 带有标尺的侧壁;2. 放在架上的光栅;3. 激光笔;4. 圆柱形容器

题 4 图 3

【试题 4 解答】

第一部分 利用旋转液体测定重力加速度

(a) 理论推导:考虑位于液面上的一个质元 m,当其处于平衡时(见图 4),有

$$N\cos\theta = mg, \qquad N\sin\theta = m\omega^2 x$$

题 4 图 4

液面的形状可导出如下:$\tan\theta = \dfrac{dy}{dx}$,$\dfrac{dy}{dx} = \dfrac{\omega^2 x}{g}$,因而 $y = \dfrac{\omega^2 x^2}{2g} + y_0$

(y_0 是在 $x=0$ 时的高度),对于某一点 $x=x_0$,液面的高度 h_0 与液体未旋转时相同. 在这种情况下,

$$h_0 = y_0 + \frac{\omega^2 x_0^2}{2g} \qquad (1)$$

即 $x_0^2 = \dfrac{2g(h_0 - y_0)}{\omega^2}$. 由于液体的体积不变,

$$\pi R^2 h_0 = \int_0^R y(2\pi x dx) = 2\pi \int_0^R \left(y_0 + \frac{\omega^2 x^2}{2g}\right) x\, dx$$

$$y_0 = h_0 - \frac{\omega^2 R^2}{4g} \qquad (2)$$

从方程(1)和(2)可得 $x_0 = \dfrac{R}{\sqrt{2}}$.

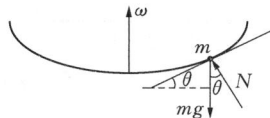

(b) 实验部分:h_0，H，x_0 等量的测量值见表1.

题 4 表 1

$2R$ /mm	x_0 /mm	h_0 /mm	H /mm
145.0	51.0	30.0	160.0

$H - h_0 = 130.0$ mm.

对于角速度较小的转动,测量圆盘转动 10 个周期所用的时间 $10T$;对于角速度较大的转动,测量圆盘转动 15～20 个周期所用的时间 15～20T;利用 $\tan(2\theta) = \dfrac{x}{H-h_0}$ 及 $\omega = \dfrac{2\pi}{T}$（其中 x 为反射光束在透明屏上的交点与入射光束的水平距离）,将实验数据列表如下. 将 x_0 处 $\tan\theta$ 与 ω^2 的关系($\tan\theta - \omega^2$) 作图,可得图 5.

题 4 表 2

x /mm	$10T$ /s	ω /rad·s^{-1}	$\tan 2\theta$	θ /rad	θ /deg	$\tan\theta$	(ω /rad·s^{-1})^2
11	21.34	2.94	0.08	0.04	2.4	0.04	8.67
20	15.80	3.98	0.15	0.08	4.4	0.08	15.81
26	14.22	4.42	0.20	0.10	5.7	0.10	19.52
30	12.99	4.84	0.23	0.11	6.5	0.11	23.40
40	11.74	5.35	0.31	0.15	8.6	0.15	28.64
51	10.45	6.01	0.39	0.19	10.7	0.19	36.15
56	9.90	6.35	0.43	0.20	11.7	0.21	40.28
65	9.40	6.68	0.50	0.23	13.3	0.24	44.68
70	9.08	6.92	0.54	0.25	14.2	0.25	47.88
85	8.39	7.49	0.65	0.29	16.6	0.30	56.08
100	7.71	8.15	0.77	0.33	18.8	0.34	66.41
112	7.43	8.46	0.86	0.36	20.4	0.37	71.51
132	7.00	8.98	1.02	0.40	22.7	0.42	80.57
61.4	11.19	6.20	0.47	0.21	11.98	0.21	41.51(平均值)

(表格下最后一行平均值仅用来计算误差.)

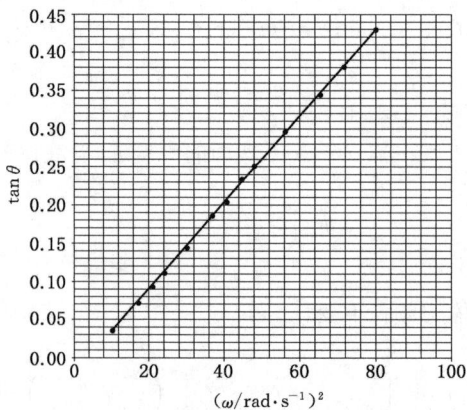

题 4 图 5

图 5 中直线的斜率为 0.005 20(s /rad)^2,因此有

$$g = \frac{x_0}{\text{斜率}} = \frac{5.10}{0.005\,20} = 981(\text{cm /s}^2)$$

误差计算：$g = \dfrac{\omega^2 x_0}{\tan\theta}$，则 $\dfrac{\Delta g}{g} = \sqrt{2\left(\dfrac{\Delta\omega}{\omega}\right)^2 + \left(\dfrac{\Delta x_0}{x}\right)^2 + \left(\dfrac{\Delta\tan\theta}{\tan\theta}\right)^2}$（此处使用的是不确定度运算公式）. 由 $\dfrac{\Delta\omega}{\omega} = \dfrac{\Delta T}{T}$，$\dfrac{\delta\tan\theta}{\tan\theta} \approx \dfrac{\Delta\theta}{\theta}$　（由图可得 $\tan\theta \approx \theta$），有

$$\theta \approx \frac{x}{H - h_0}, \quad \frac{\Delta\theta}{\theta} = \sqrt{\left(\frac{\Delta x}{x}\right)^2 + \left(\frac{\Delta H}{H}\right)^2 + \left(\frac{\Delta h_0}{h_0}\right)^2}$$

$$\frac{\Delta g}{g} = \sqrt{2\left(\frac{\Delta T}{T}\right)^2 + \left(\frac{\Delta x_0}{x_0}\right)^2 + \left(\frac{\Delta x}{x}\right)^2 + \left(\frac{\Delta H}{H}\right)^2 + \left(\frac{\Delta h_0}{h_0}\right)^2}$$

由于 $H = 160.0\,\text{mm}$，$\Delta H = 1\,\text{mm}$，$h_0 = 30.0\,\text{mm}$，$\Delta h_0 = 1\,\text{mm}$，$x_{\text{平均}} = 61.4\,\text{mm}$，$\Delta x_{\text{平均}} = 1\,\text{mm}$，$T_{\text{平均}} = 1.1\,\text{s}$，$\Delta T = 0.01\,\text{s}$，$x_0 = 51.0\,\text{mm}$，$\Delta x_0 = 1\,\text{mm}$，我们得到 $g = (981 \pm 42)\,\text{cm/s}^2$.

【注意】　(1) 由最佳平方逼近法可得 $g = 982\,\text{cm/s}^2$，其标准方差为 $\sigma = 33\,\text{cm/s}^2$.

(2) 利用线性逼近法，有 $\tan\theta$ 比 ω^2 为 0.005 18，并具有 5.14×10^{-5} 的标准偏差，因此

$$\frac{\Delta g}{g} = \sqrt{\left[\frac{\Delta(\text{斜率})}{\text{斜率}}\right]^2 + \left(\frac{\Delta x_0}{x_0}\right)^2} = 0.023$$

即 $g = (981 \pm 23)\,\text{cm/s}^2$.

第二部分　利用光学系统测焦距及像分析

(a) 将实验数据列表，如表 3 所示. 将 $\lg(H - h_0) \sim \lg\omega$ 作图，可得图 6.

题 4 表 3

H/mm	$10T$/s	ω/rad·s^{-1}	$\lg\omega$	$(H - h_0)$/mm	$\lg(H - H_0)$
158	10.31	6.09	0.784 921	128	2.107
209	13.19	4.76	0.677 935	179	2.253
190	11.70	5.37	0.729 994	160	2.204
150	9.80	6.41	0.806 954	120	2.079
129	9.21	6.82	0.833 92	99	1.996
119	8.75	7.18	0.856 172	89	1.949
110	8.10	7.76	0.889 695	80	1.903

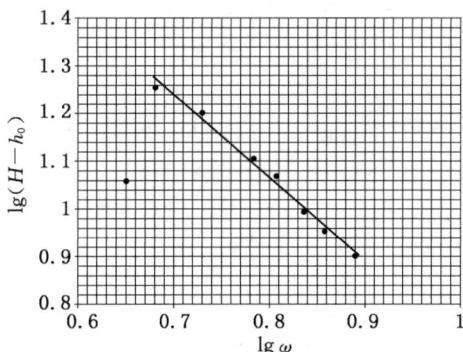

题 4 图 6

由图 6 可知，焦距 f 是 ω 的幂函数：$f = A\omega^n$，其中 $n \sim -1.7$.（也可用 $(H - h_0) - 1/\omega^2$ 作图.）

注意到对于球面镜近轴区域，我们有 $\tan\theta = \dfrac{\omega^2 x}{g}$ 且 $\theta \approx \dfrac{x}{R} \approx \tan\theta$，这给出

$$R = \frac{g}{\omega^2} \quad \text{或} \quad f = \frac{R}{2} = \frac{g}{2\omega^2}$$

如果在近轴区域进行测量,则有 $n \sim -2$.

(b) 用适当的符号描述在屏上观察到的经反射形成的图样. ω 的值由 H, h_0 等决定.

题 4 表 4

ω(范围)/(rad · s^{-1})	方向	大小变化趋势	像的属性
$\omega = 0$	ER		V
$0 < \omega < 8.2^*$	ER	D	V
$0 < \omega < 6.3^{**}$			
$8.2 < \omega < 14.6^{**}$	INV	I	R
$6.3 < \omega < 14.0^{**}$			
$14.6 < \omega < \omega_{max}^*$	ER	NC	V
$14.0 < \omega < \omega_{max}^{**}$			

* 对于 $H = 110$ mm;** 对于 $H = 240$ mm.

说明:

(1) 取向(与在透明屏上观察到的物光束比较):"INV"为倒立;"ER"为正立.

(2) 当 ω 增大时图样大小的变化:"I"为增大;"D"为减小;"NC"为不变.

(3) 对于不同的频率范围像的属性:若屏在焦点以上,填"R";若屏在焦点以下,填"V".

第三部分　测量折射率

(1) 测量波长的方法如下:当光栅和屏都处在空气中,光正入射. 设 L 为屏与光栅的间距, x 为屏上衍射斑点的间距, m 为衍射级次.

当 $L = 225$ mm, $x_{平均} = 77$ mm,对 $m = \pm 1$, $d = \frac{1}{500}$ mm,有

$$\tan \alpha = \frac{x_{平均}}{L} = \frac{77}{225} = 0.342, \quad \alpha = 18.89°$$

$$\lambda = \frac{1}{500} \sin \alpha = 647.6 (\text{mm})$$

当 $L = 128.0$ mm, $x_{平均} = 44.0$ mm,对 $m = \pm 1$, $d = \frac{1}{500}$ mm,有

$$\tan \alpha = \frac{44.0}{128.0} = 0.344, \quad \alpha = 18.97°$$

$$\lambda = \frac{1}{500} \sin \alpha = 650.2 (\text{nm})$$

当 $L = 128.0$ mm, $x_{平均} = 111.0$ mm,对 $m = \pm 2$, $d = \frac{1}{500}$ mm,有

$$\tan \alpha = \frac{111}{128} = 0.867, \quad \alpha = 40.9°$$

$$\lambda = \frac{1}{2 \times 500} \sin \alpha = 655.1 (\text{nm})$$

故 λ 的平均值为 $\lambda_{平均} = 651.0$ nm.

（2）测量折射率的方法如下：当光栅和屏都在液体中，光正入射. 上面已测得 $2R = 145.0\,\text{mm}$.

在曲面上测量两衍射光斑间的距离为 $R\alpha$，测得 $R\alpha_{平均} = 17.0\,\text{mm}$，对 $m = \pm 1$，$\alpha_{平均} = 0.234\,\text{rad}$.

由 $n = \dfrac{m\lambda}{d\sin\alpha}$，可得 $n = 1.40$.

如果忽略曲面的曲率，则

$$\tan\alpha = \frac{17.0}{72.5} = 0.234, \quad \alpha = 13.20°$$

$$n = \frac{\lambda}{d\sin\alpha} = \frac{650.9\,(\text{nm})}{\dfrac{1}{500}\,(\text{mm}) \times 10^6 \sin\alpha} = 1.43$$

第 33 届国际物理奥林匹克竞赛试题与解答

复旦大学 郑永令 蒋最敏 陆申龙 译编

· 理论试题与解答 ·

试题 1 穿地雷达

穿地雷达(GPR)通过向地下发射电磁波并接收地下物体反射回来的电磁波来探测和定位近地表面处的物体. 天线和探测器直接放在地面上,并放在同一位置.

角频率为 ω、沿 z 方向传播的线偏振平面电磁波的电场可由下式表示:

$$E = E_0 e^{-\alpha z}\cos(\omega t - \beta z) \tag{1}$$

其中 E_0 为常数. α 为衰减常数,β 为波数,分别由下式表示:

$$\alpha = \omega\left\{\frac{\mu\varepsilon}{2}\left[\left(1+\frac{\sigma^2}{\varepsilon^2\omega^2}\right)^{1/2}-1\right]\right\}^{1/2}$$

$$\beta = \omega\left\{\frac{\mu\varepsilon}{2}\left[\left(1+\frac{\sigma^2}{\varepsilon^2\omega^2}\right)^{1/2}+1\right]\right\}^{1/2} \tag{2}$$

其中 μ,ε 和 σ 分别为磁导率、介电常量和电导率.

当到达物体时的雷达信号振幅下降为初始值的 $1/e(\approx 37\%)$ 时,将无法被探测到. 常用频率在 $10\sim 1\,000$ MHz 之间的电磁波进行探测,以便调节探测范围和分辨率.

GPR 的性能取决于它的分辨率. 分辨率由两个相邻的被测反射体的最小间距决定. 最小间距对应于两个反射波在探测器处的最小相位差为 180°.

【问题】 已知:$\mu = 4\pi\times 10^{-7}$ H/m, $\varepsilon_0 = 8.85\times 10^{-12}$ F/m.

(1) 假定大地为非磁性物质 $(\mu = \mu_0)$,并满足条件 $\left(\frac{\sigma}{\omega\varepsilon}\right)^2 \ll 1$,利用方程(1)和(2)导出传播速率 v 的表达式(用 μ 和 ε 表示). (1.0 分)

(2) 确定地下被探测物体的最大深度,设大地的电导率为 1.0 mS/m,介电常量为 $9\varepsilon_0$,并满足条件 $\left(\frac{\sigma}{\omega\varepsilon}\right)^2 \ll 1$. (1 S $= \Omega^{-1}$, $\mu = \mu_0$.) (2.0 分)

(3) 考虑两根水平方向平行埋在地下的导电杆,两杆深 4 m,已知大地的电导率为 1.0 mS/m,介电常量为 $9\varepsilon_0$. 假设 GPR 就在其中一根导电杆所在位置的上方进行测量,并假设探测器为点状. 试确定使横向分辨率达 50 cm 所需要的最低频率. (3.5 分)

(4) 为确定埋在与(2)小题中同样条件的地层中的导体杆的深度 d,考虑沿垂直于导体杆方向进行测量. 测量结果可用图 1 的电磁波传播时间 t 和探测位置 x 的关系表示. 取 $t_{min} = 100$ ns. 试导出 t 与 x 的函数关系,并确定 d. (3.5 分)

天线(探测器)位置

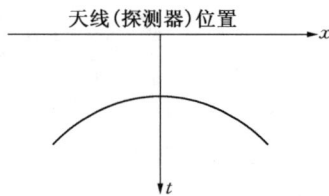

题 1 图 1

【试题 1 解答】

(1) 雷达波在媒质中的传播速率为 v. 由 $\omega t - \beta z =$ 常数有 $\beta z = -$ 常数 $+ \omega t$,则 $v = \frac{dz}{dt} = \frac{\omega}{\beta}$,有

$$v = \frac{\omega}{\beta} = \frac{\omega}{\omega\left\{\frac{\mu\varepsilon}{2}\left[\left(1+\frac{\sigma^2}{\varepsilon^2\omega^2}\right)^{1/2}+1\right]\right\}^{1/2}}$$

因 $\sigma^2/\varepsilon^2\omega^2 \ll 1$,故

$$v = \frac{1}{\left\{\frac{\mu\varepsilon}{2}(1+1)\right\}^{1/2}} = \frac{1}{\sqrt{\mu\varepsilon}}$$

(2) 物体在地下的最大可探测深度(趋肤深度)δ与衰减常数成反比,

$$\delta = \frac{1}{\alpha} = \frac{1}{\omega\left\{\frac{\mu\varepsilon}{2}\left[\left(1+\frac{\sigma^2}{\varepsilon^2\omega^2}\right)^{1/2}-1\right]\right\}^{1/2}} = \frac{1}{\omega\left\{\frac{\mu\varepsilon}{2}\left[\left(1+\frac{1}{2}\frac{\sigma^2}{\varepsilon^2\omega^2}\right)-1\right]\right\}^{1/2}}$$

$$= \frac{1}{\omega\left\{\frac{\mu\varepsilon}{2}\cdot\frac{1}{2}\frac{\sigma^2}{\varepsilon^2\omega^2}\right\}^{1/2}} = \left(\frac{2}{\sigma}\right)\left(\frac{\varepsilon}{\mu}\right)^{1/2}$$

数值 $\delta = \frac{5.31\sqrt{\varepsilon_r}}{\sigma}$m, 式中 σ 以 mS/m 为单位.

对于电导率为 1.0 mS/m、相对介电常量为 9 的介质,其趋肤深度

$$\delta = \frac{5.31\sqrt{9}}{1.0} = 15.93\ (\text{m})$$

(3) 横向分辨率(见图2)满足 $r^2+d^2 = \left(d+\frac{\lambda}{4}\right)^2$,即 $r = \left(\frac{\lambda d}{2}+\frac{\lambda^2}{16}\right)^{1/2}$.

由 $r = 0.5$ m 和 $d = 4$ m,有 $\frac{1}{2} = \left(\frac{4\lambda}{2}+\frac{\lambda^2}{16}\right)^{1/2}$,$\lambda^2+32\lambda-4=0$,得波长 $\lambda = 0.125$ m.

信号在媒质中的传播速度为

$$v = \frac{1}{\sqrt{\mu\varepsilon}} = \frac{1}{\sqrt{\mu_0\mu_r\varepsilon_0\varepsilon_r}} = \frac{1}{\sqrt{\mu_0\varepsilon_0}}\cdot\frac{1}{\sqrt{\mu_r\varepsilon_r}} = \frac{c}{\sqrt{\mu_r\varepsilon_r}} = \frac{0.3}{\sqrt{\varepsilon_r}}\ (\text{m/ns}) = 0.1\ (\text{m/ns}) = 10^8\ (\text{m/s})$$

其中 $c = \frac{1}{\sqrt{\mu_0\varepsilon_0}}$, $\mu_r = 1$. 分辨两分离杆所需之最低频率为 $f_{min} = \frac{v}{\lambda}$,有

$$f_{min} = \frac{0.3/\sqrt{9}}{0.125}\times10^9\ (\text{Hz}) = 800\ (\text{MHz})$$

(4) 当天线和探测器处于地面上某一位置时,电磁波的传播路径如图3所示.

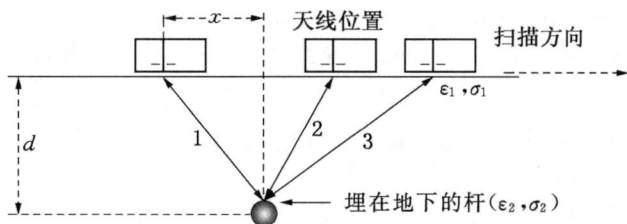

题 1 图 3

传播时间 t 作为 x 的函数,$\left(\frac{tv}{2}\right)^2 = d^2+x^2$,有 $t(x) = \sqrt{\frac{4d^2+4x^2}{v^2}}$,$t(x) = \frac{2\sqrt{\varepsilon_r}}{0.3}\sqrt{d^2+x^2}$. 对 $x=0$,有 $100 = 2\times(3/0.3)d$,故 $d=5$ m.

试题 2　感知电信号

某些海洋动物能探测到离它一定距离的其他动物,因为这些动物的呼吸或包括肌肉收缩在内的其他过程会产生电流.某些食肉动物(捕食者)利用这种电信号能够确定猎物的位置(即使猎物埋在海

底沙中也行).

猎物的发电机制和捕食者的探测机制可以用图 1 的模型表示. 猎物体内的电流在分别带有正负电位的两球体之间流动, 假设两球体距离为 l_s, 每个球的半径为 r_s, r_s 远小于 l_s, 海水电阻率为 ρ. 假设猎物身体的电阻率和它周围的海水一样, 因而图中猎物身体的边界可以忽略.

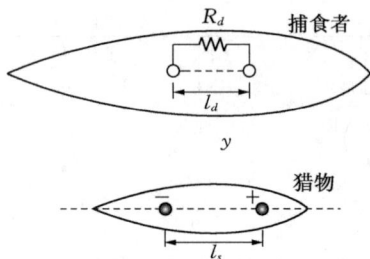
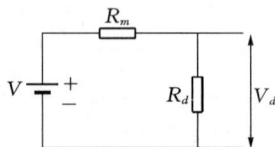

题 2 图 1　　　　　　　　　　题 2 图 2

为了描述捕食者对猎物产生的电信号的探测过程, 探测器可以类似地简化为捕食者身上的两个球, 并和周围的海水相接触, 和猎物的一对电极相平行, 两球相距 l_d, 每个球体的半径为 r_d, r_d 远小于 l_d. 在所考察的情形, 探测器中心在信号源正上方 y 处, 两个球的连线和电场相平行, 如图 1 所示. 源和探测器中两球的距离 l_s 和 l_d 都远小于 y. 假定电场强度在连接探测器两球的连线上为常数, 因此探测器与猎物、周围的海水以及捕食者连成一个闭合回路, 如图 2 所示. 图 2 中的 V 是由猎物感应产生的电场在探测器两个球间造成的电位差 (由于捕食者的生物效应, 这里的 V 等效于电动势——译者注), R_m 是半径为 r_d 的两个球被周围海水包围时所产生的电阻 (内阻). 另外, V_d 和 R_d 分别是捕食者体内两探测球之间的电位差和电阻.

【问题】

(1) 确定放在无限大导电媒质中的点电流源 I_s 产生的离点电流源 r 处的电流密度矢量 $\boldsymbol{j}$ (通过单位面积的电流). (1.5 分)

(2) 基于定律 $\boldsymbol{E} = \rho\boldsymbol{j}$, 确定探测器两球连线中点 P 的场强 $\boldsymbol{E}_P$, 设猎物体内两球间的电流为 I_s. (2.0 分)

(3) 确定猎物体内两源球间的电位差 V_s (1.5 分), 确定两源球间的电阻 R_s (0.5 分) 和源产生的电功率 P_s (0.5 分).

(4) 确定图 2 中两探测球间的电阻 R_m (0.5 分) 和两探测球间的电位差 V_d (1.0 分). 计算探测器的电功率 (原文为由源传输给探测器的电功率——译者注) (0.5 分).

(5) 确定使探测到的电功率达最大时的最佳 R_d 值 (1.5 分), 并确定此最大电功率 (0.5 分).

【试题 2 解答】

(1) 当一点电流源 I_s 位于无限大各向同性媒质中时, 离点源 r 处的电流密度矢量为 $\boldsymbol{j} = \dfrac{I_s}{4\pi r^3}\boldsymbol{r}$.

(2) 题中已设猎物的电阻率与周围海水相同, 即猎物的边界消失, 两球犹如处在电阻率为 ρ 的无限大各向同性媒质中. 当小球产生的电流为 I_s 时, 离球心 r 处的电流密度 $\boldsymbol{j} = \dfrac{I_s}{4\pi r^3}\boldsymbol{r}$.

由于海水的电阻率为 ρ, 在 r 处的电场即为

$$\boldsymbol{E}(r) = \rho\boldsymbol{j} = \frac{\rho I_s}{4\pi r^3}\boldsymbol{r}$$

在我们的模型中有两个小球, 一球相对另一球处于正电压, 于是电流 I_s 从带正电的小球流向带负电的小球, 如图 3 所示. 两球相

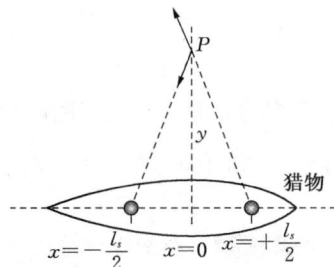

题 2 图 3

距 l_s，则 $P(0, y)$ 处的场强为

$$\boldsymbol{E}_P = \boldsymbol{E}_+ + \boldsymbol{E}_- = \frac{\rho I_s}{4\pi}\left\{\frac{1}{\left[\left(\frac{l_s}{2}\right)^2 + y^2\right]^{3/2}}\left(-\frac{l_s}{2}\boldsymbol{i} + y\boldsymbol{j}\right) + \frac{1}{\left[\left(\frac{l_s}{2}\right)^2 + y^2\right]^{3/2}}\left(-\frac{l_s}{2}\boldsymbol{i} - y\boldsymbol{j}\right)\right\}$$

$$= \frac{\rho I_s}{4\pi}\left\{\frac{l_s(-\boldsymbol{i})}{\left[\left(\frac{l_s}{2}\right)^2 + y^2\right]^{3/2}}\right\}$$

即 $\boldsymbol{E}_P \approx \dfrac{\rho I_s l_s}{4\pi y^3}(-\boldsymbol{i})$（对 $l_s \ll y$）.

（3）沿两球连线的 x 轴上的场强为

$$\boldsymbol{E}(x) = \frac{\rho I_s}{4\pi}\left[\frac{1}{\left(x - \frac{l_s}{2}\right)^2} + \frac{1}{\left(x + \frac{l_s}{2}\right)^2}\right](-\boldsymbol{i})$$

产生给定电流 I_s 的电位差为

$$V_s = \Delta V = V_+ - V_- = -\int_{\left(\frac{l_s}{2}+r_s\right)}^{\left(\frac{l_s}{2}-r_s\right)} \boldsymbol{E}(x) \cdot \mathrm{d}\boldsymbol{x} = -\frac{\rho I_s}{4\pi}\int\left[\frac{1}{\left(x - \frac{l_s}{2}\right)^2} + \frac{1}{\left(x + \frac{l_s}{2}\right)^2}\right](-\boldsymbol{i}) \cdot (\boldsymbol{i}\mathrm{d}x)$$

$$= \frac{\rho I_s}{4\pi}\left\{\frac{1}{-2+1}\left[\frac{1}{\left(\frac{l_s}{2} - r_s - \frac{l_s}{2}\right)} - \frac{1}{\left(-\frac{l_s}{2} + r_s - \frac{l_s}{2}\right)}\right] + \frac{1}{-2+1}\left[\frac{1}{\left(\frac{l_s}{2} - r_s + \frac{l_s}{2}\right)} - \frac{1}{\left(-\frac{l_s}{2} + r_s + \frac{l_s}{2}\right)}\right]\right\}$$

$$= \frac{\rho I_s}{4\pi}\left(\frac{2}{r_s} - \frac{2}{l_s - r_s}\right) = \frac{2\rho I_s}{4\pi}\left[\frac{l_s - r_s - r_s}{(l_s - r_s)r_s}\right] = \frac{\rho I_s}{2\pi r_s}\left(\frac{l_s - 2r_s}{l_s - r_s}\right)$$

即 $V_s = \Delta V \approx \dfrac{\rho I_s}{2\pi r_s}$（对 $l_s \gg r_s$）.

两源球间的电阻为

$$R_s = \frac{V_s}{I_s} = \frac{\rho}{2\pi r_s}$$

源产生的功率为

$$P = I_s V_s = \frac{\rho I_s^2}{2\pi r_s}$$

（4）如图 4 所示，V 是由猎物感生的电场在两探球间产生的电动势，R_m 是由周围海水产生的内阻，V_d 是两探球间的电位差，R_d 是捕食者体内两探球间的电阻，i_d 则是流经闭合电路的电流.

与两源球间的电阻相类比，两探球（半径均为 r_d）之间、电阻率为 ρ 的媒质的电阻为 $R_m = \dfrac{\rho}{2\pi r_d}$. 既然 l_d 比 y 小得多（见图 1），两探球间的电场

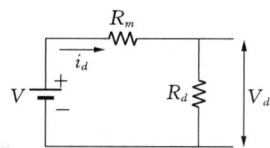

题 2 图 4

就可认为是常量，而为 $E = \dfrac{\rho I_s l_s}{4\pi y^3}$. 于是，存在于媒质中的两探球间的电动势为

$$V = E l_d = \frac{\rho I_s l_s l_d}{4\pi y^3}$$

两探球间的电位差则为

$$V_d = V \frac{R_d}{R_d + R_m} = \frac{\rho I_s l_s l_d}{4\pi y^3} \frac{R_d}{R_d + \dfrac{\rho}{2\pi r_d}}$$

探测器的功率为

$$P_d = i_d V_d = \frac{V}{R_d + R_m} V_d = \left(\frac{\rho I_s l_s l_d}{4\pi y^3}\right)^2 \frac{R_d}{\left(R_d + \dfrac{\rho}{2\pi r_d}\right)^2}$$

（5）当

$$R_t = \frac{R_d}{\left(R_d + \dfrac{\rho}{2\pi r_d}\right)^2} = \frac{R_d}{(R_d + R_m)^2}$$

达最大时，功率 P_d 达最大，于是有

$$\frac{\mathrm{d}R_t}{\mathrm{d}R_d} = \frac{1(R_d + R_m)^2 - R_d 2(R_d + R_m)}{(R_d + R_m)^4} = 0$$

即 $(R_d + R_m) - 2R_d = 0$，$R_{d\text{最佳}} = R_m = \dfrac{\rho}{2\pi r_d}$，最大功率为

$$P_{d\max} = \left(\frac{\rho I_s l_s l_d}{4\pi y^3}\right)^2 \frac{\pi r_d}{2\rho} = \frac{\rho(I_s l_s l_d)^2 r_d}{32\pi y^6}$$

试题 3　重车在倾斜道路上的运动

图 1 是重车在倾斜道路上运动（压路机）的简化模型，该车前后各有一圆柱体作为轮子，在倾斜角为 θ 的道路上运动. 每个圆柱轮总质量为 $m_2 = m_3 = M$，由外半径为 R_0、内半径为 $R_i = 0.8R_0$ 的圆柱壳及 8 根辐条组成，8 根辐条的总质量为 $0.2M$，支撑车体的下架的质量可以忽略. 圆柱轮的简化模型如图 2 所示. 现重车在重力和摩擦力的作用下沿道路运动.

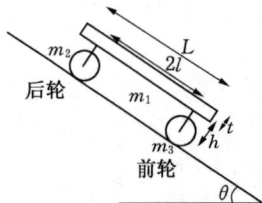
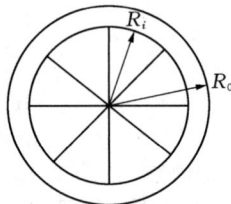

题 3 图 1　　　　　　　　　题 3 图 2

已知圆柱轮与地面的静摩擦系数和动摩擦系数分别是 μ_s 和 μ_k，车身质量为 $m_1 = 5M$，长为 L，厚为 t，前后轮之间距离为 $2l$. 圆柱轮中心到车身底的距离为 h. 设圆柱轮和它的轴之间的摩擦可以忽略.

【问题】

(1) 计算每个圆柱轮的转动惯量.(1.5分)

(2) 画出作用在车身、前轮和后轮上的作用力.写出每一部分的运动方程.(2.5分)

(3) 设车子从静止开始在重力和摩擦力作用下自由运动.描述系统所有可能的运动形式,并导出相应的车的加速度,用题目中所给的物理量表示.(4.0分)

(4) 假定重车从静止开始以纯滚动行进距离 d 米后,进入道路的另一部分,这时所有的摩擦系数降为较小的常数 μ'_s 和 μ'_k,使得两个圆柱轮开始滑动,计算重车行进总距离 s 米后,每个圆柱轮的线速度和角速度.假定 d 和 s 均比车的线度大得多.(2.0分)

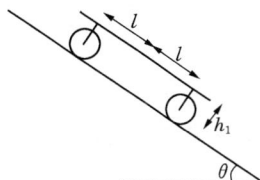

题 3 图 3

【试题 3 解答】

简化模型如图 3 所示,并设 $h_1 = h + 0.5t$, $R_0 = R$.

(1) 计算圆柱轮转动惯量.

已知 $R_i = 0.8R_0$,圆柱部分质量 $m_{圆柱} = 0.8M$,每根辐条质量 $m_{辐条} = 0.025M$.

$$I = \oint_{全部} r^2 \, \mathrm{d}m = \oint_{圆柱壳} r^2 \, \mathrm{d}m + \oint_{辐条1} r^2 \, \mathrm{d}m + \cdots + \oint_{辐条n} r^2 \, \mathrm{d}m$$

$$\oint_{圆柱壳} r^2 \, \mathrm{d}m = 2\pi\sigma \int_{R_i}^{R_0} r^3 \, \mathrm{d}r = 0.5\pi\sigma(R_0^4 - R_i^4) = 0.5 m_{圆柱}(R_0^2 + R_i^2) = 0.656 MR^2$$

$$\oint_{辐条} r^2 \, \mathrm{d}m = \lambda \int_0^{R_{in}} r^2 \, \mathrm{d}r = \frac{1}{3}\lambda R_{in}^3 = \frac{1}{3} m_{辐条} R_{in}^2 = \frac{1}{3} 0.025M(0.64R^2) = 0.005\,33 MR^2$$

于是每个圆柱轮的转动惯量为

$$I = 0.656 MR^2 + 8 \times 0.005\,33 MR^2 = 0.7 MR^2$$

(2) 受力图如图 4 所示.求运动方程时,为简化分析可将系统分为 3 部分:车身(第一部分),可看成匀质平板;后圆柱轮(两个后圆柱轮一起看成第二部分);前圆柱轮(两个前圆柱轮一起看成第三部分).

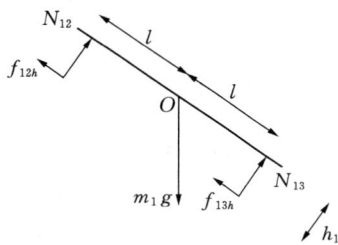

第一部分 车身

与该部分有关的运动方程为沿斜面方向的运动方程

$$m_1 g\sin\theta - f_{12h} - f_{13h} = m_1 a \tag{1}$$

和沿垂直于斜面方向的运动方程

$$m_1 g\cos\theta = N_{12} + N_{13} \tag{2}$$

对 O 点的合力矩为 0,

$$N_{12}l - N_{13}l + f_{12h}h_1 + f_{13h}h_1 = 0 \tag{3}$$

题 3 图 4

第二部分 后圆柱轮

如图 5 所示,后轮运动方程为

$$f_{21h} - f_2 + Mg\sin\theta = Ma \tag{4}$$

$$N_2 - N_{21} - Mg\cos\theta = 0 \tag{5}$$

对纯滚动有 $f_2 R = I\alpha_2 = I\dfrac{\alpha_2}{R}$ 或

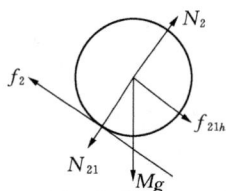

题 3 图 5

$$f_2 = \frac{I}{R^2}a \tag{6}$$

对有滑滚动有

$$f_2 = \mu_k N_2 \tag{7}$$

第三部分　前圆柱轮

如图 6 所示，前圆柱轮运动方程为

$$f_{31h} - f_3 + Mg\sin\theta = Ma \tag{8}$$

$$N_3 - N_{31} - Mg\cos\theta = 0 \tag{9}$$

对纯滚动有 $f_3 R = I\alpha_3 = I\dfrac{a_3}{R}$ 或

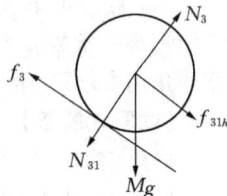

题 3 图 6

$$f_3 = \frac{I}{R^2}a \tag{10}$$

对有滑滚动有

$$f_3 = \mu_k N_3 \tag{11}$$

(3) 由方程(2),(5)和(9)得 $m_1 g\cos\theta = N_2 - m_2 g\cos\theta + N_3 - m_3 g\cos\theta$,有

$$N_2 + N_3 = (m_1 + m_2 + m_3)g\cos\theta = 7Mg\cos\theta \tag{12}$$

由方程(3),(5)和(8)得 $(N_3 - Mg\cos\theta)l - (N_2 - Mg\cos\theta)l = h_1(f_2 + Ma - Mg\sin\theta + f_3 + Ma - Mg\sin\theta)$,有

$$N_3 - N_2 = h_1(f_2 + 2Ma - 2Mg\sin\theta + f_3)/l \tag{13}$$

前后轮均作纯滚动的情况

由方程(4)和(6)得

$$f_{21h} = (I/R^2)a + Ma - Mg\sin\theta \tag{14}$$

由方程(8)和(10)得

$$f_{31h} = (I/R^2)a + Ma - Mg\sin\theta \tag{15}$$

由方程(1),(14)和(15)得

$$5Mg\sin\theta - [(I/R^2)a + Ma - Mg\sin\theta] - [(I/R^2)a + Ma - Mg\sin\theta] = m_1 a$$

$$7Ma\sin\theta = (2I/R^2 + 7M)a$$

$$a = \frac{7Mg\sin\theta}{7M + 2\dfrac{I}{R^2}} = \frac{7Mg\sin\theta}{7M + 2\dfrac{0.7MR^2}{R^2}} = 0.833g\sin\theta \tag{16}$$

$$N_3 = \frac{7M}{2}g\cos\theta + \frac{h_1}{l}\left[\left(M + \frac{I}{R^2}\right) \times 0.833g\sin\theta - Mg\sin\theta\right]$$

$$= 3.5Mg\cos\theta + \frac{h_1}{l}[(M + 0.7M) \times 0.833g\sin\theta - Mg\sin\theta]$$

$$= 3.5Mg\cos\theta + 0.41\frac{h_1}{l}Mg\sin\theta$$

$$N_2 = \frac{7M}{2}g\cos\theta - \frac{h_1}{l}\left[\left(\frac{I}{R^2}+M\right)\times 0.833g\sin\theta - Mg\sin\theta\right]$$

$$= 3.5Mg\cos\theta - \frac{h_1}{l}\left[(0.7M+M)\frac{7Mg\sin\theta}{2\times 0.7M+7M}-Mg\sin\theta\right]$$

$$= 3.5Mg\cos\theta - 0.41\frac{h_1}{l}Mg\sin\theta$$

作纯滚动条件为 $f_2 \leqslant \mu_s N_2$ 和 $f_3 \leqslant \mu_s N_3$，即

$$\frac{I_2}{R_2^2}a \leqslant \mu_s N_2 \ \text{和} \ \frac{I_3}{R_3^2}a \leqslant \mu_s N_3 \tag{17}$$

由(17)式中 $\frac{I_2}{R_2^2}a \leqslant \mu_s N_2$ 得 $0.7M\times 0.833g\sin\theta \leqslant \mu_s\left(3.5Mg\cos\theta - 0.41\frac{h_1}{l}Mg\sin\theta\right)$，有

$$\tan\theta \leqslant \frac{3.5\mu_s}{0.583\,1 + 0.41\mu_s\frac{h_1}{l}}$$

由(17)式中 $\frac{I_3}{R_3^2}a \leqslant \mu_s N_3$ 得 $0.7M\times 0.833g\sin\theta \leqslant \mu_s\left(3.5Mg\cos\theta + 0.41\frac{h_1}{l}Mg\sin\theta\right)$，有

$$\tan\theta \leqslant \frac{3.5\mu_s}{0.583\,1 - 0.41\mu_s\frac{h_1}{l}}$$

$tan\,\theta$ 式中应取前一式.

前后轮均作有滑滚动的情况

由(4)式有

$$f_{21h} = Ma + \mu_k N_2 - Mg\sin\theta \tag{18}$$

由(8)式有

$$f_{31h} = Ma + \mu_k N_3 - Mg\sin\theta \tag{19}$$

以(18)和(19)式代入(1)式得

$$5Mg\sin\theta - (Ma+\mu_k N_2 - Mg\sin\theta) - (Ma+\mu_k N_3 - Mg\sin\theta) = m_1 a$$

$$a = \frac{7Mg\sin\theta - \mu_k N_2 - \mu_k N_3}{7M} = g\sin\theta - \frac{\mu_k(N_2+N_3)}{7M} \tag{20}$$

$$N_3 + N_2 = 7Mg\cos\theta$$

由以上两式得

$$a = g\sin\theta - \mu_k g\cos\theta$$

前后轮同时都作有滑滚动的条件与前后轮均作纯滚动的条件相反，为 $f_2 > \mu_s N_2'$ 和 $f_3 > \mu_s N_3'$，即

$$\frac{I_2}{R_2^2}a > \mu_s N_2' \ \text{和} \ \frac{I_3}{R_3^2}a > \mu_s N_3' \tag{21}$$

式中 N_2' 和 N_3' 为前后轮均作纯滚动时算得之值. 最后得

$$\tan\theta > \frac{3.5\mu_s}{0.583\,1 + 0.41\mu_s\frac{h_1}{l}} \ \text{及} \ \tan\theta > \frac{3.5\mu_s}{0.583\,1 - 0.41\mu_s\frac{h_1}{l}}$$

$tan\ \theta$ 式中应取后一式.

一轮作纯滚动而另一轮作有滑滚动的情况

由(17)式可见必为前轮做纯滚动而后轮做有滑滚动.

由(4)式可得

$$f_{21h} = m_2 a + \mu_k N_2 - m_2 g \sin \theta \tag{22}$$

由(5)式可得

$$f_{31h} = m_3 a + (I/R^2)a - m_3 g \sin \theta \tag{23}$$

由(1),(22)和(23)式得到

$$m_1 g \sin \theta - (m_2 a + \mu_k N_2 - m_2 g \sin \theta) - [m_3 a + (I/R^2)a - m_3 g \sin \theta] = m_1 a$$

$$m_1 g \sin \theta + m_2 g \sin \theta + m_3 g \sin \theta - \mu_k N_2 = [(I/R^2) + m_3]a + m_2 a + m_1 a$$

$$5Mg \sin \theta + Mg \sin \theta + Mg \sin \theta - \mu_k N_2 = (0.7M + M)a + Ma + 5Ma$$

$$a = \frac{7Mg \sin \theta - \mu_k N_2}{7.7M} = 0.909\ 1g \sin \theta - \frac{\mu_k N_2}{7.7M} \tag{24}$$

$$N_3 - N_2 = \frac{h_1}{l}\left(\mu_k N_2 + \frac{I}{R^2}a + 2Ma - 2Mg \sin \theta\right)$$

$$N_3 - N_2 = \frac{h_1}{l}\left(\mu_k N_2 + 2.7 \times 0.909\ 1Mg \sin \theta - \frac{2.7\mu_k N_2}{7.7} - 2Mg \sin \theta\right)$$

$$N_3 - N_2\left(1 + 0.65\mu_k \frac{h_1}{l}\right) = 0.454\ 6\frac{h_1}{l}Mg \sin \theta$$

$$N_3 + N_2 = 7Mg \cos \theta$$

由以上可得

$$N_2 = \frac{7Mg \cos \theta - 0.454\ 6\dfrac{h_1}{l}Mg \sin \theta}{2 + 0.65\mu_k \dfrac{h_1}{l}}$$

$$N_3 = 7Mg \cos \theta - \frac{7Mg \cos \theta - 0.454\ 6\dfrac{h_1}{l}Mg \sin \theta}{2 + 0.65\mu_k \dfrac{h_1}{l}} \tag{25}$$

将以上结果代入(24)式即可得以下结果:

$$a = 0.909\ 1g \sin \theta - \frac{\mu_k N_2}{7.7M} = 0.909\ 1g \sin \theta - \frac{\mu_k}{7.7}\frac{7g \cos \theta - 0.454\ 6\dfrac{h_1}{l}g \sin \theta}{2 + 0.65\mu_k \dfrac{h_1}{l}} \tag{26}$$

该有滚有滑情况的条件为 $f_2 > \mu_s N_2'$ 和 $f_3 \leqslant \mu_s N_3'$,即

$$\frac{I}{R^2}a > \mu_s N_2' \text{和} \frac{I}{R^2}a \leqslant \mu_s N_3' \tag{27}$$

(27)式中 N_2' 和 N_3' 为纯滚动情况下的正压力.

(4) 假定滚过距离 d m 后,前后轮均开始滑动,共行进总距离 s m. 设 t_1 s 内经过 d m. $v_{t_1} = v_0 +$

$at_1 = 0 + a_1 t_1 = a_1 t_1, d = v_0 t_1 + \dfrac{1}{2} a_1 t_1^2 = \dfrac{1}{2} a_1 t_1^2$,可求得 $t_1 = \sqrt{\dfrac{2d}{a_1}}$,则

$$v_{t_1} = a_1 \sqrt{\frac{2d}{a_1}} = \sqrt{2da_1} = \sqrt{2d \cdot 0.833g\sin\theta} = \sqrt{1.666dg\sin\theta} \tag{28}$$

滚过距离 d m 后,前后轮的角速度相同,

$$\omega_{t_1} = \frac{v_{t_1}}{R} = \frac{1}{R}\sqrt{1.666dg\sin\theta} \tag{29}$$

接着车子滑动.设车子从距离 d 滑至 s 需时 t_2 s,$v_{t_2} = v_{t_1} + a_2 t_2 = \sqrt{1.666dg\sin\theta} + a_2 t_2$,$s - d = v_{t_1}t_2$ $+ \dfrac{1}{2} a_2 t_2^2$,可求得 $t_2 = \dfrac{-v_{t_1} + \sqrt{v_{t_1}^2 + 2a_2(s-d)}}{a_2}$,则

$$v_{t_2} = \sqrt{1.666dg\sin\theta} - v_{t_1} + \sqrt{v_{t_1}^2 + 2a_2(s-d)} \tag{30}$$

将 v_{t_1} 和 a_2 代入即可得到最后的结果.

至于角速度,滑动时轮子受力矩 $\tau = \mu_k NR$,$\alpha = \dfrac{\tau}{I} = \dfrac{\mu_k NR}{I}$,则

$$\omega_{t_2} = \omega_{t_1} + \alpha t_2 = \frac{1}{R}\sqrt{1.666dg\sin\theta} + \frac{\mu_k NR}{I} \frac{-v_{t_1} + \sqrt{v_{t_1}^2 + 2a_2(s-d)}}{a_2} \tag{31}$$

将每个圆柱轮的 N 分别代入上式,即可得到它们的角速度.

· 实验试题与解答 ·

试题 4　用电解法测定 e/k_B

【背景理论】

水的电解用下列反应来描述:

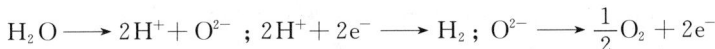

$$H_2O \longrightarrow 2H^+ + O^{2-}; \quad 2H^+ + 2e^- \longrightarrow H_2; \quad O^{2-} \longrightarrow \frac{1}{2}O_2 + 2e^-$$

当浸在水中的一对电极间有电流通过时,就发生上述反应.假定在反应中产生的两种气体都是理想气体.

反应产生的一种气体收集在刻有任意标度的试管中,如果知道总的转移电荷和试管中的气体体积,e/k_B 就能确定.这里 e 是电子的电荷,k_B 是玻耳兹曼常量.

为了上述目的,本实验分成 A 和 B 两部分:A 部分用动力学方法对试管上的任意标度进行定标,这一结果将在 B 部分中应用;B 部分用水的电解法测定物理量 e/k_B.A 和 B 两部分实验的进行次序可以颠倒.

设下列物理量为已知:重力加速度 $g = (9.78 \pm 0.01)\,\mathrm{m/s^2}$;试管的内外半径比为 $\alpha = 0.82 \pm 0.01$.实验室的温度 T 和压强 p 由考场提供.

【实验器材】

(1) 一任意标度的试管.

(2) 3 种不同直径的绝缘铜线:粗褐色线,细褐色线,蓝色线.

(3) 可调电源(0～60 V,最大输出电流 1 A).

(4) 1 个塑料容器和 1 瓶水.

(5) 带有塑料螺丝钳夹的铜块,用来保持电极位置不动,以防止破坏导线的绝缘性.

(6) 数字式秒表.

(7) 万用表(注意正确的使用步骤).

(8) 木质试管夹,使试管保持竖直.

(9) 多用途小滴管.

(10) 垂直支座.

(11) 用于做标记的 1 瓶白色改正液.

(12) 割刀.

(13) 1 把剪刀.

(14) 1 卷透明胶带.

(15) 1 个钢球.

(16) 1 片用作电极的不锈钢片.

(17) 作图纸.

【注意】

所有作图纸上和仪器(如试管)上的刻度都以同一单位标度,但并不是以毫米为单位标度.

【实验内容】

A 部分   试管上任意标度的定标

(1) 确定能将任意长度标度转换为常用标度的动力学方法.

(2) 写出你的实验测量量与试管的任意标尺刻度的关系式,并画出实验装置草图.

(3) 采集和分析实验数据,计算并标定未知长度的标度.

B 部分   物理量 e/k_B 的测定

(1) 建立具有适当试管安置的电解实验,以收集在反应过程中产生的一种气体.

(2) 导出实验中待测量时间 t、电流 I 和试管中水平面高度差 Δh 的关系式.

(3) 采集和分析实验数据,作为简化,你可以假定试管内的气体压强在实验过程中始终为常量.

(4) 确定 e/k_B 的值.

【问题】

A 部分   试管上任意标度的定标

(1) 说明你选定的方法,并画出此方法的实验装置草图.(1.0 分)

(2) 写出你所选方法中测量量的关系式,说明得到该表示式所用的所有近似.(1.0 分)

(3) 按下列顺序采集并整理数据:物理量,数值,单位.(1.0 分)

(4) 用两种独立测出量的关系图来说明定标的优劣,并指出该定标可用范围.(0.5 分)

(5) 用毫米确定任意标度的最小单位,并估计测量引起的误差.(1.5 分)

B 部分   物理量 e/k_B 的测定

(1) 画出实验装置的草图.(1.0 分)

(2) 导出下列表达式:$I\Delta t = \dfrac{e}{k_B} \dfrac{2p(\pi r^2)}{T} \Delta h$ (1.5 分)

(3) 按下列格式采集并整理数据:物理量(数值,单位).(1.0 分)

(4) 确定 e/k_B 的值并估计其误差.(1.5 分)

【试题 4 解答】

A 部分   试管上任意标度的定标

(1) 实验中选择一个简单的单摆系统对任意标度进行定标,实验装置草图见图 1.(实验所用试管上的刻度分度值不等于 1 mm,可定义为任意标度.)

(2) 由牛顿第二定律得

$$F = m \frac{\mathrm{d}^2(l\theta)}{\mathrm{d}t^2} = ml \frac{\mathrm{d}^2\theta}{\mathrm{d}t^2}$$

式中 F 为作用力，m 为小球质量，θ 为单摆偏离垂直方向角度，l 为摆长，t 为时间.

由 $F = -mg\sin\theta$，有 $m\dfrac{\mathrm{d}^2\theta}{\mathrm{d}t^2} + \dfrac{mg\sin\theta}{l} = 0$，即 $\dfrac{\mathrm{d}^2\theta}{\mathrm{d}t^2} + \dfrac{g\sin\theta}{l} = 0$.

作近似 $\sin\theta \approx \theta$，有 $\dfrac{\mathrm{d}^2\theta}{\mathrm{d}t^2} + \dfrac{g\theta}{l} = 0$，即

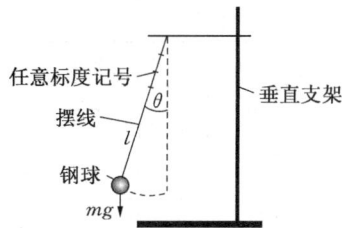

题 4 图 1

$$\frac{\mathrm{d}^2\theta}{\mathrm{d}t^2} + \omega^2\theta = 0 \qquad (\omega^2 = g/l) \qquad (1)$$

(1)式为简谐运动方程，角频率 ω 为 $\omega = \dfrac{2\pi}{T_{\mathrm{osc}}} = \sqrt{\dfrac{g}{l}}$，$T^2 = 4\pi^2\dfrac{l}{g}$，故测量量周期的表达式为

$$T = 2\pi\sqrt{\frac{l}{g}}$$

近似条件如下：理想单摆满足摆线质量≪钢球质量，钢球半径≪摆线长度；不考虑摆线伸缩及空气阻力等.

(3) 从简单单摆实验中得到的数据样本如表 1 所示，可知周期数≥20，周期差距≥0.01 s，数据组数≥4.

题 4 表 1

序号	50 个周期 T 所需时间 /s	周期 T /s	线上所标刻度 /任意标度
1	91.47	1.829	200
2	89.09	1.782	150
3	86.45	1.729	100
4	83.80	1.676	50

(4) **题 4 表 2**

序号	周期 T /s	线上所标刻度 /任意标度	周期平方 T^2 /s^2
1	1.829	200	3.347
2	1.782	150	3.176
3	1.729	100	2.989
4	1.676	50	2.809

T^2—线上任意标度直线图(略).

(5) 任意标度中最小单位的测定(单位：mm)如下：$T_{\mathrm{osc}_1}^2 = \dfrac{4\pi^2}{g}l_1$，$T_{\mathrm{osc}_2}^2 = \dfrac{4\pi^2}{g}l_2$，故 $T_{\mathrm{osc}_1}^2 - T_{\mathrm{osc}_2}^2 = \dfrac{4\pi^2}{g}(l_1 - l_2) = \dfrac{4\pi^2}{g}\Delta l$，有 $\Delta l = \dfrac{g}{4\pi^2}(T_{\mathrm{osc}_1}^2 - T_{\mathrm{osc}_2}^2)$ 或其他的等效表示式、作图方法等.

题 4 表 3

序号	周期平方差 /s²	Δl 的计算值 /m	Δl 任意标度	任意标度最小单位值 /mm
1	$T_1^2 - T_2^2 = 0.171$	0.042 6	50	0.85
2	$T_1^2 - T_3^2 = 0.357$	0.088 6	100	0.89
3	$T_1^2 - T_4^2 = 0.537$	0.133 0	150	0.89
4	$T_2^2 - T_3^2 = 0.185$	0.046 0	50	0.92
5	$T_2^2 - T_4^2 = 0.365$	0.090 7	100	0.91
6	$T_3^2 - T_4^2 = 0.180$	0.044 8	50	0.90

由表 3 可得任意标度最小单位平均值 $\bar{l} = 0.89$ mm.

测量所引起的误差估算如表 4 所示.

题 4 表 4

序号	任意标度最小单位值 /mm	$(l - \bar{l})$ /mm	$(l - \bar{l})^2$ /(mm)²
1	0.85	-0.04	0.001 6
2	0.89	0	0
3	0.89	0	0
4	0.92	0.03	0.000 9
5	0.91	0.02	0.000 4
6	0.90	0.01	0.000 1

所以标准偏差为

$$\Delta l = \sqrt{\frac{\sum_{i=1}^{6}(l - \bar{l})^2}{N - 1}} = \sqrt{\frac{0.003}{5}} = 0.02 \ (\text{mm})$$

也可使用其他合理方法.

B 部分　物理量 e/k_B 的测定

（1）实验装置如图 2 所示.

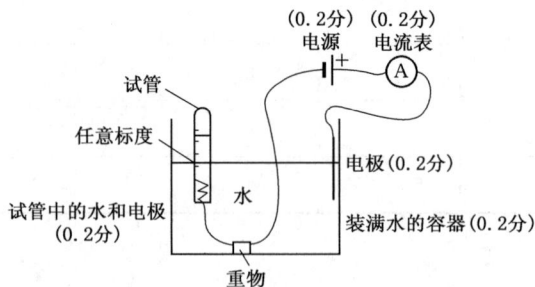

题 4 图 2

（2）测量时间 t、电流 I 和试管中水平面高度差 Δh 关系的公式推导：$I = \dfrac{\Delta Q}{\Delta t}$.

在反应 $2H^+ + 2e \longrightarrow H_2$ 中,产生一定量的分子(ΔN)所需电量的转移为 $\Delta Q = 2e\Delta N$,则 $I = \dfrac{\Delta N 2e}{\Delta t}$.

由 $p\Delta V = \Delta N k_B T = \dfrac{I\Delta t}{2e}k_B T$, $p\Delta h(\pi r^2) = \dfrac{I\Delta t}{2}\dfrac{k_B}{e}T$,可得

$$I\Delta t = \frac{e}{k_B}\frac{2p(\pi r^2)}{T}\Delta h$$

（3）实验数据如表 5 所示.

题 4 表 5

序号	Δh/任意标度	I /mA	Δt /s
1	12	4.00	1 560
2	16	4.00	2 281
3	20	4.00	2 940
4	24	4.00	3 600

· 试管周长为 46 个任意标度；
· 基于水面读数的不确定性所允许的误差范围，选 $\Delta h \geqslant 4$ 个标度单位；基于电流干扰，选 $I \leqslant 4$ mA；
· 数据组数 $\geqslant 4$.
获得实验数据的外界条件为 $T = 300$ K ， $p = 1.00 \times 10^5$ Pa .
（4） e/k_B 值的测量结果如表 6 所示.

题 4 表 6

序号	Δh/任意标度	Δh /mm	I /mA	Δt /s	$I\Delta t$ /10^3 C
1	12	10.68	4.00	1 560	6.24
2	16	14.24	4.00	2 281	9.12
3	20	17.80	4.00	2 940	11.8
4	24	21.36	4.00	3 600	14.4

根据表 6 所列出的数据，用 $I\Delta t$-Δh 绘图（略）. 从图中得到斜率为 764 C·m^{-1} ，

$$\frac{e}{k_B} = \frac{764 \times 300 \times \pi}{2 \times 10^5 \times (23 \times 0.89 \times 10^{-3} \times 0.82)^2} = 1.28 \times 10^4 \ (\text{C}\cdot\text{K/J}) \quad (1.0\ 分)$$

另解如表 7 所示（同等分数）.

题 4 表 7

序号	Δh /mm	$I\Delta t$ /10^3 C	斜率	$(e/k_B)/10^4$(C·K·J^{-1})
1	10.68	6.24	584	0.977
2	14.24	9.12	640	1.07
3	17.80	11.8	663	1.11
4	21.36	14.4	674	1.13

由表 7 所列出的数据可知 e/k_B 的平均值为 1.07×10^4 C·K/J，计算得到的标准偏差约为 0.03×10^4 C·K/J.

试题 5   光学黑盒子

【描述】

在本题中学生必须判定方盒内的未知光学元件.该方盒子是密封的,仅有两个狭长的开孔,由红色塑料纸覆盖.盒中的光学元件应通过实验中观察到的光学现象予以判定,可忽略塑料覆盖层的小的厚度效应.

定义通过两缝中心的线为盒子的轴线.除了红塑料覆盖纸外,方盒中有下列光学元件中的 3 个元件(其中可以是同种的,也可以是不同的):

(1) 反射镜,可以是平面的或球面的.

(2) 透镜,可以是凸透镜或凹透镜.

(3) 两表面平行的透明平板(所谓平面平行板).

(4) 棱镜.

(5) 衍射光栅.

各种透明元件的材料在所用波长光下的折射率 n 为 1.47.

【使用仪器】

(1) 波长为 670 nm 的激光笔.注意不要直接看激光.

(2) 光具座.

(3) 可沿光具座移动的安放黑盒子的平台.

(4) 光屏,可装在光具座的一端,在做其他测量时该屏可以拆下.

(5) 可用胶带粘在屏上的作图纸.

(6) 带有正反夹的竖直支架.

【注意】 所有标在图纸和实验仪器上的标尺都以同一单位标度,但并不以毫米为单位标度.

【问题】

(1) 判断 3 个元件各是什么,给出它们各自的特性.

题 5 表 1

元 件 类 型	元 件 特 性
反射镜	曲率半径,镜轴和盒子轴线的夹角
透 镜*	焦距,凸或凹以及它们在盒中的位置
平面平行板	厚度,平板与盒子轴的夹角
棱 镜	顶角,一个折射面与盒子轴的夹角
衍射光栅*	刻线的间距和方向以及它在盒中的位置

* 设透镜主平面和光栅平面与盒的轴线垂直.

每个元件的特征参数(如焦距、曲率半径)的最终答案用毫米、微米或作图纸标尺表示;你不必确定结果的准确度.

(2) 写出盒中的光学元件名称:

No.1 ＿＿＿＿＿＿＿＿＿＿＿(0.5 分);

No.2 ＿＿＿＿＿＿＿＿＿＿＿(0.5 分);

No.3 ＿＿＿＿＿＿＿＿＿＿＿(0.5 分).

(3) 在盒子的截面图中画出 3 个元件在盒内的位置的草图,并将各元件按答案(2)中的编号标出(每个正确位置 0.5 分).

(4) 重画答案(2)的图,在其上标出详细信息,例如,元件角度、元件到缝的距离、元件的方位或方向(1.0 分).

(5) 综合观察到的数据(0.5分);借助于图的帮助,导出适当的公式,确定光学元件 No.1 的特性(1.0分);计算所求的特性并将答案填入下表(0.5分).

题 5 表 2

No.1 元件的名称	特 性

(6) 综合观察到的数据(0.5分);借助于图的帮助,导出适当的公式,确定光学元件 No.2 的特性(1.0分);计算所求的特性并将答案填入下表(0.5分).

题 5 表 3

No.2 元件的名称	特 性

(7) 综合观察到的数据(0.5分);借助于图的帮助,导出适当的公式,确定光学元件 No.3 的特性(1.0分);计算所求的特性并将答案填入下表(0.5分).

题 5 表 4

No.3 元件的名称	特 性

【试题 5 解答】

(1)和(2) 3 个光学元件如下:

No.1 衍射光栅;

No.2 衍射光栅;

No.3 平行光滑透明片.

(3) 盒子的横截面图见图1.

激光束进入盒子的示意图如图2和图3所示,屏上光点位置为"○"点(用"+"线表示).

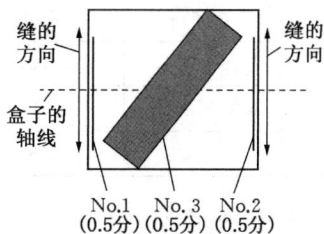

题 5 图 1

缝的方向   缝的方向
盒子的轴线
No.1   No.3   No.2
(0.5分) (0.5分) (0.5分)

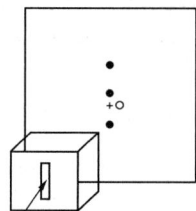

激光束从盒子一边进入
题 5 图 2

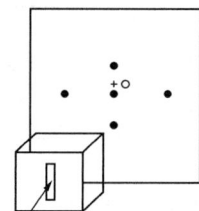

激光束从盒子另一边进入
题 5 图 3

(4) 补充说明如下:

光栅 No.1 与盒子左壁的距离几乎为零(见图4),光栅 No.1 的刻线与盒子的狭缝成直角;

光栅 No.2 与盒子右壁的距离几乎为 0,光栅 No.2 的刻线与盒子的狭缝平行.

待分析盒子的示意图见图 5.

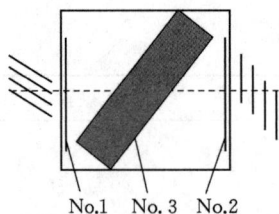

No.1 No.3 No.2

题 5 图 4

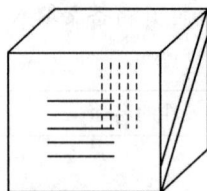

待分析黑盒子示意图

题 5 图 5

（5）衍射光栅如图 6 所示.

光程差 $\Delta = d\sin\theta$,其中 d 为光栅常量, θ 为衍射角, m 为衍射级次.

衍射条件 $\Delta = m\lambda$,所以,对一级衍射 $(m=1)$ 有 $\sin\theta = \lambda/d$.

No.1 元件的观测数据见表 5,特性如表 6 所示.

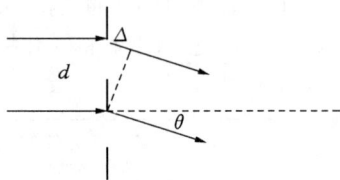

题 5 图 6

题 5 表 5

$\tan\theta$	$\theta/(°)$	$\sin\theta$
0.34	18.8	0.322
0.32	17.7	0.305
0.32	17.7	0.305

题 5 表 6

No.1 元件的名称	具体规格说明
衍射光栅	光栅常量 $=2.16~\mu m$ 光栅线与窄缝成直角

（6）No.2 元件衍射光栅的观测数据见表 7,特性如表 8 所示.

题 5 表 7

$\tan\theta$	$\theta/(°)$	$\sin\theta$
1.04	46.1	0.721
0.96	43.8	0.693
1.08	47.2	0.734

题 5 表 8

No.2 元件的名称	具体规格说明
衍射光栅	光栅常量 $=0.936~\mu m$ 光栅线与窄缝平行

（7）平行光滑透明玻璃片如图 7 所示.

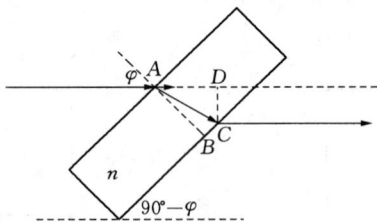

题 5 图 7

根据斯涅尔定律, $\sin\varphi = n\sin\varphi'$, $\varphi' = \angle BAC$,可知透明玻璃片里的光程 $AC = AB/\cos\varphi'$, $AB = h =$ 透明玻璃片厚度. 光束位置移动 $CD = t = AC\sin\angle CAD$, $\angle CAD = \varphi - \varphi'$,故有

$$t = h\sin\varphi\left[1 - \frac{\cos\varphi}{(n^2 - \sin^2\varphi)^{1/2}}\right]$$

No.3 元件的观测数据见表 9,特性如表 10 所示.

题 5 表 9	
φ	t
0	0 光束和中轴线成 49°角
49°	7.3 任意标度

题 5 表 10	
No.3 元件的名称	具体规格说明
平行透明玻璃片	厚度＝17.9 mm 与盒子中轴线夹角为 49°

第 34 届国际物理奥林匹克竞赛试题与解答

复旦大学　郑永令　蒋最敏　译编

· 理论试题与解答 ·

试题 1　连有落体的摆

半径为 R 的刚性圆柱体水平地架于地面上方,一质量为 m 的摆球,用长为 L ($L > 2\pi R$)、质量可忽略的细绳,悬挂于圆柱体顶端的 A 点,如图 1 所示. 将摆球拉至与 A 点在同一水平位置,其时细绳张紧,然后静止放开摆球. 细绳的任何伸缩均可忽略. 假定摆球可视为质点,且只在垂直于圆柱轴线的竖直平面内摆动. 因此,摆球有时亦以"质点"称之. 重力加速度为 g.

如图 1 所示,取 O 为坐标原点. 当质点下落至 P 点时,细绳与圆柱表面相切于 Q 点. 线段 QP 的长度以 s 表示. 在 Q 点处沿切线方向的单位矢量为 $\hat{t}$,而沿半径方向的单位矢量为 $\hat{r}$. 取沿 OA 竖直向上的直线为 x 轴,当 OA 沿逆时针方向转至 OQ 时,其角位移 θ 为正值.

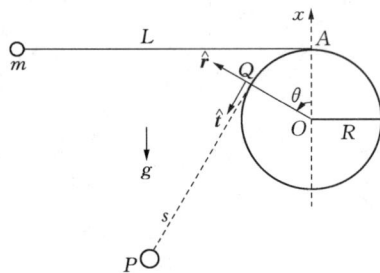

题 1 图 1

当 $\theta = 0$ 时,线段 s 的长度等于 L,质点的重力势能 U 设为 0. 由于质点的运动,θ 与 s 的瞬时时间变化率分别用 $\dfrac{\mathrm{d}\theta}{\mathrm{d}t}$ 与 $\dfrac{\mathrm{d}s}{\mathrm{d}t}$ 表示.

除非另外标明,所有速率与速度均相对于固定点 O 而言.

A 部分

在 A 部分中,只考虑细绳处于张紧状态下的质点运动. 试利用以上所给量$\left(\text{即 } s,\ \theta,\ \dfrac{\mathrm{d}s}{\mathrm{d}t},\ \dfrac{\mathrm{d}\theta}{\mathrm{d}t},\ R,\right.$

$\left.L,\ g,\ \hat{t},\ \hat{r}\right)$ 表示,求下列各量:

(a) $\dfrac{\mathrm{d}\theta}{\mathrm{d}t}$ 与 $\dfrac{\mathrm{d}s}{\mathrm{d}t}$ 间的关系.

(b) 动点 Q 相对于 O 点的速度 $\boldsymbol{v}_Q$.

(c) 当质点位于 P 点时,它相对于动点 Q 的速度 $\boldsymbol{v}'$.

(d) 当质点位于 P 点时,它相对于 O 点的速度 $\boldsymbol{v}$.

(e) 当质点位于 P 点时,它相对于 O 点的加速度在方向 t 的分量.

(f) 当质点位于 P 点时,它的重力势能 U.

(g) 质点在其轨迹线最低点时的速率 v_{m}.

B 部分

在 B 部分中,L 与 R 的比值为

$$\frac{L}{R} = \frac{9\pi}{8} + \frac{2}{3}\cot\frac{\pi}{16} = 3.534 + 3.352 = 6.886$$

(h) 当由 Q 到 P 的细绳为直线,且其长度为最短时,质点的速率 v_s 为何?(以 g 与 R 表示.)

(i) 当质点摆动到圆柱体的另一侧且到达最高点时,其速率 v_H 为何?(以 g 与 R 表示.)

C 部分

在 C 部分中,质量为 m 的摆球并非悬吊于 A 点,而是系以细绳绕过圆柱体的顶端,在另一侧与一个质量为 M 的较重物体相连,如图 2 所示. 该重物亦可视为质点.

开始时,将摆球拉至与 A 点同一水平高度,另端之重物悬于 O 点以下,细绳处于张紧状态,其水平部分之长度为 L. 然后静止释放摆球,重物则开始下落. 假设摆球保持在竖直面内运动,且能摆过垂直下降的重物和细绳,而不与之相碰.

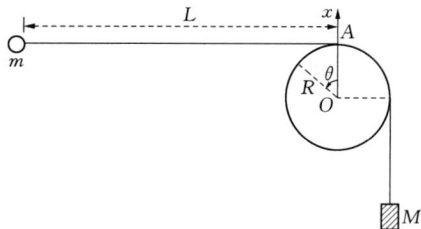

题 1 图 2

细绳与圆柱体表面间的动摩擦力可忽略不计,但静摩擦力足够大,使重物下落的速度一旦变为 0,就能使其维持不动.

(j) 假设重物在下落距离 D 后,速度变为 0,且 $L - D \gg R$. 若此后摆球能绕过圆柱体至 $\theta = 2\pi$,且悬空的两段细绳始终保持伸直,则比值 $\alpha = D/L$ 必不小于某定值 α_c. 忽略量级为 R/L 及以上项,试估算临界值 α_c(以 M/m 表示).

【试题 1 解答】

A 部分

(a) 由于细绳长 $L = s + R\theta$ 不变,因而有

$$\frac{\mathrm{d}s}{\mathrm{d}t} + R\frac{\mathrm{d}\theta}{\mathrm{d}t} = 0 \tag{A1}*①$$

(b) 相对于 O, Q 沿半径为 R 的圆周运动,角速度为 $\dfrac{\mathrm{d}\theta}{\mathrm{d}t}$, 所以

$$\boldsymbol{v}_Q = R\frac{\mathrm{d}\theta}{\mathrm{d}t}\,\hat{\boldsymbol{t}} = -\frac{\mathrm{d}s}{\mathrm{d}t}\,\hat{\boldsymbol{t}} \tag{A2}*$$

(c) 相对于 Q, 质点在 Δt 时间间隔内的位移为 $\Delta \boldsymbol{r}' = (s\Delta\theta)(-\hat{\boldsymbol{r}}) + \Delta s\hat{\boldsymbol{t}}$. 参见图 3, 由此得

$$\boldsymbol{v}' = \frac{\Delta\boldsymbol{r}'}{\Delta t} = -s\frac{\mathrm{d}\theta}{\mathrm{d}t}\hat{\boldsymbol{r}} + \frac{\mathrm{d}s}{\mathrm{d}t}\hat{\boldsymbol{t}} \tag{A3}*$$

(d) 质点相对 O 点的速度为由(A2)和(A3)两式分别给出的两速度之和,于是

$$\boldsymbol{v} = \boldsymbol{v}' + \boldsymbol{v}_Q = -s\frac{\mathrm{d}\theta}{\mathrm{d}t}\hat{\boldsymbol{r}} + \frac{\mathrm{d}s}{\mathrm{d}t}\hat{\boldsymbol{t}} - \frac{\mathrm{d}s}{\mathrm{d}t}\hat{\boldsymbol{t}} = -s\frac{\mathrm{d}\theta}{\mathrm{d}t}\hat{\boldsymbol{r}} \tag{A4}*$$

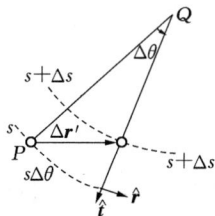

题 1 图 3

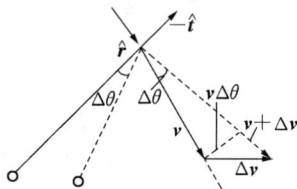

题 1 图 4

(e) 参见图 4, 速度改变量 $\Delta\boldsymbol{v}$ 的 $(-\hat{\boldsymbol{t}})$ 方向分量由下式给出:

$$(-\hat{\boldsymbol{t}}) \cdot \Delta\boldsymbol{v} = v\Delta\theta = v\frac{\mathrm{d}\theta}{\mathrm{d}t}\Delta t$$

于是,加速度 $\boldsymbol{a} = \Delta\boldsymbol{v}/\Delta t$ 的 $\hat{\boldsymbol{t}}$ 分量为 $\hat{\boldsymbol{t}} \cdot \boldsymbol{a} = -v\dfrac{\mathrm{d}\theta}{\mathrm{d}t}$. 由(A4)式,质点的速度为 $s\dfrac{\mathrm{d}\theta}{\mathrm{d}t}$, 于是在 P 点处质点

---

① 凡公式编号右上角有"*"号者为题目答案,下同.

加速度的 $\hat{t}$ 分量为

$$a_t = \boldsymbol{a} \cdot \hat{t} = -v\frac{\mathrm{d}\theta}{\mathrm{d}t} = -\left(s\frac{\mathrm{d}\theta}{\mathrm{d}t}\right)\frac{\mathrm{d}\theta}{\mathrm{d}t} = -s\left(\frac{\mathrm{d}\theta}{\mathrm{d}t}\right)^2 \qquad (A5)^*$$

注意，由图 4，质点加速度的径向分量也可仿照上面的方法得到，

$$a_r = \boldsymbol{a} \cdot \hat{r} = -\frac{\mathrm{d}v}{\mathrm{d}t} = -\mathrm{d}\left(s\frac{\mathrm{d}\theta}{\mathrm{d}t}\right)\Big/\mathrm{d}t$$

（f）由图 5，质点的重力势能可用 s 和 θ 表示为

$$U(\theta) = -mgh = -mg\left[R(1 - \cos\theta) + s\sin\theta\right] \qquad (A6)^*$$

（g）在轨迹的最低点，质点的重力势能 U 必取极小值 U_m，此势能极小位置可由质点的平衡位置求得．不难看出，此即 $\theta = \frac{\pi}{2}$ 或 $s = L - \frac{\pi R}{2}$ 的位置（见图 6）．故

$$U_m = U\left(\frac{\pi}{2}\right) = -mg\left(R + L - \frac{\pi R}{2}\right) \qquad (A7)$$

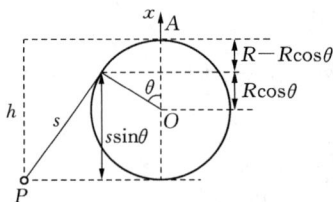

题 1 图 5

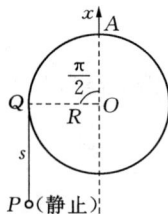

题 1 图 6

初始时质点的机械能为 0，由机械能守恒，质点在轨迹最低点处的速率 v_m 应满足

$$E = 0 = \frac{1}{2}mv_m^2 + U_m \qquad (A8)$$

由（A7）与（A8）式，可得

$$v_m = \sqrt{-\frac{2U_m}{m}} = \sqrt{2g\left[R + \left(L - \frac{\pi R}{2}\right)\right]} \qquad (A9)^*$$

B 部分

（h）由（A6）式，质点总机械能可表示为

$$E = 0 = \frac{1}{2}mv^2 + U(\theta) = \frac{1}{2}mv^2 - mg\left[R(1 - \cos\theta) + s\sin\theta\right] \qquad (B1)$$

由（A4）式，质点速率等于 $s\dfrac{\mathrm{d}\theta}{\mathrm{d}t}$，于是由（B1）式可得

$$v^2 = \left(s\frac{\mathrm{d}\theta}{\mathrm{d}t}\right)^2 = 2g[R(1 - \cos\theta) + s\sin\theta] \qquad (B2)$$

设绳中张力为 T．如图 7 所示，作用在质点上的净力的 $\hat{t}$ 分量为 $-T + mg\sin\theta$．于是，由牛顿第二定律，有

$$m\left[-s\left(\frac{\mathrm{d}\theta}{\mathrm{d}t}\right)^2\right] = -T + mg\sin\theta \qquad (B3)$$

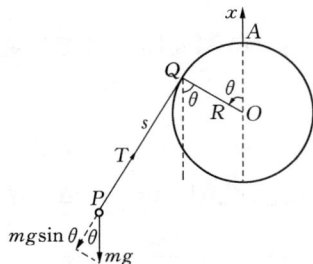

题 1 图 7

根据(B2)和(B3)式,张力可表为

$$T = m\left[g\sin\theta + s\left(\frac{\mathrm{d}\theta}{\mathrm{d}t}\right)^2\right] = \frac{mg}{s}\left[2R(1-\cos\theta) + 3s\sin\theta\right]$$

$$= \frac{2mgR}{s}\left[\tan\frac{\theta}{2} - \frac{3}{2}\left(\theta - \frac{L}{R}\right)\right]\sin\theta = \frac{2mgR}{s}(y_1 - y_2)\sin\theta \tag{B4}$$

函数 $y_1 = \tan\frac{\theta}{2}$ 和 $y_2 = \frac{3}{2}\left(\theta - \frac{L}{R}\right)$ 的曲线画于图 8 中.

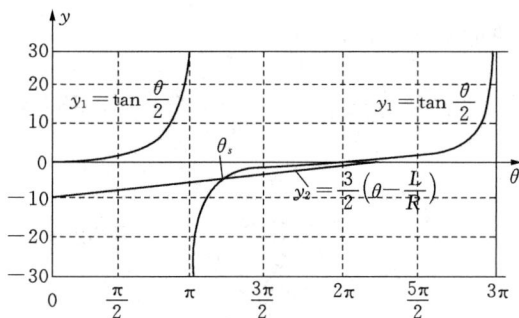

题 1 图 8

题 1 表 1

	$y_1 - y_2$	$\sin\theta$	张力 T
$0 < \theta < \pi$	正	正	正
$\theta = \pi$	$+\infty$	0	正
$\pi < \theta < \theta_s$	负	负	正
$\theta = \theta_s$	0	负	0
$\theta_s < \theta < 2\pi$	正	负	负

由(B4)式和图 8,得到表 1 所列结果. 将 $y_2 = y_1$ 时的 θ 角记为 θ_s($\pi < \theta_s < 2\pi$),它由下式给出:

$$\frac{3}{2}\left(\theta_s - \frac{L}{R}\right) = \tan\frac{\theta_s}{2} \tag{B5}$$

或

$$\frac{L}{R} = \theta_s - \frac{2}{3}\tan\frac{\theta_s}{2} \tag{B6}$$

由于比值 L/R 由下式给定:

$$\frac{L}{R} = \frac{9\pi}{8} + \frac{2}{3}\cot\frac{\pi}{16} = \left(\pi + \frac{\pi}{8}\right) - \frac{2}{3}\tan\frac{1}{2}\left(\pi + \frac{\pi}{8}\right) \tag{B7}$$

由(B6)和(B7)两式可得 $\theta_s = \frac{9\pi}{8}$.

由表 1 可知张力 T 在 $0 < \theta < \theta_s$ 的范围内恒正(即细绳必张紧). θ 一旦达到 θ_s,张力即变为 0,此后悬空的细绳部分将不再张紧. s 的最小可能值 $s_{\min}$ 出现在 $\theta = \theta_s$ 时,并由下式给出:

$$s_{\min} = L - R\theta_s = R\left(\frac{9\pi}{8} + \frac{2}{3}\cot\frac{\pi}{16} - \frac{9\pi}{8}\right) = \frac{2R}{3}\cot\frac{\pi}{16} = 3.352R \tag{B8}$$

当 $\theta = \theta_s$ 时,$T = 0$,由(B2)和(B3)式可得 $v^2 = -gs\sin\theta$,因而速率 v_s 为

$$v_s = \sqrt{-gs_{\min}\sin\theta_s} = \sqrt{\frac{2gR}{3}\cot\frac{\pi}{16}\sin\frac{\pi}{8}} = \sqrt{\frac{4gR}{3}}\cos\frac{\pi}{16} = 1.133\sqrt{gR} \quad \text{(B9)}^*$$

（i）当 $\theta \geqslant \theta_s$ 时，质点运动如同一重力场中的抛体，如图9所示. 质点以初速 v_s 从位置 $P(x_s, y_s)$ 沿着与 y 轴成 $\varphi = \left(\frac{3\pi}{2} - \theta_s\right)$ 的仰角抛出.

质点在其抛物线轨道最高点的速率 v_H 等于它抛出时初速的 y 分量. 于是

$$v_H = v_s\sin(\theta_s - \pi) = \sqrt{\frac{4gR}{3}}\cos\frac{\pi}{16}\sin\frac{\pi}{8} = 0.4334\sqrt{gR} \quad \text{(B10)}^*$$

质点从抛出点 P 至最高点行进的水平距离 H 为

$$H = \frac{v_s^2\sin2(\theta_s - \pi)}{2g} = \frac{v_s^2}{2g}\sin\frac{\pi}{4} = 0.4535R \quad \text{(B11)}$$

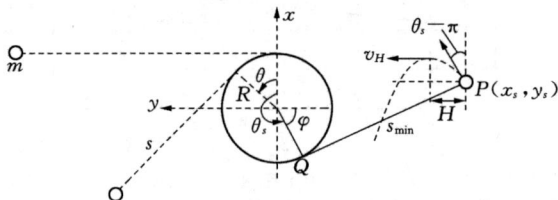

题1 图9

当 $\theta = \theta_s$ 时，质点的坐标由下列表示式给出：

$$x_s = R\cos\theta_s - s_{\min}\sin\theta_s = -R\cos\frac{\pi}{8} + s_{\min}\sin\frac{\pi}{8} = 0.3587R$$
$$y_s = R\sin\theta_s + s_{\min}\cos\theta_s = -R\sin\frac{\pi}{8} - s_{\min}\cos\frac{\pi}{8} = -3.479R \quad \text{(B12)}$$

显然，$|y_s| > (R + H)$，因而质点可到达其最高位置而不与圆柱表面相碰.

C 部分

（j）假定重物起始位于 O 点以下距离 h 处，如图10所示.

当重物下落距 D 而停止运动后，将机械能守恒定律应用于质点-重物系统，有

$$-Mgh = E' - Mg(h + D) \quad \text{(C1)}$$

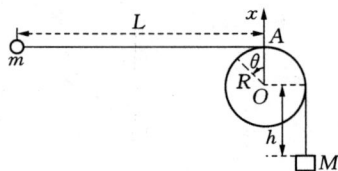

题1 图10

式中 E' 为重物停止运动后质点的总机械能. 由此得

$$E' = MgD \quad \text{(C2)}$$

设细绳的总长度为 Λ，它在任意角位移 θ 时的值应与 $\theta = 0$ 时的值相同，即

$$\Lambda = L + \frac{\pi}{2}R + h = s + R\left(\theta + \frac{\pi}{2}\right) + (h + D) \quad \text{(C3)}$$

注意到 $D = \alpha L$，引入 $l = L - D$，则

$$l = L - D = (1 - \alpha)L \quad \text{(C4)}$$

由(C3)和(C4)式得

$$s = L - D - R\theta = l - R\theta \quad \text{(C5)}$$

重物停止运动后,质点的总机械能应守恒.根据(C2)式,现在(B1)式改变为

$$E' = MgD = \frac{1}{2}mv^2 - mg\left[R(1-\cos\theta) + s\sin\theta\right] \tag{C6}$$

由此得质点速率的平方为

$$v^2 = \left(s\frac{\mathrm{d}\theta}{\mathrm{d}t}\right)^2 = \frac{2MgD}{m} + 2gR\left[1-\cos\theta + \frac{s}{R}\sin\theta\right] \tag{C7}$$

因(B3)式仍成立,张力 T 由下式给定:

$$-T + mg\sin\theta = m\left[-s\left(\frac{\mathrm{d}\theta}{\mathrm{d}t}\right)^2\right] \tag{C8}$$

由以上两式可得

$$T = m\left[s\left(\frac{\mathrm{d}\theta}{\mathrm{d}t}\right)^2 + g\sin\theta\right] = \frac{mg}{s}\left[\frac{2M}{m}D + 2R(1-\cos\theta) + 3s\sin\theta\right]$$

$$= \frac{2mgR}{s}\left[\frac{MD}{mR} + (1-\cos\theta) + \frac{3}{2}\left(\frac{l}{R}-\theta\right)\sin\theta\right] \tag{C9}$$

在得到最后一式时应用了(C5)式.

现引入函数

$$f(\theta) = 1-\cos\theta + \frac{3}{2}\left(\frac{l}{R}-\theta\right)\sin\theta \tag{C10}$$

由条件 $l = L - D \gg R$, 上式可写为

$$f(\theta) \approx 1 + \frac{3}{2}\frac{l}{R}\sin\theta - \cos\theta = 1 + A\sin(\theta-\varphi) \tag{C11}$$

式中

$$A = \sqrt{1 + \left(\frac{3}{2}\frac{l}{R}\right)^2}, \quad \varphi = \arctan\frac{2R}{3l} \tag{C12}$$

由(C11)式可看出 $f(\theta)$ 的极小值由下式给出:

$$f_{\min} = 1 - A = 1 - \sqrt{1 + \left(\frac{3l}{2R}\right)^2} \tag{C13}$$

由题意可知,当质点绕柱摆动时张力 T 始终保持为正(即绳始终伸直),由(C9)式可得不等式

$$\frac{MD}{mR} + f_{\min} = \frac{M(L-l)}{mR} + 1 - \sqrt{1 + \left(\frac{3l}{2R}\right)^2} \geqslant 0 \tag{C14}$$

即

$$\left(\frac{ML}{mR}\right) + 1 \geqslant \left(\frac{Ml}{MR}\right) + \sqrt{1 + \left(\frac{3l}{2R}\right)^2} \approx \left(\frac{Ml}{mR}\right) + \left(\frac{3l}{2R}\right) \tag{C15}$$

由(C4)式,则(C15)式可改写为

$$\left(\frac{ML}{mR}\right) + 1 \geqslant \left(\frac{ML}{mR} + \frac{3L}{2R}\right)(1-\alpha) \tag{C16}$$

略去量级为 R/L 及更高次项,上式导致

$$\alpha \geqslant 1 - \frac{\left(\dfrac{ML}{mR}\right) + 1}{\dfrac{ML}{mR} + \dfrac{3L}{2R}} = \frac{\left(\dfrac{3L}{2R}\right) - 1}{\dfrac{ML}{mR} + \dfrac{3L}{2R}} = \frac{1 - \dfrac{2R}{3L}}{\dfrac{2M}{3m} + 1} \approx \frac{1}{1 + \dfrac{2M}{3m}} \quad (C17)$$

于是比值 D/L 的临界值为

$$\alpha_c = \frac{1}{1 + \dfrac{2M}{3m}} \quad (C18)^*$$

试题 2 **交流电压下的压电晶体共振器**

考虑一根自然长度为 l、截面积为 A 的均匀长棒(见图 1),当其两端面受到大小相等、方向相反的法向作用力 F 时,其长度的改变量为 Δl,应力 T 定义为 F/A,而长度的相对变化即 $\Delta l/l$,则称为应变 S. 用应力和应变表示胡克定律,可写为 $T = YS$ 或

$$\frac{F}{A} = Y \frac{\Delta l}{l} \quad (1)$$

题 2 图 1

上式中的比例常数 Y 称为棒材料的杨氏模量. 注意:压应力 T 会使棒的长度缩短,其所对应的纵向作用力为负值(即 $F < 0$),长度的变化量也为负值 (即 $\Delta l < 0$),故压应力与压强 p 的关系为 $p = -T$.

对密度为 ρ 的均匀长棒而言,沿棒传播的纵波(即声波),其波速 u 可由下式给出:

$$u = \sqrt{\frac{Y}{\rho}} \quad (2)$$

在回答以下问题中,假设阻尼及损耗效应皆可忽略.

A 部分 力学性质

一根由 $x = 0$ 延伸至 $x = \infty$ 的均匀半无限长棒,密度为 ρ,最初静止,且不受应力. 在一很短的时间间隔 Δt 内,以活塞对 $x = 0$ 处的棒的左端面,施加大小恒定的压力,使产生一压力波,以速率 u 向右传播,如图 2 所示.

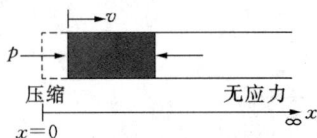

题 2 图 2

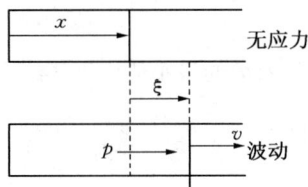

题 2 图 3

(a) 若棒的左端面以恒定速度 v 运动(见图 2),在时间 Δt 内,棒左端之应变 S 与压强 p 各为何? (答案只能以 ρ, u, v 表示.)

(b) 考虑棒内沿 x 方向行进的纵波. 以 x 表示棒内一横截面无应力下的平衡位置(见图 3),以 $\xi(x, t)$ 表示此横截面在时刻 t 的位移,并设

$$\xi(x, t) = \xi_0 \sin k(x - ut) \quad (3)$$

式中 ξ_0 及 k 为常量,试求出速度 $v(x, t)$、应变 $S(x, t)$ 及压强 $p(x, t)$ 随 x 与 t 变化的函数.

B 部分 机电性质(包括压电效应)

考虑一块长度为 b、宽度为 w、厚度为 h 的均匀石英晶片(见图 4),其长度沿 x 轴、厚度沿 z 轴,晶片的上、下表面各镀有一层金属薄膜作为电极,焊接在电极中心点的两条引线兼作为支柱(见图 5). 对

沿 x 轴的纵向振动而言,这两个电极中心点可视为固定不动.

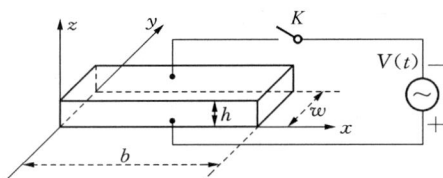

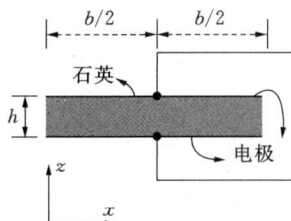

题 2 图 4   **题 2 图 5**

此石英晶体的密度 ρ 为 2.65×10^3 kg/m³, 杨氏模量 Y 为 7.87×10^{10} N/m², 晶片的长度 b 为 1.00 cm, 而宽度 w 与厚度 h 则满足 $w \ll b$ 与 $h \ll w$. 当开关 K 未闭合时, 石英晶片中只激发起沿 x 轴方向的纵向模式的驻波振动.

对于频率为 $f = \omega/2\pi$ 的驻波, 平衡位置位于 x 处的截面, 在时刻 t, 其位移 $\xi(x, t)$ 可以表示为

$$\xi(x, t) = 2\xi_0 g(x) \cos \omega t \ (0 \leqslant x \leqslant b) \tag{4a}$$

式中 ξ_0 为正常量, 而位置函数 $g(x)$ 可表示为下列形式:

$$g(x) = B_1 \sin k\left(x - \frac{b}{2}\right) + B_2 \cos k\left(x - \frac{b}{2}\right) \tag{4b}$$

$g(x)$ 的最大值为 1, 式中 $k = \omega/u$. 请记住电极的中心是静止的, 而晶片的左、右端面是自由的, 因而应力(或压强)为零.

(c) 就此石英晶片的纵驻波, 确定方程(4b)中的 B_1 和 B_2 值.

(d) 此石英晶片中激发的纵驻波的两个最低频率为何?

压电效应是石英晶体的一种特性. 晶体被压缩或拉伸时, 其两端会产生电压; 反之, 若在晶体两端施加电压, 则依据电压的极性, 晶体会伸张或收缩. 因而, 机械振动和电振动会通过石英晶体互相耦合并引起共振.

为说明压电效应, 设当石英晶片中存在沿 z 方向的电场 E 时, 其上、下电极的电荷面密度分别为 $+\sigma$ 与 $-\sigma$. 分别以 S 与 T 表示晶片沿 x 方向的应变与应力, 则此石英晶片的压电效应, 可用下列一组关系式表示:

$$S = \frac{1}{Y}T + d_P E \tag{5a}$$

$$\sigma = d_P T + \varepsilon_T E \tag{5b}$$

其中 $1/Y = 1.27 \times 10^{-11}$ m²/N 为定电场下的弹性顺度(即杨氏模量 Y 的倒数), $\varepsilon_T = 4.06 \times 10^{-11}$ F/m 为定应力下的电容率, $d_P = 2.25 \times 10^{-12}$ m/V 则为压电常量.

将图 4 中的开关 K 接通, 则两电极间加有交变电压 $V(t) = V_m \cos \omega t$, 从而在晶片中存在一均匀电场 $E(t) = V(t)/h$. 最后会达到稳定态, 晶片中出现沿 x 方向、角频率为 ω 的纵驻波振荡.

当电场 E 均匀时, 纵驻波的波长 λ 与频率 f 的关系仍满足 $\lambda = u/f$, 其中 u 由(2)式给定. 但是正如(5a)式所示, $T = YS$ 不再成立, 尽管应力与应变的定义保持不变, 且晶片两端面保持自由而无应力.

(e) 考虑方程(5a)和(5b), 下电极板上的电荷面密度 σ 随 x 与 t 变化的函数为

$$\sigma(x, t) = \left[D_1 \cos k\left(x - \frac{b}{2}\right) + D_2\right] \frac{V(t)}{h}$$

式中 $k = \omega/u$. 求 D_1, D_2 的表示式.

(f) 下电极上的总电荷 $Q(t)$ 与电压 $V(t)$ 的关系为

$$Q(t) = \left[1 + \alpha^2 \left(\frac{2}{kb} \tan \frac{kb}{2} - 1 \right) \right] C_0 V(t) \tag{6}$$

试求出常数 C_0 的表示式与 α^2 的表示式及其数值.

【试题 2 解答】

A 部分　力学性质

(a) 参见图 6,棒的左端面移动距离 $v\Delta t$,同时压力波传播距离 $u\Delta t$, $u = \sqrt{Y/\rho}$,于是左端面处应变为

$$S = \frac{\Delta l}{l} = \frac{-v\Delta t}{u\Delta t} = -\frac{v}{u} \tag{A1a}^*$$

根据胡克定律,左端面处的压强

$$p = -YS = Y\frac{v}{u} = \rho u v \tag{A1b}^*$$

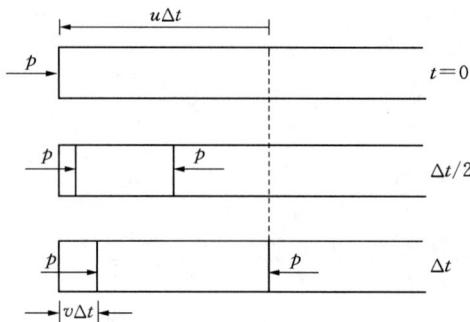

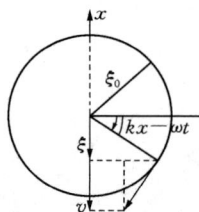

题 2 图 6　　　　　　　　　　　题 2 图 7

(b) 速度 v 与作角频率 $\omega = ku$ 的简谐运动的位移 ξ 相联系(位移 ξ 也可看作匀速圆运动的投影,如图 7 所示). 于是,若 $\xi(x, t) = \xi_0 \sin k(x - ut)$,则

$$v(x, t) = -ku\xi_0 \cos k(x - ut) \tag{A2}^*$$

应变和压强与速度的关系同问题(a),因而

$$S(x, t) = -v(x, t)/u = k\xi_0 \cos k(x - ut) \tag{A3}^*$$

$$p(x, t) = \rho u v(x, t) = -k\rho u^2 \xi_0 \cos k(x - ut) = -YS(x, t) = -kY\xi_0 \cos k(x - ut) \tag{A4}^*$$

或者,答案也可用微分得到

$$v(x, t) = \frac{\mathrm{d}\xi}{\mathrm{d}t} = -ku\xi_0 \cos k(x - ut)$$

$$S(x, t) = \frac{\mathrm{d}\xi}{\mathrm{d}x} = k\xi_0 \cos k(x - ut)$$

$$p(x, t) = -Y\frac{\mathrm{d}\xi}{\mathrm{d}x} = -kY\xi_0 \cos k(x - ut)$$

B 部分　机电性质(包括压电效应)

(c) 既然角频率 ω 和传播速度 u 已知,波长就可由 $\lambda = 2\pi/k$ 得到,其中 $k = \omega/u$. 由题意可知,位移随位置的变化函数用下式描写:

$$g(x) = B_1 \sin k\left(x - \frac{b}{2}\right) + B_2 \cos k\left(x - \frac{b}{2}\right) \tag{B1}$$

既然电极中心已假定固定不动,则 $g\left(\frac{b}{2}\right) = 0$,这即导致 $B_2 = 0$. 已知 $g(x)$ 的极大值为 1,可得 $B_1 = \pm 1$,得

$$g(x) = \pm \sin \frac{\omega}{u}\left(x - \frac{b}{2}\right) \tag{B2}^*$$

于是位移

$$\xi(x,\ t) = \pm 2\xi_0 \sin \frac{\omega}{u}\left(x - \frac{b}{2}\right)\cos \omega t \tag{B3}$$

(d) 既然压强 p(或应力 T)在晶片的两端面处(即 $x = 0$ 和 $x = b$ 处)为 0,本题的答案可用类比法从长度为 b 的两端开放的管子中的声驻波频率得到. 但由于电极的中心固定不动,所有基音的偶次谐频必须剔除,因为它们在晶片的中心截面处为位移的波腹,而不是波节.

既然对基音有波长 $\lambda = 2b$,则基频由 $f_1 = u/(2b)$ 给出. 波的传播速率 u 由下式给出:

$$u = \sqrt{\frac{Y}{\rho}} = \sqrt{\frac{7.87 \times 10^{10}}{2.65 \times 10^3}} = 5.45 \times 10^3 \ (\text{m/s}) \tag{B4}$$

已知 $b = 1.00 \times 10^{-2}$ m,因而两最低驻波频率为

$$f_1 = \frac{u}{2b} = 273 \ (\text{kHz}), \quad f_3 = 3f_1 = \frac{3u}{2b} = 818 \ (\text{kHz}) \tag{B5}^*$$

(c)和(d)两题的另一种解法如下:

晶片中的纵驻波在 $x = b/2$ 处为位移波节,该驻波可看成两反向行进的波的合成. 于是,其位移和速度应有如下形式:

$$\xi(x,\ t) = 2\xi_m \sin k\left(x - \frac{b}{2}\right)\cos \omega t = \xi_m\left[\sin k\left(x - \frac{b}{2} - ut\right) + \sin k\left(x - \frac{b}{2} + ut\right)\right] \tag{B6}$$

$$v(x,\ t) = -ku\xi_m\left[\cos k\left(x - \frac{b}{2} - ut\right) - \cos k\left(x - \frac{b}{2} + ut\right)\right] = -2\omega \xi_m \sin k\left(x - \frac{b}{2}\right)\sin \omega t \tag{B7}$$

式中 $\omega = ku$,方括号中第一项和第二项分别表示沿 $+x$ 方向和沿 $-x$ 方向行进的波. 注意:若令 $\xi_m = \pm \xi_0$,则(B6)式与(B3)式相同.

对于沿 $-x$ 方向行进的波,(A1a)和(A1b)式中的速度 v 应用 $-v$ 代入,于是有

$$S = \frac{-v}{u} \text{ 和 } p = \rho uv \quad (\text{沿} +x \text{ 方向行进的波}) \tag{B8}$$

$$S = \frac{v}{u} \text{ 和 } p = -\rho uv \quad (\text{沿} -x \text{ 方向行进的波}) \tag{B9}$$

(b)小题中的应变和压强即为

$$S(x,\ t) = -k\xi_m\left[-\cos k\left(x - \frac{b}{2} - ut\right) - \cos k\left(x - \frac{b}{2} + ut\right)\right] = 2k\xi_m \cos k\left(x - \frac{b}{2}\right)\cos \omega t \tag{B10}$$

$$p(x,\ t) = -\rho u\omega \xi_m\left[\cos k\left(x - \frac{b}{2} - ut\right) + \cos k\left(x - \frac{b}{2} + ut\right)\right] = -2\rho u\omega \xi_m \cos k\left(x - \frac{b}{2}\right)\cos \omega t \tag{B11}$$

注意:v,S 和 p 也可像(b)小题那样,由对 ξ 求导得到.

由于晶片在两端面 ($x = 0$ 和 $x = b$) 处是自由的,因而在任何时刻两端面处的应力或压强应为 0. 由(B11)式,这必导致 $\cos(kb/2) = 0$ 或

$$kb = \frac{\omega}{u}b = \frac{2\pi f}{\lambda f}b = n\pi \qquad (n = 1, 3, 5, \cdots) \tag{B12}$$

用波长 λ 表示,(B12)式可写成

$$\lambda = \frac{2b}{n} \qquad (n = 1, 3, 5, \cdots) \tag{B13}$$

频率则为

$$f = \frac{u}{\lambda} = \frac{nu}{2b} = \frac{n}{2b}\sqrt{\frac{Y}{\rho}} \qquad (n = 1, 3, 5, \cdots) \tag{B14}$$

此结果与(B4)和(B5)式给出的结果相同.

（e）由题目中(5a)和(5b)式,压电效应导致下列方程:

$$T = Y(S - d_p E) \tag{B15}$$

$$\sigma = Y d_p S + \varepsilon_T \left(1 - Y\frac{d_p^2}{\varepsilon_T}\right)E \tag{B16}$$

由于对晶片中任意纵驻波, $x = b/2$ 处均为位移波节,位移 ξ 和应变 S 必具有(B6)和(B10)式的形式,

$$\xi(x, t) = \xi_m \sin k\left(x - \frac{b}{2}\right)\cos(\omega t + \varphi) \tag{B17}$$

$$S(x, t) = k\xi_m \cos k\left(x - \frac{b}{2}\right)\cos(\omega t + \varphi) \tag{B18}$$

现在两式中在时间相关因子中加了一个相位常数 φ.

已假定电极间电场均匀而仅依赖于时间,

$$E(x, t) = \frac{V(t)}{h} = \frac{V_m \cos \omega t}{h} \tag{B19}$$

将(B18)和(B19)式代入(B15)式,得

$$T = Y\left[k\xi_m \cos k\left(x - \frac{b}{2}\right)\cos(\omega t + \varphi) - \frac{d_p}{h}V_m \cos \omega t\right] \tag{B20}$$

由于晶片两端面（$x = 0$ 和 $x = b$）自由,任何时刻两端面处的应力 T 应为 0,这必导致 $\varphi = 0$ 及

$$k\xi_m \cos \frac{kb}{2} = d_p \frac{V_m}{h} \tag{B21}$$

既然 $\varphi = 0$,由(B16),(B18)和(B19)式可知电荷面密度也具有同样的时间依赖关系,并可表示为

$$\sigma(x, t) = \sigma(x)\cos \omega t \tag{B22}$$

与 x 有关的因子 $\sigma(x)$ 可表示为

$$\sigma(x) = Y d_p k\xi_m \cos k\left(x - \frac{b}{2}\right) + \varepsilon_T\left(1 - Y\frac{d_p^2}{\varepsilon_T}\right)\frac{V_m}{h}$$

$$= \left[Y\frac{d_p^2}{\cos \frac{kb}{2}}\cos k\left(x - \frac{b}{2}\right) + \varepsilon_T\left(1 - Y\frac{d_p^2}{\varepsilon_T}\right)\right]\frac{V_m}{h} \tag{B23}$$

（f）在时刻 t,下电极上的总面电荷 $Q(t)$ 可由(B22)式中的 $\sigma(x, t)$ 对电极表面积分得到. 结果为

$$\frac{Q(t)}{V(t)}=\frac{1}{V(t)}\int_0^b \sigma(x,t)w\mathrm{d}x=\frac{1}{V_\mathrm{m}}\int_0^b \sigma(x)w\mathrm{d}x=\frac{w}{h}\int_0^b\left[Y\frac{d_p^2}{\cos\frac{kb}{2}}\cos k\left(x-\frac{b}{2}\right)+\varepsilon_T\left(1-Y\frac{d_p^2}{\varepsilon_T}\right)\right]\mathrm{d}x$$

$$=\left(\varepsilon_T\frac{bw}{h}\right)\left[Y\frac{d_p^2}{\varepsilon_T}\left(\frac{2}{kb}\tan\frac{kb}{2}\right)+\left(1-Y\frac{d_p^2}{\varepsilon_T}\right)\right]=C_0\left[\alpha^2\left(\frac{2}{kb}\tan\frac{kb}{2}\right)+(1-\alpha^2)\right]$$

式中 $C_0=\varepsilon_T\dfrac{bw}{h}$，

$$\alpha^2=Y\frac{d_p^2}{\varepsilon_T}=\frac{(2.25\times10^{-12})^2}{1.27\times10^{-11}\times4.06\times10^{-11}}=9.82\times10^{-3}\qquad\text{(B25)}^*$$

常数 α 称为机电耦合系数.

【注意】　结果 $C_0=\varepsilon_T bw/h$ 可由题目中方程(5)考虑静态极限 $k=0$ 的情况看出. 当 $x\ll 1$ 时， $\tan x\approx x$，可得

$$\lim_{k\to0}\frac{Q(t)}{V(t)}\approx C_0[\alpha^2+(1-\alpha^2)]=C_0\qquad\text{(B26)}$$

显然,常量 C_0 就是以石英晶片(厚 h,电容率 ε_T)作为电介质,由两电极(面积为 bw)形成的平行板电容器的电容,所以它等于 $\varepsilon_T bw/h$.

试题 3

A 部分　中微子质量与中子衰变

一个质量为 m_n 的自由中子,在实验室参考系中静止时衰变成 3 个无相互作用的粒子:1 个质子, 1 个电子和 1 个反中微子. 质子的静止质量为 m_p,反中微子的静止质量 m_ν 假设不为 0,但比电子的静止质量 m_e 小很多. 真空中的光速以 c 表示. 诸测量值如下:

$$m_\mathrm{n}=939.565\,63\ \mathrm{MeV}/c^2,\quad m_\mathrm{p}=938.272\,31\ \mathrm{MeV}/c^2,\quad m_\mathrm{e}=0.510\,990\,7\ \mathrm{MeV}/c^2$$

以下所有能量与速度均相对于实验室参照系而言. 令衰变产生的电子所拥有的总能量为 E.

(a) 求 E 的最大可能值 E_max,以及当 $E=E_\mathrm{max}$ 时反中微子的速率 v_m. 两个答案都必须以粒子的静止质量和光速表示. 若已知 $m_\nu<7.3\ \mathrm{eV}/c^2$,试计算 E_max 和 v_m/c 的数值至三位有效数字.

B 部分　光浮

一透明玻璃半球半径为 R,质量为 m,折射率为 n. 半球外介质的折射率为 1. 一单色平行激光束, 沿法向均匀射向半球平表面的正中央部分,如图 1 所示,在此图中重力加速度 g 竖直向下. 激光束的圆截面半径 δ 远小于 R. 玻璃半球和激光束都以 z 轴为对称轴.

玻璃半球不吸收任何激光. 玻璃球表面已经过光学涂料处理,因此入射光及出射光在平面及球面的反射可以忽略不计,且激光在光学涂料中的光程也可忽略.

(b) 若忽略量级为 $(\delta/R)^3$ 及更高次项,求为平衡玻璃半球的重力所需的激光功率 P.

提示:当角度 θ 远小于 1 时,有 $\cos\theta\approx1-\theta^2/2$.

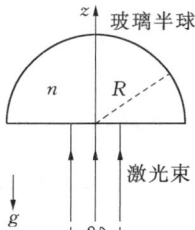
题 3 图 1

【试题 3 解答】

A 部分　中微子质量与中子衰变

设在实验室参考系(即中子静止系)中,中子衰变产生的电子能量为 $E_\mathrm{e}(=E)$,动量为 $\boldsymbol{p}_\mathrm{e}$;质子能量为 E_p,动量为 $\boldsymbol{p}_\mathrm{p}$;反中微子能量为 E_ν,动量为 $\boldsymbol{p}_\nu$. 将动量 $\boldsymbol{p}_a$ 的大小记为 p_a,则有

$$\left. \begin{aligned} E_e^2 &= m_e^2 c^4 + p_e^2 c^2 \\ E_p^2 &= m_p^2 c^4 + p_p^2 c^2 \\ E_\nu^2 &= m_\nu^2 c^4 + p_\nu^2 c^2 \end{aligned} \right\} \tag{A1}$$

由能量与动量守恒可得

$$E_p + E_\nu = E_n - E_e \tag{A2}$$

$$\boldsymbol{p}_p + \boldsymbol{p}_\nu = -\boldsymbol{p}_e \tag{A3}$$

式中 E_n 为中子的静能. 将(A2)和(A3)式两边平方,得

$$E_p^2 + E_\nu^2 + 2E_p E_\nu = E_n^2 + E_e^2 - 2E_n E_e \tag{A4}$$

$$p_p^2 + p_\nu^2 + 2\boldsymbol{p}_p \cdot \boldsymbol{p}_\nu = p_e^2 \tag{A5}$$

上式两边同乘以 c^2,

$$p_p^2 c^2 + p_\nu^2 c^2 + 2\boldsymbol{p}_p \cdot \boldsymbol{p}_\nu c^2 = p_e^2 c^2 \tag{A5a}$$

(A4)式减(A5a)式,并利用(A1)式得

$$m_p^2 c^4 + m_\nu^2 c^4 + 2(E_p E_\nu - \boldsymbol{p}_p \cdot \boldsymbol{p}_\nu c^2) = E_n^3 + m_e^2 c^4 - 2E_n E_e \tag{A6}$$

即

$$2E_n E_e = E_n^2 + m_e^2 c^4 - m_p^2 c^4 - m_\nu^2 c^4 - 2(E_p E_\nu - \boldsymbol{p}_p \cdot \boldsymbol{p}_\nu c^2) \tag{A7}$$

若设 $\boldsymbol{p}_p$ 与 $\boldsymbol{p}_\nu$ 间的夹角为 θ,则 $\boldsymbol{p}_p \cdot \boldsymbol{p}_\nu = p_p p_\nu \cos\theta \leqslant p_p p_\nu$,由上式得

$$2E_n E_e \leqslant E_n^2 + m_e^2 c^4 - m_p^2 c^4 - m_\nu^2 c^4 - 2(E_p E_\nu - p_p p_\nu c^2) \tag{A8}$$

由上式可见,电子能量当 $\theta = 0$（即当反中微子和质子沿同一方向运动）时达到最大.

可将 E_p, p_p 和 E_ν, p_ν 分别与 m_p, m_ν 联系起来,由能量-动量三角形（见图2）,得

$$\left. \begin{aligned} E_p &= m_p c^2 / \cos\varphi_p \\ E_\nu &= m_\nu c^2 / \cos\varphi_\nu \end{aligned} \right\} \tag{A9}$$

$$\left. \begin{aligned} p_p c &= m_p c^2 \tan\varphi_p \\ p_\nu c &= m_\nu c^2 \tan\varphi_\nu \end{aligned} \right\} \tag{A10}$$

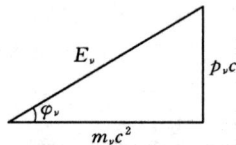

题 3 图 2

于是(A8)式变为

$$2E_n E_e \leqslant E_n^2 + m_e^2 c^4 - m_p^2 c^4 - m_\nu^2 c^4 - 2m_p m_\nu c^4 \left[\frac{1 - \sin\varphi_p \sin\varphi_\nu}{\cos\varphi_p \cos\varphi_\nu} \right] \tag{A11}$$

上式最后一项括号中的因子可表示为

$$\frac{1 - \sin\varphi_p \sin\varphi_\nu}{\cos\varphi_p \cos\varphi_\nu} = \frac{1 - \sin\varphi_p \sin\varphi_\nu - \cos\varphi_p \cos\varphi_\nu}{\cos\varphi_p \cos\varphi_\nu} + 1 = \frac{1 - \cos(\varphi_p - \varphi_\nu)}{\cos\varphi_p \cos\varphi_\nu} + 1 \geqslant 1 \tag{A12}$$

显然上述因子的极小值出现在 $\varphi_p = \varphi_\nu$ 时,即出现在反中微子和质子以同一速度运动时,因此,由(A11)式得 E_e 的极大值

$$E_{max} = \frac{1}{2E_n}[E_n^2 + m_e^2 c^4 - m_p^2 c^4 - m_\nu^2 c^4 - 2m_p m_\nu c^4] = \frac{c^2}{2m_n}[m_n^2 + m_e^2 - (m_p + m_\nu)^2] \tag{A13}*$$

以相应数值代入,并利用 $m_\nu \ll m_p$,略去 m_ν,得

$$E_{max} \approx 1.292\,569 \text{ MeV} \approx 1.29 \text{ MeV} \tag{A14}^*$$

当反中微子与质子以同一速度运动时,反中微子的速度为 $v_\nu = \dfrac{m_\nu v_\nu}{m_\nu} = \dfrac{p_\nu}{E_\nu/c^2} = \dfrac{c^2 p_\nu}{E_\nu}$. 同理,质子

速度为 $v_p = \dfrac{c^2 p_p}{E_p}$. 由此可得

$$v_\nu = v_p = c^2 \frac{p_\nu + p_p}{E_\nu + E_p} = c \frac{p_e c}{E_\nu + E_p} = c \frac{\sqrt{E_e^2 - m_e^2 c^4}}{E_n - E_e} \tag{A15}$$

其中 E_e 应取 E_{max},以(A13)*式的 E_{max} 代入上式,可得 v_ν 的相应值 v_m,

$$v_m = c \frac{\sqrt{E_{max}^2 - m_e^2 c^4}}{E_n - E_{max}} = c \frac{\dfrac{1}{2m_n}\sqrt{[m_n^2 + m_e^2 - (m_p + m_\nu)^2]^2 - 4m_n^2 m_e^2}}{m_n - \dfrac{1}{2m_n}[m_n^2 + m_e^2 - (m_p + m_\nu)^2]}$$

$$= c \frac{\sqrt{[m_n^2 + m_e^2 - (m_p + m_\nu)^2]^2 - 4m_n^2 m_e^2}}{2m_n^2 - [m_n^2 + m_e^2 - (m_p + m_\nu)^2]} \approx 0.001\,27c \tag{A16}^*$$

B 部分　光浮

(b) 参见图 3. 射向球面的光服从斯涅尔定律,有

$$n\sin\theta_i = \sin\theta_t \tag{B1}$$

在正弦函数中,忽略量级 $(\delta/R)^3$ 及更高次项,上式变为

$$n\theta_i = \theta_t \tag{B2}$$

对图 3 中的 $\triangle FAC$,有

$$\beta = \theta_t - \theta_i \approx n\theta_i - \theta_i = (n-1)\theta_i \tag{B3}$$

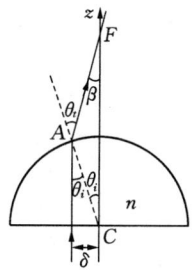

题 3 图 3

设入射光的频率为 f_0. 若单位时间入射到单位面积平表面上的光子数为 n_p,则单位时间入射到平表面上的总光子数为 $n_p \pi \delta^2$. 入射到平表面上的光子的总功率为 $P = (n_p \pi \delta^2)(hf_0)$,式中 h 为普朗克常量,因而

$$n_p = \frac{P}{\pi \delta^2 h f_0} \tag{B4}$$

单位时间入射到平表面上内半径为 r、外半径为 $r + dr$ 的环带上的光子数为 $n_p(2\pi r dr)$,其中 $r = R\sin\theta_i \approx R\theta_i$. 于是单位时间入射到环带上的光子数为

$$n_p(2\pi r dr) \approx n_p(2\pi R^2)\theta_i d\theta_i \tag{B5}$$

当这些光子在球面上发生折射时,单位时间带走光的动量的 z 分量为

$$dF_z = n_p(2\pi r dr)\frac{hf_0}{c}\cos\beta \approx n_p\frac{hf_0}{c}(2\pi R^2)\left(1 - \frac{\beta^2}{2}\right)\theta_i d\theta_i \approx n_p\frac{hf_0}{c}(2\pi R^2)\left[\theta_i - \frac{(n-1)^2}{2}\theta_i^3\right]d\theta_i \tag{B6}$$

所以单位时间被光子带走的总动量为

$$F_z = 2\pi R^2 n_p \frac{hf_0}{c}\int_0^{\theta_{im}}\left[\theta_i - \frac{(n-1)^2}{2}\theta_i^3\right]d\theta_i = \pi R^2 n_p \frac{hf_0}{c}\theta_{im}^2\left[1 - \frac{(n-1)^2}{4}\theta_{im}^2\right] \tag{B7}$$

其中 $\theta_{im} = \arcsin\dfrac{\delta}{R} \approx \dfrac{\delta}{R}$. 于是,再利用(B4)式,上式变为

$$F_z = \frac{\pi R^2 P}{\pi \delta^2 h f_0}\frac{hf_0}{c}\frac{\delta^2}{R^2}\left[1 - \frac{(n-1)^2 \delta^2}{4R^2}\right] = \frac{P}{c}\left[1 - \frac{(n-1)^2 \delta^2}{4R^2}\right] \tag{B8}$$

光浮力等于入射光和折射光作用在玻璃半球上的作用力的 z 分量的总和,并可表示为

$$\frac{P}{c} + (-F_z) = \frac{P}{c} - \frac{P}{c}\left[1 - \frac{(n-1)^2\delta^2}{4R^2}\right] = \frac{(n-1)^2\delta^2}{4R^2}\frac{P}{c} \qquad (B9)$$

此力应与玻璃半球的重力相等,由此可得出悬浮半球所需的激光功率

$$P = \frac{4mgcR^2}{(n-1)^2\delta^2} \qquad (B10)^*$$

· 实验试题与解答 ·

试题 4　液晶电光特性实验

【实验设备】

(1) 可用仪器列表如表1所示. 实验装置示意图如图1所示.

题 4 表 1

代号	器　　材	数量	代号	器　　材	数量
A	光探测器(PD)	1	I	电池	2
B	偏光镜与旋转镜座	2	J	电池盒	1
C	90°TN-LC 液晶盒与旋转液晶座	1	K	光具座	1
D	函数产生器	1	L	半透光纸	2
E	激光二极管(LD)	1	M	直尺	1
F	多用电表	2	N	白色胶带*(在器材上做记号用)	1
G	平行液晶盒	1	O	剪刀	1
H	可变电阻	1	P	作图纸	10

* 不可在器材上做记号;如有需要,贴一片白色胶带,在胶带上做记号.

题 4 图 1

(2) 多用电表说明(见图2).

● "DC/AC"开关可选直流或交流.

● 用"VΩ"与"COM"接头来测量电压或电阻.

● 用"mA"与"COM"接头来测量小电流. 数字显示为mA 值.

● 用功能旋钮选择适当的功能与测量范围. "V"代表测量电压,"A"代表测量电流,而"Ω"代表测量电阻.

(3) 函数产生器说明(见图3).

● 电源按键压下为接通电源,再压一次则切断电源.

● 用频率范围按键选择适当频率范围.

● 数字显示屏显示频率.

● 用粗调节钮与细调节钮选择适当频率.

- 用波形选择最左按键选用方波.
- 用输出振幅调节钮改变输出电压.

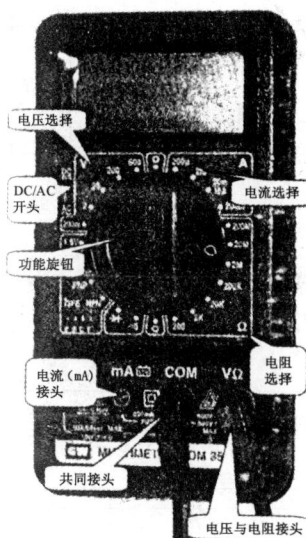

题 4 图 2

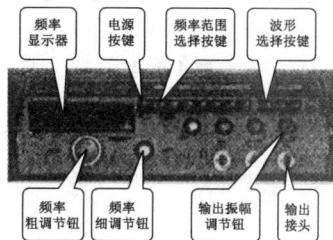

题 4 图 3

【实验试题】

A 部分　激光二极管的光学特性

Ⅰ．简介

（1）激光二极管．本实验所用的光源为激光二极管,它所发出的激光波长为 650 nm．当二极管电流超过某一临界值时,激光二极管即能发出单色、部分偏振的相干光,这就是所谓的激光．当激光二极管的电流小于临界值时,发光强度很小;在临界值以上,发光强度随着电流增大而急剧增加,发光强度与电流大小变化成线性的关系;若电流持续增大,发光强度的增加率反而会趋缓,这是因为激光二极管本身温度增高所导致．因此,激光二极管的最佳工作范围是在线性的区段．通常,阈值电流 I_{th} 的大小,就规定为该线性区段的外推线与电流轴的交点值．

【注意】　请千万不要直接去看激光光束,那样会伤害你的眼睛!

（2）光探测器．本实验所用的光探测器是利用光电二极管串接电流放大器制成的．当在光电二极管加上偏压时,此二极管受光照射即会产生光电流．在温度恒定、入射光为单色光的情况下,光电流与入射光强成正比．而电流放大器是用来以等比例的方式将光电流转换成电压输出．本光探测器的转换比例有两种:一为高档放大;另一为低档放大．在本实验中全部使用低档放大．若入射光强太高,由于电流放大器本身的限制,输出电压即不再与光电流成比例增加,而会逐渐趋向于约 8 V 饱和值．所以,整个光探测器正常的工作范围,是在光强度确实与输出电压成比例的区段;若光强过大而使输出电压饱和,光探测器的读数将不能正确表示入射光强度．

Ⅱ．实验步骤

为了使激光二极管的电光特性测量能成功进行,光束在实验装置各个部分的光路校准非常关键．此外,光源与探测器也必须在适当条件下操作．A 部分即与这些问题及偏振程度有关．

（1）如图 4 所示,将激光二极管与光探测器成一水平线放入光具座中,并如图 5 所示连接可变电阻、电池、电流表、电压表、激光二极管及光探测器．适当调整可变电阻值使经过激光二极管的电流大约为 25 mA,则二极管射出适当的激光．固定光探测器于低档放大,适当调整激光二极管及光探测器的高度及彼此相对的方向,以使激光束正好进入光探测器盒子上的小孔,且光探测器输出电压达到最大值,以确保彼此的光路是对准的.

【注意】 不要让电池上的黑、红两端彼此接触,以免造成短路!

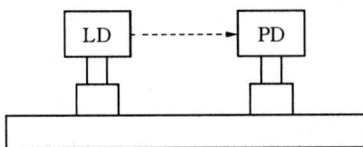

LD:激光二极管;PD:光探测器
题 4 图 4

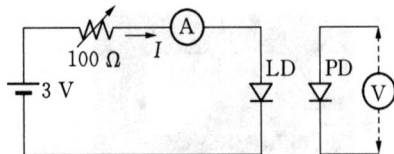

题 4 图 5

(2) 以光探测器的输出电压来代表激光的强度 J,并适当调整可变电阻来改变激光二极管的电流大小 I.由零值开始,直到最大电流为止,同时测量出 J 与 I 的关系,请注意适当调整所增加的电流间隔.

问题 A-(1)

测量、列表、并画出 J-I 曲线.

问题 A-(2)

在 J-I 曲线线性区域内估算最大电流 I_m 及其不确定度.用箭号($\downarrow$)标示出线性范围,定出阈值电流 I_{th},并作详细的误差分析.

---

(3) 选择激光二极管的电流为 $I_{th} + 2(I_m - I_{th})/3$ 作为工作点,以确保激光二极管及光探测器均能正常工作.

(4) 为 B 部分实验作准备:如图 6 所示,在光具座上将偏振片放置于近激光二极管处,注意激光必须对准偏振片的中央部分.调整偏振片使入射激光与偏振片的平面垂直.(提示:你可以插入半透光纸作光屏,检查入射光与反射光所产生之光点是否重叠,以确保入射光垂直于偏振片.)

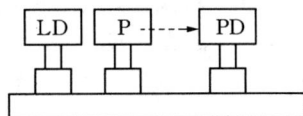

P:偏振片.
题 4 图 6

(5) 固定激光二极管的电流大小,在光具座上放置第二片偏振片,必须确保适当的光路校准.也就是将光源、探测器以及两偏振片置于一直线,并确定每一偏振片平面都与光束垂直.

B 部分　丝状液晶(Nematic LC)的光学性质与 90°扭转丝状液晶盒(90°TN-LC 盒)的电–光开关特性

Ⅰ. 简介

(1) 液晶.液态晶体(简称液晶,LC)是一种介于固态结晶体与非晶形液态之间的物质.其中丝状液晶系由长条形有机分子所构成,这些分子的平均排列方向可以很容易排列成规则状,同时亦可以通过施加电场来控制长条形液晶分子长轴的方向.在大部分的液晶元件中,均要求液晶分子的取向均匀且朝向预设的指向.本实验所用的液晶盒(LC Cell)结构参见图 7.使用擦镜纸沿单一方向摩擦图 7 所示的 PI 导向膜,可在 PI 膜表面形成排列整齐的沟纹,它会令相邻的液晶长分子沿沟纹方向排列整齐,并进而通过分子间的相互作用,使其他液晶分子随之规则排列,如此可获得均匀取向的丝状液晶膜.局部的分子取向,称为液晶在该点的主导方向.

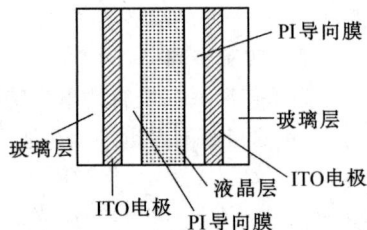

题 4 图 7

液晶盒对光具有双折射现象,也就是具有两种折射率.当光线沿着分子主导方向传播时,各种偏振分量以同一速率 $v_o = c/n_o$ 传播,其中 n_o 称为"寻常折射率",该传播方向(主导方向)称为液晶胞的光轴.当光线沿着与光轴垂直方向传播时,则有两种传播速率.当偏振光的电场方向垂直于光轴时,光的传播速率仍为 $v_o = c/n_o$;但偏振光的电场方向平行于光轴时,光的传播速率则是 $v_e = c/n_e$,其中 n_e 称为"非常折射率"."双折射量"即光的各向异性,定义为非常折射率与寻常折射率之差,$\Delta n \equiv n_e - n_o$.

(2) 90°扭转丝状液晶盒.图 8 所示为 90°扭转丝状液晶盒液晶分子配向扭转示意.后方 PI 导向膜的 LC 主导方向,相对于前方 PI 导向膜的 LC 主导方向扭转了 90°,故液晶分子在液晶层中亦逐渐扭转了 90°,令前方 PI 导向膜的主导方向平行于起偏镜的透光轴.入射的非偏振光经起偏镜后变成线偏振光.当此线偏振光穿过 90°TN-LC 时,其偏振方向会随着液晶分子长轴方向的扭转而扭转,使得透过 TN-LC 的光维持为线性偏振光,但其偏振方向已扭转 90°.由于入射偏振光的电场方向始终维持与液晶分子长轴方向平行,故它显示为非常光,其折射率为 n_e.(同理,若入射偏振光的偏振方向始终维持与液晶分子长轴垂直,它也具有 90°旋转的扭转效果,但它显示为寻常光,其折射率为 n_o.)若检偏镜(第二个偏振片)的偏振方向设定为平行于起偏镜的偏振方向时(见图 9),光就不能透过检偏镜.此种设定称为"正常黑"模式(Normally Black,简称 NB).但若在 TN 盒两边加电压 V,且当 V 超过临界值 V_c 时,受外加电场作用,液晶分子的长轴方向会沿此外加电场方向作平行排列,这将渐渐破坏对偏振光偏振方向的引导扭转作用,光便会渐渐透过检偏镜,令 V_{10} 及 V_{90} 分别代表使透射光强度达到最大透射光强度的 10% 及 90% 时的外加电压值,则可定义"电-光开关斜率" γ 为

$$\gamma = \frac{V_{90} - V_{10}}{V_{10}}$$

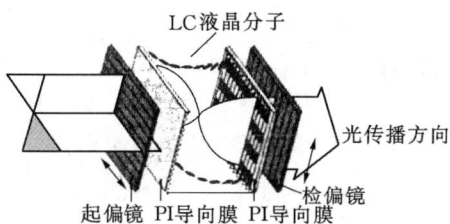

题 4 图 8

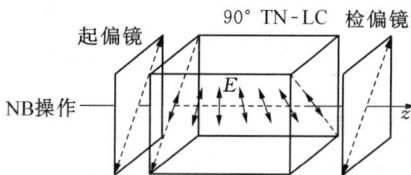

题 4 图 9

Ⅱ. 实验步骤

将"90°TN-LC"设定在"正常黑"模式,放置于两个偏光方向互相平行的偏振片之间.使用函数产生器,以 100 Hz 方波的方式加电压于液晶盒两边的 ITO 电极.将电压值 V_{rms} 由 0 逐步增至 7.2 V.

* 在关键点附近,必要时宜多取几组数据.

问题 B-(1)

对 NB90°TN-LC 进行测量、列表,并画出电光关系特性曲线(J 对 V_{rms} 的曲线),求出开关斜率 γ. $\left(\gamma = \dfrac{V_{90} - V_{10}}{V_{10}}\right)$

问题 B-(2)

测定 NB90°TN-LC 的临界电压 V_c.利用图明确表示出你确定 V_c 值的方法.(提示:当外加电压超过临界电压后,光透射率将急剧上升.)

C 部分   丝状液晶的光学性质与均匀平行取向液晶盒的电-光开关特性

Ⅰ. 简介

均匀平行取向液晶盒如图 10 所示. 它是前 PI 导向膜与后 PI 导向膜的主导方向互相平行的液晶盒. 若经起偏镜入射的线偏振光的偏振方向平行于 LC 主导方向, 在液晶中光以非常光的方式前进, 且光呈单一的(纯的)相位变化.

若入射偏振光和 LC 主导方向成 45°夹角(见图 11), 则由于寻常光和非常光在 LC 中波速不同, 导致这两种光间发生"相位推迟". 在 $\theta = 45°$、两偏振片的偏振方向相互平行的情况下, 透过检偏镜的光的透射率(即透射光强度与入射液晶盒的光强之比)为

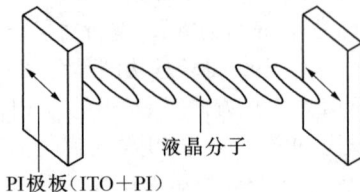
题 4 图 10

$$T_{/\!/} = \cos^2 \frac{\delta}{2}$$

式中的"相位延迟"δ 可表示为

$$\delta = 2\pi d \Delta n(V, \lambda) / \lambda$$

式中 d 是液晶层的厚度, λ 是空气中光的波长, V 是交流电压的均方根值, 而 $\Delta n \equiv n_e - n_o$ 是液晶的双折射量, Δn 是 λ 与 V 的函数. Δn 与 δ 都是在 V 等于 0 时有最大值, 此外 Δn 随 V 的增加而减少.

在一般的情况中, 透射率可表示如下:

$$T_{/\!/} = 1 - \sin^2 2\theta \sin^2 \frac{\delta}{2} \ , \ T_{\perp} = \sin^2 2\theta \sin^2 \frac{\delta}{2}$$

式中"$/\!/$"和"$\perp$"分别代表检偏镜的偏振方向平行和垂直于起偏镜的偏振方向这两种情况.

Ⅱ. 实验步骤

(1) 以均匀平行取向液晶盒取代 90°TN-LC 盒.

(2) 在 $V = 0$ 时, 设定 $\theta = 45°$(见图 11). 实验时可在起偏镜与检偏镜的透光轴互相垂直时, 旋转液晶试片直到透射率达最大值($T_{\perp}$), 即可确定 $\theta = 45°$. 记下 $T_{\perp}$, 再将起偏镜与检偏镜的透光轴调成平行并测量 $T_{/\!/}$(同样在外加电压 $V = 0$ 时), 以求得相位延迟 δ 及双折射量 Δn.

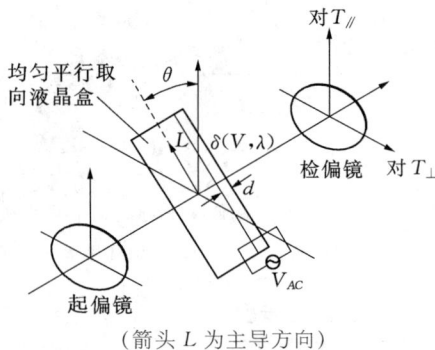
(箭头 L 为主导方向)
题 4 图 11

问题 C-(1)

设已知激光的波长 $\lambda = 650$ nm, 液晶层厚 $d = 7.7$ μm, $\Delta n \approx 0.25$; 由上面得到的 $T_{\perp}$ 及 $T_{/\!/}$ 实验数据, 计算此液晶盒在 $V = 0$ 时 δ 及 Δn 的精确值.

(3) 根据实验(1), 在 $\theta = 45°$ 的设定下, 使用函数产生器以 100 Hz 方波加电压于均匀平行取向液晶试片两端的 ITO 电极, 在起偏镜与检偏镜的透光方向调成平行时, 测量 $T_{/\!/}$ 在外加电压($V_{\rm rms}$)从 0 ~7 V 之间的电-光开关曲线(即 $T_{/\!/}$ 对 $V_{\rm rms}$). (提示:测量光透射率 $T_{\perp}$ 开关曲线的结果, 可有助于测量 $T_{/\!/}$ 时提高准确性; $T_{\perp}$ 的测量结果在回答下列问题时并不需要.)

* 记住在关键点附近, 必要时应多取几组数据(特别是在 0.5~4.0 V 之间).

问题 C-(2)

在 $\theta = 45°$ 配置下, 对平行取向液晶盒进行测量、列表, 并画出 $T_{/\!/}$ 的电光开关曲线.

问题 C-(3)

从电光开关的数据中,找出 $\delta = \pi$ 时的外加电压 V_π 值.(提示:V_π 是使相位延迟 $\delta = \pi$ 时的外加电压.请记住 Δn 是外加电压的函数,而且 Δn 随 V 的增大而减小.在决定 V_π 的准确数值时,可考虑用外插法求解.)

【试题 4 解答】

A 部分　激光二极管电光特性测量

问题 A-(1)

(a) 测量数据:标有变量和单位的数据见表 2.

题 4 表 2

I/mA	9.2	15.2	19.5	21.6	22.2	22.7	23.0	23.4	23.8
J/V	0.00	0.01	0.02	0.03	0.05	0.06	0.09	0.12	0.30
I/mA	24.2	24.6	25.0	25.4	25.8	26.2	26.6	27.0	27.4
J/V	0.66	1.02	1.41	1.88	2.23	2.64	3.04	3.36	3.78
I/mA	27.8	28.2	28.6	29.0	29.4	29.8	30.2	30.5	31.0
J/V	4.12	4.48	4.79	5.13	5.44	5.72	6.05	6.25	6.55
I/mA	31.4	31.8	32.2	32.6	33.0	33.4	33.8	34.2	34.6
J/V	6.75	6.99	7.22	7.40	7.60	7.78	7.93	8.07	8.14
I/mA	35.0	35.5	36.0	36.5	37.0	37.6	38.0	38.6	
J/V	8.18	8.20	8.22	8.24	8.24	8.25	8.26	8.27	

电流误差:± 0.1 mA,电压误差:± 0.01 V.

(b) 画图:选择与实验数据的范围和精度相符的横、纵坐标和单位.

(c) 画线:选择合适的数据,画出适当的线形如图 12 所示,形成"开始~0→阈值→线性→饱和"的曲线.

问题 A-(2)

(a) 标出图 12 中的线性区域,如图 13 所示.

(b) 用最小二乘法或用尺子目测进行误差分析.

(c) 求得 $I_m \pm \Delta I_m$:从 J-I 曲线线性区域得到适当的 I_m 数据和误差($\pm \Delta I_m$).

(d) 求得适当的 I_{th} 值及误差为 $I_{th} = [(21 \sim 26) \pm (0.01\ \text{或}\ 0.2)]$(mA).

题 4 表 3

最小二乘法拟合	用尺目测
图中误差 $0.0x$ mA	图中误差 $0.x$ mA
最小二乘法方法	放大刻度图
误差分析	画出 3 条曲线作误差分析

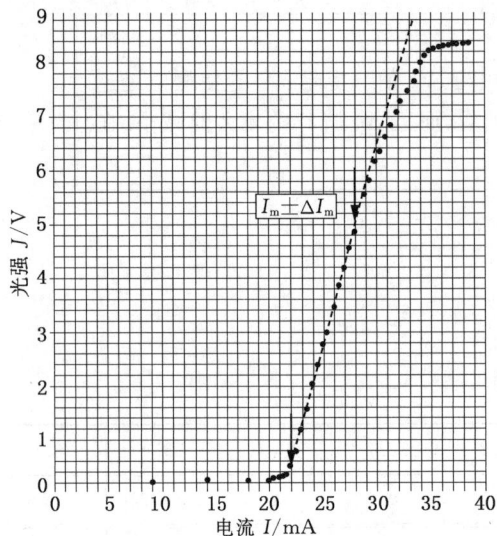

题 4 图 12

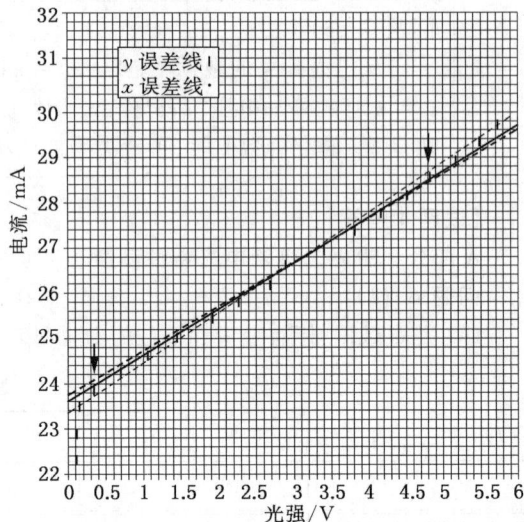

题 4 图 13

附录

◎A1-1

最小二乘法：$I = mJ + b \rightarrow b = I_{th}$.

题 4 表 4

	$y : I/\text{mA}$	$x : J$	xy	x^2	$y(x) = mx + b$	$[y - y(x)]^2$
1	23.8	0.30	7.14	0.090 0	23.793 7	3.969E-05
2	24.2	0.66	15.972	0.435 6	24.171 34	0.000 821
3	24.6	1.02	25.092	1.040 4	24.548 98	0.002 60
4	25.0	1.41	35.25	1.989 1	24.958 09	0.001 76
5	25.4	1.88	47.752	3.534 4	25.451 12	0.002 61
6	25.8	2.23	57.534	4.972 9	25.818 27	0.000 334
7	26.2	2.64	69.168	6.969 6	26.248 36	0.002 34
8	26.6	3.04	80.864	9.241 6	26.667 96	0.004 62
9	27.0	3.36	90.72	11.289 6	27.003 64	1.325E-05
10	27.4	3.78	103.572	14.288 4	27.444 22	0.001 96
11	27.8	4.12	114.536	16.974 4	27.800 88	7.733E-07
12	28.2	4.48	126.336	20.070 4	28.178 52	0.000 461
13	28.6	4.79	136.994	22.944 1	28.503 71	0.009 27
	$\sum y = $ 340.6	$\sum x = $ 33.71	$\sum xy = $ 910.93	$\sum y^2 = $ 113.840		$\sum [y - y(x)]^2$ = 0.026 8

对 $y = mx + b$,

$$\Delta = N\sum x^2 - \left(\sum x\right)^2 = 13(113.840) - (33.71)^2 = 343.6$$

$$m = \frac{1}{\Delta}\left(N\sum xy - \sum x \sum y\right) = \frac{13(910.93) - (33.71)(340.6)}{343.556} = 1.049$$

$$b = \frac{1}{\Delta}\left(\sum x^2 \sum y - \sum x \sum xy\right) = \frac{(113.840)(340.6) - (33.71)(910.93)}{343.556} = 23.48$$

$$\sigma_y = \frac{1}{N-2} \sqrt{\sum [y - y(x)]^2} = \frac{1}{13-11} \sqrt{0.026\,8} = 0.015$$

$$\sigma = \sqrt{(\sigma_y)^2 + \left(\frac{dy}{dx}\sigma_x\right)^2} = \sqrt{(0.015)^2 + (1.049 \times 0.005)^2} = 0.016$$

$$\sigma_m = \sqrt{\frac{N\sigma^2}{\Delta}} = \sqrt{\frac{13 \times 0.016^2}{343.556}} = 0.003\,1$$

$$\sigma_b = \sqrt{\frac{\sigma^2}{\Delta}\sum x^2} = 0.016 \times \sqrt{\frac{113.840}{343.556}} = 0.009\,2$$

$I_{th} = (23.48 \pm 0.01)\text{mA}$

◎**A1-2**

目测: $I = mJ + b \rightarrow b = I_{th}$. 对 $y = mx + b$,

直线 1: $y = 1.00x + 23.66$, 直线 2: $y = 1.05x + 23.48$, 直线 3: $y = 1.13x + 23.31$

I_{th}(平均) $= 23.48$ mA, $\Delta I_{th} = 0.18$ mA, $I_{th} = (23.5 \pm 0.2)\text{mA}$

B 部分   丝状液晶(Nematic LC)的光学性质与 90°TN-LC 盒的电-光开关特性

问题 B-(1)

(a) 测量数据:标有变量和单位的数据见表 5.

题 4 表 5

所加电压/V	光强/V	所加电压/V	光强/V	所加电压/V	光强/V
0.00	0.00	1.78	0.21	3.41	1.39
0.10	0.00	1.81	0.26	3.50	1.40
0.20	0.00	1.85	0.33	3.60	1.39
0.30	0.00	1.90	0.44	3.70	1.40
0.40	0.00	1.96	0.57	3.80	1.40
0.50	0.00	2.03	0.70	4.03	1.40
0.60	0.00	2.08	0.80	4.22	1.40
0.70	0.00	2.15	0.92	4.40	1.39
0.80	0.00	2.21	1.02	4.61	1.39
0.90	0.00	2.28	1.10	4.78	1.40
1.00	0.00	2.33	1.14	5.03	1.39
1.10	0.02	2.39	1.19	5.20	1.39
1.20	0.04	2.44	1.22	5.39	1.38
1.24	0.04	2.50	1.26	5.61	1.39
1.30	0.04	2.55	1.27	5.81	1.38
1.34	0.03	2.60	1.29	6.02	1.38
1.38	0.02	2.67	1.32	6.21	1.38
1.45	0.01	2.72	1.33	6.40	1.38
1.48	0.01	2.85	1.36	6.63	1.38
1.55	0.02	2.97	1.37	6.80	1.38
1.59	0.03	3.11	1.38	7.02	1.38
1.64	0.05	3.20	1.39	7.20	1.38
1.71	0.11	3.32	1.39		

(b) 根据实验的范围和精度选择横坐标和纵坐标合适的刻度和单位.

(c) 测量并画出光强随所加电压变化的 J-V_{rms} 曲线(见图 14).

在"正常黑"模式下透射光强小于 0.05 V;

在外加电压达到临界值前有一小的光反弹;

当外加电压超过临界值后透射光强急剧增大;

当外加电压超过 3 V 后透射光强出现平台区.

(d) γ 值及误差:

在所加电压 3.0~7.2 V 之间找出光强的最大值;

定出最大光强的 90% 数值,利用内插法得出所加电压的 V_{90} 值;

定出最大光强的 10% 数值,利用内插法得出所加电压的 V_{10} 值;

正确的 $\gamma \pm \Delta\gamma$ 值为 $(0.42 \sim 0.44) \pm 0.02$.

题 4 图 14

题 4 图 15

问题 **B-**(2)

(a) V_c 值及误差:

放大刻度画图,并且在 V_c 区附近多取些测量数据点(见图 15);

定出当透射光强急剧增大时的 V_c 值;

正确的 $V_c \pm \Delta V_c$ 值为 $[(1.20 \sim 1.50) \pm 0.01]$V.

图 15 的数据与表 5 的数据并不是一一对应的,图 15 仅展示如何得出 V_c 的.

C 部分   丝状液晶的光学性质与均匀平行取向液晶盒的电-光开关特性

问题 **C-**(1)

(a) δ 和 Δn 值及误差:

获取 $T_{//}$ 值并取平均;

定出级数 m 值;

正确的 δ 值为 15.7~18.2;

正确的 Δn 值为 0.20~0.24.

$$T_{//} = \frac{0.31 + 0.31 + 0.31}{3} = (0.31 \pm 0.01)(\text{V}), \quad T_{\perp} = \frac{1.04 + 1.03 + 1.04}{3} = (1.04 \pm 0.01)(\text{V})$$

$$\tan\frac{\delta}{2} = \pm\frac{\sqrt{T_{\perp}}}{\sqrt{T_{//}}} = -1.83^*, \quad \delta = 4.14 + 2m\pi(\text{或} -2.14 + 2m\pi)$$

$$\delta = \frac{2\pi d \Delta n}{\lambda} = \frac{2\pi \times 7.7 \times 0.25}{0.65} = 18.6$$

取 $m = 2$(或 3) 得 $\delta = 16.7(5.32\pi)$. 由 $\delta = \frac{2\pi d \Delta n}{\lambda}$ 得 $\Delta n = \frac{\delta \lambda}{2\pi d} = 0.22$, 故允许值 $\Delta n = (0.20 \sim 0.24)$.

* 如果 $\tan \frac{\delta}{2} = 1.83$, 则 δ 值可以是 4.68π 或 6.68π, 与问题 C-(2)的数据图并不相符.

问题 C-(2)

(a) 测量数据:标有变量和单位的数据见表 6.

题 4 表 6

所加电压 /V	光强 /V	所加电压 /V	光强 /V	所加电压 /V	光强 /V
0.00	0.30	1.08	0.25	1.50	0.13
0.10	0.30	1.11	0.40	1.53	0.06
0.20	0.29	1.14	0.67	1.59	0.03
0.30	0.29	1.17	0.93	1.62	0.05
0.40	0.29	1.20	1.25	1.65	0.15
0.50	0.28	1.26	1.31	1.68	0.24
0.60	0.26	1.29	1.36	1.71	0.34
0.70	0.23	1.32	1.32	1.74	0.49
0.80	0.19	1.35	1.09	1.77	0.63
0.90	0.09	1.38	0.85	1.80	0.78
0.99	0.00	1.41	0.62	1.83	0.92
1.02	0.06	1.44	0.46	1.86	1.05
1.05	0.16	1.47	0.29	1.89	1.19
1.92	1.27	2.79	0.26	4.20	0.11
1.95	1.34	2.82	0.23	4.30	0.14
1.98	1.40	2.85	0.21	4.40	0.16
2.01	1.47	2.88	0.18	4.50	0.19
2.04	1.48	2.91	0.16	4.60	0.22
2.07	1.48	2.94	0.14	4.70	0.25
2.10	1.48	2.97	0.12	4.80	0.28
2.13	1.45	3.00	0.09	4.90	0.31
2.16	1.42	3.06	0.08	5.01	0.34
2.19	1.38	3.09	0.06	5.11	0.37
2.22	1.33	3.12	0.05	5.21	0.39
2.25	1.27	3.18	0.04	5.29	0.42
2.28	1.20	3.21	0.03	5.39	0.44
2.31	1.14	3.24	0.02	5.51	0.48
2.34	1.07	3.27	0.02	5.57	0.49
2.37	1.00	3.30	0.01	5.70	0.52

续表

所加电压/V	光强/V	所加电压/V	光强/V	所加电压/V	光强/V
2.40	0.94	3.33	0.00	5.80	0.55
2.43	0.87	3.36	0.00	5.90	0.57
2.46	0.79	3.39	0.00	6.01	0.60
2.49	0.72	3.42	0.00	6.10	0.62
2.52	0.66	3.45	0.00	6.19	0.64
2.55	0.61	3.48	0.00	6.30	0.66
2.58	0.56	3.51	0.00	6.40	0.69
2.61	0.51	3.60	0.01	6.60	0.73
2.64	0.46	3.70	0.02	6.70	0.74
2.57	0.42	3.80	0.03	6.80	0.76
2.70	0.37	3.90	0.04	7.00	0.80
2.73	0.33	4.00	0.07	7.20	0.83
2.76	0.30	4.10	0.09		

（b）根据实验的范围和精度选择横、纵坐标合适的刻度和单位.

（c）测量并画出 $T_{/\!/}$ 随所加电压变化的 $T_{/\!/}$-V_{rms} 曲线（见图16）.

3个极小值和2个尖锐的光的极大值；

两极大值间相差小于15%；

极小值的数值小于0.1 V.

问题 C-(3)

V_π 值及误差：

放大刻度画图，在 V_π 区附近取更多数据（见图17）；

标出正确的 V_π 值；

利用内插法或四舍五入法，则得出 V_π 值；

正确的 V_π 值为 $[(3.2 \sim 3.5) \pm 0.01]$ V.

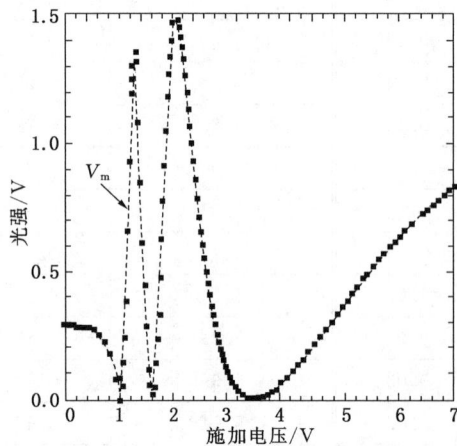

题 4 图 16

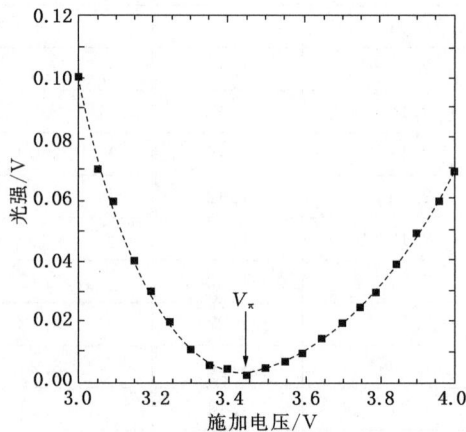

题 4 图 17

附 录 B

基本物理常量

1986 年物理基本常量推荐值如表 1 所示.

附录 B 表 1

量	符号	值	单位	相对准确度,ppm
真空光速	c	299 792 458	$m \cdot s^{-1}$	(准确)
三相点温度	T_t	273.16	K	(准确)
真空磁导率	μ_0	$4\pi \times 10^{-7}$	$N \cdot A^{-2}$	
		$= 12.566\ 370\ 614 \cdots$	$10^{-7} N \cdot A^{-2}$	(准确)
真空电容率,$1/\mu_0 c^2$	ε_0	$8.854\ 187\ 817 \cdots$	$10^{-12} F \cdot m^{-1}$	(准确)
牛顿引力常量	G	6.672 59(85)	$10^{-11} m^3 \cdot kg^{-1} \cdot s^{-2}$	128
普朗克常量	h	6.626 075 5(40)	$10^{-34} J \cdot s$	0.60
$h/2\pi$	$\hbar$	1.054 572 66(63)	$10^{-34} J \cdot s$	0.60
基本电荷	e	1.602 177 33(49)	$10^{-19} C$	0.30
磁通量量子,$h/2e$	Φ_0	2.067 834 61(61)	$10^{-15} Wb$	0.30
电子质量	m_e	9.109 389 7(54)	$10^{-31} kg$	0.59
质子质量	m_p	1.672 623 1(10)	$10^{-27} kg$	0.59
质子电子质量比	m_p/m_e	1 836.152 701(37)		0.020
中子质量	m_n	1.674 928 6(10)	$10^{-27} kg$	0.59
康普顿波长,$h/m_e c$	λ_c	2.426 310 58(22)	$10^{-12} m$	0.089
精细结构常量,$\mu_0 ce^2/2h$	α	7.297 353 08(33)	10^{-3}	0.045
反精细结构常量	α^{-1}	137.035 989 5(61)		0.045
里德伯常量,$m_e c\alpha^2/2h$	R_∞	10 973 731.534(13)	m^{-1}	0.001 2
阿伏伽德罗常量	N_A, L	6.022 136 7(36)	$10^{23} mol^{-1}$	0.59
法拉第常量,$N_A e$	F	96 485.309(29)	$C \cdot mol^{-1}$	0.30
摩尔气体常量	R	8.314 510(70)	$J \cdot mol^{-1} \cdot K^{-1}$	8.4
玻耳兹曼常量,R/N_A	k	1.380 658(12)	$10^{-23} J \cdot K^{-1}$	8.5
斯忒藩-玻耳兹曼常量,$(\pi^2/60)k^4/\hbar^3 c^2$	σ	5.670 51(19)	$10^{-8} Wm^{-2} \cdot K^{-4}$	34
电子伏特,$(e/C)J = \{e\}J$	eV	可与 SI 制单位并用的非 SI 单位	$10^{-19} J$	0.30
原子质量单位(统一),$1\ u = m_u = \frac{1}{12}m(^{12}C)$	u	1.602 177 33(49) 1.660 540 2(10)	$10^{-27} kg$	0.59

摘自 E. Richard Cohen 和 B. N. Taylor, *Reviews of Modern Physics*, 59(4):1139.

太阳系天文数据

太阳系的相关天文数据如表 2 所示.

附录 B 表 2

天体	绕行天体	平均轨道半径/m	天体半径/m	运行周期/s	天体质量/kg	卫星数目
太　阳	银河系	5.6×10^{20}	6.96×10^8	8×10^{15}	1.99×10^{30}	
水　星	太　阳	5.79×10^{10}	2.42×10^6	7.60×10^6	3.35×10^{23}	
金　星	太　阳	1.08×10^{11}	6.10×10^6	1.94×10^7	4.89×10^{24}	
地　球	太　阳	1.50×10^{11}	6.37×10^6	3.16×10^7	5.98×10^{24}	1
火　星	太　阳	2.28×10^{11}	3.38×10^6	5.94×10^7	6.46×10^{23}	2
木　星	太　阳	7.78×10^{11}	7.13×10^7	3.74×10^8	1.90×10^{27}	16
土　星	太　阳	1.43×10^{12}	6.04×10^7	9.35×10^8	5.69×10^{26}	17
天王星	太　阳	2.87×10^{12}	2.38×10^7	2.64×10^9	8.73×10^{25}	5
海王星	太　阳	4.50×10^{12}	2.22×10^7	5.22×10^9	1.03×10^{26}	2
冥王星	太　阳	5.91×10^{12}	3×10^6	7.82×10^9	5.4×10^{24}	1
月　球	地　球	3.84×10^8	1.74×10^6	2.36×10^6	7.35×10^{22}	

物理常用数据

圆周率

$$\pi = 3.141\ 592\ 653\ 5 \approx 3.14$$

自然对数的底

$$e = 2.718\ 281\ 83 \approx 2.72$$

对数的换底因子

$$\log_e 10 = 2.302\ 585\ 09 \approx 2.302\ 6$$

$$(\ln N \approx 2.302\ 6 \lg N)$$

地球半径(和地球同体积的球的半径)

$$R = 6.371 \times 10^6\ \text{m} \approx 6\ 400\ \text{km}$$

地球质量

$$M = 5.977 \times 10^{24}\ \text{kg}$$

地球表面重力加速度

$$g = 9.806\ 65\ \text{m/s}^2$$

标准大气压

$$p_0 = 76\ \text{cmHg} = 1.013\ 25 \times 10^5\ \text{Pa}$$

$$= 1.033\ 6\ \text{kgf/cm}^2 = 1\ 013.25\ \text{mbar}$$

空气中的声速

0 ℃ 和标准大气压:331.4 m/s

常温下的通用值:340 m/s

气体的密度(标准状态下)

空气: 1.293 kg/m³ ≈ 0.001 29 g/cm³

氢气: 0.089 9 kg/m³

氦气: 0.178 6 kg/m³

水银的密度(0 ℃时)

13.595 0 × 10³ kg/m³ ≈ 13.6 g/cm³

水的密度(4 ℃纯水)

1.0 × 10³ kg/m³ = 1 g/cm³

钛的密度

4.510 × 10³ kg/m³

铜的密度

8.93 × 10³ kg/m³

铁的密度

7.860 × 10³ kg/m³

空气的定压比热

$$1\,007\ \mathrm{J/(kg\cdot K)} \approx 1\ \mathrm{J/(g\cdot ℃)}$$
$$\approx 0.24\ \mathrm{cal/(g\cdot ℃)}$$

水的表面张力系数

$$0.073\ \mathrm{N/m}$$

水的比热

$$1\ \mathrm{cal/(g\cdot ℃)} = 4.18\times10^3\ \mathrm{J/(kg\cdot K)}$$

水的沸点(在 1 atm 下)

$$100\ ℃ = 373.15\ \mathrm{K}$$

水的汽化热(在 1 atm 下)

$$539\ \mathrm{cal/g} = 2.26\times10^6\ \mathrm{J/kg}$$

水的凝固点(冰点)(在 1 atm 下)

$$0\ ℃ = 273.15\ \mathrm{K}$$

冰的熔解热(在 1 atm 下)

$$80\ \mathrm{cal/g} = 3.35\times10^5\ \mathrm{J/kg}$$

水的三相点

$$273.16\ \mathrm{K} \pm 0.01\ \mathrm{K}$$

绝对零度

$$0\ \mathrm{K} = -273.15\ ℃ \approx -273\ ℃$$

气体的体胀系数

$$\frac{1}{273}\ 度^{-1} = 0.003\,66\ 度^{-1}$$

气体的压强系数

$$\frac{1}{273}\ 度^{-1} = 0.003\,66\ 度^{-1}$$

钢的抗拉强度

$$500 \sim 2\,000\ \mathrm{MPa}$$

热的功当量

$$J = 4.186\,8\ \mathrm{J/cal} \approx 427\ \mathrm{kgf/kcal}$$

功的热当量

$$0.238\,85\ \mathrm{cal/J} \approx 0.24\ \mathrm{cal/J}$$

马力

$$1\ 国际马力 = 75\ 千克力米/秒 = 735\ 瓦特$$

法拉第常数

$$F = 9.648\,456\times10^4\ \mathrm{C/mol}$$
$$\approx 9.65\times10^4\ \mathrm{C/mol}$$

水的折射率

$$1.33$$

空气的折射率

$$1.000\,293$$

玻璃的折射率

$$1.5\sim1.8$$

钻石折射率

$$2.42$$

三　角　公　式

加法公式

$$\sin(\alpha\pm\beta) = \sin\alpha\cos\beta \pm \cos\alpha\sin\beta$$

$$\cos(\alpha\pm\beta) = \cos\alpha\cos\beta \mp \sin\alpha\sin\beta$$

$$\tan(\alpha\pm\beta) = \frac{\tan\alpha\pm\tan\beta}{1\mp\tan\alpha\tan\beta}$$

$$\cot(\alpha\pm\beta) = \frac{\cot\alpha\cot\beta\mp1}{\cot\beta\pm\cot\alpha}$$

和差与积互化公式

$$\sin\alpha + \sin\beta = 2\sin\frac{\alpha+\beta}{2}\cos\frac{\alpha-\beta}{2}$$

$$\sin\alpha - \sin\beta = 2\cos\frac{\alpha+\beta}{2}\sin\frac{\alpha-\beta}{2}$$

$$\cos\alpha + \cos\beta = 2\cos\frac{\alpha+\beta}{2}\cos\frac{\alpha-\beta}{2}$$

$$\cos\alpha - \cos\beta = -2\sin\frac{\alpha+\beta}{2}\sin\frac{\alpha-\beta}{2}$$

$$\tan\alpha \pm \tan\beta = \frac{\sin(\alpha\pm\beta)}{\cos\alpha\cos\beta}$$

$$\cot\alpha \pm \cot\beta = \pm\frac{\sin(\alpha\pm\beta)}{\sin\alpha\sin\beta}$$

$$\sin\alpha\sin\beta = -\frac{1}{2}\left[\cos(\alpha+\beta) - \cos(\alpha-\beta)\right]$$

$$\cos\alpha\cos\beta = \frac{1}{2}[\cos(\alpha+\beta)+\cos(\alpha-\beta)]$$

$$\sin\alpha\cos\beta = \frac{1}{2}[\sin(\alpha+\beta)+\sin(\alpha-\beta)]$$

倍角公式

$$\sin 2\alpha = 2\sin\alpha\cos\alpha = \frac{2\tan\alpha}{1+\tan^2\alpha}$$

$$\cos 2\alpha = \cos^2\alpha - \sin^2\alpha = 2\cos^2\alpha - 1$$

$$= 1 - 2\sin^2\alpha = \frac{1-\tan^2\alpha}{1+\tan^2\alpha}$$

$$\tan 2\alpha = \frac{2\tan\alpha}{1-\tan^2\alpha}$$

$$\cot 2\alpha = \frac{\cot^2\alpha-1}{2\cot\alpha}$$

半角公式

$$\sin\frac{\alpha}{2} = \pm\sqrt{\frac{1-\cos\alpha}{2}}$$

$$\cos\frac{\alpha}{2} = \pm\sqrt{\frac{1+\cos\alpha}{2}}$$

$$\tan\frac{\alpha}{2} = \pm\sqrt{\frac{1-\cos\alpha}{1+\cos\alpha}} = \frac{1-\cos\alpha}{\sin\alpha}$$

$$= \frac{\sin\alpha}{1+\cos\alpha}$$

$$\cot\frac{\alpha}{2} = \pm\sqrt{\frac{1+\cos\alpha}{1-\cos\alpha}} = \frac{1+\cos\alpha}{\sin\alpha}$$

$$= \frac{\sin\alpha}{1-\cos\alpha}$$

微 积 分 公 式

微分公式

对 $y = f(x)$ 的微商的定义是 $y-x$ 曲线的斜率 $\Delta y/\Delta x$ 的极限，

$$\frac{dy}{dx} = \lim_{\Delta x\to 0}\frac{\Delta y}{\Delta x} = \lim_{\Delta x\to 0}\frac{f(x+\Delta x)-f(x)}{\Delta x}$$

有关微分的一般关系

函数和的微分：$\dfrac{d}{dx}[f(x)\pm g(x)] = \dfrac{df}{dx}\pm\dfrac{dg}{dx}$

函数积的微分：$\dfrac{d}{dx}[f(x)g(x)] = f\dfrac{dg}{dx}+g\dfrac{df}{dx}$

函数商的微分：$\dfrac{d(f/g)}{dx} = \dfrac{g\,df/dx - f\,dg/dx}{g^2}$

链式法则　　如果 $y = f(x)$ 且 $x = g(z)$，则

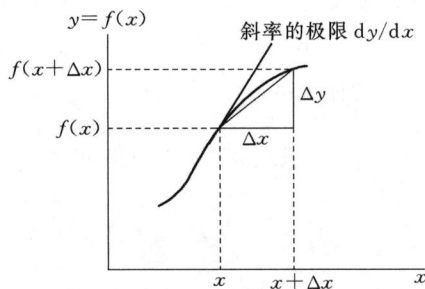

附录 B 图 1

$$\frac{df(x)}{dz} = \frac{df(x)}{dx}\frac{dx}{dz}$$

某些特殊函数的微商（a 和 n 为常数）

$$\frac{d}{dx}\sin x = \cos x \qquad \frac{d(x^n)}{dx} = nx^{n-1} \qquad \frac{d}{dx}\arcsin x = \frac{1}{\sqrt{1-x^2}}$$

$$\frac{d}{dx}\cos x = -\sin x \qquad \frac{d}{dx}a^x = a^x\ln a \qquad \frac{d}{dx}\cos^{-1} x = \frac{-1}{\sqrt{1-x^2}}$$

$$\frac{d}{dx}\tan x = \sec^2 x \qquad \frac{d}{dx}e^x = e^x \qquad \frac{d}{dx}\tan^{-1} x = \frac{1}{1+x^2}$$

$$\frac{d}{dx}\cot x = -\csc^2 x \qquad \frac{d}{dx}\ln x = \frac{1}{x} \qquad \frac{d}{dx}\cot^{-1} x = -\frac{1}{1+x^2}$$

积分公式

函数 $f(x)$ 在区间 a 和 b 上的积分记为

$$I = \int_a^b f(x)\,\mathrm{d}x$$

等于直线 $x = a$，$x = b$，曲线 $f(x)$ 和 x 轴围成图形的面积，如图 2 所示．计算的基本规律如下：如果上限是一变量 w，则

$$I(w) = \int_a^w f(x)\,\mathrm{d}x$$

$$\frac{\mathrm{d}}{\mathrm{d}w}I(w) = \frac{\mathrm{d}}{\mathrm{d}w}\int_a^w f(x)\,\mathrm{d}x = f(w)$$

因此，我们将积分看作微分的逆运算． $f(x)$ 的不定积分 $I(x)$ 就是其导数为 $f(x)$ 的函数，比如 $ax^2 + bx + c$ 的不定积分是 $\frac{1}{3}ax^3 + \frac{1}{2}bx^2 + cx + d$．

一些不定积分的常用公式如下（f，g，u 和 v 是函数；a，b，c 为常数）．

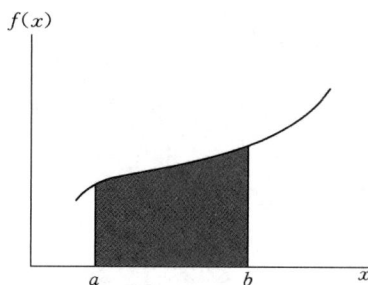

附录 B 图 2

$$\int \mathrm{d}x = x + c$$

$$\int \frac{\mathrm{d}[f(x)]}{\mathrm{d}x}\,\mathrm{d}x = f(x) + c$$

$$\int af(x)\,\mathrm{d}x = a\int f(x)\,\mathrm{d}x$$

$$\int [af(x) + bg(x)]\,\mathrm{d}x = a\int f(x)\,\mathrm{d}x + b\int g(x)\,\mathrm{d}x$$

$$\int u\,\mathrm{d}v = uv - \int v\,\mathrm{d}u$$

以下是一些常用定积分与不定积分表．

不定积分（每个积分之后应加上一任意常数，a、b 和 n 代表常数）

$$\int x^n\,\mathrm{d}x = \frac{x^{n+1}}{n+1}$$

$$\int (a+bx)^n\,\mathrm{d}x = \frac{(a+bx)^{n+1}}{b(n+1)} \ (\text{设 } n \neq -1)$$

$$\int \frac{\mathrm{d}x}{x} = \ln x$$

$$\int \frac{\mathrm{d}x}{a+bx} = \frac{1}{b}\ln(a+bx)$$

$$\int \frac{\mathrm{d}x}{a+bx^2} = \frac{1}{\sqrt{ab}}\tan^{-1}\left(\frac{\sqrt{b}}{\sqrt{a}}x\right) \ (\text{设 } ab > 0)$$

$$\int \frac{\mathrm{d}x}{a+bx^2} = \frac{1}{2\sqrt{|ab|}}\ln\left(\frac{a-x\sqrt{|ab|}}{a+x\sqrt{|ab|}}\right)$$
（设 $ab < 0$）

$$\int \frac{x\,\mathrm{d}x}{(a+bx^2)^n} = -\frac{1}{2b(n-1)(a+bx^2)^{n-1}} \ (\text{设 } n \neq 1)$$

$$\int \frac{x\,\mathrm{d}x}{a+bx^2} = \frac{1}{2b}\ln(a+bx)$$

令 $u = \sqrt{a+cx^2}$，

$$I = \frac{1}{\sqrt{c}}\ln(x\sqrt{c}+u) \ (\text{若 } c > 0)$$

$$= \frac{1}{\sqrt{-c}}\arcsin\left(x\sqrt{\frac{-c}{a}}\right) \ (\text{若 } c < 0 \text{ 且 } a > 0)$$

则有下列结果：

$$\int u\,\mathrm{d}x = \frac{1}{2}(xu + aI)$$

$$\int \frac{\mathrm{d}x}{u} = I$$

$$\int xu\,\mathrm{d}x = \frac{u^3}{3c}$$

$$\int \frac{x\,\mathrm{d}x}{u} = \frac{u}{c}$$

$$\int \mathrm{e}^{ax}\,\mathrm{d}x = \frac{\mathrm{e}^{ax}}{a}$$

$$\int x\,\mathrm{e}^{ax}\,\mathrm{d}x = \frac{\mathrm{e}^{ax}}{a^2}(ax - 1)$$

$$\int x^2\,\mathrm{e}^{ax}\,\mathrm{d}x = \frac{\mathrm{e}^{ax}}{a^3}(a^2 x^2 - 2ax + 2)$$

$$\int \frac{\mathrm{d}x}{a + b\,\mathrm{e}^{nx}} = \frac{x}{a} - \frac{\ln(a + b\,\mathrm{e}^{nx})}{an}$$

$$\int \ln ax\,\mathrm{d}x = (x\ln ax) - x$$

$$\int \sin ax\,\mathrm{d}x = -\frac{\cos ax}{a}$$

$$\int \cos ax\,\mathrm{d}x = \frac{\sin ax}{a}$$

$$\int \tan ax\,\mathrm{d}x = -\frac{\ln(\cos ax)}{a}$$

$$\int \sin^2 ax\,\mathrm{d}x = \frac{x}{2} - \frac{\sin 2ax}{4a}$$

$$\int \cos^2 ax\,\mathrm{d}x = \frac{x}{2} + \frac{\sin 2ax}{4a}$$

$$\int \tan^2 ax\,\mathrm{d}x = \frac{\tan ax}{a} - x$$

$$\int \arcsin\left(\frac{x}{a}\right)\mathrm{d}x = x\arcsin\left(\frac{x}{a}\right) + \sqrt{a^2 + x^2}$$

$$\int \arccos\left(\frac{x}{a}\right)\mathrm{d}x = x\arccos\left(\frac{x}{a}\right) - \sqrt{a^2 - x^2}$$

$$\int \arctan\left(\frac{x}{a}\right)\mathrm{d}x = x\arctan\left(\frac{x}{a}\right) - \left(\frac{a}{2}\right)\ln(a^2 + x^2)$$

定积分 $(a > 0)$

$$\int_0^\infty \mathrm{e}^{-ax}\,\mathrm{d}x = \frac{1}{a}$$

$$\int_0^\infty x^n\,\mathrm{e}^{-ax}\,\mathrm{d}x = n!\,a^{-n-1}$$

$$\int_0^\infty \frac{\mathrm{d}x}{1 + \mathrm{e}^{ax}} = \frac{\ln 2}{a}$$

$$\int_0^\infty \mathrm{e}^{-a^2 x^2}\,\mathrm{d}x = \frac{\sqrt{\pi}}{2a}$$

$$\int_0^\infty x\,\mathrm{e}^{-ax^2}\,\mathrm{d}x = \frac{1}{2a}$$

$$\int_0^\infty x^2\,\mathrm{e}^{-ax^2}\,\mathrm{d}x = \frac{1}{4}\sqrt{\frac{\pi}{a^3}}$$

$$\int_0^\infty x^3\,\mathrm{e}^{-ax^2}\,\mathrm{d}x = \frac{1}{2a^2}$$

$$\int_0^\infty x^4\,\mathrm{e}^{-ax^2}\,\mathrm{d}x = \frac{3}{8}\sqrt{\frac{\pi}{a^5}}$$

$$\int_0^\infty \frac{\sin ax}{x} = \frac{\pi}{2}$$

近 似 公 式

近似公式中三角函数的角度均以弧度为单位.

$$(1 + x)^n = 1 + nx + \frac{n(n-1)}{2!}x^2 + \frac{n(n-1)(n-2)}{3!}x^3 + \cdots \qquad |x| < 1$$

$$\sin x = x - \frac{x^3}{3!} + \frac{x^5}{5!} - \frac{x^7}{7!} + \cdots \qquad (x^2 < \infty)$$

$$\cos x = 1 - \frac{x^2}{2!} + \frac{x^4}{4!} - \frac{x^6}{6!} + \cdots \qquad (x^2 < \infty)$$

$$\tan x = x + \frac{x^3}{3} + \frac{2x^5}{15} + \frac{17x^7}{315} + \cdots \qquad\qquad \left(x^2 < \frac{\pi^2}{4} \right)$$

$$\cot x = \frac{1}{x} - \frac{x}{3} - \frac{x^3}{45} - \frac{2x^5}{945} - \cdots \qquad\qquad (x^2 < \pi^2)$$

$$\arcsin x = x + \frac{1}{6}x^3 + \frac{3}{40}x^5 + \cdots \qquad\qquad (x^2 < 1)$$

$$\arccos x = \frac{\pi}{2} - \arcsin x \qquad\qquad (x^2 < 1)$$

$$\arctan x = x - \frac{x^3}{3} + \frac{x^5}{5} - \frac{x^7}{7} + \cdots = \frac{\pi}{2} - \operatorname{arccot} x \qquad\qquad (x^2 < 1)$$

$$= \frac{\pi}{2} - \frac{1}{x} + \frac{1}{3x^3} - \frac{1}{5x^5} + \cdots \qquad\qquad (x^2 > 1)$$

$$e^x = 1 + x + \frac{x^2}{2!} + \frac{x^3}{3!} + \cdots \qquad\qquad (x^2 < \infty)$$

$$\ln(1+x) = x - \frac{1}{2}x^2 + \frac{1}{3}x^3 - \frac{1}{4}x^4 + \cdots \qquad\qquad (x^2 < 1)$$

$$\ln\left(\frac{1+x}{1-x}\right) = 2\left(x + \frac{1}{3}x^3 + \frac{1}{5}x^5 + \frac{1}{7}x^7 + \cdots \right) \qquad\qquad (x^2 < 1)$$

$$\ln\left(\frac{x+1}{x-1}\right) = 2\left[\frac{1}{x} + \frac{1}{3}\left(\frac{1}{x}\right)^3 + \frac{1}{5}\left(\frac{1}{x}\right)^5 + \cdots \right] \qquad\qquad (x^2 > 1)$$

图书在版编目(CIP)数据

国际物理奥赛的培训与选拔/郑永令主编.—2版.—上海：复旦大学出版社，2016.1(2025.5重印)

ISBN 978-7-309-11966-4

Ⅰ.国… Ⅱ.郑… Ⅲ.中学物理课-竞赛题 Ⅳ.G634.75

中国版本图书馆 CIP 数据核字(2015)第 275929 号

国际物理奥赛的培训与选拔(第二版)

郑永令 主编

责任编辑/梁 玲

复旦大学出版社有限公司出版发行

上海市国权路 579 号 邮编：200433

网址：fupnet@fudanpress.com http://www.fudanpress.com

门市零售：86-21-65102580 团体订购：86-21-65104505

出版部电话：86-21-65642845

上海新艺印刷有限公司

开本 787 毫米×1092 毫米 1/16 印张 28.75 字数 789 千字

2025 年 5 月第 2 版第 9 次印刷

ISBN 978-7-309-11966-4/G · 1554

定价：79.00 元